全球新闻传播史

（公元1500—2020）第三版

Global History of Journalism and Communication
(1500-2020) Third Edition

李彬 著

清华大学出版社
北京

图书在版编目（CIP）数据

全球新闻传播史：公元 1500-2020 / 李彬著 . --3 版 . -- 北京：清华大学出版社，2025. 6. --ISBN 978-7-302-69488-5

Ⅰ . G219.19

中国国家版本馆 CIP 数据核字第 20259VN059 号

责任编辑：纪海虹
封面设计：胡英剑
责任校对：王荣静
责任印制：丛怀宇

出版发行：清华大学出版社
   网　　　址：https://www.tup.com.cn，https://www.wqxuetang.com
   地　　　址：北京清华大学学研大厦 A 座　　邮　编：100084
   社 总 机：010-83470000　　邮　购：010-62786544
   投稿与读者服务：010-62776969，c-service@tup.tsinghua.edu.cn
   质量反馈：010-62772015，zhiliang@tup.tsinghua.edu.cn
印 装 者：三河市科茂嘉荣印务有限公司
经　　销：全国新华书店
开　　本：185mm×235mm　　印　张：26　　字　数：519 千字
版　　次：2005 年 8 月第 1 版　 2025 年 7 月第 3 版　　印　次：2025 年 7 月第 1 次印刷
定　　价：86.00 元

产品编号：093831-01

第 一 版 序

李彬的《全球新闻传播史》经过多年的经营，终于杀青问世了。这是新闻传播史研究的一项新的成果，可欣可慰。

随着全球一体化进程的加速，"全球化"越来越成为诸多学科关注的历史情景与学术话题，新闻传播学也不例外。特别是新世纪以来，国内外新闻传播学界有关全球化与全球传播的探究及其成果，不仅构成新闻传播学科的重要研究内容，而且也在研究视角或范式上产生广泛影响。

不过，由于时间仓促，积累有限，加之涉及广泛，论题繁杂，新闻传播学界对全球化与全球传播的研究虽然时有精彩篇章，但是总体看来多为就事论事，既缺乏理论上的深入思考，又缺少学术上的细致考察。换言之，基础理论方面的研究还非常欠缺，特别是对全球新闻传播的历史分析几乎付之阙如。

当然，过去与现在都不乏冠以"外国新闻史""世界新闻史"乃至"全球新闻史"的教材，其中有些内容属于全球新闻传播史的研究，也为这方面的教学和科研提供了必要的基础。比如，大陆的张隆栋教授、梁洪浩教授、张允若教授、李良荣教授、陈力丹教授、张昆教授、程曼丽教授、明安香教授和我国台湾的李瞻教授等，都有堪称典范的著述。

不过，既有的许多教科书往往存在两个问题。一是史学理论以及新闻史观的不足，而且经常不自觉地体现着萨义德所说的"东方学"意识。二是内容体系、篇章架构、材料使用等方面往往形同"一盘散沙"，既缺乏内在的思想逻辑，又忽略外在的历史关联，往往形同国别新闻史或地区新闻史的集成或集纳。

另外，国外的一些相关研究及其动态，也存在类似问题，虽然总体的学术水准有时略高一筹。如新近出版的美国普渡大学教授叶海亚·R.伽摩利珀的《全球传播》(清华大学出版社，2003)、美国学者罗伯特·福特纳的《国际传播：全球都市的历史、冲突及控制》（华夏出版社，2000）、法国批判学者阿芒·马特拉的《世界传播与文化霸权：思想与战略的历史》（中央编译出版社，2001）、英籍印裔学者达雅·屠苏的《国际传播：延续与变革》（新华出版社，2004）、日本学者左藤卓己的《现代传媒史》（北京大学出版社，2004）等。不过，这些新作虽然各有千秋，参差不齐，但都体现着越来越显明的"全球传播"视野和视角，都将全球范围的新闻传播纳入一种整体的、系统的、联系的研究框架。

李彬的这部《全球新闻传播史》，在前人的研究基础上，力图以马克思、恩格斯在《共产党宣言》等经典著作里揭示的一系列"全球化"命题为指导，同时吸取 20 世纪以来"新史学"的理论，特别是 James Harvey Robinson 的"新史学"，Marc Bloch、Fernand Braudel 等的"年鉴学派"，Hayden White 的叙事理论，Immanuel Wallerstein 的"世界体系"等，针对全球新闻传播的历史演化、社会动因、专业背景、内在逻辑及发展趋势等，展开全面系统而不失深入细致的分析，点面结合、史论结合、历史与逻辑结合，以期勾画一幅有机的而非机械的、整体的而非割裂的、联系的而非分离的全球新闻传播史，从而既为新闻传播学研究提供必要的学术支撑，又为我国新闻传播界积极应对全球化的挑战和机遇提供科学的历史参照。

另外，为了突破此类著述往往"养在深闺人未识"的窘境，本书在叙事环节、行文特征及表述风格上进行了改进，以期达到深入浅出，雅俗共赏。其实，前辈大家在这方面有着深厚而良好的传统，我们应该发扬光大。比如，翦伯赞先生的《中国史纲》、张荫麟先生的《中国史纲》、陈旭麓先生的《近代中国社会的新陈代谢》、费孝通等先生翻译的《世界史纲》等，都将学术性、思想性和通俗性（或可读性）有机地融为一体，读来不仅开眼界，长见识，受启发，而且文采斐然，轻松有趣。

我和李彬相知相识近 20 年，有过在一起共同砥砺和切磋的经历。他焚膏继晷，兀兀穷年，淹博多识，好学深思，不仅有深厚的中外文史根底，坚实的新闻传播学和相关学科的基础，也有广阔的学术视野。这部专著是他穷 20 年心血的又一部新作。我乐观厥成，并乐于向关注全球新闻传播史的学者和从事这方面学习的学子们推荐。

是为序。

方汉奇
2005 年 7 月于中国人民大学

凡 例

1. 本书采用史论结合、夹叙夹议的笔法，总述公元1500年以来全球化背景下的新闻传播大历史；既专注新闻，亦兼及历史、哲学、科技、文化、社会生活等领域。所以，既可做专业教材，也可当普通读物。

2. 作为教材，本书适用于新闻学、广播电视新闻学、传播学、媒介经济学等专业的本科生与研究生。

3. 本书写作连绵廿载，涉猎的各类文献不下千种，参阅的专业书籍也逾百种。对所有参考文献及其作者，不管本书是否直接采用，在此都表敬意与谢忱。

4. 本书所谓"全球"，既指一种历史视野，也指一种理论视角。视野上的"全球"新闻传播问题，由于才力、能力与精力所限，目前还无法全面顾及，而只是更多着眼于"西方"一隅。期待将来有机会能将视野真正拓展到全球范围。

5. 收入文集时，又做了一系列不同程度的修订与补充，以求尽可能体现百年未有之大变局，以及中国式现代化及其新闻学的中国特色、中国气派、中国风格。

目　录

第一章

导论：追寻新闻传播的"光荣与梦想"

一

所谓新闻传播学（Journalism and Communication），是现代新闻传播事业发展到一定水平之际，才开始逐步生成、发展与完善起来的一门学科。一般认为，19世纪末德国等地开设了世界最早的新闻课程，同时进行新闻研究。同样，我国的新闻传播学，也是随着19世纪末现代新闻事业的兴起而诞生的。一般认为，国人的第一部新闻传播学著述，是1917年出版的《上海报业小史》（姚公鹤）。

在百余年的新闻传播学历史上，新闻传播史的研究一直是学科的重要基础。按照通行的学科划分方式，新闻传播学乃由三大板块构成。一是新闻传播理论——致力于揭示新闻传播的规律和本质，包括新闻理论、传播理论、媒介伦理等；二是新闻传播史——致力于展现新闻传播的发展历程，包括中国新闻传播史、外国新闻传播史、各种专史（广播电视史、新媒体发展史、广告史……）等；三是新闻传播的技能——致力于培育新闻传播的实际能力，包括采访写作、编辑业务、媒体评论、节目制作等。虽然当今媒介环境发生了巨大变化，涌现了一系列新的名物，如媒介经济、媒介管理、媒介生态等，但是新闻传播学的三大板块依然属于学科的基础构成。换句话说，离开这三大板块，新闻传播学就无法构成一门系统、完整而有机的学科。

近代以降，国门洞开，各种新学纷至沓来。不过，在新闻传播学界，相对于中国新闻传播史研究的风光无限，全球范围的新闻传播史研究一向显得落寞寂寥。这种状况除了由于这个领域浩如烟海以及研究旨趣莫衷一是外，也同这方面的研究起步较晚不无关系。如果说中国新闻传播史的学术探讨在旧中国已经颇具规模，那么世界新闻传播史研究则是从新中国才开始展开的，而且直到改革开放后才出版第一部教材，即《外国新闻事业史简编》（中国人民大学出版社，1988）。就国人的全球新闻传播史研究而言，这部教材差不多可与戈公振先生的《中国报学史》（商务印书馆，1927）相提并论。一方面，其内容比较丰富，举凡近代欧美主要国家的报界活动、报人行止、报业发展、报学思想等几乎无所不涉，从而成为了解这方面历史沿革的第一部参考书。另一方面，本书的体例暗合亨廷顿"意识形态冲突"的思路①，将外国新闻传播史建构成资产阶级报业与无产阶级报业两条线索相互交织、彼此冲突的历史图景。这从本书两位主编的学术背景上，也可略见一斑。其中，张隆栋先生是《西行漫记》作者斯诺曾经任教的燕京大学新闻系教授，是我国研究欧美新闻传播业的先行者，曾创办并主编如今广受关注的学术期刊《国际新闻界》；而傅显明先生则是莫斯科大学的留学生，对苏联、东欧等社会主义国家新闻业的研究颇有造诣。由他们主编的这部教材，仅从这一点上看，也就难免"东""西"并置、二水分流的架构。而这种架构基本上成为此后十余年间全球新闻传播史的主导范式（paradigm），几部全国性教材大都遵循这一范式，如暨南大学新闻系资深教授梁洪浩先生主编的全国自学考试教材《外国新闻事业史》（武汉大学出版社，1992）。尽管这部教材在上述两条线索外，又增加了有关发展中国家的章节，特别是第三世界争取"世界信息新秩序"（new world information order）的内容，但其基本骨架依然由社会主义与资本主义两大板块所构成。

这种状况直到世纪更替之际，随着几部中青年学者的教材相继问世才有所突破，如张昆教授的《简明世界新闻通史》（武汉大学出版社，1994）、陈力丹教授的《世界新闻传播史》（上海交通大学出版社，2001）。这些著述不再遵循"资产阶级 / 无产阶级"的分野，而试图以"全球通史"的眼光审视各大文明的新闻传播活动及其相互关系，从而建构一种总体的新闻传播史，即如张昆在《世界新闻通史体系刍议》一文中所言："以整个世界新闻历史的全局为对象，试图以跨时间、跨空间和综合多种传播媒介的研究思路，构建以贯通古今、融合中外为主旨的世界新闻历史体系。"②虽然这种体系实际上还无法完全摆脱"西方中心论"的叙事框架，但毕竟开启了值得关注的研究思路和研究范式。另外，中国人民大学在世纪之交推出一套"21世纪新闻传播学系列教材"，其

① 亨廷顿在《文明的冲突与世界秩序的重建》里，曾论及近代以来世界性冲突的衍变：《威斯特发里亚条约》（1648）确立现代国际关系后，最初一个半世纪，西方世界的冲突主要发生在君王之间，如17世纪、18世纪欧洲王室之间的战争；法国大革命后，"民族国家"（nation-state）的冲突取代君王之间的冲突，如19世纪欧洲列强争夺殖民地的战争；十月革命后，随着苏联的崛起，特别是二战后社会主义阵营的出现，这种冲突又成为"意识形态的冲突"。这些冲突其实均属西方自己的"内战"（western civil wars）；而到了后冷战时代，西方文明与非西方文明之间以及非西方文明相互之间的"文明的冲突"，才构成真正的世界性的冲突。

② 张昆：《世界新闻通史体系刍议》，载《国际新闻界》2001（1）。

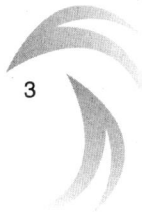

中包括由张隆栋先生的学生编撰的《外国新闻传播史》（郑超然、程曼丽、王泰玄，中国人民大学出版社，2000）。本书引人注目之处，也在于摈弃了原版的“东”“西”并置、二水分流体例，而采用一种多元并存的国别史框架，即每个主要国家的新闻传播史单独成篇，然后集纳起来合为一体。

　　站在世纪之交，综观我国的新闻传播史学，无论中外方面的研究都可以说一方面颇有进展，取得许多成果[①]；另一方面，也存在不少有待开掘的内容和开拓的领域。我们认为，这方面尤其值得关注的或许还不在于具体的研究事项，如材料的发掘、体例的突破、观点的创新、表述的生动等，而首先在于一个事关全局的问题。如果说以往的新闻传播史研究大多属于“历史科学”的话，那么这个问题则涉及“历史哲学”。换言之，我国的新闻传播史研究，还未深究有关学科自身安身立命的问题，而一直以某种似乎不言而喻的姿态对待自己的研究对象。黑格尔在《历史哲学》里讲了三种观察历史的方法，即原始的历史、反省的历史和哲学的历史。[②] 若按这种标准衡量，新闻传播史研究基本上还处于第一个层面，即原始的历史或克罗齐所说的“纪念碑式的历史”。关于这种传统史学及其缺憾，曾任英国历史学会主席的杰弗里·巴勒克拉夫（G. Barraclough），1980年在为联合国教科文组织撰写的“人文社会科学研究主要趋势”系列丛书之历史学卷里曾写道：

　　　　大量的历史著作——也许占全部成果的百分之九十左右——就其研究方法而言，完全是因袭常规的，虽然增加了大量知识，却没有（也无意图）指出新的方向，提出新的方法。[③]

　　具体说来，正如鲁滨孙在其名著《新史学》（1912）里的概括：

　　　　（1）随便罗列人名、地名，对读者毫无意义，它不但不能激起读者的思想和兴趣，反而使他没有精神。
　　　　（2）不讲别的重要事情，专偏重政治事实的记载。
　　　　（3）好叙述非常特殊的事件，不是因为这些故事可以说明一般事物的进展，或某时代的情况，而只是因为它们在编年史中很突出。[④]

　　当然，这种局面的形成有其必然性与合理性。因为，只有经过原始的历史，我们

①　详见赵玉明、李磊《跨世纪四年间中外新闻史研究成果巡礼》，载《新闻春秋》，9～24页，成都，四川大学出版社，2003。
②　［德］黑格尔：《历史哲学》，王造时译，1页，上海，上海书店出版社，2001。
③　［英］杰弗里·巴勒克拉夫：《当代史学主要趋势》，杨豫译，1页，上海，上海译文出版社，1987，“前言”。
④　［美］詹姆斯·哈威·鲁滨孙：《新史学》，齐思和等译，14页，北京，商务印书馆，1964。

才能展开反省的历史，进而抵达哲学的历史。正是由于一百年来几代新闻传播史学者的不懈努力，由于他们在历史科学上所做的筚路蓝缕、以启山林的众多建树，如今才有可能在历史哲学的层面上考虑一些涉及根本的深层命题。否则，如果对基本史实都不甚清楚，对主要脉络都不甚明了，那么还怎么侈谈"反思""批判"或"历史哲学"呢。就此而言，我们不能不首先对以戈公振先生、方汉奇先生、张隆栋先生、李瞻先生等为代表的中国新闻传播史学术传统表示充分的敬意，同时对前辈学人所做的一切研究表示"同情之理解"。

论者不才，由于个人兴趣使然，一直对历史的深层蕴涵情有独钟。在多年研习新闻传播史的过程中，面对如山似海的史料总是喜欢追问这些"断烂朝报"的历史意味。特别是在追随方汉奇先生攻读博士学位期间，为了研究"唐代文明与新闻传播"这个课题，也曾专门涉猎一些历史哲学的著述，自以为颇开眼界、颇有心得，于是不揣浅陋地发表了若干探讨新闻传播史研究的文章。[①] 可惜，如今回头来看，这些思考真可谓"疏影横斜水清浅，暗香浮动月黄昏"——不仅认识稚嫩，论述粗浅，而且甚至怀疑自己所欲言说的主旨是否得到充分表达，从而可能并未引起新闻传播史学界的重视。即使如此，还是觉得，这个问题对新世纪或"新生代"的新闻传播史研究颇有启发，对新闻传播史研究的继往开来、再上层楼不无价值。所以，在展开本书的正文之前，这里想不揣浅陋地继续对此作一番探讨。

二

对当代国际史学研究产生首屈一指影响的法国"年鉴学派"宗师马克·布洛赫，在其未完成的遗著《历史学家的技艺》里，曾经开宗明义地提出一个直逼本源的问题——"历史有什么用"？[②] 仿照此例，我们不妨也追问一下——"新闻传播史有什么用"？由此出发，或可一步步进抵新闻传播史研究的核心命题。

那么，"新闻传播史有什么用"？

对这个问题的任何回答，事实上无不隐含着某种历史哲学及其理路。比如，最常听到的一种说法应该是"古为今用"和"洋为中用"，也就是说研究中外新闻传播史的用意在于以史为鉴，吸取其中有益的经验而避免无谓的教训。这是一种最普遍、最通行的意

① 参见李彬《对新闻史研究方法的思考与建议》，载《新闻大学》1996 年冬季号。李彬：《评"古有新闻"的学科公设——兼论新闻的生成及其内涵》，载《中国人民大学学报》1997（1）。李彬：《新闻史有什么用——试论新闻史的当代性》，载《现代传播——北京广播学院学报》1997（1）。

② ［法］马克·布洛赫：《历史学家的技艺》，张和声、程郁译，7 页，上海，上海社会科学院出版社，1992。

识，它在唐太宗李世民的格言中得到凝练的概括："以铜为镜，可以正衣冠；以古为镜，可以知兴替；以人为镜，可以明得失。"（《贞观政要·任贤》）这种意识的背后，实际上隐含着这样一套历史哲学：一方面，历史属于已经过去的事情，已经僵死的事物，是一种不以人的意志为转移的客观存在，所以无论怎样看待历史，历史都已定型，像"历史的木乃伊"等流俗说法就体现着这种意识；另一方面，历史研究就是想方设法趋近这一客观存在，具体说来就是用尽可能详尽的史料展现其面貌，复现其情景。这种"不言而喻"的史观，几乎成为一切历史研究，包括新闻传播史研究的主流意识或主导范式。

我们知道，任何学科的嵯峨大厦归根结底都是奠基在一些简单的、不言而喻的、俨然天经地义的公设或公理之上。比如，几何学一整套繁复高深的体系，就是基于"两点之间只能画出一条直线""两条平行线永不相交"等几个好像简单得不能再简单的前提。对这样一类前提，人们往往不予置疑，也不深究，而是将它们当作自然而然的公理，然后在此基础上展开不同的思路。然而，恰恰是这些前提或公设一旦深究起来，往往并非板上钉钉，不容置疑。事实上，思想史、学术史与科学史的突破，常常就是从这些看似不起眼的、理当如此的地方实现的。比如，爱因斯坦的现代物理学对牛顿经典物理学的超越，就是从绝对空间、绝对时间等常识观念入手的。再如，立体几何对平面几何的超越，也是从两点一线等天然公理开始的。同样，20世纪以来的现代史学——包括历史科学与历史哲学，之所以有别于传统史学，正在于对历史是一种定型的存在而史学就是对这种存在的准确描绘等常识观的突破。

在我国传统的学术分类中，有所谓经、史、子、集的四部之学。其中，史学地位尤为显赫，清季大儒章学诚甚至提出"六经皆史"（《文史通议》）。晚清以降，随着西学东渐，开始逐渐出现"现代化"的、分门别类的学科，它们基本上又分属三大类型，即自然科学、社会科学与人文科学。其中，史学包括新闻传播史学，成为社会科学与人文科学的一门学科。不过，"五四"之后的新学虽然在诸多方面不乏推陈出新，但就史学研究而言，与传统的治史之路在本质上并无二致，即以史料或文献（文物）尽可能真实地、准确地、全面地描绘那个客观的历史存在。对此，曾经做过北京大学代理校长和历史语言研究所所长的傅斯年说过一句话，非常典型地体现了这种史学观——史学就是史料学。所以，他认为史学的功夫就在于"上穷碧落下黄泉，动手动脚找东西"。然而，就在中国传统史学由四部之学向自然、人文及社会等"科学"转型之际，占据现代学科发展主导地位的西学（包括史学）已然发生根本性变革，而这种变革又同20世纪人文社会科学总体趋势相一致。遗憾的是，新闻传播史研究对这种变革似乎反应迟钝，甚至不无隔膜，即使西方一些经典的新闻传播史著述也似乎同样滞乎其后，比如颇受青睐的埃默里父子的《美国新闻史》，基本上还是遵循着传统的史学研究与史学理论。

无论如何，基于这一传统的新闻传播史研究，在20世纪末已经达到高峰，此后除了细部的完善，整体上恐怕不可能再产生重大的进展。这一情形恰似当年牛顿体系在 20 世纪初所面临的局面。而若有所突破，有所创新，若使中外新闻传播史的研究继往开来再上层楼，首先似应考虑研究范式的转换，具体说来包括三个方面：一是从微观的考据向宏观的把握转换，二是从表象的观察向深层的透视转换，三是从事实的描述向意义的阐发转换。一句话，由"史实"与"学术"层面，向"义理"与"思想"层面转换，由此形成一种新的研究范式。如同汤因比的"历史研究"、法国年鉴学派的"总体史"、沃勒斯坦的"世界体系"、黄仁宇的"中国大历史"等影响深远的典范。从表面上看，这些典范均具有一种大历史观，即司马迁所说的"究天人之际，通古今之变，成一家之言"；而从深层次上看，它们则体现了当代史学研究的一系列新的动向和新的发展。对此，我们不妨先来听听德国 20 世纪思想家卡西尔在其名著《人论》（1944）中的一段论述，因为它所流露和传达的正是"新史学"的基本精神：

> 在某种意义上说，历史学家与其说是一个科学家不如说是一个语言学家。不过他不仅仅研究人类的口语和书面语，而且力图探究各种一切各不相同的符号惯用语的意义。他不仅在各种书本、年鉴或传记中寻找他的文章内容，而且必须读解象形文字或楔形文字，考察一块帆布的颜色、大理石或青铜的雕像、大教堂或庙宇、硬币或珠宝。但是，他并不是只以一个想要收集和保存旧时代财富的古董商的心情来看待所有这些东西的。历史学家所寻找的毋宁是一个旧时代的精神的物化。他在法律和法令、宪章和法案、社会制度和政治机构、宗教习俗和仪式中寻找着共同的精神。对真正的历史学家来说，这样的材料不是僵化的事实而是活的形式。历史就是力图把所有这些零乱的东西、把过去的杂乱无章的支梢末节融合在一起，综合起来浇铸成新的样态。[①]

三

大略说来，当代史学研究的一系列新的动向和新的发展，是以 20 世纪为起点的，尤其是以第二次世界大战的结束为标志。正如英国学者杰弗里·巴勒克拉夫，在为联合国教科文组织撰写的《当代史学主要趋势》一书所言：

> 今天我们看到的新趋势是历史学家对 1945 年以前占优势的那种历史学和历史观念的反动，至少对于年轻一代历史学家来说是如此。对于在二十世纪上半叶

---

① ［德］恩斯特·卡西尔：《人论》，甘阳译，225 页，上海，上海译文出版社，1985。

支配历史学家工作的基本原则提出怀疑的趋势，是当前历史研究中最重要的特征，对于历史研究未来的发展也许同样具有无可比拟的重要意义。[1]

由于这种新发展，在"传统"与"现代"的史学家之间就拉开一条越来越大的鸿沟，"他们各自站在鸿沟的两侧，'以互不理解，甚至相互鄙视的态度注视着对方'"。[2]老一辈的历史学家在史学理论和方法论上，基本延续着 19 世纪实证主义史学传统，特别是德国兰克学派的学术风格与研究精神，[3]其代表性成果就是阿克顿勋爵主编的《剑桥近代史》。而新一代学者虽然风貌各异，取舍万殊，但在一系列内在理路上又颇多共通之处，概括起来可以归结为"文""史""哲"三个方面，具体说来就是三个命题："一切历史都是当代史""一切历史都是思想史"和"一切历史都是文学史"。

在讨论这三个命题之前，有必要先来澄清一下"历史"这个概念。按照现代史学理论的分析，所谓历史包含着两层不同的含义，一是客观发生的事实，如抗美援朝战争；二是人们对这种事实的认知，如我们说"抗美援朝战争"时其实已经隐含着一种认知，即这是一场抗击美国、保家卫国的正义之战，而如果称之为"韩战"或其他什么的则体现着不同的认知。简言之，"历史"一语里实际上有两层含义，一是历史事实，一是历史认识。它们就像一张纸的两面，虽然彼此依存，不可分离，但又属于不同的侧面。法国思想家、史学家雷蒙·阿隆，在回答"什么是历史"时有一段精当的论述：

> 人人都知道，历史这个词，不管是在德文、法文还是在英文中，都是模糊的，它既指现实也指我们对现实的认识。在以上三种语言中都存在着一些可以对以上两种情况进行区别的词。英国人用 history 这个词，也用 story（故事）这个词；如果想给历史一个定义，他们会说：history is the story of the dead told by the living，用法语讲：历史是活人讲的关于死人的故事。德国人区别 Geschichte 和 Histoire 这两个词：Geschichte 既指现实也指我们对它的认识，Histoire 则只指认识，或我们重建、讲述、撰写过去的方式。在法语中，必要时，我们可以用 historiographie（历史编纂）这个词来与模棱两可的 histoire 形成对立，特指撰写历史的方式；但事实上，大部分关于历史理论及治史法的书往往不对历史这个词作明确的区别，轮换着使用它的两个含义，既用它指认识历史这一主观现象，也用它指假定存在的客观或客观化的现象。[4]

---

① ［英］杰弗里·巴勒克拉夫：《当代史学主要趋势》，杨豫译，6 页，上海，上海译文出版社，1987。

② 同上，5～6 页。

③ 一般所说的兰克及其学派，其实是被曲解或误读了，详情见后。不过，这里权且沿用"成见"。

④ ［法］雷蒙·阿隆：《论治史》，冯学俊、吴弘缈译，95～96 页，北京，生活·读书·新知三联书店，2003。

事实上，历史一词的这种模棱两可不仅常见于西语，而且同样存在于汉语。由于人们一般习焉不察，平时说到历史往往都把客观的事实与主观的认知搅和在一起了。

当然，这种混淆在所难免，也很正常，就像我们说"这部影片不错"时，不知道也不需要知道是在说影片本身不错还是在说我们认为它不错是一个道理。然而，作为学术研究的基础，如果核心概念不甚明晰，那么混乱与模糊也就在所难免了。而传统的史学或原始的史学，就在这样一个基本前提尚未明朗的局面下展开如山似海的著述。于是，后人往往搞不清其中哪是实的，哪是虚的，哪是曾经发生的事实，哪是后来讲述的故事。为此，现代史学首先廓清了历史的"两面性"，即我们所说的历史是由发生学的历史和认识论的历史这两个侧面所构成，进而在此基础上揭示了所谓历史只能是认识论意义上的历史认识，而不可能是发生学意义上的历史事实。为什么呢？因为，真实发生的历史事实都是一次性的，都是即生即灭、转瞬即逝的，一旦发生即成为永恒的过去而不可复制、不可复原、不可重演。有谁曾经见过再打一场伯罗奔尼撒战争，再来一回哥伦布发现新大陆，再开一次联合国成立大会，再演一场香港回归的现场直播呢？由此可见，我们所说的历史说到底都是，并只能是"事后"人们对历史事实所做的回忆、记录、描绘、演绎、叙说、论述、评判等，一句话就是人们对历史事实的认知。比如，不管人们怎么讲述历史都离不开概念与判断，而概念与判断就属于认知范畴。再如，任何历史事实都离不开讲述，而讲述则受制于一系列语言学的逻辑、规则、方向等，也就是说人们在讲述的时候会不知不觉被语言机制牵着鼻子走，就像讲述一个历史事实或历史故事时，不能不用一套起承转合的叙事线索，把本来可能互不相关的事情或细节穿针引线地连缀起来，从而形成一个看似浑然一体的历史。刘禾的看法不无启发和警示："世界上每天都发生很多事情，如果说它们之间有什么联系的话，通常也都是时间和地点上的交叉和巧合，或者还有佛家所讲的因缘。遗憾的是，历史学家经常乘人不备，把他们想象出来的因果关系和历史逻辑，强行塞进这些复杂的巧合里面，然后利用叙事的手法说服读者。"[①] 总之，对于"历史"，不管人们多么想趋近客观发生的历史事实，但说来说去总是在一个类似孙悟空金箍棒划出的圆圈里打转转儿，即总是在主观的历史认识范围里"做文章"。

既然历史事实归根结底尚且属于认识的范畴，那么对历史事实的任何解释就更是如此了。这里，只举一个德国史学家所钟爱的例子就足以说明问题：

显然，一场人们想解释的战役，无论是解释其进程还是解释其对某一参战方来说是幸运的结局，在历史叙事中都会被表现为一系列命题，这个经过思索后被

① 刘禾：《剑桥的陌生人》，44 页，北京，生活·读书·新知三联书店，2023。

讲述出来的战役在本质上不同于将士们亲历的战役。经过史学家思考和讲述的战役绝不是对实际战役的再现或复制，而是一种重构或重组。假定叙事、重构或重组仅仅是对过去事件的反映，那纯属幻想。[①]

准此，我们也就不难理解这样一个顺理成章的现代史学观念或观点："历史认识与所有的科学认识一样，其性质是重建真实，而不是再现或反映真实，因此，从定义上讲，它是有选择性的、部分的。"[②] 这个道理看起来简单得不能再简单，然而一旦明了这个道理，则对历史就有一种别开生面的憬悟。据说，当初美国航天局的众多科学家曾为一个小事情大伤脑筋，即由于太空中没有"压力"，任何笔里的墨水或油墨都流不出来，于是宇航员如何写东西就成为一个问题。大家绞尽脑汁，也没有想出什么高招。后来，有一位德国少年打来电话，怯生生地提了个建议："用铅笔怎么样？"大家听了以后，不由欢呼雀跃。上述有关历史的理解，也是如此。

综上所述，所谓历史是由两个相关而又相别的方面所构成，一方面是实际发生的历史事实，另一方面是人为书写的历史认识；就这两个方面而言，人们实际所说所论的历史乃是后者而非前者。所以，一切历史归根结底都是一种历史认识，即对历史事实的重建、重构或重组。

对此，马克思说得很透彻：

> 历史从哪里开始，思想进程也应当从哪里开始，而思想进程的进一步发展不过是历史过程在抽象的、理论上前后一贯的形式上的反映；这种反映是经过修正的，然而是按照现实的历史过程本身的规律修正的……[③]

廓清了历史这个概念，下面就从"文""史""哲"三个角度，简要讨论一下现代史学的新发展或新动向，具体说就是"一切历史都是当代史""一切历史都是思想史"和"一切历史都是文学史"这三个命题。

四

一般来说，具备现代科学意味的、按照科学规范建立起来的历史学科形成于 19 世纪的欧洲，其标志便是遵奉实证主义、倡言"如实直书"的实证史学。正如巴勒克拉夫所言："作为理性探索的历史学，它的起源和社会科学一样，都产生于 19 世纪实证主义

[①] ［法］雷蒙·阿隆：《论治史》，冯学俊、吴弘缈译，133～134 页，北京，生活·读书·新知三联书店，2003。
[②] 同上，125 页。
[③] 《马克思恩格斯选集》第 2 卷，14 页，北京，人民出版社，2012。

这同一土壤上。"①进入 20 世纪后，实证主义开始受到越来越多的留难，在各种"新史学"（New History）的反思与反拨中，传统的、朴素的、自然的史学日渐动摇，历史就等于过去的意识日渐倾覆。尽管新史学的不同流派有不同的追求，但都殊途同归地确认所谓既往的、客观的、类似出土文物的历史不过是史家追求的乌托邦。依据新的认识，历史并非同已朽的尸骨打交道而与尚存的活人不相干；相反，历史总是同当代社会、同现世人生息息相关，丝丝相扣。不管对个人生活还是对人类生存来说，历史从来都是不可剥离的组成部分，因而具有十足的当代性而非历史性，鲜明的主体性而非客体性。换言之，在现代史学的观念中，历史已经从过去被还原到当代，从客体被还原到主体。由此一来，就导致史学领域的一场大换位，即史学的立足点由属于过去的客位上转移到属于当代的主位上。而代表这一趋势或思潮的，便是美国历史学家卡尔·贝克尔和意大利哲学家克罗齐。

1924 年，贝克尔在康奈尔大学宣读了一篇精义迭出、影响甚大的论文——《什么是历史事实》。在这一历史科学的"名篇佳作"中，贝克尔提出三个问题：历史事实是什么、历史事实在哪里和历史事实发生于何时。这三个问题说到底都围绕着历史的当代性，都在集中探讨历史与现实的一体关系。

首先，贝克尔指出，历史事实并不等于过去发生并已一去不复返的"真实事件"，"不管真实事件和历史事实两者联系多么紧密，它们却是两件完全不同的事情"。②真实的事件一旦发生便不会再现，不会重演，后人也就不可能再亲身经历它。"他所能接触的仅仅是这一事件的有关记载"，③而这种记载便构成眼前呈现的历史事实。试想一下，我们见到的哪个历史上的"真实"人物不是其"图像"？我们听到的哪个历史上的"真实"事件不是其"传说"？所以，在贝克尔看来，历史事实并非曾经发生的真实事件，"而是证明曾经发生过这一事实的有关记载"，"是可以使人们想象的再现这一事件的一个象征"。④

既然历史事实是记载，是证明，是再现真实事件的象征，那么不言而喻它就存在于人的头脑中，或者说存在于人的精神世界或文化创造中，除此之外没有其他安身之处。假如一个历史事实无人知道，也未留下它的任何传言、资料和记载，即人的精神世界里没有它的任何踪影，人的文化创造中没有它的丝毫痕迹，那么又凭什么说曾经发生过如此这般的历史事实呢？当然，这并不否定也无法否定曾经发生的、客观存在的真实事件，只是后人不得而知，无从知晓，就像宇宙太空客观存在的黑洞，只是人们看不

① ［英］杰弗里·巴勒克拉夫：《当代史学主要趋势》，杨豫译，71 页，上海，上海译文出版社，1987。
② 张文杰等编译：《现代西方历史哲学译文集》，230 页，上海，上海译文出版社，1984。
③ 同上，229 页。
④ 同上。

见、摸不着。为此，贝克尔概括道：

> 只有当人们，你或我，依靠真实事变的描写、印象或概念，使它们生动地再现于我们的头脑中时，它才变成历史事实，才产生影响。正是这样，我才说历史事实存在于人们的头脑中，不然就不存在于任何地方。[①]

弄清历史事实是什么和历史事实在哪里的问题后，则历史事实发生于何时的问题便不难回答——"如果历史事实生动地展现在人们的头脑中，那么此刻它就是现在的一部分"。[②] 换句话说，历史事实就活生生地展现于当代而非古代，作用于今人而非古人。由此，贝克尔为历史下了一个最简化的定义："历史是说过和做过的事情的记忆。"人不能没有历史，犹如人不能没有记忆；而记忆与其说是指向过去，不如说是指向当下。因为，记忆总是出于当下的需要，总与当下的情景与行动密切相连。一个失去记忆的人，一个忘记自己是谁、来自何处的人，在现实世界中将无所措手足。正是立身处世的实际需要，才使人们保持一定的、足够应付现实的、关于个人和社会的记忆，而这就是贝克尔所说的历史。

概而言之，与19世纪的实证史学相对，现代史学不再将历史视为独立的、外在的、只同已逝的过去相关而与眼下的现实无涉的"物自体"，就像自然科学曾经面对的所谓客观自在的世界一样，历史已经从沉埋于过去的僵尸变成活跃于现世的生命。法国"年鉴学派"的先驱，20世纪的史学名家布洛赫之所以一再强调，史学家必须同全部生活之源即现实生活保持密切接触，原因也在于此。在《历史学家的技艺》一书里，布洛赫讲过一则逸事。有一次，他同比利时历史学家皮雷纳游览斯德哥尔摩：

> 刚到那里，他对我说："我们先参观什么地方呢？好像那里新造了一座市政大厅，我们先看那里吧？"似乎是为了打消我的惊愕，他又说："如果我是一个文物收藏家，眼睛就会光盯住那些古老的东西，可我是个历史学家，因此我热爱生活。"这种渴望理解生活的欲望，确确实实反映出历史学家最主要的素质。[③]

这个故事也说明，只有立足当代谈历史，才能把握历史的生命脉搏。

关于历史的当代性，不仅历史科学给予实际的解答，而且历史哲学也作出哲理辨析，其中尤以意大利哲学家克罗齐"一切历史都是当代史"的论断最为警策，也最富思想启迪。

---

① 张文杰等编译：《现代西方历史哲学译文集》，231页，上海，上海译文出版社，1984。
② 同上。
③ ［法］马克·布洛赫：《历史学家的技艺》，张和声、程郁译，36页，上海，上海社会科学院出版社，1992。

一般来说，自然主义的历史观是建筑在主与客、心与物相互对立的二元论之上的。由此形成两点常识性的假设或认定：第一，史实（客、物）早已独立存在，与人（主、心）无干；第二，历史的事实（客、物）是一回事，历史的意义（主、心）是另一回事。克罗齐从扬弃二元论的哲学立场出发，反对这种常识性史观。他指出，史实并非先已独立存在，而是需要经过人的思考才能显现，史实及其意义是在思想或精神活动中同时产生的。如前所述，认识历史、思考历史的精神活动必须采取判断的形式，而任何历史判断都是史实与意义的相互结合。以"拿破仑是欧洲的征服者"这一句式为例，其中既有拿破仑这一真实的历史人物，又有对这一史实的意义界定——"欧洲的征服者"。显而易见，判断不是关于事实的客观陈述，就像说"拿破仑是拿破仑"，而是思想活动的结果，如说拿破仑是"征服者"或"解放者"等，所以思想活动产生历史，思想活动便是历史，在思想活动或精神世界之外别无历史，说现实世界的演变过程就是历史，同说思想活动的发生过程就是历史属于同义反复。他举例说：

> 你想要理解新石器时代的利古里亚人或西西里人的真实历史吗？那你就试着（如果你能够的话）在你的心灵里变成一个新石器时代的利古里亚人或者西西里人吧。如果你不能做到或者不肯做到这一点，那末你就使自己满足于描述和编排已经发现属于这些新石器时代的人的头盖骨、工具或绘画吧。[1]

也就是说，你只能做个发思古之幽情的人种学家或考古学家，而不是一个真正的历史学家。

在实证史学的宗师兰克看来，历史和哲学是把握世界的两种不同的方法，分别对应着个别与普遍、具体与抽象、经验与先验等。而克罗齐认为，历史与哲学是一致的、统一的，就像深受其思想影响的柯林武德所概括的："必然的或普遍的真理与偶然的或个别的真理并不是两种不同的认识，而是每一种真正认识中不可分割的成分。"[2] 这种一致和统一的基础，同样是由历史判断的性质所赋予的。因为，"个别的或历史的判断并不是对一个给定事实的单纯直觉或对一种感觉材料的领会；它是一个有谓语的判断；这个谓语就是一个概念；而这个概念就呈现在作出这个判断的人的心灵之中"。[3] 还以"拿破仑是欧洲的征服者"为例，它的主语"拿破仑"代表一个具体可感的个别事物，而它的谓语则含有一个抽象的、具有普遍意义的概念"征服者"。我们不谈历史则已，一谈就必然要将个体与普遍、事物与概念、史实与意义联系在一起。比如将拿破仑与征服

① ［英］柯林武德：《历史的观念》，何兆武、张文杰译，226 页，北京，中国社会科学出版社，1987。

② 同上，221 页。

③ 同上。

者、解放者、暴君、英雄等联系起来，否则便无法言说历史。我们总不能翻来覆去地唠叨"拿破仑是拿破仑"吧。这就是克罗齐关于普遍的或规定性的判断同个别的或历史性的判断相互蕴涵的理论，也是他对哲学与历史的同一性所作的语义分析和逻辑解答。还用柯林武德的论说来概括："使得历史学家成为一个思想家的事实是，他思索出这些谓语的意义，并且发现这些意义体现在他所思考的个体之中。"①

从历史与哲学（思想）的同一性中，自然会得出这一结论：一切历史都是当代史。因为，任何思想活动对思维主体来说总是发生于"当代"，总是此时此地浮现在人们脑海中的意识或认识活动，所以一切历史都是当代史。即使距今遥远的事件，其存在条件也如克罗齐的名言所说的——"在历史学家的心灵中激荡"，其证据也必须是此时此地就在他的面前，而且对他是可以理解的。不仅如此，这种回荡在人们心中的历史总是同现实人生互为依存，表里一体，只有现在生活中的兴趣才促使人们去研究过去，才引导人们去探讨历史，并且按照现在的兴趣去思考历史和理解历史，正如最早研究克罗齐的中国学者朱光潜先生所言：

> 没有一个过去史真正是历史，如果它不引起现时的思索，打动现时的兴趣，和现时的心灵生活打成一片，过去史在我现时思想活动中便不能复苏，不能获得它的历史性。就这个意义说，一切历史都必是现时史。②

概括起来，一切历史都是当代史的命题包含三层意思：复现历史都表现为现时的思想活动；研究历史都由现时的兴趣所引发；把握历史都按现时的水平去衡量。这三者都展示出历史与现时的统一性，而正是这种统一性使过去的历史获得突出的当代性，进而言之，当代性才是"全部历史的本质特征"（克罗齐）。③

五

与克罗齐同时的英国哲学家柯林武德，步克罗齐后尘而提出一个同样著名的相似命题——"一切历史都是思想史"。这个命题的旨归在于，将"以往杂乱无章、支离破碎的史学研究改造成为真正能提出明确的问题并给出明确答案的史学"（何兆武）。④在柯林武德看来，"传统的史学是不能担此重任的，因为传统的史学只不过是剪刀加糨糊

---

① ［英］柯林武德：《历史的观念》，何兆武、张文杰译，223 页，北京，中国社会科学出版社，1987。
② 朱光潜：《克罗齐哲学述评》，《朱光潜美学文集》，第 2 卷，434 页，上海，上海文艺出版社，1982。
③ 张文杰等编译：《现代西方历史哲学译文集》，294 页，上海，上海译文出版社，1984。
④ 何兆武：《历史理性批判论集》，200 页，北京，清华大学出版社，2001。

的历史学，或者说剪贴史学"。①这个命题与克罗齐上述命题的内在关系与逻辑线索，是一目了然、显而易见的。既然一切历史都是当代史，而当代史的立意就是荡漾在人们心灵中的历史，那么一切历史都是思想史的命题，也就成为顺理成章的题中之意。不过，这里并不是想专门探讨柯林武德的史学思想，而是借用他的这个命题来说明现代史学的第二个突出特征，即注重史学的思想蕴涵、哲学意味和精神追求："用一个流行的比喻说法，即：思想是灵魂，抽掉了思想，历史或史学就将剩下一具没有灵魂的躯壳。"②

法国哲学家雷蒙·阿隆，在其法兰西学院的课程讲义《论治史》中谈到两类史学家，一类是读过哲学的史学家，另一类是不读或不懂、总之不重视哲学的史学家。③与传统史学相比，现代史学的哲学意识明显增强。最早提出"历史哲学"这一概念、被普希金誉为"把哲学的明灯带进了幽暗的历史档案库"的伏尔泰就指出，写历史要有哲学家的眼光，要写出"哲学的意味"。④ 20 世纪的德国思想家斯宾格勒更以其《西方的没落》，为哲学化的历史树立了一个典范。他甚至不无偏激地说道："一切真正的历史著作都是哲学，除非它纯粹是一种蚂蚁的工作。"⑤现代史学的这一趋势，既是由于 20 世纪以来各种思潮此起彼伏激扬冲荡，也是由于各个学科互相渗透、彼此交叉。对于这一日渐突出的趋势，巴勒克拉夫在《当代史学主要趋势》里也特意写道：

> 人们往往说，历史学家作为一个整体总是对哲学论证抱怀疑态度。他们在工作之前并不事先就自己工作的哲学前提作一番讨论。然而，哲学从前门被赶了出去又总是从窗口飞了回来。到了二十世纪二十年代，当狄尔泰和克罗齐的观点和著作赢得了广大读者时，历史主义的思想方法甚至对那些从事实际工作的普通历史学家也发生了愈益增强的影响。这些人一直对哲学毫无兴趣、声称自己的工作纯属经验范围，并且不知假设为何物。⑥

追溯起来，现代史学本来即由历史科学与历史哲学两个相辅相成的面向所构成，前者以 19 世纪德国的一代史学宗师兰克为代表，后者以 18 世纪意大利思想家维柯为典范。兰克虽以"如实直书"（Wie es eigentlich gewesen）的科学精神著称，但其形象似乎多少被歪曲了，人们要么把他看成是非哲学的、经验主义"历史科学之父"（H. 亚

---

① 何兆武：《历史理性批判论集》，201 页，北京，清华大学出版社，2001。
② 同上，206 页。
③ ［法］雷蒙·阿隆：《论治史》，冯学俊、吴弘缈译，24 页，北京，生活·读书·新知三联书店，2003。
④ 郭圣铭编著：《西方史学史概要》，122 页，上海，上海人民出版社，1983。
⑤ ［德］斯宾格勒：《西方的没落》上册，齐世荣等译，67～68 页，北京，商务印书馆，2001。
⑥ ［英］杰弗里·巴勒克拉夫：《当代史学主要趋势》，杨豫译，16 页，上海，上海译文出版社，1987。

当斯语）①，要么把他视为寻章摘句的、"枯燥无味的教授"——Professor Dryasdust
（T. 卡莱尔语）。事实上，兰克史学同样隐含着深刻的哲学意识：

> 兰克意识到有一个隐藏在世界背后的上帝，上帝通过人类和历史来表现自己，
> 所以兰克就把个人、民族和国家描绘成为一种世界运动的工具。②

也就是说，"兰克是被哲学的和宗教的兴趣所引导着去研究历史的"，"兰克的全部
事业都在追求着一种理论，即把历史的力量看作是观念"。③无怪乎有的学者认为，兰克
"在内心深处是一个伟大的艺术家与史诗诗人"，④而哲学家狄尔泰甚至将他比作歌德。⑤
对于这一点即兰克史学中的哲学与宗教意味，人们往往比较忽略，从而只见其历史科学
的这一面，而不及其历史哲学的另一面。比如：

> 二十世纪二三十年代傅斯年主持建立中央研究院历史语言研究所的路数，其
> 意即在师兰克的故智。当时胡适、傅斯年一辈人以为历史学就是史料考据，故有
> "有一分证据说一分话"的格言。殊不知证据本身是不会说话的；说话的不是证
> 据，而是号称掌握了证据的人。而且"史料即史学"的说法，也是对兰克及其学
> 派的严重误解。兰克学派虽然以资料博洽、考据精赅著称，然而他们进行研究的
> 指导思想却是他们内心深处那种根深蒂固的世界观。⑥

无论如何，作为"历史科学之父"的兰克及其学派，对现代史学及其哲学追求都产
生巨大影响。与此同时，现代史学的另一面向即历史哲学，在这方面就更是用力甚勤。

按照史学家沃尔什的观点，近现代的历史哲学分为两大类型，一是思辨的历史哲
学，一是分析的历史哲学。前者追究的是历史自身的发展规律，后者探析的是史学自身
的认识性质；前者属于本体论，后者属于认识论。而两者的分水岭，即是沃尔什1951
年出版的《历史哲学——导论》。

着眼历史演进及其"宏大叙事"的思辨历史哲学，起自维柯的《新科学》（1725）。
维柯虽然出生在所谓"天才的世纪"即17世纪，但其著述及影响却发生在18世纪。其
代表作《新科学》是一部集诗学、语言学、历史哲学等为一体的名著，而他所谓的"科

---

①　详见伊格尔斯的《美国与德国历史思想中的兰克形象》一文，附于伊格尔斯《二十世纪的历史学——从科学的
客观性到后现代的挑战》，何兆武译，240页，沈阳，辽宁教育出版社，2003。

②　同上，251页。

③　同上，278页。

④　同上，259页。

⑤　同上，266页。

⑥　［英］伊格尔斯：《二十世纪的历史学——从科学的客观性到后现代的挑战》，何兆武译，2～3页，沈阳，辽宁
教育出版社，2003，"译者前言"。

学"是广义的科学，"既包括语言学，又包括哲学"。① 在这部经典著作中，维柯提出一个有名的历史发展"三部曲"——神的时代、英雄的时代和人的时代：

> 这三个时代的划分是由埃及人传给我们的，埃及人把世界从开始到他们的那个时代所经历的时间分为三个时代：（1）神的时代，其中诸异教民族相信他们在神的政权统治下过生活，神通过预兆和神谕来向他们指挥一切，预兆和神谕是世俗史中最古老的制度；（2）英雄时代，其时英雄们到处都在贵族政体下统治着，因为他们自以为比平民具有某种自然的优越性；（3）人的时代，其时一切人都承认自己在人性上是平等的，因此首次建立了一种民众（或民主）的政体，后来又建立了君主专政政体，这两种都是人道政权的不同形式……②

与此相应，《新科学》里还论及一系列"鼎足三分"的情形，如三种自然本性——神的自然本性、英雄的自然本性和人的自然本性，三种自然法——神的法、英雄的法和人道的法，三种政府——神的政府、英雄的或贵族专政的政府和人道的政府，三种语言——神的心头语言、英雄们的徽纹语言和人的发音的语言，三种理性——神的理性、国家政权的理性和自然理性等。这套形而上学的历史哲学，对 19 世纪的孔德显然产生直接的影响。作为西方社会科学和实证主义的奠基人，孔德在《新科学》问世约一个世纪后的 1822 年，也就是在他 24 岁时提出另一个"三部曲"，人类心灵在反映世界时，经历三个阶段或三种形态——神学、形而上学和实证科学：

> 于是我们就发现，孔德把人类历史（或者不如说是欧洲历史）展示为一幕三个阶段在其中是历历可辨的进步。首先出现的是一个漫长的神学时期，它除了原始的野蛮时期外，还包括希腊和罗马的文明和中世纪，它标志着由拜物教（万物有灵论）通过多神论朝着一神论的逐步过渡。然后随着文艺复兴、科学的兴趣和工业的发展，接踵而来的就是形而上学的阶段，这是一个批评和否定的思想的时期，它以旧制度的崩溃为其特点而登峰造极于法国大革命。最后我们就进入实证主义时期，……它将以科学而不是以迷信为基础，并且它那大祭司将不是教皇而是奥古斯特·孔德。③

孔德

---

① ［意］维柯：《新科学》，朱光潜译，"英译者的引论"，26 页，北京，商务印书馆，1986。
② 同上，26 页。
③ ［英］沃尔什：《历史哲学——导论》，何兆武、张文杰译，163 ~ 164 页，桂林，广西师范大学出版社，2001。

由维柯开启的思辨历史哲学，经过康德、黑格尔、马克思等德国思想家的发展而蔚为大观，特别是马克思的历史唯物主义，更成为影响深远的伟大学说，无论对历史研究还是对历史实践都产生无与伦比的作用。巴勒克拉夫曾独具慧眼地指出，在思辨的历史哲学已如明日黄花的消退季节，唯有马克思主义依然具有强大的生命力：

> 今天仍保留着生命力和内在潜力的唯一的"历史哲学"，当然是马克思主义。……当代著名历史学家，甚至包括对马克思的分析抱有不同见解的历史学家，无一例外地交口称誉马克思主义历史哲学对他们产生的巨大影响，启发了他们的创造力。伊赛亚·柏林在他的著作中写道："在一切比较重要的社会历史理论当中，马克思主义胆量最大，而且最充满智慧。"[①]

20 世纪以降延续思辨的历史哲学传统的，当数德国思想家斯宾格勒及其史学嫡传、英国史学家汤因比。斯宾格勒以惊世骇俗的《西方的没落》而在 20 世纪西方思想史上确立地位，汤因比则以卷帙浩繁的《历史研究》而风靡一时。如果说前者是哲学化的历史，那么后者就是历史化的哲学。换句话说，斯宾格勒是用哲学的语言讲历史，而汤因比是用历史的语言讲哲学。具体说来，斯宾格勒以哲学家的目光透视人类历史，形成一整套宏大叙事（grand narrative），其中尤富启迪意味者就在于破除根深蒂固的线性历史观，而代之以生命轮回式的历史观。在他看来，人类历史并非从古及今一脉延续，无休无止，而是一个个从生到死、循环往复的过程，就像有始有终的生命体，或者像一年四季春夏秋冬的周期。这种观念，倒是同中国古代的时间观和历史观暗暗相通。我们知道，梁启超倡导现代"新史学"以前，中国人的思想观念里也没有一个所谓从远古到未来不断发展、不断上升、不断前进的线性脉络，有的也是某种循环往复的生命意识——"年年岁岁花相似，岁岁年年人不同"，比如六十年一个甲子的计时法，就是这种历史观的体现。也正是受到斯宾格勒历史哲学的启迪，汤因比将人类历史分为二十余个"文明"，如埃及文明、古希腊罗马文明、印第安文明、中国文明、印度文明、阿拉伯文明等，其中每一个文明都有自己的生命周期，从而形成自己独特的历史景观和文明形态。

总的说来，思辨的历史哲学进入 20 世纪后日渐式微，特别是第二次世界大战后随着后现代思潮的波涌浪翻，这种追求历史宏大规律的思路越来越遭到质疑与挑战，"如果说在当代历史研究的趋势中确实有一个最突出的特征的话，那就是历史学家摈弃了历史哲学"。[②]于是，思辨的历史哲学落幕了，分析的历史哲学登场了。多少了解当代思潮

---

① ［英］杰弗里·巴勒克拉夫：《当代史学主要趋势》，杨豫译，261 页，上海，上海译文出版社，1987。
② 同上，260 页。

者都知道，20 世纪以来的人文社会科学无不受"语言学转向"的左右，这一"哥白尼式的革命"对诸多学科不是一般性的、学科交叉意味上的影响，而是根本性的甚至是改朝换代的革命。对史学而言，"语言学转向"也同样意义重大，影响深远。由于这种影响，历史哲学告别思辨而走向分析，同时历史科学也摆脱考据而复归叙事，其间始终贯穿着现代语言学的一系列核心思想。

说到"语言学转向"以及分析的历史哲学，其实也就涉及我们所谈的第三个命题，即"一切历史都是文学史"。

六

现代史学的一大趋势，是向文学靠拢或回归，即美国哲学家路易斯·明克在《国际历史研究手册》上所论述的："近来历史哲学的发展渐渐已经不再倾向于把历史研究作为'科学的'，甚或'社会科学的'分支加以分析，而是更多地倾向于历史写作的结构，即强调恢复传统的，但常常被忽视的历史与文学之间的联系。"①

本来，历史与文学的联系可谓源远流长。中国有句老话，叫作"文史不分家"，而追溯起来，这句话就是从古代治史传统引申而来的。众所周知，中国古典史传往往具有鲜明生动的文学意味，无论正史还是野史都不妨当文学作品看待。比如，先秦时代的《左传》《战国策》《国语》《吕氏春秋》等，无不文笔鲜活，生动有趣且不乏深刻寓意；司马迁甚至被毛泽东径直称为一个"文学家"（《为人民服务》），他的《史记》更被鲁迅先生盛赞为"史家之绝唱，无韵之离骚"；为魏晋风度和魏晋风流画像的文人笔记《世说新语》，在记人叙事上更是出神入化，活灵活现，含蓄隽永，耐人寻味，等等。唐代史学家和史学理论家刘知几，在回答古往今来为什么有名的文人多而出色的史家少的问题时，曾将优秀史家的禀赋概括为三个不可或缺的要素，即所谓才、学、识。学自然是指学问，史家不能像文人那样凿空而论，而必须讲求根据，即言必有据，而据就是学问。识则指见识，没有见识，再有学问也难成大家，对此刘知几比喻说，这就好比一个人虽然拥有万贯家产，可惜不会经营，结果无法使家产增值。相反，仅有见识而没有学问，在刘知几看来，又好比一个能工巧匠手头没有工具，没有材料，结果同样一事无成，即俗话说的"巧妇难为无米炊"。至于刘知几说的才，自然指文才或才华，一个史学家如果没有文才或才华，那么即便学问很大，见识很高，可惜写出东西来却了无生趣，索然无味，同样难成大家。不言而喻，同时具有才、学、识三长（清季大儒章学诚的《文史通议》又增加一个"德"）的人，古往今来总是寥若晨星，所以刘知几归结

① ［美］L. 明克：《当代西方历史哲学述评》，载《国外社会科学》1984（12）。

说，有名的文人多而出色的史家少。以上这些事例无不表明，中国古代的治史传统，对文笔、文采、文思、文辞、文气等因素一直都是非常注重的。在今天的语言里，历史似乎像个枯索干瘪的老人，而在古代的语言里，历史即"史"却有着才华横溢以致虚浮的含义。比如，《论语》里有句话说："质胜文则野，文胜质则史。文质彬彬，然后君子。"意思是说："朴实多于文采，就未免粗野；文采多于朴实，又未免虚浮。文采和朴实，配合适当，这才是个君子。"（杨伯峻译文）孔子这句话里的"史"，就是虚浮的意思。可见，历史在古人的心目中，本来是同灵动鲜活的意象联系在一起的。

进而言之，不独中国古代有这种文史不分的特征，西方以及其他文明的古典治史传统也同样如此。比如，被誉为"历史之父"的古希腊史学家希罗多德，就把一部《希罗多德历史》写得摇曳生姿，妙趣横生。另外，同时期的其他史学名著如《伯罗奔尼撒战争史》（修昔底德）、《塔西佗历史》（塔西佗）、《长征记》（色诺芬）、《高卢战记》（恺撒）等，也无不以优美的文笔、生动的故事和出色的叙事见长。也许因为这个缘故，在古希腊神话中，司历史的女神克利俄（Clio）不仅属于九位艺术女神之一，而且名列这九位缪斯之首。以至于英国现代史学家屈维廉（G. M. Trevelyan），为批评实证主义史学而发表的文章就以《克利俄：一位缪斯》为题。对此，刘昶在《人心中的历史——当代西方历史理论述评》一书里概括得好：

> 以优美的文笔如实叙述过往的人事，对其进行道德评判，从中揭示出历史的道德教训，这就是古典史学的基本特点。一位缪斯加一位道德评判家，这就是克莱奥（即克利俄——引者注）的古典形象。[1]

事实上，直到19世纪初期，西方"历史学著作一直有两大占主要地位的传统：一种主要是学究式和古董式的，另一种则本质上是文学式的"。[2]只是到了近现代，伴随科学理性的无限扩张，特别是19世纪以孔德为先驱的实证主义大行其道，这样一种文学化或叙事化的史学传统才开始遭到质疑与轻略，被打上"非科学"或"不科学"的烙印而退居边缘。这一趋势的具体表现，就是历史学的专业化和科学化，其中尤以兰克及其学派的崛起最为突出："兰克的目的是要把历史学转化为由在专业上训练有素的历史学家们进行操作的一门严谨的科学。"[3]按照这种严谨的、客观的、一丝不苟、不动声色的史学理论，历史的全部要义就在于"事实"，如果说新闻是当下的事实，那么历史就是过去的事实。于是，研究历史、书写历史就等同于收集材料，考察材料，然后"如实直

① 刘昶：《人心中的历史——当代西方历史理论述评》，13页，成都，四川人民出版社，1987。
② ［英］伊格尔斯：《二十世纪的历史学——从科学的客观性到后现代的挑战》，何兆武译，25页，沈阳，辽宁教育出版社，2003。
③ 同上，27页。

书"。依据这种"科学"的史学观，材料俨然成为史学的一切，材料以及材料的汇聚仿佛就是历史——如傅斯年说的"史学就是史料学"，或如胡适说的"有一分材料说一分话，有十分材料说十分话，没有材料就不说话"等。如此一来，一切具有文学意味的因素，如叙事、描写、想象、灵气、情感、美感等，自然都因有悖事实与有违科学而"退出历史舞台"：

> 对于历史学家们也像对其他科学家们一样：真理就在于知识与客观实际相符合；那对于历史学家们而言便是"要像它实际所发生的那样"建构过去。历史学这一自我界定之作为一种科学规范，对于历史学家的工作就蕴涵着科学话语与文艺话语、专业历史学家与业余爱好者双方之间的严格区分。①

显然，在这种主客二分的史观背后，实际上隐含着这样一种认识，即事实是事实，表述是表述。表述只是手段，不管怎样表述都仅仅是对历史事实的镜像式映照，而无妨于那个实际存在的历史事实。

然而，随着索绪尔的语言学及其影响下的符号学与结构主义在"二战"之后异军突起，特别是后结构主义、解构主义、后现代主义等当代思潮的强劲推动，现代史学对待上述问题的看法已经开始发生不变。正如伊格尔斯所指出的：

索绪尔

> 所有国家的历史学家们大抵都同意，自从十九世纪初期国际上就开始作为一种专业规范在运用着的那种历史研究方式，已经是既不符合二十世纪下半叶的社会政治状况，也不符合现代科学的要求了。同时，有关历史的和历史学的观念，也经历了深刻的变化。②

这个变化从社会历史的大背景上考察，也同 20 世纪以来人们对启蒙、理性、科学、现代科技、西方文明等越来越深的幻灭感密切相关——"在后现代主义的探讨中，启蒙运动已经变成了一个打人的坏孩子，不仅要对掏空了世界的意义负责，而且也要对创造了技术的和行政的工具来统治人类负责"。③比如，在阿多诺、霍克海默、马尔库塞等法兰克福学派的思想家看来，启蒙运动对理性和科学的信仰不仅不再被看作解放人类的旗帜，相反却成为操纵人类的利器，就像人工智能新媒体。不过，

---

① ［英］伊格尔斯：《二十世纪的历史学——从科学的客观性到后现代的挑战》，何兆武译，2 页，沈阳，辽宁教育出版社，2003。

② 同上，1 页。

③ 同上，167 页。

这里为简明起见，我们只涉及"语言学革命"及其对现代史学观的冲击。

现代语言学的这场革命，由瑞士语言学家索绪尔开启，其中包含一系列颠覆性或革命性的思想，这些思想都汇聚于他的名著《普通语言学教程》（1916）。依照他的理论，语言是一套自足的符号系统或结构系统，人们并非用语言作为工具来传递思想，相反倒是人们的思想往往受制于语言的内在结构。通俗一点说，不是人在说话，而是话在说人。后来，这个所谓的"话"不仅指语言，而且也推而广之地指人所寄寓的文化。由此看来，与其说人们生活在由物质所构成的现实之中，不如说是生活在由语言及其意义所编织的文化网络之中，即美国文化人类学家克利福德·格尔茨在《文化的解释》中所言：

> 马克斯·韦伯提出，人是悬在由他自己所编织的意义之网中的动物，我本人也持相同观点。于是，我以为所谓文化就是这样一些由人自己编织的意义之网，因此，对文化的分析不是一种寻求规律的实验科学，而是一种探求意义的解释科学。[1]

《普通语言学教程》

作为一门人文社会科学，史学同样既是一种寻求规律的实验科学，更是一种寻求意义的解释科学。

索绪尔的语言学思想，对 20 世纪 60 年代法国结构主义的罗兰·巴尔特、70 年代解构主义的雅克·德里达、80 年代后现代主义的米歇尔·福柯等文人学者，都发生直接而巨大的影响，这一影响又通过"新历史主义"而波及史学领域。按照新历史主义理论家的共同看法，"文本之外一无所有"（德里达语）：

> 文本并不是指外部的现实，而是就包含在它自己的本身之内。这一点不但对文学的文本而且对历史编撰学的文本，都是真确的。既然文本并不指客观的现实，所以巴尔特就论证说，真理和虚构并没有区别。[2]

就此而论，美国学者海登·怀特及其"历史诗学"尤其具有代表性和启发性。海登·怀特（Hayden White）是"新历史主义"的旗手，在其 1973 年问世的新历史主义代表作《元历史》（*Metahistory*）中，他着力阐明的要点之一就是"文史不分家"，即

---

① ［美］克利福德·格尔茨：《文化的解释》，韩莉译，5 页，南京，译林出版社，1999。
② ［英］伊格尔斯：《二十世纪的历史学——从科学的客观性到后现代的挑战》，何兆武译，139 页，沈阳，辽宁教育出版社，2003。

历史与文学间的楚河汉界并不存在。对他来说，历史首先是艺术，用学术方式再现过去的每一次努力都是一次"诗化行为"（poetic act）："历史作为一种虚构过程的产物更具有文学和诗化性质，而非科学性和概念性。"① 他举例说，英国著名史学家吉本，在教堂阶梯上沉思提图斯（Titus）广场废墟的一刹那，形成了其名著《罗马帝国衰亡史》的主题——"野蛮与宗教"：

> 通过这瞬间的灵感，吉本抓住了他所要讲述的故事的情节。这个故事的创作就是这个瞬间结构的连续。
>
> 事实化的过程或虚构化的过程都包含于吉本作品的创作之中吗？是的，吉本努力使故事变得真实可信，努力将真实与包含在叙述中的歪曲、荒谬和谎言相区分，就这一点来说，是事实化的过程。但同时，吉本必须把真实的人物、地点和事件转换成他那种"人物"和"地点"，以使读者能跟随他所希望讲的故事一道前进，这个故事通过"情节化"方法成为一个特别种类的、讲述"盛衰"的故事从而阐明主题，就此来说，它又是个虚构的过程。②

这里的关键环节，在于区别与把握真实的历史和书写的历史或历史本体和历史认识等矛盾关系，真实的历史或历史本体不可能自然而然地呈现出来，不可能自己述说自己，能够呈现它们、述说它们的只能是书写的历史或历史认识。而只要人们开始书写历史、认识历史，本体的历史立刻就成为一种话语、一种文本、一种叙事，而这个书写的过程、认识的过程归根结底属于一种人为的建构，用怀特极而言之的说法就是一种虚构："后现代历史编纂学理论的基本观点是要否认历史著作所谈的乃是真实的历史过去。因此，罗兰·巴尔特和海登·怀特都肯定说，历史编纂学和小说（虚构）并无不同，它无非是小说的一种形式。"③ 怀特在《旧事重提：历史编撰是艺术还是科学？》一文中重申：

> 历史学家相信曾经存在过的实体是一回事，把这些事情当作某一特殊种类知识的对象进行构建又是另外一回事。我相信，这种构建活动是一件充满着诸多想象，同时又充满着诸多认识的事，这就是为什么我把我的计划定位为一项对历史编撰的"诗化"，而不是历史"哲学"进行概念化努力的原因。④

---

① ［美］海登·怀特：《旧事重提：历史编撰是艺术还是科学？》，陈恒译，《书写历史》（第一辑），25 页，上海，上海三联书店，2003。

② 同上，28 页。

③ ［英］伊格尔斯：《二十世纪的历史学——从科学的客观性到后现代的挑战》，何兆武译，136 页，沈阳，辽宁教育出版社，2003。

④ ［美］海登·怀特：《旧事重提：历史编撰是艺术还是科学？》，陈恒译，《书写历史》（第一辑），24 页，上海，上海三联书店，2003。

　　简言之，历史是一种经过构思、想象及编撰的文本，而作为文本的历史同文学等其他文本并无根本差别，它们归根结底都是借助语言而形成的叙事或故事："它们乃是言词的虚构，那内容更其是被发明炮制出来的，而不是被发见的，它们那些形式与其文学的对应部分、而不是与其科学的对应部分有着更多的共同之处。"①

　　这一看法乍一看非常"离谱"，然而深究起来又并非全无道理。比如，在任何历史的"情节编排"上，历史话语同文学话语一样，也无外乎"浪漫传奇、喜剧、悲剧和反讽"等叙事模式。再如，就历史中的"意识形态暗示"来说，也往往包含"无政府主义、保守主义、激进主义和自由主义"等叙事态度。而这些还只是构成历史文本的表层结构，除此之外还有"潜在的深层结构"，这个结构"本质上是诗性的""具有语言的特性"。于是，历史从根本上说同样不能脱离想象，同样不能不带有一切语言构成物所具有的建构性，不能不带有某种叙事性——文学如此，历史亦然："历史，无论是描写一个环境，分析一个历史进程，还是讲一个故事，它都是一种话语形式，都具有叙事性。"② 如此说来，文学与历史的书写确实难说有本质区别，如《史记》。法国"年鉴学派"的先驱马克·布洛赫在《历史学家的技艺》里，曾就历史话语的可信性写下一段耐人寻味的话：

　　　　最天真的警察也知道，取证不能仅仅以人们的证词为依据，尽管他对考证的理论一窍不通。同样，人们也早就知道，不可盲目地轻信所有的史料。……公元十一世纪，法国洛林的一个乡绅被一伙手持文字证明的教士所控告，这时他愤怒地喊道："任何人都能用墨水想写什么就写什么！"③

　　当然，严肃的史家绝对不能想写什么就写什么，但"书写历史"同"创造历史"确实又剪不断，理还乱。无怪乎英国史学家爱德华·卡尔在《历史是什么》里说："历史不是别人而是历史学家'制造出来'的：写历史就是制造历史的唯一办法。"④ 年鉴学派的另一位先驱费弗尔干脆认为"没有历史，只有历史学家"。⑤ 尼采在《悲剧的诞生》和《论历史学对人生的用处和不利》中，甚至否定历史研究的可能性和效能性。他相信，"不仅研究的对象是被历史学家的兴趣和偏好所决定的，而且自从苏格拉底和柏

---

　　① ［英］伊格尔斯：《二十世纪的历史学——从科学的客观性到后现代的挑战》，何兆武译，12 页，沈阳，辽宁教育出版社，2003。

　　② ［美］海登·怀特：《后现代历史叙事学》，陈永国、张万娟译，"译者前言：海登·怀特的历史诗学"，10 页，北京，中国社会科学出版社，2003。

　　③ ［法］马克·布洛赫：《历史学家的技艺》，张和声、程郁译，61 页，上海，上海社会科学院出版社，1992。

　　④ ［英］爱德华·霍列特·卡尔：《历史是什么？》，19 页，北京，商务印书馆，1981。

　　⑤ 《国外社会科学》，1982（5），9 页。

尼采

拉图以来西方思想所依据的信念，即存在着一种与思想家的主体性并无任何联系的客观真理——也是不可取的"。① 举例来说，法国大革命固然与当时众多参与者和亲历者的经验直接相关，但是如果没有后来逐渐形成的一系列历史文本、话语或叙事，没有这些叙事中体现的一整套历史逻辑和历史叙事——比如"攻占巴士底（当时只关押着七个人而无政治犯）""思想启蒙""理性主义""自由平等博爱"等，那么我们还能这样看待"法国大革命"吗？所以，依据海登·怀特的"历史诗学"，历史的要义就不在于发生的事实，而在于书写的文本了：

　　他看到了历史著作中不可避免的诗歌性质，这不仅把文学看作一种发明，一种制造，属于一个虚构想象的世界，而且还把历史看作一种具有相同叙事性的话语模式，因为个别的历史话语必然要对它处理的材料进行叙事性阐释。②

　　既然一切历史实际上都是文学或诗学，那么也就需要重估古典史学所珍视的修辞或文学传统，需要恢复近代史学曾经失去的修辞或文学气质。在这个过程中，史学就不仅仅只是一门确证事实、积累知识、揭示规律的社会科学，而是也成为一门寻求人生意义与存在价值的人文学科了。事实上，早在一百余年前，德国"新康德主义"哲学家，如威廉·狄尔泰（Wilhelm Dilthey）、威廉·文德尔班（Wilhelm Windelband）和亨利希·李凯尔特（Heinrich Rickert）等就提出所谓"历史主义"，以区别自然的世界（die Welt als Natur）和历史的世界（die Welt als Geschichte），即区别自然科学所研究的世界和历史所研究的世界：前者针对的是冷冰冰的普遍规律，而后者针对的是活生生的具体事实及其意义。与此同时，英国历史学家屈维廉（G. M. Trevelyan），也从历史科学的角度对此做了出色论述。他在 1913 年发表的《克利俄：一位缪斯》一文里，区分了历史科学与自然科学的两点差异。其一，历史不像自然科学那样具有实际效用，人们的历史知识再丰富、再高深，也不可能借以发明蒸汽机；其二，历史不能像自然科学那样演绎普遍适用的因果规律。所以，他认为：

　　就历史的不变的本质来说，它乃是"一个故事"。围绕着这个故事，就像血肉

　　① ［英］伊格尔斯：《二十世纪的历史学——从科学的客观性到后现代的挑战》，何兆武译，10 页，沈阳，辽宁教育出版社，2003。
　　② ［美］海登·怀特：《后现代历史叙事学》，陈永国、张万娟译，"译者前言：海登·怀特的历史诗学"，11 页，北京，中国社会科学出版社，2003。

围绕骨骼一样，应该贯穿许多不同的事物——对于人物的刻画，对于社会的和文化的运动的研究，对于可能的原因和结果的探讨，以及历史学家能够用以说明过去的任何东西。但是历史的艺术始终是叙述的艺术，这是最基本的原则。①

总之，在后现代史学看来，历史与文学、事实与建构、主观与客观等的界限，并不是截然两橛了不相涉。这种认识对理解历史的丰富蕴涵，提供了全新的思路和启发。另外，后现代史学的这种新趋势又仿佛回归古老的叙事传统，重新将历史作为"故事"和"讲述"，用伊格尔斯在《二十世纪的历史学——从科学的客观性到后现代的挑战》一书中的概括：

> 近几十年来越来越多的历史学家就达到了这样一种信念，即历史学是更紧密地与文学而不是与科学相联系着的。因为历史学并没有客体，所以历史研究就不可能有客观性；——这一观念已经越来越流行了。从而历史学家便永远都是他本人在其中进行思想的那个世界的囚犯，并且他的思想和感受是被他进行操作所运用的语言的各种范畴所制约的。于是，语言就形成了现实，然而语言却并不指向现实。……罗兰·巴尔特（Roland Barthes）在20世纪60年代和海登·怀特在20世纪70年代都强调历史文本的文学特性以及它们不可避免地所包含的虚构成分。法国和美国的文学理论家雅克·德里达（Jacques Derrida）和保罗·德·芒（Paul de Man）等人进一步发展索绪尔的语言乃是一套自足的符号这一概念，他们论证说：语言构成为现实更有甚于是指向现实。历史学家是研究文本的，但是这些文本并不指向外在世界。用德里达的名言来说："除了文本之外，便没有任何东西。"……运用到历史学上面来，这就意味着归根到底每一部历史著作都是一部文学著作，它必须以文学批评的范畴加以判断。②

不过，"新史学"在质疑史学的科学性而高张叙事性之际，又不免走向形而上学的片面性以及极端化，在泼洗澡水的时候不小心也将婴儿一起倒掉了。比如，虽然历史知识不可能具有绝对的客观性和科学性，但我们并不能因此放弃对真实性的责任，更不能由此走向另一极端——"现实并不存在，唯有语言才存在"（福柯）。这一点需要特别强调，否则历史就真成了"说什么，就是什么"的小姑娘以及唯心论、不可知等。历史既是客观存在的身外之物，又是主观书写的心造之象，正如英国史学家伊格尔斯所言："尽管许多历史学家都认真地对待当代的语言学、符号学和文学的各种理论，然而他们

---

① 田汝康、金重远主编：《当代西方史学流派文选》，182页，上海，上海人民出版社，1982。

② ［英］伊格尔斯：《二十世纪的历史学——从科学的客观性到后现代的挑战》，何兆武译，10～11页，沈阳，辽宁教育出版社，2003。

在实践上并不曾接受这种观念：即，他们所借以工作的文本与现实并无联系。确实，每一份历史叙述都是一种构造，但它是从历史学家与过去双方之间的对话中所产生的一种构造。"①就此而言，历史和新闻相似，都含有一个表述和一个事件，仅有客观的事件而无人为的表述便无所谓历史或新闻，同样仅有表述而无事件也不构成历史或新闻。其中，一个属于发生学的范畴，另一个属于认识论的范畴，发生学与认识论的交集才有历史或新闻。一句话，历史或新闻既关涉发生的事实，更牵扯言说的叙事，仅就后者而言不妨说："历史编撰终究是一门艺术，是文学的一个分支。"②

七

以上是对现代史学的新发展或新动向所做的简要概括，我们将其归结为三个命题，即一切历史都是当代史、一切历史都是思想史和一切历史都是文学史。这三个命题互相关联，一气呵成，分别对应着真（当代史）、善（思想史）、美（文学史）。它们的共同特征一言以蔽之，就是将历史从编年史的"断烂朝报"或"木乃伊"，变成洋溢着青春、生命与活力的"有机体"，如司马迁"究天人之际，通古今之变，成一家之言"的活生生图景，从而为人生在世提供富有意义的价值参照。德国哲学家卡西尔在其名著《人论》中论及历史时，曾将史学和艺术归结为探索人类本性的两个知识来源，在伟大的历史和艺术作品中才能看见真实的人、有个性的人，所以为了发现这种人，就必须求助于伟大的历史学家或伟大的诗人："诗歌不是对自然的单纯模仿；历史不是对僵死事实或事件的叙述。历史学与诗歌乃是我们认识自我的一种研究方法，是建筑我们人类世界的一个必不可少的工具。"③ 简言之，史学乃是人学。

需要说明的是，以上的概括难免存在简化倾向，甚至挂一漏万。比如，在现代史学中奇峰秀立的法国"年鉴学派"，就不得不在这种概括中被舍弃。年鉴学派的宗旨在于拓展史学的研究领域，扩大史学家的视野，故主张一种"总体史"，反对事件史、政治史、文献史等——布罗代尔称之为只见树木不见森林的"新式编年史"。如果说传统史观建立在伊格尔斯所说的三个前提之上，即存在着一种统一而连贯的历史、存在着某些关键性的体制即国家、只有一种唯一真正历史性的文化与社会即西方，那么这三种观念都遭到现代史学的批判：其中，斯宾格勒等颠覆了历史的统一性，年鉴派颠覆了历史

---

① ［英］伊格尔斯：《二十世纪的历史学——从科学的客观性到后现代的挑战》，何兆武译，167 页，沈阳，辽宁教育出版社，2003。

② ［美］菲利普·巴格比：《文化：历史的投影》，夏克等译，51 页，上海，上海人民出版社，1987。

③ ［德］恩斯特·卡西尔：《人论》，甘阳译，262 页，上海，上海译文出版社，1985。

的核心体制论，后现代历史颠覆了西方中心论。[①]而所有这些新发展或新动向，都在现代史学的研究领域产生持久而悠远的回声。

可惜春风不度玉门关，这些回声似乎尚未波及新闻传播史研究，包括全球新闻传播史研究。这个领域依然还是传统史学的一统天下，研究上践行着实证主义的"如实直书""史学就是史料学"等思路，观念上依然遵奉着爱德华·萨义德所揭示的"东方学"或"东方主义"（Orientalism）。虽然如前所述，这种路数的研究具有基础性和奠基性的作用，但基础毕竟只是基础，而不是建筑的主体。如果满足于史料的搜集和事实的罗列，那么新闻传

萨义德

播史充其量只是了无生意的编年史或资料汇编，而不能成为真正的历史，就像亨利·贝尔（Henri Berr）所说的，史料的搜集并不比集邮或搜集贝壳有更大的科学价值。

大略说来，任何学科包括新闻传播学，都可以分为三个不同的层次或层面，即知识、理论和思想。知识自然构成每个学科的基础，理论可谓系统化和条理化的知识，而思想则是理论中提炼的精华。比如，经济学的知识多如牛毛，而形成一套类似剩余价值理论的已屈指可数，至于达到马克思那种思接千古、视通万里、酣畅淋漓、博大精深的思想境界者更是凤毛麟角。由此说来，新闻传播史的研究不应仅仅局限于知识及其积累的层面，同时也应向理论与思想的层面拓展，借用何兆武先生在谈及柯林武德史学要义的一段精当论述来说：

> 史料不是史学，史学是要建筑一座大厦，而史料则是建筑这座大厦的砖瓦；建筑材料无论有多么多，都不是建筑物本身。史实的堆积和史料的考订，充其极也只是一部流水账，要了解这部流水账的意义，则有赖于思想。史家是无法回避思想理论的，尽管剪贴派史家曾用种种方法来抗拒理论，包括以剪贴现成理论文献的方式来抗拒真正的理论；——史学有史学的义理，既不能用考据本身代替义理，也不能以考据的方式讲义理。只有通过思想，历史才能从一堆枯燥无生命的原材料中形成一个有血有肉的生命。只有透过物质的遗迹步入精神生活的堂奥，才能产生真正的史学。[②]

如今，新时代同样呼唤新闻传播史研究守正创新开拓新局面。因为别的且不论，仅仅对学生的专业学习而言，新闻传播史的知识体系就有待改进。比如，众所周知，如

---

① ［英］伊格尔斯：《二十世纪的历史学——从科学的客观性到后现代的挑战》，何兆武译，164 页，沈阳，辽宁教育出版社，2003。

② 何兆武：《历史理性批判论集》，212～213 页，北京，清华大学出版社，2001。

果不是学分的要求，不是考试的逼迫，恐怕没有几个学生乐意研习新闻传播史。也就是说，这些东西似乎成为同他们的兴趣、追求及人生毫不相关的"身外之物"，既没有多大意思，也没有什么意义。其实，新闻传播史如同一切真正的历史一样，从来都不是僵死的干尸，而是同当代社会、现实人生及专业理想息息相关的构成要素，看似既往的一切新闻传播活动同样也是当代的记忆、当代的投影、当代的延伸，同样也是同生成的当代世界及其新闻传播活动骨肉相连、血脉相通。换句话说，所谓新闻传播史原不过是当代媒介世界的有机构成，一切新闻传播史的意义同样都取决于当代的环境和语境——历史的拷贝必须放在当代的银幕上才能活灵活现。因此，现在时而非过去时才是新闻传播史的本真属性，学习与研究新闻传播史实际上都是基于现实的激情而非思古的幽情，就像年鉴学派先驱费弗尔呼吁重建历史与现实的统一时所说的，我们应该"全身心地投入到生活中去，沉浸在生活之中，沐浴在生活之中，把自己和人类生存打成一片，这样在研究和重建过去时他就能获得十倍的力量，而这过去……又将反过来使他懂得人类命运的神秘意义"。①

　　说到此，有必要再廓清一下新闻传播史这一概念。从含义上讲，新闻传播史同样可以分为两个面向：一个面向指人们在新闻传播领域所从事的一切活动，另一个面向指人们对这些活动的回忆与思考。其中，前者可称为新闻传播史本体，后者可称为新闻传播史认识。就本体而言，新闻传播史是客观的、外在的，是独立于人的意志和行为的；就认识而言，新闻传播史又是主观的、内在的，并且只存在于人的精神世界中，只取决于人的所知所识，所思所想。按说新闻传播史的认识在于完整准确地把握新闻传播史的本体，就像一张纸的背面是其正面的"翻版"，但由于认知能力的种种局限，无论人们怎样努力都难以企及这一目标。于是，人们所说的亦即所知的新闻传播史，总是某时某处力所能及的新闻传播史认识，而不是外在于己并且已成定局的新闻传播史本体。德国思想家恩斯特·卡西尔，在《人论》一书里曾从"物理事实"与"历史事实"的分野上论述过这个问题，在他看来历史世界是一个符号的宇宙，而不是一个物理的宇宙，所以历史事实与物理事实并不属于同一类型：

　　　　历史学家像物理学家一样生活在物质世界之中，然而在他研究的一开始他所发现的就不是一个物理对象的世界，而是一个符号宇宙——一个由各种符号组成的世界。他首先就必须学会阅读这些符号。一切历史的事实，不管它看上去显得多么简单，都只有借着对各种符号的这种事先分析才能被规定和理解。除了各种文献或遗址以外，没有任何事物或事件能成为我们历史知识的第一手的直接对象。

---

① 转引自刘昶《人心中的历史——当代西方历史理论述评》，248 页，成都，四川人民出版社，1987。

只有通过这些符号材料的媒介和中介，我们才能把握真实的历史材料——过去的事件和人物。[1]

所以，新闻传播史这一概念说来说去仅指新闻传播史认识，至于新闻传播史本体则如"无限大"等概念，只在理论上成立而在实际中不存在。既然新闻传播史只是流变不居、与时俯仰的认识，而非一去不返、永恒不变的本体，那么新闻传播史与当代的关联便顺理成章，新闻传播史不属于消亡的过去而归于生动的现实便成为显而易见的结论。比较一下戈公振先生的《中国报学史》（1927）和方汉奇先生的《中国近代报刊史》（1981），对此也就一目了然了。这里的区别不在于"本体"方面的变化，而在于"认识"方面的差异，用柯林武德的比喻，史家犹如演员，他们必须在自己的心灵中重演过去（《历史的观念》）。

与此相应，新闻传播史对新闻传播实践也起着类似个人记忆的作用。诚然，并非每个新闻从业者都学过新闻传播史，都读过新闻传播史的书籍，但只要他们不"出局"，就会在潜移默化、点点滴滴的专业活动中，随时随地获得这种必不可少的记忆，并且在实践中自觉不自觉地保持这种记忆。就实际工作而

方汉奇

《中国报学史》

《中国近代报刊史》

①　[德] 恩斯特·卡西尔：《人论》，甘阳译，222 页，上海，上海译文出版社，1985。

言，每个人所掌握的这种专业知识或专业记忆足够应付各自的需要了。尽管许多人自己可能声称对新闻传播史几乎一无所知，但他们不过是把新闻传播史误认为某种实践经验之外的、与本身行为毫不相干的东西，即一堆锁在书本里的僵死知识。而实际上正如我们一再指出的，真正的新闻传播史就星罗棋布于人们的周身，以各种或隐或显的形态融会于新闻传播实践的方方面面，从而成为联结过去、现在和未来的鲜活"记忆"。正是凭着这种记忆，记者才可以在瞬息万变的世界中懂得如何抓新闻，编辑才可以在头绪纷繁中明白怎样出报纸。假如一个新闻记者真的对新闻传播史一无所知，也就是说对自己的职业、行规、操守等毫无意识，那么他势必连起码的职责都无法履行，从而陷入贝克尔假定自己丧失记忆后那种茫然无措的境地：

> 假定我自己今天早晨醒来时失去了记忆，而其他一切功能都很正常，可是我却想不起过去发生的任何一件事，结果是什么呢？结果就是我不知道我是何许人，在何处，去何方或做什么。我不能到大学去上课，不能在研究会上宣读这篇文章。总之，我的现状是难以理解的，我的前途是毫无意义的。这是为什么呢？就是因为我突然不再知道任何历史。[①]

总而言之，新闻传播史绝非通常理解的既往之事，已成之局，同现实毫不相干的僵死之物；相反，新闻传播史的一切内涵，包括其立意、旨趣、问题与解释、形态与功能等都属于当下此刻，属于生成演化中的新闻传播实践；只有从当代性的角度才能把握新闻传播史的真谛，当代性而非历史性才是新闻传播史的命脉。对此，方汉奇先生曾不止一次用这样一个比喻予以说明："我们今天为什么敢吃螃蟹，因为知道前人吃过；我们今天为什么不吃蜘蛛，因为知道前人不吃。所以，新闻传播史的教学不能忽略，其意义就在于传承，事业需要传承，精神需要传承。"[②] 不言而喻，一切传承都站在过去与未来的连接点上，而这个点就是我们所栖身的当代。一旦澄清了新闻传播史的认识误区，辨明了新闻传播史的时空方位，确立了新闻传播史的当代属性，那么一切有关新闻传播史的疑惑自然就涣然冰释，而所谓"新闻史有什么用"的追问也就销声匿迹。谁会问诸如泥土对地球有什么用、毛孔对人体有什么用、语词对文章有什么用之类的问题呢？同每一个新闻人的思维特征、行为方式、工作习惯、心理取向等无不血肉相连的东西怎么会没有用呢？与其他诸多因素一同构成新闻传播的东西怎么会没有价值呢？用克罗齐在阐发一切历史都是当代史的话来说：

---

① 张文杰等编译：《现代西方历史哲学译文集》，239 页，上海，上海译文出版社，1984。
② 2004 年 5 月 19 日，清华大学新闻与传播学院"第二次顾问委员会会议"发言。

　　一旦存在于历史中的那个生活和思想之间本来就密不可分的环节得以重现，那么对历史的实用性和效用性的怀疑就会在一瞬间消散。我们的精神所产生的现实成果怎么可能是含糊的呢？解决生活中疑难问题的那种知识怎么可能是无用的呢？[①]

　　无怪乎有记者甚至认为只有一门新闻学即新闻史，[②]就像马克思和恩格斯在《德意志意识形态》里说的，"我们仅仅知道一门科学，即历史科学"。

八

　　迄今为止的新闻传播史研究基本上属于两大类型，一是自然科学式的研究，一是社会科学式的研究。所谓自然科学式的研究，也就是一加一等于二式的研究。比如，某年某月某日某人办了某份报纸，或某年某月某日某国有了几家电台、几个频道等，这些都是事实俱在无须讨论的。至于社会科学式的研究，则力图探求各种新闻传播活动的规律及其动因，用一种起承转合的逻辑线索和分门别类的认识范畴，将它们归纳为一幅如此这般井然有序的历史图景。这些类型的研究当然是必不可少的，也是很有意义的。比如，前者提供了许多新闻传播领域的基本知识与一般常识，而后者则为新闻传播活动提炼了有所借鉴的历史经验和有所启发的历史规律。

　　与此同时，这些研究的局限性也毋庸讳言。遗憾的是，我们对这些局限性还认识不清，有时甚至还意识不到。比如，往往以为只要充分掌握史料，就可以做出真正的新闻传播史研究了。殊不知，"一个历史学家如果没有哲学的头脑、理论思辨和分析的能力，他对文献再熟悉，搜集的材料再多，搞出来的也只是资料汇编，而不是真正的历史"。[③]再如，传统研究无不视考证为基本功，以为只要精细地考证史料，再加以适当的剪裁与拼接就能形成严谨而扎实的研究了。然而，依据20世纪的"新史学"，这种考证癖归根结底是源于对精英的重视和对常人的漠视。因为，作为传统史学的工具，考证只适用于对历史上少数精英及其行止的研究，"一旦要研究成千上万的普通人，研究影响这普通人生活历史的各种各样因素，考证方法就用不上了。一方面，是缺乏足够的和系统的历史记载以资考证，传统的历史根本就忽视普通人和这众多的因素；另一方面，即

①　张文杰等编译：《现代西方历史哲学译文集》，295页，上海，上海译文出版社，1984。
②　方芳、乔申颖主编：《名记者清华演讲录》，117页，北京，人民日报出版社，2003。
③　刘昶：《人心中的历史——当代西方历史理论述评》，142页，成都，四川人民出版社，1987。

便过去的历史记载中留下了足够的材料，我们又如何能够对其一一加以考证呢？"①

　　基于上述问题与前述理论，我们认为在新闻传播史的研究领域还应补充一大类型的研究，即人文学科式的研究。因为，在所有学科中，历史与人的关系最为真切，史学实际上是人学，文德尔班甚至把人定义为"有历史的动物"②，缺乏人文气息与人文精神的史学不仅是不完整的，而且是没有生命和灵魂的。何兆武先生对此做过深刻的阐发：

> 　　我们有三个层次不同的世界：自然的、社会的、人文的，或者说人对物的、人对人的和人自己心灵的生活。历史学的固有领域是人文世界；它固然也牵涉到自然和社会，但并不就是同一回事。人的思想和活动虽然也涉及或包括自然的与社会的活动，但并不仅仅就是自然的和社会的活动而已。所以我们不能把对人的研究（历史学）简单地归结为科学研究，无论是自然的（如饮食男女）或社会的（如权力和财富），尽管这些方面也包括在历史学的范围之内。但它们严格说来只是提供必要的背景，而不能充分解释人文活动自身（例如对真、善、美的追求）。归根到底，历史学既不是自然科学，也不是社会科学，而是一门独立的人文学科……③

　　虽然何先生说的是一般意义上的史学，但对新闻传播史的专门研究同样具有针对意义，同样有所启发。

　　那么，人文学科式的新闻传播史研究，应该包括哪些特立独行的内涵呢？首先，自然是与人的内心相通的思想、灵感、想象、体悟等所谓"主观性"的东西，这些东西在标举"客观性"的自然科学式研究与社会科学式研究看来，似乎都是需要绝对摒弃的。而事实上，正如前面已经反复申述的，恰恰是这些看似空灵虚幻的东西，赋予历史以生气流溢的活力和历久弥新的魅力。瑞士史学家、以《意大利文艺复兴时期的文化》而享誉世界的布克哈特，在一封信里曾经写道："我在历史上所构筑的，并不是批判或沉思的结果，而是力图填补观察资料中的空白的想象的结果。对我来说，历史在很大程度上仍然是诗；它是一系列最美最生动的篇章。"④ 打个比喻，自然科学式的研究只是为史学提供必不可少的建筑材料，社会科学式的研究开始专注于建筑物内部的比例关系及其功能布局，而人文学科的研究则属于建筑师内心的意匠经营了。如果没有这种意匠经营，那么就是有再多再美的砖瓦石料、再精再细的功能布局，也还是无法孕育辉煌的故宫、壮美的金字塔、宏伟的罗马斗兽场等。换句话说，人文学科式的新闻传播史旨在追

---

① 刘昶：《人心中的历史——当代西方历史理论述评》，261 页，成都，四川人民出版社，1987。
② 《西方现代资产阶级哲学论著选辑》，9 页。
③ 何兆武：《历史理性批判文集》，436 页，北京，清华大学出版社，2001。
④ 转引自［德］恩斯特·卡西尔《人论》，甘阳译，258 页，上海，上海译文出版社，1985。

求活生生的历史，力图"复活"历史，而不仅仅是"复现"历史。当年，蒙森就任柏林大学校长时曾发表演讲，指出历史学家或许更多的是艺术家而不是学者。应该说，史学既是科学，又是艺术，或者说既是科学，更是艺术。所以，史学家应该既是科学家，又是艺术家，或者说既是科学家，更是艺术家。即卡西尔说的，伟大的史学家既是经验主义者，又不缺乏诗人的精神：

> 在探索真理方面，历史学家像科学家一样受制于同样严格的规则。他必须利用一切经验调查的方法，必须搜集一切可以得到的证据，并且比较和批判他的一切原始资料。他不能遗忘或忽视任何重要的事实。然而，最终的决定性的步骤总是一种创造性想象力的活动。……真正的历史综合或概括所依赖的，正是对事物之经验实在的敏锐感受力与自由的想象力天赋的结合。[1]

除此之外，最重要的一点还在于，人文学科式的新闻传播史研究及其要义，归根结底还在于追求某种意义，具体说来就是所谓理想、价值、精神的境界、生命的张力等，用海登·怀特在申述其"历史诗学"时的话说：

> 历史学家尤其想挖掘的不仅仅是"发生了什么"，而且是这种发生的"意义"，不仅想追寻往昔事件的动因，而且想追寻随之而来的动因。赋予历史事件意义的主要方法是叙述。历史编撰是一个意义产生的过程。认为历史学家仅仅想讲述有关过去的事实，这是一种错觉。我坚持认为，不管他们是否意识到这一点，他们也想，并且在任何情况下，他们都想赋予过去以意义。[2]

面对纷纷攘攘的过眼云烟即历史，我们不能只是"客观"地关照，"如实"地述说，"冷眼"地应对——"壁上观"，仿佛《浮士德》里的斯芬克斯：

> 我们坐在金字塔前，
> 阅尽诸民族的兴亡；
> 战争、和平、洪水泛滥——
> 都像若无其事一样。[3]

在展现人类新闻传播的历史图景，在描绘其间波澜壮阔、多姿多彩的历史画面之际，我们同样需要贯注一种深沉而博大的人文情怀，同样需要怀有一种慈悲而同情的人

---

① ［德］恩斯特·卡西尔：《人论》，甘阳译，259 页，上海，上海译文出版社，1985。

② ［美］海登·怀特：《旧事重提：历史编撰是艺术还是科学？》，陈恒译，《书写历史》（第一辑），24 页，上海，上海三联书店，2003。

③ 《浮士德》第二部，转引自［德］恩斯特·卡西尔《人论》，甘阳译，238 页，上海，上海译文出版社，1985。

生感悟。如果说在新闻传播史的研究中，铺陈知识和勾勒规律犹如画龙，那么追寻意义就好比点睛，而这个点睛之笔不仅来自研究者对新闻传播史的感悟、体察和会心，而且源于他们对人生的理想、热情和信念，因为"一切历史和人们对历史的体验（历史学）都要由历史学家的人文价值和理想加以统一"（何兆武）。①

　　就全球新闻传播史的研究而言，目前需要统筹兼顾以上三个方面的研究取向。首先，自然应该在基础性的知识方面不断求新求准，不断开拓未知的领域。比如，以往我们对欧美发达国家的新闻传播状况了解较多，而对亚非拉等发展中国家的新闻事业关注较少，以至于有的学生对美国新闻史的熟悉与认同远远超过对本国新闻史的熟悉与认同，可谓"客舍似家家似寄"。当然，我们承认发达国家的新闻传播史可以提供不少值得汲取的经验教训，但发展中国家由于同我们具有更多的可比性，比如，当年都曾经历殖民创痛与列强霸凌等，所以许多问题与教训更值得我们研究。不言而喻，这方面是传统史学所专擅的领域，是考证和史料所支撑的方面。与此同时，可以进一步开辟研究的领域，拓展研究的思路，丰富研究的方法。举例来说，按照年鉴学派的看法，史料的不足并不一定构成研究的重大障碍，费弗尔就说过：

　　　　毫无疑问，有书面史料时，可以根据它们来再现历史。没有书面史料，也可以而且应该通过其他方面来再现历史：语言、符号、风景、瓦片、田野形状和杂草，月食和套牲口的轭，地质学家和化学家对石块和佩剑所做的鉴定，总之，应该利用一切来撰写历史。②

　　年鉴学派第二代的代表人物布罗代尔，就是通过 15 世纪的绘画，发现当时的国王在进餐时也是用手抓着吃的。

　　其次，应该进一步研究全球新闻传播史的一系列发展规律、演进脉络及深层动因等。这些内容对我们鉴往知今、推陈出新，都有一定的参考价值。这里，尤其需不断突破故步自封的藩篱，跳出画地为牢的窠臼，广泛吸收人文社会科学的理论、方法与视角，特别是文史哲以及社会学、人类学、经济学、法学、心理学、政治学、传播学、语言学等学科的成果，在坚持新闻传播本位的前提下实现多学科的会通和跨学科的交融，从而为新闻传播史研究提供广博而深厚的基础。事实上，史学研究领域已有许多此类范例，比如杨念群教授等主编的《新史学——多学科对话的图景》，就从多学科对话的角度对 20 世纪中国社会的斑驳图景做了一系列有益有趣的探讨。再如，美国社会学者和新闻学者 M. 舒德森（Michael Schudson）在哈佛大学社会学系的博士论文

---

① 何兆武：《历史理性批判文集》，17 页，北京，清华大学出版社，2001。
② 《国外社会科学》，10 页，1982（6）。

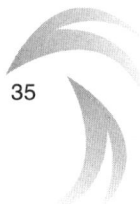

Discovering the News: A Social History of American Newspapers（1978），即从社会学角度研究了"客观性"在美国新闻业的生成与衍变，论述了客观性在新闻报道上的两种模式——"故事模式"和"信息模式"，前者以普利策的《世界报》为代表，后者以奥克斯接办的《纽约时报》为典型。按照他的分析：

> 现代新闻报道刚一开始就有两种特性，即真实性和娱乐性，或者说反映了传媒的两种功能：提供信息，讲述故事。纽约《世界报》和《新闻报》选择了娱乐性，奥克斯接办的《纽约时报》则选择了真实性。[1]

众所周知，在传统新闻传播史研究中，普利策的《世界报》一向被当作"黄色新闻"的标志，而奥克斯接办的《纽约时报》则成为严肃新闻的翘楚。舒德森并不满足于这种表象的描述，而是通过对特定社会历史背景的细致考察，揭示其间一系列深层动因。比如，他认为：

普利策

> 报纸历史和城市历史是紧密地纠缠在一起的。1880—1890 年的纽约是一个移民城市，1881 年以后的约十来年里，每年涌向美国的移民高达 50 万。到 1900 年，双亲是移民的美国公民有 2 600 万，本人为移民的有 1 000 万，占全国人口的 46%。大多数移民定居在城市，其中一些定居在纽约。1890 年，纽约的外国移民从 1880 年的 47.9 万上升到 64 万，占当时纽约总人口的 40%。多数移民没有阅读能力或者看不懂英语，但几乎所有的人都想学习。普利策就力求让《世界报》提供引领性的编排和新闻。他希望《世界报》不但是全日制的校舍和讲坛，而且是全天候的教师和论坛。[2]

再如，他指出：

> 那时乘坐公交车或有轨车对人类来说是一种新的体验。《世界报》用煽情的风格、新式排版适应了长期乘客的需要。要在车上阅读文字很小但尺寸很大的报纸是困难的，因此《世界报》减小版面，增大标题，使用图片，发明"导语"段落。[3]

---

[1]　方汉奇主编：《新闻春秋——中国新闻改革学术研讨会暨中国新闻史学会年会论文集》，190 页，成都，四川人民出版社，2003。

[2]　同上。

[3]　同上。

　　诸如此类的分析自然别开生面，令人耳目一新。

　　最后，当然也是最重要的还是在此基础上，追求、铸就、张扬一种新闻传播史的人文价值与理想，赋予看似僵死的新闻传播史以鲜活的生命、灵动的韵味和高远的意义。当年，年鉴学派的先驱布洛赫批评史学领域：一方面是一小撮古董鉴赏家，醉心于寻找死魂灵；另一方面是那些社会学家、经济学家和法学家，又沉溺于实际的现实。这一局面有点类似当下的新闻传播史研究。为了打破这种局面，年鉴学派的另一先驱费弗尔曾疾呼：

> 历史不应再是一片沉睡的墓地，只有阴谋诡计在那里出没无常。历史学家们充满战斗渴望，他们身上披着硝烟，染着妖魔鬼怪的血迹，必须冲进公主长眠的古老沉寂的宫殿，打开窗户，点亮烛台，让这世界恢复声息，然后以他们自己的沸腾充沛的生命力，去唤醒在沉睡的公主身上已中止的生命。[1]

　　费弗尔的这番慷慨陈词，让人不由想到卡西尔对史学的最终期许：

> 如果我们知道了编年史顺序上的一切事实，我们可能会对历史有一个一般的框架和轮廓，但我们不会懂得它的真正生命力。而理解人类的生命力乃是历史知识的一般主题和最终目的。在历史中，我们把人的一切工作、一切业绩都看成是他的生命力的沉淀，并且想要把它们重组成这种原初的状态——我们想要理解和感受产生它们的那种生命力。[2]

　　这种蓊蓊郁郁的生命力何尝不贯注于新闻传播的历史进程，不凝结为千千万万新闻人的"光荣与梦想"？可惜，以往的新闻史著述受制于传统的实证主义，强调实证、考据、数据、材料等死的名物，而未免忽略了历史与史学的真正要义。于是，一方面，这些著述（当然也包括其他一些新闻传播学著述），在内容上往往关注那些了无生气的"断烂朝报"，无穷无尽的这报那刊堆砌起来，仿佛就是新闻传播史的主流与主线了。而另一方面，在表述上又往往带有某种党八股或洋八股的味道，一二三四，甲乙丙丁，将丰富生动的历史图景制成"学术"的标本，味同嚼蜡，索然寡趣。结果老师不爱教，学生不爱学。为此，我们想在这部粗浅的教材里做点初步的尝试，按照一切历史都是当代史、思想史与文学史的思路，去梳理、透视、把握及书写历史，书写全球视野中的新闻传播史，力图展现其中鲜活流溢的生命活力，同时体现著者的青春理想，将醇厚的历史、深邃的哲学与灵动的文学有机交融，将已逝的过去、变化的现在与生成的未来一脉

---

① 转引自刘昶《人心中的历史——当代西方历史理论述评》，247 页，成都，四川人民出版社，1987。
② ［德］恩斯特·卡西尔：《人论》，甘阳译，233 页，上海，上海译文出版社，1985。

贯通，力求构建一部新的、活泼泼的、洋溢着生意、焕发着魅力的"全球新闻传播史"。显然，这既是一次学术上的探求，同时也是一次生命中的历险，其间不仅需要学术的筹备与积累，而且更需要生命的活力与创造。因为，一切文化，包括新闻传播学的著述，归根结底都是人类的创造，都折射着一种美丽而神奇的生命意志。

那么，下面就让我们一起去追寻全球新闻传播史上那些动人心弦的光荣与梦想，一起去体验那些蓬勃旺盛的生命活力吧！

推荐阅读

1. ［德］马克思、恩格斯：《德意志意识形态》。

2. ［法］马克·布洛赫：《历史学家的技艺》，张和声等译，上海，上海社会科学院出版社，1992。

3. ［美］菲利普·巴格比：《文化：历史的投影》，夏克等译，上海，上海人民出版社，1987。

4. 张文杰等编译：《现代西方历史哲学译文集》，上海，上海译文出版社，1984。

5. 陈先达：《走向历史的深处：马克思历史观研究》，北京，中国人民大学出版社，2010。

第二章　现代传播探源

第一节　历史与新闻史

"九曲黄河万里沙，浪淘风簸自天涯。"

物换星移，沧海桑田，人类的传播交流经过千百万年的演化，如今已达到以新媒体为标志的高度发达阶段，"千里眼""顺风耳"之类的幻想，早已成为不足为奇的传播景观。站在 21 世纪回首人类的传播历程，恰似站在一条大河的入海口眺望它的源流，只见一条如丝的细带从邈远的天际飘然而下，千曲百折，奔流万里，最终以浩浩荡荡，横无际涯的雄浑气魄扑入汪洋大海。

这是一种渐进兼突变的进程，这是一种习焉不察的变迁。其中蕴含着许多发人深思的哲思，流传着无数引人遐想的传说。极而言之，不参透传播衍变的奥秘，便难以把握人类历史的脉搏；不缕清这张无形网络的经纬，就无法揭示它所维系的社会。遗憾的是，虽然当今有关论说层出不穷，但滔滔皮相之论于世何补。尼采在其《不合时宜的考察》第二部（1874）中，区分了三种历史学：纪念碑的、尚古的与批判的历史学。就新闻史研究而论，大抵囿于纪念碑的历史学。

在许多人看来，所谓新闻史就是关于新闻的历史，这仿佛是个自明的概念。然而细加分析便会发现，这个看似清晰的术语还是一本糊涂账。首先，新闻史指的究竟是新闻事件本身的发生发展呢，还是指人们对这类事件的记述呢？其次，新闻史所关涉的到底是新闻媒介对某些有新闻价值事件的报道呢，还是媒介自身的演进呢？如果新闻史把新闻事件作为考察的重点，那么它同一般的社会史又有什么区别呢？假如新闻史只关心媒介自身的生成发展，那么某时某地创刊某张报纸又有多大意义呢？那种婆婆妈妈式的新闻史，不是沉闷得令稍有思想者感到窒息吗？

实际上，一切历史都是对人类的精神、生命和社会活动的感性体察与理性审视，是最宏伟、最深奥、最有趣的学科。意大利哲学家克罗齐曾指出，历史与哲学乃是同一的，真正的历史学家必须对所研究的事件进行理解和估价，而他这样做的时候就成为哲学家。新闻史自然也不例外，虽则它所探讨的仅是人类社会的一个方面。如果新闻史不能透过自己的天窗，展现更为广袤的历史空间，不能揭示人类新闻活动的深层底蕴，勾画传播行为与文明发展的深切关系，特别是用哲学的眼力透过历史的进程，挖掘精神活动在信息交流中的意义，那么，借用克罗齐的话说，"这个被人搴到末席的所谓历史并不是真正的历史，而是以肤浅考虑和本着风闻传播写成的编年纪事和搜索记载"。

一方面为了避免蹈袭当今新闻传播史研究的故途，另一方面也为了探索一条通达真知的新径，我们在阐述全球新闻传播的起源、发展及意义时，将遵循伏尔泰撰写《路易十四时代》所奉行的宗旨，"撇开浩如烟海的细枝末叶，对这些剧烈变革的主要特征进行描述，让人只看到重大事件，并且在可能的情况下，看到导致这些事件的精神"。也就是说，我们将把新闻传播史置于广博的历史背景下考察，并力图揭示新闻传播活动与社会变迁的关联。不言而喻，这是一项庞大的系统工程，而这里所做的充其量只是勾勒草图，但愿这张草图能有助于进一步的思考与研究。

既然我们描绘的是森林而不是树木，关心的是这片森林与周围环境的相互关系，那么，所谓历史的精确性便成为无足轻重的事项了（当然这并不是说对具体的历史事实可以满不在乎）。且不说精确性的相对意义，正如菲利普·巴格比在《文化：历史的投影》一书中写道的，"不管历史学家作了多少最富有智慧的努力，他显然被判定只有部分的，近似的精确性"[1]；即使精确性具有绝对的意义，也并不能说明什么问题。最早的日报究竟诞生在英国还是法国实在无关宏旨，关键问题不在于日报诞生这一事实本身，而在于这个事实的前因后果与来龙去脉。用历史哲学家斯宾格勒的话来说："我们关心的并不是某时某地出现的历史事实本身是什么，而是它们的出现有什么意义，表示什么。"（《西方的没落》导言）

总之，历史包括新闻传播史的意义及价值，既在于西塞罗所说的"如果你不了解在你出生以前发生的事情，你始终只能是个孩子"，又在于司马迁所说的"究天人之际，通古今之变，成一家之言"。

第二节　新闻事业

本书虽然广泛涉及全球新闻传播的历史沿革，但核心还是新闻事业的发生与发展，

---

[1]　［美］菲利普·巴格比：《文化：历史的投影》，夏克等译，42 页，上海，上海人民出版社，1987。

由于主客观条件所限也主要集中在发达国家的新闻事业及其演化历程。为此，首先应当弄清楚新闻事业是什么，这样才能去探究其"兴旺之因，衰落之原，失没之由，变迁之迹"（培根语），进而揭示它和人类历史、社会生活、精神文化、心灵才智的关系。

如同"新闻史"一样，新闻事业（journalism）也是一个看似自明而实则歧义丛生的概念。由于我们的目的并不在于确定这个概念的含义，而仅在于以之限定我们的研究范围与向度，所以就没必要把梳盲人摸象般的是是非非，而只需依照通行的解释行事。下面就来看看对新闻事业的两家权威解释。一是《不列颠百科全书》（Britannica），一是《中国大百科全书·新闻出版》卷：

> 所谓新闻事业，就是通过诸如小册子、新闻信、报纸、杂志、广播、电影、电视和书籍等媒介，对新闻以及相关的评论和特稿材料进行采集（collection）、编写（preparation）与播发（distribution）。[①]

> 新闻机构及其各项业务活动的总称。新闻事业区别于人际新闻传播活动，有以下特征：（1）有合法的新闻传播机构；（2）采用各种新闻传播手段；（3）拥有以传播新闻为职业的专业人员；（4）面向社会，具有广泛的社会影响。[②]

两种解释尽管表述不同，但基本意思是一致的，即新闻事业是一种有组织、有规模、有目的的新闻传播活动。换言之，新闻事业是人类传播交流活动中的特定项目，是社会生活达到一定水平时的产物。新闻事业的突出标志就是媒介组织，包括人和物两个方面，比如记者与报纸。新闻事业首先体现为媒介组织的运作，离开媒介组织便无新闻事业可言。

从时间上讲，新闻事业是伴随现代文明的生成而兴起的，用未来学家阿尔温·托夫勒的话讲，它是"第二次浪潮"的弄潮儿（《第三次浪潮》）。具体说来，新闻事业最早在文艺复兴时代的意大利显露晨曦，随后在工业化进程中日趋兴旺，最终在现代文明的浪潮席卷天下之际，新闻事业也成为当代世界不可或缺的一大系统。所以，不妨把新闻事业视为现代文明的一个表征。古人评价北宋词人柳永时曾说，"凡有井水处，即能咏柳词"，套用此话可以说，如今凡遭现代文明浸润处，即可见新闻事业的身影。

作为有组织、有规模、有目的的新闻传播活动，新闻事业至今不过五百余年的历史（从最早的萌芽状态算起），但是新闻事业所附着的人类传播活动，同整个人类历史一样悠远而古老。正像联合国教科文组织在那份关于世界传播现状的著名报告中写道的：

---

① *The New Encyclopedia Britannica*, 15th EDITION, 1986, Volume 6, p.627.

② 《中国大百科全书·新闻出版》，408 页，北京，中国大百科全书出版社，1990。

在整个历史进程中，人类一直在设法改进其对于周围事物的消息情报的接受能力和吸收能力，同时又设法提高自己本身传播消息情报的速度、清晰度，并使方法多样化。这种努力之所以必要，首先是为了创造条件对在他面前可能潜伏的种种危险心中有数，然后也为了能和大家一起看到共同对付这些危险的可能性。[①]

英国作家丽贝卡·韦斯特夫人（Dame Rebecca West），曾就此打过一个形象比喻。她说，社会之需要传播就像人之需要眼睛一样，社会在迈步之前同样也需要先看清脚下的道路，做到心中有数。[②]一个社会不管其规模如何，也不论其形态如何，都无一例外地离不开传播。传播是人类得以组成社会的黏合剂，抽象地看犹如一张无形的巨网将分散异处、各行其是的个体联合成统一的整体。在英语里，"传播"（communication）同"社会"（community）具有相同的词根，并非巧合。

正如人类社会不断由原始走向文明，人类传播也是不断由简单趋于繁复，即手段日趋复杂、形态日趋丰富、功能日趋强大、影响日趋广泛、地位日趋重要等，其中媒介的变迁与进化更带有至关重要的意义。马歇尔·麦克卢汉的名言"媒介即信息"，正是以极端的口吻强调了这种意义，突出了这种意义。尽管人们对麦克卢汉的传播观褒贬悬殊，但在麦克卢汉的"奇谈怪论"之后，谁若还忽略媒介在文明进程中的地位，那就恰似桃花源中人——"不知有汉，无论魏晋"了。

仅从媒介变迁的角度看，人类的传播历程大致可分为四个前后相继的阶段：口头传播阶段、手写传播阶段、印刷传播阶段和电子传播阶段。从语言的产生到文字的发明这一漫长时期（几万年乃至几十万年），人类的传播活动主要依靠口头语言进行，故有口头传播之称；从文字的发明到印刷的问世，书写的东西在口耳相传之外，又开辟出一条重要的传播渠道，使传播活动得以不受空间与时间的限制，所谓书写传播正为突出这一点；从印刷问世到广播的兴起，印刷媒介日益显示一枝独秀的传播优势，令口头传播与手写传播相形见绌，所以用印刷传播概括这一阶段的特征；至于电子传播则指广播兴起以来的情形，因为这一阶段电子媒介（广播、电视、网络等）异军突起，显示出越来越强的传播威力，成为后来居上、无与伦比的媒介劲旅。

严格地说，把人类的传播历程，硬性分成这样四个递相衔接的阶段未必准确。因为，它把一个有机变化的历史过程简单化了，而且容易造成一种错觉，仿佛四种媒介在历史的长河中此起彼落、前赴后继，就像上古结束是中古、中古之后是近代一样。

---

① ［爱］肖恩·麦克布赖德等：《多种声音，一个世界》，4页，北京，中国对外翻译出版公司，1981。

② *The New Encyclopedia Britannica*, 15th EDITION, 1986, Volume 26, p.473.

事实上，这四种媒介虽然依次出现，但它们的关系并不是互相排斥而是互相补充，并不是前后相继而是前后相迭。比如，当代虽被冠以电子传播阶段，但印刷传播依然发挥着重要作用，而手写传播也未曾淘汰，至于口头传播更是占据主导地位。而且这些媒介及其功能，越来越互相兼容，彼此融合，如手机的未来发展趋势，就是将说、写、读、看等媒介功能融为一体。

人类传播示意图

这里之所以采用"口头—手写—印刷—电子"这种四分法，仅仅是由于简单明了，便于说明不同历史阶段的传播特色而已。但需特别强调的是，在说到这四个传播阶段的时候，切莫将它们视为上图所示的直线过程，而应看作上图所示的叠加状态。也就是说，每个传播阶段都是从开始一直延续到现在。比如口头传播阶段即从语言的产生一直到现在，而不是结束在文字的发明。总之，上述四种传播就像四则运算。加减乘除虽然是被依次发明的，但它们自出现之日起，始终都是必不可少的运算方式，人们并未由于掌握乘除而摈弃加减。同样，后一传播阶段（如手写）的开始，也并未排斥前一传播阶段（如口头）的延续。

从"口头—书写—印刷—电子"的四分法上看，新闻事业始于印刷传播阶段，或者说包括印刷与电子两个传播阶段。前已指出，新闻事业源于西方，既然西方的印刷传播阶段始于 15 世纪中叶古登堡发明金属活字印刷法，那么新闻事业的历史也就由此算起，而事实上新闻事业的幼芽大致就萌发于 16 世纪初。本书重点即在探讨这五百余年间，全球新闻传播的演化及其意义。这里所谓"全球"，一方面固然指全球范围或全球视野，另一方面更标明一种全球视角，即以马克思恩格斯在《共产党宣言》中所揭示的全球化景观，来审视其间新闻传播的演进脉络。这里，让我们冒昧地引用斯宾格勒《西方的没落》中的一段话，作为本节的结语：

> 我知道，这本书有着初次尝试的一切缺点，不完全，其中自相矛盾的地方一定在所难免。但我相信，书中形成了一个无可争辩的观点，它一旦清楚地说出来了，它就会（我重复一次）没有争议地被接受。[1]

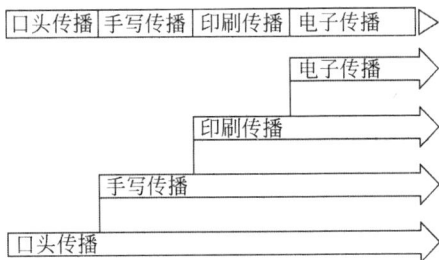

---

① ［德］奥斯瓦尔德·斯宾格勒：《西方的没落》上册，81 页，北京，商务印书馆，1963。

第三节　口头传播时期：从口语到文字

如前所述，新闻事业无非是印刷媒介出现后，形成的一种人类传播现象。从上节那个阶梯状的示意图上可以看到，印刷传播前的口头传播与手写传播既是它的先导，又是它的基础。这一点不难理解，比如报纸虽说是一种印刷媒介，但其内容却是由文字表现的，而其信息来源则是通过语言获取的。既然如此，考察新闻事业的发生发展之前，先探究一下它的这两大历史先声与现实基础，即口头传播与手写传播，就显得十分必要。这就好像长江虽在金沙江与岷江于宜宾汇流后才称长江，但介绍长江并不能只从宜宾谈起，而是要沿金沙江、通天河、沱沱河一路上溯到它的涓涓源头。同样，传播之河虽然流到近代才开始出现新闻事业，但在谈新闻事业时也不能割断它的绵绵纽带，也不能不追根溯源，深入远古的重重雾霭，去探寻幽远而迷蒙的演化轨迹。

本节就先谈谈口头传播时期的情形。

一、语言与社会

从语言的产生到文字的发明这一漫长时段，人类传播的特征可以概括为口头传播，这一时期的主要媒介或者说唯一媒介就是语言。

诚如列宁所言，语言是"人类最重要的交际工具"（换成现代的说法，就是最重要的传播媒介）。实际上，语言是唯一可独立使用的传播工具（媒介），至于其他传播媒介，无论是文字还是印刷，也无论是广播电视还是新媒体，其实无不借助于语言，都始终根基于语言。换言之，它们都不具有独立性。比如，文字看起来好像是一套独立自主的体系，事实上它乃是语言的代表，或曰"符号的符号"。语言学家萨丕尔说得好，"语言是商品，文字是货币，文字不依附于语言，也就一文不值"。

既然口头传播阶段开始于语言的产生，那么语言又是什么时候出现的呢？关于这个问题，迄今为止没有一个明确的答案，事实上也不可能有明确答案。20世纪德国哲学家加达默尔，曾将这个问题比附为"孩子是何时首次认出自己的母亲"[①]。对此，亚里士多德的比喻同样精妙。他说，追问语言的起源，就像追问兵败如山倒的大军，在一路狂奔之后何时停顿下来一样：

> 一支正在溃逃的部队是如何停住的呢？显然不是由于第一个士兵停住了或是第二个、第三个士兵停住了。也不能说相当数目正在逃跑的士兵停住时这支队伍就停住了，显然也不能说部队是在最后一个士兵收住脚步时停住了。因为部队并

[①]　［德］加达默尔：《哲学解释学》，夏镇平等译，14页，上海，上海译文出版社，1994。

不是在最后一个士兵停住时才开始停止前进。从开始停止到完全停止是一段很长的时间。这支部队是怎样开始停步，这种停步的行动怎样扩展，最后直到整个部队完全停步……关于一般知识的情况也正是如此。[①]

与此相似，我们也不可能把语言的起源，追溯到某个人或某些人的开口说话。因为，这个问题同样涉及加达默尔所说的"普遍性何时产生的问题"。西方的"历史之父"、古希腊的希罗多德，曾经记述了这样一个故事：

> 普撒美提科斯成为埃及人的国王的时候……把普通人的两个新生的婴儿在一生下时交给一个牧羊人，叫他把他们放在羊群当中哺育，哺育的办法是命令不许任何人在他们面前讲任何一句话……这样命令的目的，是要知道在婴儿的不清楚的牙牙学语的时期过去以后，他们第一次说出来的话是什么。……一天当他打开他们屋里的门进去时，两个孩子都伸出双手向着他跑来，嘴里发着倍科斯……普撒美提科斯于是便亲自听到了他们说的这个词，并着手研究什么民族把什么东西称为倍科斯。结果他发现倍科斯在普里吉亚人那里是面包的意思……[②]

这样探究语言的起源，显然是不足为凭的。不过，这个故事也说明，很早以前人们就已对语言的起源问题发生兴趣。其实，追问语言的起源，也就是追问传播的起源。对此，虽然人们的看法很不一致，但有一点是公认的：传播与社会或者说语言与社会是同时出现的。按照恩格斯的说法，"语言是从劳动中并和劳动一起产生的"（《自然辩证法》）。因为，归根结底，语言的需要来源于劳动即人类社会赖以生存的基本活动及其交流的需要，而交流的需要正是群体互助的需要。当人类还处在各行其是的状态中，还是分散的个体时，语言就是多余的。只有当他们需要组成社会群体，以共同应付各种自然与社会问题的时候，才需要一种共通的媒介，这就是语言出现的现实基础。总之，语言（传播）与社会的关系就像影子与实体一样，须臾不可分割，有体而无影或者有影而无体，即设想没有语言的社会或者设想没有社会的语言，同样显得不可思议。

既然语言（传播）与社会具有如此密切的关系，那么社会又是何时形成的呢？社会的形成同人类的出现是同步的，社会的形成之日就是人之为人之时，马克思说得好，人是各种社会关系的总和。没有组成社会的人，其实并不是真正意义的人，而只是动物界的一员，或者不妨说是一种野兽。一般说来，从"野兽"到人类的转变，大约发生在 35 000 年以前。美国当代史学家斯塔夫里阿诺斯，在颇受好评的《全球通史》里就写道：

---

① ［德］加达默尔：《哲学解释学》，夏镇平等译，63 ～ 64 页，上海，上海译文出版社，1994。
② ［古希腊］希罗多德：《希罗多德历史》上册，王以铸译，109 ～ 110 页，北京，商务印书馆，1959。

人类祖先在距今约 35 000 年时终于完成了自己的整个进化过程，而转变为人类——"能进行思维的人类"。从各方面看，这一转变可视作地球上事态发展的第二个大转折点；而生命从无机物中脱胎而出则是第一个大转折点。①

在这个转变过程中，西方中心论的流行观点认为，尼安德特人最为突出。所谓尼安德特人（Neanderthals），出自 1856 年在德国杜塞尔多夫附近尼安德特河谷发现的一种古人化石。"但是最后约在二万五千年至五万年以前，当第四冰期气候逐渐转暖的时候，另一种类型的人在欧洲出现了，看来就是这种人把尼安德特人消灭了。"② 人种学者将他们统称为智人（Homo sapiens），其中在欧洲遗留的骨骸有两种，一是克罗马努种族，一是格里马耳底种族。据不同学科的研究，这些"人类"都已经开始出现语言。比如：

> 一批美国语言学家和人类学家，通过研究得出了一个结论。他们认为，尽管典型的尼人（即尼安德特人的简称——引者注）不具备现代人的那种分节言语的能力，但是他们的言语器官已得到一定程度的发展，这就保证他们有一定的语言交际水平。显而易见，古人在发展言语的发音器官方面，已走完了一段很长的进化路程。这种论断是在对典型的尼人的发音能力跟他的假定祖先（南方古猿和类人猿）进行比较的基础上得出的。③

总之，正如联合国教科文组织的著名报告《多种声音，一个世界》指出的："人类之所以超越于一切动物之上者，知是因为产生了语言这个重要的手段……"④ 换言之，人类脱离动物的标志就在于凭借语言组成社会，语言的起点或传播的起点就是人类的起点。亚里士多德甚至把人定义为"一种具有语言的生物"⑤。德国哲学家、语言学家赫德尔与威廉·冯·洪堡，也都认为语言本质上属于人类，人类本质上属于语言生物。⑥美国语言学家爱德华·萨丕尔，在《语言论》一书中归结道：

> 我们不得不相信语言是人类极古老的遗产，不管一切语言形式在历史上是否都是从一个单一的根本形式萌芽的。人类的其他文化遗产，即便是钻木取火或打

---

① ［美］斯塔夫里阿诺斯：《全球通史——1500 年以前的世界》，吴象婴等译，66 页，上海，上海社会科学院出版社，1988。

② ［英］赫·乔·韦尔斯：《世界史纲》，吴文藻等译，91 页，北京，人民出版社，1982。

③ ［苏］叶·潘诺夫：《信号·符号·语言》，王仲宣等译，76 页，北京，生活·读书·新知三联书店，1991。

④ ［爱］肖恩·麦克布赖德等：《多种声音，一个世界》，4 页，北京，中国对外翻译出版公司，1981。

⑤ ［德］加达默尔：《哲学解释学》，夏镇平等译，60 页，上海，上海译文出版社，1994。

⑥ 同上，60 页。

制石器的技艺，是不是比语言更古老些，值得怀疑。我倒是相信，语言甚至比物质文化的最低级发展还早；在语言这种表达意义的工具形成以前，那些文化发展事实上不见得是一定可能的。①

二、口头传播

语言的产生标志着口头传播阶段的开始，这一阶段一直延续到文字的发明。从时间上看，口头传播阶段几乎涵盖人类的整个传播历程，与之相比手写阶段以及印刷与电子阶段都显得微不足道，甚至可略而不计。比如，《传播革命》一书的作者弗里德里克·威廉斯，绘制了一个传播史表盘，十分清楚地说明了这一点（见右图）。

这个传播史表盘，反映的其实是西方的传播历史。刻度上的 24 个小时，代表着从西方晚期智人克罗马努人到现在的 360 个世纪，即 36 000 年，故称"一天等于 360 世纪"。口头传播在一天的开始处的零点出现；手写阶段则在 20 时才姗姗来迟；印刷阶段的出现已经到了 22 时 38 分，距一天的结束只有不足一个半小时；而电子传播阶段只剩少得可怜的三分钟。口头传播阶段的时间优势在这个表盘上一目了然，毋庸赘言。这里只需补充两点。一是采用这个表盘虽然有利于直观地说明问题，但并不意味着其具体"刻度"具有绝对与普遍的意义。如就中国情形而言，印刷出现的时间还要提前，而不是在 22 时 38 分。二是口语传播阶段实际上占据全部 24 小时，而不是仅仅止于 20 时。换句话说，口语传播的历史也就是人类传播的历史，正如教科文组织的报告所写的：

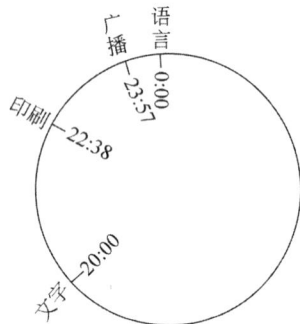

这种个人与个人之间的交流时刻发生、延续不断，其重要性是无与伦比的，在一个小小的社会单位内尤其如此。在过去，这种交流无疑有助于加强相互之间的友爱合作关系，以抗衡由于受制于外来势力而形成的分散局面。不管怎样，它总是起着一种社会化的作用：鼓励人们工作、协调群体生活、团结一致来和大自然作斗争，并促进作出集体性的决定。它今天仍然是人类交流中无以取代的一个方面。②

口语传播新闻的一个有名故事，同今天的马拉松长跑有关。公元前五世纪的希腊波斯战争期间，有一场以少胜多的马拉松战役，如同春秋时代的长勺之战。据说，弱小

传播史表盘

---

① ［美］爱德华·萨丕尔：《语言论》，陆卓元译，20 页，北京，商务印书馆，1985。
② ［爱］肖恩·麦克布赖德等：《多种声音，一个世界》，6 页，北京，中国对外翻译出版公司，1981。

的希腊获胜后，派了一位长跑健将菲迪皮德斯，他一口气从马拉松平原跑回雅典，当他气喘吁吁对着翘首以待的雅典人说了一句"我们胜利了，大家欢庆吧"，便倒地身亡。虽然西方的"历史之父"希罗多德在其名著《希腊波斯战争史》一书中不曾记录此事，但他记录的另一件菲迪皮德斯的长跑纪录更令人咋舌：一天之内，从雅典跑到巴格达求援，距离约 500 里（见徐松岩译本第 6 卷第 106 节），相当于红军飞夺泸定桥路程的一倍（红军是背负着武器装备，在崎岖的山间小路上，顶风冒雨并一路与敌交战中行进的）。

　　口头传播的性质注定它不易传之广远，而这一点却是近代新闻事业（横跨印刷传播与电子传播）的优势之所在。当然，这只是表面上的区别，丝毫也不意味着口语传播的笨拙与落后，许多迷信现代科技的人正是从这个表面区别上得出一些简单化的结论。其实，传播不仅只是一个孤零零的信息传导过程，就像一片落叶顺流而下似的，它是一个涉及许多方面、包含许多因素的有机行为。由此观之，口语传播不仅毫不逊色，相反更洋溢着无可比拟的活力与生气。处在口语传播阶段的人，他们的传播机能相对来说更为健全，而处在其他传播阶段的人则由于有所凭借而使某种机能退化，正如有空调暖气的人远不如自然环境中的人强健一样。当今电视屏幕上连篇累牍、俗不可耐的肥皂剧，同口耳相传、含蕴深广的史诗之相差霄壤，就是颇具象征意味的例证。

三、非语言传播

　　在漫长的口头传播阶段，除了语言媒介，人们还经常使用一些非语言手段。所谓非语言手段，其实还是以语言为基础，是语言的延伸形式或辅助方式。非语言手段归纳起来，大致包括结绳、篝火、鼓声、口哨、原始绘画、象征符号等类型。在符号学看来，所有非语言手段，同前面说的语言和后面要说的文字一样，统统都被归为一种类型——"传播符号"。

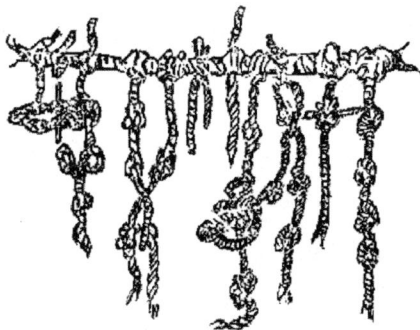

结绳记事

　　非语言传播手段中，最典型的莫过于实物传播，如结绳记事。《易·系辞下》云："上古结绳而治，后世圣人易之以书契。"由此可知，结绳在我国古代传播活动中的重要作用。事实上，文字发明前，结绳发挥着类似文字的功能，至今有些尚无文字的民族依然使用这种方法保存信息，传播信息。在历史上，印加古国曾发明出一套相当复杂的结绳方法，体现着这个被西方殖民者所摧残的古老文明的智慧。当时，印加帝国的大小城镇都设有专职的结绳官，他们掌握着一套结绳的规则与技巧，就像现代报务员精通电码一样。他们日复一日地将军国大事通过结绳记载下来，同时根据需要向人们宣布和解释有关情况。令人痛惜的是，这一珍贵的文化传统在血与火中永远消失了！

希罗多德记载的一个故事，为我们提供了一个古代实物传播的有趣例子。据说，波斯国王大流士率军征讨黑海一带的斯奇提亚人时，收到对方送来的一份奇特"礼物"，其中有一只鸟、一只鼠、一只蛙与五根箭。这是什么意思呢？波斯人议论纷纷，看法不一：

> 大流士认为这是斯奇提亚人自己带着土和水向他投降的，他的理由是：老鼠是土里的东西，他和人吃着同样的东西，青蛙是水里的东西，而鸟和马则是很相像的。他又说，箭是表示斯奇提亚人献出了他们的武力。这是大流士所发表的意见；但是杀死玛哥斯僧的七人之一的戈布里亚斯的意见和大流士的意见恰恰相反。他推论这些礼物的意义是："波斯人，除非你们变成鸟并高飞到天上去，或是变成老鼠隐身在泥土当中，或是变成青蛙跳到湖里去，你们都将会被这些箭射死，永不会回到家里去。"①

事实证明后者的解释才符合斯奇提亚人的原意。在这一事例中，鼠蛙鸟箭都已失去本源的意义，而成为传递特定信息的符号，被赋予传播的功能。

篝火或烽火也是古代一种常见的非语言传播手段。比如，古希腊的游吟诗人荷马，在公元前 700 年左右的《伊利亚特》里就说道：

烽火

> 这样，在某个遥远的、四面楚歌的岛屿上，战士们终日固守城墙，孤注一掷，杀得昏天黑地；但太阳一落山，一串烽火的火焰升起，射入云霄，以向邻近的岛民报警，使援军乘船赶来。②

燃起烽火自然是为了尽快传播信息。不过，这种方式不到十万火急，一般不会使用。所以，通常情况下，古人传播信息的最快方式就是驿马及驿使了。比如，古代波斯的居鲁士

---

① ［古希腊］希罗多德：《希罗多德历史》上册，王以铸译，316 页，北京，商务印书馆，1959。
② ［美］叶海亚·R. 伽摩利珀：《全球传播》，尹宏毅主译，9 页，北京，清华大学出版社，2003。

大帝，曾经建立了一套迅捷的驿马传讯系统，每个驿站配备 40 匹驿马和骑手，信件每天可以传递 50～100 英里：

> （居鲁士）进行了实验，以弄清一匹马在使劲骑的时候一天能够跑多远而不会累垮，然后他在恰好这样长的距离上建立了一个个驿站，配备了马匹和照料它们的人员；在每个驿站，他都任命了专门的官员来接收送到的信件，然后继续转发，照料筋疲力尽的马匹和骑手，并派出新的人马继续前进。[①]

以上这些传播方式，都是比较常见的。除此之外，还有许多独特的非语言传播手段。比如，美国有位语言学家科文长期研究印第安人的生活习惯，他就描写过这样一件有趣的事情：

> 一次他来到一个名叫艾谢毕奥的印第安人家里。他的房子建在一个陡峭的山坡上。正当宾主见礼的时候，山坡下出现了一个矮小的人影，肩上扛着一个口袋。艾谢毕奥打了一声口哨，山下的人停了下来，朝坡上看了看，回了一声口哨。这是一次奇特的口哨对话。最后，扛口袋的男人改变了方向，朝山坡上的小屋攀登了。当他走近小屋时，放下口袋，解开了袋口。艾谢毕奥朝口袋里看了看，没有作声，转身走进屋里。他很快拿出钱来，付给了来人。来人点清了钱，一声不响地回去了。
>
> 科文向艾谢毕奥详细地询问之后，记录下了这段奇异的口哨对话。"你拿的是什么？"主人朝山下打着口哨。"一袋玉米。""带到哪里去？""去泰南科。""想卖吗？""是的。""要多少钱？卖给我吧。""两块伍。""两块两角伍行吗？""那边答应给三块。""但你还得把玉米扛到那边去，路可不近呀！""好吧！就给你吧。""来吧，你会得到钱的！"[②]

与此相似，英国有位语言学家卡灵顿，对刚果的各种语言进行了多年研究，发现当地人利用木鼓、铃铛、木哨、骨哨等方式，能把口头消息传向远方：

> 木鼓的种类虽然很多，但其制造原理基本相同。把一根两米长的粗圆木纵向开一条缝隙，掏出木心，结果形成一个一侧壁薄、一侧壁厚的圆筒……人们把薄壁的一侧称为"妈妈"——敲击时发出的音调高，另一侧称为"爸爸"，敲击时发出的声音比较低沉。……各村的木鼓发出的声音都独具特色，想要制出两个发音

---

① ［美］叶海亚·R. 伽摩利珀：《全球传播》，尹宏毅主译，9 页，北京，清华大学出版社，2003。
② ［苏］叶·潘诺夫：《信号·符号·语言》，王仲宣等译，108 页，北京，生活·读书·新知三联书店，1991。

相同的木鼓也是不可能的。敲鼓的技艺经过了年复一年的研究，一般各个居民点都有一两名技艺高超的"报务员"，而且各有各的呼号。如果一名报务员首次"播音"，邻村的木鼓必须在"播音"过程中保持沉默……那么木鼓到底是怎样传递消息的呢？据卡灵顿对凯莱族民俗的研究，木鼓语言共有一百七十个句子，分成六个主要类别：物体和动物的名称；通告村寨生活的重大事件（召集人来跳舞、参加体育比赛、宣布举行成年仪式、婴儿降生——特别是双胞胎的落生、马驹的出生、死亡、传染病的流行等）；要求人们提高警惕、注意防范；村名；人名；在暴风雨前召集人们返回村寨等。……例如，凯莱人传播"新闻"这个词时使用两个词——"姆勃利、圣戈"，意思是"新闻、新闻"。①

非语言手段中的各类图形，可以说是一种原始文字，又称图画文字。在没有文字的原始部族中，这种图画文字十分常见。普列汉诺夫在《没有地址的信》中，用大量人类学事实证明，原始绘画的意义首先在于传播，而不在于欣赏。下面这幅美洲印第安人的绘画就是一例。

这是一幅典型的文字性图画，画中最上面的那个半圆形代表地平线上初升的朝阳，意谓清晨；三个简略的人形代表三位印第安猎手；接下来的图形是说明他们离开湖边的棚屋去打鹿，棚屋旁有串脚印，标明他们的去向，湖泊则标示他们的居住方位；最下面那个小人肚子上画有一道线，表示饥肠辘辘，所以去打猎。将这幅画的意思连贯起来就是："清晨，三位印第安猎手离开湖边的棚屋去打鹿，因为他们肚子饿了。"

印第安人的"绘画"

资料来源：Shanghai Students' Post，No.106 June 16，1987。

上述这些非语言传播手段，仿佛独立于语言，成为同语言分庭抗礼的传播媒介，而实际上它们都不过是语言的衍生物，都必须依托语言而存在。比如，斯奇提亚人那份"礼物"的含义，就是由语言赋予，并由语言提取的。所以，美国语言学家萨丕尔断言：

> 我们可以毫不犹豫地做出这样的结论：除了正常言语之外，其他一切自主地传达观念的方式，总是从口到耳的典型语言符号的直接或间接的转移，或至少也要用真正的语言符号做媒介。②

① ［苏］叶·潘诺夫：《信号·符号·语言》，王仲宣等译，112～116 页，北京，生活·读书·新知三联书店，1991。
② ［美］爱德华·萨丕尔：《语言论》，陆卓元译，19 页，北京，商务印书馆，1985。

第四节　文字传播时期：从文字到印刷

语言的产生开辟了口头传播的纪元，文字的发明拉开了手写传播的序幕。

如果说语言使人由动物变成人类，那么文字则使人类由原始人变成文明人。正如巴勒克拉夫主编的《泰晤士世界历史地图集》所言：

> 公元前 3000 年左右的文字发明，是文明发展中的根本性的重大事件。它使人们能够把行政文献保存下来，把消息传递到遥远的地方，也就使中央政府能够把大量的人口组织起来。它还提供了记载知识并使之世代相传的手段。[1]

换言之，没有语言，人类就始终是动物界的一员；而没有文字，人类就不可能创造高度发达的文明。

一、文字的发明

文字起源于绘画，在各大文明发祥地，最初的文字都是图画式的，在有真正的文字以前往往都是先有"象形文字"。以人类最早的文字即楔形文字为例，它一开始就是由图形符号组成的。倘说产生语言的动机在于人们传播信息的需要，则文字的创立一开始并非迫切急需的传播愿望所致，毋宁说文字先被人们出于经济目的发明出来，然后才作为一种新的媒介而用于传播活动，即《泰晤士世界历史地图集》里所论述的：

> 文明古国不同于它们的邻人（北方的游牧人以及欧洲的温带森林或中印半岛的热带林莽中的农业人群）之处就在于经济的集中。在这些早期的城市社会中，货物是在一种实施再分配的制度之下集散的。要保持这些货流运转的轨道，就需要有某种永久性的记载，于是，发达的文字体系就成了这种社会的一个重要特征。最早的文字记载，通常不过是些仓库储货的清单而已；可是一旦人们发明了一种易于适用的文字体系，这种文字就会被用来记录神话、传说和诗歌，还用于行政管理。[2]

美国当代史学家斯塔夫里阿诺斯在其力作《全球通史》里，针对楔形文字的发明，也作了详细阐发：

---

[1] ［英］杰弗里·巴勒克拉夫：《泰晤士世界历史地图集》，中文版，53 页，北京，生活·读书·新知三联书店，1985。

[2] 同上。

楔形文字

　　经营地产时需要记账，如：从佣耕的农人那里收到的地租，牧群的头数，牲畜所需的饲料的量，下次播种所需的种子的量，以及关于灌溉设施和灌溉计划的一切复杂的细节，都得上账或记录。管理事项和账目，是用削成三角尖头的芦苇秆当笔，刻写在泥版上；然后将泥版烘干，以便于保存。这种最早的文字形式称为楔形文字，显然不是为了智力活动才发明的；确切地说，这是经营管理时的一种工具。正如一位著名学者所说的，"文字不是一种深思熟虑后的发明物，而是伴随对私有财产的强烈意识而产生的一种副产品……"①

　　这就是说，文字最初只是作为社会经济生活中的一种运行手段，而不是作为一种传播媒介。当然，文字一旦用作媒介，则使人类传播发生革命性变革。从传播的角度看，文字媒介的显著功能有两点，这就是使信息在空间上传之广远和在时间上传之久远，从而弥补了口语媒介的两大缺陷：

　　书写是有关远方的重大象征，所谓远方不仅指扩张距离，而首先地是指持续、未来和追求永恒的意志。说话和听话只发生在近处和现在，但通过文字则一个人可以向他从来没有见过的人，甚至还没有生出来的人说话。一个人的声音在他死后数世纪还可以被人听到。②

　　另外，语言是事物的直接符号，而文字则是事物的间接符号，即所谓符号的符号。瑞士语言学家索绪尔说过："语言和文字是两种不同的符号系统，后者唯一的存在理由是在于表现前者。"（《普通语言学教程》）由于文字所涉及的仅是间接的现实，它"所包含的不是事物的符号而是其他符号的符号"（斯宾格勒），文字便仿佛构筑起一个同实性世界相对应的虚性世界。意大利当代哲学家、符号学家艾柯（Umberto Eco），曾经引述了一则颇堪回味的故事：

---

　　① ［美］斯塔夫里阿诺斯：《全球通史——1500 年以前的世界》，吴象婴等译，120～122 页，上海，上海社会科学院出版社，1988。

　　② ［德］奥斯瓦尔德·斯宾格勒：《西方的没落》上册，齐世荣等译，280 页，北京，商务印书馆，1963。

　　书写的艺术在其最初被发明时是多么的奇妙，我们可以在新近发现的美洲人身上看到这种奇妙。这些美洲人惊奇地发现："人"可以与"书"进行交谈，甚至"纸"也会说话……

　　我下面要讲的故事是关于一位印第安仆人的。这位仆人受到主人的吩咐去送一篮无花果和一封信，但在半路上却将篮子里的东西吃掉一大半，将剩下的送到了该送到的那个人手中。这个人读了信，发现无花果的数目与信上所说的不符，于是就责问仆人为何将果子偷吃了，并且告诉了他信上是怎样说的。然而这位印第安仆人却矢口否认有这事（尽管证据确凿），并且不断诅咒那张"纸"，认为这张纸是在说谎。

　　之后不久，这位仆人又被支使送同样的东西到同一个地方——同样的一篮果子以及说出了果子确切数目的信。他又故伎重演，在路上吃掉了大部分果子；但这一次，为了防止受到上次同样的指责，他在吃果子之前首先将那封信拿出来藏到了一块大石头下面。他相信，如果这封信没有看到他吃果子的话，它就不可能出卖他。然而这一次他又失算了，他受到了比上一次更加严厉的指责；他不得不老实坦白自己的错误，对纸所具有的"神性"赞叹不已。从此以后，他在执行主人的命令时，再也不敢耍任何滑头了。[①]

起初，文字所构建的虚性世界还只是现实的一个影像，但久而久之竟然仿佛成为现实本身，而现实倒似乎成为其副本。正如柏拉图著名的洞穴比喻所昭示的：火光（文字）将物体投射到洞壁上，人们感知的其实是物体的影像，并且习惯于这种感知，而对物体本身反倒浑然不晓。于是，世界各大文明也就难免于韦尔斯所想象的类似情景：

　　在中国，文字造就了一个特殊的读书人阶级，也就是官吏。他们也就是统治和官僚阶级。他们的注意力必须集中于文字和古典文学格式，胜过集中于思想和现象；尽管中国相当太平，它的人民的个人智慧很高，但它的社会和经济发展，看来却因此受到了很大的阻碍。[②]

其实韦尔斯所说的这种注意文字胜过注意现实的情形，并不仅限于中国，而是带有普遍意义的。

---

① ［意］艾柯等：《诠释与过度诠释》，王宇根译，51～52页，北京，生活·读书·新知三联书店，1997。
② ［英］赫·乔·韦尔斯：《世界史纲》，吴文藻等译，213页，北京，人民出版社，1982。

二、手抄新闻

虽然最初的文字并非为了传播信息，但文字一旦发明之后，人们在用它记录各种事项以免遗忘的同时，把一些重大的消息写下来，递送到遥远的地方便成为顺理成章的事情了："账本、信札、处方、名单和旅程记录：这些都是最早的书面文件。后来，随着书法和阅读技艺的传播，便产生了一种古怪的愿望，一种那样普遍存在于人类中的可怜的愿望，希望把某件奇闻、自己知道的某件秘密或一些奇怪的想法，甚至把自己的名字写下来，去使某些住在远方的不相识的人感到惊异，并希望在自己死后很久，这些记载也会使其他读者感到触目惊心。"① 这类通过文字递传的新闻，可以通称为手抄新闻或书写新闻。现在所知的最早，也最著名的手抄新闻，就是古罗马时代的"每日纪闻"（*Acta Diurna*）。《中国大百科全书·新闻出版》卷，对"每日纪闻"作了如下简要介绍：

> 罗马帝国执政官于公元前 1 世纪下令颁布官报"每日纪闻"。它是一种手抄布告，公布于罗马和各省公共场所，内容为公民投票、官吏任命、政府命令、条约、战争和宗教新闻等。公元 476 年西罗马灭亡，"每日纪闻"随之终刊。②

除"每日纪闻"之外，古罗马时代流行的新闻信（newsletter），也是颇有影响的手抄新闻。如果说"每日纪闻"是"历史上第一份官方的报纸"（科瓦略夫），那么新闻信就是最早的民间"报纸"。新闻信不同于一般的书信，它主要用于向各行省的达官贵人通报罗马的情况，所以它是把地方与中央联为一体的信息纽带。美国新闻学者阿特休尔就此曾写道：

> 古罗马时代，人们是以信的形式徒步传递新闻的。驻扎在省里的罗马权贵委派一个或几个私人记者去首都，目的是让他以书面报告的形式汇报那里的日常活动情况，特别是对省里生活有影响的商业和政治活动情况。这些"记者"常常是些聪明的奴隶，他们较早地识文断字，他们知道可以将这些信件送往驻扎在其他省份的官员那儿，以捞取外快。他们通过新闻采写赚钱，有时是用来赎回他们的人身自由。③

前面口语传播部分讲了一个有名的马拉松新闻传奇。手写新闻传播时期，也有一个有名的故事。说的是古罗马的恺撒，在征服高卢即现在法国一带的一次战役后，写给罗马元老院的报捷文书，只用了简洁明了的三句话：我到了，我见了，我胜了（Veni!

---

① ［英］赫·乔·韦尔斯：《世界史纲》，吴文藻等译，216 页，北京，人民出版社，1982。
② 《中国大百科全书·新闻出版》，"世界报业史"条，270 页，北京，中国大百科全书出版社，1990。
③ ［美］J. 赫伯特·阿特休尔：《权力的媒介》，黄煜等译，5 页，北京，华夏出版社，1989。

Vidi! Vici!)。

古罗马文明随着帝国的崩溃而隐没于中世纪的漫漫长夜，直至文艺复兴时代才重放异彩。对此漫漫千年的传播图景，媒介生态学的创始人尼尔·波兹曼，在论述电子媒介的名著《童年的消逝》里概括道：

> 无论是什么原因，社会识字文化消逝了近1000年，这是不容置疑的。没有任何解释能比一个中世纪读者劳心劳力地阅读一个文本这样的图景更能表达文字消逝的含义。除极少数例外，中世纪的读者，无论年龄大小，都不会，也不能像我们一样的阅读。假如中世纪的人有机会看到现代读者迅速翻阅一本书的情景：悄然无声，眼球快速地转动，嘴唇完全不动，他也许会把这看作魔术表演。典型的中世纪读者阅读时跟那些倔强的一年级学生不相上下：逐字逐句，喃喃自语，高声朗诵，用手指点着每个字，并不考虑弄懂这些字的含义。而且，这里我指的还是中世纪的学者，因为大多数人是根本不读书的文盲。

> 这表明，当时所有重要的社会交往都是通过口头的方式、面对面地进行的。在中世纪，巴巴拉·塔奇曼告诉我们："一般人主要通过耳朵来获得知识。他们聆听公开的布道，观看神秘剧，听人们朗诵叙事诗、唱民谣和讲故事。"因此，欧洲人回到了一种人类交流的"自然"状态，一种以谈话为主、通过歌唱来强化的状态。[①]

同样，古典时代的手抄新闻传统在断裂一千年之后，才被罗马人的后裔首先继承下来，并发扬光大，这就是文艺复兴时代兴起于威尼斯，流行于欧洲大陆的"手抄新闻"（written-newssheets）：

> 那些有创业精神的威尼斯人像古罗马的同仁一样，发现采集、传播和交换新闻的活动有利可图，于是，到16世纪中叶，一个真正的"手抄新闻"行会在威尼斯发展起来。他们在横贯大运河的里亚尔托桥上出售新闻纸，任何过路人只要掏钱就能够购到新闻，其内容有船只的启航抵达、海盗歹徒的肆虐危害、贸易商情以及至关现政权生死存亡的政治事变的消息。[②]

威尼斯是近代商业资本主义的中心，莎士比亚笔下的"威尼斯商人"就是一个典型。作为商贸中心，威尼斯以及其他意大利商贸城市在文艺复兴时代都曾风光一时，就像现在的纽约一样。近代早期的"手抄新闻"，即在这种"天时、地利、人和"的背景

---

① ［美］尼尔·波兹曼：《童年的消逝》，吴燕莛译，17～18页，桂林，广西师范大学出版社，2004。
② ［美］J.赫伯特·阿特休尔：《权力的媒介》，黄煜等译，8页，北京，华夏出版社，1989。

下，发端于意大利的地中海城市，其中威尼斯尤为突出。德国当代思想家哈贝马斯，在论述"公共领域"的名作《公共领域的结构转型》里写道：

> 随着贸易的广泛开展，眼睛紧盯着市场的商人在核算时越来越需要准确地了解远方发生的事情。因此，从 14 世纪开始，古代商人间的信件来往已经演变成为了一种带有职业性质的沟通系统。……当然，商人们所需要的是一个能够保守商业秘密的信息系统，而市政管理机构和宫廷需要的则是一种能够保守统治秘诀的信息系统。两者都无意于把信息公之于众。他们更感兴趣的是"书写的报纸"，是信息商汇集起来的私人信件，信息商这样做纯粹是出于职业动机。①

　　14 世纪左右，意大利已有所谓 menati 组织，向宫廷与商人等提供"手抄新闻"。1563 年，当威尼斯与土耳其交战期间，威尼斯政府又定期发布一种新闻公报，这就是新闻史上有名的《威尼斯公报》——一种在公共场合朗读的 newssheet。由于获取这种新闻，需付一枚当时的硬币——gezzeta，于是这个词后来就演变为报纸、公报等意思，并且常常作为报刊的刊名用字而广为使用。比如，中国作家协会的机关报《文艺报》，就以 *Literature Gezette* 作为英文刊名。在

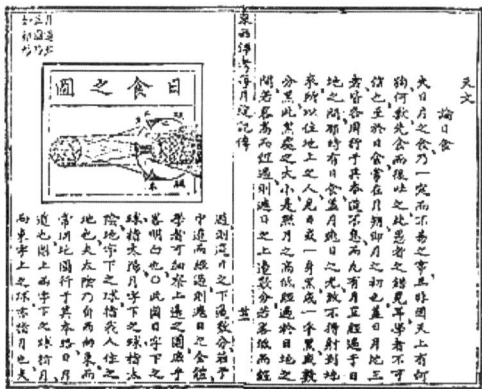

《东西洋考每月统记传》

中国本土出版的第一份中文近代刊物、由普鲁士传教士郭士立创办的《东西洋考每月统记传》（1833），曾经登载过一篇《新闻纸略论》，其中也提到由威尼斯这种硬币演化而来的 gazette（报纸、公报）：

> 在西方各国有最奇之事，乃系新闻纸篇也。此样书纸乃先三百年初，出于义大里亚国。因每张的价是小铜钱一文，小钱一文西方语说加西打（Gazette——引注），故以新闻纸名为加西打，即因此意也。后各国照样成此篇纸，至今到处都有之甚多也。

　　无独有偶，意大利人不仅继承了以《每日纪闻》为代表的古罗马官方新闻的传统，而且也使古罗马时代的新闻信重新复活。尽管新闻信再度流行之前印刷术已经开始普及，但这种古老的传播手段依然延续了二百年，即从 16 世纪一直到 18 世纪。美国学者

---

① ［德］哈贝马斯：《公共领域的结构转型》，曹卫东等译，15 页，上海，学林出版社，1999。

阿特休尔说道，"16、17直至18世纪，新闻信传递的现象不仅在整个欧洲而且也在美洲殖民地相当普遍"。[①] 法国新闻史学者彼·阿尔贝等，也明确指出："在整个十七世纪和十八世纪，手抄新闻日趋盛行，它们的编写者也与早期小报的编辑并驾齐驱，是当时最主要的新闻提供者。至少迟至1789年，手抄新闻编写者构成的新闻网，仍然有效地弥补着印刷报业的空白点。他们曾经发挥了不容忽视的重要政治作用。"[②] 这里有一篇出自"文艺复兴之父"、意大利诗人彼特拉克之手的新闻信，它记述的是1364年威尼斯海军的凯旋盛况，其中写道：

> 总督（Doge）带来许多同伴，坐在门口上方，面向圣马可教堂的正对面。总督就从大理石的凉廊，观赏眼下所举办的种种庆祝节目。
>
> 那里正有四头涂金的青铜骏马，抬头挺胸地站在那里。这些骏马是卓越的古代艺术品，栩栩如生，就像要跃上天空一样。夏日艳阳西倾，为使夕阳不至于耀眼，回廊缀满五彩缤纷的丝带。我被邀请到那里，坐在总督右边。广场、教堂、塔、屋顶、柱廊，处处都是人山人海，乍见之下，活像人头的镶嵌工艺一般。圣马可教堂旁边，设有威尼斯贵妇人专用的观赏席，有大约四百名美女，使庆典活动显得特别热闹。[③]

这封新闻信犹如现代记者写的一篇"印象性报道"，那隆重热烈的场面和喜气洋洋的情形，都被描绘得具体生动，读来仿佛历历在目。

过去一般论家都把文艺复兴时代风行于意大利的"手抄新闻"当作新闻事业的萌芽，从而将它们与同时兴起的印刷新闻混为一谈，均作为新闻事业的早期形态看待。这种看法值得推敲。新闻事业归根结底乃是大机器时代的传播方式，它本身也是按工业化机械化的程序运作的。倘若将手抄新闻归入新闻事业的范畴，那么不亚于说中世纪的手工作坊是现代工业文明的先驱。其实，"手抄新闻"与其说是新的传播生态的萌芽，不如说是旧的传播阶段即手写传播的尾声。事实上，"手抄新闻"、新闻信等都是西方书写传播历史终结之际奏出的终止音符。这里最明显不过的证据，就是"手抄新闻"的背景为走向衰落的旧文明中心——地中海地区，与此相反，新闻事业的早期活动则集中在即将崛起的新文明渊薮——大西洋地区。

"黄河远上白云间，一片孤城万仞山。"人类从远古至近代的传播活动恰似云遮雾绕的万仞群山，辽廓而沉默，苍远而迷茫，其中有幸铸入永恒，为人评点谈论的只有

---

① ［美］J. 赫伯特·阿特休尔：《权力的媒介》，黄煜等译，8页，北京，华夏出版社，1989。

② ［法］彼·阿尔贝等：《世界新闻简史》，许崇山等译，7页，北京，中国新闻出版社，1985。

③ 林立树：《世界文明史》，第10卷，66页，台北，五南图书出版股份有限公司，2002。

"一片孤城"。以上我们粗略地考察了新闻事业兴起之前的传播历史，即口头传播与手写传播这两个阶段。这两个阶段在世界历史上大致相当于"上古"与"中古"，如同印刷传播与电子传播相当于"近代"与"现代"。关于这一漫长时期的新闻传播活动，法国新闻史学者彼·阿尔贝和弗·泰鲁，在其合著的《世界新闻简史》里做过简要概括，我们就以此作为本章的结束语：

> 新闻乃是任何社会生活的基本需要之一。在印刷术发明之前的各国古代文化中，我们都能找到与现代新闻业相似的社会现象。从古希腊的行吟诗人，到中世纪非洲的行吟艺人，人类的好奇心曾经造就了无数讲述历史故事的职业艺人。他们担负着人类交流的重任，往往还负有传播新闻的使命。从荷马到中世纪末叶的编年史家，从希罗多德到马可·波罗，人类为了记述重大历史事件，使之传之后世，也为了描述异国风情，曾经撰写了大量的著作，有些著作类似今天的通讯报道。为了治理国家，古代和中世纪的大大小小的王朝曾经建立过许多收集、传播新闻的网络，由信使们传递口信或者书信，把消息带给人们。那时，消息传播的方式多种多样，从当众宣读到张贴告示，并由此决定了消息传播的范围。历史上所有使用文字的文明社会，除了"官方"新闻网之外，都存在着私人通信联系，这些通信为社会组织、商人以及统治阶级成员提供了不定期的消息来源，它们的内容远远超过了私人交往或者同业交往的狭窄范围。①

推荐阅读

1. ［美］斯塔夫里阿诺斯：《全球通史——1500 年以前的世界》，上海，上海社会科学院出版社，1988。

2. ［苏］叶·潘诺夫：《信号·符号·语言》，北京，生活·读书·新知三联书店，1991。

3. ［加］哈罗德·伊尼斯：《传播的偏向》，北京，中国人民大学出版社，2003。

4. ［瑞士］雅各布·布克哈特：《意大利文艺复兴时期的文化》，北京，商务印书馆，1979。

5. ［法］彼·阿尔贝等：《世界新闻简史》，许崇山等译，北京，中国新闻出版社，1985。

---

① ［法］彼·阿尔贝等：《世界新闻简史》，许崇山等译，3 ～ 4 页，北京，中国新闻出版社，1985。

第三章　17世纪：新闻事业"创世纪"

第一节　印刷与印刷新闻

　　在人类新闻传播活动的演化过程中，印刷传播是继口头传播与手写传播的第三个发展阶段。从全球范围看，印刷传播同现代历史几乎是同步发展的。[①] 中国虽然早在唐代就已发明印刷术，但直至明清之际现代生产关系初露嫩芽时，印刷传播才出现活跃的迹象，尤其是在鸦片战争后随着现代文明的浪潮带着血腥气息汹涌而来时，印刷传播才日渐成为占主导地位的传播形态。就新闻事业的摇篮——欧洲而言，印刷传播大约始于15世纪后半叶，大致相当于现代历史的车轮启动之际。

　　人类的传播之河流到印刷传播阶段，又发生一次革命性的飞跃，新闻事业就在这场传播形态变革中脱颖而出。前面说过，新闻事业的特征集中体现于媒介组织，它是"在媒介组织的舞台上演出的传播活剧，或者说是以媒介组织为渠道的信息扩散"。从媒介的本意讲，第一个组织化、规模化和专业化的传播媒介，就是以印刷技术为核心的一整套运行机制。尽管语言和文字也常被习惯性地称为媒介，但严格地说并不确切。因为，语言与传播本为一体，语言的运作就是传播，传播的过程就展开在语言之中。比如，并不是我先有一个想法，然后再通过语言这个"媒介"把它传播给他人，而是这个想法本身就是由语言直接构成的，离开语言，这个想法就压根不存在。文字也是如此。乍一看，文字确像一种媒介，我有一个想法可以通过文字告知别人，文字岂不是沟通我与他人的媒介吗？其实，文字同语言一样，不是外在于传播的媒介，而是内在

---

① 本书说的现代、现代史、现代文明等，同一般教科书有所不同。教科书通常将哥伦布发现新大陆作为近代史的开端，将第一次世界大战作为现代史的开端，将第二次世界大战结束作为当代史的开端等。而教科书所谓的近代、现代与当代均属本书说的现代范畴，也就是以资本主义文明为先导而以人类解放以及人的自由而全面的发展为旨归的历史进程。

于传播的质料。一篇报道可以离开报纸等媒介而不传，但无法离开文字而犹在。一句话，语言和文字都是传播内容的本体而不是传播的中介或媒介。

至于印刷系统则完全不同。它在传播活动中正是起着牵线搭桥的作用，它使传播者与受传者建立起十分广泛的联系，从而使信息得以从一个点扩散到一个面。也就是说，它与信息的内容无关，而仅与信息的传播有关，离开它信息照样存在，只是传播方式不同罢了。当然，尽管印刷系统在整个传播活动中只是一条信息流通的渠道，或者说一种媒介，但这绝不意味着它无足轻重。恰恰相反，正是由于印刷技术的发明，由于这一媒介系统的出现，人类的传播活动才产生意义重大的飞跃。这种情形类似于二极管由于加入一个小小的基极而成为三极管，于是整个无线电世界由此诞生。没有三极管的发明，便没有改变 20 世纪科技面貌的无线电技术以及如今的集成电路新媒体；同样，没有印刷媒介的出现，也就没有左右现代文明趋向的新闻事业。三极管的发明者，被誉为"无线电之父"的德福雷斯特（L. De Forest），曾把三极管喻为无线电世界的心脏，我们也不妨说印刷媒介是新闻事业的中枢，即阿特休尔所论述的：

> 正是印刷术的发明（而不是别的）使历史从中世纪发展到近代；这期间，能够阅读的大众日益增多导致了思想的广泛传播，思想的广泛传播又推动了哲学与科技的变革。这些变革最终推翻了教士和贵族的统治，从而产生崭新的政治、经济、社会、文化和宗教制度。在这个发展过程中，新闻事业从未与之分离，始终是这些发展的有机组成部分。遗忘了这一简单的道理，就不可能理解新闻事业。[①]

概而言之，印刷媒介的诞生使新闻传播活动产生意义重大的飞跃，从此人类的新闻传播便开始从无序走上有序，其中占据主导地位的就是新闻事业——组织化、规模化、专业化的新闻传播。

从技术上讲，印刷媒介是两种发明的综合产物，这两种发明就是纸张与印刷机。

一、纸张与印刷机

就现代新闻事业的摇篮——欧洲的情形而言，纸张与活字印刷术几乎是同时出现的：前者在 14 世纪，后者在 15 世纪。英国科学史学者丹皮尔说过：

> 大约在公元一世纪末，中国已经发明了纸，据说这是蔡伦的功绩，而木版印刷则出现于八世纪。造纸的技术随着后期十字军输入欧洲，约一百年后活字版的

[①]　［美］J. 赫伯特·阿特休尔：《权力的媒介》，黄煜等译，4 页，北京，华夏出版社，1989。

发明就使旧式模板印刷变成了实际而有用的技术, 因而代替了在羊皮纸上抄写的笨拙方法, 使书籍得以广泛流传。[①]

纸张普及以前, 西方曾经长期用莎草纸和羊皮纸作为主要的书写材料。远在公元前3000年, 古埃及人就发明了加工莎草纸的技术。莎草纸 (papyrus), 是一种生长在尼罗河三角洲的水生植物, 古埃及人用它的茎制成光滑平展、易于书写的 "纸", 这种纸一直沿用到中世纪初。其制作工艺是:

蔡伦

> 把新鲜的草杆切成需要的长度, 剥去绿皮, 然后把其削成片, 平展开, 互相略微交叠, 摊在吸水布上, 吸水布上再铺一层莎草片, 上面又盖一张吸水布, 如此等等。然后捶击大约两个小时, 使莎草片凝成一张薄纸, 最后是把纸压平、晾干。这些纸可以连在一起做成纸卷, 纸卷可以很长。[②]

《荷马史诗》以及欧几里得、希罗多德、柏拉图、西塞罗等古希腊罗马经典作家的传世之作, 无不写在莎草纸上。由于古希腊人用的莎草纸大都经由比布鲁斯 (Byblos, 即黎巴嫩沿海城市朱拜勒的古称) 转运, 于是他们就用比布鲁斯为莎草纸的代称, 英语里的书籍 (book)、圣经 (Bible) 等词汇, 即由比布鲁斯一词转化而来。至于英语里的纸张一词, 则显然更是源自莎草纸。另外, 由于莎草纸写的书需要卷起来, 所以书被称为 "卷" ——源于拉丁文 "volvere"。据说, 《伊利亚特》和《奥德赛》就需要36卷。[③] 公元前一场大火将埃及亚历山大图书馆化为灰烬时, 馆内藏书达几十万卷。不言而喻, 阅读这样的书卷, 得不断地展开, 不断地卷起, 既不方便, 又容易磨损。

公元4世纪左右, 莎草纸渐被中东地区的羊皮纸所取代。按照加拿大传播学者哈罗德·伊尼斯的说法, "伊斯兰教的传播使埃及出口的莎草纸锐减。此前, 莎草纸出口到波尔多和马赛, 供学校和官僚行政使用。然而, 公元659年至679年的墨洛温王朝时期, 莎草纸却被羊皮纸取代。公元716年之后, 莎草纸已经荡然无存"。[④] 羊皮纸的制作工艺是:

> 牛羊生皮放进石灰水泡, 浸透, 去毛, 在架子上晾干。然后用水和浮石打磨, 直至平滑。最后, 成品按照标准的薄木版切割成块, 上面打蜡, 用苇管笔书写。

---

① [英] W.C. 丹皮尔:《科学史》, 李珩译, 158页, 北京, 商务印书馆, 1975。
② [加] 哈罗德·伊尼斯:《帝国与传播》, 何道宽译, 13页, 北京, 中国人民大学出版社, 2003。
③ [美] 丹尼尔·J. 布尔斯廷:《发现者》, 戴予钦等译, 749页, 上海, 上海译文出版社, 1995。
④ [加] 哈罗德·伊尼斯:《帝国与传播》, 何道宽译, 125页, 北京, 中国人民大学出版社, 2003。

希腊和罗马都通用这种笔。羊皮纸对折，毛面对毛面，制订成册。[①]

在中国发明的纸张传到西方以前，羊皮纸一直作为书面文字的主要载体而广为沿用。在完成于 16 世纪末的《亨利六世中篇》一剧里，莎士比亚就提到羊皮纸。

> 狄克：第一件该做的事，是把所有的律师全都杀光。
> 凯德：对，这是我一定要做到的。他们把无辜的小羊宰了，用它的皮做成羊皮纸，这是多么岂有此理？在羊皮纸上乱七八糟地写上一大堆字，就能把一个人害得走投无路，那又是多么混账？[②]

甚至在纸张普及之后，羊皮纸也并未完全淘汰，美国的《独立宣言》、林肯的《解放宣言》等，都是写在羊皮纸上保存于博物馆中的，戴高乐将军的处女作《剑刃》有一本也曾专门写在羊皮纸上，题献给他的恩师贝当元帅。

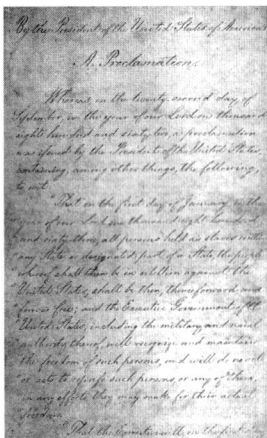

《解放宣言》

若从"印刷"的角度讲，羊皮纸显然既不经济又不实用。比如，仅仅一部《圣经》就需三百张羊皮。不过，就书籍的质地看，细心抄写、精工制作的羊皮纸书籍，字体优雅，装潢美观，就像一件精美的艺术品，赏心悦目。难怪印刷书籍刚出现在文艺复兴的摇篮意大利时，曾被视为粗鄙下等的玩意儿。当时意大利的羊皮纸书籍，用深红色的天鹅绒作封面，带有白银的搭扣，外观豪华，气度高雅，原始的印刷书籍与之相比就像乞丐与王子之别。布克哈特在《意大利文艺复兴时期的文化》一书中，记述过这样的故事：

> 当贝萨利昂枢机主教的使者们第一次在康士坦丁·拉斯卡利斯的家里看到一本印本书时，他们曾经对于"在某一德国城市的野蛮人中间的"发现（此系指西方活字印刷法的发明者古登堡的发明，古登堡是德国美因兹人——引者注）加以讪笑，而马尔比诺的菲德利哥"也一定会以有一本印本书而耻辱"。[③]

能够用于印刷的纸张是中国古代的一大发明，是华夏文明对人类的一大贡献。中国造纸术的西传始于隋唐时期。当时欧亚大陆有两个辉煌夺目的文明：一是东方的大唐帝国，一是西方的阿拉伯帝国。天宝十载即公元 751 年，中国西北边境的石国太子引大食（古阿拉伯帝国）袭击唐朝边境，安西节度使高仙芝将兵三十万出征。大诗人岑参曾

---

① ［加］哈罗德·伊尼斯：《帝国与传播》，何道宽译，109 页，北京，中国人民大学出版社，2003。
② 《莎士比亚全集》（6），朱生豪译，184 页，北京，人民文学出版社，1978。
③ ［瑞士］雅各布·布克哈特：《意大利文艺复兴时期的文化》，何新译，190 页，北京，商务印书馆，1979。

为此写过一首有名的七绝《武威送刘判官赴碛西行军》，其中"角声一动胡天晓"一句最为后人乐道。可惜此次出师不利，唐军被阿拉伯人击败，被俘两万余人。在这批俘虏中间，有一些人精通造纸技术，于是阿拉伯人就令他们在中亚地区的撒马尔罕建立造纸作坊。造纸术由此传入阿拉伯帝国，时值 8 世纪中叶。越 300 年至 11 世纪中，阿拉伯人又把中国的造纸术，带到了阿拉伯治下的西班牙，也就是说此时造纸术已到达欧洲的边缘地带。后来，它就以西班牙为中心逐渐向欧洲各地扩散。到 14 世纪、15 世纪，中国发明的纸张，终于取代沿用近千年的羊皮纸。①

纸张普及的意义并不在于以一种新型的书写材料取代一种旧式的书写材料（如羊皮），而在于它为印刷提供了必不可少的条件。没有纸张，就不可能有印刷。因为印刷乃是一种大规模的复制，首先就要求有大量的、充足的纸张，否则即便发明了印刷术，印刷机照样无法开动。尽管纸张并不因印刷而出现，却因印刷而显示其价值。正因如此，造纸术与印刷术往往相提并论。

造纸术与印刷术最早都诞生在中国，同造纸术一样，中国印刷术对西方的金属活字印刷法产生了"第一推动"。欧洲的金属活字印刷法，属于印刷术中的一种方法，如同雕版印刷法、泥活字印刷法等。这种金属活字印刷法源于 15 世纪中叶的德国，它的发明者就是西方的毕昇——约翰·古登堡（Johannes Gutenberg）。他是德国美因兹的一位工匠，1428 年离开家乡，到斯特拉斯堡度过近 20 年。其间，大约在 1440 年至 1450 年间，他经过一系列的实验，发明了一套包括铸字盒、冲压字模、铅活字、油墨、木制印刷机等工艺的金属活字印刷法。按照《不列颠百科全书》的说法：

古登堡

古登堡的活字印刷机

① 参见项翔《近代西欧印刷媒介研究——从古腾堡到启蒙运动》，22 ～ 23 页，上海，华东师范大学出版社，2001。

　　印刷术（实即金属活字印刷法——引者注）被称为德国对文明的伟大贡献；在它发明的初期曾以德国技艺（the German Art）而著称。它在由美因茨的一位金匠约翰·古登堡于 1440—1450 年之间发明后，便伴随着传教热情以及精明的商业意识传播开来，其间主要是由德国人并且主要是沿德国商人的贸易路线传播。古登堡本人则以其印行的四十二行版《圣经》（1456）、三十六行版《圣经》以及一部畅销的百科全书而享有盛名。①

　　在人类传播史上，印刷术以及古登堡的发明是语言和文字之后的第三块里程碑，标志着大众传播时代的来临："世人的知识生活进入了一个新的和远为活泼有力的时期。它不再是从一个头脑到另一个头脑的涓涓细流；它变成了一股滔滔洪流，不久就有数以千万计的头脑加入了这一洪流。"② 马克思的名言广为人知：

　　火药、指南针、印刷术——这是预告资产阶级社会到来的三大发明。火药把骑士阶层炸得粉碎，指南针打开了世界市场并建立了殖民地，而印刷术则变成新教的工具，总的来说变成科学复兴的手段，变成对精神发展创造必要前提的最强大的杠杆。（《经济学手稿（1861—1863）》）

　　当然，古登堡本人当年绝没有料到他的发明所具有的重大意义，正如瓦特被水壶的蒸汽触动灵感时，没有意识到这将带来一场革命。印刷问世前，书籍都是靠手抄本流传，抄写一本《圣经》差不多得一年工夫，所以十分珍贵，得来不易。13 世纪时，有人曾出过相当于现在 3 000 美元的高价，搞到一本薄薄的手抄书，然后作为生日礼物献给法国公主，而如今 10 套《不列颠百科全书》才值这么多的钱。无怪乎中世纪教堂（当时西方的文化都集中在教会），要把珍贵的书用铁链锁住，不敢有丝毫疏忽，正如苏联学者 B.A. 伊斯特休所描绘的：

　　由于羊皮纸造价高，加之手抄本抄写复杂，耗时很多，所以中世纪的书十分昂贵。书价昂贵，使得许多图书馆用锁把书锁在书架上；书的主人往往在遗嘱中除了房屋、土地或者手工艺品之外还要指定唯一的一本书的占有人。③

　　所以，印刷术发明的直接作用，就在于使文字信息的批量复制成为可能。根据可靠的估计，"在古登堡之前，欧洲的手抄本书籍仍可以千计。当时欧洲的人口大概不满

　　① *The New Encyclopedia Britannica*, 15th EDITION, 1986, Volume 26, p.462.
　　② ［英］赫·乔·韦尔斯：《世界史纲》，吴文藻等译，809 页，北京，人民出版社，1982。
　　③ ［苏］B.A. 伊斯特休：《文字的产生和发展》，左少兴译，396 页，北京，北京大学出版社，1987。

1亿，大多数人不识字。到1500年，除了还在增多的手抄本书籍之外，印本书籍大概有1 000万本左右在流通（有些学者提出这个数字的一倍）"。[①] 另外，从更深的历史意味上讲，印刷术的出现还导致一种新的文化传统，一种不同于口语或书写文化的传统。加拿大传播学者哈罗德·英尼斯和马歇尔·麦克卢汉都认为，印刷书刊创造了一种全新的思维方式，即所谓线性思维，就如同一行一行、一页一页地阅读印刷书刊一样。麦克卢汉的弟子、媒介生态学的创始人尼尔·波兹曼，在名作《童年的消逝》里也论述道：

> 在印刷激发起作家日益强烈且无须掩饰的自我意识的同时，它也在读者中创造出类似的态度。因为在印刷术发明之前，一切人际交流都发生在一定的社会环境下。甚至连阅读所采用的也是口语模式，一个读者大声朗读，其他人随后跟上。但自从有了印刷的书籍之后，另一种传统便开始了：孤立的读者和他自己的眼睛。口腔无须再发声音，读者及其反应跟社会环境脱离开来，读者退回到自己的心灵世界。从16世纪至今，大多数读者对别人只有一个要求：希望他们不在旁边；若不行，则请他们保持安静。整个阅读的过程，作者和读者仿佛达成共谋，对抗社会参与和社会意识。简而言之，阅读成为反社会的行为。[②]

诗人拜伦曾把历史喻为驿使，把日期比作驿站，历史在每一站都要换马，然后再继续驰奔。在人类传播活动的进程中，古登堡发明金属活字印刷法的15世纪中叶就是一个新的驿站，传播史就在这里换上一匹昂首奋蹄的骏马，踏上新的路程。

二、文艺复兴与宗教改革

以大历史的眼光看，印刷术绝非一项偶然的技术发明，而是社会合力与时代精神的结晶。

印刷术诞生在一个曙光初露，新春在即的年代——文艺复兴。其时，中世纪的漫漫长夜正在隐退，万象更新的文明即将显现。这是一个意气飞扬的时代，一个生机勃勃的时代，正如恩格斯所言："一个需要巨人并且产生了巨人的时代，那是一些在思维能力、激情和性格方面，在多才多艺和学识渊博方面的巨人。"（《自然辩证法》）沉寂已久的创造精神仿佛火山喷发，骤然而出，又如江河决口，一泻千里。这一点在莎士比亚那骋才使气、浩浩荡荡的雄论中可略见一斑："人类是一件多么了不起的杰作！多么高贵的理性！多么伟大的力量！多么优美的仪表！多么文雅的举动！在行为上多么像一个天使！在智慧上多么像一个天神！宇宙的精华！万物的灵长！"（《哈姆雷特》）在这种生

---

① ［美］丹尼尔·J.布尔斯廷：《发现者》，戴子钦等译，762页，上海，上海译文出版社，1995。
② ［美］尼尔·波兹曼：《童年的消逝》，吴燕莛译，40页，桂林，广西师范大学出版社，2004。

意盎然的时代氛围中，在那种昂扬奋发的精神感召下，达·芬奇画出蒙娜丽莎的"永恒的微笑"；哥白尼开启了改变人类宇宙观念的"哥白尼革命"；托马斯·莫尔在《乌托邦》中描绘出一幅春光明媚，鸟语花香的理想世界……

同样，也正是在这个如火如荼的伟大年代，人们渴望知识、研究科学、探寻真理的热情极度高涨，普及文化知识、提高教育水平也成为迫切的时代需要，培根的名言"知识即力量"也是这一趋势的体现。以研究文艺复兴而著称的瑞士历史学者雅各布·布克哈特说过，书籍和建筑是"文艺复兴时期人们最感兴趣的两件东西"。当教皇尼古拉五世还只是普通教士时就常说：假我以资财，当成就两桩事业，即书籍和建筑（这里的书籍还是昂贵的手抄书，故有假以资财之说）。这种对书籍弥漫甚广的浓厚兴趣，无疑是刺激印刷术问世及普及的一大因素。

如果说文艺复兴为印刷术提供了一个充满生机与活力的时代氛围，那么宗教改革则为它开辟出一片广阔的生长沃土。换言之，前者只是时代的需要，而后者才构成现实的可能。否则便无法解释印刷术何以不诞生于文艺复兴的大本营意大利，而首先出现在宗教改革的策源地德意志。

宗教改革是一场声势浩大、影响广远的思想解放运动，其宗旨乃在破除罗马教廷对人们精神的专横统治，把宗教的权威从罗马转向《圣经》。正如 W. C. 丹皮尔在《科学史及其与哲学和宗教的关系》里所做的概括：

> 宗教改革家有三个主要目标。第一，整顿由于有人滥用罗马会议，由于许多僧侣们生活放荡而遭到破坏的教律。第二，按照先前遭到镇压的某些运动的方针改革教义，并返回原始的质朴状态。第三，放松教义控制，准许个人在一定程度上可以自由地根据圣经作出自己的判断。①

宗教改革的先驱和领袖马丁·路德在《一个基督教徒的自白》一文中，主张每个基督徒都有同上帝直接对话的权利，而不必像先前那样通过中间人即牧师作为人与上帝沟通的媒介。在他看来，如果每个家庭的餐桌上都有上帝的文字，基督徒就不需要教皇来为他们解释教义了。"印刷使得上帝的信息跑到了每家每户的厨房桌上，而且用的是一种人人都明白的语言。上帝的信息既然如此唾手可得，基督徒就不再需要各界神职人员为他们诠释教义了。"②为此，每个人就需要直接阅读《圣经》，而以前阅读并解释《圣经》只是少数教会人士的特权。这种《圣经》至上的主张，直接导致《圣经》需求量的增加。在这种情况下，手抄本显然供不应求，而必须发明一种新的、大量复制书籍的技

---

① ［英］W. C. 丹皮尔：《科学史》，李珩译，169 页，北京，商务印书馆，1975。

② ［美］尼尔·波兹曼：《童年的消逝》，吴燕莛译，49～50 页，桂林，广西师范大学出版社，2004。

术，以满足宗教改革运动的迫切之需——印刷术的
出现已是势在必然。这里有一个很能说明问题的例
子，就是金属活字印刷法的发明者古登堡，正是以
印行《圣经》而知名的，而且早期印刷物的四分之
三差不多都是《圣经》。

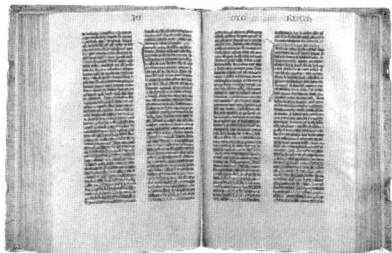

《圣经》

印刷术在德国诞生后不到半个世纪，就几乎传
遍西方世界：1466年传入罗马，1473年传入匈牙
利，1476年传入英国，1502年传入美洲新大陆。它
的传播路线恰似以德国为光源而向周遭辐射的光线。用项翔博士在其博士论文中的描述
来说："这是一个商业传播与文化传播并举的过程。来自德国的手工匠以其令人惊异和
敬佩的商业进取心和冒险精神，负携着简单的设备在欧洲大陆游牧般地四处谋生。就是
这一小群人把改变人类文明进程的伟大技艺传遍了欧洲，并广及全球。"[1] 不过，最早将
印刷术引进英国的，却是一位英国人威廉·卡克斯顿（William Caxton）。他在德国科
隆掌握了这门新兴技术，然后于1476年在伦敦办起英伦三岛的第一家印刷所，于是他
便成为英国的第一位印刷商。卡克斯顿的历史功绩主要还不在于创办英国的第一家印刷
所，而在于最早使用英语而非拉丁语印刷书籍。因为，在"上帝之城"凌驾"人间之
城"的中世纪，罗马教廷号称上帝在尘世的代表，拥有至高无上的权威，连一国之尊的
国王都得受制于罗马的权威，其间最有名的当数"卡诺莎之辱"。1077年，神圣罗马帝
国皇帝为了维护自身统治权，冒着风雪严寒前往意大利北部的卡诺莎城堡，向教皇跪拜
求饶三天三夜，以至于从此以后，"卡诺莎之辱"成为屈服投降的一个代名词。因此，
李零说，中国只有国家大一统，没有宗教大一统，而西方相反，只有宗教大一统，没有
国家大一统（看看欧盟至今步履维艰）。中世纪教会用的都是拉丁语，这种语言作为书
面语中的"世界语"而通用于西方各国：

　　　那时候拉丁语是独一无二的国际用语；巴黎大学的学生来自西欧各地，说不
定常常遇上这种事：两个学生能用来进行交谈的语言只有拉丁语。[2]

然而，拉丁语只为少数人所掌握，普通民众则与之无缘，正如中国古代士大夫阶层
的文言文。显而易见，拉丁语作为一种精英化的语言，不利于文化知识的广泛传播。这个
问题在印刷发明前尚不突出，因为得来不易、为数不多的手抄书籍本来就是少数僧侣贵族
的专利品。但是，印刷术问世之后，拉丁语就变得不合时宜了。倡导宗教改革的路德在宣

---

① 项翔：《近代西欧印刷媒介研究——从古腾堡到启蒙运动》，52～53页，上海，华东师范大学出版社，2001。
② ［英］罗素：《西方哲学史》下卷，马元德译，34页，北京，商务印书馆，1976。

传《圣经》至上、信仰得救的同时，也把《圣经》从拉丁语译成德语，为德语的统一，进而为德国文化的发展作出贡献。与此相似，卡克斯顿摒弃拉丁语，改用大众化的英语印刷书籍，也为文化的普及铺平道路，其影响不亚于五四时期之废除文言改用白话。

另外，印刷术的普及也使以往欧洲各国的方言土语日趋规范化，并最终形成标准的民族语言。正如尼尔·波兹曼所言："实际上，语言沙文主义恰好跟印刷的发展同时发生：'母语'的观念是排版的产物。"① 印刷术发明以前，各地方言土语多如牛毛，仅仅是现在仍在使用的欧洲语言或方言大约就有 3 000 种。于是，这样的情况也就在所难免："12 世纪时有个诺曼底的学生来到巴黎大学，他听不懂来自马赛的学生所说的话，因为那时尚无一种标准法语。同样的问题也使进入海德堡大学、波伦亚大学、萨拉曼卡大学或牛津大学的学生感到苦恼，因为当时尚无标准的德语、意大利语、西班牙语或英语。"② 卡克斯顿也曾记述了这样一件趣事，一个伦敦商人说的英语，在肯特郡的家庭主妇听来简直跟法语一样：

> 有个商人名叫谢菲尔德，走进一家人家要求一点食物，特别提出要些鸡蛋（eggs）；那家主妇回答说，她不懂法国话。那个商人恼火了，因为他也是不会说法国话的，只是想要几个"鸡蛋"（eggs），而那主妇不懂他的意思。最后一个人出来说，他要的是"eyren"，于是那主妇说，她懂得这个人说的话了。③

所以，美国历史学家丹尼尔·J. 布尔斯廷说，威廉·卡克斯顿为英语规范化所做的努力，"不亚于莎士比亚之前的任何人"。④ 项翔博士也认为，"从印刷的技术角度来说他并不算伟大，但在英国出版史和文学史上他无疑是最伟大的人物之一"。⑤ 由此说来，我们也就不难理解：

> 凭借印刷，上帝变成了英国人，或德国人，或法国人，这完全取决于用什么样的方言来表现上帝的信息。这样的结果是加强了国家民族主义，同时削弱了经文的神圣权威。从 18 世纪到现在，人们对国家的爱取代了对上帝的爱，这完全可以说是印刷带来的一个结果。例如，在过去的两个世纪里，基督徒受鼓动发动的战争，完全是以捍卫国家利益的名义；上帝只好自己照料自己了。⑥

---

① ［美］尼尔·波兹曼：《童年的消逝》，吴燕莛译，48 页，桂林，广西师范大学出版社，2004。

② ［美］丹尼尔·J. 布尔斯廷：《发现者》，戴子钦等译，737 页，上海，上海译文出版社，1995。

③ 同上，744 页。

④ 同上。

⑤ 项翔：《近代西欧印刷媒介研究——从古腾堡到启蒙运动》，59 页，上海，华东师范大学出版社，2001。

⑥ ［美］尼尔·波兹曼：《童年的消逝》，吴燕莛译，50 页，桂林，广西师范大学出版社，2004。

随着印刷术的发明与普及，新闻事业的原始形态也便开始孕育、萌芽、滋生。15 世纪下半叶已有印刷的新闻传单流行，如 1482 年奥格斯堡发行的《土耳其侵犯欧洲新闻》，1493 年西班牙发行的《哥伦布发现新大陆记》，1485 年巴黎印行的《卡尔五世侵犯里昂记》（李瞻《世界新闻史》）。不用说，新闻传单都十分简陋，一张传单往往只报道一件新闻。但它毕竟同以往的新闻传播方式有所不同了。从理论上讲，一期传单借助印刷技术已能成千上万份批量印行，从而使信息得以迅速而广泛地传播。这里只需对比一下新闻传单与同时期在意大利最先出现的"手抄新闻"，就会看得更加清楚了。

16 世纪后，又开始出现印刷的小册子（pamphlet）和新闻书（news-book）。它们比原始的传单更进了一步，不但信息的容量增加，而且逐渐趋于定期发行。仅在 1590 年至 1610 年这短短 20 年间，英国就印行了 450 份新闻小册子，几乎平均一月一份。这个时期，新闻传播活动比较活跃的，还数当时的商贸中心意大利。按照尼尔·波兹曼的描述，在 16 世纪初的意大利：

> 印刷开创了第一个记者职业、第一个文学敲诈者、第一个色情作品的批量生产者，这三种身份全部集中在皮特罗·阿伦提诺（Pietro Arentino）一人身上。阿伦提诺出身低微，没有受过教育。但他本能地懂得印刷是让人出名的工具，也就是说，他发明了报纸。……阿伦提诺从未接受过任何人的教诲（因为此前根本不存在这样的人），而抢先印出一连串的反教权主义的淫秽作品、诽谤性的故事、公开的指责和个人观点。所有这一切已经成为新闻传统的一部分，直到今天依然盛行不衰。他发明的"黄色"新闻和与此相应的表现风格，使他名利双收。当时他以"王公贵族的祸患"著称，是那个时代的"公民凯恩"（即美国黄色新闻大王赫斯特的原型——引者注）。[①]

除这些简易的印刷新闻物外，新闻事业萌芽期还能见到以月刊、半年刊及年鉴形式出现的印刷品。比如，有名的《法比信使》（*Mercurius Gello-Belgicus*），就是每年出一期。在西方，《法比信使》也是第一份以"信使"（Mercury）作为刊名的出版物。Mercury 原为罗马神话中的墨丘利（墨丘利即 Mercury 的音译），在希腊神话中称赫耳墨斯。由于墨丘利是众神的使者，于是他的名字便演义为"信使"，如同维纳斯演义为窈窕淑女、阿波罗演义为翩翩少年一样。自从《法比信使》以墨丘利作为刊名，后继者群起效仿，流风延绵，至今不断，如当代美国的《信使和新闻》（*Mercury & News*）、英国的《信使》（*Mercury*）、澳大利亚的《信使报》（*The Mercury*）等。民国年间上海有一份英文报纸《大美晚报》，刊名中也带有 Mercury 一词，全称为 *Shanghai Evening Post and Mercury*。

---

① ［美］尼尔·波兹曼：《童年的消逝》，吴燕莛译，37～38 页，桂林，广西师范大学出版社，2004。

第二节 新闻事业的萌芽

虽在印刷技术普及开来的 15 世纪与 16 世纪之交，作为"新生事物"的新闻事业已经开始孕育，但直到 17 世纪初才一朝分娩，显现完整形态。如果说北大西洋地区是新闻事业的空间摇篮，那么 17 世纪就是它的时间温床。

以历史形态学的眼光看，新闻事业属于近 500 年兴起，而今席卷全球的文明范畴。它既是这种新文明的一种表征，又是一种构成。而这种主宰现代历史潮流的新文明，经过 14—16 世纪的文艺复兴以及宗教改革运动，到 17 世纪也逐渐显露其君临天下、奴役全球的"血与火"的恐怖气息，用马克思在《资本论》中的概括来说：

> 美洲金银产地的发现，土著居民被剿灭、被奴役和被埋藏于矿井，对东印度开始进行的征服和掠夺，非洲变成商业性的猎捕黑人的场所——这一切标志着资本主义产生时代的曙光。这些田园诗式的过程是原始积累的主要因素。接踵而来的是欧洲各国以地球为战场而进行的商业战争。这场战争以尼德兰（即本节说的荷兰——引者注）脱离西班牙开始，在英国的反雅各宾战争中具有巨大的规模，并且在对中国的鸦片战争中继续进行下去，等等。[①]

17 世纪不仅是现代文明萌发的世纪，而且也是现代世界观成形的世纪。在欧洲，假如可以把古典文明视为"精神文明"，把中古文明视为"道德文明"，那么现代文明则属"机器文明"或"技术文明"。也正是凭借这种"文明"，先是小小的西班牙、葡萄牙、荷兰、英国，后有继起的欧洲列强才得以开启冷酷冷血的殖民、掠夺、扩张。文一教授的新作《科学革命的密码：枪炮、战争与西方崛起之谜》（2022），对此做了新的透辟阐发。与之相应，现代

牛顿

世界观本质上也体现着冷峻刻板的机械特征。在它看来，"地球是一个堆满各种零件的五金仓库，我们的任务就是把这些零件装配成一部能够运转的机器"[②]。于是，精密、准确、速度、效益、标准等一系列准则，便构成现代文明的核心价值。为这种机械论世界观描绘蓝图的一批思想家，比如，霍布斯（1588—1679）、洛克（1632—1704）、培根（1561—1626）、牛顿（1642—1727）、笛卡儿（1596—1650）等，大都生活在 17 世

---

① 《马克思恩格斯文集》第 5 卷，860～861 页，北京，人民出版社，2009。
② ［美］杰里米·里夫金等：《熵：一种新的世界观》，吕明等译，13 页，上海，上海译文出版社，1987。

纪，就不完全是一种巧合。同时，现代科学的一系列奠基性成就，也大都完成于17世纪，如牛顿的经典物理学以及万有引力定律，开普勒的行星运动定律，伽利略的天文学和动力学等。这些哲人在为资本主义文明奠定思想根基之际，还从不同侧面为之提供具体方略：培根的《新工具》（1620）提出一套认识世界的新方法即所谓科学方法；洛克的分权主张经由法国启蒙思想家孟德斯鸠的发展，成为西方政治制度的蓝本；至于牛顿的《自然哲学的数学原理》（1687）更被视为"科学史上的最大事件"（W.C.丹皮尔），成为现代世界开发自然、利用自然的锁钥。对17世纪及其精神，罗素概括道：

> 近代世界与先前各世纪的区别，几乎每一点都能归源于科学，科学在十七世纪收到了极奇伟壮丽的成功。……按思想见解讲，近代从十七世纪开始。文艺复兴时期的意大利人，没有一个会让柏拉图或亚里士多德感觉不可解；路德会吓坏托马斯·阿奎那（中世纪基督教神学家——引者注），但是阿奎那要理解路德总不是难事。论十七世纪，那就不同了：柏拉图和亚里士多德、阿奎那和奥卡姆（中世纪经院哲学家，以"奥卡姆剃刀"闻名——引者注），对牛顿会根本摸不着头脑。……
>
> 1700年的时候，有学识的人思想见解完全近代化了；在1600年，除开极少数人以外，思想见解大体上还是中古式的。[①]

总之，17世纪是现代文明从历史地平线显露的黎明时光。作为新文明之征候与构成的新闻事业，也从此时崭露头角，成为主角之一而登上历史舞台。

新闻事业亮相的第一个标志，就是17世纪初定期报刊的兴起。定期报刊与早期的新闻媒介如新闻信相比，呈现三点差异：一者私下传播而一者公开发行，一者信息单一而一者内容博杂，一者随机传布而一者定期出版。第一点差异即公开与否，按照德国当代思想家哈贝马斯的说法，代表着资产阶级公共领域出现，"只有当信息定期公开发送，也就是说能为大众所知晓的情况下，才有真正意义上的新闻可言"。[②] 而第二点差异，显然体现着现代社会信息骤增的趋势。至于第三点差异即定期性，则更凝聚着现代文明的精神特质。因为，定期性归根结底乃是与信用、精确、效益、规律等相关，而这些正是现代文明所注重的价值谱系。从培根到牛顿的机械式世界观，都在力图消除大千世界的杂乱无章，都在力图把世界安排得井然有序，使一切都精确可靠。用笛卡儿的话讲，"任何事物，都有一个度量的问题"。对现代报刊来说，"度量"问题不仅关系到拥有多少读者、产生多少利润、发挥多大影响等，而且首先就体现在间隔多长时间的周期上，

---

① ［英］罗素：《西方哲学史》下卷，马元德译，43～56页，北京，商务印书馆，1976。
② ［德］哈贝马斯：《公共领域的结构转型》，曹卫东等译，16页，上海，学林出版社，1999。

没有定期观念的报刊同现代文明的需求格格不入。从这个角度可以说，定期性是现代报刊的一大要素与首要特征。事实上，定期性也是衡量现代报刊与古代报刊（如果古代真有所谓报刊的话）的显要尺度，或者说定期性作为传播史上的一道分水岭，隔开古代与现代的新闻传播活动，而这道分水岭就耸立在 17 世纪初："定期刊物在 17 世纪前期，几乎同时出现于欧洲各地。"① 另外，定期报刊得以出现的现实条件之一，也在于 17 世纪初欧洲大陆开始建立的现代邮政系统。由于最初的邮件每隔一周送达，所以最初的定期报刊多为周刊。从 17 世纪中叶开始，邮件逐渐改为每天递送，于是日报得以问世。

一、荷兰

最早的一批定期报刊兴起于欧洲西北部的尼德兰（约当现在荷兰、比利时、卢森堡）与德国，继而由此扩散开来。荷兰于 17 世纪初摆脱西班牙的统治，赢得独立，建立起第一个资产阶级共和国。此后荷兰的国力一天天强盛，经济一天天发达，不久便拥有一支全球最庞大的商船队，吨位总数为整个欧洲的 1/4——1600 年拥有一万艘，号称"海上马车夫"。我国宝岛台湾就是此时被荷兰侵占，直到 17 世纪中叶方被郑成功收复。"荷兰——它是 17 世纪标准的资本主义国家——经营殖民地的历史，'展示出一幅背信弃义、贿赂、残杀和卑鄙行为的绝妙图画'。"（《资本论》）② "世界体系"（World System）理论的代表人物、意大利的乔万尼·阿瑞吉（Giovanni Arrighi），在论述现代世界体系的变迁时，就将荷兰、英国和美国列为三大递相崛起的世界霸权。③

在荷兰的国力声势日趋强盛之际，荷兰的现代文化也异彩纷呈。当时的欧洲大陆上，荷兰的政治气候十分宽松，学术环境也很自由。一位旅居荷兰的意大利商人，在其《尼德兰志》一书中就写道："外国人在安特卫普所享的自由，比在世界上所有其他国境内所享的都更多，而且在尼德兰各地到处都是一样。"④ 于是，许多在其他国家被查禁的书刊在荷兰可畅行无阻，法国作家大仲马在《三个火枪手》的序言中，就曾提到一部虚构的《达达尼昂回忆录》，而这部记述 17 世纪上半叶法国历史的书，就是在荷兰首都阿姆斯特丹排印的。他还说："当年法国大多数作家设若要暴露真相，而又不愿被人送进巴士底狱去住一个或长或短的时期，总是在国外发行自己的著作。"同样，17 世纪时，"大多数法国报纸都是在荷兰印刷的，在那里，它们享有当地报刊所没有的自由权利。这一类报纸被统称为'荷兰的报纸'"。⑤ 与此同时，许多在其他国家受到宗教与政治迫

---

① ［美］J. 赫伯特·阿特休尔：《权力的媒介》，黄煜等译，10 页，北京，华夏出版社，1989。
② 《马克思恩格斯文集》第 5 卷，861～862 页，北京，人民出版社，2009。
③ 参见阿瑞吉等《现代世界体系的混沌与治理》，王宇洁译，北京，生活·读书·新知三联书店，2003。
④ 郭守田主编：《世界通史资料选辑》中古部分，394～395 页，北京，商务印书馆，1981。
⑤ ［法］彼·阿尔贝等：《世界新闻简史》，许崇山等译，21 页，北京，中国新闻出版社，1985。

害的学者，也纷纷避难荷兰。法国哲学家笛卡儿也因此于 1629 年定居荷兰，并且他的大部分著作大都完成于荷兰：

> 十七世纪时荷兰是唯一有思想自由的国度，它的重要性不可胜述。霍布士（名著《利维坦》的作者——引者注）只好拿他的书在荷兰刊印；洛克在 1688 年前英国最险恶的五年反动时期到荷兰避难；贝勒（《辞典》著者）也迫于必要在荷兰居住；斯宾诺莎假若在任何旁的国家，恐怕早不许他从事著述了。[1]

荷兰这个时期还涌现出一批享有国际声望的文化名人，像国际法奠基人格劳秀斯、哲学家斯宾诺莎、画家伦勃朗等，也活跃在 17 世纪上半叶。这真是荷兰历史上的高光时刻，人们的创造活力在此时此地又一次像火山爆发般迸发出来！无怪乎人们说，"17 世纪对荷兰来说，将是'黄金世纪'"。[2]

处在这种时代背景中的荷兰新闻事业，自然呈现欣欣之势，而定期报刊首先在荷兰诞生便不足为奇。1980 年版《不列颠百科全书》里就写道：

> 被当作第一批真正的报纸（the first true newspapers）而看待的出版物，出现于 1605—1610 年。它把博杂的报道内容同有规律地定期出版这二者结合起来。其中最早的一份或许是荷兰的《新闻报》（Nieuwe Tijdinghen）。该报由亚伯拉罕·费尔赫芬（Abraham Verhoeven）于 1605 年在安特卫普出版，尽管目前所见的最早一份《新闻报》的时间是 1621 年。[3]

当时的荷兰报纸不仅畅销国内，而且还被译成外文远销海外。如最早的英文报纸、1620 年出版的一份"科兰特"（coranto），就是由荷兰印刷商 Pieter Van Den Keere 在阿姆斯特丹创办的。新闻史家一般都把它视为第一份英国报纸，其实它不过是荷兰报纸的英文版而已。

二、德国

除荷兰外，17 世纪初的另一个新闻事业策源地当数德国。世界上最早的周刊，就是德国的《观察周刊》（Avisa，后来改为 Aviso），创办于 1590 年。起初，它还像当时的其他新闻出版物一样不定期发行，到 1609 年才改为每周发行一次。不过这份周刊一期只报道一条新闻，同新闻传单相差无几。直到 1615 年，由"德国报业之父"艾莫尔

① ［英］罗素：《西方哲学史》下卷，马元德译，81 页，北京，商务印书馆，1976。
② ［美］斯塔夫里阿诺斯：《全球通史——1500 年以后的世界》，吴象婴等译，164 页，上海，上海社会科学院出版社，1992。
③ *The New Encyclope dia Britannica*，15th EDITION，1986，Volume 26，p. 474。

（Egenolph Emmel）创办的周刊《法兰克福新闻》，才开始在一期报纸上同时刊登数条新闻。另外，1626 年德国出版的周刊《马格德堡新闻》，是世界上出版时间最长的报纸，到 1955 年停刊，前后总计 329 年。

这时期德国新闻事业的繁荣固与其印刷业起步最早，因而具有较为雄厚的技术实力有关，但根本原因还在于资本主义经济的发展与全球贸易的活跃。单就后者而论，新大陆的发现与新航线的开辟，使欧洲的贸易中心从地中海转移到大西洋，原先地中海一带的繁华都市如威尼斯日趋没落，而濒临大西洋的国家则从 17 世纪开始崛起，逐渐垄断西方的经贸活动。同时，这种文明中心的转移，也同印刷媒介的发生与发达有关。对此，尼尔·波兹曼作了精彩的论述：

> 到 16 世纪中叶，天主教徒开始打退堂鼓，不再鼓励人们识字，感到阅读是一个分裂的动原，最后甚至禁止阅读各种方言版的《圣经》，包括像伊拉斯谟这样的作家的作品。阅读跟异端邪说画上了等号，后来出现禁书目录也是很自然的事。新教徒显然偏爱离经叛道，此外，还寄托希望于识字阅读有助于破除迷信。因此，他们继续发掘印刷的各种资源，并把这种态度带到了新世界。……
> 天主教背离印刷而新教与之形成联盟的一个结果，是欧洲的文化知识版图出现了惊人的颠倒。在中世纪，地中海沿岸的国家在文化修养和情感修养方面要远远高于北欧各国。可是，到了 17 世纪末，这种局面完全反了过来，天主教保持了一种形象上的宗教。它继续偶像崇拜且变本加厉，过分注意经营教堂和仪式服务的各种细节。基督教新教则发展成了一种书籍的宗教，结果是阻止偶像崇拜，走向了一个禁欲的符号体系。①

对新兴的新闻事业来讲，17 世纪上半叶那场席卷欧洲旷日持久的宗教大战不能不特别提及。这场战争从 1618 年断断续续地打到 1648 年，前后整整三十年，所以史称"三十年战争"。这场几乎波及全欧的大战与 19 世纪的拿破仑战争一样，构成近代两场欧洲大战，同现代两次世界大战一样，都深刻影响了西方的社会生活、精神面貌及历史进程。恩格斯有一次就谈到，未来战争引起的破坏远超三十年战争，人类将大大野蛮化。② 三十年战争最直接、最明显的结果，就是确立了欧洲现代民族国家的基本格局，而民族国家的纵横捭阖、此消彼长，几乎成为现代世界地缘政治版图的主要内容。另外，这场旷日持久的战争，也在客观上推动了新闻事业的发展，特别是对德国的新闻事业影响尤为显著，因为三十年战争的主战场就在德国。这里有一则报道德国战况的消

---

① ［美］尼尔·波兹曼：《童年的消逝》，吴燕莛译，56 ～ 57 页，桂林，广西师范大学出版社，2004。
② 《马克思恩格斯选集》第 4 卷，267 页，北京，人民出版社，1972。

息，有助于了解当时德国新闻事业的状况。

这则消息的内容是著名的吕岑战役，无论从新闻意识还是从表达形式看，它都足以同当今记者的战地报道相媲美。吕岑，位于莱比锡的东南方，1813 年拿破仑也曾在此大战俄普联军。所以，历史上有过两次著名的吕岑战役。三十年战争中的吕岑战役，发生在 1632 年 11 月 16 日，对阵的双方是华伦斯坦率领的德国军队和瑞典国王古斯塔夫斯统帅的瑞典军队。华伦斯坦与古斯塔夫斯都是战绩卓著、赫赫有名的军事家，德国诗人席勒写过一出广为流传的戏剧《华伦斯坦》，拿破仑甚至将古斯塔夫斯与亚历山大、汉尼拔、恺撒等古代名将相提并论。由这样两位军事统帅在吕岑交手，真可谓棋逢对手，旗鼓相当，这场大战之紧张激烈惊心动魄也就可想而知了。下面就是报道这场大战的消息全文：

> 1632 年 11 月 18 日来自杜克斯的消息。
>
> 前天梅克伦堡公爵阁下（华伦斯坦）与瑞典国王之间的大战发生于一年前在莱比锡附近冲突过的那些壁垒所在处。战争从上午 10 时进行到黑夜以后。双方死在战场的足有一万五千人，国王也战死。陆军中将霍尔卡大人获得他的印章指环和一对踢马刺，而且一名枪兵获得他的指挥刀。我方军官多人负伤。伯爵哈本海姆大人死于初次猛攻时。敌人夺得我方军旗五或六面，但我们夺得他们的军旗约三十面。所以敌人的损失比我们重得多，并已向瑙姆堡方向退却，而（华伦斯坦）阁下则向来比锡前进。详情待续。[①]

这则消息写得紧凑、凝练，简明扼要。开头第一句便把时间（前天）、人物（华伦斯坦与瑞典国王）、事件（两军交战）、地点（莱比锡附近的吕岑）等新闻要素都交代得一清二楚，用新闻学术语说，这是一个典型的"晒衣绳"式的导语，也就是将所有的新闻要素一起挂在导语上。接着是消息的正文，同样以简略的笔墨勾画出吕岑战役的大致情形及经过。最后点明战役的结局，即瑞军退却，德军向莱比锡挺进。通篇报道条理清晰，简洁顺畅。尤其令人叹赏的是，这则消息是在吕岑战役结束的第二天，从距战场 200 公里之遥的杜克斯（Dux）发出的，报道之迅速在当年交通条件下不可思议！

然而，遗憾的是这条新闻，竟属严重失实的报道。在这场吕岑大战中，瑞典国王古斯塔夫斯固然战死，但瑞军士气不减，顽强拼杀，终将德军全线击溃，最后退却的不是瑞军而是德军，华伦斯坦并非向莱比锡"挺进"而是向那里败退。如此背离事实的报道并非出自讹传，而显然是由作者的主观立场所致。因为，从通篇报道的字里行间不难发现作者的立场所在，如称德军为"我方"，称瑞军为"敌人"。毫无疑问，正是这种鲜

---

① 郭守田主编：《世界通史资料选辑》中古部分，425 页，北京，商务印书馆，1981。

明的倾向性，使得作者背离客观事实，触犯新闻报道之大忌。这使人在称道其报道迅速、形式完美的之际，又不能不为此扼腕。由此看来，新闻报道的客观真实性与主观倾向性这对基本矛盾，早在新闻事业成形阶段就已暴露出来了。

三、英国

在新闻事业的成形过程中，17 世纪初的荷兰与德国犹如一次地震的震中，最先感受地震波的自然是邻近地区，其中尤以英法两国最为明显。美国新闻史学者埃默里父子，在其合著的《美国新闻史》一书中写道：

> 十七世纪初期，新闻对英国人民开始显得十分重要起来，宗教纠纷、英国作为一支海上力量的兴起、国王与议会间的斗争、社会形势的变化等，使公众对当地范围以外的事件越来越感兴趣。民谣歌手和单张印刷品小贩已不能满足人们的需要。马普雷莱特的传单取得成功的经验虽然证明了散文小册子要有效得多，但是这种出版物仍不够经常。那些新闻信札的作者，即被称作"报信者"的手抄印刷品的出版商们，固然是熟练的新闻工作者，但他们的产品售价太高，一般人负担不起。出现一种新型出版物的时机已见成熟。①

这种"新型出版物"，就是最早的英文报纸"科兰特"（coranto）。需要注意的是，这份发行于 1620 年的原始报纸，既不是在英国出版，也不是由英国人编印的，而是由荷兰印刷商在阿姆斯特丹创办，然后运往英国销售的。这正像第一份中文现代报刊《察世俗每月统记传》，不是由中国人自己在本土出版，而是由英国传教士创刊于马六甲一样。

导致"科兰特"问世的直接原因在于三十年战争。三十年战争的导火索，是所谓"掷出窗外事件"，战争由此爆发，并进入第一阶段即捷克－普法尔茨阶段（1618—1624）。当时就任捷克国王的德意志新教联盟首领、普法尔茨（巴拉丁）选帝侯腓特烈五世，不仅深得大陆与英国新教徒的拥戴，而且他的妻子就是备受英国人喜爱的伊丽莎白公主。由于这层关系，英国人对战争的强烈关注便可想而知了。于是，正如埃默里父子所写的，"荷兰的印刷商们见有机可乘，立即迎合人们的兴趣，出版了至少 25 份英文版的'科兰特'，报道战争新闻。差不多所有这些单页报纸都是由乔治·继塞勒和布罗厄·琼森在阿姆斯特丹出版的，现存于不列颠博物馆，上面注明的日期是 1620 年 12 月 2 日至 1621 年 9 月 18 日。"② 这就是最早的英文报纸"科兰特"的由来。科兰特一词，

---

① ［美］埃默里等：《美国新闻史》，苏金琥等译，11 页，北京，新华出版社，1980。
② 同上，12 页。

来自荷兰语的 Krant，意为 currents of news，即连续不断的新闻与报道。所谓"科兰特"并非某一特定报刊的名称，而是对那种以刊载新闻为主的印刷出版物的一种通称，同现在的"报纸""期刊"意思相近。此外，在英国还有一些类似的叫法，如"故事"（relation）、"每周新闻"（weekly news）、"周刊"（aviso）——显然来自德国早期那份《观察周刊》（*Aviso*），等等。

"科兰特"虽不是英国最早的报纸，但直接促成了英国早期报刊的问世，而且，早期的英国报刊除模仿科兰特的样式，甚至连内容都直接译自荷兰文的科兰特。英国人自己创办的第一份科兰特发行于 1621 年。据当时一些私人信件记述，它由出版商托马斯·阿切尔（Thomas Archer）编印，由于事先没有得到出版许可，结果阿切尔为此受到监禁。与此同时，另一位伦敦出版商纳撒尼尔·巴特（Nathaniel Butter），则取得发行科兰特的许可证，但其内容还是如刊头标明的"忠实地译自荷兰报纸"，因为当时英国王室严禁报道国内新闻（恰如中国古代《邸报》虽然缘起于"邸"，但"邸"这个类似今天"驻京办"的机构最初是严禁传播朝野新闻的）。巴特这份科兰特冠有一个冗长的名称——《科兰特，或意德匈西法新闻》（*Corante, or News from Italy, Germany, Hungarie, Spaine and France*）。这样的名称当时非常普遍，许多出版物的名称与其说是名称，不如说是内容提要。比如，伦敦曾出版过这么一部书《论意大利人伟大的狡猾及惊人的聪明，他们由此控制了基督教国家的大部分，并且毫无遗漏地从人们的荷包里扒出金钱，了解他们将如何行动以及防范他们一切策略的应有手段》。这同现代书刊取名力求精练恰成鲜明对比。1625 年，巴特又出版了另一份报纸《英国信使》（*Mercurius Britanicus*），它被视为英国第一份有正式刊名的报纸，这一刊名显然是模仿德国的《法比信使》（*Mercurius Gallo-Belgicus*）。从 1621 年第一份英国报刊问世到 1641 年英国资产阶级革命爆发，这 20 余年可以算是英国新闻事业起步的阶段，其间阿切尔、巴特与尼古拉斯·伯恩（Nicholas Bourne）是三位最负盛名的报人，被誉为英国的"三大报业先驱"。

科兰特的功能虽然已类似现在的报纸，但其外观却依然是书本形式，开本不大，有封面，有书脊等。所以，科兰特又称"新闻书"（news-book）。事实上，各国早期的所谓报刊一般都是新闻书。从新闻书到新闻纸（newspaper）是报刊发展的共同趋势。与此相关，在新闻事业早期阶段，并没有一个独立于书籍之外的"报刊"观念。在当时人们眼里，所有的印刷出版物其实都是书，不同的是有的书谈哲学，有的书谈神学，有的书探讨科学，有的书则是实在的新闻报道——而这类书在当时称为新闻书或小册子。一句话，早期的报刊只是书中的一类，它与其他书的区别只在于其内容是新闻，仅此而已。同样，当时也没有现代意义上的报人，经营新闻书的都是书商和出版商，即英文所称的"文具商"（stationer）。英国的三大报业先驱——阿切尔、巴特与伯恩，实际身份都是文具商。

　　以三大报业先驱为代表的英国早期报人，在英国的新闻事业发轫期固然颇有声望，但究其实质无非是荷兰报界在英国的代理商，荷兰犹如梵蒂冈，他们恰似在英国布道的教士或牧师。英国新闻事业的这种附庸局面，直到 17 世纪 40 年代资产阶级大革命爆发时才根本扭转。

四、法国

　　与西方其他国家相比，法国报业的文艺与政治色彩历来鲜明。这一文艺与政治并重的特色，早在其新闻事业早期即已显露端倪。16 世纪亨利三世在位期间，法国的《新闻纪事》（可能是一种类似于德国《法比信使》的出版物）上，就曾刊登过这样一首政治歌谣：

> 穷人忍受一切，
> 军队掠夺一切，
> 神圣的教会得利于一切，
> 宠臣们强求一切，
> 和善的国王让与一切，
> 法务院批准一切，
> 掌玺大臣签署一切，
> 王太后管理一切，
> 教皇对他们宽恕一切，
> 唯有希科嘲笑一切，
> 魔鬼终将获得一切。[①]

　　这种以文艺形式表达政治内容的报刊歌谣，可以说是法国报业那种文艺与政治色彩兼浓并烈之传统的滥觞。

　　17 世纪上半叶，正当三十年战争的狂风暴雨横扫欧陆之际，法国出现一位颇具雄才大略的政治家，这就是法国现代史上有名的红衣主教黎塞留。大仲马的小说《三个火枪手》，讲的就是三位大侠与他斗智斗勇的传奇故事。他曾长期担任法国国王路易十三的首相，自认一生有两大杰出政绩：用他的话说，一是"使国王崇高"，即加强封建王朝的专制权威；二是"使王国荣耀"，即提高法国的国际地位和影响。这位精明的政治家对新兴的新闻事业及其潜在力量十分重视，他煞费苦心地将法国报业纳入封建王朝的

---

　　① 郭守田主编：《世界通史资料选辑》中古部分，359 页，北京，商务印书馆，1981。

统治体系，使之成为专制制度的御用工具。1631年，在他的授意与庇护下，雷诺多特（Théophraste Renaudot，1586—1653），在巴黎创办法国第一家报纸——《法国公报》（初名 *La Gazette*，后为 *Gazette dé France*），由此被誉为"法国报业之父"。《法国公报》，"是一份四页、开本23×15厘米的周刊，发行300到800份"。^① 它自觉以维护王朝利益为己任，在报道新闻之际，还不时刊载"伯也执殳，为王前驱"一类的政论，首相黎塞留以及国王路易十三也都为之撰稿。于是，《法国公报》不仅成为法国最早的报纸，而且也成为世界上最早的政论报纸，从而为法国报业的政论色彩涂下浓重的一笔。

《法国公报》

在早期的报人中间，雷诺多特是位颇具现代新闻意识的先行者，他的一些有关新闻的论述充满新时代的气息，不乏真知灼见。例如：

> 我希望权贵和国家不必徒劳无益地想方设法堵塞新闻流通的渠道，因为……新闻的本性又如同瀑布一样，阻力越大，激起的水花也越高……^②

这番形象而不乏深刻的议论，令人想起《国语·召公谏弭谤》中著名文字："防民之口甚于防川。川壅而溃，伤人必多，民亦如之。是故为川者，决之使导；为民者，宣之使言。"这两段话在说明钳制言论、堵塞言路之无效与危害上有异曲同工之妙。再如，雷诺多特所说的"报纸只要故意编造一个谎言，就会令人望而生厌"等观点，^③ 不仅今天看来依然警策，放在三四百年前更是精辟。因为当时人们都把报纸上刊登道听途说乃至胡编乱造的"新闻"视为正常现象，并不引以为怪。所谓"真事"（true relation），常常是真真假假，虚虚实实。正如伏尔泰在描述17世纪的社会风尚时所言："把虚构故事、无稽之谈充作确切无疑的事实，这在当时屡见不鲜；今天（指18世纪前半叶——引者注）仍然如此……真实的东西被淹没于小册子的汪洋大海之中。"^④ 这种亦真亦幻、虚实不分的情形，同流行观念里尚未将书籍和报刊区分开来想来不无关系。既然看报犹如读书，而书上的东西并不需要都那么真实可靠，确凿无疑，如文艺作品，那么，看报不大在乎真实性，办报不大顾及真实性也就十分自然，合情合理。在这种时代背景下，雷诺多特反对编造新闻的主张，便显得非同凡响了。

---

① ［法］彼·阿尔贝等：《世界新闻简史》，许崇山等译，10页，北京，中国新闻出版社，1985。

② 同上，11页。

③ 同上。

④ ［法］伏尔泰：《路易十四时代》，吴模信等译，269页，北京，商务印书馆，1982。

一部影片的成败决定于导演，一支队伍的优劣决定于统帅。同样，一张报纸的好坏决定于报人。唯有非凡的报人，方有非凡的报纸，这在雷诺多特及其《法国公报》上第一次得到验证。在 17 世纪上半叶的欧洲，雷诺多特是最出色的报人，他的眼光见识及经营之道无不出类拔萃。所以，《法国公报》成为最有影响的报纸，不仅在国内广为人知，而且畅销国外，最高发行量曾达到 12 000 份。当其他报纸多在几百份的销量上徘徊时，这无疑是个令人咋舌的天文数字。① 仅此一点，已足以显示《法国公报》的显赫声望。

五、杂志的出现

至此为止，我们提及的报刊包括《法国公报》，差不多都是周报。大致说来，17世纪属于周报的世纪。日报一般在 18 世纪才逐渐兴起。不过，最早的一份日报，却诞生于 17 世纪中叶，这就是 1660 年创刊于德国的《莱比锡新闻》（*Leipzig Zeitung*）。Zeitung 一词在德语中意为"新闻"，它比英语的"新闻"（news）一词出现得要早，据说 zeitung 系由旅行一词转化而来，最初是指商人、旅客等传播的消息，15 世纪以后才演化为新闻，即所谓"在时间上绝对新颖的事情"。由此可见时间性从一开始，就被当作新闻价值的首要因素。

在新闻事业的孕育与萌芽时期（大约纵贯 16—17 世纪），德国始终位居前列。从最早的新闻传单到不定期的原始报纸（《法比信使》等），从第一份周报到第一份日报，德国无不一马当先。如果把西方新闻事业的发展也分为三次浪潮，那么，第一次浪潮无疑以德国为象征，第二次浪潮与第三次浪潮则分别以英国和美国为标志。新闻事业的第一次浪潮到《莱比锡新闻》创刊时已是强弩之末，势消力衰。换言之，《莱比锡新闻》虽然号称世界上的第一张日报，但也是第一次浪潮的回光返照，它

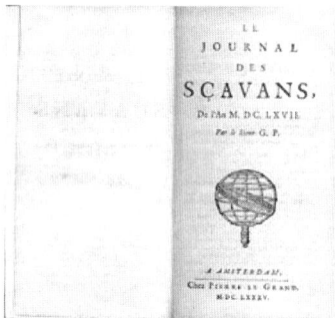

《学者杂志》

的诞生之日即是第一次浪潮的消退之时，可谓"夕阳无限好，只是近黄昏"。不久，第二次浪潮就将以更加汹涌澎湃的势头呼啸而来，作为其先兆之一就是世界上第二张日报于 18 世纪初在英国伦敦创刊，这张日报将远比《莱比锡新闻》更有影响。

几乎就在日报诞生的同时，杂志也开始问世。如果说日报显示着信息的时效性，那么杂志则体现着信息的广博性。杂志最初兴起于法国。英语的"杂志"（magazine）一词，就来自法语的 magsin。这个词的原意是"仓库"，用仓库来指代杂志倒是既形象

---

① ［法］彼·阿尔贝等：《世界新闻简史》，许崇山等译，18 页，北京，中国新闻出版社，1985。

又准确，杂志的内容不正像无所不有的仓库吗？毫不奇怪，世界上的第一份杂志还是创刊于德国，这份名为《教诲月刊》（*Erbauliche Monaths-Unterredungen*）的杂志，是由汉堡的一位神学家与诗人约翰·里斯特（Johann Rist）出版于1663年。不久，法国的《学者杂志》（*Journal des Scavans*），也由作家德尼·德-萨洛（Denis de Sallo）于1665年创刊发行，这是一份学术性杂志。同年，另一份更著名的学术杂志，英国皇家学会的《哲学学报》（*Philosophical Transactions*）在伦敦出版。① 此后，欧洲各国都相继创办了这类高层次的文化学术杂志。

既有阳春白雪，必有下里巴人。继学人杂志之后，轻松有趣的消遣娱乐杂志，也当仁不让地出现在新闻传播领域。1672年法国作家让-唐纳-德维泽（Jean Donnean de Vizé）创办了有名的《法国信使》（*Mercure de France*），其内容包括宫廷秘闻、逸闻趣事、诗歌韵文、猜谜游艺等。这份杂志后来成为一家地位崇高的文艺杂志，深得同行青睐，同前述的《法国公报》和《学者杂志》一道，被视为17世纪法国新闻界的三大报刊。② 甚至到20世纪，奥地利作家茨威格在其回忆录中还提到它：

> 在一家较好的维也纳咖啡馆里，摆着维也纳所有的报纸，不仅有维也纳本地的报纸，而且还有全德国的报纸，以及法国的、英国的、意大利的、美国的报纸；再加上全世界最重要的文学艺术杂志，如《法国信使报》（*Mercure de France*）、《新观察》（*Neue Rundschau*）、《创作室》（*Studio*）、《伯林顿杂志》（*Burlington Magazine*），所以，我们可以从第一手材料——从每一册新出版的书、从每一场演出中知道世界上发生的一切，并且把各种报纸上的评论进行比较。③

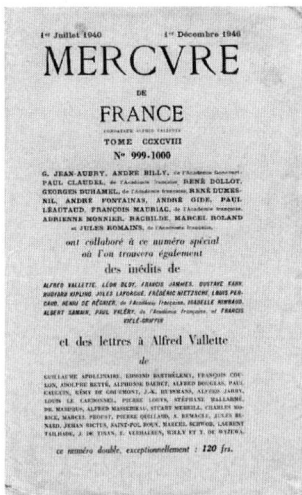

《法国信使》

由于迎合公众的趣味，《法国信使》十分畅销，许多人纷纷效法，于是这类杂志很快便形成报刊的主要类型之一。比如，1688年由国际法专家克里斯蒂安·托马修斯，在莱比锡创办的德国第一份大众化杂志，其冗长的刊名已经明确表达了这类杂志的宗旨：《关于各种有趣有益之书籍和事物的轻松而又严肃、深刻而又易懂的观点》。再如，1690年创刊于伦敦的《雅典公报》（*Athenian Gazette*），也属

---

① *The New Encyclopedia Britannica*, 15ᵗʰ EDITION, 1986, Volume 26, p.483.

② ［法］彼·阿尔贝等：《世界新闻简史》，许崇山等译，18页，北京，中国新闻出版社，1985。

③ ［奥］斯蒂芬·茨威格：《昨日的世界——一个欧洲人的回忆》，舒善昌等译，43页，北京，生活·读书·新知三联书店，1991。

轻松有趣的杂志，这份后来以《雅典信使》（*Athenian Mercury*）著称的周刊，旨在解决所谓"一切最有益最有趣的问题"。

早期的杂志同书籍与报纸的区别还不明显，但很快它就显示出非书籍与报纸所能比的特点：出版快于书籍，内容广于报纸；既没有书籍之专精难啃，又免于报纸之蜻蜓点水。总之，杂志既集合了书籍与报纸的长处，又避开了它们的短处，在书与报之间开辟出一片广阔的新天地，并最终发展成同书籍和报纸鼎足而立、蔚为壮观的一类出版物，新版《不列颠百科全书》在"出版"（Publishing）条目下，就分列了三个小题目：书籍出版、报纸出版与杂志出版。

第三节　新闻事业的第一次"狂飙突进"

17 世纪 40 年代，正当李自成起义大军席卷东土之际，欧亚大陆西端也爆发了一场"铁骑突出刀枪鸣"的内战，这就是为世界现代史拉开帷幕的英国资产阶级革命。这个划时代的事件，标志着人类社会开始从封建时代向资本主义时代、从农业文明向工业文明的转化。因此，"英国革命的意义远远超过大不列颠及爱尔兰岛的范围，这场革命犹如一块巨石投进水中，激起了千重浪涛，波纹远达欧洲大陆、美洲及全世界。"[①]

在轰轰烈烈的革命高潮中，英国的新闻事业也骤然大放异彩，获得前所未有的迅猛发展，展示出空前的传播威力，在世界新闻事业史上写下"狂飙突进"的第一章。

一、历史背景

英国作家 H. G. 韦尔斯在论及英国革命时写道："大多数的革命，正如这次英国革命那样，是由统治者的极端行为及其企图超越法律范围使用压力和硬干而促成的。"[②] 要理解新闻事业这次"狂飙突进"的影响及意义，首先需从"统治者的极端行为"谈起。

我们知道，中国的封建社会一开始就建立起高度的中央集权制，而西方的封建社会则到后期才开始出现君主专制。英国的封建专制时代始于都铎王朝，在它"统治期间厉行封建专制主义：设置星室法庭（即星法院——引者注），惩治不顺从的贵族；建立枢密院，加强中央机构；确立英国国教，作为王权的工具……统治末期，限制资本主义牧场的发展，镇压清教徒活动，竭力维护封建专制制度，招致日益壮大的资产阶级和新贵族的不满。"[③] 具体到新闻传播方面，包括英国在内的欧洲封建专制王朝，无不

---

① ［法］F. 基佐：《一六四零年英国革命史》，伍光建译，中文版前言，北京，商务印书馆，1985。
② ［英］H. G. 韦尔斯：《世界史纲》，吴文藻等译，880 页，北京，人民出版社，1982。
③ 《世界历史辞典》，523 页，上海，上海辞书出版社，1985。

对印刷出版实施严格的管制。其间，常见的措施有三种：许可制（License）、检查制（Censorship）、惩处制（Punishment）。

都铎王朝的建立，正值威廉·卡克斯顿（William Caxton）将大陆的印刷技术引进英国（1476）。这个强大的专制王朝对这种新兴的传播媒介及其潜在的影响非常敏感，始终保持高度警觉。因为，印刷书刊的广泛发行，势必滋生大众的民主意识，即英国 19 世纪思想家 T. 卡莱尔所说的："发明了印刷，民主就是不可避免的。"[①] 为了控制印刷出版活动，都铎王朝采取一系列严厉峻刻的措施。比如，开列"禁书目录"，建立许可证制度，逮捕、法办，乃至处决出版商。其中，1557 年成立的"文具商公司"（Stationer's Company）尤为突出。这家公司实为御用出版垄断组织，它使专制王朝对新闻出版事业的管制更趋严格。美国新闻史学家埃默里父子写道："有了它，对那些既非贵族集团的成员、亦非贵族集团认可的想要造反的印刷商，当局追查起来就容易多了。……直到 17 世纪中叶的大动荡时期，文具商公司对出版印刷业实行的控制一直是世界历史上最强有力的控制之一。"[②]

在压制触犯天条的印刷出版商方面，炎炎赫赫的星法院作用突出，令人生畏。星法院（Star Chamber）成立于 1487 年，由于位于西敏寺一个屋顶有星型装饰的大厅，所以称为星法院。它同枢密院、高等法院等构成英国封建王朝最重要的专政机器，特别是在惩治印刷出版商上一直充当急先锋，"成为英国报纸出现以前一长段历史中禁止自由发表意见的又一障碍"（埃默里父子）。英国许多报业先驱都曾受到这个暴力机构的传

星法院

① ［英］卡莱尔：《英雄与英雄崇拜——卡莱尔讲演集》，张峰等译，269 页，上海，上海三联书店，1988。
② ［美］埃默里等：《美国新闻史》，苏金琥等译，9 页，北京，新华出版社，1980。

讯、折磨与监禁。到大革命爆发前夕，星法院更成为赤裸裸的镇压工具，对政治犯严刑拷打，无所不用其极。在星法院暴戾恣睢的年代，报人噤若寒蝉，报业举步维艰，它恰似一柄悬在人们头顶的"达摩克利斯剑"，成为英国专制制度的象征。

今天看来，上述行径未免极端，而在集权主义思想甚嚣尘上的西方封建社会末期则名正言顺，天经地义。这股弥漫的思潮发端于文艺复兴时代的意大利，其代表人物就是以《君主论》名闻天下的马基雅弗利。如果说先秦时代的《韩非子》为我国封建时代的中央集权奠定了思想基础，那么《君主论》则为西方封建王朝的专制统治提供了理论依据，其核心思想无非是《韩非子》所论的"法""术""势"。在马基雅弗利看来，为了维护统治，君主应该撇开道德上的考虑，不择手段。他说：

> 君主为了使自己的臣民团结一致和同心同德，对于残酷这个恶名就不应有所介意……
>
> 被人畏惧比被人爱戴是完全得多……人们爱戴君主，是基于他们自己的意志，而感到畏惧则是基于君主的意志，因此一位明智的君主应当立足在自己的意志之上，而不是立足在他人的意志之上。
>
> 一位君主总是不乏正当的理由为其背信弃义涂脂抹粉。
>
> 如果可能的话，他还是不要背离善良之道，但是如果必需的话，他就要懂得怎样走上为非作恶之途。
>
> ……①

他的"霸术"思想，最鲜明、最集中地体现在那个有名的狮子与狐狸的比喻中，即君主应该像狮子般凶残、像狐狸般狡猾：

> 君主既然必须懂得善于运用野兽的方法，他就应当同时效法狐狸与狮子。由于狮子不能够防止自己落入陷阱，而狐狸则不能够抵御豺狼。因此，君主必须是一头狐狸以便认识陷阱，同时又必须是一头狮子，以便使豺狼惊骇。②

在他为专制君主拟定的这套治国方略中，隐含着这样的思想，即人们只能在君主允许的范围内议论国是，而绝不能随心所欲言所欲言，人们只能在君主愿意的时候而不是在自己愿意的时候发表意见，提出忠告。

正是在以马基雅弗利为代表的集权主义思潮盛行的时代背景下，形成了一套所谓"报刊集权主义理论"（the authoritarian theory of the press）。封建专制王朝正是

---

① ［意］尼科洛·马基雅维里：《君主论》，潘汉典译，79、80～82、84、85 页，北京，商务印书馆，1985。

② 同上，83～84 页。

以此为依据，对萌芽状态的新闻事业实施控制，加以管制。根据这套理论，国家安全高于一切，凡是有碍于此的言论都必须杜绝。在英国革命中被砍掉脑袋的英王查理一世之父詹姆斯一世就曾宣称，"议论上帝……是渎神；议论君主……是叛乱。我不允许议论我的政权"。17世纪英国思想家霍布斯，在列举"按约建立的主权者的权利"时明确写道：

> 决定哪些学说和意见有害于和平，哪些有利于和平；决定对人民大众讲话时什么人在什么情况下和什么程度内应受到信任；以及决定在一切书籍出版前，其中的学说应当由谁来审查等都属于主权范围。因为人们的行动来自意见，为了他们的和平和协调起见，良好地管理人民的意见就是良好地管理人们的行为。……因之，主权者便有权审定意见和学说，或任命全体审定人，把这事当成和平所必需的事，像这样来防止纠纷和内战。①

好雨知时节，当春乃发生。封建专制王朝的高压政策能有效扼制新闻事业的生长，却不能扼杀它。因为，新闻事业乃是资本主义新文明的表征，即使备受压抑仍然具有顽强的生命力，尤其是在革命爆发前的舆论准备阶段，新闻事业更是洋溢生机，充满活力。正像F.基佐在《一六四零年英国革命史》里描述的："英格兰在1636年间，小册子满天飞，它们反对宠信天主教徒，反对宫廷的一片混乱，特别是反对劳德与主教们的独裁苛政。星法院严惩这样小册子的出版已经不止一次，可是现在小册子比以前任何时代都多，都是十分激烈，传播得十分广泛，人们又还急于先睹为快。"②

山雨欲来风满楼，英国革命前骤然出现的铺天盖地的小册子、新闻书，正是一场急风暴雨的先兆。英国的新闻事业在文具商公司的严厉监视下，在星法院的强势威慑下，正蓄积着喷薄欲出的力量，并将在惊天动地的革命年代中爆发出来，形成一次摧枯拉朽的狂飙突进。

二、如火如荼的报业

历时约半个世纪的英国革命以1660年的王政复辟为界，大致分为前后两个阶段：革命时期与复辟时期。前一个阶段（1640—1660年）革命势力日渐高涨，最后以建立共和国、判处英国国王的死刑而达到高潮；后一个阶段（1660—1688年）封建势力卷土重来，白色恐怖日甚一日，最后以封建势力与革命势力的妥协而告结束。与此相应，这半个世纪的英国新闻事业也呈大起大落之势，所谓狂飙突进主要是针对革命时期而言的。

---

① ［英］霍布斯：《利维坦》，黎思复等译，137页，北京，商务印书馆，1985。
② ［法］F.基佐：《一六四零年英国革命史》，伍光建译，83页，北京，商务印书馆，1985。

　　大革命为新闻事业带来的一项直接成果，就是一整套专制机构的土崩瓦解，其中星法院的废除更是解除了束缚报业发展的一大桎梏。于是一时间，新闻书纷纷创刊，广为发行，"各式各样的小册子享受充分的自由，可以随便流通"（基佐），报业呈现出一片前所未有的繁盛局面。按照劳伦斯·斯通（Lawrence Stone），在《英国的识字与教育（1640—1900）》（*Literacy and Education*, 1640—1900）一书里的统计，"下面这些数字都是确凿无疑的：1642 年出版了 2 000 多份小册子。1645 年发行了 700 多份报纸。在 1640 年到 1660 年，小册子和报纸加起来一共是 2.2 万份"。[1] 大革命促成的另一项发展，就是报刊开始大量刊登国内新闻。过去，根据禁令，英国报刊只能转译国外报刊（主要是荷兰报刊）的新闻，而不能报道国内新闻。仅此一项就足以限制新闻事业的长足发展。而大革命一爆发，情况大为改观，按照英国报业史学者哈罗德·赫德在《新闻事业历程》（*The March of Journalism*）中的说法："1641 年星法院废除后，报业获得出版自由——但只是暂时的，此时新一代报人成批涌现，不准刊登国内新闻之禁令的取消大大刺激了他们的热情，从而为新闻书的写作带来新的活力。"

　　不难理解这期间的国内新闻多为国会活动的报道，因为国会是这场革命的风暴眼，是火山的喷发口，它的一举一动自然成为"众目睽睽"的焦点。第一份正式刊登国内新闻的报刊，就叫《国会纪闻》（*The Heads of Serverall Proceedings in this Present*），由印刷商约翰·托马斯于星法院取消后不久的 1641 年 11 月出版。随后，这类报刊便大量涌现，盛极一时：

　　　　英格兰这个时期刊行了许多小册子，有的是公家刊行的，亦有不是的，它们风行于全国各地。其中的言论，有大刀阔斧的，也有小心翼翼的，有一片真诚的，也有心存伪善的。……小册子，定期和不定期的杂志，在伦敦与约克以及所有大城镇成倍地增长，无远弗届。其中关于政治、宗教、历史问题、新闻、宗教经论无所不谈，此外还有计划、建议，还有骂人的文章，应有尽有，包罗万象。无论什么问题都有人提出来讨论。有许多人自愿在各处叫卖，有的在法庭前，在集日市场里，或在教堂的门口叫卖，人们争先恐后地买来阅读。[2]

　　在乱纷纷你方唱罢我登场的舆论混战中，人们不难发现两股针锋相对的声浪：革命派与保王派。这对不共戴天的冤家不仅在战场上殊死拼杀，而且在报刊上口诛笔伐，"他们决不肯允许敌人方面占有上风"（基佐）。在保王党的舆论阵容里，《宫廷信使》（*Mercurius Aulicus*）最引人注目。这固然由于它是保王党的第一份报刊——1643 年

① ［美］尼尔·波兹曼：《童年的消逝》，吴燕莛译，60 页，桂林，广西师范大学出版社，2004。
② ［法］F. 基佐：《一六四零年英国革命史》，伍光建译，173～174 页，北京，商务印书馆，1985。

创刊于保王党的大本营牛津，但更主要的还在于它的立场鲜明、内容详备、编辑精良、论述给力。因此，《宫廷信使》深得保王党人的信赖，在同革命党人的舆论较量中一直充当主力。这里有一段《宫廷信使》发刊词中的话，鲜明道出保王党人的办报宗旨：

> 世界被虚伪糟蹋得太久了。每周发布的谎言（当时尚无日报，只有周报，故言）培育了人们的不轨言行，使他们为谎言所诱惑。我们将向天下昭示，宫廷的新闻并不像想象的那样稀少，宫廷的事务也不像那些小册子所描绘的那样糟糕。我们认为，最好是让人们了解真相，以使他们不能再假装无知，或使他们不会再被假象所蒙骗。我们现在就开始从事这一工作，我们将本着完全客观、绝对公正的态度来行事。①

革命时期最惊心动魄、最令人难忘的事件，莫过于处死英王查理一世。这是一个史无前例的壮举，各国宫廷无不为之震骇，目瞪口呆！因为，以往只有国王对人民的杀戮或王室内部的自相残杀，而这一次则由人民站起来宣判一个国王的死刑，这在各国宫廷看来简直是一桩违反自然法则的罪行，"好像是丛林里的一群鹿抓住并弄死了一只老虎"（韦尔斯《世界史纲》）。下面这则新闻报道，详细记述了这一震撼欧洲宫廷的历史事件：

> 元月三十日星期二。今天国王在白厅的宴会厅对面被砍掉脑袋。临刑之前他已接到死刑判决书。上午十时许，他从圣詹姆斯宫被带出，随着飘扬的旗帜与隆隆的鼓声在一队士兵监护下走过花园，前往白厅。……断头台竖在白厅大门与那个由圣詹姆斯宫通往长廊的大门之间，上面蒙着黑布，地下也铺着黑布，斧子与砧板处在断头台的中部。断头台四周有许多步兵与骑兵把守，如海的人群涌来观看。……在其他一些程序完成后，国王便弯下身，把脖子放在砧板上，略一停顿又把手伸展，于是刽子手手起斧落，顿时使他身首异处。②

这篇报道的全文显得拖沓冗杂，疏于剪裁，但却真实详尽地记载了一个重大事件的全过程，为历史留下一份珍贵的资料。从新闻史的角度看，其中那些不厌其烦的血淋淋描写，也可谓后世"黄色新闻"（黄色新闻不等于色情新闻）之先河，那些追求刺激、耸动的描写，均为黄色新闻的特征。

新闻事业的这次"狂飙突进"，不仅使报刊数量激增，影响扩大，还导致现代报刊的诸多要件，如社论、特稿、标题、插图、广告等相继问世，从而使报刊从初始形态逐

---

① H. Herd, *The March of Journalism*, London, 1952, p. 19.

② 同上，p. 18.

渐向成熟形态演进。在这一过程中，《公共广告人》（*Public Advertiser*）的创刊尤其值得关注。因为它是第一份纯登广告的报纸，昭示着新闻事业的商业化趋势。该报创办于 1657 年，在创刊号上除有一些买卖房屋、寻找职业、饮食住宿、车船交通等简单启事外，还有这么一条周详的广告："在女王之颅小巷的毕晓普斯伽特街上（Bishopsgate Street, in Queen's Head Alley），每天早上及下午三点，供应两次名为咖啡的西印度饮料（伦敦的第一家咖啡店，于 1652 年开业——引者注）。这种饮料有益于身体健康，具有颇神奇之功效：它能封住胃里的小孔，增加体内热度；它能帮助消化，并使身心舒畅；它还对眼痛、咳嗽、感冒、肺病、头疼、浮肿、疯癫、坏血病、大脖子以及其他疾病具有良好之预防作用。"18 世纪英国文坛泰斗约翰逊博士曾说过："许诺，许大诺，是广告的灵魂。"这一"灵魂"，在早期的广告中不也显露端倪吗？

三、弥尔顿与《论出版自由》

在英国资产阶级革命年代，有一声炸响的霹雳至今隐隐回荡，这就是约翰·弥尔顿的《论出版自由》（1644）。如果说"集权主义"是封建专制政体钳制新闻事业的依据，那么出版自由就是现代新闻事业安身立命的根基，而弥尔顿的《论出版自由》便是为此奠下的一块基石。

英国思想家 T. 卡莱尔，在著名的演讲集《英雄和英雄崇拜》里说过："无数的人曾以无声的模糊的惊奇之情，在这个世界上匆匆走过，就像动物感觉到的那样；也有人以一种痛苦的、探索而无功的惊奇匆匆而过，这是只有人才感觉到的；直到伟大的思想家，有创见的人，先知产生出来，形成了说出来的思想，把所

约翰·弥尔顿

有人沉睡着的潜能唤醒成思想。这就是思想家、精神英雄的做法。他说的话，是所有人远不曾说出而又渴望说出的东西。围绕着他的思想，一切思想都从痛苦的麻痹的酣睡中觉醒，作为对他的思想的回音。……思想一旦被唤醒就不再沉睡，它自身扩展成一个思想体系，一个人接一个人，一代人接一代人地成长起来，直到达到它的丰满状态。"①弥尔顿正是那种"有创见的"先知、思想家、精神英雄，他发出的正是当时人们渴望发出而又不曾发出的呐喊——"让我凭良知自由地认识、自由地发言、自由地讨论吧，这种自由高踞于一切自由之上。"更为重要的是，他的呐喊唤醒了沉睡中的思想，此后的法国启蒙思想家、北美独立战争年代的"爱国者"以及一代代不自由，毋宁死的革命志士，正是围绕着这一思想铺陈扬厉、发扬光大，使之逐渐"扩展成为一个思想体系"，

---

① ［英］卡莱尔：《英雄和英雄崇拜——卡莱尔讲演集》，张峰等译，34～35 页，上海，上海三联书店，1988。

"直到达到它的丰满状态"。如今，言论自由、出版自由已成为举世公认的准则，尽管对谁的自由、如何自由等众说纷纭，但其核心思想与基本原则乃是毋庸置疑的。

约翰·弥尔顿（1608—1647），是一位热情似火、才气如虹的诗人，在英国诗人中比肩莎士比亚。除诗歌外，他还写过一些大气磅礴、义正词严的政论，其中最著名的就是《论出版自由》。这部小册子奠定了他在人类思想史上的地位。不过，它的问世也带有一点偶然，甚至滑稽的缘由。他一生曾三次结婚。第一位太太小他 17 岁，第二位太太小他 20 岁，第三位太太小他 30 岁。老夫少妻，自然免不了磕磕绊绊。于是，他就不停地写一些论述离婚的小册子。1644年，因为发表这类小册子，而再次被国会招去质询，恼怒之际，慷慨陈词，遂产生新闻传播史上这篇里程碑的文献——《论出版自由》（1644）。当然，其中深刻的历史因由，还得深入繁复的社会背景中考察。

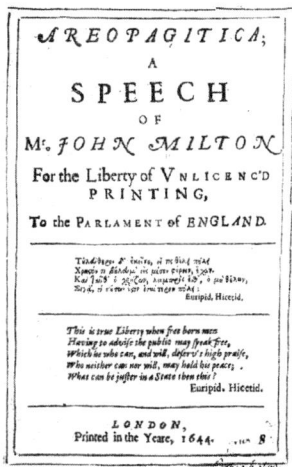

《论出版自由》

1643 年，国会中代表大资产阶级和上层新贵族利益的长老会派，出于对日益高涨的革命热潮的恐惧，为巩固已到手的权力，也下令实行书刊的预先检查制度，禁止出版带有民主意识的书刊。这等于剥夺了人们刚刚赢得的言论、出版自由的权利，事实上同封建专制王朝之所为已无二致。其实，当时主宰社会潮流、支配历史进程的还是集权主义，问题仅仅在于这个权应集于谁之手。正如英国史学家杰弗里·巴勒克拉夫所言："造反者当中没有人怀疑需要一个强有力的政府，问题只在于这种强权归谁所有。一位英国的共和主义者在 1653 年写道：'问题根本不在于我们究竟是否应当接受专制权力的统治，而在于这种权力应当掌握在谁的手中。'"[1] 所以，国会的新禁令当时看来并不算出格。但是，作为一个资产阶级的先驱和资本主义革命的斗士，弥尔顿对此却痛心疾首、倍感愤懑，当他面向即将呼啸而来的新文明浪潮时，对此"陈规陋习"就更难容忍了。于是，1644 年，当他由于一本论离婚的小册子触犯禁令，受到国会质询之际，弥尔顿便怀着满腔激情，以淋漓酣畅的笔墨挥毫写下《论出版自由》（Areopagitica: A Speech for the Liberty of Unlicensed Printing）。[2]

《论出版自由》的核心主张，一言以蔽之就是："让我凭着良知自由地认识、自由地发言、自由地讨论吧。"（Give me liberty to know, to utter, and to argue freely

① ［英］杰弗里·巴勒克拉夫：《泰晤士世界历史地图集》，中文版，184 页，北京，生活·读书·新知三联书店，1985。

② Areopagitica，源于 Areopagus——古希腊雅典的一座山名，由于古希腊城邦的最高法院位于此山，故成为最高法院的代名词。

according to conscience）。在这部篇幅不大的名作中，弥尔顿抨击了对言论出版的限制，主张只有通过自由讨论，各抒己见，人们才能不断获取真理。他写道：

> 虽然各种学说流派可以随便在大地上传播，然而真理却已经亲自上阵；我们如果怀疑她的力量而实行许可制和查禁制，那就是伤害了她。让她和虚伪交手吧。谁又看见过真理在放胆地交手时吃过败仗呢（Let her and falsehood grapple；who ever knew truth put to the worse，in a free and open encounter）？……
>
> 谁都知道，除开全能的主以外就要数真理最强了。她根本不需要策略、计谋或者许可制来取得胜利。这些都是错误本身用来防卫自己、对抗真理的花招。[①]

他的主张，实际上以两点假设为前提：其一，人是有理性的动物，人凭自己的理性能够辨别真假正误；其二，自由地持有主张、自由地抒发己见，乃是与生俱来的"权力和特权"，同生命一样神圣不可剥夺。所以，限制言论出版自由，既是对理性的藐视，又是对人权的践踏。他说："杀人只是杀死了一个理性的动物，破坏了一个上帝的像；而禁止好书则是扼杀了理性本身，破坏了瞳仁中的上帝圣像。"[②]

他也意识到，言论出版自由不可避免会带来有害的毒素，但认为健康的心灵完全能够抵御它，也只有让真理与谬误进行"自由而公正"的较量，人们才会不断增强辨别力、免疫力与鉴赏力，总之开卷有益，不必多虑：

> 只要心灵纯洁，知识是不可能使人腐化的，书籍当然也不可能使人腐化。书籍就像酒和肉一样，有些是好的，有些是坏的。但上帝在那个不容置疑的异像中始终说："彼得，起来，宰了吃。"至于选择问题就随各人判断了。对坏的胃口来说，好肉也和坏肉一样有损害。最好的书在一个愚顽的人心中也并非不能用来作恶。固然，坏肉纵使用最合卫生的烹调法也不能产生什么好的营养，但坏的书籍在这一点上却有所不同；它对一个谨慎而明智的人来说，在很多方面都可以帮助他善于发现、驳斥、预防和解释。……我认为上帝从前普遍扩充人类肉体的食物时，始终没有用节制的原则，因此，正和以前一样，关于我们心灵的食粮和消化问题，他也任人选择。[③]

当然，弥尔顿的思想打着鲜明的阶级烙印和时代烙印，他其实是站在新兴资产阶级的立场上鼓吹呐喊的。至于他所倡导的出版自由虽然陈义甚高，但由于脱离社会实践，未

---

① ［英］密尔顿：《论出版自由》，吴之椿译，46 ～ 47 页，北京，商务印书馆，1958。

② 同上，5 页。

③ 同上，15 页。

免显得空洞抽象，事实上也不可能为绝大多数民众所享用。比如，印刷书刊起码得有印刷机，这就不是一般人都能做到的。另外，"同样是这个米尔顿（即弥尔顿——引者注），一方面对书报实行检查嗤之以鼻；另一方面，他本人就是一名书报检查官，对那些发表他不能容忍的主张的人进行镇压"。[①] 不过，在反对封建专制的时代背景下，弥尔顿及其《论出版自由》无疑具有进步与开明的意味。

四、《牛津公报》：第一张"新闻纸"

1660年，"作为暴君、叛徒、杀人犯及国家的敌人"而被斩首的英王之子查理二世，在保王党人的拥戴下重新登上王位，由此开始的复辟时期一直延续到1688年的所谓"光荣革命"。在这场宫廷政变式的革命中，产生出一个革命势力与反动势力相互妥协的君主立宪制。恩格斯曾对英国历史上这段正反和的辩证过程作过这样的评论："在这种过分的革命活动之后，必然接着到来一个不可避免的反动，这个反动又超出了它能继续下去的那个限度。经过多次动荡之后，新的重心重新确立了，并且成了新的出发点。"[②]

查理二世一上台便大肆反攻倒算，全面恢复专制统治。他对革命党人实施血腥的屠杀和疯狂的报复，

查理二世

弥尔顿等一大批革命年代的风云人物纷纷遭到监禁与迫害，革命领袖克伦威尔的尸首甚至被残忍地从坟墓中掘出，受到鞭尸的惩罚后，又被枭首示众。在腥风血雨的白色恐怖下，人人自危，万马齐喑，与革命年代"忽如一夜春风来，千树万树梨花开"的繁盛局面相比，新闻事业陷入一片死寂。王政复辟不到一个月，国会便颁布新的禁令，规定任何人未经许可和授权，不得印行任何报道国会消息的出版物。于是，许多此类报刊不得不停刊。1662年，国会通过法令，重新恢复出版许可证制度，对新闻事业的管制更趋严厉。这一系列倒行逆施，一度扼杀了英国的报业，使得人们不得不再度采用已被淘汰的传播手段，如新闻信——"古老的手抄新闻信札一度曾是唯一的自由传递消息的方法"（埃默里父子）。

不过，复辟时期有一项发展，在新闻事业的演进过程中却具有突出的地位和意义，这就是第一张现代型的报纸《牛津公报》的创刊。所谓现代型的报纸，通常说来应该具

---

① ［美］J. 赫伯特·阿特休尔：《权力的媒介》，黄煜等译，14页，北京，华夏出版社，1989。

② 《马克思恩格斯选集》，第3卷，392页，北京，人民出版社，1972。

备下列条件：至少每星期出版一次；机械手段生产（有别于手写的新闻信等）；不论什么人，只要付钱即能得到；刊登公众所感兴趣的事情（有别于专业的出版物）；对普通文化水平的读者有吸引力；具有稳定性，等等。① 这里，特别重要的一点就是版式上是"纸"而不是"册"（有别于书刊）。以此衡量，历史上第一份符合或基本符合这些条件的报纸，就是《牛津公报》。

1665 年，伦敦暴发鼠疫，宫廷仓皇迁往牛津。牛津地处偏僻，消息闭塞，于是政府便决定创办一份官方报纸，这就是《牛津公报》（*Oxford Gazette*）——出版到 24 期，又随宫廷迁回伦敦，改名《伦敦公报》（*London Gazette*），至今仍在发行。在新闻事业史上，《牛津公报》是一个鲜明的里程碑。在它之前的所谓报纸，都是装订成册的书本形状，故有新闻书（newsbook）或小册子（pamphlet）之称。而《牛津公报》则是单张散页形式，头版上方有报头，每版分为两栏（这种版式直到 19 世纪初廉价报纸兴起前，始终被当作典范），外观同今天报纸已经没有根本差异。总之，《牛津公报》是历史上第一张名副其实的"新闻纸"（newspaper），也就是报纸。它的创刊标志着报纸开始脱离书刊家族，从此将不再是报道新闻的"书"或"刊"，而成为一种从内容到形式都迥异于书刊的出版物。它将以迅捷灵便的优势而日渐专注于以时效为生命、以真实为鹄的的新闻，同时人们也日渐摆脱以往那种读报如读书的心态即真假虚实均无不可，而培养起一种全新的读报心态即求真求实不容掺假。

《牛津公报》

①　［美］埃默里等：《美国新闻史》，苏金琥等译，5 页，北京，新华出版社，1982。

英国资产阶级革命是世界近代史上第一个意义重大的事件，它用血与火为新时代、新文明剪了彩。革命年代蓬勃兴旺的报刊活动，更成为新闻事业史上的第一次"狂飙突进"（《牛津公报》实为大浪之后的余波），不仅把英国的新闻事业推进一大步，也为别国的新闻事业树立了样板，注入了生机。斯蒂芬·茨威格在论及英国时曾写道，"几个世纪以来世界是沿着这个国家的轨道向前运转，如果不了解这个国家，怎么能够理解我们这个世界和通过它的各种人员评价这个世界呢？"对新闻事业而言更是如此，不了解发生在英国的这场"狂飙突进"，就不可能把握现代新闻事业的来龙去脉。别的且不说，仅从这支作为整个资产阶级革命年代战斗报业的序曲中，不是可以清楚地听到激荡在北美独立战争和法国大革命岁月里的主题音响吗？

在新闻事业五百余年的发展里程上，17 世纪是个承前启后的重要时期。15 世纪中叶金属活字印刷法在德国问世之际，新闻事业即开始孕育，后来历经一百多年的风风雨雨，到 17 世纪终于破土而出，长出嫩芽。尽管这株幼芽起初貌不惊人，弱不禁风，但此后那株枝繁叶茂的参天大树却由此生成。换言之，17 世纪之前新闻事业犹如胎儿，到 17 世纪从母体中呱呱坠地。所以，在现代新闻事业的历史沿革中，17 世纪可谓一个开启鸿蒙的"创世纪"。

推荐阅读

1. ［美］斯塔夫里阿诺斯：《全球通史——1500 年以后的世界》，上海，上海社会科学院出版社，1992。

2. ［美］J. 赫伯特·阿特休尔：《权力的媒介》，北京，华夏出版社，1989。

3. *The New Encyclopaedia Britannica*，15th EDITION，1986，Volume 26，"*Publishing*"，pp. 457～492.

4. ［法］F. 基佐：《一六四〇年英国革命史》，北京，商务印书馆，1985。

5. ［英］密尔顿：《论出版自由》，北京，商务印书馆，1958。

第四章　18世纪：革命烽火与新闻传播

在欧洲，18世纪是个高张理性的启蒙
时代。以卢梭、狄德罗、伏尔泰、孟德斯鸠
等为代表的一批"哲人"①，成为这个所谓启
蒙时代或理性时代的象征。顾名思义，启蒙
就是将人从蒙昧状态中唤醒，而理性时代的
启蒙宗旨正在于"祛魅"，即剥去以往神秘、
幻想及迷信的种种面纱，以使世间万物服从
一加一等于二的科学规律或人类理性。美国
独立战争的启蒙思想家托马斯·潘恩，在其
名作《理性时代》（*Age of Reason*）里写道：

卢梭

"所有的教堂，不论是犹太教、基督教或土耳其教，在我看来都只不过是
人的发明，是为了吓唬和奴役人类、垄断权力和利益而建立的。"② 关于
启蒙与理性时代，全球史学者斯塔夫里阿诺斯做了简明阐释：

> 17世纪英国发生大变动以后，欧洲政治革命的第二阶段是在
> 1789年法国革命之前的一个世纪中出现的所谓的启蒙运动。启蒙运
> 动一词源自以下事实：这一运动的领袖们认为他们生活在一个启蒙
> 时代。他们将过去基本上看作是一个迷信和无知的时代，认为只是
> 到了他们时代，人类才终于从黑暗进入阳光。因而，启蒙运动的一
> 个基本特点是有了"进步"这种一直持续到20世纪的观念。
>
> 这种不断的进步是如何保持住的呢？回答简单而又令人信服：
> 通过利用人类的理性力量。这种对理性的信任是启蒙运动的另一个

---

① 法语中的"philosophe"一词，有时特指18世纪的法国"启蒙思想家"，与英语里的"philosopher"（哲学家）
含义不尽相同。

② ［美］尼尔·波兹曼：《娱乐至死》，章艳译，70页，桂林，广西师范大学出版社，2004。

基本特点。实际上，两个关键的概念就是进步和理性。而这些概念的倡导者是通称为哲人的一批表达力很强的人。

　　这些哲人受万有引力定律的影响很大，相信存在着不仅像牛顿所证实的那样控制物质世界、也控制人类社会的自然法则。按照这一设想，他们开始将理性应用于所有领域，以便发现种种有效的自然法则。他们使一切事物——所有的人、所有的制度、所有的传统——受到理性的检验。……更重要的是，他们发展起一系列革命的原则，打算通过这些原则实现大规模的社会改革。①

如果仅止于此，那么我们对 18 世纪的认识还不免片面。因为，就在高张理性、弘扬启蒙之际，还有一股同样强劲的社会思潮冲扬激荡，对历史与文明产生强力影响，这就是标举感性、推崇精神的浪漫主义："从十八世纪后期到今天，艺术、文学和哲学，甚至于政治，都受到了广义上所谓的浪漫主义运动特有的一种情感方式积极的或消极的影响。"② 中国人民大学教授刘小枫，1980 年代在宗白华先生指导下完成的硕士学位论文《诗化哲学》（1986），就是针对康德、黑格尔一脉理性主义思想，揭示了德国哲学另一脉浪漫主义传统——从荷尔德林、诺瓦利斯到叔本华、尼采。20 世纪的海德格尔也不妨归入其中，海德格尔那句为人钟爱的名言即辛苦劬劳而诗意地栖居在大地上，就出自荷尔德林的诗句。

　　浪漫主义的精神气质同轰轰烈烈的革命运动息息相通，法国大革命的许多领袖都是浪漫主义的信徒，如"罗兰夫人和丹敦（又译丹东——引者注）是浪漫主义者，死时伴随有华美的辞句"③——"自由啊，多少罪恶假汝之名以行！"（罗兰夫人）一句话，浪漫主义的特征可以归结为"用审美的标准代替功利的标准"。④ 借用罗素的妙论：

　　　　浪漫主义运动在艺术上、在文学上以及在政治上，都是和这种对人采取主观主义的判断方式相联系着的，亦即不把人作为集体的一个成员而是作为一种美感上的愉悦的观照对象。猛虎比绵羊更美丽，但是我们宁愿把它关在笼子里。典型的浪漫派却要把笼子打开来，欣赏猛虎消灭绵羊时那幕壮丽的纵身一跳。⑤

　　表面看，启蒙运动的理性主义与浪漫主义完全相反，一个仿佛工于算计的商人，凡事总是讲究理性，而另一个好似激情澎湃的诗人，向来推崇感性。然而，实际上，二

①　［美］斯塔夫里阿诺斯：《全球通史——1500 年以后的世界》，吴象婴等译，331～332 页，上海，上海社会科学院出版社，1992。

②　［英］罗素：《西方哲学史》下卷，马元德译，213 页，北京，商务印书馆，1976。

③　同上，215 页。

④　同上，216 页。

⑤　［英］罗素：《西方哲学史》上卷，何兆武、李约瑟译，21～22 页，北京，商务印书馆，1963。

者相反相成地共同构成统一的现代精神或现代性，借用《孙子兵法》的术语，前者为"正"，后者为"奇"——"奇正之变，不可胜穷也"（《孙子兵法·卷五》）。具体说，理性与感性其实都将人的"个性"置于首位，相信人的智力、能力、才力能够驾驭一切，包括自然、社会与个体。从启蒙运动以来，世界历史的总体趋势就源于一种理性意识，即按照某种人为的"真、善、美"的计划或蓝图，对社会的方方面面进行规划和构想，然后付诸实施。斯塔夫里阿诺斯所说的近代三大革命——"科学革命、工业革命和政治革命"，也可追溯到这一人为设计的理性观，一种迥异于既往文明的世界观。

从这个角度也可以理解西方18世纪以后此起彼伏的各种革命，其中社会革命尤其引人注目，如北美的独立战争和法国的大革命。而在这样一个观念变迁、天地鼎革的时代，新兴的新闻事业也越来越显示出巨大的变改能量，越来越发挥着突出的舆论功能。可以说，18世纪西方报业的崛起既是启蒙的需要，又是启蒙的成果。[1] 正如有人所言：

书籍和报刊同18世纪欧洲启蒙运动是联系在一起的。报纸和政治小册子参与了17世纪和18世纪所有的政治运动和人民革命。[2]

于是，假如说新闻事业在17世纪尚处于"草色遥看近却无"的萌芽状态，那么18世纪以后，新闻事业就已是一派"接天莲叶无穷碧"的欣荣景象了。以美国为例，"在1730年之前，有7种报纸定期在4个殖民地出版，1800年前，报纸的数目上升到180种"[3]。

第一节　英国的日报与杂志

对英国新闻事业的发展而言，18世纪的第一个里程碑是日报的出现。这里只着重介绍一份日报，即英国的第一张日报《每日新闻》。

一、《每日新闻》（1702）

英国清教徒革命的复辟时期，英国议会曾于1662年制定一项约束新闻事业的许可证法（Licensing Act），即《印刷管理法》（*Regulation of Printing Act*）。这项法令几经反复，终于在"光荣革命"后的1694年终止，从而解除了新闻事业的一大羁绊。此后一段时期，英国报业重又焕发生机，一时间，创办报纸、编辑期刊蔚然成风。另

---

① 参见项翔的博士论文《近代西欧印刷媒介研究——从古腾堡到启蒙运动》，第六章"17世纪和启蒙运动时期的印刷媒介"，上海，华东师范大学出版社，2001。

② [美]施拉姆等：《传播学概论》，周立方等译，18页，北京，新华出版社，1985。

③ [美]尼尔·波兹曼：《娱乐至死》，章艳译，47页，桂林，广西师范大学出版社，2004。

外，作为所谓"公共领域"（哈贝马斯）两大场所之一的咖啡馆（另外一大场所是沙龙），也在这个时期兴盛起来。18 世纪初，仅伦敦就有 2 000 家咖啡馆。[①] 这些场所成为当时各种社会信息的主要集散地，而它们的顾客也自然成为报刊的主要读者。如 17 世纪 80 年代后期开张的"劳埃德"咖啡馆，就是一个从事海外商贸活动者聚集的地方，创刊于 1696 年的《劳埃德新闻》（Lloyd's News），主要刊登各种海事船舶信息。后来，随着大英帝国海外扩张，"劳埃德"逐渐发展成一个国际性的船舶保险公司。与此相似，同时期创刊的《每日新闻》（The Daily Courant），也是以咖啡馆顾客为读者对象的。[②]

《每日新闻》

《每日新闻》是英国的第一张日报，1702 年在伦敦创刊。这里的"Courant"一词，就是前面讲过的最早英文报刊的通称"科兰特"，故《每日新闻》又译《每日科兰特》。"像当时发行的其他许多报纸一样，创办初期，《每日新闻》只有一页纸，而且只印一面。"[③] 另外，其报道也都译自国外报刊，没有本国消息，创刊号上明言：

> 本报创办的目的，在于迅速、正确而公正地报道国外新闻，不加评论。而且相信读者的智慧，对刊登消息的确切含义，一定会有正确判断。

《每日新闻》的创办人叫 E. 马利特（E. Mallet），而使《每日新闻》崭露头角的是塞缪尔·巴克利（Samuel Buckley）。巴克利从马利特手中接办《每日新闻》后，对报道内容和版面形式均作出重大改进，如将单面印刷改为双面印刷，并用地图、表格、数据以使报道内容更加明确易懂等，《每日新闻》的面貌由此焕然一新。为此，巴克利与"英国报业之父"笛福，便成为当时英国报坛上两颗耀眼的彗星。

二、杂志的勃兴

除了日报，18 世纪初英国的杂志也获得迅猛发展，其规模及影响远远超过报纸，不妨说这一时期英国报业的主流是杂志。据英国财政部 1711 年的统计，当时英国杂志

---

① ［日］佐藤卓己：《现代传媒史》，诸葛蔚东译，26 页，北京，北京大学出版社，2004。

② 同上。

③ ［法］彼·阿尔贝等：《世界新闻简史》，许崇山等译，15 页，北京，中国新闻出版社，1985。

的每周销量为 44 000 份，全年则达 2 250 000 份，差不多平均每十人一份杂志。下面就介绍几份其间较有影响的杂志及其编辑。

1. 笛福的《评论》（1704）

笛福是英国著名小说家，代表作《鲁滨孙漂流记》（1719）是世界上第一部报刊连载小说，几百年来广为流传，被德国一位评论家誉为一部"世界性的书"。所以，在今天人们的心目中，笛福是位杰出的小说家。但在当时人们眼里，笛福主要是位政治家和报人，甚至被称为"英国报业之父"——由此可见他在新闻事业方面的地位和贡献。

笛福早年曾在欧洲经商，后来经商失败，负债累累，不得不用各种方式谋生，比如他为英国政府当过间谍，有关英国谍报史的著作还论及于此。1703 年，笛福发表了一本反对宗教迫害的小册子，结果受到惩罚，锒铛入狱，还被戴枷示众三天。戴枷示众是当时常用的一种刑罚，有点类似我国的游街示众、游乡示众等。戴枷示众时，犯人戴上木枷，被置于公共场所丢人现眼，过往之人，可以恣意羞辱，如朝脸上、身上吐唾沫、扔瓜果皮屑等。所以，这种刑罚可谓"伤害性不大，侮辱性极强"。不过，笛福戴枷示众三天，非但没有遭到羞辱，相反人们纷纷向他献花、祝酒，还当街出售他的诗作。这是为什么呢？因为笛福反对宗教迫害的小册子，表达了许多人的共同心愿。

1688 年"光荣革命"后，英国政界逐步形成两大对立党派，即托利党（Tory）和辉格党（Whig）。简单说，托利党倾向保守，代表高级教士和土地贵族的利益；而辉格党偏向激进，代表资产阶级和资产阶级化的贵族利益。直到今天，一些西方国家，还常用托利指代保守派政党，而用辉格指代自由派政党。笛福在政治上属于辉格党，由于辉格党的帮助才得到释放。出狱后，笛福便为辉格党创办了一份杂志，这就是名噪一时的《评论》（Review）。所以，《评论》可以看作辉格党的喉舌。另外，从 1704 年《评论》创刊到 1714 年停刊，笛福每年都从辉格党那里接受 400 镑的津贴。

《评论》上的文章如其刊名所示，全是各种各样的评论。因此，严格说来，笛福应该算是英国的"评论之父""杂志之父"。另外，由于《评论》以及笛福文章的影响，现在西方报章杂志还常用"Review"一词标示评论栏目。

2. 斯威夫特的《检查者》（1710）

提到斯威夫特，人们可能比较陌生，但一说"大人国""小人国"的故事，大概无人不知，无人不晓，这些故事就出自斯威夫特的小说《格列佛游记》（1726）。英国作家乔治·奥威尔（George Orwell）说过，如果人类的一切都将毁灭，而允许他列出六部可以保留的书籍，那么他将毫不迟疑地将《格列佛游记》列入其中。在英国文学史上，斯威夫特与笛福齐名，也是杰出的小说家，又是一位政论家。不过，论社会地位，两人迥然不同。当时社会分为三个等级：第一等级是神职人员，包括牧师、神父、主教、大主教等；第二等级才轮到国王和封建贵族；第三等级则包括新兴资产阶级和广大民众。斯威夫特曾获牛津大学的硕士学位，后来又获得神学博士学位，并当上牧师。所以，从社会地位上看，他处在社会等级金字塔的上层，而身为商人的笛福则居于它的底部。

上面提到英国当时的两大对立党派——托利党和辉格党。笛福倾向于自由的辉格党，斯威夫特依附于保守的托利党。托利党代表土地贵族的利益，而辉格党代表工商业资产者的利益。当时两党论战，互相攻击，除了发表演说、出版宣传材料外，还利用报刊作为论战武器，于是这种报刊便被称为"政党报刊"（partisan press）。西方国家大都经历过这样大张挞伐无所不用其极的政党报刊时期，我国民国报界就曾处于这种状态，也因此，1926 年新记《大公报》创刊时，明确打出"不党"的口号，当然事实另当别论，否则历史上也不会有"小骂大帮忙"的盖棺定论了。政党报刊的主要特点是：鲜明的党派色彩，强烈的论战气味，呼朋引类，党同伐异，而客观真实的新闻报道几乎荡然无存。

英国的政党报刊时期，辉格党的喉舌是笛福的《评论》，而托利党的阵地就是 1710年创刊的《检查者》（Examiner）。斯威夫特作为第一任主编，直到 1714 年。

除了笛福与斯威夫特这两位小说家，当时英国还有许多文学家也都从事过新闻工作。比如，被司各特称为"英国小说之父"的菲尔丁，第一部英文词典的编纂人约翰逊博士以及散文家艾迪生（Joseph Addison）、斯梯尔（Richard Steele）等。尤其是艾迪生和斯梯尔，他们的文学成就与他们的新闻实践水乳交融，密不可分，他俩创办的两份文化生活杂志，不仅在英国开一代文风，而且远播海外，影响四方。下面就来介绍这两份杂志。

3.《闲谈者》（1709）与《旁观者》（1711）

笛福的《评论》与斯威夫特的《检查者》，都属于新闻时政类杂志，而《闲谈者》与《旁观者》，则属于文化生活类杂志。它们的发行人，是英国 18 世纪著名的散文家艾迪生和斯梯尔。

他俩在文学史上往往相提并论，在新闻史上也可谓双峰并峙。巧的是，他们是同一年出生，同一年进入同一所中学，后来又一同在牛津大学求学。不过，斯梯尔沉浮官场，很不得志；而艾迪生则春风得意，历任高官。在文学史上，艾迪生的成就大于斯梯尔，他的文章至今仍是研习英美文学的范文，正如"意识流"文学先驱、英国作家和散文家维吉尼亚·伍尔夫，在其《艾迪生》一文中所称道的："他那流畅、优美的散文，像潮水一般，那光滑的表面潜伏着小小的洄流、携带着小小的瀑布，具有千变万化之趣。"[①] 而在新闻史上，斯梯尔的功绩则大于艾迪生，他具有现代报人的眼光，在新闻事

---

① 刘炳善：《刘炳善译文集》Ⅲ，"书和画像"，67 页，郑州，河南人民出版社，2002。

业的处女地上，开垦出一片清新绿洲。至于政治见解上，他俩都倾向于辉格党。

斯梯尔曾经被执政的辉格党任命为官报的主编，积累了一些新闻工作经验。当个人办报纸、编杂志蔚然成风时，他便在 1709 年创办了《闲谈者》（The Talker）。"这个刊物每周三期，内容分为社交娱乐、诗歌、学术、新闻、随感录五项，把时事、闲谈、随笔文章巧妙地糅合在一起，富有文学趣味，面向伦敦的中、上层市民。斯梯尔说明：'本报的目的在于揭穿生活中的骗术，扯下狡诈、虚荣和矫情的伪装，在我们的衣着、谈话和行为中提倡一种质朴无华的作风。'"①《闲谈者》发行到第 18 期时，艾迪生开始参与杂志的编辑与写作。由于艾迪生的文章别具一格，优美动人，所以人们争相传阅，成为俱乐部和咖啡馆里不可缺少的读物。比如，下面这段《伦敦的叫卖声》中的有趣文字：

> 我们伦敦的叫卖声还有一个大毛病，就是吆喝起来不顾时间，也不讲分寸。譬如说，新闻自应以快速公布为是，因为这种商品是经不起久放的。但是，卖报的时候也不必那样风是风火是火，跟闹了火灾似的。然而，这却是通常现象。一眨眼工夫，一场血战的消息就从伦敦这一头吆喝到那一头，弄得全城轰动。法国人有一点点动向（历史上，英法两国经常开战——引者注），总是急匆匆登出来，让人觉得好像已经兵临城下似的。此种弊端，本人自当负责予以纠正。在卖报声中，对于胜利消息、行军消息、野营消息，以及荷兰、葡萄牙和西班牙各国邮件中所传来的消息，务必有所区别。②

《闲谈者》因政治原因于 1711 年停刊。停刊两个月后，他俩又合办了《旁观者》（The Spectator）。这份杂志每天出刊，每期一篇文章，从 1711 年 3 月 1 日创刊，到 1712 年 12 月 6 日停刊，一共是五百余期。其中，艾迪生和斯梯尔各写了二百余篇文章，其他作者写了一小部分。英国文学专家刘炳善先生认为："《旁观者报》比《闲话报》办得更精彩。刊物号称是由一位'旁观者先生'和他的俱乐部主办的。第一期（艾迪生执笔）登出旁观者的自我介绍……第二期（斯梯尔执笔）介绍了'旁观者俱乐部'的六位成员，其中包括一个爱好戏剧的见习律师、一个牧师、一个军人、一个城市交际场老手，另有一个老乡绅罗杰·德·考福来爵士——代表旧贵族，还有一个伦敦富商——代表新兴的资产者。……它那五六百篇文章中，有很大篇幅是描写旁观者俱乐部这六七个成员的日常活动，从伦敦各界写到乡绅田庄，形成了一组以考福来爵士为中心的人物特

---

① ［英］阿狄生等著：《伦敦的叫卖声》，刘炳善译，2 页，北京，生活·读书·新知三联书店，1997。
② 同上，26～27 页。

写、散记，反映出当时英国上层社会各种代表人物的生活、思想、风貌。"① 比如，斯梯尔笔下的这位令人捧腹的花花公子：

> 为了不让别人把我们这些人看成是一批对于当代声色之乐、风流韵事一窍不通的冬烘怪物，我们团体里吸收了一位时髦绅士威尔·亨尼康。这位先生按岁数说也该算垂垂老矣，但他身体保养得好，家道也还富裕，所以年岁对他影响甚微，额头上皱纹不多，脑子也还清楚。他长得高高大大，一表人才。凡是男人们为了讨女人欢心而常说的那一套甜言蜜语，他嘴巴上说得极熟。他一辈子衣冠楚楚，对于种种时装记得最清，正如别人专记熟人名字一样……一言以蔽之，他口之所言、平生所学都不离闺阃之事。别人到了他这把年纪，来找你谈话，说的都是某某大臣在某某场合发表了什么高见；而他一开口，说的却是某年蒙马斯公爵（查理二世的私生子——引者注）在宫中跳舞，某女士为之一见钟情，等等。他一边谈诸如此类的要闻，在座的某位著名美人儿，即现今某贵族阁下的妈妈，往往要向他投一个温柔的飞眼，或者拿扇子头敲他一下。如果你提到某位年轻下议员在议院发表了什么精彩演说，他就会惊叫起来："那可是个好种，汤姆·米拉博下的崽子嘛！那个坏蛋把我骗得好苦。哼，小家伙的妈妈也厉害，把我折腾得连个狗都不如——我追过的女人谁也不敢那样！"②

在《旁观者》第 10 期上，艾迪生以风雅、轻松、诙谐的笔调申述了《旁观者》的宗旨，其中有段话写道："有人说，苏格拉底把哲学从天上带到了人间。我不自量力，愿意让人说我把哲学从私室、书库、课堂、学府带进了俱乐部、会议厅、茶桌、咖啡馆之中。"③ 为此，他们以一篇篇机智、幽默而隽永的文字，谈天说地，纵论古今，把世间万象用和风细雨的方式娓娓道出，就像邓拓的《燕山夜话》一样。其中，不仅涉及世态时尚、道德修养、文学评论、欣赏趣味等内容，具有一定的启蒙意义，而且营造了一个哈贝马斯所说的"公共领域"，在当时产生了比较广泛的影响。仅仅是其常年订户一般都在 3 000 余④，最高时曾经达到 20 000。⑤ 关于《旁观者》风格及影响，美国的开国元勋本杰明·富兰克林在其有名的自传中，也有一段记述：

> 我自小特别喜欢看书，……这种爱书嗜好终于使父亲让我当名印刷工，……当

---

① ［英］阿狄生等著：《伦敦的叫卖声》，刘炳善译，3～4 页，北京，生活·读书·新知三联书店，1997。

② 同上，16～17 页。

③ 同上，20 页。

④ *The New Encyclopedia Britannica*, 15th EDITION, 1986, Volume 26, p.474.

⑤ ［法］彼·阿尔贝等：《世界新闻简史》，许崇山等译，16 页，北京，中国新闻出版社，1985。

时我还只有 12 岁。……大约此时，我偶尔发现一卷残缺不全的《旁观者》报，……我把它买来，读了一遍又一遍，真是趣味盎然。我认为文章写得十分精彩，如有可能，真想模仿一下。有了这种念头，我就挑出几篇文章，逐句写出大意，暂时搁置一边。几天之后，不看原作，只按摘句大意，充分展开，使用心中想到的合适词语，尽可能充分表达原意，重新完成这篇文章。然后，我就把自己写的"旁观者"同原作加以比较，从中发现不足，加以改正。……拿我的文章同原著比较，我发现了种种毛病，作了改正。但有时我也颇为自得地感到，在一些无关紧要的细节上，我能偶尔胜过原作的词序和语言，这对我不啻是种激励，使我感到，有朝一日我可能成为一个差强人意的英语作家。（《本杰明·富兰克林自传》，河北人民出版社，1985）

后来富兰克林果然成为一名绝非"差强人意"的英语作家，而他在文学上的启蒙老师就是艾迪生和斯梯尔及其《旁观者》杂志。由于《旁观者》具有如此广泛的影响，所以它的发行量创下当时最高纪录，一度曾达到两万份。要知道，当时报刊的发行量往往在千份以内。另外，他们这种随笔文体及其风格，也对日后的报刊文章与现代文学起了示范作用。比如，我国 20 世纪三四十年代，以林语堂、梁实秋、周作人等为代表的一批闲适文人风雅作品，就不无艾迪生和斯梯尔的影子。

以上杂志都是一期一文，一文一题，跟戊戌变法时期梁启超的《时务报》相似，所以又称"文章期刊"（essay periodicals）。另外，上述杂志寿命很短，其中最长的《评论》不足十年，最短的《闲谈者》才三年。下面介绍一份出版时间较长的综合性杂志——《绅士杂志》。

4.《绅士杂志》（1731）

《绅士杂志》（*The Gentleman's Magazine*）创刊于 1731 年，一直发行到第一次世界大战爆发的 1914 年，历时约两个世纪。它是英国第一份综合性杂志，"杂志"（magazine）一词泛指期刊，就是由于此刊的名望所致。"这是一份月刊，每期四十二页，内容广泛，从文学到政治无所不及。"[①]

《绅士杂志》的创办人，是印刷商爱德华·凯夫（Edward Cave）。当时国会开会时禁止外人旁听，更不准透露会议情况。凯夫为了搞到国会新闻，便同门

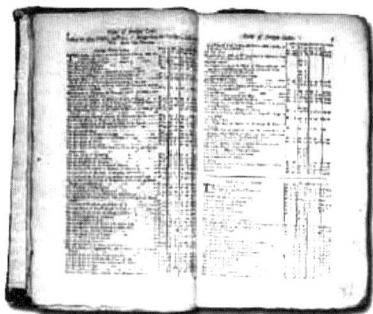

《绅士杂志》

---

① ［法］彼·阿尔贝等：《世界新闻简史》，许崇山等译，15 页，北京，中国新闻出版社，1985。

卫套近乎，拉关系。国会开会时，他悄悄溜进会议厅，坐在一旁偷听。回来后，他先把会议议题、辩论要点等告诉记者，再由记者加工修改，写成报道，然后在《绅士杂志》上发表。在当时禁止透露国会议程的情况下，这些有关国会的报道自然成为独家新闻，受到读者关注，《绅士杂志》由此声名大振。

在《绅士杂志》的记者和撰稿人中，有一位名叫塞缪尔·约翰逊，常被称为约翰逊博士（Dr. Johnson）。约翰逊博士和笛福、斯威夫特、艾迪生、斯梯尔一样，都是18世纪英国著名作家。英国19世纪思想家托马斯·卡莱尔，称他是"全英格兰最伟大的灵魂"。约翰逊博士是位奇才，也是位怪人。他二十八岁时与一位比他大二十岁的发福夫人结婚，让家人和朋友大吃一惊。而他认为那位夫人美丽非凡，并深深为她所倾倒。据说，他不喜欢伦敦的几条街道，甚至不惜为此多走几里路，绕道回家。沿街步行时，每过一根灯柱，他都要摸一下。如果错过了哪一根，即使走远了，也要回来再摸一遍，这样才感到舒服。约翰逊博士最杰出的贡献，是编纂了第一部英文字典。这部字典对现代英语的规范化起了重要作用。他从1738年开始，为《绅士杂志》撰稿。这些稿子加上他为其他报刊撰写的文章，共计三百余篇。《绅士杂志》所获得的令誉，与他的这些文章不无关系。

三、管制报业的新措施

同封建专制王朝相似，英国资产阶级革命后的王国政府，也主要采用三种手段来制约报业，即印花税、津贴制和法律制裁。

1. 印花税（Stamp Tax）

1712年，英国议会通过第一个《印花税法》（*Stamp Act*），开始征收印花税，征税对象主要是报刊和纸张。由于纳税的报刊和纸张都贴一枚印花，就像付过邮资的信封贴有邮票一样，故有印花税之称。在历史上，印花税还被讥为"知识税"（Tax on Knowledge）。"知识税包括印花税、广告税、纸张税，以及后来增加的报纸副刊税，等等。政府通过不断完善这种税收政策，既增加了财政收入，又达到了控制报刊的目的。"[①] 对报业来说，印花税不啻一项沉重的负担，许多报刊承受不起，不得不停刊关门。据统计，印花税法案实施不到半年，英国的报刊总数锐减一半，其中包括著名的《旁观者》《观察者》等。艾迪生曾在《旁观者》上写道："印花税实行的日子，就是作家发表作品的末日了。"

印花税从1712年开征，以后又几经调整、提高税率，直到19世纪中叶才渐渐废除（"1853年广告税被废除，1855年印花税被废除，1861年最后一项知识税、纸张税被废

---

① 陈力丹：《世界新闻传播史》，32页，上海，上海交通大学出版社，2002。

除"①），历时将近一个半世纪。这期间，英国的报业犹如小脚女人蹒跚而行，为此，印花税被视为继许可证制之后，阻挠英国新闻事业的一大障碍。

2. 津贴制（bribery）

如果说印花税直接妨碍了报业的成长，那么津贴制则间接限制了报业的发展。所谓津贴制，就是由政府或政党出资，补贴某些报刊与报人。俗话说，"吃人家的嘴软，拿人家的手短"，既然拿了人家的银子，还能不替人家说话吗？前面曾提到，笛福每年都领取 400 镑的津贴，而艾迪生和斯梯尔每人每年也都领取 300 镑的津贴。此外，斯威夫特、约翰逊博士等也不同程度地接受政府津贴，撰写支持官方立场的文章。

需要说明的是，印花税和津贴制这两种管制报业的新措施，并不仅见于英国，西方其他国家也都推行过类似的措施。

3. 法律制裁（prosecution）

这种手段与封建专制王朝的惩处制并无二致，尽管像"星法院"那类恐怖机构已不复存在。恩格斯就曾指出："诽谤法、叛国法和渎神法都沉重地压在出版事业身上……英国的出版自由一百年来苟延残喘，完全靠政府当局的恩典。"（《英国状况　英国宪法》）

总之，英国报业在新的层层禁锢中，种数少、报价高、销量低。

第二节　美国报业：起源与发展

美国作为一个主权国家，是在 18 世纪的独立战争中诞生的。在此之前，美国只是十三块互不相属的英国殖民地。众所周知，美国的国旗星条旗上，有五十颗星和十三条杠，其中的五十颗星代表现在的五十个州，而十三条杠就代表独立前的十三块殖民地。这一节分两部分，分别介绍北美殖民地时期和独立战争时期的新闻事业。

一、殖民地时期的报业（1690—1765）

1638 年，即德国的约翰·古登堡发明金属活字印刷法之后约两个世纪，美国的第一部印刷机出现于哈佛大学（当时叫哈佛学院）。此后，北美的印刷业逐渐普及。不过，最早的印刷品多为宗教典籍和识字课本。

美国版图的东北角，有块地区叫"新英格兰"（New England）。这个地区是美利坚的摇篮，正像黄河流域之于中华文明。新英格兰地区同古代黄河流域一样，气候条件与

---

① 陈力丹：《世界新闻传播史》，32 页，上海，上海交通大学出版社，2002。

自然环境都比较恶劣，而正是这种恶劣环境，反倒激发了人们的生命力与创造力。按照汤因比的"挑战—应战理论"，"挑战愈强，刺激就愈大"。[①] 也就是说，在文明的起源中，挑战与应战的交互作用，乃是超乎其他因素的关键所在。在汤因比看来，第一代文明大都起源于对自然环境的挑战所进行的成功应战。比如，玛雅文明起源于热带森林的挑战；安第斯文明起源于荒凉高原的挑战；米诺斯文明起源于海洋的挑战；古代印度文明起源于恒河流域潮湿的热带森林的挑战，等等。照此看来，新英格兰地区恶劣的自然环境和气候条件，也为早期移民提供了一个应战机会：

> 北美洲的所有殖民者都遇到了极严重的自然环境方面的挑战。……然而，把一切都考虑在内——土壤、气候、运输条件和其他——还是不能否认新英格兰人原来居住的地方是最困难的。这样，北美洲的历史就证明这样一种说法：困难愈大，刺激就愈大。[②]

今日美国的感恩节，也与此有关。1620 年冬天，英格兰一百来个清教徒，为了逃避宗教迫害，风波险恶，远涉重洋，来到新英格兰。当时，他们穷途末路，饥寒交迫，幸赖印第安人相助，才免于命丧异域埋骨他乡的厄运。于是，有了一年一度的感恩节（Thanksgiving Day），只不过美国先人 WASP 即白人盎格鲁 - 撒克逊新教徒，不是感恩自己的救命恩人，而是感恩他们的上帝。子系中山狼，得志便猖狂、最无情的是，在美国一路疯狂扩张中，清教徒的后人不仅大肆贩卖非洲黑奴，推行世界现代史上的奴隶制——奴隶如牛马一般的牲口，而且还将印第安人赶尽杀绝，甚至惨无人道地悬赏剥人头皮："那些谨严的新教人师，新英格兰的清教徒，1703 年在他们的立法会议上决定，每剥一张印第安人的头盖皮和每俘获一个红种人都给赏金 40 镑；1720 年，每张头盖皮的赏金提高到 100 镑；1744 年马萨诸塞湾的一个部落被宣布为叛匪以后，规定了这样的赏格：每剥一个 12 岁以上男子的头盖皮得新币 100 镑，每俘获一个男子得 105 镑，每俘获一个妇女或儿童得 50 镑，每剥一个妇女或儿童的头盖皮得 50 镑！"[③]。化用那句墨西哥的流行谚语来说：可怜的印第安人啊，你离上帝太远，离美国人太近。也正是在这一历史背景下，一个精明强悍的工商阶层，兴起于新英格兰地区。他们比其他阶层与人群更渴望报纸和新闻，因为通过报纸和新闻一方面了解各地商机商情，一方面刊登工商广告。因此，早期殖民地的报纸常常冠以"广告报"（Advertiser）的名称，而且多在工商业的中心出版。总之，北美新闻事业的催化剂是资本主义工商业。

---

① ［英］汤因比：《历史研究》上，曹未风等译，174 页，上海，上海人民出版社，1966。

② 同上，122 页。

③ 《马克思恩格斯文集》第 5 卷，863 页，北京，人民出版社，2009。

1.《海内外公共事件报》（1690）

《海内外公共事件报》（*Public Occurrences, Both Foreign and Domestic*），是美国最早的一份印刷报纸，1690 年 9 月 25 日创刊于波士顿。波士顿位于新英格兰地区，是北美殖民地时期最大的工商城市和文化中心，至今仍被誉为"美国的雅典"，哈佛大学、麻省理工学院等都在这里。美国作家马克·吐温有个比喻：在波士顿，人们问你懂多少；在纽约，人们问你挣多少；在华盛顿，人们问你父母亲是什么人。换言之，波士顿是个文化城，纽约是个商业城，而华盛顿则是官府衙门。美国的第一份印刷报纸《海内外公共事件报》，就诞生在这一文化城，当时这里有近 7 000 人。

这份报纸共有四版，但只印三版，第四版空白，为的是让读者在传阅中，把自己知道的独家新闻写在上面。该报的创办人本杰明·哈里斯（Benjamin Harris），原是伦敦的书商和出版商，生性傲慢，处世鲁莽，1679 年因触犯官府，被捕入狱，坐了两年牢。1686 年为了躲避官府搜逮，又携全家逃到北美殖民地，在波士顿开办了一家兼营书籍的咖啡馆。不久，便创办了北美的第一张印刷报纸《海内外公共事件报》。埃默里父子在《美国新闻史》一书中，曾这样评价哈里斯及其报纸：

> 它不但看上去像一份报纸，读起来像一份报纸，而且也是把它当作一份长期的新闻刊物办的。哈里斯是他那个时代的一位能干的记者。他的写作风格是简明扼要——就是现代编辑所说的"有力"。……例如，在第一版外侧一栏的下方有这样一段：
>
> "天花以罕见之规模在波士顿猖獗一时后，目前势头已大为减弱。据悉，此次染疾者比起十二年前该魔以同样方式造访此地时人数大增，然而这回袭击却不如前番那样致命，约三百二十人死亡，不及上回此天祸降临时的半数……"[①]

想不到，该报的创刊号也就是停刊号，仅出版一期就寿终正寝了。为什么呢？因为当时英国殖民当局对北美殖民地的印刷出版业实行比本土更严格的管制，规定任何人不经许可不得印行任何出版物。而《海内外公共事件报》事先没有获得出版许可，于是只出一期就被殖民地总督查封了。总督为此发布公告说：

> 查最近有人未向当局呈报，亦未得批准，擅自印刷并向国内外分发一种小册子，题名为《海内外公共事件报》，1690 年 9 月 25 日星期四于波士顿，本总督与行政会检阅该项小册子后，发现其中有极其偏激的言论以及各种可疑与不妥的报道。本总督与行政会对于该刊甚为愤怒，宣告不被允许印行，兹令该刊停刊。并

---

① ［美］埃默里等：《美国新闻史》，苏金琥等译，31～32 页，北京，新华出版社，1982。

严禁今后任何人不先取得政府所指派的人员的批准，并得许可证而印刷任何印刷品。

这是美国第一份印刷报纸的短命历史。下面介绍美国第一份连续出版的报纸——《波士顿新闻信》。

2.《波士顿新闻信》（1704）

1704 年创刊的《波士顿新闻信》（*Boston News-Letter*），是美国第一份连续出版的报纸——接下来的第二份是 1719 年创刊的《波士顿公报》（*The Boston Gazette*），第三份是同年创办于费城的《美洲信使周刊》（*The American Weekly Mercury*），第四份是后面即将介绍的《新英格兰报》（*The New England Courant*）。

《波士顿新闻信》的创办人，是波士顿邮政局长约翰·坎贝尔（John Campbell）。殖民地时期不少报人都身兼邮政局长，因为他们可以利用职务之便投寄报刊。B. 安德森在论述民族主义的名著《想象的共同体》里写道：

First newspaper to be established in the English colonies in America

《波士顿新闻信》

> 印刷品很早就流传新西班牙（New Spain），但在长达 2 个世纪的时间里，一直受到国王和教会的严密控制。到了 17 世纪末，只有墨西哥市和利马两地有印刷机，而他们所印行的几乎清一色是教会的出版物。在新教的北美洲，那时印刷术根本尚未出现。然而 18 世纪时，发生了一个实质的革命。在 1691 年到 1820 年，总共有不下 2 120 种的"报纸"出版，而其中又有 461 种报纸的存续时间超过十年。……"等到印刷业者在 18 世纪中发现了一个新的财源——报纸——之后，印刷术才在北美真正发展起来。"印刷业者在启用新的印刷机时总会同时发行一份报纸，而事实上报纸往往是这些印刷机所生产的最主要甚至是唯一的产品。因此，印刷商兼记者（printer-journalist）最初基本上是北美洲一地的现象。由于印刷商兼记者所面临的主要问题是如何接触到读者，他们因此和邮局局长发展出一种非常密切的结盟关系，密切到了印刷商兼记者经常就变成了邮局局长，或者邮局局长变成了印刷商兼记者的地步。[①]

---

① ［美］本尼迪克特·安德森：《想象的共同体：民族主义的起源与散布》，吴人译，70 页，上海，上海人民出版社，2003。

1700 年，坎贝尔就任波士顿邮政局局长后，曾向各殖民地供应手抄的新闻信。由于波士顿是殖民地时代最大的工商城市和文化中心，所以坎贝尔的新闻信受到各地读者的重视。随着订户逐渐增多，单靠手抄已经供不应求。于是 1704 年，坎贝尔便将他的新闻信印刷出版，这就是《波士顿新闻信》。其报名本身已表明，这是他 1700 年以来一直发行的新闻信的延续。

该报注明是"官方发行"（Published by Authority），也可以看作一份官报或半官报，而发行人坎贝尔就是一位政府官员。有一回，该报由于资金不足陷入困境，幸得政府资助才免于倒闭。它的发行量一般不超过 300 份，也从未由此赚过钱。

《波士顿新闻信》的内容有三分之二是英国以及欧洲大陆的新闻，这些新闻远涉重洋到达美洲已时隔数月，加上《波士顿新闻信》的版面有限，许多新闻往往拖延几个月乃至一年才能见报。今天看来，这些内容与其说是新闻，不如说是历史了。其实，在当时人们看来，新闻与历史也并无多大区别。现在人们都认为新闻理所当然是新近发生的事实，而在新闻事业的早期，人们只把新闻看作事实，至于事实是新近发生还是以前发生则无关紧要。这大概也是因为当时社会生活节奏缓慢，人们头脑中并没有现代所强调的"时间即金钱"的观念。就连兵贵神速当时也被轻略，时见优哉游哉的用兵之道。法国 16 世纪的那位庇隆元帅（即阿芒·德·龚多男爵，1524—1592）在围攻鲁昂时，他的儿子献计说，两天之内即可破城，结果遭到庇隆的嘲笑："怎么，难道你急于回家种菜吗？"

除了三分之二的海外新闻，其余的三分之一主要是本地消息，诸如船舶到达、官员任命、海盗抢劫、刑事诉讼、意外灾害等。例如：

> 波士顿，四月十八日。西尔船长从牙买加抵达，行程约四周，说那里疾病仍很流行。
> 纳撒尼尔·奥利弗先生，本地首屈一指之商人，四月十五日逝世，四月十八日安葬，享年五十三岁……①

在这些新闻中，掺杂着一些道听途说的谣传。前面讲过，在早期人们的观念中，报纸刊登道听途说、胡编乱造的玩意儿被视为理所当然，不足为怪。甚至这种真假混杂的余波，今天也并未完全消歇。《华盛顿邮报》上就有一个闲话专栏，专门刊登未经证实的新闻，其实就是谣传，专栏的名称叫《道听途说》。1981 年，里根与卡特角逐白宫宝座获胜，当选下届总统，就职前暂时下榻在国宾馆"布莱尔宾馆"。这时，《华盛顿邮报》在《道听途说》专栏中发表了一则"正在流传"的谣传，说是卡特在里根住的宾馆

---

① ［美］埃默里等：《美国新闻史》，苏金琥等译，35 页，北京，新华出版社，1982。

里安装了窃听器，从而得知里根夫妇希望卡特一家尽早搬出白宫，以便使里根夫人能将白宫住房重新装饰。这则传闻一见报，立即在华府引起轩然大波。卡特总统自然非常气愤，坚决要求《华盛顿邮报》赔礼道歉，否则将诉诸法律。最后，《华盛顿邮报》迫于压力，不得不在一期头版上发表致歉，向卡特赔罪。

除了一般的新闻，《波士顿新闻信》还第一次出现了付费广告。当时一共刊登的三个广告，无论话语内容还是话语形式，都与今天的报刊广告相去甚远。比如，下面这则广告就与今天《纽约时报》房地产广告颇异其趣：

> 在纽约长岛的牡蛎湾，有一个很好的漂洗作坊，可供出租或出售。此处亦可作为农场，有一新造的砖石房屋，旁边有另一房子可作厨房和作坊，有粮仓、马厩、果园和 20 亩空地。作坊可以单独出让或和农场一起出让。有意者可向纽约的威廉姆·布赖德福特·普林特询问详情。[①]

下面再介绍两位殖民地时期的著名报人，他们是一对同父异母的兄弟。

3. 詹姆斯·富兰克林（James Franklin）和本杰明·富兰克林（Benjamin Franklin）

这对同父异母兄弟的父亲娶过两个妻子：前妻生了七个孩子，后妻生了十个孩子。詹姆斯是哥哥，本杰明是弟弟；詹姆斯性情暴躁，本杰明为人宽厚；詹姆斯默默无闻，本杰明是历史闻人。不过，两人有一点是共同的，即他们都当过印刷工，都办过报纸，而且都是出色的报纸。

1721 年，詹姆斯在波士顿创办了《新英格兰报》（*The New England Courant*）。《新英格兰报》与《波士顿新闻信》之类的官报不同。官报都以《伦敦公报》为模式，内容沉闷，形式呆板。而《新英格兰报》则效法艾迪生、斯梯尔的《闲谈者》《旁观者》等，办得生动有趣，活泼可爱。詹姆斯是个很有学问的人，拥有波士顿第一流的藏书，他的文章才

本杰明·富兰克林

气横溢，妙语连珠，颇受读者喜爱。早年，他曾在伦敦学习印刷技术，当时就很欣赏《闲谈者》与《旁观者》杂志上的随笔小品，深为艾迪生与斯梯尔隽永俊爽的文笔所倾倒。那时北美殖民地供大众阅读的优秀读物还很少，绝大多数的作品都充斥着迂腐的道德说教和干瘪的宗教训条。《新英格兰报》则把艾迪生等人的随笔小品引入殖民地，吹

---

① ［美］尼尔·波兹曼：《娱乐至死》，章艳译，77 ～ 78 页，桂林，广西师范大学出版社，2004。

来一阵清新的春风，读者感到格外新鲜。《新英格兰报》与《波士顿新闻信》之类官报的不同还在于，它未经官方许可而发行。这本身已经犯禁，加上詹姆斯经常抨击殖民地当局，愈发使官府恼羞成怒。于是，1722 年詹姆斯遭到殖民地法庭传讯，最后被判有罪，坐了一个月的牢，并被禁止继续出版《新英格兰报》。詹姆斯的办报活动虽然一时受挫，但他的行为却破除了当时殖民地遵行的未经许可不得办报的陈规。从此，未经许可的报纸便不断出现，殖民地当局只好睁只眼闭只眼了。

这是哥哥詹姆斯·富兰克林，接下来再说说弟弟本杰明·富兰克林。18 世纪的美洲有两位最孚众望的人物，一位是美国的国父乔治·华盛顿，另一位便是本杰明·富兰克林。本杰明·富兰克林同达·芬奇、罗吉尔·培根等一样，都是历史上的"稀有金属"，即罕见的全知全能人物。他既是政治家、外交家，又是作家、科学家、发明家，同时也是一位出色的报人。他的《自传》是一部流传甚广的名著，美国一位学者说过："如果有人要知道美国人是什么样子，他们的民族抱负是什么，他只消读富兰克林的《自传》就够了。"[1] 其中，有的名言已植根于当代人的观念，如"时间即金钱"。他在创建美利坚合众国的革命中，同样发挥举足轻重的作用，《独立宣言》就是由他和杰斐逊等五人共同草拟的。他提出的夏时制设想、发明的避雷针等，都被广泛沿用。特别是他不畏风险，勇于探索，用风筝检验雷电的故事，至今仍为人所乐道。"富兰克林之所以鼎鼎大名，主要是因为他通过实验成功地证明电闪是一种放电现象。"[2] 在他之前，人们搞不清闪电究竟是不是电。为了证实这个问题，他便在一个雷电交加的日子放起风筝进行试验。如果闪电真是电的话，那么击中风筝后，电流就会沿着被雨水打湿的风筝线传到放风筝的人手上。结果证明闪电果然是电，幸亏那一击的电力很弱，否则他早被打成灰烬了。受这个实验的启发，他发明了避雷针用来保护房屋、教堂及船舶等。康德对这一震动世界的试验给予高度评价，称他是"从天上偷窃火种的第二个普罗米修斯"。法国一位经济学家则用两句话，概括了本杰明·富兰克林的一生："他从天空抓到雷电，从专制统治者手中夺回权力。"所以，他是一位深得美国人民爱戴的民族英雄，被誉为"伟大的公民"。

除此之外，他还是一位出色的报人，"富兰克林对美国新闻事业的最大贡献，就是使它成为受人尊重的行业。富兰克林表明，一位优秀的新闻工作者兼商人是可以在出版界赚钱发财的——这过去曾是、现在仍然是使任何行业受人尊敬的有效办法"。[3] 他的新闻工作经历，可分为前后两个阶段：前一阶段在波士顿，后一阶段在费城。

① ［美］柯恩编：《美国划时代作品评论集》，朱立民等译，41 页，北京，生活·读书·新知三联书店，1988。
② ［英］亚·沃尔夫：《十八世纪科学、技术和哲学史》，周昌忠等译，258 页，北京，商务印书馆，1991。
③ ［美］埃默里等：《美国新闻史》，展江等译，37 页，北京，新华出版社，2001。

在波士顿，他 12 岁便进入哥哥詹姆斯的印刷所当学徒。其间，他偶然发现一份《旁观者》杂志，深深为之吸引，并模仿艾迪生等人文笔，试着写一些随笔小品。有一次，他将自己写的东西署上假名——"无名好汉"（Silence Dogood），趁着天黑偷偷塞进哥哥的印刷所房门内。第二天，詹姆斯看见后不胜欣赏，立刻在报上刊登出来。这时候，本杰明·富兰克林才 16 岁。这些随笔小品在《新英格兰报》上连载半年多以后，詹姆斯才发现原来这些漂亮的文章都出自弟弟之手，不由气急败坏，从此停止刊登本杰明的文章。詹姆斯是个脾气暴躁、气量褊狭的人，对弟弟更是粗暴得不近人情，他从不把本杰明当亲兄弟对待，而只把他看作一名普通的学徒，还常常"拳脚相加"。本杰明在自传中，每提及此事便伤感不已。他写道："我想，我哥哥对我的粗暴专横的态度，也许是使我在以后一生中对独断专横的权力起强烈反感的原因之一。"

1726 年，17 岁的本杰明·富兰克林来到费城，于 1729 年接办了费城一家行将倒闭的报纸《宾夕法尼亚公报》（The Pennsylvania Gazette）。宾夕法尼亚是美国宣布独立时的十三州之一，美国独立后，他曾连续当过三届该州的州长。宾夕法尼亚州的费城，是当时仅次于波士顿的第二大城市，北美十三州的代表就在这里发表《独立宣言》，宣布美利坚合众国的诞生。富兰克林接办这家报纸后，很快就使它起死回生，成为当时发行量最大、广告收入最高、影响最广的一份报纸，而他也由穷小子成为大阔佬。

《宾夕法尼亚公报》上曾刊登过一幅他画的政治漫画，成为新闻史上的传世之作，也是影响历史的著名作品。这幅报刊漫画画的是一条蛇，被断成几截，每一截都标明当时一个殖民地的简称。其寓意就是各殖民地应该联合起来，否则就是死路一条。漫画的标题，就叫"不联合，即死亡"（Join, or Die）。这幅"蛇的漫画"（Snake Cartoon），刊登在 1754 年 5 月 9 日的《宾夕法尼亚公报》上，它那简洁凝练、触目惊心的形象，有效地激发了殖民地人民的团结意识。后来，当殖民地掀起抵制印花税的风潮以及独立战争爆发时，这幅漫画都被一再转载，产生了无法估量的社会政治效应，恰似晚清蔡元培主编《俄事警闻》创刊号上刊发的《时局图》（谢缵泰），均在历史时空留下持久的回响。

除了办报，本杰明·富兰克林还是北美杂志业的先驱之一。他在 1741 年创办的《万有杂志》（General Magazine），仅比安德鲁·布拉德福德（Andrew Bradford）的第一份北美杂志——《美洲杂志》（American Magazine）晚出版三天。它们均在费城出版，但时间都不长：《美洲杂志》三个月，《万有杂志》六个月。截至 18 世纪末，美国大约出版了 100 份杂志，其中较重要的就包括下面即将介绍的托马斯·潘恩参与编辑的《费城杂志》（Pennsylvania Magazine）。

关于富兰克林兄弟在美国新闻历史上的地位，阿特休尔曾做过这样的比较："在美国历史上，詹姆斯·富兰克林起的作用并不大，但是美国新闻事业的记载总是设法在报业名人祠里给他安排一个小小的适当位置……本杰明·富兰克林不同于他的兄长，他在新闻名人祠里占据了第一等的英雄地位。"① 不过，有一点兄弟俩又是相同的，他们都是波士顿或殖民地商人阶层，即美国资产阶级先驱的典型人物。

谈到美国殖民地时期的报业，不能不涉及有名的"曾格案件"。因为这个案件不仅是这个时期美国报界的一件大事，而且对美国乃至西方新闻事业都产生影响。

4. 曾格案件

曾格（John Peter Zenger）是纽约一个贫苦印刷商。1733 年，他创办了一份报纸《纽约周报》（*New York Weekly Journal*）。纽约与波士顿、费城，并为殖民地时期的三大城市。曾格和一批同道常在该报发表文章，揭露和抨击纽约殖民地总督的劣迹。结果一年之后，总督便以"煽动性诽谤罪"将曾格逮捕系狱，听候审判。

当时对诽谤罪的解释不同于今天。依照当时惯例，只要发表有损于当局的言论，就构成诽谤，至于这些言论是基于事实还是凭空捏造都无关紧要，法庭甚至把"越是事实，就越是诽谤"作为通则。由此看来，曾格显然在劫难逃，尽管他对总督的抨击不乏事实依据。逮捕曾格的纽约总督是个横行不法的暴君，在他的淫威之下，纽约律师没有谁敢为曾格出庭辩护。这时，费城一位华发苍颜的律师风尘仆仆赶到纽约，要求做曾格的辩护律师。他就是当时殖民地大名鼎鼎的律师安德鲁·汉弥尔顿（Andrew Hamilton）。由他出庭辩护，自然有场好戏。所以，开庭那天，法院内外挤满听众，他们既为曾格的命运担忧，也想一瞻年逾花甲的汉弥尔顿的风采。

汉弥尔顿首先承认原告对曾格的指控属实，即曾格的确在报上发表过抨击总督及殖民当局的言论。但他接着便指出，陈述无可非议的真相乃是生来自由的人所享有的神圣权力。只要不违背事实，就不能算作诽谤，只有"虚假的、恶意的和煽动性的"谎言才构成诽谤。这样一来，便从根本上推翻了殖民地法庭对诽

曾格审判案

① ［美］J. 赫伯特·阿特休尔：《权力的媒介》，黄煜等译，27 页，北京，华夏出版社，1989。

谤的解释，颠覆了"越是事实，就越是诽谤"的陈规。当时殖民地的宗主国，即英国的一位法学家后来也承认，汉弥尔顿的辩护词"虽不是法律，实优于法律，实应成为法律，而且在任何正义伸张之处，一定永为法律"。

审判进行到最后，白发苍苍的汉弥尔顿站起来，情绪激昂，声音洪亮，面对陪审团和听众慷慨陈词：

> 总之，此刻摆在法院和陪审团诸位先生面前的，不是一件微不足道的私事；它不是你们正在处理的、仅仅事关一个穷印刷商或是纽约一地的事。不，绝对不是！它最后可能会影响英国政府统治下生活在美洲大陆的每一个自由人。它是一个最崇高的事业。它是一个自由的事业。我深信无疑，你们今天正直的行为，不仅会使你们赢得同胞的爱戴和信任，而且每一位热爱自由、反对奴隶制的人都会祝福和敬仰你们——挫败暴政的企图，并以一个公正无私的裁决为我们自己、我们的子孙后代，以及我们的左邻右舍享有自然与国家赋予的权利——以言说和书写真理来揭露和反对（至少是世界上这些地区的）专制霸权的自由——奠定了宝贵的基础。[1]

汉弥尔顿的雄辩演说，博得全场听众的欢呼。最后陪审团作出无罪裁决，曾格获得自由。从此，曾格和汉弥尔顿便成为反暴政、争自由的勇士，由此不仅出现一句夸奖人的成语"精明得像费城律师"（as smart as Philadelphia lawyer），而且被视为北美殖民地争取新闻自由的第一个里程碑。

曾格案件实际上已经显露独立战争时期的报业风貌，也可以说是爱国派报人的先声。

二、独立战争时期的报业（1765—1783）

美国的独立战争既是一场争取独立的开国战争，也是一次资产阶级革命。在这场翻江倒海的革命运动中，报业发挥了无与伦比的启蒙、宣传和鼓舞人心的作用，充分显示了其形成舆论、引导舆论的强大威力。因而，从一定意义上可以说，没有报业，就不会有独立战争，自然也就不会有"星条旗永远飘扬"的国家。正如法国大革命年代的政治家布里索所言，"假如没有那些早期报刊，美国的革命就不会发生"。[2] 同样，独立战争年代的革命家、宣传家亚当斯也认为，"重要的美国革命——人民心意中的革命——实际发生在1776年以前，在英军与革命军交锋之前"。[3]

---

① ［美］J. 艾捷尔编：《美国赖以立国的文本》，赵一凡等译，131～132页，海口，海南出版社，2000。

② 中国人民大学新闻系新闻事业史教研室编：《外国新闻事业史参考资料》，80页，北京，中国人民大学出版社，1989。

③ ［美］柯恩编：《美国划时代作品评论集》，朱立民等译，28页，北京，生活·读书·新知三联书店，1988。

　　这里，先简单回顾一下独立战争的大致经过。1765 年，英国由于英法战争而引发财政危机，于是在美洲殖民地开征印花税，结果遭到普遍抵制，殖民地的独立意识由此萌发。1775 年 4 月 19 日，在波士顿近郊的列克星敦，殖民地民军同英国殖民军交火，打响了"震撼世界的枪声"，独立战争正式爆发。1776 年 7 月 4 日，北美十三州的代表在费城发布著名的《独立宣言》，宣告美洲殖民地脱离英国而独立，后来 7 月 4 日这一天便被定为美国的国庆节。1781 年，在法国出兵援助下，华盛顿指挥的大陆军在约克敦大败英军主力，五千余名装备精良的英国正规军向衣衫褴褛的殖民地民军缴械投降，这就是决定独立战争最后胜利的关键一仗"约克敦大捷"。这次战役之后，独立战争实际上已经结束，此后英美两国开始谈判，1783 年双方签署《巴黎条约》，英国正式承认美国独立，独立战争至此胜利结束。

1. 印花税风潮

　　1765 年，英国为解决财政危机，在美洲殖民地颁布《印花税条例》，开征印花税。征税范围涉及报纸、书刊、商业和法律文件、毕业文凭、扑克牌、入场券等。《印花税条例》一公布，立即引起殖民地民众特别是工商阶层的强烈不满。如果说以前殖民地势单力薄而不得不仰仗母国的时候，这种做法还能行得通；那么，当殖民地实力日渐壮大，经济上和政治上都具有同母国抗衡之势时，这种巧取豪夺就令人难以忍受了。所以，未经殖民地同意而开征的印花税，遭到普遍抵制，抗议风潮四处蔓延。人们捣毁税务局，焚烧印花税券，还把英王委任的收税官员揪出来，在他们的脸上身上粘上羽毛，游街示众。殖民地提出"无代表，不纳税"的口号，作为抵制印花税的根据。所谓"无代表"，是指英国议会中没有美洲殖民地的代表，所以殖民地没有义务履行这个议会所通过的征税条例。

　　《印花税条例》的颁行，受冲击最严重的要算报刊出版业。为此，许多报刊都以停刊表示抗议。《宾夕法尼亚期刊与广告周刊》（*Pennsylvania Journal and Weekly Advertiser*）在印花税开征前的最后一期，别出心裁地将版面设计成墓碑形状，并在各栏之间加上黑线，以示印花税对报业的戕害。还有的报纸公开拒绝缴纳印花税，而有的则在报上注明"本报买不到印花"——这也是实情，因为激愤的民众已封死了印花的出售途径。于是到头来没有几家报刊缴纳印花税，《印花税条例》只实施短短四个月便不了了之。

　　在殖民地与宗主国之间由来已久的不断冲突中，印花税风潮虽然只是一段插曲，却是一个转折点。在此之前，北美十三州一向都以英王的臣民自居，一致公认美洲殖民地属于英国的版图。本杰明·富兰克林把他 1776 年以前的几次英国之行都看作回家。而印花税风潮之后，殖民地的独立意识便开始萌发了。

这种独立意识通过爱国派报刊的启蒙、催发、激扬，通过爱国派报刊与保皇派报刊的激烈论战而蔓延滋长，终于蔚为席卷新大陆的燎原之火！

2. 保皇派的喉舌——《保皇公报》（1773）

独立战争前夕，美国共有37种报纸，其中三分之二属于爱国派，三分之一属于保皇派。两派报刊在独立战争前各自大造舆论，在独立战争中竞相鼓动宣传。

保皇派最著名的报人是詹姆斯·里文顿（James Rivington），他的《保皇公报》（Royal Gazette）是保皇派的主要喉舌。里文顿生于富贵之家，其父是伦敦的大出版商，他到美洲后也发了大财，成为美洲第一家连锁书店的老板，在殖民地的三大城市即波士顿、费城和纽约都设有分号。显而易见，像他这种阶层自然是希望"保持殖民地社会的基本结构。他们希望凭借着财产、门第、地位及传统——这些看起来是贵族的属性——来继续实行统治"。[①]

于是1773年，也就是在独立战争爆发的前两年，里文顿在纽约创办了一份保皇派报纸——《里文顿纽约公报》。该报由于编辑仔细，印刷精美，成为一份发行量很大的报纸，卓有成效地扩大了保皇派的影响，同时也引起爱国派的反感。独立战争爆发后，英军一度占领纽约，里文顿继续出版他的报纸，并正式打出《保皇公报》的旗号。由于该报歪曲新闻，杜撰报道，常常充斥对爱国派领袖凭空捏造的谎言和肆无忌惮的诽谤，因而在独立战争期间最为人们所痛恨，被爱国派称为"里文顿的扯谎公报"。他们曾两次袭击里文顿的报馆，第二次还把印刷机上的铅字都捣毁了，迫使《保皇公报》一度停刊。独立战争胜利结束的1783年新年前夕，爱国派又找到里文顿门上，永远封闭了他的报馆。

3. 爱国派的报刊与报人

独立战争年代的报刊，具有一个显著特征：即鲜明的宣传色彩、激昂的论战精神和强烈的鼓动气势。这一特征在爱国派的报刊中体现得尤为明显。当时担任大陆军总司令的华盛顿将军，就十分重视报刊的宣传鼓励作用。他曾下令搜集旧军毯，以供造纸之用。他还为报纸写过报道，下面这则短讯就出自他的手笔，它报道的是独立战争最后取胜的"约克敦大捷"：

永 世 铭 记

一七八一年十月十七日，查尔斯·厄尔·康沃利斯中将（英军统帅——引者注），率五千英军（在弗吉尼亚的约克敦——引者注）作为战俘，向法美联军总司

---

① ［美］埃默里等：《美国新闻史》，展江等译，52页，北京，新华出版社，2001。

令乔治·华盛顿将军阁下投降。[①]

今天人们读到这则短讯，也许不会有什么反应。但是，当年那些处于绝对劣势（如殖民地的人口只及宗主国的十分之一），浴血奋战达六年，而且其间多次陷入绝境、濒临失败的殖民地人民，第一次看到华盛顿执笔的这篇胜利喜报，该是怎样欣喜若狂，欢呼雀跃。

一代报人范敬宜尝言："有非常之时势，必有非常之人物；有非常之人物，乃有非常之文章。"（《新闻岂无学　典范在咫尺》）在轰轰烈烈的独立战争年代，爱国派就涌现出许多名标史册的非常之人及其非常之文。他们经常利用爱国派的报刊，大力宣扬自由民主等进步思想，揭露抨击英国殖民统治的罪恶，激励鼓舞殖民地人民的斗志。这些爱国派的报刊中，《波士顿公报》（Boston Gazette）和《马萨诸塞侦探报》（Massachusetts Spy）最为突出。这两家报纸均在革命策源地之一的波士顿出版。马萨诸塞首府即在波士顿。这两家报纸还分别与两位出色的爱国派新闻人有关，正是他们使得两报声名大振。下面就分别介绍这两份爱国派报纸和这两位新闻人。先谈《波士顿公报》和塞缪尔·亚当斯（Samuel Adams）。

塞缪尔·亚当斯，是华盛顿之后第二位美国总统约翰·亚当斯的堂兄，兄弟俩都生长于波士顿，并都毕业于哈佛大学。他们俩以及聚集在他们周围的一批波士顿爱国者，如《波士顿公报》的发行人、《马萨诸塞侦探报》的发行人、《独立宣言》的第一个签名者约翰·汉考克（John Hanckok）等，都属于独立战争中最激进、最坚强的中坚分子。抵制印花税运动以及有名的波士顿倾茶事件等，都与他们直接有关。

塞缪尔·亚当斯被公认为当时最有创造力、最雄辩的新闻记者，而他主要是为《波士顿公报》撰稿。正是由于他的文章，《波士顿公报》才得以名扬四方。每当深夜，波士顿街道上的过往行人总不免抬头望一眼他窗前

塞缪尔·亚当斯

彻夜通明的灯光。他的一支生花妙笔，为《波士顿公报》写下大量火辣辣的战斗檄文。为此，他被誉为"宣传的先驱"。约翰·米勒（John. C. Miller）为他写过一部传记，书名就叫《塞缪尔·亚当斯：宣传的先驱》（Sam Adams: Pioneer in Propaganda）。

这里，着重谈谈由他发起组建的"通信委员会"（Committees of Correspondence），

---

① ［美］埃默里等：《美国新闻史》，苏金琥等译，91 页，北京，新华出版社，1982。

因为这个组织在新闻史上占有一席特殊地位，我们把它看作后来通讯社的前身。1771年，塞缪尔·亚当斯在《波士顿公报》上提出"通信委员会"的设想，希望通过这个组织来联络协调各殖民地的反英斗争。于是，在他的倡议下，1772 年波士顿和其他一些城市相继成立"通信委员会"。这个组织对促进各殖民地联合以及召集第一届大陆会议，都起了重要作用。因而若从一般历史的角度看待通信委员会，不妨说通信委员会是后来大陆会议的前身。

若从新闻史的角度考察，通信委员会则可视为后来通讯社的雏形。为什么呢？这得从通信委员会的组织结构和活动方式说起。亚当斯经常派出人员去各地了解情况，采访新闻。这些人能很快把重要情况发到各地的通信委员会。在那里，重要新闻经过编辑加工后，又迅速传往各地。这一过程概括起来就是：先采集新闻，再集中到通信委员会进行选择、甄别、加工、处理，最后由通信委员会向各地传播。显而易见，这一过程与现代通讯社采集新闻、供应新闻的流程相似。所以，我们把通信委员会视为通讯社的雏形。

虽然不敢断言早期通讯社的创办者从通信委员会受到启发，但历史逻辑一脉相通。另外，世界上第一家通讯社诞生于法国，而法国从独立战争开始一直都是美国的盟友，关系始终密切。独立战争年代盛行的一系列思想，也大都来自法国启蒙思想家；独立战争的胜利，更有赖于法国出兵援助，用美国历史学家芭芭拉·塔奇曼的话说，"没有法国的帮助，也许我们永远都不会成功"；[①] 美国立国所依据的"三权分立"原则，乃由法国政治哲学家孟德斯鸠所提出；而最能标明法美之间联系的，当数矗立在纽约港口的自由女神像，这个作为美国象征的巨大雕像，就是独立战争胜利一百周年之际，法国送给美国的罕见礼物。《独立宣言》的执笔、美国第三位总统托马斯·杰斐逊，甚至认为每个人都有两个祖国，一个是其母国，另一个就是法国。有鉴于此，早期美国的通信委员会与后来法国的全球第一家通讯社之间，具有某种一脉相承的关系，就并非无稽之谈吧。

下面再来谈谈爱国派的第二份报纸《马萨诸塞侦探报》及其发行人艾赛亚·托马斯（Isaiah Thomas）。

如果说塞缪尔·亚当斯是爱国派最出色的记者，那么艾赛亚·托马斯就是爱国派最杰出的报人。托马斯与本杰明·富兰克林一样，也是从小（六岁）就做印刷学徒，也是通过自学而成为饱学之士。1770 年，年轻的托马斯与自己的师傅一起，在波士顿创办了《马萨诸塞侦探报》。由于他善于经营，该报不久就成为殖民地最受欢迎的报纸之一，发行量仅次于里文顿的《保皇公报》，托马斯也因此发了大财，这时他才二十来岁。《马

---

① ［美］比尔·莫耶斯：《美国心灵：关于这个国家的对话》，王宝泉等译，4 页，北京，生活·读书·新知三联书店，2004。

萨诸塞侦探报》大量报道殖民地的反抗斗争消息，经常刊登鼓吹革命的政论，因而被视为最富煽动性、最激进、最革命的爱国派喉舌。下面这篇刊登在《马萨诸塞侦探报》上的报道，向世人详细叙述了独立战争的第一仗——列克星敦之战。

波士顿西北部有两个小镇——列克星敦与康科德。别看这两个镇子小，在美国却是家喻户晓、妇孺皆知，因为独立战争的第一枪就是在这里打响的。因此，列克星敦与康科德，被誉为"美洲自由的发祥地"。这一枪在历史上以"震撼世界的枪声"（The Shot Heard Round the World）著称，而"震撼世界的枪声"这句响亮的名言，就出自艾赛亚·托马斯的手笔。下面就是这篇报道的节选：

列克星敦的战斗

艾赛亚·托马斯

《马萨诸塞侦探报》1775 年 5 月 3 日

美国人！永远铭记列克星敦之战吧！——在这儿，没有受到侵扰，没有遭到挑衅的英国军队，竟残暴地、惨无人道地枪杀我们的同胞，然后，洗劫并焚毁他们的房屋！他们不顾毫无抵抗力的女人们的眼泪——她们当中某些人正承受着分娩的痛苦；也不顾无助的婴儿的哭喊，老人的祷告和卧床的病人，只想满足其杀戮的欲望！……

四月十八日夜十点前后，波士顿英兵被发现正以极秘密之方式开始行动，他们正在科芒河尽头登船（这些船只是英兵在天黑以后秘密运到该处的）。于是，快马通讯员立即出发，向全国发出警报，以使人们警惕起来。快马通讯员过了列克星敦约一英里，被大约十四名骑在马上的军官挡住了去路。这些军官是当天下午从波士顿

列克星敦的枪声

出来的，有人曾见他们潜伏于乡间僻静之处直至天黑。一名快马通讯员（他很可能是塞缪尔·普雷斯科特医生），被一名军官紧追不舍有两英里，当该军官追上他时，拔枪大呼曰，再不停下，即格杀勿论。但通讯员仍催马急驰，直到一所房舍前，突然勒马骤停，马扬前蹄，把他摔了下来，但他头脑清醒，向房里人大喊：

"快来啊，快来啊，我捉住他们一个。"那军官立即后退，像他追赶时一样快。另一名通讯员保罗·里维尔（里维尔是独立战争年代的一位传奇式人物，他的英雄

事迹曾被美国诗人朗费罗谱成长诗《保罗·里维尔星夜疾驰》——引者注）被严格盘查后，也设法摆脱了。

与此同时，在中校史密斯指挥下的英军主力已渡过科芒河，于菲普农庄上岸后，一千之众立即悄悄向列克星敦进发，该地距康科德约六英里。（波士顿的英军此次偷袭列克星敦与康科德，目的是要收缴这两处殖民地民军的武器。不料，他们的行动被事先发觉，等他们到达列克星敦时民军已严阵以待。于是，双方开始交火。后来，英国继续前进，但在康科德遭到更顽强的回击。最后英军不得不仓皇败退，狼狈逃回波士顿。当英军溃逃时，紧追不舍的民军唱起了一首当初英军用以嘲弄民军的歌曲，以表现胜利的喜悦和对英军的嘲弄。这首歌曲便是如今广为传唱，几乎被当作美国第二国歌的 Yankee Doodle 即《扬基歌》，美国之音的开始曲选用的就是它的曲调。——引者注）一连民军，约八十人，集合于会议所附近，英军在日出前进入他们的视野；民军看到英军后便开始向四处疏散开来。英军于是四处追赶，一边大声叫喊，一边冲了上来，距离越来越近，相去只有几杆远了，一名指挥官对民军喊着类似这样的话：

"散开，你们这些该死的反贼——他妈的，散开！"

英军闻言，再一次发起冲锋，有一二名军官即刻开了手枪，瞬间，又有四五个士兵开了火，接着好像整个英军都开了枪。我们的人有八名死亡，九人负伤……①

北美独立战争由此拉开序幕。这篇报道有声有色，活灵活现，成为记录独立战争第一仗的最出色报道，而《马萨诸塞侦探报》也由于大量类似的报道，被公认为首屈一指的革命喉舌。不过，这篇报道存在一些夸大不实之词，如对英军残暴行为的渲染。有意思的是，这些渲染的情节倒是可以用到现在的美国大兵身上，如冷战与后冷战时代的一系列战争暴行。

4. "独立战争的笔" ——托马斯·潘恩（Thomas Paine）

潘恩（又译佩因）是独立战争中著名的资产阶级启蒙家、宣传家和政论家。人们常把华盛顿比作"独立战争的剑"，而把潘恩比作"独立战争的笔"（也有人将《独立宣言》的执笔人杰斐逊誉为"独立战争的笔"）。

在新闻史上，潘恩的主要贡献在于小册子。小册子曾是报刊的孪生姐妹，尤其在资产阶级革命年代——无论是英国革命，还是法国革命，抑或北美独立战争，小册子与

---

① 中国人民大学新闻系新闻事业史教研室编：《外国新闻事业史参考资料》，68～70页，北京，中国人民大学出版社，1989。

报刊之间的联系更是难解难分。1786 年，本杰明·富兰克林还曾感叹，美国人醉心于报纸和小册子，以至于没有时间看书。① 确实，那时的小册子与报刊除样式不同，其他方面包括内容并无二致，均为政论为主的宣传工具。独立战争结束半个世纪后，法国思想家托克维尔在《论美国的民主》（1835）中还写道："在美国，各党派不是通过写书来反驳对方的观点，而是通过散发小册子，这些小册子以惊人的速度在一天之内迅速传播，而后消失。"② 同样，我国晚清时节，伴随变法维新与革命运动，小册子也同现代报刊一起风起云涌，形影相伴，成为舆论宣传的一支劲旅或偏师，如邹容的《革命军》、陈天华的《猛回头》等。总之，小册

托马斯·潘恩

子是早期报业的重要组成部分，而潘恩就是独立战争中最著名的小册子作者，用美国历史学家贝林的话说："潘恩是有史以来最好斗的一位小册子作家。"③

　　1737 年 1 月 29 日，潘恩生于英国一个穷苦人家。1937 年，潘恩 200 周年诞辰的时候，伦敦的《泰晤士报》曾发表纪念文章，把潘恩誉为"英国的伏尔泰"。然而，潘恩生前对英国并无好感，英国对他也无"善待"，正如叔本华说的："世界上许多国家，无不以其大文豪及大艺术家为荣，但在他们生前，却遭到虐待……"为此，潘恩曾一度将自己的名字 Paine（潘恩）改为 Pain（痛苦）。由于家境贫寒，潘恩早年没有受过多少正规教育。他 13 岁辍学，当过裁缝、店员、教师等，最后得到一个税务员的工作，但不久由于组织请愿而被解雇。

　　潘恩丢了税务员的饭碗后，生活无着，走投无路。这个时候，他遇到北美殖民地派驻伦敦的代表本杰明·富兰克林。富兰克林觉得潘恩是个人才，便推荐他前往费城投奔自己的女婿，还写了一封推荐信，称赞他是一位"有智慧的、值得尊敬的青年"。④ 就这样，潘恩怀揣着富兰克林的推荐信，于 1774 年来到美洲新大陆，在费城经富兰克林女婿介绍，到《宾夕法尼亚杂志》当了一名编辑。

　　第二年，随着"震撼世界的枪声"，反英武装斗争的烈火熊熊燃起。不过这场斗争的最终目的究竟是什么，当时许多人包括最激进的爱国者并不明确。尽管他们喊出"不自由，毋宁死"（Give me liberty, or give me death）的口号，但"国王仁慈，议会暴虐"的观念依然盛行。第一次大陆会议召开时，各殖民地还都把英国当成母国。战争

---

①　[美]尼尔·波兹曼：《娱乐至死》，章艳译，48 页，桂林，广西师范大学出版社，2004。

②　同上。

③　转引自朱学勤《风声·雨声·读书声》，190 页，北京，生活·读书·新知三联书店，1994。

④　[美]罗伯特·唐斯：《影响世界历史的 16 本书》，缱军编译，8 页，上海，上海文化出版社，1986。

打响后召开的第二次大陆会议，虽然组建大陆军，任命华盛顿为总司令，宣布对英国"必须采取武力"，但"独立"这个字眼依然讳莫如深。甚至华盛顿、富兰克林等既不曾提出独立的主张，也不曾想到与母国脱离关系。这种畏缩、犹疑的心境，也不难体谅。因为，这不仅仅是个叛国杀头的问题，更重要的还在于感情深处所面临的痛苦抉择——能否背叛自己世代相依的母国？这种痛苦煎熬，如同儿子要抛弃母亲。于是，"这时的北美大陆只有战争，没有革命"。[①]

正是在这样一个何去何从的十字路口，潘恩响亮地吹起了"独立"号角，为殖民地的武装斗争指出政治方向。他在一本详细论证殖民地除非独立别无他途的小册子中写道：

> 美洲人民被暴虐统治者惨杀的已经够多了，他们殷红的鲜血洒遍在大自然里，发出呜咽的声调，仿佛在控诉、在号召：现在应是采取独立行动的时候了！热爱人类的人们，敢于反对暴政和暴君的人们，请站到前面来！[②]

这本以《常识》闻名的小册子写成后，潘恩去拜会后来执笔起草《独立宣言》的杰斐逊。杰斐逊听了后大受启发，忙问潘恩这小册子叫什么名字。潘恩说："我想叫它常识，因为争取独立不过是人人应该知道的常识而已。"不仅如此，潘恩还第一次明确提出废除君主制，建立共和制。在他看来，战争的目标是独立，而独立的宗旨是共和。他指出，在君主制下，国王便是法律；而在共和制下，法律便是国王。为此，有的学者甚至认为，潘恩的历史贡献不仅在于鼓吹独立，而且更在于倡导共和：

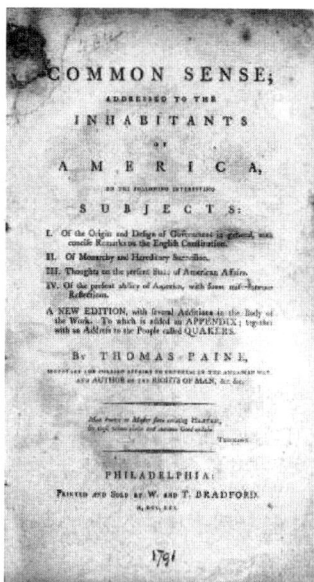

《常识》

> 潘恩把独立和共和联系在一起，把一个民族的斗争和全人类政治制度史的共和时代联系在一起，使得北美事件摆脱一国局限，成了共和政体的一次"辉煌日出"，傲视当时旧大陆上星罗棋布的大小宫廷——这一历史功绩是同时代任何思想家都难以企及的。以往对《常识》的评价往往局限于它的呼吁独立的现实影响，却忽视了它呼吁共和的划时代意义。[③]

① 朱学勤：《风声·雨声·读书声》，137页，北京，生活·读书·新知三联书店，1994。

② [美] 罗伯特·唐斯：《影响世界历史的16本书》，缑军编译，10页，上海，上海文化出版社，1986。

③ 朱学勤：《风声·雨声·读书声》，182～183页，北京，生活·读书·新知三联书店，1994。

1776 年 1 月，潘恩的名著《常识》（*Common Sense*）问世。它以激昂愤激的情绪、酣畅淋漓的笔调，控诉了英国的统治，破除了殖民地人民对"母国"与国王的迷恋，第一次响当当地喊出了独立的口号。正在前线指挥作战的华盛顿将军，读到《常识》后激动地说："自由的精神在我们的心里沸腾起来，我们不能屈服做奴隶……我们决心和这样一个不公正和不道德的国家断绝一切关系。"[①]富兰克林读后也是非常激动，称之为"天才之作"，并且立即让人买了 100 本，寄给自己的朋友。一时之间，爱国派报刊纷纷转载《常识》，第一版 20 万册的《常识》小册子，三个月内就被抢购一空。后来又几次再版，总数达 50 万册。[②]一位美国学者提供了一组《常识》发行两个月的数字，给人印象尤为深刻："没有人知道到底印了多少册，最保守的数字是 30 万册，也有人说是 50 万册。如果说当时 300 万人口需要印刷 40 万册书，那么今天的一本书需要卖掉 2 400 万册才能比得上。"[③]北美殖民地的民众从前线到后方，无不争相传阅《常识》，华盛顿的大陆军官兵更是几乎人手一册。一家英国报纸惊呼："《常识》无人不读，而且凡读过这本书的人都改变了态度，哪怕在一小时之前，他还是个顽固反对独立的人。"英军统帅气急败坏嚷道："我一定要把潘恩逮住绞死！"据说当时英国人还命令鞋匠剪出托马斯·潘恩的名字缩写 TM，然后钉在皮鞋后跟上，以便行走时能将象征潘恩的记号踩在泥土中。

《常识》问世半年后，也就是 1776 年 7 月 4 日，大陆会议便一致通过了《独立宣言》。宣言公布之前，主要起草人杰斐逊把其中一段念给潘恩，说这些话是从你的《常识》中引用来的。《独立宣言》中正式采用的"美利坚合众国"这个国名（The United States of America），也是《常识》所首创的。美国国父华盛顿说过，《常识》使包括他在内的人，心理上起了"巨大的变化"。当时许多爱国者无不称道，"《常识》像一声春雷在人们的心头炸开"，"《常识》激起的独立洪流每天从四面八方向我们滔滔地涌来"。[④]在《常识》的感召下，殖民地人民下定决心，义无反顾，誓为独立自由与民主共和而战斗到底！所以，乔治·特里维廉在《美国革命史》一书中写道："很难再能找到一本像《常识》那样对革命进程产生如此直接、广泛、持久影响的著作。"[⑤]曾任美国图书馆协会主席的罗伯特·唐斯，将《常识》列入 16 部"影响世界历史的书"之中，同马克思的《资本论》以及哥白尼的《天体运行论》、马基雅弗利的《君主论》、马尔萨斯

---

① ［美］罗伯特·唐斯：《影响世界历史的 16 本书》，缨军编译，11 页，上海，上海文化出版社，1986。
② 同上，9 页。
③ ［美］尼尔·波兹曼：《娱乐至死》，章艳译，44 页，桂林，广西师范大学出版社，2004。
④ ［美］罗伯特·唐斯：《影响世界历史的 16 本书》，缨军编译，11 页，上海，上海文化出版社，1986。
⑤ 同上，13～14 页。

的《人口论》、爱因斯坦的《相对论》等相提并论。[①]

后来，潘恩又参加了大陆军，投身于反英斗争的战斗行列。这时，独立战争进入困难时期。1776年年底，大陆军连连失利，缺衣少食，那年冬天又异常寒冷，一些士兵精神动摇，甚至开了小差。在这危急关头，潘恩受华盛顿委托，利用行军间歇，又写下一篇荡气回肠的小册子——《危机》(Crisis)。下面就是《危机》开篇中的一段著名文字：

> 此时此刻，正是考验人的灵魂的时候。在夏天的时候来当兵，在阳光明媚的时候才爱国的人，在这场危机中固然会把为国效忠视为畏途；但是在现在面对危机、挺身而出的人，却值得男女同胞的敬爱和感激。暴政，像地狱一样，是不会轻易地被征服的；然而我们有一点可以使自己感到欣慰：战斗愈是艰苦，胜利就愈是辉煌。我们得来太便宜的东西，我们就会等闲视之——任何事物惟其昂贵，才有价值。[②]

这番话具有《圣经》一般的精神感召力，犹如强心针，使那些拖着疲惫的双腿、浑身冻得发麻的大陆军官兵，士气为之一振。就在《危机》写成后一周，曾经垂头丧气、萎靡不振的大陆军便在华盛顿的指挥下，打了一个大胜仗，这就是扭转独立战争战局的特伦顿之战(the Battle of Trenton)。特伦顿之战打响前，华盛顿特意请人把《危机》念给

特伦顿之战

整装待发的将士们听。所以，当时人们就已经评论道：没有《常识》，就不可能有美利坚合众国；没有《危机》，我们就不可能度过那段艰难的时光。后来潘恩又陆续写了12篇题为《危机》的文章，加上刚才介绍的一篇总共为13篇。这些战斗檄文和《常识》一样，都成为广为传诵的名篇佳作，鼓舞了为正义而战的人们。比如，在第二次世界大战那些凄风苦雨、长夜漫漫的艰难岁月里，英国广播公司就曾向遭受法西斯蹂躏而感到前途渺茫的占领区人民播放《危机》。

---

① ［美］罗伯特·唐斯：《影响世界历史的16本书》，缪军编译，上海，上海文化出版社，1986。
② ［美］埃默里等：《美国新闻史》，苏金琥等译，89页，北京，新华出版社，1982。

潘恩曾经满怀激情和自信地说过："给我七年时间，我就会为欧洲每一个国家写一部《常识》。"① 独立战争胜利后，为了实现这一抱负，他离开美国回到欧洲，往来于英法之间，还参加过法国大革命，不仅继续以笔为旗，写下《人权论》（1791）、《理性时代》（1794）等，而且还参与起草了法国的《人权宣言》和 1793 年宪法。晚年，潘恩定居美国，不料竟遭冷遇，在贫困潦倒、屈辱愤懑中度过余生。1809 年，这位民主革命的先驱与先哲，在孤寂中与世长辞，简朴的墓碑上刻着他生前亲手写下的墓志铭：《常识》的作者托马斯·潘恩之墓。据他的法国房东太太回忆：

> 下葬时的萧条场面让人揪心："当棺木落地，墓土撒上时，我站在墓穴的东端，让我的小儿子站在西端。环顾周围寥寥的旁观者，我说：'啊，潘恩先生：我的儿子站在那儿，代表美国向您致谢。而我，则代表全体法兰西人民！'"茫茫旷野，只有一妪一孺在代表美法两国向这位合众国的取名人和《人权宣言》的起草者致哀——日后想起，美法两国必定觉得这是它们百年难洗的共同耻辱。②

美国的独立战争诚如列宁所说，是"一次伟大的、真正解放的、真正革命的战争"（《给美国工人的信》）。在这场战争中，涌现出一大批杰出的报人和宣传家。他们为独立战争的胜利做出不可磨灭的贡献，也为新闻传播的历史增添一页辉煌绚烂的篇章。

第三节　法国大革命与报业（1789—1794）

1789 年的法国大革命，是有史以来最伟大的一次资产阶级革命，用恩格斯的话来说，它第一次"真正把斗争进行到底，直到交战的一方即贵族被消灭而另一方即资产阶级获得完全胜利"（《社会主义从空想到科学的发展英文版导言》）。同时，法国大革命又是人类文明史上最重大的一次社会变革，它第一次使大写的人民升起在世界历史的星空之上，第一次使"自由、平等、博爱"的思想之光普照全球。从此，欧洲便开始从神的世界、帝王的世界而逐步迈向人民的世界。雨果说得好，法国革命"替人民加了冠冕"。所以，这场大革命对人类文明的进程，产生了广泛而深远的影响。无怪乎人们包括雨果无不热情赞颂法国大革命："法兰西革命是自从基督出世以来人类向前走得最得力的一步。……法兰西革命是人类无上的光荣。"③ 就连 19 世纪的法国贵族托克维尔，都以一部《旧制度与大革命》，为旧制度留下一曲无可奈何的挽歌而为大革命留下一段激荡人

---

① ［美］罗伯特·唐斯：《影响世界历史的 16 本书》，缨军编译，12 页，上海，上海文化出版社，1986。
② 朱学勤：《风声·雨声·读书声》，159 页，北京，生活·读书·新知三联书店，1994。
③ ［法］雨果：《悲惨世界》，李丹译，51 页，北京，人民文学出版社，1958。

心的赞语："一个慷慨激昂、宏伟壮阔的年代，一个即使当时之人全部逝去，后人仍将永远对其赞美并敬仰的伟大年代。"

就新闻事业而言，法国大革命犹如一场积蓄已久而突如其来的暴风骤雨，彻底涤荡了一切束缚报业的陈规旧习。如果把封建专制王朝对报业的种种钳制比作"野火"，而把摧枯拉朽、振聋发聩的大革命比作"春风"，那么正可谓"野火烧不尽，春风吹又生"。而法国大革命对新闻事业最重大的贡献，就在于第一次确立了"出版自由"（或新闻自由）的原则。这一原则在一个半世纪以前由大诗人弥尔顿在英国革命中提出，如今历经坎坷终于在法国革命中一度变成新兴资产阶级梦寐以求的现实，可谓"青山遮不住，毕竟东流去"。

下面先简单回顾一下法国大革命的大致经过。1789年7月14日，巴黎民众攻陷法国封建专制王朝的象征——巴士底监狱，法国大革命正式爆发。后来7月14日这一天，就被定为法国的国庆节。革命爆发时，领导权掌握在君主立宪派手中，他们主张效法英国革命，建立一个保留国王的君主立宪政体。于是，他们掌控下的立宪会议于1791年通过《九一年宪法》，确定法国实行君主立宪制。1792年，巴黎人民再次发动武装起义，废黜国王，结束了延续几百年的封建专制，同时也宣告君主立宪的终结，革命领导权从君主立宪派手中，转到代表工商业资产阶级利益的吉伦特派手中。吉伦特派的成员大多来自法国工商业比较发达的吉伦特郡，所以被称为吉伦特派。不久，法兰西第一共和国宣告成立（现在的法国为法兰西第五共和国），并将国王路易十六送上断头台。1793年，巴黎人民第三次起义，又把吉伦特派赶下台，雅各宾派上台，建立雅各宾专政。雅各宾派是法国人革命中最激进、最革命的政治派别，由于经常在巴黎的雅各宾修道院聚会，故称雅各宾俱乐部。1794年7月，大资产阶级策划政变，雅各宾专政被颠覆，法国大革命告一段落。因为7月在第一共和国的历法上是所谓热月，所以这次政变就叫"热月政变"。法国大革命的这段历史尽管头绪纷繁，错综复杂，但有一条历史主线自始至终贯穿其间，这就是革命不断发展，不断深入，而领导革命的派别一个比一个激进，一个比一个革命。马克思在《路易·波拿巴的雾月十八日》这篇文章里，对此做出这样的概括：

> 在第一次法国革命中，立宪派以后的统治是吉伦特派的统治；吉伦特派统治以后是雅各宾派的统治。这些党派中的每一个党派，都是以

攻占巴士底监狱

更先进的党派为依靠。每当某一个党派把革命推进得很远，以致它既不能跟上，更不能领导的时候，这个党派就要被站在它后面的更勇敢的同盟者推开并且送上断头台。革命就这样沿着上升的路线前进。①

这一节我们将分三个部分来谈：第一部分谈谈大革命前后法国报业的基本情况，第二部分介绍一份大革命年代声名卓著的报纸——马拉的《人民之友报》，第三部分讨论涉及言论出版自由原则的《人权宣言》第十一条。

一、基本情况

1. 革命前

18 世纪的欧洲，除了英国与荷兰两个完成资产阶级革命的国家外，其余大部分地区还都处在封建统治之下，而法国是当时最强大、最发达的封建专制国家。在专制王朝的严厉管制下，法国的书刊出版不仅事先必须经过许可，而且出版物的内容都得受到检查。当时，法国设有专职书报检查官，诞生于法国的全球第一家通讯社的创办人哈瓦斯，其父就做过书报检查官。18 世纪的法国作家博马舍，在著名的讽刺喜剧《费加罗的婚礼》中，就对当时吹毛求疵的检查制度进行了嘲讽：

> 只要我的写作不谈当局，不谈宗教，不谈政治，不谈道德，不谈当权人物，不谈有声望的团体，不谈歌剧院，不谈别的戏园子，不谈任何一个有点小小地位的人，经过两三位检查员的审查，我可以自由付印一切作品。我因为想利用这个可爱的自由，所以宣布，要出版一种定期刊物。我给这个刊物起的名字是"废报"……②

此外，对于违法行为，办报人将受到监禁和流放，印刷者则要处以船役（让犯人在帆桨战船上划船的刑罚，1791 年废除）。托克维尔在《旧制度与大革命》中也曾写道：18 世纪的法国报纸或当时所谓 gazettes，刊载四行诗句多于争议性文章，尽管如此，宫廷对书籍相对宽容，而对报纸却很苛刻。法王还在 1757 年颁布一项公告，宣告书刊一旦违反宗教或现行制度一律判处死刑，而贩售书刊的书店和商人也均受此刑罚。总之，大革命前法国的封建专制王朝管制新闻出版的严厉程度，在欧洲只有沙皇俄国和以宗教裁判所闻名的西班牙或可相比。在这种森严的气氛中，法国的报业要么噤若寒蝉，战战兢兢；要么替专制王朝歌功颂德，粉饰太平，就像《法国公报》和《法国信使》。对这些报刊，没有什么值得多说的。18 世纪的法国启蒙思想家，对此类封建王朝的御

---

① 《马克思恩格斯选集》，第 1 卷，625 页，北京，人民出版社，1972。

② ［法］博马舍：《费加罗的婚礼》，吴达元译，高芮森编《外国著名喜剧选》（一），416 页，郑州，河南人民出版社，1987。

用喉舌无不嗤之以鼻。卢梭在 1755 年曾以讥讽的语气说道：“什么是一份期刊？期刊就是昙花一现，没有价值，没有用处的作品，有文化的人不屑理睬它，蔑视它，只能给没有文化的女人和笨蛋一种虚荣，早晨放在梳妆台上，晚上就扔进衣柜里去了。”[1]百科全书派领袖狄德罗，在卷帙浩繁的《百科全书》中也写道：

> 所有这些报刊文章，对于无知者犹如食粮；对于只愿谈论而不愿读书的人犹如锦囊；而对于劳动者，则犹如灾祸和令人生厌的东西。它们从来没有为有才华的人说过半句好话，也从来没有阻止过蹩脚的作家发表坏作品。[2]

在当时声望最高的启蒙思想家伏尔泰看来，这些御用报刊无非是“一些鸡毛蒜皮的琐事的记叙”。[3]以文艺性杂志《法国信使》为例，前面曾讲过它创办的初衷，就是为了取娱王公贵族，尤其是上流社会的贵妇人，它除了发表一些“蹩脚作家”的蹩脚作品外，还大量报道一些宫中宴饮、斗鸡走马的事情，也就是伏尔泰说的“鸡毛蒜皮的琐事”。下面不妨看一则当时流传的“八卦新闻”，说的是路易十五与其情妇迪巴里夫人的闺闱之事：

> 一些侍臣小心翼翼地传着这样的消息，证实迪巴里夫人并非像有些人怀疑的那样失去了国王的宠爱。陛下喜欢自己煮咖啡，企图通过这种轻松的消遣来摆脱一些沉重的政务活动所造成的负担。几天前，陛下因其他事情分心而把咖啡煮溢了。他漂亮的宠妾叫道：“喂，弗朗斯！小心，你的咖啡要溢出来了！”我们听说“弗朗斯”是这位夫人私下在小房间里使用的亲昵的表达方式。这样的细节是不应在外流传的，但由于侍臣居心叵测，最终还是传了出去。[4]

《巴黎新闻》

由于法国封建势力异常强大，直到大革命前夕法国才诞生第一张日报，这就是 1777 年在巴黎创刊的《巴黎新闻》（Le Journal de Paris）。它比英国的第一张日报晚了 75 年，比世界的第一张日报则晚了 117 年。这份日报的创办人，是大革命中吉伦特派（通常又称布

---

[1]　[法] 贝尔纳·瓦耶纳：《当代新闻学》，丁雪英等译，301 页，北京，新华出版社，1986。

[2]　同上，13 页。

[3]　同上。

[4]　罗伯特·达恩顿：《18 世纪法国的畅销书和流言蜚语传播者》，原载 UNESCO《信使》1997 年第 9 期，见张穗华主编《媒介的变迁》（《信使》精华丛书），144 ～ 145 页，北京，中国对外翻译出版公司，2002。

里索派）的领袖布里索（Jacques-Pierre Brissot）。1789 年大革命爆发后，布里索将《法国新闻》改名为《法兰西爱国者》（Le Patriote Francais），使之成为吉伦特派的主要喉舌。

2. 革命后

1789 年风狂雨骤的大革命爆发后，专制王朝钳制报业的一切桎梏土崩瓦解，马克思说得好：大革命就好比"施法术一样把全部封建遗迹从法国地面上一扫而光"。与此同时，大革命时代无数惊天动地的事件，也激起民众的强烈兴趣，从而大大刺激了报业的繁荣。"大革命前的 1788 年，仅有 4 家报纸在巴黎登记出版，然而到 1790 年，报纸的数目一下子增加到355家！"[①]而到1800年，法国新创办的报刊更是达到 1 350 多种。[②]

资产阶级利用这些报刊以及传单、小册子等印刷品，大力宣传自由、平等、博爱的理想，猛烈抨击封建专制，形成强大的社会舆论，对启发人民的革命意识、鼓舞人民的革命热情贡献突出。当时有一本广为流传、影响颇大的小册子，名叫《什么是第三等级》，作者是大革命年代的著名政治活动家西哀士（Emmanuel Joseph Sieyès）。他原是一位神职人员，曾做过修道院院长。大革命期间，参加三级会议，起草《网球场誓言》，1792 年入选国民公会，1799 年与拿破仑策划雾月政变，使拿破仑上台。他在 1789 年发表的这本《什么是第三等级》，可与北美独立战争期间潘恩的小册子《常识》媲美。所谓"第三等级"，是指农民、小商人、手工业者、城市平民以及资产阶级等，总之属于社会中下层的广大民众。而第一等级和第二等级，则是指享受封建特权的上层僧侣与贵族，他们只占总人口的2%，却拥有 35% 的耕地。[③] 不仅如此，在王公贵族才子佳人眼里，第三等级不要说权利、地位、尊严等，有时候算不算人都难说呢。据伏尔泰的秘书说，伏尔泰的情妇夏特莱夫人，曾毫不在乎地当着仆从的面更衣，因为她并不确信仆人也是人。在《什么是第三等级》的小册子中，

法国国民的三个等级

---

① ［美］J. 赫伯特·阿特休尔：《权力的媒介》，黄煜等译，17 页，北京，华夏出版社，1989。

② ［法］彼·阿尔贝等：《世界新闻简史》，许崇山等译，25 页，北京，中国新闻出版社，1985。

③ ［美］斯塔夫里阿诺斯：《全球通史——1500 年以后的世界》，吴象婴等译，345 页，上海，上海社会科学院出版社，1992。

西哀士揭露和抨击了第一等级与第二等级，为第三等级大唱赞歌，我们不妨听听其中的一段：

> 什么是第三等级？第三等级就是全体国民。假使我们废除了特权等级，国民并不缺少什么，反而会多得些什么。那么，第三等级是什么？是一切，然而是受束缚、受压迫的一切。没有等级，它又会是什么呢？仍然是一切，但是，是自由昌盛的一切。没有第三等级什么也不行；没有其他等级一切会变得更好。

这些掷地有声的言论，反映了广大民众特别是新兴资产阶级要求废除等级特权和问鼎政治的强烈愿望，像一团烈火，点燃了千百万被压迫者的革命热情。

革命期间，资产阶级的不同派别或集团，都十分重视利用报刊、小册子等来宣传各自的政治主张。下面简单介绍几个政治派别及其主要报刊。

保守的共和派——吉伦特派的喉舌，是该派领袖布里索创办的《法兰西爱国者》，其发刊词写道：

> 应该找到有别于小册子的另一种宣传方式来教育全法国人。这种宣传方式就是创办一份连续出版、价格低廉、形式轻松的政治性报纸。对于一个人口众多，不惯于读书但又设法摆脱无知和被奴役状态的民族来说，创办这样一份报纸是对国民进行宣传教育的理想方式。假如没有那些早期报纸，美国的革命就不会发生……正是这些报纸维持着英国仅存的那点自由。[①]

激进的雅各宾派，又分为左、中、右三个集团。其中左翼的机关报，是1790年创刊的《杜歇老爹报》(*Le Père Duchesne*)。"杜歇老爹"是法国民间流传的一个滑稽角色，跟阿凡提一样充满智慧，但又装出一副傻乎乎的样子。在法国人心目中，杜歇老爹是个疾恶如仇、主持正义的人物，是人民智慧的化身，因而深得大众喜爱。《杜歇老爹报》的创办人是埃贝尔(Jacques-René Hébert)。他是一位"政治记者"(《不列颠百科全书》)，雅各宾派左翼的领袖，巴黎"无套裤汉"的主要代言人，其追随者称埃贝尔派。埃贝尔派极力要求建立一个实际上是社会主义的政府，因此拒斥吉伦特派以及其他温和派。埃贝尔创办的《杜歇老爹报》，以其坚定的革命立场和战斗主张而赢得下层民众的推崇，其大胆泼辣的报道、嬉笑怒骂的评论以及完全口语化并大量使用俗语的文字风格，更使它拥有成千上万的平民读者，成为"法国大革命中最大众化的报纸"(《外国新闻事业史简编》)。下面这段《杜歇老爹报》上的文字，一面痛斥法国国王路易十六的叛逃行为，一面表达慷慨赴国难的英雄豪情，仿佛一曲文字版的《马赛曲》：

[①]　[法]彼·阿尔贝等：《世界新闻简史》，许崇山等译，26页，北京，中国新闻出版社，1985。

是的，见鬼，我要出发了，再见我的火炉，再见我的文章，一切都不要了。当祖国处于危难之中，可不能围着锅台做饭玩！见鬼！成千上万勇敢的伙计们都跑到前线打仗去了，我杜宣（即杜歇——引者注）老爹难道还能在这火炉旁坐得住？不，见鬼，快走吧，递给我大刀、手枪和步枪，嘿，快点，见鬼！再快些，还有行囊，子弹盒，别忘了我的烟斗和嚼烟……我发誓要用长矛挑回孔代、达尔杜阿或是布耶的脑袋。……不，见鬼，不要国王，尤其不要卡佩，不要叛徒路易。（1791 年 7 月 12 日）[1]

雅各宾派右翼的机关报先是《法兰西和布拉班特革命报》（1789），后是《老科德利埃报》（1793）。这两份报刊，均由德穆兰创办。德穆兰（Camille Desmoulins），是"法国大革命时期最有影响的新闻记者"（《不列颠百科全书》），他与当时最有影响的革命领袖之一丹东共为雅各宾派右翼首领，而其主要对手就是左翼埃贝尔派。德穆兰革命前是个律师，按说律师，应有一副好口才，然而他却由于口吃不能顺利工作。令人费解的是，这位说话口吃的律师，在大革命爆发后突然变成口若悬河的演说家。1789 年 7 月 12 日，

德穆兰

在皇宫花园的人群中，有个记者喊了一句："准备战斗！"于是，轰轰烈烈的大革命就由这简简单单的一句话所触发，两天之后巴士底监狱即被攻破。而"准备战斗"这句载诸史册的名句，就出自德穆兰之口。德穆兰先是创办《法兰西和布拉班特革命报》。布拉班特是比利时的一个省，滑铁卢战场就在该省。1830 年比利时独立时，在布拉班特省产生的一支歌曲，后来成为比利时的国歌。德穆兰认为法国革命不仅是法国一国的革命，而且是整个欧洲革命的一部分，法国的革命烈火必将燃遍欧洲大陆，焚毁一切封建王朝。所以，该报一方面报道法国革命的进程，一方面还广泛讨论比利时以及其他国家的问题。后来，德穆兰又创办了《老科德利埃报》。在风起云涌的法国大革命年代，出现了许多以俱乐部为名的政治派别，其中有一个叫科德利埃俱乐部，因为这个俱乐部的成员经常在巴黎的科德利埃修道院聚会。它的宗旨是阻止滥用暴力和防止侵犯人权，故正式名称就叫"人权和公民权利之友社"。这个俱乐部的领袖之一，正是德穆兰的好友

---

[1] 中国人民大学新闻系新闻事业史教研室编：《外国新闻事业史参考资料》，83 页，北京，中国人民大学出版社，1989。

丹东。后来丹东将该俱乐部的领导权交给左翼的埃贝尔派，从此科德利埃俱乐部的调子就越来越激进，逐渐背离了最初的宗旨。德穆兰创办《老科德利埃报》，意在恢复和遵循原科德利埃俱乐部的传统，即反对滥施暴力和防止侵犯人权。德穆兰还不断在《老科德利埃报》上撰文，抨击掌握着科德利埃俱乐部领导权的埃贝尔派，掀起了一场反埃贝尔运动。他的这些文章流传甚广，以至于人们往往互相询问："你有没有读过《老科德利埃报》？"[1]

上面分别讲了雅各宾派左翼与右翼的报纸，最后再提一下雅各宾阵营里的中间派喉舌——《宪法保卫者报》。该报是由罗伯斯比尔创办的。罗伯斯比尔与英国资产阶级革命的领袖克伦威尔十分相似：他俩都是大权在握的铁腕人物，后来又都推行独裁与恐怖统治。罗伯斯比尔不仅把保守的吉伦特派领袖布里索、罗兰夫人等送上断头台，而且还把雅各宾俱乐部的丹东、德穆兰、埃贝尔等也都毫不留情地送上断头台。德穆兰赴刑场时，还对自己被判死刑表示不解，他说："请看，这是对自由的最忠诚的信徒的报偿！"[2] 丹东在断头台前，动情地喊道："噢，亲爱的，我的爱妻，我要永远看不到你了。"[3] 法国大革命中的风云人物、"吉伦特党的灵魂"罗兰夫人，更在临刑前留下一句名言："自由呵，多少罪恶假汝之名以行！"后来，罗伯斯比尔也被敌对党派送上了断头台，从而印证了丹东临终时的一句诅咒："罗伯斯比尔就要跟着我死去。"[4]

对法国大革命中的各个派别的功过是非，对其喉舌报刊的优劣利弊，有许多剪不断理还乱的"爱恨情仇"，见仁见智，莫衷一是。不过，对马拉及其《人民之友报》的评价，一般则比较一致。

二、马拉及其《人民之友报》（1789）

马拉（Jean-Paul Marat）是资产阶级革命家、政论家和名记者。1743 生于瑞士，后到法国。他曾获医学博士学位，是位出色的医生，在光学、电学上也颇有造诣，本杰明·富兰克林对他的研究就很感兴趣。大革命前，他曾不断著书，抨击封建专制制度。1789 年 7 月 14 日巴黎人民攻陷巴士底监狱后，他又以满腔的热情投入革命洪流，与丹东和罗伯斯庇尔并称雅各宾俱乐部的"三巨头"。

《人民之友报》创办于大革命爆发后不久。在泥沙俱

马拉

① ［法］米涅:《法国革命史》，北京编译社译，221 页，北京，商务印书馆，1977。
② 同上，228 页。
③ 同上。
④ 同上。

下、鱼龙混杂的革命高潮中，《人民之友报》最富革命性与斗争性，办得最出色，影响最广泛。正如《18 世纪末法国资产阶级革命》一书所评论的：《人民之友报》从其出版的第一天起，就成了革命民主派的战斗机关报，广大平民都把马拉看作自己利益的保护者。马拉自己也曾说过：能够完成革命的，只有社会的下层阶级，如工人、手工业者、小商人、农民等，一言以蔽之，就是被称为恶汉的那些下层人民。由于马拉一向为人民代言立论，与人民同甘共苦，所以马拉赢得人民的衷心爱戴，被誉为"人民之友"。

他在主编《人民之友报》期间，撰写了大量尖锐泼辣、生动有力的政论。这些政论抨击了封建势力及其倒行逆施，揭露了大资产阶级的动摇与叛变倾向，大力鼓吹革命专政的思想，为后来的雅各宾专政奠定了理论基础。下面一段文字，选自 1789 年 9 月 21 日发表的《揭露麻痹人民和阻挠制订宪法的阴谋》，从中可以感受马拉的思想倾向、斗争精神及论战特点：

> ……如果这些牺牲是由慈善精神主使而做出的话，那么就应该承认：这种善心已经未免发得晚了一点。怎么！他们只是在看到自己被烧毁的宅第的火花时，才表现出伟大精神，放弃了要把拿起武器争回了本身自由的人保持在锁链之中的特权！他们只是在看到那些巧夺豪取者、横征暴敛者和专制主义的仆从走狗被处死刑时，才表现出慷慨大度，放弃了领主的什一税，而对那些几乎无以糊口的不幸者不再有所强求！他们只是在听到那些被驱逐者的名字，并且看到等待着这些人的命运究竟如何时，才对我们大发恩典废除了兔圈权，才允许我们免于被野兽吞噬。①

可以想象，这些文章及言论在革命人民中能够引起何等反响，《人民之友报》成为他们最爱读的报纸也就不足为奇，从下面几个事例上也可略见一斑：

一位 23 岁的厨娘，在被警察问到读什么报纸时，她回答是马拉的《人民之友报》；

一位工人被逮后，从他身上搜出的一份报纸，是马拉的《人民之友报》；

一位鞋匠说，他是看了马拉的《人民之友报》，才开始形成自己的意见；

一位小贩也声称，他的革命观点完全来自马拉的《人民之友报》……

由此可见，最下层的平民百姓是如何信赖和依仗马拉及其《人民之友报》的。而在宣传、动员和组织民众方面，马拉及其《人民之友报》确实成就卓著，名声显赫，成为大革命年代一支响遏行云的战斗号角。

由于马拉及其《人民之友报》深得劳苦大众的拥戴，故马拉不断遭到大人先生反动派的迫害，《人民之友报》也屡屡陷入困境。特别是他经常发表激烈的革命言论，每

---

① 蒋相泽主编：《世界通史资料选辑》近代部分，上册，121～122 页，北京，商务印书馆，1964。

每触及保王派、君主立宪派以及吉伦特派的痛处，于是，他们都对马拉及其《人民之友报》深怀怨愤，先后多次通缉马拉，查封《人民之友报》，捣毁马拉的印刷所。为了躲避追捕，马拉曾两次逃往英国。在《人民之友报》被迫转入地下后，马拉只好东藏西躲地继续办报，有时不得不待在巴黎的下水道里夜以继日地工作。巴黎的下水道举世闻名，电影《悲惨世界》里有不少它的镜头。那里面像个地下"迷宫"，倒是个绝好的藏身之处。不过，长期待在阴暗潮湿的下水道里，则恰似马拉所说的是一种"地狱的生活"。由于他常在下水道里办报，加上"通宵不寐，忍饥挨饿"，最后得了一种奇怪的皮肤病。一旦发作，又痛又痒，难以忍受。为此，马拉只有坐在澡盆里，用热水浸泡着，才能减轻一点痛苦，也才能集中精力写作。后来，马拉就是坐在澡盆里办公时，遇刺身亡的。

1793 年，是法国大革命年代的多事之秋。雨果的名作《九三年》，艺术地再现了当时法国内忧外患、动荡不安的处境。就在这一年，马拉参与领导了巴黎人民起义，推翻了软弱无能的吉伦特派大资产阶级统治，建立了雅各宾专政，把法国大革命推向高潮。也就在这一年，这位"人民之友"，为革命大业流尽最后一滴血。1793 年 7 月 13 日，法国国庆节的前一天，一个吉伦特派分子，25 岁的女刺客夏洛特·科黛，巧言混进马拉寓所，趁马拉不备，掏出匕首刺杀了正坐在澡盆里接见她的马拉。①

马拉之死，使法国人民失去了一位"人民之友"，也使法国革命失去了一位出类拔萃的宣传家。多地举行隆重的追悼会，朝野回响着为马拉复仇的怒吼，国民公会给予他进入先贤祠的荣誉。马拉的好友、法国古典画派的最后一位大师大卫，得知马拉被刺的消息后，立即赶到现场，怀着悲痛之情完成了《马拉之死》这幅世界名画。画面上的马拉坐在澡盆中，地上有一把刺客扔下的匕首，他的前胸刀口正滴着殷红的鲜血，把澡盆中的水都染红了。他的左手拿着一张纸条，垂地的右手握着一支当时通用的鹅毛笔，表明马拉被刺时正在办公。在这幅世界名画上，古典画派一向注重的均衡、对称、典雅的艺术特色已不明显，整个画面都弥漫着一种悲剧性色调。

马拉虽然牺牲了，但《人民之友报》的传统却得到继承与发扬。就在马拉遇刺身亡的第三天，巴黎就出现一张新报——《人民之友马拉荫庇下的法兰西共和国政论家》。恩格斯在《马克思和〈新莱茵报〉》一文中，给马拉以如下评价：

　　当我后来读到布日尔论马拉的一本书时，我便发觉，我们在许多方面都不自觉地仅仅是模仿了真正的（不是保皇党人伪造的）《人民之友》的伟大榜样；一切的怒叫，以及使人们在几乎一百年中只知道马拉的完全被歪曲了的形象的那种全

---

① ［法］米涅：《法国革命史》，北京编译社译，203 页，北京，商务印书馆，1977。

部历史捏造，只不过是由于，马拉无情地扯下了当时那些偶像——拉斐德、巴伊等人的假面具，揭露了他们已经成了十足的革命叛徒的面目，还由于，他也像我们一样不认为革命已经结束，而想使革命被宣布为不断的革命。①

三、《人权宣言》第十一条

马克思说过，世界上第一个人权宣言，是北美独立战争中问世的《独立宣言》。这个宣言开宗明义宣称：人人生而平等，生而享有不可剥夺的生命权、自由权和追求幸福之权。《独立宣言》中提到的自由还比较笼统而抽象，而法国大革命年代诞生的《人权宣言》则具体地确立了一系列自由条款及其法律规范，第一次把人权置于法律保护之下。在这一点上，也体现了恩格斯的论断——"美国革命所开始的事情由法国革命来完成"。

《人权宣言》诞生于大革命爆发的 1789 年，具体说是在专制王朝的象征巴士底监狱被攻陷一个多月后的 8 月 26 日。《人权宣言》的全称是《人权与公民权宣言》，共计 17 条。其核心精神，其实就是资产阶级的自由民主思想。比如，第一条"在权利方面，人们生来是而且始终是自由平等的"，第六条"在法律面前，所有的公民都是平等的"等。其中，第十一条涉及言论自由、出版自由问题，全文如下：

自由传达思想和意见是人类最宝贵的权利之一；因此，各个公民都有言论、著述和出版的自由，但在法律所规定的情况下，应对滥用此项自由负担责任。②

这一条的基本意思有两点：第一要有言论出版自由，第二要为此担负责任。这两点互为补充，缺一不可。如果仅仅强调第一点，而不顾及第二点，那么则如"绝对的权力绝对导致腐败"一样，也势必酿成一系列社会问题。美国一位大法官霍姆斯，在1919 年审理一个案件时说过，宪法中的言论出版自由不是绝对的，它绝不能保护诸如在剧场中无事生非地大喊"着火了"的那种自由。为了保护自由，同时也为了防止滥用自由，霍姆斯提出一个原则——"明显而现实的危险"（clear and present danger）。假如传播行为具有这一危险，比如，在剧场里无事生非地大喊"着火了"，结果引发一场混乱，甚至造成人员伤亡，那就越出言论自由的界限，触犯了公共利益，就得承担相应的法律责任，更不用说相应的社会责任与道德责任。

《人权宣言》第十一条以及整部《人权宣言》，均以英国的洛克、霍布斯，法国的

① 《马克思恩格斯选集》，第 4 卷，182 页，北京，人民出版社，1972。
② 蒋相泽主编：《世界通史资料选辑》近代部分，上册，124 页，北京，商务印书馆，1964。

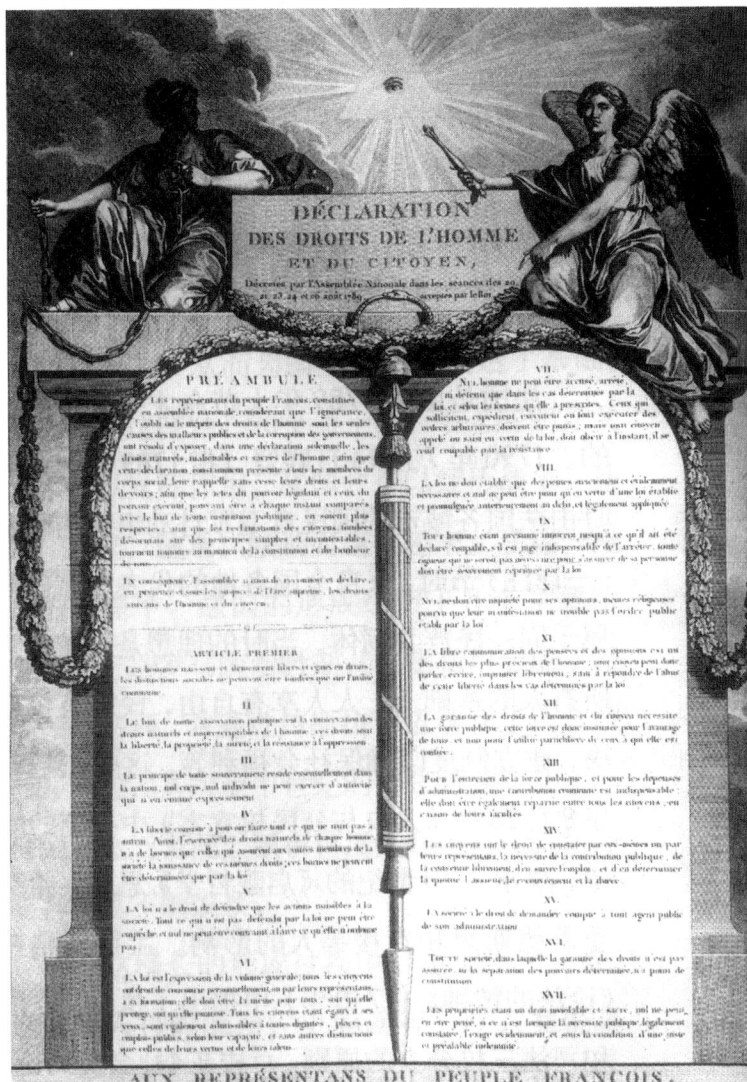

《人权与公民权宣言》

孟德斯鸠、卢梭等启蒙思想家的政治学说为理论依据，集中体现了他们的政治理想，可以说是启蒙运动的政治成果与思想结晶。以法国的启蒙思想家为例，他们都对限制言论出版自由的专制体制做过猛烈的抨击和批判，都一致认为言论自由是人类社会走向文明与进步的必由之路。18 世纪法国启蒙思想家伏尔泰的一句话，更成为广为传播并常被引用的名言：我不赞成你说的话，但我誓死捍卫你说话的权利（据说他并未讲过这句话，而是后人对他有关言论的概括提炼）。大革命初期的出色演说家和政治家米拉波，1789 年向三级会议发表演说时，更大声呼吁："让你们法律的第一条永远奉献给出版自由，使它居于神圣的地位。在所有的自由中，它最不能触犯，最不受限制。假如丧失了它，其他自由便永远得不到保障。"① 米拉波深受弥尔顿的影响，他曾将《论出版自由》译成法文广为传播。马克思也给予米拉波很高评价："法国革命时最伟大的演说家米拉波的永远响亮的声音直到现在还在轰鸣；他是一头狮子，你想要和人们一起叫一声'吼得好，狮子！'，就必须亲自倾听一下这头狮子的吼声。"② 由于资产阶级启蒙思想的广泛传播，深入人心，到大革命前夕，言论自由、出版自由的主张已经成为普遍的社会诉求。于是，大革命爆发后仅一个多月，包括出版自由条款在内的《人权宣言》便庄严诞生！

当国民议会在讨论《人权宣言》第十一条时，对如何精确表达言论出版自由的原则还进行过一番辩论。罗伯斯比尔主张绝对自由，毫不限制，遭到许多代表的反对。接着，拉法耶特又提出一份草案。拉法耶特（La Fayette），又译拉斐德，是君主立宪派的领袖人物之一，参加过北美独立战争，与华盛顿友谊笃深——其子就取名乔治·华盛顿·拉法耶特，巴士底监狱攻陷后任新组建的巴黎革命自卫军总司令，受命当天即下令拆毁巴士底监狱，所以被誉为"两个世界的英雄"。拉法耶特提出的草案如下：任何人生来享有不可剥夺、不受时效约束的权利：发表一切言论的自由。这份草案明显受到《独立宣言》的影响，乃至句式都带有《独立宣言》的痕迹。它虽然明确提出言论自由属"天赋人权"，不可剥夺，但未涉及滥用自由的问题，所以在讨论中也被否决。

随后，著名小册子《什么是第三等级》的作者西哀士又提出一份草案：任何人均有权发表言论或保持缄默，不得禁止任何人以任何方式表达思想及情感，尤其每个人均有权自由地写书、印刷或通过他人印刷自己认为合适的文字，唯一的先决条件是不得损害他人的权利。最后，任何作家均可以散发或通过他人散发自己的作品，可以自由地通过邮局或其他途径传播其作品。西哀士的这份草案固然完备，弥补了拉法耶特草案的不足，明确规定了言论出版自由的界限，即"不得损害他人的权利"。可惜，作为原则性的条款，内容不免过于具体，表达又过于烦琐，因此同样未被采用。

几经反复，最后由拉罗什富科－利昂库尔公爵（La Rochefoucauld-Liancourt）提出的草案终于被采纳，这就是正式发表的《人权宣言》第十一条。显而易见，这是一份比较成熟的修正案，它不仅完整表述了"自由"与"责任"两项原则，而且文字精练，措辞准确，具有高度的概括性。所以，只经过几处文字润饰，国民议会便通过了这一提案。

---

① ［美］J. 赫伯特·阿特休尔：《权力的媒介》，黄煜等译，17 页，北京，华夏出版社，1989。

② 《马克思恩格斯全集》，第 1 卷，148 页，北京，人民出版社，1995。

后来，《人权宣言》成为法国《九一年宪法》的序言，它的第十一条则为法国 1881 年的新闻自由法奠定了理论和法律基础，并陆续为许多国家的宪法或宣言所借鉴。1948 年，联合国大会通过了《世界人权宣言》(*Universal Declaration of Human Rights*)，其中第十九条也带有《人权宣言》第十一条的烙印：

> 人人有权享有持有主张和发表意见的自由；此项权利包括持有主张而不受干涉的自由；通过任何传播媒介和不论国界去寻求、接受和传递信息与思想的自由 (Everyone has the right to freedom of opinion and expression; this right includes freedom to hold opinions without interference and to seek, receive and impart information and ideas through any media and regardless of frontiers)。

《人权宣言》不仅包含着法国大革命的理想信念，同时也是人类历史上一个富有象征意味的重大事件。"用一位法国历史学家的话来说，它相当于旧制度的死亡证书。宣言被印成许许多多的传单、小册子、书籍并被翻译成其他语言，使'自由、平等、博爱'的革命口号传播到整个欧洲，最后传播到整个世界。"[①] 另外，不言而喻，《人权宣言》第十一条在新闻传播史上，也是一座意义重大的里程碑。它不仅第一次确立了出版自由的基本原则和核心内涵，而且表明经过几百年的反复较量，资产阶级终于在意识形态领域战胜封建势力，为 19 世纪以来的自由报业打开了思想通道。正如法国新闻史学者所论述的："在整个 19 世纪中，这些原则成为全世界新闻工作者倾心追求的目标。"[②]

法国大革命年代的报业就讲到这里。到此为止，我们已经分别讲述了英国、美国和法国三国资产阶级革命时期的报业。英美法三国的革命犹如一部主题连贯的奏鸣曲。最早的英国革命好比奏鸣曲的呈示部，将奏鸣曲的主题即推翻封建专制、建立民主共和，完整地呈现出来。接下来，北美独立战争恰似奏鸣曲的展开部，又将这一主题做了淋漓尽致的发挥和发展。最后，法国大革命则构成这部奏鸣曲的再现部，并以辉煌热烈、激动人心的高潮收束了全曲。考察这三次资产阶级革命，不难发现革命报业所具有的如下共同特征：

第一，它是资产阶级革命的一条生死攸关的战线。换言之，资产阶级与封建势力在这条战线上进行着殊死的搏斗，在这里受挫就意味着整个革命事业的失利，而在这里获胜就预示着整个革命事业的成功。正是基于这一点，埃默里父子在他们合著的《美国新闻史》一书中写下这样一番话：

---

① [美] 斯塔夫里阿诺斯：《全球通史——1500 年以后的世界》，吴象婴等译，349 页，上海，上海社会科学院出版社，1992。

② [法] 彼·阿尔贝等：《世界新闻简史》，许崇山等译，24 页，北京，中国新闻出版社，1985。

其实，如果以思想作为衡量的标准，甚至可以说在一七七五年革命就已经完成，而战争只是捍卫这些思想的手段，使其不致被那些不肯接受新思想的人所扼杀。①

第二，在宣传鼓动方面，报业释放出巨大的能量，为大革命营造了必不可少的思想基础和舆论氛围，对激发广大民众的斗争热情，促使他们将革命进行到底，发挥了无与伦比的作用。法兰西第一共和国成立后，曾用共和历取代基督教历。新历法把一年分为十二个月，每月三十天，另有五天放在一年之末，属于全年，称为"无套裤日"。这五天分别为"才艺节""劳动节""行动节""报偿节""舆论节"。②专门定下一天为舆论节，也说明舆论在革命运动中的显著作用。也正因如此，世间才流传一句据说是拿破仑的名言——记者一支笔，胜过三千毛瑟枪。此话不知出自何处，不过据做过驻法大使的奥地利政治家梅特涅记述，拿破仑确实表露过类似的看法：

> 在拿破仑看来，报纸相当于一支三十万人的军队；一支三十万人的军队在安邦定国，对外威慑方面所起的作用，还比不上半打受雇的蹩脚的记者。③

第三，革命报业都将出版自由、言论自由当成首要任务之一。英国革命中，大诗人弥尔顿第一次提出出版自由的主张，向专制王朝钳制言论的"风车"发起挑战；北美独立战争年代，殖民地人民以抵制印花税的行为表达对出版自由的渴求；法国大革命爆发后，《人权与公民权宣言》庄严诞生，更向全世界正式宣告言论出版自由不可侵犯。尽管这时的言论出版自由还只限于理念，与付诸实践距离尚远，但相对于封建专制时代肆意践踏人权、任性钳制言论，毕竟是历史上的一大进步。所以，列宁说道：

> "出版自由"这个口号，从中世纪末到 19 世纪，在全世界成了伟大的口号。为什么呢？因为它反映了资产阶级的进步性，即反映了资产阶级反对僧侣、国王、封建主和地主的斗争。④

最后，需要特别提示一点，18 世纪的理性时代、启蒙运动、革命运动等，一方面体现了一种历史的进步性，即马克思说的从"人的依赖关系"到"物的依赖关系"，如从封建农奴的依附关系到资本时代的雇佣关系，而这一历史进步性就在于这一新文明形态的新兴资产阶级及其政治经济与意识形态。另一方面，由此也就不难理解这一新阶级自身的时代局限性，包括思想认识上的历史唯心论，而超越这一历史局限则在于从"物

① ［美］埃默里等：《美国新闻史》，苏金琥等译，68 页，北京，新华出版社，1982。
② ［法］米涅：《法国革命史》，北京编译社译，216 页，北京，商务印书馆，1977。
③ ［法］彼·阿尔贝等：《世界新闻简史》，许崇山等译，32 页，北京，中国新闻出版社，1985。
④ 《列宁全集》，第二版，第 42 卷，85 页，北京，人民出版社，1987。

的依赖关系"迈向《共产党宣言》阐发的："代替那存在着阶级和阶级对立的资产阶级旧社会的，将是这样一个联合体，在那里，每个人的自由发展是一切人的自由发展的条件。"由此可见，自由离不开特定时代的社会存在即生产生活方式，总是以某种社会关系的总和为条件，而资产阶级革命年代的启蒙思想家则悬浮于社会历史之上，以抽象的、普遍的、唯心的人性为前提，把自由以及言论、出版、新闻等自由，视为凌驾于、超越于社会政治、经济基础、阶级关系之上的"普世价值"，而对决定着、制约着自由的种种现实条件或认识不清，或视而无睹，从而实际上用一种浮泛的甚至虚伪的普遍性，掩盖具体的政治经济与意识形态的阶级性。总之，所谓自由并非抽象的、天然的，而是无所不在地受制于活生生的生产生活与社会关系，就像身处印刷传播时代，有无印刷机、印刷厂以及报纸杂志，直接决定着、制约着言论表达自由的真实状况。即使在日常生活中，一个人有多大话语权自由权，也往往取决于他的社会地位与身份，哪怕几个人的小公司，也是老板说了算而不是打工仔说了算。所以，看待出版自由等不能仅仅局限于、满足于"说法"，还得看或者说更得看实际的"做法"。也就是说，透过现象看本质，在一系列逻辑周延、情感真挚、富有正义感的动人言辞中，去真切把握自觉不自觉的现实关系与阶级意志。以独立战争以及《独立宣言》为例，归根结底无非做大做强的殖民地工商阶级，不愿听任母国英格兰继续"割韭菜""薅羊毛"，而想自立门户，坐享其成。正如恩格斯所说的："一切重要历史事件的终极原因和伟大动力是社会的经济发展，是生产方式与交换方式的改变，是由此产生的社会之划分为不同的阶级，是这些阶级彼此之间的斗争。"（《社会主义从空想到科学的发展英文版导言》）

第四节　18世纪的"高级报纸"

1703年，俄国最早的印刷报纸《新闻报》，在莫斯科出版，全称是《莫斯科王国和邻国发生的值得知道和记载的军事和其他事件的新闻报》，这大概是世界上名称最长的一家报纸了。该报由彼得大帝下令创办。彼得大帝，是俄国历史上一位著名的改革家。他从执政之日起，便立志变法图新，对封闭的俄罗斯社会进行了一系列大刀阔斧的改革。他不仅引进先进科技，而且推行一些进步制度，还大胆倡导优秀文化，革除俄罗斯的落后习俗。比如，他曾下令禁止再穿旧式长袍，只准穿西装，这与赵武灵王的"胡服骑射"颇为相像。再如，当时俄国人都留有大胡须，既不卫生，也不雅观。于是，他下令剃除胡须，还亲手用剪刀剪掉一个贵族的大胡子。当时，许多贵族老爷剃除胡须后，就像清朝遗老遗少被

彼得大帝

革命党剪去辫子一样，如丧考妣，痛不欲生。在彼得大帝这样一位开明君主领导下，古老的俄罗斯开始兴起，最终跃入欧洲列强之列。历代沙皇的首都，也是十月革命的摇篮圣彼得堡，就是以彼得大帝的名字命名的。而俄国的第一张报纸《新闻报》，也是他推行新政的一大成果。时隔半个世纪，俄国的第一份私人创办的杂志《勤蜂》于 1759 年问世。这是一份类似英国《旁观者》的期刊，上面刊登的一些文章就译自《旁观者》。

另外，《新闻报》创刊的同一年，奥地利的第一份报纸——《维也纳日报》（*Vienna Zeitung*）创刊。这份报纸除希特勒占领期间外，一直到现在仍在出版，是世界上历史最悠久的报纸之一。该报现为奥地利政府机关报，每天有一版专门刊登政府公报。

1752 年，加拿大的第一份报纸——《哈利法克斯公报》创刊。哈利法克斯是加拿大新斯科舍省的省会。

1763 年，挪威的第一份报纸——《基督教消息报》创刊。

1794 年，印度第一份报纸——《印度世界报》在加尔各答创刊。

1800 年，也就是 18 世纪的最后一年，澳洲的第一份报纸——《澳大利亚公报》在悉尼创刊。

……

18 世纪创刊发行的所有报刊中，最有生命力的还是英国的《泰晤士报》、丹麦的《贝林时报》和瑞士的《新苏黎世报》。这三份报纸至今依然声名卓著，颇受重视。

一、高级报纸与大众报纸

古往今来的报刊虽然浩如烟海，品种繁多，但大致说来分为两类：一类是"高级报纸"（elite, great, standard, serious, quality 等），一类是"大众报纸"（popular, mass, sensational, quantity 等）。简言之，就是大报小报。高级报纸着重刊登国内外重大新闻和严肃评论，其读者多属有权势、有声望、有知识、有教养的社会"精英"，如《泰晤士报》、《纽约时报》、《南华早报》（中国香港）等。大众报纸主要刊登有趣有用的各种社会新闻，以及大量体育、影视、游玩等娱乐性内容，免不了耸人听闻的黄色新闻，对国内外的重大事件则往往以简短通俗的形式加以报道，读者一般多为普通百姓与社会大众。比如《太阳报》（英国）、《纽约每日新闻》、《东方日报》（中国香港）等。大报小报之别，就像正史与野史、庙堂与江湖、交响乐与流行曲、官方报道与小道消息等。

1965 年，美国新闻学者约翰·梅里尔（John C.Merrill）做过一项研究。他从世界各国的众多报刊中，遴选出 100 份高级报纸，然后将它们分成高低四组。第一组有 10 份，包括《人民日报》、《真理报》（苏联）、《泰晤士报》、《纽约时报》等；第二组有 20 份，包括《华盛顿邮报》、《朝日新闻》（日本）、《消息报》（苏联）等；第三组有 30 份，包括《华尔街日报》《洛杉矶时报》等；第四组有 40 份，包括《金字塔报》（埃及）、《大公报》（中国香港）等。他将这100份高级报纸，按这样四个等级排成一个金字塔，称之为"梅里尔高级报纸金字塔"（MERRILL ELITE PRESS PYRAMID）。在这项研究的基础上，梅里尔又完成一部专著——《高级报纸》（*The Elite Press*），对这100份高级报纸的历史、现状及特征分别进行了论述。

上面提到的18世纪三份生命力最强的报纸——《泰晤士报》《新苏黎世报》《贝林时报》，均被梅里尔教授选入其高级报纸金字塔，《泰晤士报》与《新苏黎世报》都在第一组，《贝林时报》位列第二组，由此可见这三份报纸在全球报业中的地位和影响。《泰晤士报》将在以后重点介绍，这里先谈谈《贝林时报》与《新苏黎世报》。

二、《贝林时报》（1749）

《贝林时报》（*Berlingske Tidende*），是丹麦最负盛名的高级报纸，创刊于1749年，比中华人民共和国的创立整整早二百年。创办该报的是位德国人，名字就叫"贝林"。《贝林时报》刚创刊时，还是早期报刊大多沿用的小册子形式，也就是所谓的新闻书。贝林创办《贝林时报》仅一年就去世了。此后，《贝林时报》一直由贝林的子孙们继续经营，如今贝林家族家大业大，是丹麦首屈一指的报业垄断集团。1961年，美国密苏里新闻学院授予《贝林时报》以该院的"荣誉奖章"（Honor Medal），我国的《大公报》解放前也曾获此"殊荣"。

除了经营《贝林时报》，贝林家族又在1916年创办《贝林晚报》（*Berlingske Aftenavis*）。这是一种小型报（tabloid）。所谓小型报，就是内容上追求轰动刺激，形式上讲究多图片、大标题的黄色小报，是最典型的大众报纸。正像《贝林时报》是丹麦最著名的高级报纸，《贝林晚报》则是丹麦最流行的大众报纸。同一报人却发行两份截然不同的报纸，在国外新闻界并不罕见。比如英国的高级报纸《泰晤士报》与黄色小报《太阳报》，现在就属同一主人——鲁铂特·默多克。

三、《新苏黎世报》（1780）

《新苏黎世报》（*New Zurich Daily*），既是瑞士首屈一指的大报，也是世界屈指可数的高级报纸。它被梅里尔教授排在"高级报纸金字塔"的第一组，并且名列10份报纸的第二位。梅里尔认为它是最有个性、最严肃、最负责、最具有世界性的报纸。美国锡拉丘兹大学的七位新闻学教授，甚至将它评为世界最佳报纸。

《新苏黎世报》创办于1780年，当时叫《苏黎世报》。苏黎世是瑞士第一大城，全国的工商金融中心，苏黎世大学也在其附近。《苏黎世报》创刊之初，德国作家歌德正在苏黎世。当该报发行人请哥德为该报推荐一个主编时，发生了一件有趣的事情。在《苏黎世报》原来的报头上有一幅画，画着一个送信的驿使，吹着号，骑着马，从左向右驰奔。当歌德推荐新主编后，报头上的驿使和他的马便改变方向，成为从右向左奔跑了。以后这便成为一种惯例，每当更换主编时，报头上的驿使及其驿马便调换前进方向，而该报读者据此就可知道主编是否换人。1820 年，《苏黎世报》的销量下降到不足五百份，不得不停刊整顿。从此，报头上会改变方向的奔马，就被永远关入马棚，那个乐于助人的驿使也一去不返了。

1821 年，《苏黎世报》改名《新苏黎世报》重新发行。《新苏黎世报》在一位经验丰富的记者指导下，很快就以其精彩的国外报道以及开明的政治观点而赢得读者瞩目。直到今天，《新苏黎世报》的国际新闻仍被认为是最出色的。这一点仅从它的驻外记者绝大多数具有博士学位，就可略知一二。1894 年起，《新苏黎世报》开始发行早中晚三版。为此，有位作家称它是"每天三次的时事百科全书"。《新苏黎世报》用的是德文。瑞士受德国文化的影响很深。在瑞士，三分之二的人说德语，三分之二的报刊用德文。为满足英语读者，《新苏黎世报》在 1957 年又创办一份英文月刊，名为《瑞士国际问题评论》，内容主要摘译自《新苏黎世报》。

在西方报界，《新苏黎世报》以其异世独立的报道风格独树一帜。众所周知，西方新闻界一向标举客观报道，新闻中严禁羼杂记者的主观见解，新闻与言论严加区分。为此，西方报刊除了新闻版之外，再辟专发评论的评论版。我国唯一的英文大报《中国日报》上，每天都有一个评论版（Opinion），发表各方的见解以及报纸的社论。美国之音在每次新闻节目之后，再单独播放一篇所谓"代表美国政府立场的社论"。而《新苏黎世报》的新闻与言论常常混为一谈，不做区分。在《新苏黎世报》看来，"事实本身无关紧要，要紧的是怎样看待新闻"。也就是说，单纯报道新闻事实意义不大，关键是用自己的观点解释新闻。《新苏黎世报》的一位主编就认为，记者的首要任务在于解释新闻。所以，《新苏黎世报》既是一份新闻纸，又是一份观点纸，既对事实进行报道，又对事实加以阐释——这是它的一大特色。

推荐阅读

1. ［美］雅克·巴尔赞：《从黎明到衰落——西方文化生活五百年》，北京，世界知识出版社，2002。

2. ［英］约瑟夫·阿狄生：《伦敦的叫卖声》，北京，生活·读书·新知三联书店，1997。

3. ［法］米涅：《法国革命史》，北京，商务印书馆，1977。

4. ［法］托克维尔：《旧制度与大革命》，冯棠译，北京，商务印书馆，1992。

5. 项翔：《近代西欧印刷媒介研究——从古腾堡到启蒙运动》，上海，华东师范大学出版社，2001。

第五章

19世纪（上）：从政党报刊到商业报刊

在现代历史进程中，19世纪是个风云激荡、雷霆万钧的世纪。著名翻译家傅雷先生，在《贝多芬的作品及其精神》一文里曾激情洋溢地赞颂19世纪：法国大革命，展开了人类史上最惊心动魄的一页：

> 19世纪！多悲壮、多灿烂！仿佛所有的天才都降生在这一时期……从拿破仑到俾斯麦，从康德到尼采，从歌德到左拉，从达维特（法国新古典主义的画家，名画《马拉之死》的作者——引者注）到塞尚纳（印象派画家，被誉为"现代艺术之父"——引者注），从贝多芬到俄国五大家（俄罗斯民族乐派的五位音乐家：居伊、巴拉基列夫、穆索尔斯基、鲍罗丁和里姆斯基–柯萨可夫——引者注）；北欧多了一个德意志，南欧多了一个意大利，民主与专制的搏斗方终，社会主义的殉难生活已经开始：人类几曾在一百年中走过这么长的路！①

作为文人，傅雷先生这番"溢美之词"，既为西方19世纪的社会历程勾勒了一条粗略线索，又为其中的精神世界描绘了一张写意图，同时也不免忽略了更重要的历史脉络——从玻利瓦尔到太平天国、从《共产党宣言》到巴黎公社《国际歌》、从马克思到毛泽东……特别是19世纪中叶，千年第一思想家马克思提出的两大理论：一是剩余价值论解开了资本主义的生命基因及其密码——"资本来到世间，从头到脚，每个毛孔都滴着血和肮脏的东西"，一是历史唯物论揭示了人类社会的生命基因及其密码，包括资本主义的演化规律及其历史命运：

> 一个资本家打倒许多资本家。随着这种集中或少数资本家对多数资本家的剥夺，规模不断扩大的劳动过程的协作形式日益发展，

---

① 傅雷：《贝多芬的作品及其精神》，见《傅译传记五种》，197页，北京，生活·读书·新知三联书店，1983。

科学日益被自觉地应用于技术方面，土地日益被有计划地利用，劳动资料日益转化为只能共同使用的劳动资料，一切生产资料因作为结合的、社会的、劳动的生产资料使用而日益节省，各国人民日益被卷入世界市场网，从而资本主义制度日益具有国际的性质。随着那些掠夺和垄断这一转化过程的全部利益的资本巨头不断减少，贫困、压迫、奴役、退化和剥削的程度不断加深，而日益壮大的、由资本主义生产过程本身的机构所训练、联合和组织起来的工人阶级的反抗也不断增长。资本的垄断成了与这种垄断一起并在这种垄断之下繁盛起来的生产方式的桎梏。生产资料的集中和劳动的社会化，达到了同它们的资本主义外壳不能相容的地步。这个外壳就要炸毁了。资本主义私有制的丧钟就要敲响了。剥夺者就要被剥夺了。(《资本论》)

也正是从 19 世纪起，新闻事业开始进入迅猛发展时期。犹如万里长江从源头的涓涓细流，经过上游千曲百折的狭窄河道，如今终于冲出三峡，正浩浩荡荡，直奔东海。又如早期忽隐忽现、若明若暗的星星之火，如今终于冲天而起，蔚为燎原之势，席卷天下！且不说当今许多颇负盛名的大报都是从 19 世纪发展起来，包括《泰晤士报》《纽约时报》《新苏黎世报》，也不说 19 世纪的一批新闻人声名显赫，如路透通过路透社深入千家万户，普利策设立的普利策新闻奖几被视为西方报业的诺贝尔奖等。至于诞生于 19 世纪的法新社、路透社和美联社，如今都稳居世界大通讯社前列，仅看 19 世纪人类在自然科学特别是电磁学上的突破性进展，就为 20 世纪电子媒介的兴起，为广播、电视、网络的登台亮相提供了前提条件，奠定了首要的科技基础。

这里，尤其需要关注的并特别谈及的是，随着马克思主义诞生以及国际共产主义运动风起云涌，工人阶级报刊、无产阶级新闻事业——从英国《北极星报》（1837）到俄国《火星报》（1900），也如春风浩荡，绿遍天涯，借用百年后毛主席诗一般的语言："惟独共产主义的思想体系和社会制度，正在以排山倒海之势，雷霆万钧之力，磅礴于全世界，而葆其美妙之青春"（《新民主主义论》）。特别是"记者马克思"——平生唯一的职业就是新闻工作（详见黄斐博士学位论文《记者马克思》），不仅开天辟地、震古烁今地创立了唯物史观，使人类社会的一切所作所为、所思所想从此不再听任历史唯心论的各抒己见想当然，而立足于坚实可靠的现实基础与历史规律，而且也以其丰富多彩的新闻实践和精辟深邃的新闻理论，包括主编《莱茵报》（1842）和《新莱茵报》（1848），为人类新闻事业开辟了前所未有的光明方向，仅看一些广为人知的论述就略知一二：

关于现代新闻事业特别是 19 世纪以来的突飞猛进，归根结底在于资本主义的生产方式及其全球扩张，正如《共产党宣言》（1848）中深刻揭示的一系列历史趋势："我们的时代，资产阶级时代，却有一个特点：它使阶级对立简单化了。整个社会日益分裂为两大敌对的阵营，分裂为两大相互直接对立的阶级：资产阶级和无产阶级"；"不断扩大产品销路的需要，驱使资产阶级奔走于全球各地。它必须到处落户，到处开发，到处建立联系"；"资产阶级，由于开拓了世界市场，使一切国家的生产和消费都成为世界性的了。自然力的征服，机器的采用，化学在工业和农业中的应用，轮船的行驶，铁路的通行，电报的使用，整个大陆的开垦，河川的通航，仿佛用法术从地下呼唤出来的大量人口——过去哪一个世纪料想到在社会劳动里蕴藏有这样的生产力呢"……

关于新闻工作与人民报刊："哪一种报刊说的是事实，哪一种报刊说的是希望出现的事实"（《好报刊和坏报刊》）——区分唯物与唯心两大类型；"只要报刊生气勃勃地采取行动，全部事实就会被揭示出来。这是因为，虽然事情的整体最初只是以有时有意、有时无意地同时分别强调各种单个观点的形式显现出来的，但是归根到底，报刊的这种工作本身还是为它的工作人员准备了材料，让他把材料组成一个整体。这样，报刊就通过分工一步一步地掌握全部的事实，这里所采用的方式不是让某一个人去做全部的工作，而是由许多人分头去做一小部分工作"（《摩泽尔记者的辩护》）——报刊有机运动规律；"报刊按其使命来说，是社会的捍卫者，是针对当权者的孜孜不倦的揭露者，是无处不在的耳目，是热情维护自己自由的人民精神的千呼万应的喉舌"（《新莱茵报》审判案）——人民的耳目喉舌……

大致说来，新闻事业在 19 世纪有过三次飞跃：第一次是商业报刊的出现，第二次是通讯社的产生，第三次是大众报业的崛起。下面，我们用三章分别介绍这三次飞跃。

第一节 美国政党报刊及其"黑暗时期"

按照西方报业的功能特征，可将其新闻事业进程分为四个阶段：官报、政论报刊、政党报刊和商业报刊。所谓官报，是针对早期专制王朝钳制报业、垄断舆论的情况而言的，那时的报业大都附属于封建国家，成为实际上的官报。所谓政论报刊，是指资产阶级革命年代的报业，如英国清教徒革命、法国大革命、北美独立战争年代的报刊。这个时期，社会及报业都形成相互对立的两大阵线：革命阵线与反革命阵线。敌对双方不仅在战场上兵戎相向，而且在报刊上唇枪舌剑、互相挞伐，展开激烈的论战，所以，这种报刊就被称为政论报刊。所谓政党报刊（partisan press），大致是从资产阶级革命成功到 19 世纪中叶工业革命基本完成这一历史阶段，这期间的报刊大都直接听命于某个资产阶级政党，成为不同政党的喉舌，故有政党报刊之称。至于商业报刊（commercial press），则指 19 世纪以后独立经营的市场化报刊。

若从"新闻专业主义"的角度看，这四个阶段又分属两个时期：前三个阶段即官报、政论报刊与政党报刊为一个时期，其时报刊上的内容主要是政论，即使新闻也大都带有比较明显的倾向性或偏见，而读者则主要局限于社会的中上层——这个时期识文断字的主要是这些阶层。第四个阶段即商业报刊为第二个时期，这个时期报刊的内容才由政论为主转向新闻为主，读者也由以往的中上层转向社会大众——这个时期国民教育也开始普及。

为了真切了解商业报刊及其来龙去脉，需要先对此前的政党报刊进行考察。政党报刊的一些特征，在笛福主编《评论》杂志的 18 世纪初已经显露端倪。独立战争胜利后，政党报刊在美国进一步发展，达到登峰造极的地步，其种种特征也都表露得淋漓尽致。所以，我们就以这一时期的美国为典型，具体解剖一下西方的政党报刊。

美国新闻史先驱、曾任密苏里新闻学院院长的 F. 莫特（Frank Luther Mott），将 1783 年到 1833 年的整整半个世纪，称为美国新闻史上的"黑暗时期"。1783 年是独立战争正式结束的时间，而 1833 年则是美国第一份廉价报纸《太阳报》创刊发行的时间——它的出现也标志着美国商业报刊的诞生。在这半个世纪的时间里，美国的许多报刊都充当了当时两大政党的喉舌，并且声嘶力竭地为所属党派摇旗呐喊，起哄助威，最后发展到谩骂攻讦，造谣诽谤的程度，甚至不同政见的报人在大庭广众下大打出手。所以，莫特把这半个世纪称作美国新闻史上的"黑暗时期"。

我们知道，今天的美国由两大政党轮流执政。这种两党制的政治传统，早在美国建国初期就已形成。当时，美国政坛围绕联邦宪法，展开了一番激烈的论战，并由此形成两大政党——联邦党和共和党。不过，这个共和党可不是今天的共和党，恰恰相反，它在一定意义上是今天民主党的前身。联邦党的领袖人物，是华盛顿内阁的美国第一任财政部长亚历山大·汉弥尔顿，而共和党的领袖人物，就是《独立宣言》的执笔人、美国第一任国务卿托马斯·杰斐逊。关于他们的一系列政治分歧以及孰是孰非，历史学家一直众说纷纭。大致说来，汉弥尔顿比较赞成一个强大的中央政府，而杰斐逊则力主地方分权；汉弥尔顿倡导工业文明，而杰斐逊则倾心农业社会；外交方面，汉弥尔顿赞成同英国交好，而杰斐逊则希望同法国结盟；个人秉性上，汉弥尔顿带有更多贵族的派头，而杰斐逊则具有更强的平民意识。

下面先分别谈谈联邦党和共和党的报刊及其报人，然后再对政党报刊做个总结。

一、联邦党的报刊与报人

1. 约翰·芬诺和《美国公报》（1789）

《美国公报》（*Gazette of the United States*），可以看作联邦党的机关报，得到联邦党一些头面人物，包括汉弥尔顿的资助，由约翰·芬诺（John Fenno）编辑。芬诺是个教员，1789 年为了及时报道合众国第一任总统华盛顿的就职典礼，便在当时的首都创办了这份《美国公报》。美国建国之初的首都在纽约，1791 年迁都费城，直到 1800 年才定都华盛顿。《美国公报》经常刊登联邦党骨干的文章，所以一直保持较高水平。不过，发行量从未超过 1 400 份，在今天看少得可怜。

华盛顿总统迁都费城后，芬诺也将其《美国公报》迁到费城。1798 年，费城开始流行一场可怕的"黄热病"——因为患者伴有高烧和肝部黄疸，故名。黄热病曾是世界上最严重的急性传染病，危害程度不亚于鼠疫、霍乱、麻风病等，过去二百年里多次肆虐，反复流行，每一次都使成千上万的人丧生，弄得人心惶惶，社会陷于瘫痪。据最新研究，19 世纪末的美西战争也与黄热病有关。[1]1798 年费城流行的这场黄热病也是如此，不少居民染病，幸存者纷纷逃离费城。而《美国公报》的发行人芬诺，也死于这场可怕的瘟疫。

《美国公报》

2. 威廉·科贝特和《箭猪公报》（1797）

《美国公报》是在第一任总统就职前半个月，创刊于当时的首都纽约，而《箭猪公报》是在第二任总统亚当斯宣誓就职的当天，创办于当时的首都费城。《箭猪公报》全称是《箭猪公报与广告日报》（*Porcupine's Gazette and Daily Advertiser*），也得到联邦党的资助，由威廉·科贝特（William Cobbett）编辑。

科贝特和芬诺一样也是教员，他创办的《箭猪公报》自始至终都是一份言辞激烈的联邦党报刊，他在创刊号上就曾宣称：我将不作公正不倚地陈述，那将毫无用处，而且毫无意义。他对共和党及其领袖杰斐逊肆无忌惮地攻击谩骂，让联邦党人都觉得过分。比如，他在诋毁本杰明·富兰克林的后代时，连这位开国元勋也一同加以贬损。后来，有人干脆就把科贝特比作"箭猪"—— 一种类似刺猬，浑身上下长满坚硬毛刺的动物。科贝特不仅不在乎，反而就用"彼得·箭猪"（Peter Porcupine）做自己的笔名。埃默里父子的《美国新闻史》一书写道，历史上很少有几位报刊编辑，在持续不懈地辱骂方面能超过"彼得·箭猪"那支尖刻恶毒的笔了。

---

[1]　见杨长云《哈瓦那困境：殖民主义话语下的黄热病疫情》，载《中华读书报》2023-3-1。

3. 亚历山大·汉弥尔顿和《纽约晚邮报》（1801）

汉弥尔顿（Alexander Hamilton）是联邦党的领袖人物。他在扭转独立战争战局的特伦顿战役中表现英勇，第一次显露其军事才华。后来，华盛顿便请他做了自己的副官。合众国成立后，华盛顿总统又请他担任财政部长，从而使他成为美国的第一任财政部长。《不列颠百科全书》称他是"美国的一位行政天才"，一位"伟大的爱国者"，"他的经济、政治、军事和外交纲领，都有一个明确的目标，即建立强大的美利坚合众国"。[1]

汉弥尔顿不仅是著名的律师和政治活动家，同时也是出色的新闻工作者，被誉为"美国社论之父"。他大力资助芬诺等人的联邦党报刊，并经常为之撰稿。当联邦党报人受到起诉时，他又亲自出庭辩护。除此之外，他还参与创办了一份有名的报纸——《纽约晚邮报》（New York Evening Post）。[2]

1800 年，共和党领袖杰斐逊当选美国的第三任总统。从此，联邦党便一蹶不振，日趋没落。其中的原因之一在于，杰斐逊的两位前任——第一任总统华盛顿和第二任总统约翰·亚当斯，实际上都属于或倾向于联邦党。为了扭转联邦党的颓局，汉弥尔顿便邀请威廉·科尔曼（William Coleman），于 1801 年杰斐逊就职之前创办了《纽约晚邮报》，科尔曼成为该报的第一任主编。在此后的三十年中，《纽约晚邮报》一直都是联邦党的主要喉舌。

1804 年，汉弥尔顿死于一场决斗。在此之前，他始终担任《纽约晚邮报》的社论起草人。他经常在夜间会晤主编科尔曼，口述社论，然后由科尔曼速记下来，第二天见报。这些社论还被许多联邦党报刊转载，产生广泛影响。汉弥尔顿的传记作者说过：

> 他是一位天生的新闻工作者和小册子作者——美国报纸社论之父之一。他的敏锐的判断力、深刻的洞察力、高度抽象集中的能力以及文字表达的清晰简练等，是第一流社论作家所具备的品质……笔，就是他的权杖和利剑。[3]

顺便说一下，1934 年，《纽约晚邮报》改名为《纽约邮报》（New York Post），1942 年成为煽情性的小型报（tabloid），直到今天仍在出版，是美国历史上连续出版时间最长的报纸。2001 年，该报还隆重庆祝创刊 200 周年。20 世纪末，由于经营困难，该报几经倒手，最后终于为报业巨头鲁铂特·默多克所据有。现在《纽约邮报》所在的大楼，就设在默多克在美国的新闻集团及其所属福克斯广播公司的总部。另外，在其两

---

① 《不列颠百科全书》国际中文版，第 7 卷，421 页，北京，中国大百科全书出版社，1999。

② 开始，报头上的"纽约"二字之间，有一横线即 New-York。

③ ［美］埃默里等：《美国新闻史》，苏金琥等译，100 页，北京，新华出版社，1982。

百余年的历史上，《纽约邮报》也涌现了一批批出类拔萃的记者，留下一篇篇令人难忘的报道。这里，我们不妨举一篇独出心裁的"讣闻"。

我们知道，罗斯福是美国历史上一位杰出的总统，也是第二次世界大战的领袖人物之一。在他的领导下，美国万众一心，众志成城，度过大战中最艰难的岁月，一步一步走向胜利。为此，他赢得美国人民以及盟国人民的爱戴，正如《纽约时报》所说："别国人民对他也以'总统'相称，仿佛他是全世界的总统。"所以，罗斯福的去世，自然使人们陷入巨大的悲痛。纽约交响乐团取消在卡内基音乐厅举行的音乐会，这是自林肯总统逝世以来的第一次。英国皇家的《宫廷通报》，破天荒地第一次登出一个外国元首而非皇家成员的讣闻。就连日本也出人意料地广播了日本首相的悼词。而在所有悼念活动中，最感人、最难忘的还数《纽约邮报》发表的一则简短的讣闻。它刊登在《纽约邮报》的每日伤亡栏前面（大战期间，《纽约邮报》每天都在固定栏目中刊登阵亡将士名单）：

> 华盛顿 4 月 16 日电：最近一批部队死亡名单及其近亲的姓名：
> 陆军－海军阵亡
> 富兰克林·德·罗斯福，总司令。妻子：安娜·埃莉诺·罗斯福，地址：白宫。[①]

这则短讯简略到极点，似乎也平淡到极点。可是，不难发现就在其波澜不惊的表层下面，却寄托着汹涌不已的哀思，寥寥数语却隐含着长歌当哭的悲情。正如美国一位名记者所说的，罗斯福在天有灵，也会深为这则短讯所感动。[②]

二、共和党的报刊与报人

1. 菲利普·弗雷诺和《国民公报》（1791）

正如《美国公报》是联邦党的机关报一样，《国民公报》是共和党的主要喉舌。《国民公报》（*National Gazette*），由菲利普·弗雷诺（Philip Freneau）主编。他是一位著名诗人，本杰明·富兰克林逝世后，还写过一首悼念的诗，最后一节写道：

> 帝王们垮了一批换一批，
> 寻找继承者很容易；
> 举世无双的富兰克林啊！
> 很少人能指望比得上您；

---

① ［美］威廉·曼彻斯特：《光荣与梦想》，第 2 册，广州外国语学院美英问题研究室翻译组合译，509 页，北京，商务印书馆，1979。

② 同上。

您横扫了暴君的威风，

使九天的怒雷回避！

（姚善友译，钱钟书、杨绛过目修改）

弗雷诺毕业于普林斯顿大学，与美国第四任总统、美国"宪法之父"麦迪逊是同学，而麦迪逊又是杰斐逊的挚友。"由于同班同学麦迪逊的引荐，这个人微言轻的叛逆引起了杰斐逊的注意。麦迪逊告诉这位反联邦党人领袖（即杰斐逊——引者注）说，弗雷诺正是与芬诺和拉塞尔之类斗士在新闻方面展开较量的人选。杰斐逊对麦迪逊的主张一向是考虑的，这位蒙蒂塞罗庄园的主人把麦迪逊当儿子一样看待。杰斐逊提出，如果弗雷诺肯办一份反联邦派的报纸，他就给弗雷诺一笔津贴，让他作为一名译员在国务院供职。"① 于是，在麦迪逊的引荐下，1791 年弗雷诺来到当时首都费城，开始在国务卿杰斐逊手下工作，同年即创办《国民公报》。为此，汉弥尔顿曾发表文章指责说：

一位政府官员竟然创办了一家报纸，而且竟然用自己掌握的公款定期津贴那家报纸的编辑……政府一个主要部门的首脑杰斐逊先生成了以诽谤政府及其措施为明显宗旨的一家报纸的保护人，这难道不是太荒唐了吗？

其实，汉弥尔顿不也以财政部长的身份资助、保护联邦党的报刊与报人吗？这难道就不"荒唐"了吗？问题的关键在于，弗雷诺那支犀利无比的笔触到了汉弥尔顿的痛处，比如弗雷诺直言不讳地说，汉弥尔顿是个君主政体的拥护者。除了抨击汉弥尔顿及其联邦党的政纲外，弗雷诺还把矛头直指华盛顿总统，因为华盛顿倾向联邦党，对汉弥尔顿更像养子一般对待。威仪如山的华盛顿被弗雷诺的不敬言辞搞得狼狈不堪，愤而称其为"无赖弗雷诺"。②

1793 年，费城又暴发黄热病，人们纷纷逃走避难，《国民公报》被迫停刊。美国新闻史学者埃默里父子评价说："他的报纸只出版了两年，但很难说当时是否还有别的出版物取得过如此巨大的成功。报纸的停刊差不多也是弗雷诺报人生涯的结束。"③ 此后，共和党机关报的位置就由《曙光报》接替了。

2. 本杰明·富兰克林·贝奇与《曙光报》（1790）

与《国民公报》相比，《曙光报》的言辞更为偏激，赤裸裸的人身攻击更为常见。《曙光报》的发行人本杰明·富兰克林·贝奇（Benjamin Franklin Bache）是本杰

---

① ［美］埃默里等：《美国新闻史》，展江等译，81 页，北京，新华出版社，2001。

② 同上。

③ 同上，82 页。

明·富兰克林的外孙。1790 年，21 岁的贝奇创办了《费城综合广告报》(*Philadelphia General Advertiser*)，而其另一名称《曙光报》(*Aurora*) 影响更大。

由于"贝奇小时候生活在法国和瑞士，是由对他百依百顺的外祖父带大的。因此从他踏入报界起，年轻的贝奇就对法国人的事业寄予了同情。当华盛顿总统开始支持以汉弥尔顿等人为首的反法政党时，贝奇的态度使他站到了这位独立战争的老英雄的对立面"。① 如他曾这样指摘华盛顿总统：

> 如果曾经有一个人使一个国家堕落了，美国就是被华盛顿堕落了。如果曾经有一个国家遭到了一个人的不正当影响，美国就是遭受了华盛顿的不正当影响。如果一个国家曾经被一个人所欺骗，美国就是被华盛顿欺骗了。我们当以他的行为作为前车之鉴。它的教训就是任何人都不能愚昧无知。②

如此言论自然遭到联邦党人的强烈反感与报复，贝奇的报馆被砸，本人也一再受到殴打。比如，《美国公报》的发行人芬诺就曾在大街上，当着众人的面鞭打过贝奇。科贝特则在他的《箭猪公报》上这样丑化贝奇：

> 这个穷凶极恶的无耻小人（无愧是老本杰明的子孙）懂得：凡是有点见识的人都对他嗤之以鼻，把他看作信口雌黄的说谎者，一个工具，一个被人收买的走狗……他是一个面目狰狞的魔鬼。他的目光从不逾过你的膝盖。他一脸菜色，双颊凹陷，双目呆滞，而且他给人的总印象是：恰如在示众架上待了一个星期或十天的那么一个家伙。③

这种无所顾忌的攻讦诋毁简直像是泼妇骂街，不堪入耳。《美国新闻史》一书写道："即使是在革命期间（指独立战争——引者注）在托利党人（指保皇派——引者注）与爱国派互相撕扯扭打的时候，也从未听到过令人如此毛骨悚然的嚎叫。"④

贝奇与《美国公报》的发行人芬诺一样，也是死于 1798 年肆虐费城的黄热病。谈起历史人们往往爱从政治、经济、军事、外交等大处着眼，常常自觉不自觉地忽略一些看似寻常的领域，而这些领域对历史进程有时起着不容忽略的作用。就拿疾病来说，《人口论》作者马尔萨斯，为什么要将疾病作为与战争、饥荒、灾害等相提并论的减少人口的手段？因为疾病曾在历史上，曾经一再扮演最大的杀人犯、刽子手的角色。泛滥于中世纪的鼠疫，就一再使得"千村薛荔人遗矢，万户萧疏鬼唱歌"。暴发于 1438 年的

---

① ［美］埃默里等：《美国新闻史》，展江等译，82 页，北京，新华出版社，2001。
② 张隆栋、傅显明主编：《外国新闻事业史简编》，51 页，北京，中国人民大学出版社，1988。
③ ［美］埃默里等：《美国新闻史》，苏金琥等译，110 页，北京，新华出版社，1982。
④ 同上，113 页。

一场鼠疫，甚至使欧洲人口锐减1/3。20世纪以前，战争中死亡的主要因素不是战斗而是疾病，如墨西哥战争中美军死于战场的不过1 600人，而死于疾病的却达到11 000人。1918年，第一次世界大战结束时，暴发了一场世界范围的流感，结果死于这场流感的人比大战中阵亡者的总和还要多。这里，我们所讲的美国政党报刊最后走向没落的一个不容忽略的原因，就是当时一再流行的黄热病。

3. 杰斐逊与《国民通讯员报》（1800）

美国新闻史权威F. 莫特说过，在报纸对个人的攻击上，杰斐逊并非唯一的受害者，却是最严重的受害者。他在屡遭报纸攻击、幻想破灭时曾抱怨说："从来不看报纸的人比看报纸的人更了解情况，正如什么也不知道的人比满脑子谬误邪念的人更接近真理。"[①] 1807年，他又写道："如今报纸上的东西，没有一样是可以相信的。"[②] 这里举一家报纸对他的攻击为例，它在杰斐逊竞选总统时写道：如果异教徒杰斐逊当选总统，死亡的征兆就将降临到我们神圣的宗教，教堂将遭毁灭，而一些无耻的娼妇，将以理性女神的名义僭据上帝的圣殿。

在美国，抓住宗教问题展开攻势最易置人于死地。因为，美国是个宗教传统根深蒂固的国家，被称为"圣经共和国"。肯尼迪竞选总统时，他的宗教信仰还曾引发全国性的论战。所以，在美国说谁是"异教徒"就等于在名誉上宣告其死刑，实属非同小可！于是，上述攻击性言论一传开，许多虔诚的信徒都赶忙把《圣经》藏起来，有的藏到了井底下，因为害怕杰斐逊当选总统后将下令没收《圣经》。

然而，有位作家说得好，谣言就像搁浅在海滩上的一条大鱼，起初乱蹦乱跳，挺吓人的，但不用理它，过一阵儿它就自己停顿下来，然后一点点死去。尽管杰斐逊遭到强大的攻击，但他还是在1800年当选为第三任总统。当时他身兼由富兰克林创办的"美国哲学学会"会长。就在当选总统的这一年，他邀请该会一位年轻秘书，从费城赶到新都华盛顿，创办了《国民通讯员报》（*National Intelligencer*）。这份报纸，实际上是杰斐逊政府的半官方喉舌，与汉弥尔顿参与创办并起草社论的《纽约晚邮报》一起，构成这一时期共和党与联邦党的两大舆论壁垒，两报的影响一直延续到美国政党报刊式微的19世纪30年代。

三、小　结

上边分别介绍了联邦党与共和党的报刊，最后再对美国的政党报刊做个小结。美国政党报刊具有如下四个特征。

---

①　[美] 梅尔文·L. 德弗勒、埃弗雷特·E. 丹尼斯：《大众传播通论》，颜建军等译，87页，北京，华夏出版社，1989。
②　[加] 哈罗德·伊尼斯：《传播的偏向》，何道宽译，135页，北京，中国人民大学出版社，2003。

1. 政论多，新闻少

美国政党报刊时期的出版物，无论是联邦党的还是共和党的，都自觉自愿地充当政治斗争、党派倾轧的工具，因而充满连篇累牍的政论，而新闻报道的内容则很少。

2. 党派性强，可信性差

政党报刊无论属于哪一党，都可谓"立场坚定，旗帜鲜明"，体现出鲜明的党派色彩。这种带有强烈党派色彩的报纸，在报道新闻时充满偏见，甚至不惜捏造事实，信口雌黄。杰斐逊就曾气愤地说过：现在从报上读到的东西，全都不可信。

3. 读者少，销量低

由于政党报刊感兴趣的是党同伐异，而不是报道新闻，因此政党报刊的读者面很窄，销量很低，一般都在1 000份左右，最高的也不超过5 000份。

4. 造谣诽谤，谩骂攻讦

前面三个特征其实是政党报刊的共性，而"造谣诽谤，谩骂攻讦"则是美国政党报刊的特性，用杰斐逊的话说是"世上任何国家闻所未闻，见所未见"的。F. 莫特把这时期称作美国新闻史上的"黑暗时期"，实在是一点也不过分。美国的开国元勋，像华盛顿、本杰明·富兰克林、杰斐逊、约翰·亚当斯等，几乎都受到政党报刊的人身攻击。比如，污蔑华盛顿是"独立战争的秘密叛国者"（a secret traitor in the Revolutionary War），如同说民族英雄岳飞是秘密汉奸一样。再如，约翰·亚当斯在竞选连任总统时遭到攻击，说他派自己的竞选伙伴平克尼去英国采办四个女人——两个给亚当斯，两个归平克尼。为人严肃的亚当斯不加驳斥，只是说："我正式声明，假使这件事属实，那么平克尼将军把四个女人都归了他自己，因为他也骗去了我那两个。"

美国政党报刊这种"造谣诽谤，谩骂攻讦"的行径，在马克·吐温的短篇小说《竞选州长》（1870）中得到艺术再现。小说的主人公"我"，本来"声望还好"。可自打宣布参加州长竞选起，党派报刊便开始对他展开攻势，不断发表造谣、诽谤及人身攻击的报道，将一个好端端的"正派人"，一步步地描画成为"伪证犯、小偷、盗尸犯、酒疯子、舞弊分子和讹诈专家"，不妨看看小说的最后一段描写：

> 第二天早上，又有一个报纸登出一个新的恐怖事件，再度的恶意中伤，严厉地控诉我烧毁了一个疯人院，连里面的所有的病人也给烧死了，为的是它妨碍了我的住宅的视线。这可使我陷入了恐慌的境地。然后又来了一个控诉，说我曾经为了夺取我的叔父的财产而把他毒死了，并提出紧急的要求，要挖开坟墓验尸。这简直吓得我要发疯。这一切还不够，又给加了一个罪名，说我在弃婴收养所当所长的时候，曾经雇佣过一些掉光了牙齿的老迈无能的亲戚担任烹饪工作。我开

始动摇了——动摇了。最后，党派相争的仇恨所加到我身上的无耻的迫害终于很自然地发展到了一个高潮：九个刚学走路的小孩子，包括各种肤色，带着各种穷形怪相，被教唆着在一个公开集会上闯到讲台上来，抱住我的腿，叫我爸爸！

我放弃了竞选。我偃旗息鼓，甘拜下风。我够不上纽约州州长竞选所需要的条件，于是我提出了退出竞选的声明；并且由于满怀懊恼，信末签署了这样的下款：

"你的忠实的朋友——从前是个正派人，可是现在成了伪证犯、小偷、盗尸犯、酒疯子、舞弊分子和讹诈专家的马克·吐温。"①

这篇小说是马克·吐温的代表作之一，文笔幽默、讥诮，在不动声色的描绘中令人捧腹，同时集中展现了美国报刊的一系列痼疾——不仅仅是政党报刊，正如约翰·芬诺的愤激之辞所言："美国报纸是最下贱、最虚伪、最奴性、最腐败的报纸……"②

总之，政党报刊说到底是一种"观点纸"（viewpoint-paper），而不是现代意义上的"新闻纸"（news-paper）。因此，随着资本主义工商的兴盛的发展，随着工业革命的兴起，这种"观点纸"势必走向衰亡，并被一种全新的报纸所取代。这种全新的报纸，就是以刊登新闻、扩大销路、赚取利润为要务的商业报刊。对此，德国当代思想家哈贝马斯曾予以总括性的论述：

> 随着资产阶级法治国家的建立和具有政治功能的公共领域在法律上得到认可，具有意识批判的报刊业才能摆脱意识形态的压力；这时，它就能够抛弃论战立场，而真正从事商业活动，争取赢利。大概在同一个时期（19世纪30年代）内，英国、法国和美国为这种传播信念的报刊业向商业报刊业的转变铺平了道路。广告业在一个新的基础上进行核算。在每份定价大大降低、购买者数倍增加的情况下，发行人就会指望着出售自己的报纸上相应扩大的广告版面。③

第二节　别开生面的商业报刊

在这一节中，我们先分别介绍美、英、法三国的商业报刊，最后做个小结。下面先来看看美国的情况。

---

① ［美］马克·吐温：《竞选州长》，张友松译，7～8 页，北京，人民文学出版社，1979。
② ［加］哈罗德·伊尼斯：《帝国与传播》，何道宽译，169 页，北京，中国人民大学出版社，2003。
③ ［德］哈贝马斯：《公共领域的结构转型》，曹卫东等译，221 页，上海，学林出版社，1999。

一、美国三大便士报

1. 本杰明·戴和《纽约太阳报》（1833）

美国政党报刊的"黑暗时期"，到 1833 年《纽约太阳报》（*New York Sun*）创刊之际而告结束。《纽约太阳报》的零售价是一分钱或一便士（penny），故称"便士报"，又称"廉价报纸"。"当时的纽约报纸都卖 6 便士一份—— 一个相当可观的收费，当时美国非农业工人每天的平均工资约 75 美分。"[①] 这种廉价的报纸，其实就是商业报刊的先声。

这份由本杰明·戴（Benjamin H. Day）创办的报纸，并非美国的第一份便士报，在它之前已有三家同类报纸，不过寿命短暂。之所以把《纽约太阳报》视为美国商业报刊诞生的标志，是因为它是第一张获得成功的"廉价报纸"或"便士报"。《纽约太阳报》的成功，从新闻业务上看大致归因于两点：第一，改进报道内容；第二，革新发行方式。

先谈第一点。《纽约太阳报》一扫政党报刊死气沉沉、长篇大论的做派，而改为大量刊登富有人情味的社会新闻、公众关心的本地新闻以及耸人听闻的黑幕新闻。本杰明·戴在《纽约太阳报》的创刊号上宣称：本报的宗旨，"是在每个人都能支付的价钱下，将一天中发生的所有的新闻奉献在公众面前，同时也给刊登广告提供一个便利的工具"。[②] 为了加强耸人听闻的内容，本杰明·戴还特意聘请了一位擅长报道黑幕的英国记者乔治·威斯纳（George Wisner），并在报上辟出一个专栏——"警察局"，专门发表一些凶杀、犯罪、审讯等方面的消息：

> 威斯纳文笔犀利，生动活泼，他笔下的世界是用街巷土话、犯罪和闲言组成的世界。威斯纳大胆指责旧式报刊见长唠叨，枯燥无味，并公然拒绝去迎合那些文化精英们的兴趣爱好，于是，旧的商业报刊编辑纷纷对《太阳报》冷嘲热讽，斥之为粗俗、堕落。但时隔不久，这些编辑也认可了这些粗俗化的东西，并且加以采用。[③]

下面我们解剖一期《纽约太阳报》，具体看看它的报道内容。这一期共四版。头版是一篇长篇报道，大讲一对郎才女貌的青年男女如何相爱，又如何受到家庭干涉，最后又如何私奔的故事，这篇"爱情故事"占了整整一版。第二版先是一篇"惊人事故"的报道，说一个年仅 19 岁的小伙子，在矿井塌方时被活活埋在地底深处，而这个小伙子本来再过一个星期就要举行婚礼，正陶醉在幸福的憧憬之中。这真是一篇充满人情味的报

---

① ［美］罗杰·菲德勒：《媒介形态变化》，明安香译，56 页，北京，华夏出版社，2000。

② ［美］J. 赫伯特·阿特休尔：《权力的媒介》，黄煜等译，53 页，北京，华夏出版社，1989。

③ 同上，54 页。

道，而这类报道正是《纽约太阳报》赚人眼泪的"常规武器"。第二版上除了这篇令人心痛的东西外，还有一些轻松幽默的内容。比如，有则消息说监狱值勤夜间听到可疑声响，以为犯人要越狱，赶忙拉响警报。当警察们手忙脚乱赶来时，结果却是一场虚惊，原来可疑的声响是由笼子里的松鼠发出来的。第三版、第四版主要刊登广告。《纽约太阳报》的收入就是靠大量的广告。从这些报道内容看，《纽约太阳报》的取材多为人间琐事，由于注重人情味、趣味性和幽默感，自然远比政党报刊具有吸引力，所以十分畅销。刚创刊的时候，发行量只有 1 000 份，半年后就达到 8 000 份，到 1839 年则为 5 万份。戴创办《纽约太阳报》之际年仅 22 岁，不名一文，而到 1838 年他将报纸盘给内弟时，售价则达 4 万美元，"他是大大小小依靠办报发财致富者中的第一人"（阿特休尔）。[1]

为了吸引读者，刺激销量，《纽约太阳报》还不惜编造假报道。1835 年，本杰明·戴聘用了一位作家里查德·洛克（Richard A. Locke），即英国那位哲人约翰·洛克的旁系后代：

> 这位作家说什么南非有位教授正在建造世界上最大的望远镜。《太阳报》报道说，这台望远镜功率极大，能使人看月亮表面像近在咫尺。有关这台望远镜建造工作进展的定期报道引起了读者的极大兴趣。最后，《太阳报》报道说这一工程已完成。有关首次观测结果的报道提到了奇异的植物。接着，这位教授宣布他能看到月球上人的足印。到这时，一家敌对报纸揭露出整个报道是一个骗局。

这一持续一周的连续报道，被称为"月球骗局"，《纽约太阳报》由此一跃成为销量最大的报纸，每天印十小时仍供不应求，许多读者甚至伫立街头等待报纸。这场月球骗局被揭穿后，公众并不愤恨，反倒觉得有趣。这件事已开商业报刊制造假新闻招揽读者的风气，危害深远，流恶无穷。

便士报虽以软新闻为主，但并不意味着只关心风花雪月，不操心国计民生。相反，在一些重大的"政治"问题上，它们一样立场坚定，旗帜鲜明。比如墨西哥战争期间，《纽约太阳报》就发表了一篇赤裸裸的沙文主义社论。这篇刊载于 1847 年 10 月 22 日的社论，宣扬美国扩张时代的所谓"命定论"，认为墨西哥人的种族"完全习惯于被征服，倘若他们十分清楚我们星条旗的出现会使他们受益匪浅的话，那我们教给他们唯一的新东西就是：我们的胜利将给被征服者带来自由、安全和繁荣。一切为了解放，为了尊严，而不是奴役和屈辱——这就是我们的使命。"[2] 显然，这样的言论十分投合当时美国国内的民族主义意识和情绪。

---

[1]　[美] J. 赫伯特·阿特休尔：《权力的媒介》，黄煜等译，53 页，北京，华夏出版社，1989。
[2]　同上，47 页。

上面是《纽约太阳报》获得成功的第一点原因，即改进报道内容。下面再来看看第二点原因，即革新发行方式。以往的报刊多靠订阅，往往一订一年，订费昂贵，普通人大都负担不起。而《纽约太阳报》则首创街头零售方式，而且零售价只有一分钱，低得无法再低。试想一下，面对这样一份别开生面、轻松有趣的报纸，再窘迫的读者也不至于为一分钱而踌躇吧。另外，本杰明·戴还用折扣的办法来刺激报贩的积极性。他卖给报贩 100 份报纸，只收 67 分钱，也就是说，报贩每卖掉 100 份《纽约太阳报》，自己就可赚得 33 分钱，卖得越多自然也就赚得越多。这样一来，报贩们怎不使出浑身解数，扯着嗓子拼命叫卖？发行方式的革新，还导致报纸版面的改进。因为靠订阅发行的报纸，自然不大关心版面的美观问题，这就像父母包办的婚姻，只要订了婚，美不美到时都得娶进门。而现在实行街头零售，就不能不考虑版面的吸引力了，这就像自由恋爱，只有新颖美观的版面，才会使读者"一见钟情"，解囊争购。

总之，《纽约太阳报》的创刊极其成功，是西方新闻传播史上的一场革命性变革，它带来的一系列新闻理念、报道方式、经营之道等，都对新闻传播事业产生深远影响。F. 莫特曾用"太阳东升"，一语双关地说明其历史地位：一方面指《纽约太阳报》的创刊本身，另一方面也指它驱散美国政党报刊的"黑暗"。阿特休尔甚至把《纽约太阳报》创刊的 1833 年 9 月 3 日，确定为大众媒介的起始之日。[①] 他在论及此事时写道：

> 查理（指法国国王查理十世，1830 年巴黎爆发革命后逊位——引者注）倒台的三年之后，大西洋那边的纽约市发生了一件大事，它的悄然来临促使新闻媒介在社会事务中占据了主要的地位，它的冲击力非同小可，远远超过了下院代表或革命巴黎之街的戏剧性场面。这一事件就是：首次出现了一份售价低廉的报纸，使全体人民实际上都能购买，它预示着"大众媒介"时代的诞生，并使有关新闻媒介的信念遍布世界天涯海角。[②]

本杰明·戴曾将一个慕名前来投效的人拒之门外，没料到这个人后来自己创办了一张一分钱报纸，而且办得也很成功。这个人就是美国第二大便士报《纽约先驱报》的发行人詹姆斯·戈登·贝内特。

2. 詹姆斯·戈登·贝内特和《纽约先驱报》（1835）

在新闻史上，詹姆斯·戈登·贝内特（James Gordon Bennett），常被看成魔鬼式的人物，而他则喜欢把自己比作报界的拿破仑。他的一句名言流传甚广，几乎成为西方记者的座右铭：记者半是外交家，半是侦探。

---

① ［美］J. 赫伯特·阿特休尔：《权力的媒介》，黄煜等译，41 页，北京，华夏出版社，1989。

② 同上，40 页。

詹姆斯·戈登·贝内特

《纽约先驱报》

贝内特原是英国人，后来受《富兰克林自传》的影响而移居美国。他曾多次办报，均以失败告终。最后于 1835 年创办的《纽约先驱报》（*The New York Herald*），终于获得成功。其成功之道无非是仿效《纽约太阳报》的耸人听闻做派，并在低级趣味上变本加厉，最后使得他的报纸成为当时"世界上最耸人听闻、最黄色和刺激性最强的报纸"①，以至于许多人买到《纽约先驱报》都不敢带回家去看。比如，贝内特曾倾注全力报道一件轰动一时的谋杀案——一个臭名昭著的花花公子杀了一名美貌动人的妓女，这类货色无疑很吸引公众的眼球。结果开庭审理这起谋杀案时，好奇的公众拥挤在法庭内外，弄得秩序大乱，而这时《纽约先驱报》又"坐山观虎斗"，津津有味地报道这场由它引发的骚乱：

> 市长——法警，全都出动恢复秩序——结果全都无济于事。室外暴雨如注——室内暴民逞凶；法官们和其他官员们当即离庭；鲁宾逊（即花花公子——引者注）也被带下法庭。这期号外付印之时，当局正试图清除法庭上的暴民。
>
> ……
>
> 我们将进一步提供最后一刻的情况……这场血淋淋的戏剧的神秘性仍在增加——增加——增加——。②

---

① ［美］约翰·霍恩伯格：《西方新闻界的竞争》，魏国强等译，34 页，北京，新华出版社，1985。
② ［美］埃默里等：《美国新闻史》，苏金琥等译，167 页，北京，新华出版社，1982。

凭着这类报道，《纽约先驱报》的发行量也一再飙升，后来超过《纽约太阳报》，成为"一张最典型最成功的便士报"（阿特休尔）。[①]

由于《纽约先驱报》大量报道庸俗无聊的社会新闻，甚至肆意侮谩宗教人士，于是日益引起保守人士的强烈反感。1840年，纽约的几家报纸就联手对贝内特及其《纽约先驱报》展开一场"道德战争"。参战者包括政坛要人、财界大亨、报纸主编、宗教人士以及其他社会名流，大家一致斥责贝内特是报界的败类。起初，贝内特对这一运动还满不在乎。比如，有人说他是个小贩时，他就用调侃的语气回击说："我现在是而且过去也是小贩，我承认这一点；不过，不是兜售针头线脑的小贩，而是贩卖思想、感情、崇高原则和学术真理的小贩。"后来，这场持续数月的道德战争使《纽约先驱报》的销量锐减三分之一，弄得许多广告客户都不愿在该报上继续刊登广告，贝内特这才感到众怒难犯，而不得不对以前的煽情手法略加收敛。

另外，贝内特又不只是一个可憎的"魔鬼"，按照所谓专业主义的标准，他对新闻事业的发展也不无建树：

> 班内特（即贝内特——引者注）第一个宣称"客观性"是他的办报目标。他告诉读者说："我们将竭力提供所有与公众有关以及内容适宜的事实，摈弃冗长啰唆和添油加醋的东西。"他反对附庸风雅或装腔作势的文风，"决不矫揉造作"是他的座右铭……正是《先驱报》采用了现代新闻事业的一套标准做法，班内特首创了记者"报道独家新闻"的做法，他派记者到华尔街去报道有关国家金融机构的"内幕"，设立了报纸编辑部并且调遣记者奔赴远方城市采写新闻……他指出：
>
> 书籍有它的全盛时期，戏剧有它的全盛时期，宗教的教堂也有它的全盛时期，然而，在伟大的人类思想与人类文明运动中，报纸能够凌驾于这一切之上。[②]

所以，他的一位传记作者称他是美国第一个真正的记者，人们一致认为，他"创造了一种观点——报纸主要是新闻，而不是评论意见的供给者"。

贝内特刚创办《纽约先驱报》时条件非常简陋：编辑部是租来的一间地下室，办公桌是两个油桶上搭的木板，开业资金仅五百元，全部工作人员就他一个光杆司令。而到他去世时，他已是腰缠万贯的富翁了。贝内特死后，他的儿子小贝内特接班成为《纽约先驱报》的主人。小贝内特是个挥霍无度、行为怪诞、狂妄傲慢的人。有一次，他请人列出一份《纽约先驱报》骨干分子的名单，而他拿到这份名单后便将上面人员悉数解雇。他自己长年逗留巴黎，为此常常将纽约的编辑召到巴黎议事。有时候，编辑们奉命

---

① ［美］J. 赫伯特·阿特休尔：《权力的媒介》，黄煜等译，61页，北京，华夏出版社，1989。

② 同上，61～62页。

千里迢迢赶到巴黎，他却一面不见又将人家打发回去。① 更令人不可思议的是，他在巴黎创办的《纽约先驱报》姊妹报《巴黎先驱报》，从 1899 年 12 月 27 日起，每天坚持在社论版上刊登一封署名"费城老太太"的来信，一直到 1918 年 5 月 16 日，即小贝内特 77 岁生日的第六天和去世后的第三天——他同老贝内特一样都是享年 77 岁。这封重复刊登 6718 遍的读者来信很短：

> 《巴黎先驱报》主编：
>
> 　　我迫切希望弄明白怎样能把摄氏温度度数换算成华氏度数，以及怎样把华氏度数换算成摄氏度数。换句话说，我要知道，当看到温度计上的摄氏度数时，怎样才能在华氏温度计上找到它的度数。
>
> 一位费城老太太
一八九九年十二月二十四日于巴黎 ②

在这一怪人统治下，《纽约先驱报》日趋没落，到 1918 年小贝内特去世时已是奄奄一息。不过，小贝内特组织过几次轰动性的报道，给世人留下难忘印象，其中最著名的是斯坦利深入非洲腹地寻找利文斯通的报道。亨利·M. 斯坦利（Henry M. Stanley），是一位杰出的自由撰稿人，被小贝内特聘为《纽约先驱报》的国外巡回记者。戴维·利文斯通（David Livinstone）是英国的一位传教士，在非洲从事探险和传教活动，后来神秘失踪。他的失踪引起西方各国普遍关注，有关他的传闻不断涌现。小贝内特觉得这是个绝好机会，便在巴黎召见斯坦利，命令他不惜一切代价去探明利文斯通的踪迹。当斯坦利面有难色地告诉他，这可能会耗费一大笔金钱，而且可能一无所获时，挥金如土的小贝内特不耐烦地说："现在就去取出一千英镑。花完这些钱后，再去取一千英镑，这笔钱花完后，再取出一千英镑，花完这笔钱后，再取一千英镑，以后花完再取。但是必须找到利文斯通！"③

就这样，斯坦利开始了他的艰难旅程。其间，斯坦利不断地发回有关报道，《纽约先驱报》上频繁出现斯坦利和利文斯通的名字。所以，当他历经千辛万苦，经过两年多搜寻，最后终于在非洲的一个原始部落中找到若无其事、安然自得的利文斯通时，自然引起轰动。他的报道简直成为一条爆炸性的新闻，许多人将信将疑，有的甚至嘲笑说："也许是利文斯通找到了斯坦利吧。"直到《纽约先驱报》登出利文斯通给小贝内特的一封亲笔信，人们才打消疑虑。这件事情在新闻史上非常有名，不妨说它是商业化报刊不

---

① ［美］约翰·霍恩伯格：《西方新闻界的竞争》，魏国强等译，131～132 页，北京，新华出版社，1985。
② 同上，369 页。
③ 同上，128 页。

择手段"制造新闻"的一个最早，也最典型的事例，同时它也开了系列报道的先例。

3. 霍勒斯·格里利和《纽约论坛报》（1841）

《纽约论坛报》（*New York Tribune*），与上面两份报纸完全不同：如果说《纽约太阳报》和《纽约先驱报》属于大众报纸，那么《纽约论坛报》则属于高级报纸。换言之，《纽约太阳报》和《纽约先驱报》都致力于报道的刺激和轰动，而《纽约论坛报》则一向以内容严肃、格调纯正著称。其创办人霍勒斯·格里利（Horace Greeley）曾经告诫《纽约论坛报》的记者："不要描写性地胡说八道！对这种东西我厌恶极了！"他还在《纽约论坛报》上公开指责《纽约太阳报》和《纽约先驱报》等廉价报纸的庸俗堕落：

霍勒斯·格里利

> 《便士报》热衷于对蛰伏在社会内部恶魔般的欲望煽风点火。它们也许不会被指责犯有谋杀罪，但是，它们的的确确是犯了制造谋杀者这种更恶劣的罪行。[1]

他创办的《纽约论坛报》，是想"增进人民的利益，提高他们的道德良知、政治素养和社会福利水平"。[2] 他在论及《纽约论坛报》的宗旨时写道：

> 它将摒弃许多著名便士报上的不道德的、下流的警察局新闻、广告和一些其他材料。我们将尽瘁心力把报纸办成赢得善良的、有教养的人们嘉许的、受欢迎的家庭常客。[3]

《纽约论坛报》的成功，第一次雄辩证明：不用耸人听闻、庸俗低级的煽情手法，照样可以办出一张世人倾心的报纸。

格里利出身贫寒，天赋过人，年仅五岁就通读《圣经》。成年后，又投身政坛，青云直上，成为纽约辉格党的三巨头之一。1841年，在辉格党总统哈里森宣誓就职前不久，格里利受到几位辉格党朋友的鼓励，创办了《纽约论坛报》，不久又出版了《论坛周刊》——《纽约论坛报》的精华汇编。《纽约论坛报》的销量虽然始终赶不上《纽约太阳报》和《纽约先驱报》，但《论坛周刊》创下20万份的空前纪录，使得格里利的名

---

① [美] 梅尔文·德弗勒：《大众传播通论》，颜建军等译，285页，北京，华夏出版社，1989。

② [美] J. 赫伯特·阿特休尔：《权力的媒介》，黄煜等译，60页，北京，华夏出版社，1989。

③ 张隆栋、傅显明主编：《外国新闻事业史简编》，69页，北京，中国人民大学出版社，1989。

字家喻户晓。在美国开发西部的热潮中，《纽约论坛报》提出的一句响亮口号，让许多做着美国梦的人激奋不已——"小伙子，到西部去！"在这种口号的感召下，在福斯特的名曲《苏珊娜》的歌声中，开发西部的洪流向着太平洋浩浩荡荡一路涌动。无怪乎人们认为，《纽约论坛报》具有"美国过去没有的，以后也没有的一种权威"。

《纽约论坛报》的最大特点就在于"论"，其威信与影响主要来自评论，格里利的办报旨趣也在于评论，美国报刊上的"评论版"就是由他首创的。格里利是个社会改良主义者，信奉傅立叶的空想社会主义。他希望用改良的方式医治资本主义的弊端，以实现他所向往的"慈善的资本主义"。为此，格里利撰写过许多社论，解释空想社会主义理论。从 1852 年到 1862 年，他还聘请马克思担任《纽约论坛报》的英国通讯记者，在此期间马克思和恩格斯为《纽约论坛报》撰稿多达五百余篇：

> 马克思驾驭文字的能力无比高超，在政论家里，很少有人能同他媲美。
>
> ……
>
> 他和他的朋友兼助手弗里德里希·恩格斯在伦敦为霍勒士·格里利的《纽约论坛报》撰写了十年的稿件。此举不仅给美国读者提供了具有远见卓识的有关世界政治事务的文章，而且也在生活中帮助马克思解了燃眉之急，为流亡到英国伦敦的马克思和马克思全家提供了生计……在 1852 年至 1862 年，马克思和恩格斯共为《论坛报》写了 487 篇文章，每篇稿酬为一英镑（约合当时的 5 美元）……他的所有文章均用英语写成，其中绝大部分是对欧洲政治事务的分析……他的这些报道林立于分析性新闻年代最佳作品之行列。[①]

马克思也曾称赞《纽约论坛报》为"民主社会主义的报纸"。[②] 这里，我们来看一段马克思关于第二次鸦片战争的时评，题为《英人在华的残暴行为》，刊于 1857 年 4 月 10 日《纽约先驱论坛报》：

> 广州城的无辜居民和安居乐业的商人惨遭屠杀，他们的住宅被炮火夷为平地，人权横遭侵犯，这一切都是在"中国人的挑衅行为危及英国人的生命和财产"这种站不住借口下发生的！
>
> 可是英国报纸对于旅居中国的外国人在英国庇护下每天所干的破坏条约的可恶行为是多么沉默啊！非法的鸦片贸易年年靠摧残人命和败坏道德来充实英国国库的事情，我们一点也听不到。外国人经常贿赂下级官吏而使中国政府失去在商

---

① ［美］J. 赫伯特·阿特休尔：《权力的媒介》，黄煜等译，104 ～ 110 页，北京，华夏出版社，1989。
② 《马克思恩格斯全集》第 5 卷，596 页，北京，人民出版社，1958。

品进出口方面的合法收入的事情，我们一点也听不到。对那些被卖到秘鲁沿岸去充当连牛马都不如的奴隶以及在古巴被卖为奴的受骗的契约华工横施暴行"以致杀害"的情形，我们一点也听不到。外国人常常无耻地欺凌性情柔弱的中国人的情形以及这些外国人在各通商口岸干出的伤风败俗的事情，我们一点也听不到。①

格里利除了宣传改良主义思想外，还身体力行地把《纽约论坛报》源源赚来的钱，除给自己留下很小一部分，全部分给其雇员。所以，人们亲切地称他"霍勒斯大叔"。

这里需要说明，《纽约论坛报》虽以评论为特色，但它同政党报刊毕竟不同。首先，政党报刊是政党的机关报，而《纽约论坛报》则是一份独立经营的报纸，所以尽管他本人属于辉格党，但正如其自传所述："记者对于他信奉的政党可以公开地、真诚地宣扬它的原则和评论它的措施，但是对于特定问题应能坦率地表示不同意见，对于该党的不胜任或（更坏的）无独立性的候选人甚至可以加以谴责。"其次，在内容上，政党报刊主要是发表观点，而《纽约论坛报》除了评论外，还大量报道各类新闻，甚至刊登流俗的犯罪新闻，"格里利除了提供大量政治性消息外，也刊登犯罪报道和闲言琐闻"。②

前面曾说到小贝内特派斯坦利寻找利文斯通的故事，此事过去几年后，1887年长住巴黎的小贝内特就创办了一份《巴黎先驱报》（Paris Herald）。1920年，小贝内特去世后，美国的百万富翁弗兰克·芒西（Frank A.Munsey），购入《纽约先驱报》及其子报《巴黎先驱报》。1924年，他又想将《纽约论坛报》买下，与《纽约先驱报》合并，结果没有成功。于是，他干脆把《纽约先驱报》及《巴黎先驱报》转让给《纽约论坛报》，从而使这一合并得以实现，新的报纸名为《纽约先驱论坛报》（New York Herald-Tribune），同时，《巴黎先驱报》相应改为《巴黎先驱论坛报》（Paris Herald-Tribune）。《纽约先驱论坛报》曾是20世纪最有影响的大报之一，但因经济困难于1966年9月12日停刊，《纽约先驱报》和《纽约论坛报》一百多年的显赫历史由此告终。与此同时，《巴黎先驱论坛报》由于得到《纽约时报》《华盛顿邮报》等媒体的投资，最终保留下来，但改名为《国际先驱论坛报》（International Herald-Tribune）。这份报纸仍在出版，曾是著名的世界性大报，在180多个国家设有分部，号称"世界日报"。

格里利曾经任用和培养了一批出众的编辑、记者和报人，其中最著名、最有成就的当数查尔斯·达纳和亨利·雷蒙德。

4. 查尔斯·达纳和亨利·雷蒙德

提到查尔斯·达纳（Charles A.Dana），学过新闻的人就会想起那句名言：狗咬

---

① 《马克思恩格斯全集》第12卷，177～178页，北京，人民出版社，1962。
② ［美］J. 赫伯特·阿特休尔：《权力的媒介》，黄煜等译，60页，北京，华夏出版社，1989。

人不是新闻，人咬狗才是新闻。一般都把这句话当成达纳说的，并因此称之为"达氏新闻定义"（the Definition of Charles Dana News）。其实，这句话不是达纳本人说的，而是他在主编《纽约太阳报》时手下一位编辑说的，这位编辑名叫约翰·博加特。他的原话是："狗咬人不是新闻，因为这种事太常见了，但人咬狗就是新闻。"[①] 博加特这句话不过是一种比喻，意思是说正常事件不算新闻，只有反常事件才构成新闻。比如，"飞机准时起飞不是新闻。如果飞机坠毁，很遗憾，这就是新闻了"（戴维·布林克利）。[②] 不料，大千世界无奇不有，人间还真有"人咬狗"的事情发生，比如下面这则载诸报端的消息：

> 最近一个时期，土耳其西部的气温高达 50 摄氏度！人们被难忍的高温弄得烦躁不安，然而动物的痛苦似乎也不亚于人类，一条狗被热得在大街上不停地狂叫，为这本来就炽热的空气又增添了几分噪音。一名男子终于忍受不了这酷热和狗叫声，便发疯似地向那条狗扑过去，死死地咬住他，狗拼命地挣脱后，又被这名男子追上，狠狠地咬往，最后这条狗被男子咬伤多处，直至狗的主人闻讯赶来，才制止了这名男子。（载 1987 年《郑州晚报》）

这篇报道的标题就叫《天热人咬狗》，而这种反常的新闻也正是"达氏新闻定义"所心仪的，实际上也是美西方新闻业与新闻学所心仪的。英年早逝的新华社社长、一代中国名记者郭超人（1934—2000），20 世纪 80 年代初调到总社担任领导工作时，适逢恢复高考后的第一批十分优秀的大学生刚刚分配到新华社，包括新时代出任新华社社长的何平、曾任《新华每日电讯》总编辑的解国记等。据郭超人讲：

> 当时正值改革开放的初期，意识形态很活跃，禁锢多年的西方各种流派的观点和思潮都被介绍进来，新华出版社也在这一时期出版了许多西方新闻和传播方面的译著，这些书籍对开拓我们记者的眼界有很大帮助。但是，不久我发现了一个问题，一些年轻记者在读了这些书之后，言必称约翰·弥尔顿的"出版自由"，言必称博加特的"狗咬人不是新闻，人咬狗才是新闻"。[③]

达纳早年和格里利一样，信奉空想社会主义，他就是在一个农场搞所谓社会主义试验时遇到格里利，随后成为《纽约论坛报》的编辑。1848 年，他去欧洲采访，在伦敦结识马克思，回国后便征得格里利赞同，聘请马克思为《纽约论坛报》驻伦敦的通讯

① ［美］梅尔文·L. 德弗勒、埃弗雷特·E. 丹尼斯：《大众传播通论》，颜建军等译，443 页，北京，华夏出版社，1989。

② 同上。

③ 郑鸣主编：《关于记者：郭超人新闻思考》，32 ～ 33 页，北京，新华出版社，2010。

查尔斯·达纳

亨利·雷蒙德

员，前后达十一年。马克思还称他是自己的"老朋友"。[1]不过，在这件事情上，达纳以及格里利其实都是基于一种误解，"误以为马克思是一位傅立叶或曾在印第安纳的新哈玛内创办公社的英国企业家罗伯特·欧文式的空想社会主义者。因为当时几乎没有什么美国人能够分辨清纷繁复杂的欧洲社会主义派别"。[2]南北战争爆发后，达纳由于同格里利意见分歧而辞职，不久被林肯任命为陆军部部长助理。南北战争结束后，他又重返报坛，1868年买下《纽约太阳报》，直到去世。《纽约太阳报》真正成为一家影响广泛的大报，是在达纳时期：

> 内战结束三年之后，达纳开始主管《太阳报》，并努力摆脱威纳斯（应为威斯纳——引者注）倡导的粗俗化的写作格调，将新闻写作提高到一个较高的水平，诚如达纳所说，将之提高到"文学的小姐妹"的地位上来。达纳的《太阳报》确实达到了很高的写作标准，诸如马克·吐温和欧内斯特·海明威这样一些著名的写作能手也为《太阳报》撰文写稿。[3]

另一位出自格里利门下的报人亨利·雷蒙德（Henry J. Raymond）是《纽约时报》的鼻祖。《纽约时报》（*New York Times*）的历史，大致可分为两个阶段。第一阶段从1851年创刊到1896年阿道夫·奥克斯接办，第二阶段从奥克斯接办一直到现在。第一阶段，《纽约时报》换过几个主人，第二阶段则一直由奥克斯家族经营。第一阶段，《纽

---

① 《马克思恩格斯全集》，第17卷，433页。

② ［美］J. 赫伯特·阿特休尔：《权力的媒介》，黄煜等译，109页，北京，华夏出版社，1989。

③ 同上，61页。

约时报》还不甚突出，当奥克斯接办时几乎濒临倒闭，第二阶段才日渐获得国际性声望，并以"刊载一切适宜的新闻"（All the News That's Fit to Print）而著称（这句名言一直登在头版的报眼位置）。另外，《纽约时报》创办之初叫《纽约每日时报》（*New York Daily Times*），1857 年才改为《纽约时报》。

雷蒙德上大学时，就曾为格里利的报刊投稿，毕业后即成为格里利的首席助手，后来同格里利发生冲突，便离开《纽约论坛报》，另图发展。1851 年，雷蒙德分析纽约报界的情况后发现：《纽约太阳报》《纽约先驱报》《纽约论坛报》虽然各有千秋，但《纽约太阳报》和《纽约先驱报》的新闻过于刺激，而《纽约论坛报》的评论又过于偏激。他想，如果另辟蹊径，创办一份新闻纯正、议论平和的报纸，当会受到欢迎。于是，《纽约时报》从创刊之日起，就以严肃庄重著称，正如查尔斯·达纳所说，雷蒙德是想在《纽约论坛报》的感情冲动和《纽约先驱报》的道德沉沦两个极端之间，走一条中间道路。在雷蒙德这一办报思想指导下，《纽约时报》在新闻上力求报道客观，在社论上尽量议论持平，给人一种不卑不亢、庄重大方的印象。借用埃默里父子的概括：

> 雷蒙德的贡献在于，他培养了在公众事务报道方面的一种相当正派的态度。《时报》极少刊登人身攻击的文章，也很少以格里利所欣赏的黑白分明的形式提出问题。《时报》在笔调上，甚至在内容上都一贯保持公正，在发展仔细认真的报道技巧方面也无人能及。它还以准确取代了想当然，即使在雷蒙德热衷于政治时也不例外。[①]

雷蒙德去世后，《纽约时报》的发行人由乔治·琼斯（George Jones）接替。琼斯是雷蒙德的挚友，曾一同在《纽约论坛报》共事，后来又一同创办《纽约时报》。在他主持《纽约时报》时，办成一件轰动一时的大事，从而把《纽约时报》第一阶段的事业推向高潮。这就是《纽约时报》揭露坦慕尼协会巨额贪污案。

坦慕尼协会是民主党在纽约的组织，当时其头目是威廉·特威德（William M. Tweed）。他和手下的人，利用各种手段贪污了两亿美元。当《纽约时报》开始揭发这一骇人听闻的丑闻时，纽约绝大多数报刊都被特威德一伙收买，噤若寒蝉。格里利的《纽约论坛报》甚至指责琼斯的行为是"政治报复"。特威德为了封住琼斯的口，曾托人送给琼斯五百万美元，但被琼斯拒绝。最后，不知怎么感动了上帝，一位知情人把一包坦慕尼贪污的罪证悄悄拿给琼斯，从而使得这个丑闻终于大白于天下。结果特威德受到起诉，被逮入狱，死在狱中，而琼斯和《纽约时报》也声名鹊起，赢得敬重。

在揭露特威德的问题上，著名漫画家托马斯·纳斯特（Thomas Nast）的功劳不在

---

① ［美］埃默里等：《美国新闻史》，展江等译，128 页，北京，新华出版社，2001。

琼斯之下。纳斯特是美国 19 世纪最著名的漫画家，共
和党的标志"象"和民主党的标志"驴"就出自他的
手笔。当时，他是历史悠久、颇负盛名的《哈泼斯周
刊》（*Harper's Weekly*）记者，他用大量漫画把特威德
及其同伙的嘴脸暴露在公众面前，引起社会各界的广
泛注意。特威德曾愤愤地说道："我并不介意报纸上骂
我些什么，因为我的拥护者并不识字；但是他们能看
懂漫画，真该死！"后来，特威德被逮后，一度越狱
逃往欧洲，不料在西班牙被当地警察认出，又落入法
网。而认出特威德的警察，也是由于看过纳斯特的漫
画。这个小插曲至今仍为报刊漫画家津津乐道。

托马斯·纳斯特与《哈泼斯周刊》

揭露坦慕尼协会巨额贪污案在美国历史上是一件
大事，在新闻史上也是一个奇闻。它不仅显示了报业
的能量，同时也为后来美国报界的揭黑报道拉开帷幕，
20 世纪 60 年代的"五角大楼事件"、70 年代的"水门事件"、2004 年的"情报门事件"，
以及 2023 年西摩·赫什暴露"北溪事件"（1969 年他曾揭露"美莱大屠杀"，并获得翌
年普利策国际报道奖）等，都可从中看到其历史印迹。

二、英国的《泰晤士报》

关于美国的商业报刊，我们介绍了纽约的二大便士报，至于英国的商业报刊，只
重点介绍一家，即闻名遐迩的《泰晤士报》。因为，它的创刊不仅标志着英国商业报刊
的诞生，而且它的影响与威望更使它成为英国商业报刊无可争辩的象征。

1. 沃尔特一世

《泰晤士报》的创办人是约翰·沃尔特（John Walter，Ⅰ），又称沃尔特一世，其
子孙相继为沃尔特二世（John Walter，Ⅱ），沃尔特三世（John Walter，Ⅲ），沃尔
特四世（John Walter，Ⅳ）等。沃尔特四世以后，《泰晤士报》便转入 20 世纪英国报
业大王北岩爵士，即诺斯克利夫子爵（Northcliffe of Saint Peter）手中——时在
1906 年，到 1967 年又被加拿大报业巨子汤姆森爵士（Ray Herbert Thomson）拥有，
最后则于 1981 年落入当今世界报阀默多克（Rupert Murdoch）的掌心。2004 年 11 月
11 日，《泰晤士报》改为小报出版，截至同年 9 月其发行量为 620 870 份。[①]

---

① 《〈泰晤士报〉改小报》，载《中华读书报》2004 年 11 月 3 日 4 版。

沃尔特一世原是伦敦的一个煤炭商和保险商，因为业务失利转而从事印刷出版，做过一些小打小闹的图书买卖。1785 年创办《泰晤士报》。这一年是北美独立战争结束后的第二年，英美两国在这一年建立外交关系。所以，1985 年，英国首相撒切尔夫人在英美建交 200 周年的盛大宴会上，还对美国总统里根说道："我也愿意说 1985 年是英国著名的《泰晤士报》出版 200 周年。"

《泰晤士报》创刊时叫《每日环球纪事报》（*Daily Universal Register*），1788 年元旦改名为《泰晤士报》（*The Times*）。这里的"泰晤士"是英语"times"一词的音译，即"时代"的意思。沃尔特一世认为报纸应是时代的记录，所以就将报纸改名为"泰晤士报"，也就是"时代报"。英语中，《泰晤士报》与泰晤士河（Thames）风马牛不相干，尽管二者的汉译都是"泰晤士"。①

早期《泰晤士报》只是一张四版的揭丑小报，与其他报纸相比并无突出之处。直到沃尔特二世时，《泰晤士报》才开始崭露头角，逐渐成为一张《不列颠百科全书》自诩的世界"第一报纸"。

2. 沃尔特二世以降

沃尔特二世是沃尔特一世的次子，毕业于牛津大学。1803 年，他从父兄手中接掌《泰晤士报》。一上任，便打出"独立于党派之外"的旗号，停止接受政府的津贴。从此，开始一扫早期的小家习气，由一张平庸小报而上升为出众大报。

《泰晤士报》的"旧貌换新颜"，具有深刻的社会历史背景。客观上看，英国当时正经历工业革命，国力上升，如日中天。随着英国资本主义蓬勃发展，新兴的资产阶级迅速崛起，雄心勃勃，势力与影响不断扩大，成为支配英国的主流阶层，这个满身铜臭如同暴发户煤老板似的阶级及其欲望、野心、冷酷、强悍等本色，在 19 世纪批判现实主义作家——英国的狄更斯、法国的巴尔扎克、雨果等世界名著中，得到生动而深刻的表现，如《匹克威克外传》《远大前程》《高老头》《葛朗台》等。当此时，脱颖而出的《泰晤士报》就生逢其时地充当了这个新贵阶级的代言人。国际方面，随着大英帝国的全球扩张与殖民侵略，包括两次鸦片战争与八国联军入侵，《泰晤士报》又不失时机地争取到帝国喉舌的地位。这种国内与国外的态势，就构成《泰晤士报》长足发展的客观因素。主观上讲，沃尔特二世经营有方，也是《泰晤士报》崭露头角的因素，正如第二次世界大战的欧洲战场虽为军事家们提供了施展才华的舞台，但若没有斯大林、朱可夫、艾森豪威尔等，同样不可能演出有声有色的战争活剧。

沃尔特二世的经营之道，概括起来主要有两手。一手是不断更新生产技术，不断采

---

① 参见刘伉：《外国地名探源》，"泰晤士河"与"泰晤士报"，498～500 页，北京，星球地图出版社，1998。

用先进的传播手段。其实，无论何时何地，这都是任何媒体得以发展的不二法门，《泰晤士报》不过表现得尤为突出而已。比如，在采用先进技术更新印刷设备方面，《泰晤士报》始终一马当先：1814年首先使用蒸汽印刷机，1847年又首先使用轮转印刷机，使工效提高十倍等。这些技术上的不断更新，使《泰晤士报》在同其他报纸的竞争中一直占据有利位势。20世纪70年代末，《泰晤士报》因为又要采用更加先进的生产技术以节省人力，结果引发一场举世瞩目的劳资纠纷，致使《泰晤士报》停刊长达将近一年，这在《泰晤士报》二百多年的历史上还是第一次。另外，在采用先进的传播手段上，《泰晤士报》也不甘示弱，先后以信使、信鸽、轮渡、电报等当时最便捷的方式加快传讯速度，从而在报道重大新闻时常常捷足先登。这是沃尔特二世经营之道的第一手。

第二手就是延揽人才，重用人才。正因为有一流的办报人才，一流的编辑与记者，《泰晤士报》才有可能办成一流的报纸。得到沃尔特第二重用的人才中，最有成就的当属巴恩斯和德莱恩。他俩号称《泰晤士报》的"两大主编"，先后主编《泰晤士报》达六十余年，而这六十余年被誉为《泰晤士报》的"黄金时代"。下面就分别介绍这两大主编。

3. 声震英伦的托马斯·巴恩斯（1785—1841）

托马斯·巴恩斯（Thomas Barnes），与《泰晤士报》同年诞生，即1785年。他毕业于剑桥大学，1817年受命担任《泰晤士报》主编，直到1841年去世，共计24年。在他任主编之前，报纸老板往往一身二任——既是老板又是主编，既管报刊发行，又管采写编评。而现在主编有专人担任，自然有利于提高报纸的业务水平。

托马斯·巴恩斯的主要业绩，是把《泰晤士报》办成英国首屈一指的权威报纸。综观古往今来声名卓著的主流媒体，重要的不仅在于新闻的可靠可信、事关重大，而且更在于言论的威望与影响。巴恩斯非常重视社论，认为社论既能领导舆论，又能反映舆论。为此，他经常撰写社论，还鼓励读者来信，畅所欲言。久而久之，英国精英阶层便形成习惯，遇有重要的事情，先看看《泰晤士报》怎么说，然后再决定自己的看法。

另外，他的一大成就是大大提高了新闻人的社会地位。今天英美记者似乎神气活现，神通广大，甚至自视为"无冕之王"。然而，新闻人并非一开始就吃香走红的。恰恰相反，早期新闻人大都处于"下九流"。比如，英国17世纪的报业先驱巴特，就是"贫困而死"。到资产阶级革命年代，新闻人的地位算是由下九流升到"中九流"，进入中产阶层了。不过，上流社会对新闻人的态度，依然常常满含轻蔑与鄙视。1829年，一位英国爵士还劝他的朋友说："你同任何报纸发生联系都是耻辱和堕落。"直到托马斯·巴恩斯主编《泰晤士报》后，新闻人才终于从芸芸众生中脱颖而出，成为声名赫赫的所谓"第四等级"（the forth estate）。什么是"第四等级"呢？前面提到过，在英国历史上，国会新闻曾被长期禁止报道。英国新闻界为此进行了旷日持久的斗争，直到

1771 年才终于获准报道国会新闻。从此，国会便专门设了一个记者席。有一次，英国政治家爱德蒙特·伯克（Edmund Burke），在国会发言时说道：国会中有三个等级，但是在记者席上坐着一个第四等级，它比那三个等级都重要。从此，"第四等级"便流传开来，成为新闻界的代名词。美国有本很有影响的新闻业务杂志，名为《编者与出版者》（Editor & Publisher），每期封面上就印有一行小字——"第四等级"。

巴恩斯堪称第四等级的典型，也可以说是英国第一个无冕之王，当时可谓威风八面，声震英伦。1834 年，大法官林德赫斯特勋爵（Lord Chancellor Lyndhurst），就称他是"国内最有权势的人"（the most powerful man in the country）。英国首相也曾半是疑惑半是妒忌地惊呼："为什么巴恩斯是国内最有权势的人！"在巴恩斯手下，《泰晤士报》仗着天时地利迅速崛起，成为英国首屈一指的权威报纸。尤其是它的社论更是一言九鼎，既能决定官员的升迁，又能决定政党选举的成败，甚至能使其他国家的内阁倒台，正如有人所说："假如《泰晤士报》给一个内阁宣判死刑的话，那么很快就会执行的。"为此，巴恩斯被人称为"朱庇特"（the Thunderer）。这是罗马神话里的众神之王，即希腊神话里的宙斯，常用来象征威严有力的事物。

4. 称雄世界的约翰·德莱恩（1817—1879）

约翰·德莱恩（John Thadeus Delane）是沃尔特二世的校友，都毕业于牛津大学。他与托马斯·巴恩斯并称为《泰晤士报》的两大主编，而他俩的生辰似乎带有某种神秘的巧合：巴恩斯恰巧是在《泰晤士报》问世的那年出生的，德莱恩又恰巧是在巴恩斯担任主编的那一年诞生的。巴恩斯担任主编 24 年，死后即由德莱恩接替主编职务。所以，德莱恩当《泰晤士报》主编时才 24 岁。

当德莱恩得知自己授命担任主编后，欣喜若狂，难以自持，激动得跳进自己的房间，独自大声嚷道："啊！约翰，你知道发生了什么事情吗？……我已经做了《泰晤士报》的主编了！"那种狂喜之情、得意之状，真如范进中举！这种欣喜若狂的表现，也不难理解。因为，那时受过良好教育的英国上流社会知识分子，把做《泰晤士报》主编和伊顿公学校长，视为个人奋斗的两座顶峰。英国的所谓"公学"（public school），实际是私立中学，主要接受上流阶层的子女，是典型的英国绅士的摇篮。英国历史上许多名人，包括新闻史上的弥尔顿、艾迪生、斯梯尔等，都毕业于英国的九大公学。而在九大公学中，伊顿（Eton）公学又是佼佼者。那位在滑铁卢打败拿破仑的惠灵顿公爵说过："滑铁卢之战，是在伊顿公学运动场上打赢的。"所以，

約翰·德莱恩

做伊顿公学的校长和《泰晤士报》的主编，成为许多英国精英的梦想。而德莱恩年仅24 岁便任《泰晤士报》主编，能不惊喜交加，近乎失态吗？

德莱恩从 1841 年上任，直到 1877 年自觉精力不济而告退，执掌《泰晤士报》长达36 年。假如说巴恩斯使《泰晤士报》声震英伦，那么德莱恩则使《泰晤士报》名扬四海。换句话说，巴恩斯使《泰晤士报》成为英国的"第一报纸"，而德莱恩则使它成为19 世纪世界的"第一报纸"。1861 年，林肯总统在接见《泰晤士报》的名记者拉塞尔时说道："伦敦《泰晤士报》是世界上最强大的力量之一，而事实上，除了密西西比河以外，我也不知道还有什么东西的力量能比它大。"[①] 巴恩斯担任主编时，《泰晤士报》在国内建立了通讯员与记者网；而到德莱恩担任主编时，它又在国外建立了通信网络。当然，《泰晤士报》由英国第一报纸成为世界第一报纸，归根到底还在于当时英国横行世界、飞扬跋扈的帝国实力。德莱恩主编《泰晤士报》的三十余年，正值维多利亚女王当政。维多利亚女王在位期间（1837—1901），英国完成了工业革命，经济飞快发展，国力迅速增强。与此同时，大肆向外扩张，建立了一个比英国本土大 150 倍的空前殖民帝国，即所谓大英帝国。由于大英帝国的领土遍及全球，所以号称"日不落的国家"。"普天之下，莫非王土，率土之滨，莫非王臣"（《诗经·小雅·北风篇》）的帝王梦，在人类历史上只有维多利亚女王才第一次真正得以体验。所以，她在位期间被称为英国历史上的"黄金时代"。而英国的这个"黄金时代"与《泰晤士报》的"黄金时代"基本吻合，绝非巧合，它恰好说明《泰晤士报》与大英帝国血肉相连的密切关系。关于这一点，维多利亚时代两度出任英国首相的作家迪斯累利早已点明。他说：英国派往各国首都的大使有两名，一名是女王派的，一名是《泰晤士报》派的。所以，《泰晤士报》的驻外记者被称作"第二大使"。1883 年，一位身兼《泰晤士报》记者的英国领事，在喀土穆给英国的母亲写的信，为此提供了一个具体的物证：

> 我作为英国领事和《泰晤士报》的记者对当地的影响之大一定会使你惊讶。这里的老百姓高度评价《泰晤士报》的权力，他们说："是《泰晤士报》而不是欧洲罢免了伊斯梅尔帕夏（这点确实说对了）。"他们还说："如果这家报纸能够更换一位埃及总督，为什么不可以更换另一个呢？"[②]

总之，正如美国哥伦比亚大学新闻学院的霍恩伯格教授所概括的："在维多利亚时代中期，《泰晤士报》的影响正接近顶峰。它是当时世界上势力最大的报纸，是短暂的新闻独立史上的一部无与伦比的宣传机器。"[③]

① ［美］约翰·霍恩伯格：《西方新闻界的竞争》，魏国强等译，91 页，北京，新华出版社，1985。
② 同上，175 页。
③ 同上，67 页。

《泰晤士报》的赫赫声威、"无冕之王"和"第四等级"的回天之力及《泰晤士报》为大英帝国海外扩张充当急先锋的作为，都在《泰晤士报》的名记者拉塞尔采访报道克里米亚战争中得到最充分的展现。

5. 英国战地名记者——威廉·霍华德·拉塞尔（1820—1907）

威廉·霍华德·拉塞尔（William Howard Russell）是第一个著名的战地记者，实际上也就是第一个著名的专业记者。他的出现及作为，在历史上象征着一个转折。在他之前的所谓记者，其实都是一些业余人士，往往无名无姓，如新闻信的作者、旅行家、探险家、信使、文人、报人等。而拉塞尔不仅是专职记者，其工作就是采集新闻，报道新闻，而且由于表现出色，作用突出，成为声名远扬的新闻人，记者的社会地位由此也得到相应提高。"记者作为某种民间英雄开始出现，他们以民主的名义，在事发现场无所畏惧地发掘事实真相，这一神话可以说就源于这个时期。"① 从这个时候开始，新闻的竞争日趋激烈，抢夺所谓"独家新闻"（scoop），也就成为西方记者的最高目标，且不论社会政治目标及其价值。

威廉·霍华德·拉塞尔

拉塞尔一生主要以采访军事新闻著称。他在克里米亚战争中崭露头角，赢得声望，后来又相继采访报道过南北战争、普法战争等。在采访南北战争期间，还受到林肯总统的接见。所以，如果把拉塞尔一生的军事记者生涯比作一个作家的全部作品，那么其成名作及代表作就是克里米亚战争。克里米亚战争是 19 世纪中叶，欧洲列强在黑海的克里米亚半岛进行的一场扩张争霸之战。交战双方是英法与沙俄，最后以俄国战败告终。这场不义之战还同一位巾帼有关，她就是护士之祖南丁格尔（Florence Nightingale）。南丁格尔是英国人，创办了世界上第一所护士学校，对现代护理学的建立与发展作出首屈一指的贡献。为此，她的生日 5 月 12 日，便被定为"国际护士节"。而南丁格尔，就是在克里米亚战争中崭露头角的。当时她出于人道主义精神，组建了一支志愿护士队，在战地医院服务，成绩出色。从此，南丁格尔便开始其一生的护士生涯，成为现代护理工作的创始人，赢得与红十字会创始人杜楠同等的国际声望。这些都是人所熟知的，但是恐怕很少有人知道促使她奔赴克里米亚前线，从而拉开她一生事业序幕的，正是《泰晤士报》及其战地记者拉塞尔的报道。

---

① *The New Encyclopedia Britannica*, 15th Edition, 1986, Volume 26, p.477.

克里米亚战争爆发时，英军由于医护条件恶劣，许多伤病员得不到及时治疗和妥善护理，甚至"病人照料病人，生命垂危的人照料生命垂危的人"。[①] 再加上部队给养不足，天气恶劣，英军士兵饥寒交迫，苦不堪言。作为《泰晤士报》的随军记者，拉塞尔及时发回一系列报道，披露了这些触目惊心的严酷事实。他在一篇报道里，禁不住愤愤写道：

> 现在大雨瓢泼——天色像墨水一样黑——大风在摇摇欲倒的帐篷上呼啸——战壕变成了排水沟——帐篷里的水时而达到一英尺深——我们的士兵既没有保暖的服装，也没有防水的衣服，——他们陷入冬季战役的不可避免的苦难之中——然而似乎没有一个人去关心他们的冷暖，甚至他们的生命。虽然这些都是冷酷无情的事实真相，但是英国人民应当听到这些情况。他们应当知道，据国内当局得意扬扬地向我们做的保证，在这里为祖国作战的英国士兵是欧洲最优秀的部队；但是与他们相比，成天在风雨中流浪于伦敦街头的可怜的乞丐过的却是王子的生活。[②]

与英国远征军的士兵相比，狄更斯笔下的"雾都孤儿"过的都是王子的生活——这是何等鲜明的对照！这些令人震惊的报道在《泰晤士报》上一刊出，英国朝野为之哗然。南丁格尔就是在读到它们，尤其是看了拉塞尔所写的，"在我们中间难道就没有肯献身的妇女能够并且乐于站出来帮助那些有病痛、苦难缠身的士兵吗"这样一些富于感召的话后，才毅然组建起一支有 38 名妇女参加的志愿护士队，奔赴克里米亚前线的。

除了报道英军的悲惨境况外，拉塞尔还揭露了英军统帅的无能和失误，以及由此造成的不必要伤亡的内幕。比如，他曾报道了英军统帅不顾一切，驱使部队发起的一场无异于自杀的攻势。这次进攻开始后，敌军使用密集的炮火死死封锁了一片英军必经的开阔地。当英军这支由轻骑兵组成的进攻部队第一队人马在开阔地上被打垮后，英军统帅又命令第二队接着上，第二队被消灭后第三队再继续冲。就这样，硬是前赴后继，直到全军阵亡。拉塞尔写道，虽然战士们的表现无比英勇，但这种攻势简直比堂吉诃德袭击风车还要鲁莽和轻率。这篇报道使英国沉浸于悲痛和愤慨之中，内阁大为尴尬，国防大臣甚至希望远征军用私刑处死拉塞尔。

配合拉塞尔的这些报道，主编德莱恩也调动社论，猛烈轰击政府。在这一系列左右开弓、咄咄逼人的舆论攻势下，最后议会成立了一个"特别委员会"，对政府在克里米亚战争中的失职行为展开调查。不久，内阁宣布倒台，远征军总司令也撤职换人，从

---

① ［美］约翰·霍恩伯格：《西方新闻界的竞争》，魏国强等译，74 页，北京，新华出版社，1985。

② 同上，78 页。

而避免了英军的失败。这一事件第一次显示了所谓"无冕之王"的威力，标志着英国"第四等级"的崛起。

克里米亚战争结束后，拉塞尔与南丁格尔一样都获得巨大荣誉。他回国时，首相与他共进早餐，他的母校授予他名誉法学博士学位。一天深夜，他突然从睡梦中惊醒，对身旁的妻子大声喊道："快起床，快起床，部队出击了！"原来，他还沉浸在克里米亚战争的紧张气氛中。后来拉塞尔由于报道出众，成为英国第一个被封为骑士的记者。他在接受皇家维多利亚勋章时，国王叫着他的爱称，轻轻说道："你不要下跪了，就鞠个躬吧！"

三、法国的三大廉价报纸

"19 世纪的前三分之二时间里，新闻业明显进步：报纸的数量越来越多，同时，又分为许多类型，发行量大大增加。在法国，1803 年至 1870 年，巴黎的日报发行量从 36 000 份猛增至 1 000 000 份。"[1]另外，法国每千人的日报拥有量，也从1832年的3份，上升到1870年的36份。[2]

与英美相比，法国报刊具有两大特色：如果说英美报刊追求新闻性与商业性，那么法国报刊则突出政论性与文艺性。法国的第一张报纸《法国公报》，就是世界上最早的一份政论报纸，至于风起云涌的大革命年代报刊几乎全是政论性的，如布里索的《法兰西爱国者》、马拉的《人民之友报》、埃贝尔的《杜歇老爹报》等。英雄一世的拿破仑，竟认为敌对的报纸胜过三千毛瑟枪，可见威力之巨大。到政党报刊时期，法国报刊的政论传统更被发扬光大，这一点非常典型地体现在许多刊名上，像什么《论争报》《不妥协报》《指责者报》等，看上去无不剑拔弩张，咄咄逼人。这种充满火药味的刊名，在英美的报刊上很少见到。由于政论传统源远流长、根深蒂固，法国的商业报刊虽然不再倚赖政党或政府的津贴，但内容并未像英美的商业报刊完全由政论转向新闻。相反，许多商业报刊仍以政论为主，比如下面法国三大廉价报之一《费加罗报》。

同样，法国报刊的文艺性传统也是由来已久。在法国，诞生了世界第一份文艺性刊物《法国信使》，而商业报刊也往往将文艺作为吸引读者的法宝，一些著名报刊正是通过刊登巴尔扎克、雨果、大仲马等人的作品而赢得读者，比如法国三大廉价报纸之一《世纪报》。

法国报业这一政论与文艺并重的传统，乍一看似乎不大协调，甚至互相冲突：一方面是刀光剑影，杀气腾腾，另一方面又是轻歌曼舞，谈情说爱。也许二者相辅相成，

---

① ［法］彼·阿尔贝等：《世界新闻简史》，许崇山等译，35 页，北京，中国新闻出版社，1985。
② 同上。

正体现着法兰西骑士风度。不过，法国商业报刊与英美商业报刊在一点上又是相同的，即均以廉价报纸面目出现。法国廉价报纸中，最著名的有三份：《新闻报》《世纪报》《费加罗报》，不妨称之为"法国的三大廉价报纸"。关于这种新型报刊及其缘起，法国新闻学者贝尔纳·瓦耶纳做了简明扼要的概括：

> 从 1828 年到 1881 年，工业革命顺利地通过了各个阶段，终于在第一份日报诞生一个世纪以后，使报刊成了真正的新闻报刊，内容丰富，价格低廉，消息灵通，形式也相对多样化。这个新阶段的实现，有赖于以下四个缺一不可的有利因素：技术的因素使这样的报刊成为可能；经济的因素使它有利可图；社会的因素使它拥有读者；最后，政治障碍的解除使报刊有了不受束缚、自由发展的可能，这显然是最重要的条件，但光有它也是不够的。[1]

1. 吉拉丹与《新闻报》（1836）

《新闻报》（*La Presse*）是法国第一份廉价报纸，1836 年创刊，与美国第一份廉价报纸、1833 年创刊的《纽约太阳报》类似。其创办人吉拉丹（Émile de Girardin），被称为"报界拿破仑"。他是 A. 德·吉拉丹伯爵的私生子，1828 年创办了平生的第一份报刊《猎鹰》（*Le Voleur*）—— 一份有关科学与艺术的月刊。这份杂志的售价，大约相当于当时报刊售价的 1/10。因此，发行量创下 13 万份的空前纪录，成为轰动一时的传奇。吉拉丹由此一跃成为法国社交界的重要人物，1834 年进入国民议会。

1836 年，吉拉丹以其出版廉价刊物的成功经验又创办了一份廉价报纸，这就是《新闻报》。"当时一份报纸订购一年的价钱为八十法郎"，而《新闻报》只及它的一半，即四十法郎。[2] 这份报纸同样大获成功，销量直线上升。为此，妒恨参半的《民族报》（*Nationale*）发行人阿芒·卡雷尔（Armand Carrel），还对吉拉丹及其报刊进行攻击，并要求与吉拉丹决斗。结果，吉拉丹在决斗中获胜，将对手击毙。法国一位新闻史学者甚至把这场决斗，看作商业报刊战胜政党报刊的象征，[3] 这未免言过其实。不过《新闻报》的成功，的确为法国报业带来全新转机。

吉拉丹在《新闻报》创刊号上宣称，该报无意阐发某种学说，它是不偏不倚的独

① ［法］贝尔纳·瓦耶纳：《当代新闻学》，丁雪英等译，104 页，北京，新华出版社，1986。
② ［法］彼·阿尔贝等：《世界新闻简史》，许崇山等译，46 页，北京，中国新闻出版社，1985。
③ 同上。

立报纸，旨在为民造福，等等。为此，《新闻报》一方面大量缩减政党报刊所注重的政治新闻与言论，一方面大量刊登富有趣味的社会新闻，以及有关衣食住行方面的知识性稿件。此外，《新闻报》还经常请作家为其撰稿，巴尔扎克的小说《老处女》最早就是在《新闻报》上连载的。这类文学名著提高了《新闻报》的声誉，使它在知识界也受到重视，拥有大批读者。

吉拉丹一边大力改进报纸内容，一边重视经营管理，广告方面用力甚勤。"法国报业主动地、大规模地经营广告，始自《新闻报》。"[①] 法国新闻史学者贝尔纳·瓦耶纳也认为："如果说勒诺多（即《法国公报》的创办人雷诺多特——引者注）是法国报业之父的话，那么，吉拉尔丹（即吉拉丹——引者注）无可争议地是这方面的革新者……他凭借刊登广告，增加收入的办法，降低报纸的售价，从而扩大了发行量。"[②]

2. 迪塔克与《世纪报》（1836）

迪塔克曾与吉拉丹合作办过杂志。1836 年在吉拉丹《新闻报》问世的同一天，迪塔克也创办了一份廉价报纸《世纪报》。所以，《世纪报》与《新闻报》是一对不分先后的双胞胎，都可以说是法国的第一份廉价报纸。不过，由于吉拉丹更有名望，《新闻报》更有影响，所以一般都把《新闻报》视为第一。

迪塔克的《世纪报》比起吉拉丹的《新闻报》更富于"煽情性"，内容上更着重耸人听闻，文字上更强调通俗生动，所以《世纪报》在社会中下层里拥有广大读者，销量也一直领先于比较干净的《新闻报》。

《世纪报》首创刊登小说的先例，大仲马的《三剑客》即在《世纪报》上连载。正是受到《世纪报》这一做法的启发，《新闻报》才开始连载巴尔扎克、雨果等作品，同样受到读者青睐。再往后许多报纸群起效法，纷纷刊登名家名著，一时间作家与报人仿佛成为一对难兄难弟，彼此难分难舍：报人要靠作家去招徕读者，作家要靠报人来扩大声望。

法国三大廉价报纸中，至今仍在发行并卓有影响的还数《费加罗报》。

3. 威尔梅森与《费加罗报》（1826）

《费加罗报》（*Le Figaro*）是当今法国数一数二的大报，也是全球屈指可数的名报。以前我们曾讲过约翰·梅里尔教授的"高级报纸金字塔"。这座金字塔分为四层，由世界上 100 份著名的高级报纸所构成。《费加罗报》被列入第二层，与美国《华盛顿邮报》、苏联《消息报》等平起平坐，仅次于《人民日报》《泰晤士报》《纽约时报》《真理

---

① 张隆栋、傅显明主编：《外国新闻事业史简编》，81 页，北京，中国人民大学出版社，1988。

② ［法］贝尔纳·瓦耶纳：《当代新闻学》，丁雪英等译，104 页，北京，新华出版社，1986。

《费加罗报》

报》等"一流"的高级报纸。由于《费加罗报》的读者以文化水平较高的商界人士和高级职员为主，所以又被称为"法国中上阶层的圣经"。

　　《费加罗报》创办于1826年，原名《油灯报》，是一张刊载艺术小品和逸闻趣事的讽刺小报。直到1854年亨利·德·威尔梅森（Henri de Villemesant）在此基础上创办《费加罗报》，才逐渐使之成为一张"高级报纸"。威尔梅森很懂办报艺术，他一方面在版面编排上进行改进。他认为，报纸内容如同商店货架上的商品，商品只有摆放得井然有序，才便于顾客选购，同样，报纸内容只有编排得有条有理，才便于读者阅读。因此，他将报纸版面分成新闻、社论、特写、广告等固定栏目，然后按部就班地把各类内容编排进去，显得条理整齐，一目了然。另外，他在报道内容上，大力加强耸人听闻和趣味性强的新闻。他曾说过，报纸"每天要把一块石头投入池塘"，就是说报纸每天都要刊登具有轰动性和刺激性的东西。他的这句话很形象，因而流传很广，成为廉价报纸的座右铭。

　　威尔梅森经营下的《费加罗报》，集法国报业的两大传统于一身，即文艺性与政论性并重。他除了邀请大仲马、象征派诗人波德莱尔等投寄作品外，还加强政治报道与政论，使《费加罗报》成为法国一家主要的政论报纸。这种文艺与政论并重的特色，集中体现在《费加罗报》的刊名上。法国大革命年代有位剧作家博马舍，他写过两部有名的喜剧——《塞维利亚的理发师》和《费加罗的婚礼》。与博马舍同时代的作曲家罗西尼的歌剧《塞维利亚的理发师》和莫扎特的歌剧《费加罗的婚礼》，就取材于博马舍的同名喜剧。这些戏剧中的主人公都是费加罗。他是个足智多谋，富于喜剧色彩的人物形象。他常用巧妙的、令人捧腹的办法，尽情捉弄上流社会的贵族老爷，就像阿凡提，在民间很受欢迎。所以，"费加罗"这个符号既具有批判性，又具有艺术性，以此作为刊名集中体现了《费加罗报》的特色，即文艺性与政论性并重。

四、小　结

上面分别以美、英、法三国为切片，解剖了商业报刊。现在，再对商业报刊做一总括性的透视。

1. 三大特征

第一，标榜独立。本杰明·戴在创办《纽约太阳报》时宣称：我们决定创办一个独立的报纸，我们采取独立的方针。詹姆斯·戈登·贝内特在创办《纽约先驱报》时也宣称：我们将不支持任何政党，不做任何集团的机关报……我们将致力于发表事实……发表公正无私的评论。一次，美国财政部给《纽约先驱报》送去一些广告，结果被贝内特断然拒绝。《纽约先驱报》为此还专门发表一篇社论，其中写道："我们没有必要为财政部或政府的其他部门做任何广告。我们不但现在而且将永远公开宣布，我们将不和来自政府各部门的出版物或广告发生任何关系。"[①] 英国、法国等国的商业报刊也无不纷纷挑起"独立"的旗帜，尤其是《泰晤士报》更以"力拔山兮气盖世"的威仪，确立了商业报刊的一系列准则，如报纸应对公众负责而不对某个政党或某届政府负责——其实是对主流社会与精英负责。1852 年，《泰晤士报》的主编约翰·德莱恩表示：

> 我们不能承认，报纸的目的应分担治国者的工作，也不能承认报纸受到同王国政府的部长们一样限制、一样职责和一样义务的约束。这两种权力的目的和职责永远是互不关联的，一般是独立的，有时截然相反的。新闻出版界一旦接受从属地位，其尊严和自由就会受到遏制。为了完全独立地履行其职责，从而也符合公众最大的利益，新闻出版界决不可与当代政治家结成密切的或有约束力的联盟。[②]

---

① ［美］约翰·霍恩伯格：《西方新闻界的竞争》，魏国强等译，39～40 页，北京，新华出版社，1985。
② ［爱］肖恩·麦克布赖德等：《多种声音，一个世界》，13 页，北京，中国对外翻译出版公司，1981。

第二，注重新闻。本杰明·戴在《纽约太阳报》的发刊词里写道：《太阳报》的宗旨"是在每个人都能支付的价钱下，将一天中发生的所有的新闻奉献在公众面前，同时也给刊登广告提供一个便利的工具。"①这句看似寻常的话，实际上点出了现代商业报刊的两个基本要务——发布新闻与赚取利润。利润是商业报刊的命根子，为了保住这个根本、强化这个根本，就必须用大量的、吸引读者的新闻占领市场。只有拥有一定市场份额的报纸，才能招揽广告，从而赚钱。如此看来，商业报刊上的新闻犹如手段，而谋划才是鹄的。正如美国一位报业大佬直言的，新闻不过是用来分割广告版面的东西。

不过，就新闻传播事业而言，商业报刊"注重新闻"的努力，毕竟是一项重大变革，奠定了现代媒体以提供信息为主的模式，从而对新闻事业的长足发展，对新闻专业队伍的成长壮大，以及对新闻教育与新闻研究的形成与完善，无不影响深远。试想一下，假如不是商业报刊将重心从政论转向新闻，那么现在人们从报上看到的还是连篇累牍的高谈阔论，因而也就不需要众多的、懂得新闻传播规律的专业人员，同时也就不需要开办什么新闻专业，开展什么新闻学研究了。当然，这只是一种假设，但通过这种假设可以更清楚地看到注重新闻这一转向的意义所在。

第三，企业化经营。商业报刊的所谓"独立"，首先体现于经济上的独立，而经济上的独立又体现为企业化经营。在商业报刊的先驱者看来，报业其实是一种以生产新闻为产品的企业，与其他企业一样，可以生财赢利，发家致富，而与其他企业的唯一不同之处，只在于其产品是新闻。

关于报纸的企业化、商业化及营利问题，一直啧有烦言。巴尔扎克在揭露资本主导新闻及其堕落情形的长篇小说《幻灭》（1843）中，就曾对此做过淋漓尽致的批判：

> 报纸是用说话做商品的铺子，专拣群众爱听的话向群众推销。要是有一份给驼背看的报纸，准会从早到晚说驼背怎么美，怎么善，怎么必要。报纸的作用不再是指导舆论，而是讨好舆论。过了相当时期，所有的报纸都要变成无耻，虚伪，下流，都要撒谎，甚至于行凶；扼杀思想，制度，人物；而且靠着这种行为一天天的发达。……报纸尽可干出最残酷的事，没有一个人觉得自己沾着血腥。②

比如，就在贝内特堂而皇之地宣称"独立"，义正词严地拒斥政府的广告之际，《纽约先驱报》却在为"江湖医生大力丸"大做广告，等庸医的广告撤出后，他又大骂其招摇撞骗、厚颜无耻云云。③总之，正如美国学者坦言的：

---

① ［美］J. 赫伯特·阿特休尔：《权力的媒介》，黄煜等译，53 页，北京，华夏出版社，1989。
② ［法］巴尔扎克：《幻灭》，傅雷译，330～331 页，北京，人民文学出版社，1989。
③ ［美］本·巴格迪坎：《传播媒介的垄断》，林珊等译，164～165 页，北京，新华出版社，1986。

传播媒介因为是营利企业，都具有两个重要特点。第一，它们都受"多数法则"的支配。这就是说，不管什么内容，只要能吸引最大量的顾客并赚取最多的广告收入，就是要提倡的内容。能够吸引大批顾客的内容将把不能吸引大量顾客的内容挤掉。艺术知识趣味不高的人远远多于趣味高雅的人，这并不是秘密。……第二个特点是所有权越来越集中，越来越多的传播媒介掌握在越来越少的人手中。由于传播媒介成本的上涨，越来越多的情况是大公司成为媒介的所有者。某家报纸、杂志、电视网或电影制片厂可能不是独自经营，而是某大公司或联营企业的一部分。[①]

这些问题归根结底，还在于资本主义制度的天生痼疾与基本矛盾，即私有化与社会化的冲突。

2. 三点说明

第一，商业报刊不等于大众报业。

国内外新闻学论著一般都把商业报刊与大众报业混为一谈。其实，二者多有区别。首先，从销量上看，商业报刊兴起之际，大众报业所必备的一些基本条件，如教育普及等还远未成熟，于是商业报刊的发行量虽然大大高于政党报刊，但与后来动辄百万甚至几百万的大众报业相比，实在是小巫见大巫。其次，从时间上看，商业报刊大致出现于工业革命开始时，而大众报业则兴起于工业革命完成后。从英、美、法三国的情况看，商业报刊出现于 19 世纪初，而大众报业则兴起于 19 世纪末。最后，最重要的还在于，商业报刊对新闻事业的主要贡献是将报纸的重心由政论转向新闻，而大众报业的主要贡献则是把报纸变成名副其实的大众媒介。正是基于这些区别，我们才将商业报刊与大众报业，看作 19 世纪报业的两次突变，并分两章分别加以介绍。

第二，商业报刊之兴不等于政党报刊之亡。

商业报刊的兴起虽然预示政党报刊的末路，但政党报刊并未就此完结。相反，在大众报业兴起之际，政党报刊仍然称霸报坛，蔚为壮观，用哈贝马斯的话说，"19 世纪中叶，党派报刊还占据主导地位"。[②] 当时的报界不妨说呈现着政党报刊与商业报刊分庭抗礼、平分秋色的局面，正如青尼罗河与白尼罗河在喀土穆汇流后的景象。青白尼罗河的汇流是世界著名景观，晶莹似玉的白尼罗河水与湛蓝碧绿的青尼河水汇合后，依然大路朝天，各走半边，一川河水蓝白分明，景致奇异而壮观，有一句充满诗意的话称之为"历史上最长的接吻"。而这种景象，恰似 19 世纪政党报刊与商业报刊同时并存的局面。

① ［美］梅尔文·L. 德弗勒、埃弗雷特·E. 丹尼斯：《大众传播通论》，颜建军等译，71～72 页，北京，华夏出版社，1989。

② ［德］哈贝马斯：《公共领域的结构转型》，曹卫东等译，222 页，上海，学林出版社，1999。

第三，商业报刊的独立性不等于绝对独立。

多少了解新闻学和新闻史应不难理解，绝对的独立在中外古今的新闻传播活动中，都是天方夜谭的神话或自欺欺人的鬼话。李普曼在其名著《舆论学》中就曾断言："在这个世界里，完全的独立简直是不可想象的事。"[①]比如，法国的《世纪报》虽然独立经营，在政治上却是共和党的坚定支持者。《纽约时报》的鼻祖雷蒙德声称报纸"必须是超党派的"，他的《纽约时报》也力求报道克制，议论持平，可雷蒙德本人却是老资格的共和党人，被称为共和党的"教父"，还曾协助共和党总统林肯起草过施政大纲。具有这样政治背景的人，他的报纸怎么可能绝对独立呢？独立于谁呢？《纽约论坛报》的发行人格里利，在谈到该报创刊的情况时说得更明确：我创办报纸的指导思想是一方面不当政党的奴仆，另一方面也不伪装中立。《泰晤士报》的名记者拉塞尔，之所以在采访南北战争时被美国政府驱逐出境，就因为《泰晤士报》公然支持南方叛乱，脱离联邦。而且，正如霍恩伯格教授所言，有些报道如果"发表在普通的报纸上，人们可以把它们看作记者的臆想，但当它们登在《泰晤士报》上时，人们就绝对无法搞清这究竟是不是政府的政策"[②]。

在1853年发表的《伦敦的报刊》一文中，马克思更以凌云健笔一语中的：

> 在古希腊，如果一个演说家因为得了钱而不说话，人们就说他"舌头上有牛"。应当指出，这个牛就是埃及的银币。我们也可以这样说《泰晤士报》……它的舌头上一直是有牛的，——这样说即使不是根据它保持缄默，至少也是根据它所作的报道。

总之，正如批判学者常常尖锐指出的："在美国，人们说新闻媒介超脱政治时，其意思常常是说新闻媒介超脱了党派政治。"[③]商业报刊喋喋不休地鼓吹所谓独立，说到底不过是不以资产阶级中一党一派的利益为重，而是以整个资产阶级的利益为重——这才是商业报刊的实质。换句话说，商业报刊虽然可以独立于某个资产阶级政党或政府，但绝不可能独立于整个资产阶级："这种不受政府干涉的独立性，虽然确立了新闻出版界本身成为一种力量，但是它往往并不带来同时也能摆脱控制新闻出版界的私人势力的同等独立性。"[④]别看第四等级常常不服这个政党那个政府，摆出一副傲世的派头，但它与这些政党政府的大方向却是一致的，即为整个资产阶级效劳。由此也不难理解赫什发出"北溪事件"爆炸性新闻，一向唯恐天下不乱的美国媒体上何以悄无声息，而美国以

---

① ［美］沃尔特·李普曼：《舆论学》，林珊译，148～149页，北京，华夏出版社，1989。

② ［美］约翰·霍恩伯格：《西方新闻界的竞争》，魏国强等译，217页，北京，新华出版社，1985。

③ ［美］J.赫伯特·阿特休尔：《权力的媒介》，黄煜等译，322页，北京，华夏出版社，1989。

④ ［爱］肖恩·麦克布赖德等：《多种声音，一个世界》，13页，北京，中国对外翻译出版公司，1981。

一小瓶洗衣粉作为伊拉克拥有大规模杀伤性武器的幌子，绕过联合国发动伊拉克战争之际，美国媒体又何以一窝蜂地鼓噪这个子虚乌有的东西。所以，一言以蔽之，第四等级、政党政府及整个资产阶级这三者的关系，实际上恰似"一主（资产阶级）二仆（政府与报界）"。

第三节　商业报刊背景透视

　　看待商业报刊及其兴盛，不能就事论事只关注其自身的演变与发展，还应该结合社会历史背景进行全面而深入的考察，庶几方可把握新闻传播的变迁之迹。

　　如前所述，19 世纪新闻事业获得迅猛发展，而商业报刊的兴起更标志着现代报业的创生。那么，为什么这个时期得以出现这样的报刊呢？单纯从新闻角度讲，我们可以说它是对政党报刊的反拨，是物极必反的结果。然而，如果进一步放开视野，联系种种政治、经济、文化及社会心理等因素，就发现商业报刊的出现具有势所必然的历史根源。下面，就对此进行一些描述与论述，以期为商业报刊以及 19 世纪以来的现代新闻事业勾画一幅"大历史"的背景。

一、社会背景

　　19 世纪以后的世界图景，虽然错综复杂，变化万千，但西方的崛起及其全球扩张，显然构成一条鲜明的突出主线。不管人们在思想感情上，对这种"西方中心论"或"欧洲中心论"如何啧有烦言，都不能不承认这一基本事实。那么，西方世界为什么能够崛起为世界的"中心"呢？对此，各种理论学说可谓汗牛充栋，莫衷一是。大略说来，存在两种解释或解释取向。一种解释或解释取向认为，西方的强盛在于一整套先进的政治架构、科学发明、文化传统等，如三权分立的政治体制、穷根究源的探求精神、古希腊罗马以来的思想体系与精神遗产等。另一种解释或解释取向，将西方的崛起置于整个世界历史的动态过程中进行观照，从一种系统的、互相影响和制约的关系中进行分析，认为"西方"（the West）并不比"其他"（the rest）特殊，而仅仅是由于长时段的历史演化，恰好在特定时空为其崛起提供了夤缘际会的契机而已。前者可以称为"西方优异论"，后者可以称为"世界体系论"。

　　不管按照哪套理论都不能不承认，19 世纪"欧洲之所以能进行这种前所未有的扩张，是因为三大革命——科学革命、工业革命和政治革命——给了欧洲以不可阻挡的推动力和力量"。[1] 而这些革命的源头虽然可以上溯到 16 世纪、17 世纪，但是它们的"世

---

　　① ［美］斯塔夫里阿诺斯：《全球通史——1500 年以后的世界》，吴象婴等译，243 页，上海，上海社会科学院出版社，1992。

界性影响都是直到 19 世纪才被充分地感受到"。^①比如，用一位作者的描绘来说：

> 我们发觉自己处于这样一个世界中：在这世界里，有着迅速的运动和不平稳的退却；在这世界里，前所未有地挤满了人——人们在巨大城市的人行道上互相推挤，人们不自在地隐居在高大公寓的小房间内沉思或空想；在这世界里，充满了流线型汽车、有轨电车和飞机；这世界受到了来自传声筒的喧声的干扰，遭到了新闻标题以及电影和电视中的不断变化的镜头的攻击。这世界是有史以来唯一的一种经济统治——工业文明的统治——的一部分；它不但为西欧诸民族所分享，也为俄国人、美国人和日本人所分享，甚至还在某种程度上为中国人和印度人所分享。^②

这三大革命及其所引发的一系列社会变革、文化嬗替与心理转型，都对新闻事业产生直接间接的推动。比如，民族国家以及与之相关的民族主义的崛起，就与新闻事业具有千丝万缕的联系。什么是民族国家（nation-state）？民族国家是个特定概念，简单说是一种遵循启蒙理性的国家形态和政权组织，突出特征在于确定的疆域、独立的主权和强烈的认同感："民族国家的一个重要的特点，是要求在固定的疆域内享有至高无上的主权，建立一个可以把政令有效地贯彻至国境内各个角落和社会各个阶层的行政体系，并且要求国民对国家整体必须有忠贞不渝的认同感。"^③

按照目的论和进化论的叙述模式，这种不同于既往的国家形态，是伴随现代文明而出现的。大家知道，自 1492 年哥伦布作为欧洲人首先抵达新大陆以来，整个世界历史似乎都在朝着一个方向发展，那就是所谓现代化或全球化。美国学者斯塔夫里阿诺斯在《全球通史》中，就以哥伦布抵达新大陆的时间为界，将人类历史分为 1500 年以前的世界和 1500 年以后的世界。1500 年以后的世界有什么不同呢？如果用启蒙理性的语言表述，就是现代性、现代化与现代主义的三位一体。而这个三位一体的现实化身，就是民族国家及其发展历史。不言而喻，最早的民族国家出现在欧洲。"一部欧洲近代史，可归结为民族国家与民族主义发展的历史。作为现代社会标志的商业活动的扩张与技术工业的发展，都可视为民族国家这一世俗政治建构的后果。"^④具体地说，1618 年到 1648 年的"三十年战争"结束后，各方订立了一项有名的《威斯特伐里亚条约》。这个条约也是现代欧洲各国，如英国、法国、德国等建立各自民族国家的蓝图，它不仅确立了现

---

① ［美］斯塔夫里阿诺斯：《全球通史——1500 年以后的世界》，吴象婴等译，243～244 页，上海，上海社会科学院出版社，1992。

② 同上，275 页。

③ 李杨："'救亡压倒启蒙'？——对八十年代一种历史'元叙事'的解构分析"，载《书屋》2002（5）。

④ 同上。

代欧洲的国家版图，而且奠定了现代国际关系的基本准则。从此之后，民族国家间的纵横捭阖，就构成现代历史的主要景观。亨廷顿在论述"文明的冲突"理论时，曾谈到现代世界的四种冲突形态。一是最早的君王之间的冲突，这种冲突在"三十年战争"后的一个半世纪里，占据了西方历史的核心地位。此后，从法国大革命开始，君王的冲突就演变为民族国家的冲突，这种冲突以 19 世纪列强瓜分世界为代表。十月革命的爆发以及苏联社会主义的胜利，又使这种冲突让位于社会主义与资本主义两大阵营的冲突，即意识形态的冲突。20 世纪末苏联解体、东欧剧变之后，意识形态的冲突就变成所谓"文明的冲突"。[①] 其实，民族国家的冲突一直是现代历史的主线，并贯穿整个 20 世纪，所谓意识形态的冲突和文明的冲突，只是使民族国家的冲突更趋复杂化，而并没有取代民族国家的明争暗斗，现代世界的基本格局还是受制于民族国家，诸如联合国等国际组织都是民族国家的联合体。

关于民族国家的起源与发展，B. 安德森在其名著《想象的共同体》一书中做了经典论述。B. 安德森与小他两岁的弟弟 P. 安德森，都是知名学者——后者曾长期担任国际学术重镇《新左翼》（New Left Review）的主编。顺便说一下，兄弟俩都出生于抗战时期的昆明。1983 年，B. 安德森以一部篇幅不大的著作——《想象的共同体：民族主义的起源与扩散》（Imagined Communities: Reflections on the Origin and Spread of Nationalism）一举成名。这部影响广泛的著作，主要探讨民族国家以及民族主义问题。按照《想象的共同体》中的说法，现代意义上的民族，"是一种想象的政治共同体——并且，它是被想象为本质上有限的（limited），同时也享有主权的共同体"。[②] 为什么说是"想象的"的呢？"因为即使是最小的民族的成员，也不可能认识他们大多数的同胞，和他们相遇，或者甚至听说过他们，然而，他们相互连结的意象却活在每一位成员的心中"。[③]

那么，这种想象又是如何成为可能的呢？在 B. 安德森看来，正是现代印刷媒介的普及与发展，为这种民族国家的想象提供了可能。也就是说，由于报纸、杂志、书籍以及随后的广播电视新媒体的发达，人们才可能将互不相识的人想象为声气相通的"同胞"。按照黑格尔的形象说法，读报就像现代人的晨祷（或晚祷）。虽然读报（或听广播、看电视、上网浏览等）是个人行为，默不作声，各行其是，但是每个人的内心都明白，这个仪式在同一时间正被数以千万计的、素昧平生的人所共同参与。从现代历史看，民族主义和民族国家的兴起过程，恰好是同现代媒介的发展相同步的，比如：

---

① Huntington, Samuel P., *The Clash of Civilizations and the Remaking of World Order*, SIMON & SCHUSTER, 2003, pp.52～53.

② ［美］本尼迪克特·安德森：《想象的共同体》，吴人译，5 页，上海，上海人民出版社，2003。

③ 同上，5～6 页。

民族主义直到 18 世纪西欧资产阶级开始分享或获得全部权力时，才呈现其近代的形式。……法国革命还以其他几种方式促进了民族主义的发展。它要求所有法国公民都说法语即"中央的或国家的语言"，来代替许多地区方言。它建立了公立小学网，来教授法语和灌输对国家的热爱。法国革命也促进了报纸、小册子和期刊的出版；这些读物写得粗浅、通俗，因而给全国人民留下了深刻的印象。此外，法国革命还创立了像国旗、国歌和国家节日那样的民族主义仪式和象征。[①]

中国晚清以降的历史，实际上也被纳入这种全球范围的民族国家与民族主义的演化轨道，就像斯塔夫里阿诺斯所说的："20 世纪以前，殖民地诸民族一直保持着西欧人在 18 世纪以前所具有的宗教和地区方面的忠诚。只是 20 世纪时，他们才开始具有民族意识，这一方面是对西方统治的一种反应，另一方面是由于欧洲民族主义思想意识的传播，再一方面是因为特别易受这种思想意识影响的土著中产阶级的兴起。"[②] 在这一嬗变过程中，当时以印刷媒介为代表的新闻事业，发挥了无可替代、无可估量的巨大作用。随着越来越多的印刷报刊的风行，终老不相往来的国人，才可能将彼此想象成声气相通、血脉相连的"同胞"。

仅从以上民族国家及民族主义的角度看，我们就知道现代新闻事业绝不仅仅是报道新闻、赚取利润而已，它实际上与国家强盛、民族兴旺及现代化进程是息息相关的。人们常说西方的强大是得力于它的科技进步、思想先进、制度创新等。这些看法固然不错，但是核心、实际、直接的因素还在于民族国家。以鸦片战争为例，就不是所谓"落后挨打论"所能解释的。依据国际工合组织的报告分析，1820 年的中国人均产值还占世界首位。"就说英国炮舰吧，仍然是工业革命前的桅帆船，因为当时富尔顿汽船还不能用于实战，英舰队仅有两艘只充通信工具。从吨位、装备、速率等综合性能看，这时的英舰未必胜过三百年前郑和指挥的战船。况且当时还没有苏伊士运河，没有无线电技术，没有现代化的补给、医疗等手段……"（朱维铮）[③] 出生于鸦片战争那一年的近代新闻人马相伯，12 岁进法国人办的徐汇公学，一次被外国老师带去参观黄浦江上停泊的英国战舰，结果吃惊地发现，所谓"船坚炮利"竟是船也旧，炮也差。然而，就是这样无足称道的军事力量，居然硬是逼使泱泱大国订立了城下之盟，原因到底何在呢？一个主要原因就在于，英国以及随后蜂拥而来的列强都已是民族国家，而中国还是一个联系松散的所谓"文化国家"。同这种文化国家以及各种文化共同体相比，按照民族国家体

---

①　[美] 斯塔夫里阿诺斯：《世界通史》，吴象婴等译，355 页，上海，上海社会科学院出版社，1992。

②　同上，358 页。

③　朱维铮等编著：《维新旧梦录》，45 页，北京，生活·读书·新知三联书店，2000。

制建构的西方列强，不仅"具有其他政治组织方式所不具有的加强国家凝聚力、动员和集中社会资源、提高政治效率的能力"（李杨）①，能够将整个社会的人力、物力和财力充分有效地加以组织和利用，而且更为重要的是可以通过现代通信与传播方式包括新闻，有效地形成一种同仇敌忾的民族意志，这种意志在法国大革命中的《马赛曲》中得到淋漓尽致的表现。这首歌曲后来顺理成章地成为法国的国歌，而国歌、国徽、国旗等正是民族国家的鲜明标志。由此说来也就不难理解，"大英帝国"的崛起同《泰晤士报》以及后面将要讨论的路透社等现代媒体之关系何以"剪不断，理还乱"了。

二、思潮背景

商业报刊的兴起除了特定的社会背景，还有特定的思想渊源。对此，西方学者将它概括为一套所谓"报刊的自由主义理论"（the libertarian theory of the press）。

如同"报刊的集权主义理论"，"报刊的自由主义理论"也不是一个孤零零的思想体系。从历史全景看，它属于 17 世纪、18 世纪的启蒙思潮，归根结底体现着新兴资产阶级的政治诉求与价值关怀。当时，资产阶级为了发展资本主义，在政治上要求推翻封建专制制度，建立自由民主的共和国；在经济上要求废除一切政府管制，展开自由市场竞争；在思想意识上则要求信仰自由、言论自由与出版自由等。总之，比起封建时代的专制传统，资本主义带来了一股追求自由的风气。在这股强劲的风气下，在启蒙运动的声浪中，形成了这么一套"报刊的自由主义理论"。

如果说"报刊的集权主义理论"是封建专制王朝的新闻观，那么"报刊的自由主义理论"则是资本主义商业报刊的新闻观，同时也是商业报刊兴起以来西方现代媒介的思想基础。同"报刊的集权主义理论"一样，"报刊的自由主义理论"也不是一套系统完备的学说，而是由许多繁杂纷纭的观点和主张所融会的体系，而其中最基本、最核心的内容大都来自约翰·洛克、约翰·弥尔顿、托马斯·杰斐逊和约翰·密尔等人。下面就先来看看这些人的有关思想。

1. 约翰·洛克（1632—1704）

约翰·洛克是英国 17 世纪的思想家。作为英国皇家学会最早的会员之一，他与另一位会员牛顿是好朋友。同约翰·弥尔顿一样，他也参加过 17 世纪中叶的清教徒革命，还担任过贸易大臣、殖民事务大臣等职。在人类思想史上，他是资产阶级意识形态的先驱，"是哲学上的自由主义的始祖"②，他的思想不仅影响了英国的资产阶级革命，而且也为后来各国的资产阶级革命提供了理论依据，美国的《独立宣言》、法国的《人权宣

---

①　李杨：《"救亡压倒启蒙"？——对八十年代一种历史"元叙事"的解构分析》，载《书屋》2002 年（5）。
②　［英］罗素：《西方哲学史》下卷，马元德译，134 页，北京，商务印书馆，1986。

言》等都源于洛克。用罗素的话说，"他的政治学说，加上孟德斯鸠的发展，深深地留在美国宪法中"。①

大致说来，洛克的政治学说可以用两个熟语来概括，即"天赋人权"（natural rights）与"社会契约"（social contact）。所谓天赋人权或自然权利，是说人具有某些与生俱来的东西，包括生命权（Life）、自由权（Liberty）和财产权（Estate）。在他看来，这些东西是人一出生就具备的，是不可剥夺的，属于大自然赐予人的神圣权利，故曰天赋人权。洛克在他的代表作《政府论》（1690）中就指出，人有权在自然法的范围内，按照自己认为的方法，决定其行动，处理其人身和财产。这是洛克政治学说的第一个基本点，讲的是权利问题（right），是自然状态。

第二个基本点"社会契约"讲的是权力问题（power），是社会状态。依他的说法，生命、自由、财产等属于天赋权利，早在自然状态下就已存在。那么，在自然状态下，人人各行其是，为所欲为，这样一来便不可避免地导致人与人的冲突，而自然状态由于缺乏一个公共仲裁者，于是就形成"人与人之间的普遍战争"。为此，就需要建立一个"公民社会"，以"补救自然状态的种种不方便"。这个"公民社会"（实即国家），乃是按"社会契约"建立起来的。所谓"社会契约"，即指初民经过协商所达成的公共契约。在达成这个契约之际，每人都放弃一部分自然权利，将它交给那个按社会契约组成的政府。

> 任何人放弃其自然自由并受制于公民社会的种种限制的唯一办法，是同其他人协议联合组成为一个共同体，以谋他们彼此间的舒适、安全和和平的生活，以便安稳地享受他们的财产并且有更大的保障来防止共同体以外任何人的侵犯。
>
> ……
>
> 凡是脱离自然状态而联合成为一个共同体的人们，必须被认为他们把联合成共同体这一目的所必需的一权切力都交给这个共同体的大多数……②

显然，洛克的社会契约论是基于历史唯心论而对国家与政府起源的一种想象与政治理论。依据唯物史观与历史事实，国家是在社会生产与社会财富达到一定水平，随着私有制而导致的阶级关系与阶级矛盾日益激化，以致不可调和时的产物，而不是人们彬彬有礼地坐在一起，好商好量地达成一项什么契约。不过，社会契约论的解释，毕竟不同于封建时代的"君权神授论"。所以，洛克的这套政治学说，成为资产阶级推翻封建专制、建立共和国的理论先声，为资产阶级革命奠下一块思想基石。比如，洛克说的"政治社会的创始是以那些要加入和建立一个社会的个人的同意为依据的"，"政权的一

---

① ［英］罗素：《西方哲学史》下卷，马元德译，134 页，北京，商务印书馆，1986。

② ［英］洛克：《政府论》下篇，59～61 页，北京，商务印书馆，1987。

切和平起源都是基于人民的同意"等观点，后来就被法国启蒙思想家卢梭系统地表述为"人民主权"，并对法国大革命的酝酿与爆发起了先导作用。卢梭还专门写过一部《社会契约论》（1762），其中有段论述揭示了社会契约的核心内涵：

> "要寻找出一种结合的形式，使它能以全部共同的力量来卫护和保障每个结合者的人身和财富，并且由于这一结合而使每一个与全体相联合的个人又只不过是在服从自己本人，并且仍然像以往一样地自由。"这就是社会契约论所要解决的根本问题。①

洛克是位哲学家，他没有对新闻传播问题进行专门探讨。但是，他提出的一系列思想原则，却构成报刊自由主义理论的基本骨架。比如：

> 洛克明显认为社会出于自然，国家则属人为。人性由理性之人承认他人与自己同样拥有的自然权利构成，社会从而自动出现。由此推知，社会在逻辑与历史两方面都先于国家而生，故应该是由社会决定要什么样的国家，而非由国家来决定社会应该是何模样。社会分立于国家，以及社会优先于国家这两项坚持，后来成为自由主义的骨干。②

而这些看法都成为后来西方报业遵奉的所谓媒体独立、舆论监督等思想依据。再如，他对"理性"的论述与强调，也构成"报刊的自由主义理论"的立论前提。约翰·弥尔顿的新闻自由论，就是围绕理性展开的。这位与洛克同时代的诗人，一向被奉为出版自由的鼻祖，其代表作《论出版自由》是人类历史上争取出版自由的第一声呐喊。弥尔顿的有关论述，以前在讲英国资产阶级革命年代的报业时已经谈过，这里再简单强调两点。第一，弥尔顿主张人是有理性的动物，人凭理性便可分辨真假正误。而在他看来，出版又是理性的结晶，所以他说杀死一个人，只是杀死一个理性的动物，而不准好书出版，乃是毁灭理性本身。第二，弥尔顿认为真理只有在同谬误的斗争中，才能获得生存，不断发展。这一主张后来演化为报刊自由主义理论的两大观念，即"自我修正"（Self-Righting）和"观点的自由市场"（Free Marketplace of Ideas）。"观点的自由市场"一词，出自美国最高法院一位大法官奥利弗·温德尔·霍姆斯（Oliver Wendell Holmes, Jr.），时当 1919 年：

> 检验真理最好的办法，是让思想的力量在市场公开竞争中自动获取承认。③

---

① ［法］卢梭：《社会契约论》，何兆武译，23 页，北京，商务印书馆，1980。
② ［英］约翰·麦克里兰：《西方政治思想史》，彭淮栋译，269 页，海口，海南出版社，2003。
③ ［美］J. 赫伯特·阿特休尔：《权力的媒介》，黄煜等译，23 页，北京，华夏出版社，1989。

17世纪的洛克与弥尔顿就谈到这里，下面再来看看18世纪的托马斯·杰斐逊。

2. 托马斯·杰斐逊（1743—1826）

提到托马斯·杰斐逊，自然就得说《独立宣言》。这部有名的历史文献，是他33岁那年执笔起草的。[①] 他还是美国建国后的第一任国务卿和第三任总统，他在总统任期内使美国版图一下扩大一倍多。我们知道，美国刚独立时的领土就是东海岸十三块狭窄的英国殖民地。当时中西部有一大片法国的殖民地，叫"路易斯安那"。拿破仑上台后战事频繁，财政吃紧。所以，当杰斐逊政府向拿破仑提出，购买路易斯安那的一个港口城市时，拿破仑居然干脆把整块路易斯安那殖民地都卖给了美国。这笔交易在

托马斯·杰斐逊

历史上被称为"路易斯安那购买"，正是这一购买使美国版图扩大了一倍多。今天，美国首都华盛顿有三座纪念性的总统建筑物，即华盛顿纪念塔、林肯纪念堂和杰斐逊纪念碑。在杰斐逊纪念碑上镌刻着一句他的名言：我已在上帝的圣坛前发过誓，永远反对笼罩着人类心灵的任何形式的暴政。巧的是，杰斐逊逝世那天刚好是《独立宣言》发表整整50周年的日子，而更巧的是《独立宣言》五人起草小组成员之一、美国第二任总统约翰·亚当斯也在同一天辞世。

在自由主义的发展历程中，杰斐逊之所以备受推崇，一方面是因为其政治经历，另一方面也是因为其政治思想。他的政治思想深受英法启蒙思想家的影响，带有洛克、卢梭等人的鲜明烙印。他和卢梭一样，坚信"人民主权"，认为政府是由人民设立的，必须受人民的监督。为此，他十分重视报纸启发民智、监督政府的作用。1787年，他在一封致友人的书信里写道："如果要我来决定究竟是有政府而没有报纸，还是有报纸而没有政府，我会毫不迟疑地选择后者（Were it left to me to decide whether we should have government without newspaper or newspaper without a government, I should not hesitate a moment to prefer the latter）。"这段话被西方新闻学奉为经典，广为征引，成为格言，知名度不亚于"狗咬人不是新闻，人咬狗才是新闻"。杰斐逊临终前，还在给法国友人的信里说道：自由报业是开化人类的心灵，促进人类成为理性、道德与社会动物的最佳工具。为此，他一向将言论出版自由看得高于一切。他甚至认为：新闻自由是人类一切自由的基石，没有新闻自由，其他自由便成为无本之木。

---

① 据美国历史学者芭芭拉·塔奇曼的说法，其实早在美国《独立宣言》问世前的200百年，荷兰人已经表达了同样的思想："荷兰人在他们宣布脱离西班牙的统治时也曾发出了同样的声音。在比我们美国的《独立宣言》几乎早两百年的《独立宣言》中，差不多包含了与美国的《独立宣言》同样的内容。"见比尔·莫耶斯《美国心灵：关于这个国家的对话》，王宝泉等译，5页，北京，生活·读书·新知三联书店，2004。

　　杰斐逊不仅在理论上信奉新闻自由的原则，而且在实践上也身体力行。当时许多联邦党报刊集中火力，对他进行攻击。对此，他虽然恼火，甚至指责报上的东西全不可信，但他并未动用行政手段压制对立报刊，依然主张：人是可以由理性和真理来治理的，所以我们的第一个目标就是给人打开所有通往真理的途径，而迄今为止我们所发现的最有效的途径就是新闻自由。按照这一思路，疗救自由弊病的唯一手段就是推行更多的自由。他说过："报业应予自由，自由发表真理与谎言，最后真理一定获胜。我确信人民的智慧，经得起新闻自由的滥用，此证明人民在真理与谎言之间，可以清楚地分辨出来。而且表示人们可以充分信任，去听任何新闻与意见，包括'真实'与'虚妄'。他们在两者之间，自会有正确的判断。"

　　杰斐逊对美国新闻业的一项实际而突出的作为，就是促成《人权法案》的诞生，从而为记者与报人提供了国家根本大法的保护。

　　1987年，是美国宪法诞生200周年的大庆，朝野一片欢腾的节日气氛。然而，两百年前的1787年美国宪法问世之日，局面却完全两样，当时不少有权有势的社会精英是以怀疑，甚至敌视的目光看待这部宪法的。这是怎么回事呢？今天的美国宪法分为两部分：一部分是宪法正文，一共7条；另一部分是宪法修正案，宪法修正案从宪法制定以来不断增加，现已增至26条。26条宪法修正案与7条宪法正文在法律地位上平起平坐，一同构成美国宪法的整体。当1787年9月17日美国宪法问世时，只有7条正文，其中没有一条是保障公民人身自由与安全的人权条款。所以，宪法正文一公布，遭到普遍的抵制和反对。

　　杰斐逊更是奔走疾呼，要求增加包括信仰自由、出版自由、陪审制度等人权条款。经过反复抗争，最后美国国会在7条正文问世后两年，即1789年又通过了宪法的前10条修正案，即《人权法案》（*Bill of Rights*）。《人权法案》的第1条，也就是美国宪法第1条修正案，涉及宗教信仰、出版自由及和平请愿等内容，其中关于出版自由的表述如下：

> 　　国会不得制定关于下列事项之法律：……；剥夺言论自由或出版自由；……（Congress shall make no law respecting an establishment of religion, or prohibiting the free exercise thereof; or abridging the freedom of speech, or of the press; or the right of the people peaceably to assemble, and to petition the government for a redress grievance）。

　　这条规定成为美国新闻自由的基石，媒体所享有的一切权利追根溯源都在于此。在美国，凡涉及言论、新闻、出版等诉讼，往往都会搬出宪法第1条修正案，犹如屡试不爽的护身法宝和每战必胜的锐利武器。而杰斐逊不仅为《人权法案》，即美国宪法前10条修正案的出台作出巨大努力，而且《人权法案》的许多内容，包括言论出版自由等也都来自他制定的《弗吉尼亚宗教自由法令》。他是弗吉尼亚人，还当过弗吉尼亚州州长，自认为自己一生中，有三件骄人的业绩：一是起草《独立宣言》，二是制定《弗吉尼亚宗教自由法令》，三是创建弗吉尼亚大学。他的墓碑上，就刻着他选定的碑文："这里埋葬着托马斯·杰斐逊。他是《独立宣言》的起草人、《弗吉尼亚宗教自由法令》的制定者和弗吉尼亚大学之父。"

今天，《独立宣言》《美国宪法》《人权法案》并称"美国的三大历史文献"，它们都程度不同地凝聚着杰斐逊的思想与心血，用一位历史学家的话说：他为美国革命和《人权法案》所开创的美国民主制度奠定了基础。

最后，我们来谈谈19世纪的约翰·密尔。

3. 约翰·密尔（1806—1873）

约翰·密尔（John Stuart Mill），又译米尔、穆勒（严复译）等，是19世纪英国哲学家、经济学家，他的父亲也是一位哲学家、经济学家。密尔天资聪慧，8岁就读伊索寓言、色诺芬远征记等古希腊原著，学习大学有关课程，10岁领会柏拉图的著作，12岁专攻亚里士多德，13岁钻研亚当·斯密、大卫·李嘉图的古典经济学，14岁学习高等数学，15岁钻研心理学和罗马法。中国有句古语说"小时了了，大未必佳"，而密尔小时了了，长大后也像其父一样，成为哲学家和经济学家。

约翰·密尔

在西方思想史上，密尔以功利主义闻名。所谓功利主义，就是把追求个人利益、满足个人幸福，奉为人生的最终目的和行为的最高准则。用功利主义先驱边沁的话说，就是最大多数人的最大幸福或快乐："功利主义原则是指这样一种原则：它按照看来势必增大或减少利益相关者的快乐的倾向，亦即促进或妨碍此种快乐的倾向来赞成或非难任何一项行动。"[①] 在功利主义看来，个人利益才是唯一的现实利益，而社会利益只是一个抽象的概念，是个人利益的总和。所以，有利于个人，也就有利于社会，如塞万提斯所言："人人为自己，上帝为大家"（Everman for himself and God for us all）。

从功利主义的立场出发，密尔自然推重个人主义和自由主义。假如要给他的学说贴个标签的话，那么不妨用个人主义和自由主义，而两者实际上是相通的。主张个人主义必然提倡自由主义，而宣扬自由主义又必然高张个人主义。就像他说的，唯一名副其实的自由就是"按照我们自己的道路去追求我们自己的好处的自由"。所以，他强调

---

① ［美］苏珊·李·安德森：《密尔》，崔庆节等译，41页，北京，商务印书馆，2003。

个人价值，力主个性自由，认为完全的个人自由和充分的个性发展不仅是个人幸福之所系，而且是社会进步之所在。

密尔对西方自由主义思潮影响甚广，尤其是其名著《论自由》（On Liberty），更被誉为自由主义的集大成之作，同时也与弥尔顿的《论出版自由》一道，被视为报刊自由主义理论的经典。这部论著的要义可以概括为：只要不涉及他人的利害，个人就有完全的行动自由，其他人与社会都不得干涉；只有当自己的言行危害他人利益时，个人才应接受社会的强制性惩罚。这就是密尔所划定的个人与社会之间的权力界限。所以，1903年当严复第一次把《论自由》译介到中国时，书名就定为《群己权界论》。《论自由》的第二章专门探讨了言论自由问题，题为《论思想自由和讨论自由》，其中有段论述常被征引：假定全人类都坚持一种意见，而只有一个人持有相反的意见，那么，全人类要使这个人沉默，并不比这个人如果有力量而使全人类沉默更加正当合理。[①] 这让人想起西方的一句格言："多数"往往意味着多数的傻瓜站在了同一边。

根据密尔的分析，任何言论不外三种：全部真实（true），部分真实（part true）与全部虚假（false）。对第一种言论即全部真实的言论，当然不应压制，应该允许它自由地传播。对第二种言论即部分真实的言论，也不应该压制，因为它含有部分真理。他说：

> 在人类心灵方面，片面性永远是规律，而多面性则是例外……通常也是真理的这一部分落下去而那一部分升起来……大部分也只是由一个偏而不全的真理去代替另一个偏而不全的真理……所以我们就应当珍视凡为通行意见所略去而本身却多少体现部分真理的一切意见，不论其真理当中可能交织着多少错误和混乱。[②]

也就是说，真理通过各种片面性的意见，即部分真实的意见互相交流、自由讨论，才能不断发展，不断完善。至于对第三种言论即全部虚假的言论，同样不应该压制，而应该任其自由发表。理由在于：第一，从真理与错误的冲突中，才能产生对于真理更加清楚的认识和更加生动的印象，如果不允许虚假的言论存在，那么，真实的言论又何以界定，何以体现呢？就像法国新闻学者贝尔纳·瓦耶纳说的："如果没有谎言，真理就不会值千金。"[③] 第二，让虚假言论自由发表的理由还在于：人们往往无法断定一种虚假的言论，就是绝对的虚假。密尔举苏格拉底和耶稣为例，他们都因言论虚假荒谬而被处死，可现在却被尊崇为圣人或先知。布鲁诺不是被烧死在罗马的鲜花广场，哥白尼不也

①　［英］约翰·密尔：《论自由》，许宝骙译，19 页，北京，商务印书馆，1959。
②　同上，54 页。
③　［法］贝尔纳·瓦耶纳：《当代新闻学》，丁雪英等译，318 页，北京，新华出版社，1986。

险些遭此厄运吗，而现在还有谁怀疑他们的主张呢。

一般来说，真理的发展总是渐进与突变交替进行。渐进中，各种言论互相撞击，互相补充，互相砥砺，从而使真理一步步臻于完善。而在突变时，一种全新的理论横空出世，而且振聋发聩，骇世惊俗，使大多数人一时难于接受，甚至觉得荒谬绝伦，比如达尔文的进化论。以"测不准原理"著称的科家家海森伯，第一次提出基本粒子统一理论时，他的老师玻尔就说过："不容置疑，一种疯狂的理论摆在我们面前。问题在于，要成为正确的理论，它是否足够疯狂。"当"疯狂的理论"被普遍接受后，真理又进入渐进状态，直到下一次被另一种"疯狂的理论"重新颠覆。总之，虚假的言论——无论绝对虚假还是部分虚假，都是真理发展过程中必不可少的。所以，密尔认为压制言论是对整个人类的掠夺，对当代人或后代人、对赞成者或反对者都是一种掠夺：

> 假如那意见是对的，那么他们是被剥夺了以错误换真理的机会；假如那意见是错误的，那么他们是失掉了一个差不多同样大的利益，那就是从真理与错误冲突中产生出来的对于真理的更加清楚的认识和更加生动的印象。①

当然，作为资产阶级思想家，无论早期的洛克，还是19世纪的密尔，抑或后来如雷贯耳的马克斯·韦伯（1864—1920）、以塞亚·柏林（1909—1997）、约翰·罗尔斯（1921—2002），以及冷战中的帕森斯（1902—1979），冷战后的亨廷顿（1927—2008），以及各路中国弟子及其新闻传播学说——从新闻专业主义到建设性新闻，说白了无非为1500年以来的现代资本主义文明"立法""立言"。而此类意识形态或港台地区所译"意底牢结"，就像古希腊有名的"格尔迪奥斯绳结"，无论如何盘根错节，叠床架屋，如何曲径通幽，法相庄严，都禁不住唯物史观的"亚历山大之剑"一剑封喉：

> 分工也以精神劳动和物质劳动的分工的形式在统治阶级中间表现出来，因此在这个阶级内部，一部分人是作为该阶级的思想家而出现的，他们是这一阶级的积极的、有概括能力的意识形态家，他们把编造这一阶级关于自身的幻想当作主要的谋生之道……
> 占统治地位的将是越来越抽象的思想，即越来越具有普遍性形式的思想。因为每一个企图取代旧统治阶级的地位的新阶级，为了达到自己的目的不得不把自己的利益说成是社会全体成员的共同利益，就是说，这在观念上的表达就是：赋予自己的思想以普遍性的形式，把它们描绘成唯一合乎理性的、有普遍意义的思想。②

① [英]约翰·密尔：《论自由》，许宝骙译，17页，北京，商务印书馆，1959。
② 《马克思恩格斯选集》第1卷，179～183页，北京，人民出版社，2012。

如果认识不到这一点，那么，就难免像马恩比喻的情形：在日常生活中，任何一个小店主都能精明地判别某人的假貌和真相，然而，学界知识界却还没有达到这种平凡的认识，不论每一时代关于自己说了些什么和想象了些什么，它都一概相信。（《德意志意识形态》）

4. 总结与反思

总括起来，所谓"报刊的自由主义理论"，是对 19 世纪以来西方新闻传播思想与新闻传播体制的总结和描绘，大致说来包含如下内容。

第一，起源于英国、美国等资本主义国家，19 世纪商业报刊兴起后，成为新闻传播活动的思想观念、制度安排和法律规范。

第二，思想渊源属于自由主义，而自由主义的"兴起与资产阶级的崛起有密切关系……实质上仍是一种中产阶级的运动"。[①]拿密尔的《论自由》来说，它既代表着密尔的自由主义思想，又体现了英国资产阶级或中产阶级的社会政治立场：

> 那时英国的资产阶级在政治上已经取得政权并已巩固了自己的统治；在经济上，资本主义已经发展到成熟阶段，并开始向垄断资本主义过渡。在国内，资产阶级要求进一步扫除封建势力的残余，扩大统治权；在国外，一方面要求保持前几个世纪夺取到手的广大殖民地，另一方面还要求无限制地向外扩张，以便开拓更多的殖民地，攫取并垄断世界的原料和市场。总之，当时英国资产阶级的主要思潮是在自由主义的口号下，要求破除一切障碍，实行自由竞争，自由贸易，以便无所忌惮地追求利润。密尔的"论自由"，恰恰就是这种追求利润的狂热的呼声。[②]

第三，哲学基础在于启蒙时代的理性主义。理性主义相信，人类是具有理性的动物，人们凭自己的理性就能明辨是非，发现真理。因此，报刊的自由主义理论力主言论自由、出版自由和新闻自由，具体说来就是要求不受任何约束的采访权、报道权和发表权。

第四，19 世纪末以来，"报刊的自由主义理论"及其指导下的报业，越来越暴露出一系列内在固有的弊端，黄色新闻的泛滥就是典型（第七章将专门探讨）。19 世纪中叶，英国作家狄更斯造访美国时，已发现美国的报纸"是一架毒害社会的可怕机器"[③]，他在《旅美札记》里写道：

---

① ［美］斯塔夫里阿诺斯：《世界通史》，吴象婴等译，358 页，上海，上海社会科学院出版社，1992。

② ［英］约翰·密尔：《论自由》，许宝骙译，"重印'论自由'序言"，1 页，北京，商务印书馆，1959。

③ ［美］J. 赫伯特·阿特休尔：《权力的媒介》，黄煜等译，57 页，北京，华夏出版社，1989。

报刊用恶眼窥视每一户人家，用黑手干涉上至总统下至邮差的国家的每一项任务；下流无耻的诽谤成为这个行业唯一的资本；于是，这种报纸成了广大群众的标准文学，他们要么只能读这些东西，要么一无所读；长此以往，它必将激起全国百姓的同声愤慨，它所干的勾当也必将在共和国昭然若揭。①

比狄更斯略早去美国考察，并且写下《论美国民主》这部名著的法国学者托克维尔也指斥：

美国记者的特点就是公开而粗劣地迎和其读者的激情；他把指责个人的品性、追踪他们的隐私、揭露他们所有的弱点与恶行等职责拱手垂让。②

1854年，美国诗哲梭罗（Henry David Thoreau），在其名著《沃尔登》（*Walden*）里，更以感同身受的体验写道：

我肯定，我从未在报上读过任何令人难忘的新闻。如果我们读到某人被抢劫、遭暗杀或死于事故的新闻，读到某座房屋起火、某艘船只遇难、某只汽船爆炸的消息，读到一头牛被压死在西部铁路、一只疯狗被打死、冬天里一群蝗虫的报道——那么我们就再也不用读其他新闻了。一个足矣。如果你熟悉了原理，你还会关心难以计数的事例和应用吗？对哲学家来说，所有新闻正如它所称呼的都是流言蜚语，编辑和阅读新闻的人都是一边喝茶一边闲聊的碎嘴婆子。③

第五，报刊的社会责任理论——针对报刊自由主义理论的弊端，1947年以芝加哥大学校长哈钦斯（Robert Hutchins）为首的"新闻自由委员会"（Commission on Freedom of the Press）——又名"哈钦斯委员会"，经过两年多研究，提出一份"哈钦斯报告"，即《自由与负责的新闻业》（*A Free and Responsible Press*）。为了这项研究：

委员会对美国新闻自由的现状作了一番"认真的、学术性的调查研究"，对当时的报纸、广播、电影、杂志及书籍进行了系统的考察。他们查阅了多种资料，并选派精干的研究人员，采访新闻业及社会文化界人士对美国大众传播业的意见，并举行听证会。他们前后听取过58家报纸、杂志、广播电台、电影界人士的证词，收集了225人的意见。在撰写报告之前，他们提出并准备了176份文件和分析资料，

---

① ［美］J. 赫伯特·阿特休尔：《权力的媒介》，黄煜等译，58页，北京，华夏出版社，1989。
② 同上。
③ Thoreau, Henry David, *Walden*, Ⅱ.

召开过 17 次委员会全体会议。经过如此精细的调查研究，1947 年 3 月 2 日，委员会发表了第一期报告《自由与负责的新闻业》。[①]

这份报告对报刊自由主义理论进行了反思，提出了一种修正理论——"报刊的社会责任理论"（the social responsibility theory of the press）。"自由主义理论与社会责任学说的主要区别在于，自由主义理论主张新闻媒介应完全自由，不受任何约束，而社会责任论则认识到不受限制的自由会带来危险性"。[②] 报告开宗明义指出：

> 新闻自由委员会认为，新闻自由处于危险之中。其原因有三点：第一，随着新闻业的发展，大众传播作为一种工具，对于人们更加重要了。但是，作为大众传播的工具，其发展却极大地降低了那些依赖报业表达意见和思想的人的比例。第二，那些将新闻机器当作大众传播工具使用的少数人，不能满足社会的需要。第三，那些掌管新闻机构的人，时常参与为社会所谴责的活动。如果这种状况持续下去，社会将不可避免地要采取限制或控制措施。[③]

为此，社会责任论主张新闻媒介应该主动承担应有的社会责任，并进行自我约束。1980 年代，有关研究还为此提出了五种操作性模式：市场模式（The Marketplace Model）、自愿模式（The Voluntary Model）、自律模式（The Self-Regulation Model）、信用模式（The Fiduciary Model）和法律模式（The Judicial Model）。[④] 然而，迄今为止，这种理想化的理论在资本主义体制下，犹如与虎谋皮只能停留于纸上谈兵。

其实，正如哈钦斯委员会意识到的：新闻自由对于一个不能掌握新闻媒体的人来说，是相当空洞的权利。批判学者阿特休尔，甚至把美国宪法第一修正案的 45 个英文词称作"多余的 45 字"。[⑤]

总之，报刊自由主义理论的症结在于，一方面未能区分享受自由与滥用自由的界限，同时未能提供一套防止滥用自由的原则、准则及法则；另一方面，又未能将新闻自由与社会平等、大众民主与人民幸福真正联系起来，结果所谓自由往往成为利益集团折冲樽俎的利器。于是，说起来俨然义正词严、听起来仿佛头头是道的报刊自由主义理论，就成为一句法国谚语的注脚："通往地狱的道路，往往由良好的动机所铺砌。"

---

① 徐耀魁主编：《西方新闻理论评析》，222 页，北京，新华出版社，1998。
② ［美］J. 赫伯特·阿特休尔：《权力的媒介》，黄煜等译，211 页，北京，华夏出版社，1989。
③ 徐耀魁主编：《西方新闻理论评析》，223 页，北京，新华出版社，1998。
④ 同上，244 ～ 245 页。
⑤ ［美］J. 赫伯特·阿特休尔：《权力的媒介》，黄煜等译，29 页，北京，华夏出版社，1989。

最后，应该特别指出，无论 19 世纪兴起的商业化报刊，还是所谓"报刊的自由主义理论"，也无论洛克、杰斐逊、密尔等思想，还是一整套自由主义意识形态，都不能不联系"唯利是图"的资本主义与资产阶级的历史进程与社会存在。以资本主义与资产阶级推崇的个人主义为例，一方面针对中世纪泯灭人以及人的一切价值，将个人与人世间都无保留地奉献给上帝，并无例外地遵从上帝的代表即罗马教廷与教皇，故而其中蕴含的人道主义体现了一种历史的进步性。另一方面，这种思想意识实际上切断了个人的一切社会关系，把人作为孤零零的个体抛入自由市场，成为任人雇佣的自由人，从"人的依附关系"变为"物的依附关系"："资产阶级在它已经取得了统治的地方把一切封建的、宗法的和田园般的关系都破坏了。它无情地斩断了把人们束缚于天然尊长的形形色色的封建羁绊，它使人和人之间除了赤裸裸的利害关系，除了冷酷无情的'现金交易'，就再也没有任何别的联系了。"（《共产党宣言》）就像《资本论》既入木三分又生动形象的论述：

> 劳动力的买和卖是在流通领域或商品交换领域的界限以内进行的，这个领域确实是天赋人权的真正伊甸园。那里占统治地位的只是自由、平等、所有权和边沁。自由！因为商品例如劳动力的买者和卖者，只取决于自己的自由意志。他们是作为自由的、在法律上平等的人缔结契约的。契约是他们的意志借以得到共同的法律表现的最后结果。平等！因为他们彼此只是作为商品占有者发生关系，用等价物交换等价物。所有权！因为每一个人都只支配自己的东西。边沁！因为双方都只顾自己。使他们连在一起并发生关系的唯一力量，是他们的利己心，是他们的特殊利益，是他们的私人利益。正因为人人只顾自己，谁也不管别人，所以大家都是在事物的前定和谐下，或者说，在全能的神的保佑下，完成着互惠互利、共同有益、全体有利的事业。
>
> 一离开这个简单流通领域或商品交换领域，——庸俗的自由贸易论者用来判断资本和雇佣劳动的社会的那些观点、概念和标准就是从这个领域得出的，——就会看到，我们的剧中人的面貌已经起了某些变化。原来的货币占有者作为资本家，昂首前行；劳动力占有者作为他的工人，尾随于后。一个笑容满面，雄心勃勃；一个战战兢兢，畏缩不前，像在市场上出卖了自己的皮一样，只有一个前途——让人家来鞣。[①]

简言之，对个人主义以及自由主义，包括新闻自由等，既看"说法"，更看"做法"，既看"怎么说"，更看"怎么做"，用孔圣人平易隽永的话说，不是听其言信其行，

---

① 《马克思恩格斯文集》第 5 卷，204～205 页，北京，人民出版社，2009。

而是听其言观其行。仅听其言，西方的新闻理论一个比一个动听，头头是道，振振有词，好似江上之清风，山间之明月，耳得之而为声，目遇之而成色，取之无禁，用之不竭，而一旦观其行则另当别论，罄竹难书了。远的不说，仅看新世纪以来，从伊拉克战争中子虚乌有的"大规模杀伤性武器"，到西藏、新疆、香港层出不穷、花样翻新的谣言谎言，就让人不由想起列宁的"三问"："什么样的出版自由？是干什么用的？是给哪一个阶级的？"对此，马克思和恩格斯在《德意志意识形态》的著名论述中深刻揭示了诸如此类话语或理论的社会历史根源，用一句学术流行语就是"物质性"根源：

> 统治阶级的思想在每一时代都是占统治地位的思想。这就是说，一个阶级是社会上占统治地位的物质力量，同时也是社会上占统治地位的精神力量。支配着物质生产资料（如新媒体平台——引者注）的阶级，同时也支配着精神生产的资料，因此，那些没有精神生产资料的人的思想，一般地是隶属于这个阶级的。占统治地位的思想不过是占统治地位的物质关系在观念上的表现，不过是表现为思想的形式表现出来的占统治地位的物质关系；因而，这就是那些使某一个阶级成为统治阶级的关系在观念上的表现，因而这也就是这个阶级的统治的思想。[①]

第五章的内容至此结束。这一章讲的是 19 世纪新闻事业的第一次飞跃，即商业报刊的兴起。我们考察了商业报刊诞生的历史背景，探讨了其社会根源与思想基础，即所谓"报刊的自由主义理论"，并通过美、英、法三国商业报刊的发展，解析了其新闻特征及其社会、历史与政治意味。下一章我们将介绍 19 世纪新闻事业的第二次飞跃——通讯社的出现与发展。

推荐阅读

1. 马克思、恩格斯：《共产党宣言》。

2. 中国人民大学新闻系新闻事业史教研室编：《外国新闻事业史参考资料》，北京，中国人民大学出版社，1989。

3. ［美］埃默里等：《美国新闻史》，北京，新华出版社，2001。

4. ［美］约翰·霍恩伯格：《西方新闻界的竞争》，北京，新华出版社，1985。

5. 徐耀魁主编：《西方新闻理论评析》，北京，新华出版社，1998。

---

① 《马克思恩格斯选集》，第 1 卷，178 页，北京，人民出版社，2012。

第六章

19世纪（中）：通讯社的兴起与发展

这一章先谈谈有关通讯社的基本事项，包括通讯社的起因、通讯社的种类等。然后，再分别介绍法新社、路透社和美联社的发展情况，这三家通讯社都创建于19世纪，至今仍名列世界大通讯社。

第一节 通讯社概述

一、成　因

通讯社是一种以批量采集与批量供应新闻信息以及相关信息为主要职能的媒体。按照美国传播学者的说法："通讯社基本上有两种作用：收集、分发消息与解释性材料。"[①]

通讯社诞生于19世纪初的欧洲，同商业报刊一样，都是工业革命的产物，也是适应资本主义的发展应运而生的。实际上，通讯社和商业报刊是一对历史的孪生儿，相辅相成，相互为因，即联合国教科文组织的著名报告所说的："通讯社的创办既有助于办起大宗发行的日报，同时也是继办起这种日报之后而出现的。"[②] 一方面，正因为商业报刊的崛起，报纸重心由政论转向新闻，对新闻的需求量大大增加，而各报又不可能、也没必要各派一套人马，奔赴世界各地采集新闻，于是就为通讯社的出现提供了必要的生存条件和广阔的发展天地。另一方面，也正因为通讯社的出现，为报业提供了丰富的新闻，从而使以新闻为主的商业报刊获得长足发展。尤其是世界性通讯社的拓展，才使全球新闻传播开始真正形成。

---

① [美] 梅尔文·L. 德弗勒、埃弗雷特·E. 丹尼斯：《大众传播通论》，颜建军等译，251页，北京，华夏出版社，1989。

② [爱] 肖恩·麦克布赖德等：《多种声音，一个世界》，12页，北京，中国对外翻译出版公司，1981。

　　依据阿尔温·托夫勒的说法，通讯社也可谓"第二次浪潮"的产物。托夫勒出身记者，曾任《幸福》杂志副主编。1988年9月，曾偕夫人来华，还与当时总书记晤面。其时，托夫勒以其《第三次浪潮》（*The Third Wave*）曾名噪一时。书中，他把人类文明分为三个阶段，即所谓"三次浪潮"：第一次浪潮是农业文明，第二次浪潮是工业文明，第三次浪潮就是当今信息社会。在他看来，农业文明与工业文明的分界，在于生产与消费的分合：农业文明时代，生产与消费合二为一，比如人们耕田织布，主要为了自己享有，自己消费；而工业文明时代，生产与消费分离，农民种粮食主要不是为了自己吃，工人造机器更不是为了自己用，生产的目的由自我消费，变成互相交换——生产与消费发生分离。

　　农业文明时代，新闻传播领域受制于自然经济的自给自足法则，产销往往合二为一。就像新闻信、传单、小册子、报刊等"媒体"，从采写到编辑，甚至从印刷到发行差不多都是一人承担，所谓记者、编辑、主编等其实都是一个人。而当第一次浪潮日渐消退，第二次浪潮开始涌起之际，自给自足的传播模式便无法满足社会对信息的巨量需要，进而被一种全新的结构所取代。这种全新结构，就是工业文明的"产销"分离。具体说来，通讯社一类媒体专门负责"生产"，即采集新闻，而报刊等媒体则主要"消费"，即售卖新闻等。当然，这些媒体并不纯属"消费者"，它也拥有自己的生产部门，即采写新闻的记者。但是，就整个新闻传播的大格局、大趋势而言，通讯社毕竟是以纯粹的生产者出现的，而报刊等媒体一旦与通讯社发生联系，在新闻生产上就不再是纯粹的自给自足了。

　　伴随大工业生产的同步化、标准化、一律化等特征，新闻传播也告别小农时代的各行其是，而越来越趋于统一一律的专业化操作，如所谓"新闻专业主义"（professionalism），包括一系列专业理念、职业操守、行业技能等。同标准化的大工业生产一样，标准化的新闻操作也有助于提高生产效率，批量生产与销售媒介产品。把握工业文明的历史大背景，对通讯社的成因及其职责就会看得更清楚。

　　总之，通讯社以及现代传播的一整套模式方式，归根结底既与现代科技、工业革命、殖民扩张全球化等息息相关，更与资本主义时代的生产方式与社会生活血脉相连。对此，没有比30岁的马克思与28岁的恩格斯在《共产党宣言》里讲得更精辟的了：

　　　　美洲的发现、绕过非洲的航行，给新兴的资产阶级开辟了新天地。
　　　　大工业建立了由美洲的发现所准备好的世界市场。世界市场使商业、航海业和陆路交通得到了巨大的发展。
　　　　……

二、种　类

联合国教科文组织（UNESCO）曾将通讯社分为三类。第一类，是国际通讯社。比如，美联社、合众国际社、路透社、法新社所谓四大通讯社。第二类，是国家通讯社。比如，德新社、安莎社、共同社等。第三类，是专业通讯社。专业通讯社一般鲜为人知，这里特别介绍一下。

辛迪加

专业通讯社中最典型的，当数美国的"辛迪加"——又称为"特稿辛迪加""报业辛迪加"等。辛迪加是 syndicate 的音译。所谓 syndicate，是指向若干媒体同时出售特稿供同时发表的组织。它与一般通讯社的最大区别在于：辛迪加主要提供各种各样、五花八门的特稿（feature），故有"特稿辛迪加"（feature syndicate）之称；而一般通讯社的主要产品是新闻，以及新闻类材料如背景分析、人物专访、新闻评论等。美国共产主义学者察佩克（Abe Capek），在 1950 年代的《美国新闻界》一书里指出："如果通讯社所发布的是社论性的专题材料而非新闻，则那些通讯社便被称为辛迪加。"[1] 辛迪加的特稿多属专题性材料，这些材料"专"到何种程度呢？1954 年，美国《编者与出版者》杂志曾列举了 41 种辛迪加的专题材料，由此可见一斑：

1. 占星术——占字术
2. 汽车（关于汽车和驾驶的特写）
3. 航空
4. 美容（专供妇女读的各种如何使自己美化的特写，这些特写大大增加化妆品制造商的利润）
5. 书籍（包括书评、对作者的评价和在报纸上发表的长篇连载的书）
6. 桥牌（纸牌游戏）
7. 商业——金融（各种经济的文章、调查，以及为商人和一般读者所作的解释与预测）
8. 漫画及木版画（政治漫画和滑稽连环画两种都有）
9. 象棋——跳棋
10. 儿童（关于抚养儿童的文章和为儿童编写的特别读物）
11. 专栏（政治评论、闲话专栏、军事分析、宗教专栏等）
12. 连环画
13. 社论（本文）（由著名记者和政治人物署名的政治评论以及现成的社论）

---

① ［美］阿贝·察佩克：《美国新闻界》，彭道真译，41 页，北京，世界知识出版社，1957。

14. 社论性漫画

15. 时装

16. 小说（短篇小说、爱情小说、冒险小说和供报纸连载的长篇小说节本）

17. 补白（政治性的和幽默性的短的杂录）

18. 食品（烹调法和建议的食谱）

19. 园艺——耕作

20. 健康

21. 历史（包括新闻人物的传记、新闻中的列国志、历史上的纪念日等）

22. 家务（关于如何在家庭中修整东西、室内装饰、家庭工艺等各种特写）

23. 地图

24. 电影（对好莱坞电影明星颂扬、电影工业和影评）

25. 音乐（包括对于新唱片的评论）

26. 自然

27. 样子（供家庭缝纫用的附有缝纫说明的样子）

28. 照相术（供照片爱好者和业余照相者阅读的特写）

29. 难题——解谜

30. 广播和电视（关于广播和电视明星与节目的特写）

31. 宗教（关于宗教的各种材料）

32. 研究（包括国会议员投票记录、盖洛普民意测验等）

33. 科学

34. 连载（供报纸发表的各种类型连载的材料）

35. 短篇故事

36. 特别专页（包括犯罪故事、图片版、冒险故事材料等）

37. 体育

38. 集邮

39. 旅行

40. 退伍军人（为美国武装部队退伍军人特写的材料）

41. 妇女专页①

从这些辛迪加的特稿中可以看出，专业通讯社主要提供娱乐性或服务性材料，与一般通讯社主要提供新闻性信息颇异其趣。

---

① ［美］阿贝·察佩克：《美国新闻界》，彭道真译，43～45 页，北京，世界知识出版社，1957。

下面简单谈谈辛迪加的起源。南北战争期间，有个叫安塞尔·凯洛格（Ansel N.Kellogg）的人，在威斯康星州出版了一份周报。由于人手少，每周版面很难凑齐，于是，凯洛格便与《威斯康星日报》协商，由该报向凯洛格的周报每期提供两页编好的现成版面，凯洛格则向该报付费若干。后来，凯洛格看到向报纸提供现成版面的买卖很有前途，便放弃办报，到芝加哥专门出售报纸的"半成品"，即一半印好而另一半空白的报纸，然后卖给那些人手不够的小报，这些小报只需在空白部分加上本地新闻便可付梓了，这就是辛迪加的起源。现在的辛迪加早已不再出售预制的版面，而是同知名的评论家、作家、艺术家、摄影家以及某一方面的专家签订合同，购买他们的作品，然后推销给各家新闻媒体。比如，《洛杉矶时报》辛迪加，就曾长期订购李普曼的专栏文章，然后将这些文章卖给国内外的250多家报章杂志。如此看来，辛迪加犹如新闻传播行业的一个掮客，工作流程如下：

> 首先，辛迪加必须获得材料。为获得材料，它们与作家、艺术家、设计师等人保持定期联系。取得材料的过程非常复杂，而且是秘密进行的。……获得材料之后，辛迪加把材料进行编辑（指书写材料和连环漫画），然后送去制作。制作人员将稿子准备就绪，发送各媒介机构。某些辛迪加雇推销员亲自走访报社和杂志社，劝说他们开辟新专栏或刊用新漫画。辛迪加像任何制造产品的企业一样，必须自己管理和销售货物（特稿）。……辛迪加要协调的因素很多，包括特稿作者之间与辛迪加之间签订的合同以及辛迪加与订购特稿的报社之间的合同。它们也处理报纸向辛迪加付费和辛迪加给作者、画家付稿酬等问题。此外，它们还通过登门造访、登广告和其他途径推销自己的产品。因此，辛迪加是联系各种各样创作能力和潜在销路的多方面组织。①

由于众多报刊同时采用通讯社的新闻报道和辛迪加的特稿材料，于是就不可避免地造成媒体面目雷同、内容千篇一律的现象。美国一位作家说过："一个佛罗里达州的日报和一个缅因州的日报区别只在天气报告栏中所报道的温度上，在其他主要方面则无区别。"② 阿贝·察佩克也写道：

> 如果你从纽约市搭上长途火车到加利福尼亚州去，在路上每停一站就买一份报纸，你对于美国报纸的标准化达到了多么高的程度，就会得到一种迅速而难忘的印象。这些报纸的名称、地方新闻和第一版编排形式会有所不同，可是除此以

---

①　[美] 梅尔文·L. 德弗勒、埃弗雷特·E. 丹尼斯：《大众传播通论》，颜建军等译，266～267页，北京，华夏出版社，1989。

②　[美] 阿贝·察佩克：《美国新闻界》，彭道真译，40～41页，北京，世界知识出版社，1957。

外，你会发现，不但一般所刊载的是从通讯社来的同样的新闻故事，而且是同样的评论，同样的连环漫画和"人类兴趣"的特写。①

这种千篇一律的雷同现象，是通讯社与生俱来的问题。早在世界上第一家通讯社，即法国的哈瓦斯通讯社创建之初，巴尔扎克就已在其主编的《巴黎杂志》上撰文说：一般人认为巴黎有好多家报纸，但是说老实话，严格点说，全巴黎只有一家报纸，那就是"哈瓦斯通讯社"编发的新闻稿。这种千篇一律的雷同现象也不足为怪，它正是工业文明时代的普遍趋势，托夫勒称之为标准化、同步化等。工业社会许多领域，都体现着这一趋势。比如，标准化的劳动程序，标准化的生产产品，标准化的入学条件，标准化的课程、考试等。卓别林的电影形象地展现了这一工业时代、工业文明的显著特征，如今日益智能化的机器人更是标准化的突出象征。与此相似，新闻报道模式也趋于标准化，像五个 W 和一个 H、倒金字塔等新闻写作手法。总之，千篇一律可谓第二次浪潮的社会生活趋势。所以，作为第二次浪潮产物的通讯社，带来新闻传播的千篇一律问题也顺理成章。与此相对，托夫勒把第三次浪潮即信息社会的特征归结为更注重个性，就像新闻事业不再是大一统的、无差别的、千篇一律的，而越来越呈现出他所谓的"非群体化"。其间，专业报刊日益增多，专业化程度日益精细；电视录像机、有线电视等，也日益使电视观众大大分散而日益非群体化。他曾宣称：强大而集中的电视广播网一统天下的日子已经一去不复返了。显然，这一趋势在新媒体时代最为突出，愈益显著。

谈到专业通讯社，不能不谈专栏作家。因为，一般通讯社主要依赖新闻记者，而专业通讯社主要仰仗专栏作家。

专栏作家（columnist）

专栏作家既可以是作家、艺术家、画家、摄影家，也可以是政治家、外交家或某一领域的专家。同辛迪加的特稿一样，专栏作家也是三教九流，五花八门。可以说有多少种辛迪加特稿，就有多少种专栏作家。不过，专栏作家基本上可以分为两大类：一类姑且称之为"精英型"（elite），另一类姑且称之为"大众型"（mass）。精英型的专栏作家，以沃尔特·李普曼（Walter Lippman）、詹姆斯·赖斯顿（James Reston）等为代表。李普曼是美国新闻史上最负盛名的政治专栏作家，其专栏《今日与明日》（*Today and Tomorrow*），曾是许多国家政要和外交官的案头阅读材料，对美国以及国际政局影响甚大甚久。

沃尔特·李普曼

---

① ［美］阿贝·察佩克：《美国新闻界》，彭道真译，40 页，北京，世界知识出版社，1957。

毛泽东主席不止一次称道李普曼，1959 年 5 月 27 日在同秘书林克谈话时就说道："我们应当培养专栏作家和政治编辑，政治编辑应当知识比较广博和通晓大局，应当有中国的李普曼和赖斯顿。"①罗纳德·斯蒂尔（Ronald Steel），在《李普曼与美国世纪》一书里认为：

> 李普曼的特别之处，不在于他对世界事件的报道或预言方面是正确的或特别敏锐的（他不是这样），而在于，他从一个"局内人"（这个名词是他用的）的立场反映出美国在除越南以外毫无障碍的对全球的支配；在于他认为，他作为博学者的任务是帮助他的同胞们"适应现实"。这个现实就是美国在全世界范围内无与伦比的力量。他借助不远离公共舆论力量的技巧，来强调美国力量的道德感、现实性和利他主义，把这种力量变得更为人所接受。②

可以理解，作为一部李普曼权威传记的作者，罗纳德·斯蒂尔对传主自然情有独钟，称之为"美国最伟大的新闻记者"。与之相似，赖斯顿更赞誉李普曼是"当代最伟大的记者"。赖斯顿的名望仅次于李普曼。1953 年，他的专栏刚开始登在《纽约时报》上时，当时美国总统艾森豪威尔还不屑地问道：这个家伙是什么人？他哪有资格告诉我该怎样治理国家？后来，恐怕没有谁再轻视他了，事实上几届总统每天早上看的材料中，就包括他的专栏文章。他说的一句话，在新闻界广为流传：19 世纪是小说家的黄金时代，20 世纪是新闻记者的黄金时代。

如果说精英型专栏作家的主题是忧国忧民，纵论天下——"宏大叙事"，那么大众型专栏作家的基调就是服务、娱乐及消遣——"私人叙事"。借用古人比较苏东坡与柳永的妙喻，精英型专栏作家就像关西大汉，执铜琵琶，铁绰板，放声高歌"大江东去，浪淘尽千古风流人物"；而大众型专栏作家则如二八女郎，捻红牙板，杨柳琴，浅吟低唱"杨柳岸，晓风残月"。下面就介绍一位大众型的专栏作家 E.P. 莱德勒。

莱德勒是一位颇有魅力与人缘的大众顾问专栏作家，她的专栏曾经通过辛迪加，刊登在美国国内与国外一千多种报刊上。她有个孪生妹妹。小时候，姊妹俩总爱穿相似的衣服，总是与男伴一同出游。后来，姊妹俩又一起上同一所大学，一起举行婚礼。莱德勒做专栏作家后，她的这位孪生妹妹也主持了一个专栏，与她分庭抗礼，唱起对台戏。为此，姊妹俩好多年都跟乌眼鸡似的，谁也不理谁。

莱德勒专栏的名称，叫作《通天晓顾问安·兰德斯》（*Ann Landers*），就像李普曼的专栏名称叫《今日与明日》一样。1955 年，当《通天晓顾问安·兰德斯》专栏的原

---

① 《毛泽东年谱（1949—1976）》第 4 卷，56 页，北京，中央文献出版社，2013。

② ［美］爱德华·W. 萨义德：《文化与帝国主义》，李琨译，406 页，北京，生活·读书·新知三联书店，2003。

作者去世后，报名竞选新兰德斯的人有 22 个，其中包括一位从未出门工作，也从未发表片言只字的中年妇女，她就是莱德勒。乍一看，她的条件显然不理想。然而，她却力挫群雄，如爆出的黑马成为新的兰德斯。她成功的秘诀何在呢？原来她的撒手锏，就是遇到疑难问题直接向最高权威求教。比如，考试中出了一道有关法律的问题，当时其他应试者都只顾闷着头苦思冥想，而莱德勒却一个电话打到最高法院，请美国大法官们给予解答。考场评判员对此非常赏识，后来莱德勒的专栏走红的一个主要原因，正在于她坚持不懈地向专家讨教。

莱德勒一开始主持《通天晓顾问安·兰德斯》专栏，便决定把服务放在首位，以此作为专栏的宗旨。她备有美国各种服务机构的有关资料，随时可以向来信请求帮助的读者释疑解难。她的专栏文章，一年三百六十五天从不间断，几十年来为读者解答了数不胜数的疑难问题，与此同时莱德勒也成为一位家喻户晓的知心朋友，赢得广泛信赖。权威的《美国医学会杂志》的一位编辑说过：有许多人向她询问一些永不会向医生提出的保健问题。莱德勒解答问题，不仅令人信服，而且措辞精辟，言简意赅，还不乏机智与幽默。有一次，一个年方十五的少女给她来信抱怨说：

> 我最大的问题是母亲。她从早到晚唠叨个不停，老是说："关电视。做功课。洗脖子。直起身子站。清理你自己的房间。"我怎样才能让她住口？

那么，怎样解决这位少女的最大问题，让她的母亲不再唠叨呢？莱德勒为她提供了一条锦囊妙计，简直可以说一劳永逸："关电视。做功课。洗脖子。直起身子站。清理你自己的房间。"还有一次，一位署名"困惑人"的读者来信问："亲爱的安·兰德斯：将近三十年来，你是世界上影响力最大的顾问。你那些精妙的答案究竟从何而来？"兰德斯专栏对这一问题的回答，也是一语破的，妙不可言："亲爱的困惑人：答案来自莱德勒。"

由于兰德斯专栏面向社会，服务大众，赢得广泛声誉，所以对她提的意见，人们都乐意采纳。1971 年美国国会讨论一笔开展癌症研究的拨款时，她写了一篇专栏文章予以支持，文章最后劝告读者说："请在本栏签名，寄交你的参议员。"文章一刊出，各州寄给自己参议员的信件顿如洪水一般涌入华盛顿，总数达 100 多万封。有位参议员为此写了张纸条给兰德斯专栏，上面只有一句话："弹劾安·兰德斯。"鉴于兰德斯专栏具有如此号召力，里根总统曾给兰德斯专栏去信，开玩笑说："安·兰德斯，自第二次世界大战以来，我们已曾多次劝苏联和我们一起减少甚至取消核武器，但没有成功。也许你的读者可以把你的专栏寄给勃列日涅夫。罗纳德·里根谨启。"

需要说明的是，像李普曼、莱德勒这样大名鼎鼎的专栏作家并不多见，大多数专栏作家都是默默无闻，正如曾任美国之音台长的约翰·钱塞勒和曾任美联社华盛顿分社社长的沃尔特·米尔斯，在其合著的《记者生涯》一书中所说的："作为专栏作家，多数人的收入刚够糊口；只有少数人发迹。每一个大专栏作家都有几十个小的作陪衬。"①

下面开始分别介绍三家诞生于19世纪，并且至今仍然位居世界大通讯社之列的法新社、路透社和美联社。

第二节　法新社（AFP）

法新社的前身，是"哈瓦斯通讯社"（Agence Havas）。而哈瓦斯通讯社，是全球第一家通讯社，其创办人就是法国人哈瓦斯（Charles Havas）。

一、哈瓦斯与哈瓦斯社

哈瓦斯诞生于北美独立战争结束的1783年。其父曾任路易十六的书报检查官，1789年大革命爆发后丢官卸职。哈瓦斯的青少年时代，在动荡不安的大革命岁月中度过。他二十来岁时，利用拿破仑对英国实行大陆封锁之机，钻空子发了一笔财，摇身一变成为巴黎金融界的巨头。而拿破仑垮台后，哈瓦斯一夜之间又从富翁沦为穷汉，因为他手中拥有一大笔应由拿破仑政府偿还的债券，这些债券随着拿破仑的下野全部作废。哈瓦斯破产后，穷困潦倒，狼狈不堪。当时，他上有高堂，下有幼子，侧有娇妻，一家老小眼巴巴地望着他，嗷嗷待哺。他在给友人的一封信中诉苦说："眼下家中的日子实在难熬。吃了上顿没下顿……这还不算。我还有一笔二百法郎的欠款，因为无力偿还险些吃官司，多亏一位朋友出于哥们义气挺身而出，才使我们摆脱了困境。"

哈瓦斯

为了养家糊口，1825年哈瓦斯在巴黎创办了一家新闻社，主要业务就是从外国报刊上选出法国人感兴趣的报道，然后译成法文，卖给巴黎的各家报刊。所以，它实际上是个新闻编译社。由于哈瓦斯既有新闻敏感，又有外语能力，所以他编译的稿件颇受欢迎，他的新闻社也日益兴旺。约翰·霍恩伯格在《西方新闻界的竞争》一书里写道：

> 为了建立一个能为他设在巴黎的新闻机构服务的记者网，他早在1925年就游历了欧洲；他还雇用了一些翻译、信使和职员。他的新闻的第一批订户是金融家、商人及外交官之类的人。他专门传播股票行情和金融界感兴趣的其他新闻。②

① ［美］约翰·钱塞勒、沃尔特·米尔斯：《记者生涯》，史文新译，80页，北京，世界知识出版社，1985。
② ［美］约翰·霍恩伯格：《西方新闻界的竞争》，魏国强等译，18页，北京，新华出版社，1985。

　　1835 年，哈瓦斯吞并几家新闻社之后，正式亮出"哈瓦斯通讯社"的招牌。于是，哈瓦斯通讯社便成为全球第一家名正言顺的通讯社，哈瓦斯也成为通讯社鼻祖。如今，通讯社一词 agence（英语 agency），已成为全球通用语，如新华通讯社（Xinhua News Agency），而最先将这个词用作通讯社的就是哈瓦斯。

　　哈瓦斯通讯社问世的 19 世纪 30 年代，正当法国商业报刊兴起之际，可谓生逢其时。由于商业报刊以新闻为重心，从而为新闻通讯社提供了发展天地和生存空间。当时许多廉价报纸如《世纪报》《新闻报》等，都是哈瓦斯社的主顾，《新闻报》的发行人吉拉丹还是哈瓦斯的老朋友。为了安身立命，哈瓦斯社一开始就把"速度"奉为根本："国际通讯社之所以成长壮大，是因为它们服务于对高速通讯的需求。"[①] 哈瓦斯创办通讯社的动因之一，就在于拿破仑逝世的消息过了两个月，才从流放地圣赫那拿岛传到巴黎。不过，哈瓦斯社创办之初，世界上既无铁路，又无电台，当时的所谓快讯，还得依靠驿马传递。为了尽快获取并传递新闻，哈瓦斯还用过信鸽，开辟了布鲁塞尔到巴黎、伦敦到巴黎等信鸽传讯线路。通过这种方式，哈瓦斯社当天就可获得比利时与英国的新闻，比邮局快得多。哈瓦斯社发展成 19 世纪的一大通讯社，信鸽立下头功。以后，哈瓦斯社又相继利用电报、火车等新科技，进一步加快新闻的传递速度。正如巴尔扎克说的，"世界各地的报纸都会很快地到哈瓦斯手里"，"哈瓦斯先生比巴黎的任何人，都最先获知世界各地的消息"。巴尔扎克还写道：

　　　　除了外交机密之外，哈瓦斯无所不知，无所不晓。……从收到的报纸杂志中，哈瓦斯挑选出一些重要的文章或消息，然后编译成法文稿件。这些新闻稿件每天都要送到首相官邸供首相早起后阅读。不仅如此，巴黎的各个报社也都加入了哈瓦斯通讯社的供稿系统，因为各地去编译外国的新闻不如购买哈瓦斯的消息更能节约开支……由此诸位便可以明白，虽然你们是在不同的报纸上看到了国外的信息，其实来源都是出于同一处。……极而言之，可以说全巴黎只有一份报纸。

　　巴尔扎克的这段话说明两个问题：第一，哈瓦斯社当时还是一家外国新闻的编译社；第二，哈瓦斯社的稿件已使巴黎的报纸趋于千篇一律，面目雷同。

　　哈瓦斯社的事业，从 1848 年开始获得显著进展。因为，1848 年一场声势浩大的资产阶级革命席卷了欧洲大陆。巴黎也爆发了二月革命，推翻了复辟王朝的封建统治，又一次建立了共和国，这就是法兰西第二共和国。法兰西第二共和国，废除了复辟时代对言论出版的种种限制，一时间许多报纸纷纷创刊。据统计，第二共和国存在的短短三年间，法国新创办的报纸达一千余家。大批新创办的报纸竞相同哈瓦斯社签订合同，订购

---

　　① ［美］叶海亚·R.伽摩利珀：《全球传播》，尹宏毅主译，15 页，北京，清华大学出版社，2003。

新闻，从而使哈瓦斯社顾客猛增，应接不暇。此外，哈瓦斯社也开始联系国外订户，积极向海外发展。比如，沙皇俄国的宫廷就订购了哈瓦斯社的新闻稿。到19世纪60年代，哈瓦斯社已漂洋过海，将触角伸到拉丁美洲。

也就是在1848年，哈瓦斯录用了两名德国流亡者。当时，由于革命而从德国流亡巴黎的人，总计达到八万多，包括马克思和海涅。被哈瓦斯录用的两名德国流亡者，后来都另立门户，各自成立通讯社，成为哈瓦斯的两大竞争对手，三方展开激烈角逐。这对哈瓦斯来说，无异于搬起石头砸自己的脚，真是始料未及。这两个先与哈瓦斯同舟共济，后与哈瓦斯分庭抗礼的德国流亡者，一个叫沃尔夫（Bernhard Wolff），一个叫路透（Reuter）。沃尔夫创办的德国沃尔夫通讯社与路透创办的英国路透社，同其师傅哈瓦斯的哈瓦斯社鼎足而立，构成19世纪最有势力的三大通讯社。

1849年，柏林至亚琛的电报线路开通，交付使用。哈瓦斯想包下这条电报线路，以便拓展自己的业务。可是，等到他着手去办这件事的时候，这条有利可图的线路已被人抢先占据，哈瓦斯吃了一惊。原来抢了他生意的不是别人，正是他以前的徒弟，后来几乎同时"失踪"的沃尔夫和路透。沃尔夫占据了这条电报线路的柏林一端，路透则占据了亚琛一端。对此，《路透其人和路透社》一书，用了一个生动的比喻，说哈瓦斯得知当年的弟子抢了自己的买卖后，非但不气恼，相反心中充满了"在腕力比赛中初次被儿子赢了的父亲才会有的那种以输为荣、心里很爽快的失败感"。其实，这件事已经拉开19世纪三大通讯社激烈竞争的帷幕。不过，当时乃至以后相当一段时间，它们的竞争首先并不在于综合新闻方面，而在于商业资讯领域："商业新闻、证券交易、市场行情等，构成这些通讯社开张之际的主要业务，正如其早期的新闻信同伴——如富格家族（the Fuggers）的新闻信。"①

二、《通讯社条约》（1870）

古典小说《三国演义》开篇写道："话说天下大势，分久必合，合久必分。"19世纪英国的一位外交官也说道："国家没有永远的敌人，国家也没有永远的朋友，国家只有永远的利益。"这两句中外名言，精确地概括了19世纪三大通讯社的分分合合，恩恩怨怨。哈瓦斯社、沃尔夫社与路透社的竞争，就构成通讯社历史的一部"三国演义"。而这部三国演义的高潮，是1870年的一组《通讯社条约》（Agency Treaties）。这组条约，实际上是一张瓜分世界新闻市场的路线图。根据这项条约，三大通讯社在全球划分了各自采集新闻与发布新闻的势力范围，在他们的势力范围内，三大通讯社都拥有新闻传播的垄断权。《通讯社条约》的出台，既标志着19世纪三大通讯社的"三国演义"达

---

① *The New Encyclopedia Britannica*, 15th Edition, 1986, Volume 26, p.477.

到高潮，也显示着 19 世纪欧洲列强争霸世界的一个侧面。当时法国、德国与英国，是列强中势力最大、争夺最烈的三个大国，配合三大列强的纵横捭阖，你争我夺，法国的哈瓦斯社、德国的沃尔夫社和英国的路透社，在全球新闻市场上也展开激烈争夺，而三大通讯社瓜分全球新闻市场的行径，与列强划分势力范围如出一辙。对此，阿特休尔在《权力的媒介》一书中做了具体论述：

> 通讯社是 19 世纪由法国的查尔斯·哈瓦斯、英国的保尔·朱利叶斯·路透和德国的伯恩哈德·沃尔夫创建的，当时纯粹是商业手段，就像报道古罗马竞技场情况的当地记者一样。哈瓦斯、路透和沃尔夫手下的记者们在殖民地到处奔波，以满足企业商人为发财致富而对新闻的欲望。当时欧洲政府之间的利害关系至关重大。英国、法国、德国为了防止殊死般的竞争，按照 1869 年（应为 1870 年——引者注）签署的《通讯社联盟条约》，在世界上划分势力范围，路透社的势力范围是大英帝国下属的国家和东亚地区；哈瓦斯社负责西班牙、法国、意大利和葡萄牙帝国所属地区；而沃尔夫社则拥有奥地利、德国、斯堪的纳维亚国家和俄国的地域范围。①

19 世纪的这个《通讯社条约》，对全球新闻传播格局的形成与演化，特别是对国际通讯社的竞争与发展，都产生显而易见的深远影响，直到 20 世纪，甚至 21 世纪都可在国际新闻领域一窥其历史身影：

> 这个契约延续了半个世纪，对世界舆论的形成起了深刻的影响，对 20 世纪的新闻事业产生了决定性影响。正如肯特·库珀（美联社总经理——引者注）后来写道的那样："路透社和哈瓦斯通讯社不让报联社（即美联社前身'纽约报纸联合会'——引者注）在国外发布新闻有三个目的：（1）它们不让报联社参加竞争；（2）如果它们想报道有关美国的新闻，它们可以随意以蔑视的态度向美国报道这种新闻；（3）它们可以采用最有利的方式报道本国新闻而不会遭到批驳。它们自己的国家总是受到颂扬。它们这样做的方法是，报道英国和法国国内的文明所取得的伟大进步。当然，这种进步所带来的好处将为整个世界所共享。"路透社和哈瓦斯社曾形象地报道说，"因为有印第安人，在美国旅行是不安全的。"②

这里看起来在说 19 世纪的事情，实际上也同样适用于今天不平衡、不平等的新闻传播秩序，只不过当年的"被压迫者"，如今得势之后早已成为当年它所抨击的"压迫者"了。

---

① ［美］J. 赫伯特·阿特休尔：《权力的媒介》，黄煜等译，250～251 页，北京，华夏出版社，1989。
② ［美］约翰·霍恩伯格：《西方新闻界的竞争》，魏国强等译，48 页，北京，新华出版社，1985。

第一次世界大战后，《通讯社条约》体系便名存实亡，其原因主要有两个。第一，一战后国际政局发生了重大变化。挑起战端的德国成为战败国，原属德国沃尔夫社势力范围的俄国爆发十月革命，成为第一个社会主义国家，而美国由于在大战中坐收渔利，一跃成为头号强国。随着国际政局的天地翻覆，德国的沃尔夫社自然一蹶不振，势力锐减，而美国的美联社、合众社等脱颖而出，迅速崛起。第一次世界大战胜利结束的消息，就是由美国的合众社最先报道的。不过，合众社这一次"先"得有点过头了。第一次世界大战是在 11 月 11 日上午 11 时结束的，而合众社提前四天即 11 月 7 日就急急忙忙发出报道，宣布大战结束：

> （合众社巴黎十一月七日电）战争已经结束，今日上午十一时，德国与协约国签订了停战协定，三小时后停止了战争行动。据悉，福煦元帅的条件中包括预防恢复战争行动的条款，因此，有史以来最大战争已告结束。[①]

当时，许多人听到这个消息，不禁奔走相告，纵情庆贺，后来发现原来是空喜欢一场。为此，合众社背了多年黑锅，一直抬不起头。有人开玩笑说："合众社提前四天，结束了第一次世界大战。"

一战后《通讯社条约》体系名存实亡的第二个原因，在于无线通信取代有线通信。瓜分世界新闻市场只在有线通信的时代才有可能，因为大通讯社可以凭借强大的经济实力控制国际有线通信网络，而中小通讯社没有力量参与这种竞争。当无线通信取代有线通信后，各家通讯社不论大小都可以迅速而便捷地将新闻传往任何地区，不必再受电报线路的制约。于是，即使 19 世纪三大通讯社没有发生什么变化，若想在无线通信的时代继续维持其垄断地位也是不可能的。因此，1934 年，世界各通讯社在里加开会（里加时属苏联，现为拉脱维亚首都），宣布正式废除《通讯社条约》以及其他所有垄断性协定。19 世纪三大通讯社三分天下的局面正式结束，三大通讯社的"三国演义"至此落下帷幕。当然，实际的争权夺利又以另一种方式继续进行。

下面再接着谈谈哈瓦斯社的发展情况。通讯社兴起的时期，正当有线电报问世，并且获得广泛应用。1837 年，美国画家莫尔斯最先发明有线电报，1850 年欧洲各国已普遍建立有线电报网络。1866 年，第一条大西洋海底电缆铺设成功，又把美洲与欧洲的电报线路连为一体。随着有线电报的飞快发展，哈瓦斯通讯社的事业也迅速扩张，在提供新闻的同时，又开始经营广告业务。它的做法是用新闻交换各报的广告版面，然后再将这些版面卖给广告客户。第一次世界大战结束后，哈瓦斯社已控制法国 80% 的报业广告，成为法国最大的广告垄断组织。1930 年，法国一位记者在普林斯顿大学召开的

---

① ［美］约翰·霍恩伯格：《西方新闻界的竞争》，魏国强等译，350 页，北京，新华出版社，1985。

报业会议上发言说道："对一家报纸来说，疏远哈瓦斯通讯社实际上意味着丧失其全部的广告收入。"①

哈瓦斯通讯社创办之初是家民营机构，后来逐渐演变为法国政府的半官方喉舌，其大部分经费都来自政府的变相补贴和津贴。"尽管历届法国政府在政治和个性上各有差异，他们都把得到哈瓦斯通讯社的善意与合作看作无价之宝。当然，这给双方都带来了好处。其结果是，政府以各种形式对哈瓦斯通讯社进行补贴，最终达到每年三千万法郎之多。"②1912 年，美联社企图打入自己认为属于美国势力范围的拉丁美洲，结果被垄断拉美新闻市场的哈瓦斯社所拒绝。对此，曾为美联社的崛起立下汗马功劳的肯特·库珀（Kent Cooper），几年后回忆起来耿耿于怀："哈瓦斯社，一个小小的由政府资助的法国通讯社居然能够阻止庞大的美联社向南美发稿，这一事实实在糟糕透顶。"③事实上，这时的哈瓦斯通讯社是全球数一数二的大通讯社，无论在国际还是在国内都具有翻手为云、覆手为雨的传播能量，而不是一个小小的通讯社。第二次世界大战前，《巴黎晚报》一位主编就说道：

> 哈瓦斯通讯社只消发一条消息，就足以在巴黎证券交易所引起一场惊乱，或在议会发动一场可能导致政府下台的运动，引起动乱，甚至于发动战争。然而，又有谁敢于谴责这类佞言呢？谁又能够谴责这类佞言呢？在所有毒化法国公众舆论的那些佞言中，哈瓦斯通讯社的佞言危害性最大。而且，哈瓦斯通讯社的佞言往往被信以为真。④

1940 年，德军占领巴黎，哈瓦斯社瓦解分裂，不复存在。1944 年，巴黎光复后，在原哈瓦斯社的基础上组建了一家新的通讯社，这就是今天的法国通讯社——法新社。

第三节　路透社（Reuters）

路透社的创办人，就是新闻史上的奇人路透（Paul Julius Reuter）。路透社的崛起与路透传奇的一生水乳交融，密不可分。所以，谈及路透社，势必说到路透其人。

一、路透与路透社

路透生于 1816 年，比哈瓦斯小 33 岁。他的诞生地，是美丽的格林童话的故乡。路

---

① ［美］约翰·霍恩伯格：《西方新闻界的竞争》，魏国强等译，423 页，北京，新华出版社，1985。
② 同上，231 页。
③ ［美］J. 赫伯特·阿特休尔：《权力的媒介》，黄煜等译，251～252 页，北京，华夏出版社，1989。
④ ［美］约翰·霍恩伯格：《西方新闻界的竞争》，魏国强等译，424 页，北京，新华出版社，1985。

透的双亲都是犹太人。他早年并不叫路透，路透这个名字是他 28
岁那年在柏林放弃犹太教，改奉基督教时重新起的。1848 年，由
于德国爆发革命，路透随大批流亡者来到巴黎。当时路透身无分
文、举目无亲，他找到哈瓦斯，想在哈瓦斯社谋个差事。哈瓦斯
对路透通英语、法语和德语三种文字比较赏识，他正需要这种人，
因为哈瓦斯社当时主要以编译外国新闻为主。于是，哈瓦斯就收
下路透做翻译，与此同时，哈瓦斯又录用了另一位德国流亡者沃
尔夫。1849 年，羽毛未丰的路透迫不及待地自立门户，同师傅哈
瓦斯唱起对台戏。这时路透才 33 岁，而哈瓦斯已是 66 岁。结果，
路透虽然年轻气盛，初生牛犊不怕虎，但毕竟不是老家伙哈瓦斯的对手，几个回合下
来，便招架不住，最后洗手不干，从巴黎"失踪"了。时隔不久，沃尔夫也去向不明。

路透离开巴黎后，到什么地方、去干什么了？我们先按下不表。且说德国西部与
比利时交界处，有座历史古城，名叫亚琛。神圣罗马帝国的历代皇帝，都在亚琛举行加
冕典礼。亚琛还有一家举世闻名的报刊博物馆，创建于两百余年前，收藏有世界各国的
十万余种报刊。就在路透从巴黎"失踪"的这一年 10 月 1 日，也就是新中国成立前整
整一百周年的那一天，亚琛到柏林的有线电报线路开通了，并交付使用。当哈瓦斯得知
这个情况，准备利用这条电报线路时，发现有人已经捷足先登，占据了这条线路。而抢
了他生意的不是别人，正是以前的徒弟沃尔夫和路透：沃尔夫占了这条线路的柏林一
端，创办了德国最早的通讯社——沃尔夫通讯社（Wolff Telegraphen Bureau），而路
透占了亚琛一端。原来路透从巴黎"失踪"后，跑到亚琛办起这家电报事务所，收集各
地的股票行情、证券交易之类的商业金融信息，提供给银行家、商人、投资者等。当
时，巴黎到布鲁塞尔已通电报，但布鲁塞尔到亚琛还有一段电信空白。这样一来，路透
占据的亚琛便成为一个连接巴黎与柏林的通信中继站，地位非常重要。为了加快传讯速
度，路透也照搬哈瓦斯的老办法，用信鸽来填补亚琛到布鲁塞尔之间的电信空白。如
今，在路透当年电报事务所旁边，立有一块路透纪念碑，碑上用德语写着：

保尔·朱利叶斯·路透。1816—1899。
路透通讯社的创始者。1850 年，他曾在此接收用信鸽从布鲁塞尔送到这里的
消息。
这是他毕生从事的国际新闻事业工作的开端。

可惜，路透在亚琛的好景不长，他的事务所开张仅一年，亚琛到布鲁塞尔之间也
通了电报。这就意味着柏林的沃尔夫社和巴黎的哈瓦斯社，不再需要路透设在亚琛的中
继站，而可以直接联系了。路透不得不再一次放弃他的事业，这一回，他败在哈瓦斯与

沃尔夫的夹击之下。恰好这个时候，路透偶尔得知英吉利海峡正在铺设海底电缆。这项工程竣工后，伦敦到巴黎、布鲁塞尔、柏林之间的电报线路就可连为一体。有人劝他到伦敦去经营电讯业务，于是在亚琛失利的路透不由动了心。1851 年，路透告别亚琛，来到英国，在伦敦办起一家门面不大的"电报办事处"，正式亮出"路透通讯社"的招牌，路透社的历史一般就从这一年算起。

同《泰晤士报》的崛起一样，路透社的成长与壮大，其实也同样得力于所谓"天时、地利、人和"。正是凭借大英帝国的赫赫声威，路透社的触角才得以伸展到世界许多角落。而路透社的兴旺发达，进一步促使伦敦成为"世界新闻的中心"，从而巩固了大英帝国的霸权地位。正如一位美国学者指出的，"欧洲帝国政府最关心的是，殖民地的新闻能否畅行无阻地传至殖民帝国的首都，因为这些新闻可以帮助殖民帝国维系其政策，并强化帝国之形象，同时也可独立地判断殖民地政府的管理效率，判断是否需要给予军事援助和经济援助等。"[①] 当然，在这个过程中，路透本人的精明干练与经营有方，也是不可小觑的因素。

一开始，路透社的发展并不太顺利。路透社成立后一个月，英吉利海峡的海底电缆就开通了。他借助这条电缆，接收欧洲大陆的金融信息，然后编成"路透社快讯"，出售给银行、交易所、贸易公司、投资公司等。也就是说，路透社最初的业务和在亚琛时期相似，主要是提供商情，客户也主要限于商业金融界。从 1851 年路透社创办到 1858 年的七年间，英国没有一家报纸同路透社打交道，对新闻界来说，路透社仿佛并不存在。1858 年，路透为了打破这种冷冷清清、凄凄惨惨的孤立局面，首先向伦敦的《广告晨报》展开攻势。路透找到该报门上，主动要求免费提供两个星期的各类消息。如果两星期后客户感到满意，双方再正式签订供稿合同，如果不满意，《广告晨报》也不损分文。如此美事，何妨一试？结果表明，路透提供的新闻确实多快好省，令人非常满意。从此，不但《广告晨报》成为路透社的正式客户，而且其他报刊也相继与路透社签订合同，最后就连态度顽固的《泰晤士报》也不得不向路透社就范。起初，《泰晤士报》是死活不肯同路透社打交道。后来，《泰晤士报》看到各报纷纷成为路透社的客户，而且采用路透社的稿件的确既方便又划算，如果自己再执迷不悟，那么在同其他报纸的竞争中势必处于不利地位。这样，《泰晤士报》才算无可奈何地与路透社签了合同，成为路透社的客户之一。不过，死要面子活受罪的《泰晤士报》，签了合同还不肯放下架子，它宁肯多掏一倍的钱，也不愿在《泰晤士报》上刊登的路透社新闻稿上注明"路透社"。也就是说，《泰晤士报》虽然订购路透社的稿件，但刊登时却不注明路透社供稿。

---

① ［美］罗伯特·福特纳：《国际传播：全球都市的历史、冲突及控制》，刘利群译，76 页，北京，华夏出版社，2000。

为此，《泰晤士报》宁愿比别人多付一倍的钱。后来，《泰晤士报》看到同样的稿件，在其他报纸上都注明路透社供稿，自己的做法只能自欺而不能欺人，还白白多花一倍的钱，实在冤枉，于是才不得不随大流了。

攻下《泰晤士报》这座重镇后，路透社开始获得长足发展。从客观方面讲，印花税恰在此时全部废除，许多新报创刊，其中不少是地方的中小报刊。众多的中小报刊无力负担昂贵的国外新闻采访费用，据说当时发一个字的电报价钱，就足够在高级餐厅酒足饭饱美餐一顿。所以，它们只能仰仗路透社提供国外新闻，从而为路透社的发展提供了巨大的市场空间。从主观方面看，路透社奉行"迅速、准确、真实"的原则，建立了自身的信誉。比如，美国南北战争爆发后，路透社派出一位经验丰富、精明强干的记者詹姆斯·麦克莱恩前往采访。当时大西洋两岸还不通电报，欧美两地的联系全靠邮船。林肯总统被刺身亡的第二天，麦克莱恩采访到林肯的私人秘书，并写出报道，可是当天的邮船已经起航。这时，其他记者都心安理得地等候下一班的邮船，而麦克莱恩则不顾一切，飞快赶到码头，雇了一艘快船，出海追赶邮船。苍天不负有心人，后来居然让他追上了。麦克莱恩就把装有报道的盒子，扔上邮船的甲板。结果，路透社提前两天发布了林肯遇刺的详尽报道。诸如此类的故事还有很多，久而久之路透社的名声就传遍天下，据说"只有王冠和英国国旗能够超过它"。[①] 由此说来，路透社确有资格吹嘘："英国的贸易、早期的英国电报公司事业和路透社的丰富的消息来源和声誉共同使伦敦成为世界新闻的中心。"

路透社创办的第七个年头攻下《泰晤士报》，开始获得长足发展。又过了七年，到1865 年，路透的私人通讯社扩充为股份有限公司，路透当上公司的第一任经理。1871 年，路透社创办 20 周年之际，路透的出生地德国封他为男爵。到路透社创办 40 周年时，大英帝国的维多利亚女王又准许路透世袭这一爵位。至此，路透的声望与地位已远远超过哈瓦斯与沃尔夫。这位曾经被哈瓦斯和沃尔夫挤得无处安身的小个子犹太人，如今终于扬眉吐气了。1899 年，新世纪开始之前，路透在法国尼斯的私人公馆中去世，享年 83 岁。

路透去世前十余年，路透社已由路透的独子负责经营。路透的儿子与乃父不同，他对新闻不感兴趣，只是为了继承家业，才不情愿地干起新闻。在他看来，"这个庞大的通讯社既是一个家庭事业，也是一个家庭责任"。[②] 而他自己的爱好是音乐，他一心想当音乐家，甚至做了路透社总经理后，每次上班还都带着乐谱。大概因为他是这么一位酷爱音乐、感情丰富的艺术家型人物，所以 1915 年当他心爱的妻子去世后，63 岁的男爵就在夫人入殓下葬的当天，用手枪结束了自己的生命，演出一场轰动一时的梁祝式悲剧。他

① ［美］约翰·霍恩伯格：《西方新闻界的竞争》，魏国强等译，22 页，北京，新华出版社，1985。

② 同上，225 页。

自杀前留下的遗书令人动容，其中写道：请把我葬在我亲爱的妻子的坟墓中去……死不能把我们分离……我们两个的爱的结合是永恒的。这段话仿佛续写了一个现代版《长恨歌》：“在天愿做比翼鸟，在地愿为连理枝。天长地久有时尽，此恨绵绵无绝期。”

路透唯一的孙子比起路透的儿子来，更不愿意从事新闻工作，这对路透来说真是家门不幸啊。路透的儿子酷爱德国古典音乐，路透的孙子则钟情德国古典哲学。德意志民族对人类文明最突出的贡献一是音乐，一是哲学。有鉴于此，具有德国血统的路透，其后代一个酷爱音乐，一个热衷哲学，也就不足为怪了。路透的孙子在第一次世界大战中应征入伍，当了一名士兵。就在乃父自杀身亡的第二年，他在战场上阵亡。作为独子，他没有留下后代。路透家族的烟火至此中断，这一年恰好是路透出生一百年。

二、三点说明

关于路透社，还需说明三点。

第一，路透社首先是商业资讯社，其次才是新闻通讯社。路透早在亚琛经营电讯业务的时候，提供的就是商业金融方面的信息。到伦敦创办路透社后，一开始也主要是收集和发布商情信息，当时其订户全是英国和欧洲的银行家、经纪人、商人等，与他打交道的都是银行、交易所、贸易公司等。路透社刚创办时，就设在伦敦的股票交易所。后来，路透社虽然从伦敦的金融中心搬到报业中心舰队街，与各家新闻机构为邻，并增加政治、军事、外交方面的报道，但商业金融方面的信息依然是路透社的主要业务。曾任美联社副社长兼华盛顿分社社长的沃尔特·米尔斯在合著的《记者生涯》（*The News Business*）一书里指出，今天路透社最强的业务领域依然是在“国际金融报道方面”。[①] 当今国际传播研究领域的印裔英国学者达雅·屠苏（Daya Kishan Thussu），也曾就此写道：

> 截至 1999 年，路透社是世界上最大的多媒体公司之一，主要从事买卖新闻信息的生意，它为全球的金融市场和新闻媒体提供关于新产品的信息，包括“第一手的金融数据和投资数据，数据的、文本的、历史的、图表的数据库系统，外加上新闻、图表、新闻录像和新闻图片”。在 1989 年前的五年时间里，路透社的金融信息产品的收入占了总数的 64%，而媒介产品收入则占了总数的不到 7%（Reuters Annual Report，1999）。
>
> ……路透社在 20 世纪末成为一个世界上最大的金融数据和新闻信息的提供者，同时还拥有近 2 000 名记者，并在 157 个国家设有 183 个办事处。每天都有超过 300 万字数的新闻在全球用 23 种语言出版，这些新闻的采集和编辑既服务于商

---

① ［美］约翰·钱塞勒、沃尔特·米尔斯：《记者生涯》，史文新译，4 页，北京，世界知识出版社，1985。

业集团，又服务于媒体单位。[①]

这种商情为主、新闻为辅的现象，在西方新闻界屡见不鲜。比如，《华尔街日报》就是一份纯粹的商情报纸，主要刊登市场行情、股票价格等，同时辅以其他新闻。再如，哈瓦斯社和沃尔夫社，也都是从为工商界供应金融经济资讯的通讯社，发展为向新闻界供应综合信息的新闻通讯社，而且哈瓦斯本人原来就是一位银行家。这一现象的根源，自然还在于西方社会的市场化或商业化。形形色色、大大小小的政治、军事与外交活动，实际上都能找到其直接和间接的商业动机，都不可避免地服从或服务于商业利益。所以，商业情报在西方至关重要，一条消息使人发财，一则新闻使人破产，早知一分钟便可赢利，晚悉一分钟就得亏损的事情，实在数不胜数。拿破仑战争期间，一个英国银行家就因为提前获得滑铁卢失败的消息，在伦敦股票市场上略施手脚，便使许多人转眼之间倾家荡产，而他本人摇身一变成为腰缠万贯的富翁。认识商情在西方社会的重要地位，对路透社的主要业务是提供商情而不是新闻，也就不难理解了。

第二，路透社是个纯粹的国际通讯社。也就是说，它只从事国际新闻的采访报道，至于英国的国内新闻，则由另外一个专门的国内通讯社负责，这就是"报纸联合社"，简称报联社（PA）。报联社成立于 1868 年，由英国各地的报刊联合创办。报联社与路透社曾达成协议，一个专管国内新闻，一个专管国际新闻，然后彼此交换。后来路透社的大部分股票都卖给报联社，报联社便成为路透社的最大股东。如今，路透社与报联社都在同一座楼上，即有名的舰队街 85 号。

舰队街（Fleet Street），是伦敦的一条街道。"提起所谓'舰队街'，在中国（在别国没有！）可以说是大名鼎鼎了。30 年代即已常常见诸报端。因为它是英国报业中心——几家深有影响的英国大报报馆都设在这条街上。……很多情况下甚至与唐宁街与白金汉宫齐名。"[②]可是，根据外国地名研究专家刘伉先生的考证，流传甚广的这个"舰队街"，乃是一个误译——Fleet Street 与"舰队"风马牛不相及。[③]为什么呢？原来：

> 古条顿语中有 fleutan 一词，意为"水湾"，演变到后来，也写成了 fleet，就是"小溪""小河"的意思。两者形同而实异（这种情况，在汉语中也不乏其例）。对此，大一点的英语辞典都有所交代；国内出版的汉英词典向来也都分别列条。然因作"小河"解的 fleet，仅用于英国极个别地区，仿佛成了方言词，在我国更少有人注意及之，而它偏偏就是 Fleet Street 得名的本来含义。

---

① ［英］达雅·屠苏：《国际传播：延续与变革》，董关鹏主译，30 ～ 31 页，北京，新华出版社，2004。

② 刘伉：《外国地名探源》，507 页，北京，星球地图出版社，1998。

③ 同上。

所谓"舰队街"

其次，从实际地理情况看，也能证明这里的 fleet，原指"小溪""小河"，与"舰队"毫无关系。

按伦敦的老城，即所谓"City"……有座西门叫卢德门（Ludgate），门外有一条小河自南而北流向泰晤士河。它又窄又浅，自古以来没有专门名字，人们只简单地称之为"the Fleet"，用汉语说，很有几分"小水沟"的味道。为了通往市西，河上架有一座小桥，即叫 Fleet Bridge；过桥是一条略微有点歪斜的东西街，也顺势叫 Fleet Street。由此可见，街以桥名，桥以河名，与"舰队"云云，就根本挨不上边了。后来随着市政建设的发展，人们把它全部掩盖起来，改造成下水道。这么一来，桥名、街名的来历也变得无影无踪了。

……至于它的汉译，本着外国地名一般予以音译的通例，可译为弗利特街；如果定要意译，不妨作"小溪街"或"小河街"。但无论从哪个方面着眼，都与"舰队"连扯不上，绝不能译成"舰队街"。其实即使如实意译为"小溪街"之类，也并不足取，因为命名的根据——河流不复存在，据此意译已名不副实，难免令人莫名其妙，而且容易误解，以为这儿有小溪，或街道是小溪填平后改建的（比如《国际时事辞典》的释文中就有"伦敦一条河滨马路"的字样，其实它与原来的 Fleet 河成直角相交，何来"滨"河？现在更是与河无缘了）。何况它虽然不长（和北京东交民巷差不多，约 1 公里左右），但百余年来都是伦敦市中心一条交通干线，如此意译，与它的车水马龙气派太不相称了。所以说来说去，仍以音译为佳：叫作"弗利特街"。①

---

① 刘伉：《外国地名探源》，508 页，北京，星球地图出版社，1998。

18 世纪以后，"弗利特街"逐渐成为英国的新闻出版业中心，英国许多著名的新闻媒体都设在这条街上，其中包括《泰晤士报》、路透社、英国广播公司等。因此，弗利特街便成为英国新闻界的代名词，就像唐宁街 10 号成为英国首相官邸的代名词一样。

第三，同《泰晤士报》一样，路透社的崛起与大英帝国的命运血肉相连，密不可分。19 世纪是英国的鼎盛时期，其海外殖民地遍布全球，号称"日不落帝国"。这个庞大帝国为路透社提供了纵横驰骋的广阔天地，而路透社的海外信息网络，又为大英帝国建立了迅速而高效的神经传导系统。正如联合国教科文组织的交流报告中所指出的：

> 通讯社对贸易和商业的进一步打开局面，把世界大大地缩小，起到了通讯社所独有的作用。但同时，由于当时是殖民主义的全盛时期，通讯社助长了殖民国家的利益，帮助了维持当时的政治和经济秩序，并且扩大了宗主国的商业和政治利益。①

因此，路透社虽说是私人企业，但实际上充当着英国海外扩张的舆论先驱，其国际新闻始终配合着英国的全球战略与外交政策。在美联社的元老肯特·库珀眼里，路透社实际上一直利用新闻报道，"把大英帝国的附属国完全投入宗主国怀抱"，"在这方面，路透社比一度驾驭海洋的英国强大的海军为英国做得更多，也比曾经领导世界商业潮流的英国船只做得更多"。②第一次世界大战期间，有一艘英国海军修理舰，奉命去修复被德军潜艇切断的海底电缆。当英国水兵把电缆的断头拉出海面以后，发现上面绑着一个小瓶子，瓶内装有一张纸条，上面写着："我们是 U-25 号军舰。路透社散布流言蜚语进行反德宣传罪孽深重，上帝一定会惩罚你们！"1918 年，第一次世界大战结束前，德国的《柏林日报》也写道："路透社比英国海军和陆军更强大，而且更危险。"

民国报人胡政之（1889—1949），1919 年以报道巴黎和会并触发五四运动而在新闻界崭露头角。他回忆说，巴黎和会上，"各国通信社之记者，都坐在新闻记者席的面前，并备有纸笔。这种优待我们中国便不能享受，因为中国就没有通信社记者出席。当时我便觉到中国有组织一规模宏大通信社之必要。和会里路透公司的记者最多，速记差不多五分钟换一次人，记好便依次由该公司记者传出，当时就由路透自己装设之海底电线传出。其传达消息之迅速，实属惊人。"于是，他借此机会，"遍访法国的哈瓦斯社（Havas）、德国的沃尔夫社（Wolf）、意大利的司丹法社（Stefam），英国的路透社（The Reuter）；同时我又研究了美国的联合通讯社（The Associated Press）、澳洲的康比润（Conburean）、日本的电通社等"，从而坚定信念，后来创办了有名的国闻通信社。③

① ［爱］肖恩·麦克布赖德等：《多种声音，一个世界》，12 页，北京，中国对外翻译出版公司，1981。
② ［美］J. 赫伯特·阿特休尔：《权力的媒介》，黄煜等译，252 页，北京，华夏出版社，1989。
③ 王咏梅、刘林：《胡政之离开〈新社会报〉的原因辨析》，载《新闻春秋》，2022（6）。

顺便说一下，胡政之本名胡霖，字政之。1945 年 4 月，联合国成立大会在旧金山举行，他作为中国代表团成员参会，并在《联合国宪章》上签字"胡霖"。

第四节　美联社（AP）

关于美联社（Associated Press），19 世纪的美国作家马克·吐温曾经说过一句颇为夸张的名言："给地球的各个角落带来光明的来源只有两个：天上的太阳和地下的美联社。"当年，圣雄甘地也对美联社记者吉姆·米尔斯说过一句令美联社不无得意的话："我猜想，当我死后站在天堂之门的时候，碰到的第一个人会是一名美联社记者。"[①]

当今美联社的组织机构及其名称，到 1900 年才固定下来。在此之前的半个世纪，美联社经历了几次较大变动。下面就以 1900 年为界，把美联社分成两个时期予以介绍。

一、形成时期（1848—1900）

1. 电报的发明与电讯的意味

1844 年 5 月 24 日，是人类传播史上一个值得纪念的日子。这一天，出身画家的美国科学家莫尔斯（Samuel F. B. Morse），在首都华盛顿，当着各界名流，演示了自己发明的有线电报传输装置。当参观者到齐后，他在一只电键上摁出一串嘀嘀嗒嗒的电码，等候在巴尔的摩城的人把这串电码翻译出来，就变成这样一句话："上帝创造了何等奇迹！"（What God hath wrounght!）刹那间，围观人群，一片欢呼。因为，这是有史以来拍发的第一份电报，从此人类的传播活动又揭开一页全新的篇章。

需要说明的是，莫尔斯的发明固然引人注目，但电报的出现并非一蹴而就，更非一日之功，而是一个多方面不断探索交织的过程及其结晶。莫尔斯属于其中一环。比如，莫尔斯电码的二进制编码，虽然尚难确认受惠于阴阳理念，但同 19 世纪各种编码探索与改进则一脉相承，如一度广泛使用的法国"扳臂编码"系统。这套系统是每隔一段视力可及的距离，竖起一个十字形、大风车似的装置，通过人工搬动其"臂"，把一套编码信息一程程传递到远方，而莫尔斯就曾在欧陆考察过这

莫尔斯

---

① ［美］杰里·施瓦茨：《如何成为顶级记者——美联社新闻报道手册》，曹俊等译，3 页，北京，中央编译出版社，2003。

套编码系统。其实，近代许多重大的发现与发明都离不开一系列相关的科学探索，包括人类各大文明的贡献。所谓哥白尼的革命、牛顿的苹果、瓦特的水壶盖与蒸汽机等传奇，即使不说是西方中心论的神话，也大抵源于想当然的迷思。如当代学者通过阿拉伯文献发现，哥白尼的日心说就是蹈袭自阿拉伯科学家的精密演算。（见乔治·萨里巴《欧洲文艺复兴时期的阿拉伯科学》，载《视界》第 1 辑）美国艺术与科学院院士戴蒙德（Jared Diamond）谈及瓦特、爱迪生、莱特兄弟、莫尔斯等人时就断言："所有世人熟悉的著名发明家，都既有先驱，又后继有人""技术的发展是累积式的，而不是英雄凭空创造的。"（《枪炮、病菌和钢铁》）

在新闻传播与新闻事业的发展历程上，莫尔斯的电报同 400 年前古登堡的金属活字印刷法一样，都具有里程碑意义。吴伯凡先生说得好："在人类发明电报之前，'通信'问题基本上等同于交通问题。"[①] 除了信鸽、烽火等特殊传播手段，当时最快的传讯方式就是驿马快递，所谓"校尉羽书飞瀚海，单于烈火照狼山""一骑红尘妃子笑，无人知是荔枝来"等，都形象地再现了驿马快递的情景。而由于电报的出现，从此传播的时空距离便形同虚设，人们的生活世界以及人们对世界的感知与感知方式，也随之发生巨大的、潜移默化的变化。比如，过去占据报纸中心的本地新闻，逐渐被遥远的外地新闻所取代，以往没有多少时效意识的新闻，被越来越"晚近"（late）的"电讯"所取代，"截稿时间""第一时间"等新闻意识，也越来越成为制约报道的首要因素："报纸的财富不再取决于新闻的质量和用途，而是取决于这些新闻来源地的遥远程度和获取的速度。"[②]

对于这一变化以及相应的一系列社会历史"转型"，美国传播学者尼尔·波兹曼，从其首创的媒介生态学角度做了富于哲理意味的阐述。在他看来，电报的出现不仅仅意味着一种新的信息传播方式，而且更深层的意味还在于它彻底改变信息所负载的内容，从而最终改变了人们对世界的体认。举例来说，与印刷术完全相反，"电报只适合于传播转瞬即逝的信息，因为会有更多更新的信息很快取代它们。这些信息后浪推前浪地进出于人们的意识，不需要也不容你稍加思索"。[③] 于是，"久而久之，经电报描绘过的世界开始变得无法控制，甚至无法解释了。报纸上一行行有序而连贯的文字逐渐失去了帮助我们获得知识和了解这个世界的能力。'了解'事实开始有了新的意义，因为'了解'并不意味着人们能够'理解'事实的言下之意、背景知识和与其他事实的关联。电报式话语不允许人们进行历史的回顾，也不鼓励深入的分析。对于电报来说，智力就是知道

---

① 吴伯凡：《孤独的狂欢——数字时代的交往》，212 页，北京，中国人民大学出版社，1998。
② ［美］尼尔·波兹曼：《娱乐至死》，章艳译，89 页，桂林，广西师范大学出版社，2004。
③ 同上，93 页。

很多事情，而不是理解它们。"① 另外，由于电报生产了大量同一般人的生活毫无关系的信息，结果导致了他所谓的"信息 - 行动比"的变化。在此之前，即在口头文化与印刷文化中，信息的重要性在于它可能促成某种行动。但是，由于电报的发明以及相关技术的发展，"在人类历史上，人们第一次面对信息过剩的问题，这意味着与此同时人们将面对丧失社会和政治活动能力的问题"。② 比如，

> 问问自己下面这一系列的问题，你可能就会更明白上文的意思了：对于解决中东的冲突你准备采取什么行动？对于解决通货膨胀、犯罪和失业问题你有何高见？对于保护环境或降低核战争危险你有什么计划？对于北大西洋公约组织、石油输出国组织、美国中央情报局、反歧视行动计划和伊朗巴哈派教徒遭受的残暴行径，你准备采取什么行动？我可以大胆地帮你回答：你什么也不打算做。③

总之，"在电报创造的信息世界里，人们失去了行动的能力，因为整个世界都变成了新闻存在的语境。"④ 也正是在这样一种全新的社会历史与新闻传播的"语境"中，通讯社应运而生："1844 年 5 月 24 日，莫尔斯开辟全国第一条电报线路 4 年后，美联社成立了，从此，来路不明、读者对象不定的新闻开始横扫整个国家。战争、犯罪、交通事故、火灾和水灾……开始成为所谓'今日新闻'的主要内容。"⑤

2. 港口新闻联合社

如果说商业报刊的崛起，为通讯社的问世提供了必要性，那么电报的发明，就为通讯社的发展提供了可能性。通讯社正是在历史必要性与现实可能性的双重驱动下，成长壮大起来的，而美联社就是典型。美国商业报刊兴起的 19 世纪 30 年代，虽然需要大量提供新闻的通讯社组织，但因为现实条件的限制，通讯社还只是可望而不可即的梦想。直到电报发明后，美联社才得以问世，而且美联社的势力也如 19 世纪三大通讯社一样，紧随电报网络的伸展而步步扩张。所以，有线通信构成通讯社的技术基础，正如印刷构成报刊的技术基础，无线通信构成广播电视的技术基础。

1848 年，纽约的 6 家报纸——《纽约先驱报》《纽约太阳报》《纽约论坛报》《纽约商业日报》《快报》《纽约信使及问询报》的代表举行联席会议，"决定在纽约成立两个合作性新闻搜集机构。第一个机构是'港口新闻联合社'，它的记者将为各报的利益从进港船只收集新闻。第二个机构是一个甚至并没有真正成立的松散的互助联盟——'纽

---

① ［美］尼尔·波兹曼：《娱乐至死》，章艳译，93 ～ 94 页，桂林，广西师范大学出版社，2004。

② 同上，91 页。

③ 同上。

④ 同上，92 页。

⑤ 同上，89 ～ 90 页。

约报业联合会'。它是第一个地区性报业联合会"。[1] 关于美联社的起源，不同说法比较混乱，如据埃默里父子《美国新闻史》一书的记述：

> 关于在 1848 年正式组建通讯社一说，并没有资料可以佐证。这个后来发展成为现代美联社的组织正式创办的最确切的日期是 1849 年 1 月 11 日。正是在这一天，上面提到的这 6 家纽约日报签署了一项协议，组成"港口新闻社"（Habor News Association）。该协议的一份副本于 1967 年由理查德·A. 施瓦茨洛斯（Richard A. Schwarzlose）教授在纽约公共图书馆手稿部所藏亨利·J. 雷蒙德的文件中发现。它提供了以往不为人知的细节内容：6 个合伙人按规定共用两艘船只，在驶入纽约港的轮船上采集新闻，共同分担费用，向纽约市以外的报纸出售新闻，还要制订成员规章。显然是由于通过电报出售新闻的生意变得越来越重要之故，1851 年，该组织签署新的协议，改名为"电讯与综合新闻联合社"（Telegraphic and General News Association）。
> "联合新闻社"（Associated Press）的名称直到 1860 年才得到广泛使用，但是纽约市的这个组织正是现代报业联合会（通讯社）的先驱。[2]

无论如何，美联社的前身确是纽约市这 6 家报纸组成的合作机构。它不同于前面介绍的 19 世纪三大通讯社。三大通讯社都是独家经营的私人企业，而港口新闻联合社则是合作性质的组织，不以赢利为目的，一切费用由各家平均分担。也就是说，三大通讯社是把新闻"出售"给自己的"顾客"，而美联社则是把新闻"提供"给自己的"成员"。所以，要想获得美联社的稿件，就得加入美联社，成为会员，并分摊费用。1856 年，港口新闻联合社又改名为"纽约联合新闻社"。

纽约联合新闻社除了为自己的会员服务，也开始向其他地方的报刊供稿。不过，它并不是直接向各地报纸供稿，而是向各地组成的报业团体集体供稿。由于这些团体类似于纽约联合新闻社的二级机构，所以也都冠以"联合新闻社"的名称，比如"费城联合新闻社""南部联合新闻社""西部联合新闻社"等。其中"西部联合新闻社"的势力最大，构成现代美联社的基础。西部联合新闻社（Western Associated Press），由美国中西部的报纸于 1862 年组成，总部在美国中西部的中心芝加哥。

1882 年，芝加哥又出现一家新的通讯社"合众社"（United Press）——与后来的合众社无关。[3] 合众社与纽约联合新闻社展开激烈竞争，结果纽约联合新闻社败北，大

① ［美］约翰·霍恩伯格：《西方新闻界的竞争》，魏国强等译，43 页，北京，新华出版社，1985。
② ［美］埃默里等：《美国新闻史》，展江等译，135～136 页，北京，新华出版社，2001。
③ 后来的合众社（United Press），是 1907 年由美国报业巨头 E. W. 斯克里普斯（E.W. Scripps）创办的。翌年，美国报业巨头 W. R. 赫斯特（William Randolph Hearst）创办了国际新闻社（International News Service）。1958 年，两社合并，组成后来的合众国际社（United Press International）。

多数会员都加入合众社，其余小部分会员则与西部联合新闻社合并，于 1892 年成立"伊利诺伊联合新闻社"，社址还在芝加哥，芝加哥就在伊利诺伊州。随着纽约联合新闻社的垮台和伊利诺伊联合通讯社的成立，以往纽约联合通讯社与合众社之间的竞争，就变成伊利诺伊联合通讯社与合众社之间的竞争了。

伊利诺伊联合通讯社的第一任社长是斯通（M. E. Stone）。他是美联社历史上首屈一指的元老，不妨称之为"美联社之父"。斯通主持美联社长达三十余年，奠下现代美联社的雄厚基础，使美联社由一家国内通讯社发展为世界数一数二的大通讯社。他提出的五个 W、一个 H 的报道模式，曾经作为标准的新闻写作手法广为沿用。所谓五个 W、一个 H，是指一篇新闻报道中，特别是其导语中应包含"何人"（who）、"何事"（what）、"何时"（when）、"何处"（where）、"为何"（why）以及"如何"（how）六个要素。斯通早年当过记者，也办过报纸，芝加哥第一家廉价报纸就是他创办的。他一出任伊利诺伊联合通讯社社长，就马上赶赴欧洲，以巨大代价同当时三大通讯社签订了独家交换新闻的合同[①]，从而切断合众社的国外新闻来源。1897 年，合众社终于支撑不住，宣告倒闭。

1898 年，伊利诺伊联合新闻社卷入一场延续两年的官司。当时芝加哥的《洋际报》（*Inter Ocean*），由于采用别家通讯社的稿件，伊利诺伊联合新闻社便停止向《洋际报》供稿。《洋际报》为此向法院提出控告，经过两年审理，1900 年伊利诺伊州法院做出裁定，伊利诺伊联合新闻社必须将稿件提供给任何客户，不得有所歧视。这桩官司败诉后，为了规避伊利诺伊州的法律，斯通便解散芝加哥的伊利诺伊联合通讯社，同时在纽约成立一家新的通讯社，这就是现在的美联社。美联社的社名 Associated Press（AP），就是在这次重大改组中正式固定下来，并沿用至今。斯通当选为新的美联社社长，直到 1921 年退休。这一年，美联社已有 2 300 家报纸订户，每天传送 5 万字的新闻。

二、发展时期（1900 年以来）

同 1848 年美联社的前身"港口新闻联合社"一样，1900 年成立的美联社还是一家不以赢利为目的合作社。关于这一点，美联社第一任社长斯通，有一次对董事会说道：

> 一个全国性的新闻合作组织是这样一种机构，它属于而且只属于各个报纸。它不出卖新闻，不谋利润，不付股息，仅仅是各报纸的代理人和公仆。参加者应该包括一切党派、宗教界、经济界和社会界的新闻工作者，但他们对新闻事业同

---

① 按照阿特休尔的说法，"1893 年，美联社加入了欧洲的通讯社联盟，从而获准美联社在美国领土上播发路透社、哈瓦斯社和沃尔夫社的电讯稿。但在美国范围之外，美联社不得另设自己的通讯社。"见 J. 赫伯特·阿特休尔《权力的媒介》，黄煜等译，251 页，北京，华夏出版社，1989。

样热情积极，所采集的消息应该严谨、准确、公正和完整。这就是我们梦寐以求的美好愿望。①

曾任美联社副董事长兼华盛顿分社社长的沃尔特·米尔斯，也曾这样谈及美联社："1982年，它总共为美国的1 350来家日报和5 700多家广播电视台服务。这是个非营利性组织，属于它为之服务的那些报纸所共有。这些报纸并不是用户，而是该通讯社的股东。"②

美联社的崛起，始于第一次世界大战前后。一战爆发时，美联社的订户仅一百来家，到1940年达到1 400家，后来一度为15 000家，成为世界第一大通讯社。美联社的崛起与路透社相似，也是以美国的国力提升和全球扩张为背景的，而美国开始在世界上崭露头角正是从第一次世界大战开始的。"一战"前，美联社已在国外设有采访机构，独自采集新闻。但是，依据1893年美联社与三大通讯社达成的协定，美联社还不能向国外发布新闻。对此，现代美联社的元老肯特·库珀，曾愤愤不平地说道："令我震惊的是，美联社不能把我国的新闻发布到世界其他地方。我对美联社竟屈从于如此卑劣的新闻压制这一事实，感到痛恨不已。"③一战后，三大通讯社一统天下的垄断局面名存实亡，美联社也随星条旗一道向海外迅速拓展。到第二次世界大战结束时，美联社的庞大网络已经遍布全球。

美肯特·库珀

1900年新美联社成立以来，自然有不少业务精湛的记者与名记者。《美国记者谈采访工作经验》一书，就是美联社记者的经验谈。全书二十多位作者全是美联社名记者，包括美联社的七位"特派记者"。特派记者是美联社授予优秀记者的最高职称。所以，这本书对了解美联社及其名记者颇有参考，特别是许多采访写作方面的经验，有不少可资借鉴之处。比如，"一篇报道并不是在你坐到打字机前动手写作时才开始形成的。它的形式和质量，是在你收集将要纳入报道的各个事实的过程中确定的"（唐·怀特黑德），"一篇好的报道并不是写出来的，而是讲出来的"（唐·怀特黑德），"如果你按照自己讲话的方式去写稿的话，那么你就成功了一半"（威尔·格里姆斯利），"写新闻稿件要有类似于欣赏音乐的能力"（威廉·瑞安），"你的作品听起来越是悦耳，它就越有可能使读者爱不释手"（阿瑟·埃弗雷特）等，都是精辟之论与经验之谈。这里尤需留意的是，不少名记者都对文稿的听觉方面非常关注，甚至觉得一篇报道是否能够得到读者的

①　[美]约翰·霍恩伯格：《西方新闻界的竞争》，魏国强等译，220页，北京，新华出版社，1985。
②　[美]约翰·钱塞勒、沃尔特·米尔斯：《记者生涯》，史文新译，3～4页，北京，世界知识出版社，1985。
③　[美]J.赫伯特·阿特休尔：《权力的媒介》，黄煜等译，252页，北京，华夏出版社，1989。

青睐，是否能够吸引读者的阅读兴趣，与其行文的节奏、韵律、声音等因素有着密切关系。比如，曾在合众国际社供职的记者 P. 斯洛扬，获得美国报纸主编协会 1981 年度最佳限时报道奖后，就专门对其报道的听觉问题同人做过一番对话：

> 斯（指斯洛扬——引者注）：你揭开了我写作的特点。我可以告诉你，我有时自言自语地读，有时甚至还打扰周围的人——你看我多不像话。
>
> 克（指访谈者克拉克——引者注）：你是在写到纸上之前，有时大声念出来吗？
>
> 斯：有时候是这样。有时候是一边写一边在心里默读。有时，我反复默读，读得很着迷，不知不觉就咕哝出声了，或干脆大声地嚷了出来。
>
> 克：这对于决定句子长短、语序以及韵律等有帮助吗？
>
> 斯：是的，有帮助。我是一个对声响敏感的人。我喜欢听朗诵，喜欢诗歌，朗诵诗是对语言的一种享受。即使你是对自己默念，你也要听听顺不顺耳。[①]

谈到美联社的新闻业务情况，不能不说说"客观性法则"。因为，这个被许多新闻媒介特别是西方记者视为神圣法则的"铁律"，正是由美联社最先发明并大力倡导的。

三、美联社与客观性法则

1. 由来

所谓客观性法则（objectivity）指的是在新闻传播中，追求客观、中立、不带感情色彩、不加主观评判的报道准则以及一系列相关手法。用美国学者的概括："作为一种职业意识形态，客观性包括三项承诺：独立（新闻应该不受政治压力的左右）；平衡（新闻在表现上应该不偏不倚）；客观（新闻应该仅仅陈述事实，其中不能渗透主观判断）。"[②] 还有学者归结为三项基本内涵：事实与观点分开、不带感情色彩、力求公正平衡。[③]

一般认为，客观性法则是由美联社最先提出，并大加倡导的："美联社是后来称之为'客观报道'的先驱。"[④] 刚才介绍美联社时，曾一再提到美联社是个合作性质的组织。正是"合作"这一性质，使美联社不得不打出"客观中立"的招牌。因为，美联社社员分属不同的阶层、党派、地区，利益千差万别，口味各不相同。要解决众口难调

---

① ［美］罗·彼·克拉克：《美国优秀新闻写作选》，魏国强等译，249 页，北京，新华出版社，1986。

② ［美］仙托·艾英戈等：《至关重要的新闻：电视与美国民意》，刘海龙译，187 页，北京，新华出版社，2004。

③ ［美］梅尔文·L. 德弗勒、埃弗雷特·E. 丹尼斯：《大众传播通论》，颜建军等译，456 页，北京，华夏出版社，1989。

④ 同上，252 页。

的问题，要使美联社的全体会员满意，最佳选择就是客观报道。也就是说，尽量报道事实，而不加入任何观点，即使涉及观点，也得提供不同的看法，力求中立、平衡、超然物外。南北战争期间，美联社派驻华盛顿的第一位记者劳伦斯·格布莱特对此所做的说明，一直被广泛征引：

> 我的工作是报道事实。我得到的指示不允许我对所报道的事实作任何评论。我发的消息是提供给不同政治色彩的报社的。编辑们说，他们能对我所提供的事实作出自己的评论。所以我只限于采发我所认为是正当的新闻。事实证明我不是一个信奉某种学说的政治家，我所要做的是努力保持实事求是和不偏不倚的态度。我发的消息都只是干巴巴的事实和细节。某些具有特殊身份的记者可能是为了适应他们那个机构的口味而写消息的。我则努力排除人物和政治的因素来写消息……①

曾任美联社总经理长达三十余年的肯特·库珀，一直到处鼓吹客观性法则。他把客观性法则解释为"真实而公平"的新闻报道，还宣称客观性法则"作为一种至善至新的道德观念，发展于美国，奉献于世界"。②另一位美联社总经理则将记者的公正无私与法官、律师相提并论："说记者不能公正无私，同说法官不能执法，或说律师因为讨厌囚犯或当事人而不能为之作出有力的辩护，差不多是一个意思。"③至于"美联社之父"斯通，更是将客观性法则具体化为"5W1H"的导语格式和倒金字塔的新闻结构，而且这些都成为新闻写作的标准模式，流行于世。

由于美联社的大力倡导，在西方新闻界，客观性法则被奉为唯此唯大的职业理念，如同产品信誉成为商业活动的职业理念。用阿特休尔的话说："对新闻工作者而言，圣杯应当是客观性法则。如果他缺乏这些东西，其身份就会贬低，结果就可能使其职业遭到毁灭之灾。"④1970 年，在美国报纸主编协会会刊的一篇文章中，《华盛顿明星晚报》副主编 I. 威廉·希尔，甚至模仿林肯《葛底斯堡演讲》的章法，表达对客观性法则的誓词：

> 185 年前，我们的先辈在这块大陆上创建了日报，她孕育于客观性之中，奉行人人享有获得公正事实的原则。现在，我们正进行一场关于传播媒介的重大争辩，以考验这种报纸，或者说，以考验孕育于客观性之中并奉行上述原则的传播媒介能否长久生存。⑤

---

① ［美］约翰·钱塞勒、沃尔特·米尔斯：《记者生涯》，史文新译，12～13 页，北京，世界知识出版社，1985。

② ［美］J. 赫伯特·阿特休尔：《权力的媒介》，黄煜等译，152 页，北京，华夏出版社，1989。

③ ［美］杰克·海敦：《怎样当好新闻记者》，伍任译，131 页，北京，新华出版社，1980。

④ ［美］J. 赫伯特·阿特休尔：《权力的媒介》，黄煜等译，153 页，北京，华夏出版社，1989。

⑤ 同上，157 页。

于是，我们看到，"在新闻媒介的交响乐中，乐队指挥挥舞着客观性这根指挥棒指挥整个乐队"。[①] 然而，事实却往往表明，所谓客观性法则只是一个神话——仿佛皇帝的新衣听上去美丽动人，深究起来子虚乌有。下面我们就对客观性法则进行一下简略的剖析。

2. 剖析

第一，"客观性"如神话——美妙而虚幻

让我们先从李普曼的《舆论学》谈起。在西方古往今来的新闻工作者中，美国记者、政论家李普曼曾对新闻传播做过深刻而持久的思考，可以算作一位新闻哲人。第一次世界大战后，他与同事查尔斯·梅尔茨，对《纽约时报》上发表的有关十月革命的报道进行了一次专项研究，结果发现这些一直被人奉为国际事务方面最权威、最可信的报道，既有偏见，又不准确，许多报道都是记者仅凭道听途说，再加想象而写成的。正如李普曼所说，他们有关苏联的报道，"不是实际所发生的新闻，而是人们期望看到的新闻"。这一发现使李普曼感到意外。后来，他又花了两年时间进行研究，完成一部篇幅不大的著作，这就是他最负盛名的代表作——《舆论》(*Public Opinion*)，旧译《舆论学》。

李普曼在这部新闻传播的名著中，对西方的传统民主理论以及有关报界功能的看法做了深刻剖析，并在此基础上对它们做了全面批判。依照西方的民主理论，理性是人类行为的基础，人们凭借理性可以自行辨别是非。所以，只要让人充分了解事实真相，他就会对公共事务作出明智的判断。为此，新闻媒体的任务，就是客观报道新闻，充分展示事实真相。而李普曼则发现，其实人的意见是很容易被支配的，舆论是很容易被左右的。他说：

> 民主主义者把报纸看成是一种医治他们缺点的万应灵药，然而对新闻的性质和对新闻事业的经济基础的分析似乎都表明报纸必定不可避免地反映出并因而在不同程度上增加了舆论的组成的不完善性。我的结论是，舆论如果是健全的，就必须组织起来为报刊所用，不是像今天这样的情况，由报刊来组织。[②]

在他看来，事实和真实不同，新闻和真实也是两个根本不同的概念，需要加以明确区分。他写道："新闻的作用是突出地表明一个事件，而真实的作用是把隐藏的事实显露出来，将它们联系起来构成一幅真实的情景，人们能够根据它来行动。"[③] 换句话说，新闻只是地图，而真实才是疆土。依照他的观点，新闻报道充其量只能引起人们对某一事件的关注，并不能提供全部的"真实"。为说明这一点，他使用了一个生动的比

---

① ［美］J. 赫伯特·阿特休尔：《权力的媒介》，黄煜等译，151 页，北京，华夏出版社，1989。
② ［美］李普曼：《舆论学》，林珊译，20 页，北京，华夏出版社，1989。
③ 同上，237 页。

喻。他说，报界就像"探照灯的光束一样，不停地照来照去，把一件又一件事从黑暗处带到人们的视域内"。[①]

不但新闻不能提供全部的事实真相，有时甚至更糟，它会不由自主地歪曲现实。为什么呢？因为人们对世界的认识都必须经过感情、习惯和偏见这个三棱镜的折射，即必须经过李普曼所说的"刻板印象"的折射。刻板印象一词（stereotype），原为印刷行业的术语，意为浇铸的铅板。李普曼用它来表示人们的思想如同浇铸的铅板，一旦形成，便牢固不变。它深植于人的大脑，对各种外界的信息起着类似电脑"格式化"的作用。由于这种刻板印象的作用，人们看到的世界往往不是客观的现实，而是自己心里想要看到的主观图景。他说："对于大多数事物，我们是先想象它们，然后经历它们的。"[②]"对于大部分事物我们并不是先观察而后解释，而是先解释然后观察的。"[③]所以，即便记者是新闻事件的目击者，他也写不出完全符合客观实际的报道，"他本人带着一些成见到出事地点去，事后他带回来的多半是他想象的、已经真正改观了的一个事件的报道"。[④]确实，当刻板印象已经形成时，人们就会注意那些支撑它的事实，而忽略与之冲突的事实。传播学大量研究和理论，也都证明这一点，比如选择性接触、选择性理解和选择性记忆的理论。越南战争期间，美国总统肯尼迪曾派了两名特使前往南越考察。两人回来向肯尼迪汇报情况，一个说好得很，一个说糟得很。两人一起去一起回，但看法却如此对立，弄得肯尼迪不知该相信谁的。于是，他沉默半晌，只好风趣地打圆场：你们二位去的究竟是不是同一个国家？

尽管许多新闻工作者不可否认怀有某种崇高的理想和操守，但他们依旧不能摆脱刻板印象的束缚，照样成为自己那些刻板印象的思想囚徒。另外，读者同样也受制于此，用阿特休尔的话说："人们希望新闻媒介反映的并非现实世界的真实图像，而是人们心里希望看到的那种图像。"这同当今所谓"后真相"的意思如出一辙。对此，《日瓦戈医生》的作者帕斯捷尔纳克说得更为直率："任何事实，都有人自己添加的成分，都有人的一定的随意想象和一定的编造成分在内。"[⑤]《舆论学》中举的一个有趣例子，颇能说明这一点。

> 在哥廷根曾召开了一次心理学会议，其间有一批据说是训练有素的观察家接受了一次饶有趣味的实验。

---

①　[美] 李普曼：《舆论学》，林珊译，240 页，北京，华夏出版社，1989。

②　同上，57 页。

③　同上，52 页。

④　同上，50～51 页。

⑤　[苏] 帕斯特尔纳克：《日瓦戈医生》，力冈等译，148 页，桂林，漓江出版社，1986。

距正在召开会议的大厅不远的地方有一个公共庆典活动，其中还有一个化装舞会。突然，会议厅大门被人撞开，一个小丑冲了进来，一个持枪黑人在后面狂追。他们在大厅中央停下厮打；小丑倒下了，黑人扑上去开枪射击，然后两人一起冲出了大厅。整个事件持续了不到 20 秒钟。

会议主席要求在座各位当即写出一篇报告，因为肯定会有一次司法调查。交上来的 40 篇报告中，关于主要事实的错误低于 20% 的只有 1 篇，有 14 篇的错误为 20% ~ 40%，有 12 篇达 40% ~ 50%，13 篇高达 50% 以上。而且，有 24 篇报道纯粹是杜撰了 10% 的细节描述，有 10 篇的杜撰率高于 10%，低于 10% 的只有 6 篇。简言之，有十分之一的报道是虚假报道。

不用说，整个事件是预先安排好的，而且煞是生动逼真。那 10 篇虚假报道可以归入故事或传奇之类，24 篇是半传奇，只有 6 篇具有接近确凿证据的价值。

这样，40 名老练的旁观者针对刚刚发生在眼前的这一事件写出了一篇很负责任的报道，却使大多数人了解到一次并未发生的事件。[①]

李普曼由此断言，"一种不带偏见的人，一种带着完全中立看法的人，在任何珍视思考的文明世界里，都是那么不可思议的"。[②]

既然新闻媒介的作用仅仅在于突出某一事件而不在于提供事实真相，那么所谓的公民可以凭借新闻媒介提供的事实真相来辨明是非，进而做出判断的"民主假设理论"，也就大可怀疑难以成立了。所以，美国实用主义哲学创始人约翰·杜威，把《舆论学》称为"可能是目前用文字表达的对民主制最有力的起诉"。[③]

第二，"客观性"如盾牌——维护现状，弃绝异端

如果我们的剖析仅仅局限于客观性如神话——美妙而虚幻，那么这种剖析只触及问题的表皮，对客观性法则来说并未伤筋动骨。问题的关键还在于，这一法则不仅是个美丽迷人的神话，更重要的在于，它还是一块十分给力的盾牌，一块现存体制、既定观念的盾牌，其意义一在维护现状，二在弃绝异端，即阿特休尔所说的：

客观性法则在资本主义世界中为维护其社会制度，为防止背离其意识形态的正统观念增添了力量。仔细观察，你会发现客观性法则绝不是科学的东西，而是视偏见为神圣，捍卫这个制度、反对社会的突变。[④]

---

① ［美］沃尔特·李普曼：《公众舆论》，阎克文等译，67 ~ 68 页，上海，上海人民出版社，2002。
② ［美］李普曼：《舆论学》，林珊译，78 页，北京，华夏出版社，1989。
③ 同上，"译者前言"，4 页。
④ ［美］J. 赫伯特·阿特休尔：《权力的媒介》，黄煜等译，150 页，北京，华夏出版社，1989。

　　许多批评客观性法则的人都指出，所谓客观报道常常将主流意识形态作为"事实"一次次重复，从而实际上在支持现状，维护现状。例如，"美国的报纸一边在社论版上指责参议员约瑟夫·麦卡锡大搞政治迫害，一边又把他的长篇大论'客观地'登在头版上。"① 再如，"当美国与他国发生冲突时，就没有必要反映'双方的观点'，平等地对待争执双方，如若那样做的话，就属于不爱国了。把菲德尔·卡斯特罗的观点与其敌手相提并论的情形是极为罕见的。当表述他的立场时，通常用明显的实例来报道他冥顽不化的错误观点。报道有关苏联和中国领导人的观点也与这种情形相仿。"② 许多西方新闻媒介正是以客观性为由，把正统的、符合现存体制与观念的东西，作为不言而喻的既定事实一再重复。所以，阿特休尔一针见血地指出，"客观性法则本身就是社会控制的一种途径"。③

　　传播学的许多研究也都从不同侧面显示，所谓客观性法则的虚妄及其深层动机。举例来说，在新闻传播过程中存在着一种很普遍的现象——"把关"（gatekeeping）。简单说，把关就是处理新闻时的主观判断与选择。比如，记者在纷纭复杂的变化世界中，选择什么事件予以报道属于把关；编辑选择哪篇稿件予以刊登，同样属于把关；一篇报道放在什么位置，是突出，还是淡化，也是把关；甚至受众偏爱哪些媒介，注意哪些报道，以及记住哪些内容等，都是把关。总之，在新闻传播的整个流通过程中，自始至终都存在各种各样的把关环节。新闻过五关斩六将，通过层层把关环节之后，已经同实际的客观事实颇有出入。这里需要强调的是，除了政治以及国际政治上的立场或倾向，在商业化媒介中，把关中最常考虑的是经济因素，它们"在决定报道什么时，经济上的考虑往往超过了公众兴趣"。④ 这样一来，新闻报道中的世界与现实存在的世界就愈发"阴错阳差"了。比如，就像美国传播学者梅尔文·德弗勒等所揭示的：

　　　　当新闻的制作和传播是为了把观众的注意力吸引到出售女子内衣、除臭剂和啤酒这类信息上时，很难说公民所得到的是可以影响他们生活的那些事件的准确、客观的描述。⑤

　　鉴于客观性法则以及客观报道的缺陷与偏差——"一是它假定记者没有情感和不带潜意识的先入之见，二是据称对复杂事件作直截了当的报道常常会忽略大量事实

---

①　[美] J. 赫伯特·阿特休尔：《权力的媒介》，黄煜等译，150 页，北京，华夏出版社，1989。

②　同上，155 页。

③　同上，156 页。

④　[美] 梅尔文·L. 德弗勒、埃弗雷特·E. 丹尼斯：《大众传播通论》，颜建军等译，343 页，北京，华夏出版社，1989。

⑤　同上，410 页。

真相"[1]，后来人们进行了一系列新的报道尝试，以求更加准确、全面、深入地反映现实及其变化，如"解释性报道"（Interpretive Reporting）、"调查性报道"（Investigative Reporting）、"倡导式新闻"（Advocacy Journalism）、"精确新闻"（Precision Journalism）、"新式新闻"（New Journalism）等。解释性报道兴起于 1930 年代，它突破了新闻只讲"是什么"的窠臼，而开始关注新闻背后的"为什么"，即强调对新闻背景的交代和来龙去脉的说明。调查性报道始于 20 世纪初美国报刊的许多"黑幕调查"与"揭丑报道"，如"耙粪记者"林肯·斯蒂芬斯（Lincoln Steffens）对当时

林肯·斯蒂芬斯

美国社会严重腐败现象的深入调查与报道。到 20 世纪 60 年代和 70 年代，随着美国国内外一系列触目惊心的丑闻曝光，调查性报道蔚然成风，其中尤以《华盛顿邮报》记者鲍勃·伍德沃德（Bob Woodward）和卡尔·伯恩斯坦（Carl Bernstein）对"水门事件"的报道最为典型。倡导式新闻盛行于 20 世纪 60 年代和 70 年代，它允许记者表达自己的价值判断，在诸如女性主义等问题上将自己的政治信仰写进新闻报道："在倡导式新闻中，记者可以表明观点，是否赞成某个事业或目的。通过倡导式新闻的实践，记者感到他们可以从旁观者变成参与者。"[2] 与此同时，精确新闻也开始兴起。所谓精确，其实就是将社会科学的抽样分析、定量统计等方法运用到新闻报道中，使新闻看上去更加科学，避免传统报道的随意性："精确新闻报道把表格、图片和数据与作为例证的个人访问结合起来。因而精确新闻学能够从总体上更全面、更准确地反映公众的看法。要使用这一技巧，记者必须经过训练，掌握社会科学方法，会做全面调查、实验设计和内容分析。"[3] 如果说精确新闻把新闻报道推向科学，那么新式新闻则把它推向文学。所谓新式新闻，最早是由 19 世纪美国报业大王普利策所倡导，20 世纪 60 年代又重新提出。不过，后来的新式新闻同普利策所说的新式新闻不是一回事。普利策说的是一种报业经营理念，而后来的新式新闻则是一种新闻报道模式。新式新闻的代表人物有《华盛顿邮报》记者汤姆·沃尔夫（Tom Wolfe）、《纽约时报》记者和普利策新闻奖评委盖伊·塔利斯（Gay Talese）、20 世纪的美国文学重镇诺曼·梅勒（Norman Mailer）及杜鲁门·卡波特（Truman Capote）等。他们主张用小说的手法写新闻，在不背离事实的基础上，突出叙事、对话、情景描写、心理刻画等，从而使报道达到更高层面的真实，即"复活"现实而不仅仅是"复现"现实，所以他们的报道被称为"非虚构小说"（nonfictional

---

① ［美］埃默里等：《美国新闻史》，展江等译，214 页，北京，新华出版社，2001。

② ［美］梅尔文·L. 德弗勒、埃弗雷特·E. 丹尼斯：《大众传播通论》，颜建军等译，136 页，北京，华夏出版社，1989。

③ 同上，463～464 页。

novel）。在纽约大学新闻系遴选的《20 世纪美国百佳新闻作品》（*The Top 100 Works of Journalism In the United States in the 20th Century*）中，就有 7 部新式新闻的代表作入选，包括杜鲁门·卡波特用 6 年时间完成的《冷血》（1965）。

　　综上所述，作为美西方新闻界的一种职业理念，所谓客观性法则，归根结底属于资本主义文明形态的既定规律，即不以人的意志为转移。一方面，资本主义为了全球化大生产，必须尽可能把握确切、真实、细致的市场行情、社会状况、政治动向、文化心理，等等。一方面，为了资本主义的永恒秩序，又必须"生产"符合这种文明形态的劳动者、消费者，也就是"生产"那种目光短浅、丧失政治意识更丧失革命意识、局促于当下此刻的现世生活，包括新闻中眼花缭乱、零零碎碎、鸡一嘴鸭一嘴的人情味故事的芸芸众生。就像恩格斯批评的那种德国庸人包括歌德：生活条件的狭隘造成眼界的狭隘，以及日常关系和政治关系的狭隘琐碎，在庸俗习气的侵蚀下、压抑下，幻想着只要温顺就可以达到目的，这种人"必须有很大的智慧和精力才能超出身边的事物而看得更远一些，才能看见世界大事的巨大联系，才不至于陷入自满自足的'客观性'。这种'客观性'不能看得比自己的鼻子更远，因此恰恰是最狭隘的主观性，虽然它是成千上万的这种人都具有的"。[1]

推荐阅读

1. ［日］仓田保雄：《路透其人和路透社》，北京，新华出版社，1980。
2. ［美］约翰·钱塞勒、沃尔特·米尔斯：《记者生涯》，北京，世界知识出版社，1985。
3. ［法］巴尔扎克：《幻灭》，傅雷译，北京，人民文学出版社。
4. ［英］霍布斯鲍姆：《资本的年代：1848—1875》，北京，中信出版集团，2017。
5. ［德］恩格斯：《英国工人阶级状况》，北京，人民出版社。

---

① 《马克思恩格斯选集》，第 4 卷，547 页，北京，人民出版社，2012。

第七章

19 世纪（下）：大众社会与大众报刊

这里说的大众报刊，是指以大批量发行和大规模读者为主要特征的报刊。这种报刊兴起于 19 世纪末与 20 世纪初，"19 世纪 90 年代，英国一份报纸的销售量已达到 100 万份，而法国的报纸也在 1900 年前后达到这个销售数字"。① 如前所述，大众报刊是 19 世纪新闻事业三次飞跃的最后一跃，由于这次飞跃，新闻才真正进入千千万万普通民众的生活——"旧时王谢堂前燕，飞入寻常百姓家"。从此，新闻事业就成为大众传播事业（mass communication），报刊以及随后的广播、电视等也成为大众传播媒介（mass media）。看看美国学者对此前美国报业状况的概述，就约略知道这一变革的范围、影响及意义了：

> 报纸受到了技术、文化不普及和资金体系的严格限制。1790 年使用的手动印刷机与 15 世纪中期古腾博克（即古登堡——引者注）所用印刷机没有太大差别。纸仍是用破布而不是木头制造，既昂贵又短缺。报纸上的新闻不新，而且报纸的读者也有限。……商业报纸也好，党派报纸也好，都以社会上受过较好教育的那一部分人为对象，而且都很贵。②

第一节 大众报刊的历史土壤

大众报刊是 19 世纪末一系列社会变革的综合产物。总体上看，19世纪下半叶，是自由资本主义的鼎盛时期，马克思所说源于 16 世纪的资本主义或者说现代文明，经过数百年的全球殖民、暴力掠夺、武装侵略，

---

① ［英］艾瑞克·霍布斯鲍姆：《帝国的年代》，贾士蘅译，55 页，南京，江苏人民出版社，1999。
② ［美］梅尔文·L. 德弗勒、埃弗雷特·E. 丹尼斯：《大众传播通论》，颜建军等译，36～37 页，北京，华夏出版社，1989。

以及 18 世纪理性时代召唤的、19 世纪兴起的一系列政治革命、工业革命、社会革命，终于登上历史巅峰，取代封建贵族，成为现代世界无可置疑的统治者，进而又在世纪之交被"最高阶段"的帝国主义所取代。用恩格斯 1878 年在《反杜林论》的概括来说：

> 现在我们知道，这个理性的王国不过是资产阶级的理想化的王国；永恒的正义在资产阶级的司法中得到实现；平等归结为法律面前的资产阶级的平等；被宣布为最主要的人权之一的是资产阶级的所有权；而理性的国家、卢梭的社会契约在实践中表现为，而且也只能表现为资产阶级的民主共和国。18 世纪的伟大思想家们，也和他们的一切先驱者一样，没有能够超出他们自己的时代使他们的限制。[1]

就大众报业的现实条件而言，"这个时代中，人们在下列各方面取得了显著的发展：如物质力量和财富；工业主义和工业化；技术和科学知识；运输、交通和贸易；人口和人口迁移；中央集权制政府；民主政治；阅读与写作能力和教育；舆论和报刊等。"[2] 我们就从下面几个方面具体考察其兴起之源与演进之迹。

一、民主变革，舆论松动

到 19 世纪末，西方许多国家都完成了资产阶级民主民族革命，确立了不同类型的资本主义制度。如日本的明治维新、俄国的农奴制改革、德国的统一战争等，都属于这期间发生的此类革命。充满扩张进取之势的资本主义，在向世界拓展之际，也在不断调整自身的经济基础与上层建筑，使之适应资本主义的发展，诸如英国知识税的废除、法国新闻法的颁行等，都是这种调整在新闻事业领域的体现。

当然，这些调整并非出于资产阶级的良心萌动，善心大发，而是基于现实情形的促迫而不得不做出的应对。比如，19 世纪风起云涌的工人运动、社会主义思潮以及人民武装起义等，均对原始野蛮的资本主义制度形成巨大的冲击。英国的宪章运动、法国的巴黎公社、"五一国际劳动节"所由来的美国芝加哥工人大罢工等，都是这方面熠熠生辉的历史篇章。正如当代英国左翼史学家霍布斯鲍姆对此所做的概括："自 1870 年后，大家也愈来愈清楚地看出：各国政治的民主化已势所难免。不论统治者喜欢不喜欢，民众都会走上政治舞台……19 世纪 90 年代的社会主义骚动以及俄国革命的直接和间接影响，都强化了民主运动；不过，不论民主化是用何种方式进行，在 1880—1914 年，绝

① 《马克思恩格斯选集》，第 3 卷，392 页，北京，人民出版社，2012。
② F. H. 欣斯利：《新编剑桥世界近代史》第十一卷，"物质进步与世界范围的问题（1870—1898）"，中国社会科学院世界历史研究所组译，1 页，北京，中国社会科学出版社，1987。

大多数的西方国家都已顺应了这个不可避免的潮流。"①

　　香港中文大学荣休讲座教授王绍光在近年来的有关新作中，都谈到"民主"在西方，直到一百年前才开始"时来运转"，逐渐成为"好东西"，在看似文明进步中，实际上演化为资本主义一把杀人于无形的"利器"。正如列宁一针见血指出的，"出版自由会助长世界资产阶级的力量"，"会成为这个世界资产阶级手中的武器"。(《关于"出版自由"》清华大学讲席教授赵月枝的硕士论文《维系民主》，2010) 以英国废除印花税为例，揭示了其间的社会政治背景：19 世纪英国工人阶级报刊曾如火如荼，在风起云涌的社会主义运动中深受欢迎，老奸巨猾的英国资产阶级便以取消印花税的方式，助力煽情化、市场化报刊大发展、大繁荣，即本章所谓大众报刊，从而大幅度抑制了工人阶级进步报刊。

　　随着政治民主化、舆论自由化的进程，普通民众参政议政的热情越来越高，机会也越来越多，如普选权的扩大。与此同时，人们对各种事关社会民生的事务及其信息，自然越来越关注。于是，作为人们了解现实的一种便捷途径，报业也势必向大众化的方向拓展了。

二、经济发展，贸易繁荣

　　19 世纪下半叶，西方许多国家经历了工业革命，经济开始起飞，贸易日趋活跃。以美国为例，从南北战争结束的 1865 年到 19 世纪结束时的 1900 年，35 年间国家的财富翻了两番，工业总产量增加了七倍。赫赫有名的钢铁大王卡内基、石油大王洛克菲勒、金融大王摩根等，都纷纷出现在这个时期。"美国的经济在 1870 年至 1900 年起了根本变化，因为这个最大的食品和原料生产国，也变为第一流的工业生产国。……这一新兴的工业社会的主宰者就是那些巨头，就是美国民间政治神话中那些'强盗大王'。他们具有精力充沛的而往往又是冷酷无情的创业精神，替美国的民间传说创造了一些半是英雄、半是恶棍、难以定论的人物：洛克菲勒家族、哈里曼家族、希尔家族、摩根家族、卡内基家族，以及其他一些人。"②

　　与此同时，国际贸易的范围与规模也急速增加，"最能说明问题的，是国际贸易增长的数字。在 19 世纪 70 年代中期以后的三十年中，国际贸易的价值以黄金计算，大概翻了一番还多。如果把价格下跌这一因素计算进去，贸易额可能增加了两倍。"③资本主义经济的飞速发展，国际贸易的空前繁荣，大大加强了各个国家、各个民族和各种文化

---

　　①　[英] 艾瑞克·霍布斯鲍姆：《帝国的年代》，贾士蘅译，100 ~ 102 页，南京，江苏人民出版社，1999。
　　②　F. H. 欣斯利编：《新编剑桥世界近代史》第十一卷，"物质进步与世界范围的问题（1870—1898）"，中国社会科学院世界历史研究所组译，67 页，北京，中国社会科学出版社，1987。
　　③　同上，72 页。

之间的联系与交往，从而越来越将整个世界变成一个麦克卢汉说的"地球村"。对此，《共产党宣言》的论述最称经典：

> 不断开拓产品销路的需要，驱使资产阶级奔走于全球各地。……使一切国家的生产和消费都成为世界性的了。……过去那种地方的和民族的自给自足和闭门自守状态，被各民族的各方面的互相往来和各方面的互相依赖所取代了。物质的生产如此，精神的生产也是如此。

所有这些变化，也都直接或间接地推动着新闻事业的进展。一方面，全球各地日益密切的经济交往与政治联系，使报业日益成为不可或缺的重要纽带，就像国际社会的神经传导系统，作用日益显著。另一方面，大工业社会又为新闻事业提供了雄厚的经济实力和强大的经济后盾，使之既获得源源不断的巨额财源，又得以成为大开大阖的经济实体。这里，最引人注目的实例当属广告。在大工业时代，无论是发展经济，还是繁荣贸易，都离不开形形色色的广告，而广告又离不开各种各样的媒介。大众报刊兴起后，媒介广告便以铺天盖地之势日渐增多，最后终于超过新闻的分量。以美国为例，"1880 年，平均每家报纸 25% 的版面是广告；第一次世界大战期间，广告版面占 50%，今天（即 20 世纪末——引者注）已达 60% ～ 70%"。[1] 因此，这种报纸与其说是"新闻纸"（news-paper），不如说是"广告纸"（advertisement-paper）。英国的一位报业大王甚至说过，新闻不过是用来分隔广告的材料而已。由此也可见，启蒙时代依据抽象人性、唯心理念的出版自由，在这种现实条件下显得何等空洞。一百年前，列宁就曾尖锐指出："在全世界，凡是有资本家的地方，所谓出版自由，就是收买报纸、收买作家的自由，就是买通、收买和炮制'舆论'帮助资产阶级的自由。"[2]

三、教育普及，读者大增

工业革命给整个社会带来的一大必然结果，就是教育普及。不言而喻，大工业生产需要劳动者具备较高的文化水准，在一个文盲或半文盲的社会中是不可能发展工业文明的。举个简单的例子，一个连图纸都看不懂的工人，怎么操纵现代化的仪器呢？所以，最先完成工业革命的英国，从 19 世纪下半叶起便大力普及国民教育。"据估计，在1850 年前，英格兰的识字率是 70%，瑞典是 90%，法国则是 65%，而到了 1900 年，大约有 95% 的英国新郎与新娘能够在结婚证书上签字。根据官方的统计数字，到了 19 世纪

---

① ［美］梅尔文·L. 德弗勒、埃弗雷特·E. 丹尼斯：《大众传播通论》，颜建军等译，73 页，北京，华夏出版社，1989。

② 《列宁专题文集·论无产阶级政党》，311 页，北京，人民出版社，2009。

结束之前，所有学龄儿童的识字率已经达到 96% 以上。"① 美国也是如此。19 世纪的后四十年，美国的中学数目猛增 60 倍，在校学生超过五百万。到新世纪开始前的 1900 年，美国适龄儿童的入学率已达 72%，也就是说每三个儿童就有两个在读书。与此同时，美国的高等教育也获得显著发展。自 1862 年林肯总统签署《莫里尔法案》，以鼓励各地兴办州立大学后，美国的高等院校便迅速增加。另外，随着一批经济巨头的出现，捐款创办私立大学也蔚然成风。比如，1865 年电报业百万富翁康奈尔创办了康奈尔大学，1876 年一个大商人创办了约翰·霍普金斯大学，1892 年加州铁路大王斯坦福创办了斯坦福大学，1892 年洛克菲勒创办了芝加哥大学等。大学的增加与大学生的增加自然是同步的，仅在 19 世纪最后 20 年，美国大学生的人数就增加了二十多倍。

显然，教育的普及也为报刊准备了数目可观的读者群。比如，"拿破仑战争爆发之初，每一个英国居民每年大约寄两封信，但是到了 19 世纪 80 年代上半期，却增加到 42 封……1880 年时，美国每一个月发行 1.86 亿份报纸杂志，而 1788 年时却只发行 33 万份……"② 如果没有成千上万识文断字的读者，那么不管政治多么民主，经济多么发达，贸易多么繁荣，报业依然只能是贵族沙龙里优雅轻柔的室内乐，而不会成为音乐大厅中轰然奏响的交响曲。所以，教育的普及直接关系大众报刊的生命，它是大众报刊赖以诞生并得以生长的基础条件之一。正如法国新闻学者贝尔纳·瓦耶纳所论述的：

> 教育事业的发展显然是决定性的因素：自 1828 年至 1846 年间，识字的法国人增加了百分之五十以上，后来，普及教育运动不断展开，到十九世纪末，几乎遍及全国。同时，城市化、工业化、交通运输的发展、频繁的商业活动、激烈的社会政治斗争等等，也都促使报刊向大众化的形式演变。③

四、科技进步，传讯加速

从 15 世纪中叶古登堡发明金属印刷法到 19 世纪中叶，四百年间西方的印刷工艺几乎没有什么突破性的进展。比如，排版用手工，即一个字母一个字母地排，一部《圣经》需要五年才能排完。印刷则用手摇印刷机，一天只能印几百到几千份报纸，而后来先进的印刷机，每小时就可印出三百版的报纸十余万份。由于一整套技术和工艺的制约，即使当时有报业大众化的需要，也没有实现它的技术手段。

随着工业革命和科学技术的不断进展，新闻事业的技术条件与生产手段也日新月异。比如，

① ［英］阿兰·斯威伍德：《大众文化的神话》，冯建三译，141 页，北京，生活·读书·新知三联书店，2003。
② ［英］艾瑞克·霍布斯鲍姆：《帝国的年代》，贾士蘅译，23 页，南京，江苏人民出版社，1999。
③ ［法］贝尔纳·瓦耶纳：《当代新闻学》，丁雪英等译，104 页，北京，新华出版社，1986。

　　对报纸和类似出版物的需求大增，这就要求扩大机械化程度，以便提高生产效率并降低生产成本。在这方面，《泰晤士报》起了带头作用。布鲁斯的铸字机于1850年问世，但是，第一次真正取得成功的这类机器，则是《泰晤士报》的轮转铸字机。这台机器是弗里德里希·威克斯在1881年取得专利的。它每小时可铸六万个铅字，因此印刷完毕后铅字不必拆版再用，只需回炉重铸即可。机械排版则是发明家多年来无法解决的一项难题。在1822年到1890年，作出了许多设计，但直到行型排铸机问世之前，迄未令人满意。这项美国发明的突出特点是它只需一人操作。它于1890年出现，1900年已经在全世界使用了。[①]

　　另外，《泰晤士报》1817年首先使用蒸汽滚筒印刷机，每小时可印出一千余份报纸，1847年又首先使用轮转印刷机，每小时可印出一万一千份报纸，工效提高了十倍。后来，美国的印刷机制造商罗伯特·霍伊，又对英国的印刷技术进行改进，到1870年发明霍氏卷筒两面印刷机，每小时已能印出一万八千份报纸。又过二十年到1890年，使用铸板的卷筒印刷机又取代轮转印刷机，每小时可印出十二页的报纸五万份。总之，"由古腾堡等人所共同开创的欧洲的活字印刷技术，保持了三百年左右的稳定时期，直至18世纪末在工业革命的背景下才开始了较大的技术改进。"[②]

　　与此同时，19世纪中叶木浆纸取代碎布纸，也是印刷工艺的又一巨变。过去印刷所用的碎布纸，不仅造价昂贵，而且产量难以提高。而以木材为原料的木浆纸，则使成本大大降低，产量也大大提高（对生态环境的影响则另当别论）。还以美国为例：

　　　　到1870年，已经有18座纸浆厂建成，主要分布在纽约州北部和新英格兰地区各州。造纸机的速度，1867年是每秒100英尺，1872年增加到175英尺，到1880年就高达每秒200英尺。1884年，在普罗维登斯引进了亚硫酸盐纸浆的生产工艺。于是，生产现代新闻纸的初级原材料、磨木浆和亚硫酸盐纸浆，都万事俱备了。1890年，美国国内新闻纸的产量达到19.6万吨，1899年增加到59.9万吨。人均消费新闻纸，1890年是8磅，1899年就增加到15磅。与此同时，纸的价格也随之下降。1866年是每吨334美元，1870是每吨246美元，1880年是每吨138美元，1890年降到每吨68美元，1990年再降到美吨36美元。[③]

　　简单说，批量的、低廉的、源源不断的纸张，为大众报刊提供了充足的新闻用纸。

---

① F.H.欣斯利编：《新编剑桥世界近代史》第十一卷，"物质进步与世界范围的问题（1870—1898）"，中国社会科学院世界历史研究所组译，133～134页，北京，中国社会科学出版社，1987。

② 项翔：《近代西欧印刷媒介研究——从古腾堡到启蒙运动》，51页，上海，华东师范大学出版社，2001。

③ ［加］哈罗德·伊尼斯：《传播的偏向》，何道宽译，145～146页，北京，中国人民大学出版社，2003。

大批量的纸张与通讯社提供的大批量新闻，在同一时期汇流，成为大众报业兴起的重要条件，就像印裔英国学者达雅·屠苏举例所言：

> 印刷业的扩展和通讯社的国际化促成了报纸工业的全球性发展。1838 年创立的《印度时报》（*The Times of India*）是出现在东南亚最早的报纸。《海峡时报》（*The Strait Times*）在 1858 年以日报的形式在新加坡出现。印刷技术的进步意味着非欧洲语言的报纸也得以印刷和发行。截至 1870 年，用印度语发行的报纸多达 140 家。在开罗，诞生于 1875 年报纸《金字塔报》（*Al-Ahram*）定义了其后一个世纪多的阿拉伯新闻。1890 年，日本最有威望的报纸《朝日新闻》（*Asahi Shimbun*，又名 *Morning Sun*）也创立了。1890 年，欧洲的大众媒体的发展是空前的猛烈——法国的《小巴黎人报》（*Le Petit Parisien*）在 1890 年就有 100 万的订阅量，而在英国，1896 年诞生的《每日邮报》（*The Daily Mail*）也重新定义了新闻的范畴，将生意做得很红火。[①]

此外，工业革命带来的一系列科技进步，尤其是电信技术领域的突破性发展，都为大众报刊奠定了现实基础。比如，1837 年莫尔斯发明有线电报，在通信技术上引发一场革命，从此信息开始借助电波，以每秒三十万公里的速度传播，信使、信鸽、烽火、驿马的时代宣告结束。再如，1875 年美国人贝尔取得电话专利权，又为信息传递提供了更加迅捷而便利的工具。"1881 年，美国的电话网络有 123 000 部电话。"[②] 这里特别值得一提的，就是 1866 年大西洋海底电缆的铺设完成。这是一项宏大工程，用奥地利作家茨威格在其"历史特写"（historische Miniature）里的话说，这项工程是 19 世纪"最煊赫的壮举"："为了说明这项工程的巨大规模，这样的比方是最形象不过了：绕在电缆里的三十六万七千哩长的单股铜铁丝可以绕地球十三圈，如果连成一根线，能把地球和月球连接起来。自从《圣经》上记载有通天塔以来，人类没有敢去想还有比它更宏伟的工程。"[③] 铺设的过程更是一波几折，历尽艰辛，茨威格对此做过生动描绘。按照他的叙述，这条大西洋海底电缆不仅把古老的欧洲与美洲新大陆联结起来，而且，"从此时此刻起，地球仿佛在用一个心脏跳动；生活在地球上的人类能从地球的这一边同时听到、看到、了解到地球的另一边。"[④] 当然，上述发明与发展，不仅在信息传播方面引发一系列深刻的变化，而且也对新闻传播领域产生广泛的影响。

---

① ［英］达雅·屠苏：《国际传播：延续与变革》，董关鹏主译，31 页，北京，新华出版社，2004。
② ［法］阿芒·马特拉：《世界传播与文化霸权》，陈卫星译，15 页，北京，中央编译出版社，2001。
③ ［奥］斯蒂芬·茨威格：《人类的群星闪耀时：历史特写》，舒昌善译，225 页，北京，生活·读书·新知三联书店，1992。
④ 同上，243 页。

最后，还应提一提铁路运输。因为，四通八达的铁路网不仅密切了各地的交往，而且也加快了报纸的发行速度。"欧洲的主要铁路系统到 1870 年亦已建成。铁路绕过比利牛斯山脉的两端，穿越了阿尔卑斯山脉。甚至俄国也修筑了一万英里以上的铁路。在随后的二三十年中，这一进程还在继续。"①美国从南北战争爆发时的 19 世纪 60 年代开始，铺设第一条横贯北美大陆的铁路。1869 年，这条铁路通车后，东部到西部的旅行时间从几个星期减少到几天。此后二十多年，美国又建成四条贯穿大陆的铁路。这些铁路就像混凝土里的钢筋，把美国连接成一个整体，同时也无异于构成一张全国性的新闻传播网络。

五、城市兴起，人口集中

城市是工业社会的标志和象征，其突出特点就是人口集中。由 14 位欧洲史学家合编的《欧洲史》一书写道："19 世纪的欧洲仍然以农业为主，但城市人口却迅猛增加。到了 19 世纪末，大不列颠社会成为世上最城市化的社会：10 个英国人中有 9 个住在城市里。"②1790 年美国的第一次人口普查显示，当时只有不到 3.5% 的人居住在城镇里，而到 1900 年这个比例上升到 1/3。特别是到了 19 世纪下半叶，城市化进程更趋加速。美国历史学家老阿瑟·施莱辛格，曾用"城市的兴起"来概括 1878 年至 1898 年这二十年间美国历史的特征。美国作家里夫金等人则在《熵：一种新的世界观》一书里，提供了一组更为详尽的历史数字：

古代雅典仅有 50 000 市民；巴比伦则只有 100 000 稍多一点。几世纪后的文艺复兴时期，城市规模才稍有改观。达·芬奇寓居的佛罗伦萨市拥有 50 000 居民。米开朗琪罗为西斯廷教堂的天花板作画时，罗马的人口在 55 000 上下。直到十六世纪，多数欧洲城市的人口还是不足 20 000。美国革命时期，殖民地的两大城市波士顿和费城的人口还不到 50 000，纽约城则屈居第三。

随着十九世纪初工业革命的展开，一夜间整个世界变了样。1820 年，伦敦成为第一座拥有百万人口的城市。到 1900 年，已有 11 座城市的人口超过百万；到 1950 年，增至 75 座城市。③

城市的兴起与人口的集中，一方面为报业提供了一个急需了解各种信息的读者群，

① F.H. 欣斯利编：《新编剑桥世界近代史》第十一卷，"物质进步与世界范围的问题（1870—1898）"，中国社会科学院世界历史研究所组译，67～68 页，北京，中国社会科学出版社，1987。

② ［法］德尼兹·加亚尔等：《欧洲史》，蔡鸿滨等译，483 页，海口，海南出版社，2000。

③ ［美］杰里米·里夫金、特德·霍华德：《熵：一种新的世界观》，吕明等译，135 页，上海，上海译文出版社，1987。

另一方面也为报业形成了一个相对集中的发行区。另外，大众报刊中最突出的发展是晚报。19 世纪最后二十年，美国新增报纸有 7/8 是晚报。这固然是因为印刷技术的进步和采编手段的革新，使得当日新闻当日见报，但更重要的还在于城市居民的生活习惯与社会需要。劳顿一天，回到家里，一边吃着晚餐，一边翻着报纸，自然成为一种习以为常的生活状态了。总之，就像阿特休尔在《权力的媒介》一书中所提示的：

> 人们应当牢记大众媒介是与都市中心同步发展的。事实上，它们两者之间难解难分：没有都市中心，大众媒介不可能产生；同样，没有大众媒介，都市中心的发展恐怕也不会成功。[①]

六、大众社会，大众文化

以上诸多方面的综合作用与发展，最后便凸显了"大众社会"（mass society）以及相应的"大众文化"（mass culture）。关于这些方面的问题，哲学、历史学、社会学、传播研究、文化研究等有大量探讨，相关论述汗牛充栋。

大致说来，所谓大众社会就是现代的工业化社会，是相对于传统的农业社会而言的。所以，一般认为大众社会起源于工业革命完成后的 19 世纪中后期："探询大众社会这个概念的起源，必须上溯到 19 世纪后半叶，西欧资本主义所引发的快速工业化过程；当时，工业化带动了社会、政治与意识形态上的诸般条件，有利于现代阶级社会的形成，其社会基础已经不再是'人们'（people），而是'大众'。"[②] 这种新兴的大众社会及其特征，可以从社会与个体两个方面进行观察与分析。从社会方面看，

> 大众社会有哪些理论上的特征呢？不外是随着资本主义分工而后出现的一些状况，诸如大规模的工厂组织模式、商品的生产、都会地区稠密的人口、都市的兴起与扩张、决策过程的集权化、四通八达的复杂交通网络，以及工人阶级有了投票权以后，大众政治运动的风起云涌。[③]

从个体方面看，大众社会瓦解了传统社会的联系与认同，将个体变成互不相属的原子式存在，然后抛入大都市的"芸芸众生"，从而使他们无论在现实中还是在心理上，都产生前所未有的疏离感与孤独感：

> 在所谓的大众社会中，人与人之间关系就像物理和化学结构中的原子，意义

---

① ［美］J. 赫伯特·阿特休尔：《权力的媒介》，黄煜等译，42 页，北京，华夏出版社，1989。

② ［英］阿兰·斯威伍德：《大众文化的神话》，冯建三译，2～3 页，北京，生活·读书·新知三联书店，2003。

③ 同上，3 页。

和道德作为传统社会的凝聚力，正在消失远去。原子并不孤立，彼此之间有着联系，但这联系肯定不是有机的联系。原子和原子之间相貌无异，色调同一，完全失去了个性特征。大众社会中的人际关系因此也是契约的、疏远的、偶然的。人的创造力似乎是为时代的机械复制特征淹没了。[1]

随着大众社会的演化，大众文化也开始形成，并逐渐成为一种普遍的、主导性的文化形态。所谓大众文化，又称通俗文化或流行文化（popular culture），并不是指大众化的文化或文化的大众化，而是指适应工业文明与都市社会的一种"现代化"的文化，用法兰克福学派文化批评家沃尔特·本雅明的经典表述，它属于"机械复制时代"的文化。照片就是一种典型的机械复制的东西，电影、书刊、广播、电视、畅销书、流行音乐、体育竞技等，都可归入大众文化的范畴。英国的里查德·汉密尔顿（Richard Hamilton），在1957年还概括了大众文化的11种特征：流行、瞬间即逝、唾手可得、成本低廉、大量生产、主要以年轻人为诉求对象、诙谐而带点诘慧、撩拨性欲、玩弄花招而显得俏皮、浮夸、足以带来大笔生意等。[2]

总括起来，大众文化具有两个基本特征：一是商品化，一是标准化。前者针对的是面向市场、面向消费、面向大众的赢利属性："它是由大批生产的工业技术生产出来的，是为了获利而向大批消费公众销售的……它的成长意味着：任何不能赚钱、不能为大众市场而大批生产的文化，都很少有地位，如艺术和民间文化。"[3]后者即标准化，则针对的是大众文化的生产模式："在本雅明名之为机械复制时代的工业社会中，物质和文化的产品被认为没有真正的区别，汽车的生产和电影的生产一样是为市场经济的原则所决定。大众文化标准化的、程式化的和机械复制产品，被认为是刻板、琐碎和流水线生产方式的必然产物，是文化商品化以后的必然结果。"[4]为此，对大众文化第一次展开系统研究与论述的法兰克福学派，干脆将大众文化称为"文化工业"（cultural industry）——即现在国内所称的"文化产业"。也就是说，大众文化与其说是文化，不如说是工业。

在大众文化的诸多形态中，包括大众报刊以及广播、电视等在内的大众媒介，一向最为人们瞩目，同时对大众也最具影响力——"大众文化的势头与大众传媒的势头说到底是同一回事"。[5]换言之，大众社会、大众文化与大众媒介，构成同一历史时空彼此

① 陆扬、王毅：《大众文化与传媒》，15～16页，上海，上海三联书店，2000。
② ［英］阿兰·斯威伍德：《大众文化的神话》，"译者导论"注释1，7页，北京，生活·读书·新知三联书店，2003。
③ ［英］多米尼克·斯特里纳蒂：《通俗文化理论导论》，阎嘉译，16页，北京，商务印书馆，2001。
④ 陆扬、王毅：《大众文化与传媒》，20页，上海，上海三联书店，2000。
⑤ 吴伯凡：《孤独的狂欢——数字时代的交往》，15页，北京，中国人民大学出版社，1998。

勾连的整体。

在大众社会、大众文化及大众媒介的生成过程中，美国一直被视为重要源头与主要蓝本。借用麦克卢汉解释其名言"媒介即讯息"（The medium is the message）时玩弄的文字游戏，也可以说"媒介即混乱时代"（The medium is the mess-age）、"媒介即大众时代"（The medium is the mass-age）。①

上述这一切以及其他因素交织，便构成资本主义社会化大生产时代及其新闻传播与社会舆论的历史土壤，大众报业就属于这个时代的产物，故其历史进步性与时代局限性均源于此。1919 年，列宁在《答美国记者问》时谈道：

> 资本主义和封建主义相比，是在"自由""平等""民主""文明"的道路上向前迈进了具有世界历史意义的一步。虽然如此，资本主义始终是雇佣奴隶制度，始终是极少数现代（"moderne"）奴隶主即地主和资本家奴役千百万工农劳动者的制度。资产阶级民主制和封建制度相比，改变了经济奴役形式，为这种奴役作了特别漂亮的装饰，但并没有改变也不能改变这种奴役的实质。资本主义和资产阶级民主制就是雇佣奴隶制。②

第二节　普利策：大众报刊的代表

美国纽约市的自由岛上，矗立着一座高达 93 米的雕像——自由女神像。女神像的底座上刻着几行诗，作者是从俄国迁居美国的女诗人拉扎勒斯（Emma Lazarus）。这几行诗句，出自其十四行诗《新巨人》的最后几句，新巨人是相对旧巨人而言，而旧巨人指古希腊罗得岛上所建的青铜巨人像，为古代七大奇迹之一。

这些都是人所习知的。不过，大概没有多少人知道，这座有史以来最大的雕像得以矗立起来，还有赖一位报人——美国报业大王约瑟夫·普利策（Joseph Pulitzer，1847—1911）。

普利策是大众报刊的标志性人物。他的《世界报》

约瑟夫·普利策

---

① ［美］保罗·莱文森：《数字麦克卢汉——信息化新纪元指南》，何道宽译，50 页，北京，社会科学文献出版社，2001。

② 《列宁专题文集·论资本主义》，248 页，北京，人民出版社，2009。

曾是美国最具影响力的报纸，他捐款设立并以自己名字命名的普利策新闻奖，被视为美国新闻界的奥斯卡奖，他捐款创建的哥伦比亚大学新闻学院，也被看作新闻学科的哈佛、牛津。他论述新闻记者的一段名言广为人知："倘言一个国家是航行在大海上的船只，那么新闻记者就是站在船头的望者。他要在一望无际的海面上观察一切，审视海上的不测风云和浅滩暗礁，及时发出警报。"如果说洛克菲勒、卡内基、摩根等是工业时代的经济巨头，那么普利策恰好就是同时代的新闻泰坦（Titan）——希腊神话中威力无边的巨人。

一、早年经历

1847 年，普利策出生于匈牙利的一个犹太人家。犹太人可谓世界民族之林的孤臣孽子。以色列立国之前，这个产生《旧约全书》和耶稣基督的民族，没有祖国，没有家园，像吉卜赛人一样漂泊于世界各地，流浪于天涯海角，备受歧视，屡遭迫害。人们都知道，二战期间纳粹曾经屠杀了六百万犹太人。其实，对犹太人这种种族灭绝性的残杀，在西方不知发生过多少次。西班牙作曲家萨拉萨蒂那首蜚声世界的小提琴曲《流浪者之歌》，说是描写吉卜赛人的生活，但那如泣如诉的哀婉旋律，不也可以视为犹太人不幸遭遇及其痛苦心声的写照吗？中国有句古话，叫"哀兵必胜"，孟子也说，"生于忧患"。也许，这种"孤臣孽子"的境况，迫使犹太人具有一种顽强的、不屈不挠的奋斗精神和拼搏意志，从而使犹太民族为人类贡献出一批杰出人物。当然，不能由此断言，他们的历史作为就取决于他们是犹太人，但犹太民族源远流长、不无传奇色彩的文化传统，想来也对他们产生潜移默化的影响，就像当今年均读书量稳居世界第一的是以色列。出身犹太人的普利策在报业领域所取得的建树除了社会历史因素，也应该与其犹太血统不无关系吧。

普利策年轻时，家里开有一爿粮店，算是小康人家。因此，父母可以为他请来优秀的家庭教师。在家教的严格督教下，普利策受到良好的德文与法文训练。后来父亲病故，母亲改嫁。由于同继父关系不和，1864 年普利策离家出走，时年 17 岁。离家时，普利策想投笔从戎，想像拿破仑那样驰骋沙场，建功立业。他一生崇拜拿破仑，读过多部拿破仑传，功成名就后，家中还挂着三幅拿破仑的画像。虽然，他终未能像拿破仑那样指挥千军万马，但他左右社会舆论同样具有倒海翻江的威力。如果说，贝多芬是音乐世界的拿破仑，那么普利策就是新闻领域的拿破仑；如果说，拿破仑是资产阶级革命年代颠倒乾坤的巨人，那么普利策就是大众传播时代叱咤风云的泰坦。

出于对拿破仑英雄业迹的向往，离家出走的普利策便决定去当兵。当时，美国的南北战争正打得难解难分，美国联邦政府除了在国内征召适龄青年入伍，还到欧洲招募志愿兵。于是，普利策前往应征，加入"林肯骑兵队"。可惜，他的个性太强，天生不是当兵的料，动不动顶撞上司，时不时破坏军规。有一次部队集合，他迟到了，还军容不整。值班军官冲他两句，他便勃然发怒，挥拳把军官打个"人仰马翻"。

南北战争一结束，普利策便退役了。为了找工作，他在美国四处流浪，最后于1865 年来到中西部的一座新兴城市圣路易。当时美国正在进行"西部大开发"，成千上万的淘金者和浩浩荡荡的拓荒者，在"小伙子，到西部去"的口号感召下涌向西部。处于中西部的圣路易市便成为一大中继站，为渴望发家致富的人提供了许多发展机会。另外，圣路易有大批德国移民，是德国移民的一大聚集地。由于年轻时受的教育，普利策的德语很好，而英语还不过关。于是，普利策便决定在圣路易安顿下来。

也算天赐良缘，他在这里遇上一位贵人卡尔·舒尔茨（Carl Schurz）。舒尔茨是德裔政治家和记者，曾被林肯任命为驻西班牙公使，后来又当过美国的参议员和内政部长。普利策刚到圣路易时，舒尔茨是德文报纸《圣路易西方邮报》（*St. Louis Westliche Post*）的老板。有一次，舒尔茨在咖啡馆下棋，碰巧普利策也在。他站在一旁观战，忍不住指点了一着好棋，使棋局陡然逆转。这一来，舒尔茨不由对这位年轻人刮目相看，经过交谈，更加赞赏，于是就录用他做了记者。这一年，普利策 21 岁。从此，他便终生与新闻打交道，最后成为新闻界的拿破仑。

二、办报生涯

1.《圣路易快邮报》（*St. Louis Post Dispatch*）

1878 年，31 岁的普利策创办了自己的第一份报纸《圣路易快邮报》，从而开始了他的办报生涯。《圣路易快邮报》已经显露普利策的办报风格，其中既有优美动人的旋律，又有刺耳聒噪的杂音，既有高潮，又有败笔。对此，郑超然教授做了别有意味的阐发：

> 普利策很了解社会，他知道社会生活兼有"情欲"与"理性"的两方面内容。……有人崇尚"理性"，有人喜欢刺激。普利策善于把煽情主义的、刺激性的社会新闻，纳入到他的理性报道的圈圈里去。他认为，关于犯罪、邪恶和灾祸等社会新闻的报道，是为了让人们知道社会存在的问题的严重性，并起来与它进行斗争，而且这样的新闻，比较容易吸引读者。报纸有了读者，报纸的社论也就有人看，社论针对社会存在问题，指出解决问题的办法，自自然然地引导舆论。
>
> 普利策就这样将刺激性与理性有机地结合起来。[①]

经营《圣路易快邮报》期间，普利策一方面抨击丑恶行为，倡导社会改革。有一次，他连续三周在社论中抨击逃税的豪门大户，惹得这帮阔佬们都取消在普利策报纸上

[①] 郑超然：《美国新闻史话》（十二），载《国际新闻界》，1989（1）。

刊登的广告。另一方面，普利策也继承了 19 世纪 30 年代纽约三大廉价报纸的衣钵，进一步发挥耸人听闻、刺激煽情的报道风格。有一次，一个女子说自己在乡间小路上遇见了鬼。普利策听说后，马上派记者去采访。等记者写出报道后，他嫌不够刺激，又重新改写，最后发出的报道这样开头："女孩子遇见了鬼。漆黑小路，乌云密布，突然露出一道微弱的目光，她看到一个庞大的黑影……"这种恐怖的渲染和描写，令人直起鸡皮疙瘩。借助这些低级无聊的货色和耸人听闻的报道，加上它在一系列社会问题上的锐气，《圣路易快邮报》创办三年就成为当地发行量最大的报纸。《圣路易快邮报》的这套作风，为普利策后来经营《纽约世界报》所掀起的"黄色新闻"狂潮开了先河。

2.《纽约世界报》（*New York World*）

在圣路易站稳脚跟后，普利策便开始谋划向纽约发展。因为，纽约是美国的心脏，拥有一张纽约的报纸，等于拥有一张全国性的报纸。1883 年，36 岁的普利策买下一家濒临倒闭的报纸《纽约世界报》（*New York World*）。当时，这份报纸一共 8 版，售价 2 美分，销量为 1 500 份。[①]此后 28 年直到去世，普利策始终与该报相依为命，患难与共：他使《纽约世界报》起死回生，声名远扬；而《纽约世界报》则使他威望日隆，家喻户晓。

普利策买下《纽约世界报》的时候，纽约市已经有多家历史悠久的大报，如《纽约太阳报》《纽约先驱报》《纽约论坛报》《纽约时报》等，可谓强手如林，竞争激烈。面对这一敌强我弱的处境，性格刚毅的普利策以咄咄逼人之势，向这些老资格的大报发起进攻。不想当元帅的士兵不是好士兵，这是拿破仑的信条；不想在报界独占鳌头的报人不算好报人，这是普利策矢志不移的心愿。也是凭着这样一股劲头儿，到 1883 年年底《纽约世界报》就异军突起，销量已同几家大报并驾齐驱，到第二年又跃居纽约第一，成为报界的新星。对此，《纽约太阳报》的资深编辑查尔斯·达纳都深为折服。那么，《纽约世界报》为什么能在这么短的时间里，取得这么大的业绩呢？说起来也很简单，奥秘无非是普利策把圣路易的办报作风搬到纽约，并且进一步发扬光大：即一方面致力于社会进步事业，另一方面则放开手脚大肆煽情，以致最后酿成黄色新闻的轩然大波。

先来谈谈第一方面的情况。普利策在新的《纽约世界报》发刊词中宣布：这家报纸将揭露一切骗局和耻辱，将与一切公开的邪恶与陋习作战，它将诚心诚意地服务于人民，为人民而战。后来，他又进而提出十个具体目标，包括征收奢侈品税、征收巨额收入税、改革文官制度、惩办贪官污吏、禁止买卖选票等。这个时期即 19 世纪末到 20 世

---

① ［美］埃默里等：《美国新闻史》，展江等译，202 页，北京，新华出版社，2001。

纪初，是美国历史上的所谓"镀金时代"，资本原始积累引发一系列触目惊心的社会问题与矛盾，童工、黑社会、血汗工厂、假冒伪劣产品、官员贪污腐败等，都是这些问题与矛盾的突出表现。总之，整个社会犹如一个巨大黑洞，吞噬着人们的生命、希望与良知。面对这个黑洞，普利策及其《纽约世界报》进行了不屈不挠的揭露与抗争，从而赢得举目无亲、无依无靠的城市平民即所谓"大众"的信赖。比如，"在 1892 年匹兹堡附近的霍姆斯特德钢铁厂大罢工中，当一些工人惨遭平克顿侦探社警卫屠杀时，工人们发现《世界报》竭力为他们仗义执言。"① 事实上，不久以后兴起的揭丑报道与揭丑记者，即所谓"耙粪运动"与"耙粪记者"也就导源于此。② 这方面著名的事例，可以举出《纽约世界报》为安装自由女神像而发起的一场声势浩大的募捐运动。

自由女神像是法国为庆祝北美独立战争胜利一百年馈赠的罕见纪念品。女神像的支撑框架，即由巴黎埃菲尔铁塔设计者埃菲尔工程师设计。女神像在 1883 年独立战争胜利一百周年时就已完成，可美国迟迟拿不出钱来修筑安放女神像的台座。转眼几年，无人过问，"自由女神"一直静静地待在巴黎。也许是出于商业作秀的动机，也许是基于诚心信奉的信念，反正普利策觉得这是一个大好契机，于是就借助《纽约世界报》大声疾呼，号召大家为此捐款。他在一篇社论中慷慨陈词：

> 法国送了这么美丽的礼物给我们，可是我们竟找不到一块安置它的地方，这对纽约市和全美国的老百姓来说，真是一件不可饶恕的耻辱……如今我们只有一条路可走，我们必须募款。
>
> 《世界报》是属于全体人民的，现在在此呼吁大家捐款。建造自由女神像所花费的二十五万美元是由全体法国人民负担的，因此也让我们美国人有同样的举动吧。不要等着让百万富翁来出这笔钱。这不是法国百万富翁送给美国百万富翁的礼物，而是法国全体人民送给美国人民的礼物。
>
> 大家响应这个运动吧……不管多少，捐一点……让我们静待全美国人民的回响。

---

① ［美］埃默里等：《美国新闻史》，展江等译，206 页，北京，新华出版社，2001。

② 所谓"耙粪"（muckrakes），源于西奥多·罗斯福总统的一次演讲。此次演讲中，罗斯福把 20 世纪初一批致力于揭丑、暴露、煽情等报道的记者，比作英国作家约翰·班扬小说《天路历程》中的一个反派人物，他从不仰望天空，只是手拿粪耙，埋头打扫地上的秽物。但是，被批评的揭丑记者非但不以为忤，反而欣然接受这个称号，以耙粪为荣。后来，人们就将这种新闻及报道这些新闻的记者和报刊称为耙粪运动、耙粪记者、耙粪报刊等，就像人们将赫斯特刊的煽情报道称为黄色新闻一样。耙粪运动以《麦克卢尔》（McClure's Magazine）、《世界主义者》（Cosmopolitan）、《柯里尔》（Collier's）等杂志为阵地，以林肯·斯蒂芬斯（Lincoln Steffens）、艾达·M. 塔贝尔（Ida M.Torbell）等记者为代表，斯蒂芬斯揭露市政腐败的深度报道《城市之耻》、艾达·M. 塔贝尔揭露洛克菲勒家族商业欺诈的调查性报道《美孚石油公司的历史》等，都是耙粪运动的著名篇章。

《纽约世界报》的呼吁与鼓动感动了民众，人们纷纷捐款，总人数达到 12 万。这么一来，自由女神像才终于在 1886 年远渡重洋，抵达美国。从此，自由女神像就耸立在大西洋之滨，成为美国的一个地标，而普利策及其《纽约世界报》为此也赢得读者的广泛尊敬。

接下来再看看普利策及其《纽约世界报》的另一方面，即耸人听闻的煽情作风。

《纽约世界报》不仅全盘照搬《圣路易快邮报》那套煽情作风，而且发挥得淋漓尽致。《纽约世界报》既大量刊登两性消息、犯罪消息、殴斗消息等吸引大众的内容，又大肆渲染，极尽煽情。以普利策接手的第一期《纽约世界报》头版为例，"头条是关于新泽西州发生造成百万美元损失的风暴的报道。另一些头版文章报道了对一名判了刑的杀人凶手的访问记、华尔街的一名跳楼自杀者、匹兹堡的一次绞刑、海地的暴动，以及一名被冤屈的女仆的悲惨状况……第二天，《世界报》成了纽约市民街谈巷议的话题"。① 再如，《纽约世界报》经常充斥着这样一些触目惊心的大标题："暴风雨过后死人无数""血的洗礼""一个母亲的可怕罪行""是新娘但不是妻子""华尔街的恐怖"等，所以，《纽约世界报》的头版，被人称为"血腥的头版"。在追求耸动煽情方面，最典型的事例莫过于内莉·布莱的环球之旅。

内莉·布莱（Nellie Bly）是《纽约世界报》一位女记者伊丽莎白·科克兰（Elizabeth Cochrane）的笔名。她大胆泼辣，足智多谋，搞出不少轰动性的报道。比如，她曾假扮精神病人，混入纽约的精神病医院，挖出许多触目惊心的问题，写成一篇揭露黑幕的独家新闻，引起社会各界的注目。

法国科幻作家儒勒·凡尔纳写过一部《八十天环游地球》（1873）的作品。大意是讲一位旅行家与人打赌，用八十天环游地球一周。这八十天里，他历尽千难万险，尤其最后一天更是险象环生，扣人心弦。最后，当他终于在第八十天赶回出发地时，却发现日历上的日期比他算的多出一天。正当他为此扼腕不已的时候，突然想到"国际日期变更线"，按规定由西向东穿越这条假想的时间界线，日期就要减去一天，反之，就要增加一天。结果，旅行家还是只用八十天完成了环球之旅。这部小说是凡尔纳最受欢迎的作品之一，出版后畅销不衰。普利策及其《纽约世界报》便打算利用读者的兴趣，由内莉·布莱搞一次真正的八十天环游之旅，并且一路发出可与凡尔纳的小说相媲美的报道。

这件事自然引起人们的浓厚兴趣和广泛关注。《纽约世界报》上每天都刊登布莱发回的系列报道，为此还专门开辟一个猜谜比赛专栏，鼓励读者"与内莉·布莱一起环游世界"（Round The World With Nellie Bly）——真是一语双关的主题，既指环游世界，又含环绕"世界报"之意。按照比赛规则，谁能猜到布莱到达某地的时间，谁就可以获

---

① ［美］埃默里等：《美国新闻史》，展江等译，202 页，北京，新华出版社，2001。

奖，结果有近一百万人参加这项活动。于是，前方的布莱争分夺秒地赶路，后方的读者争先恐后地猜谜，真是红红火火，好不热闹！《纽约世界报》的发行量一时猛增，布莱的环球之旅成为街谈巷议的热门话题。

布莱到达法国后，还专程拜访了凡尔纳。不过，凡尔纳对布莱的计划表示怀疑，不相信她能在 80 天完成环球之旅。因为，在当时的条件下，想在这么短的时间环游地球的确不容易。然而，人们都低估了布莱小姐的潜能。她步行、骑马、乘船、坐车，最后终于只用 72 天便完成 25 000 英里行程，环绕地球一周。当她重新踏上美国本土时，大家都把她当成班师凯旋的英雄。某地政府甚至使用迎接外国贵宾的隆重礼仪——鸣放礼炮，向她致敬。护送她的列车被插上彩旗，一路招展，可把风头出尽了。《纽约世界报》在第一版刊出大标题《后浪推前浪，后人胜前人》，意思是布莱终于胜过凡尔纳小说中的旅行家。

布莱的这次环球旅行及其报道，是《纽约世界报》以耸动刺激的东西招徕读者的突出事例。它与当年《纽约先驱报》小贝内特搞的那个轰动一时的斯坦利寻找里文斯通的活动如出一辙，均属商业化、市场化媒体"制造新闻"的典型案例。《纽约世界报》的这套耸人听闻的作风越演越烈，最后便导致黄色新闻的泛滥。关于黄色新闻，下一节再做详细探讨。这里不妨先听听美国新闻史家埃默里父子对普利策及其《纽约世界报》的评价：

> 他恢复了十九世纪三十年代便士报时期第一批大众化报纸上那种危言耸听的手法。虽然这种手法是有报纸以来就有的，但近年来，还没有人像普利策那样广为使用。他的成功引起了模仿。人们认为这在新闻事业是一种灾难性的趋向，使普利策建设性的工作显得白费了。[①]

概括上述两个方面的情况，可以得出结论：普利策及其《纽约世界报》既干过有益的事情，也干过无益甚至有害的事情。怨不得有人说，普利策"半边脸像慈祥的天使，半边脸像魔鬼撒旦"。其实，这个矛盾也不难理解："《世界报》以揭露社会弊端，发动改革运动赢得声誉，以煽情新闻刺激销数。"[②]只要把握普利策办报生涯中相互交织的两大基调，那么对普利策本人以及《纽约世界报》的矛盾现象，也就容易分辨了。

---

① ［美］埃默里等：《美国新闻史》，苏金琥等译，301 页，北京，新华出版社，1982。

② 张隆栋、傅显明主编：《外国新闻事业史简编》，212 页，北京，中国人民大学出版社，1988。

三、新闻遗产

1. 办报思想

作为一代报人，普利策为新闻事业留下一些遗产。比如，一般认为，《纽约世界报》具有三大特征：文章富有趣味、文字简洁生动、版面新颖活泼。普利策的新闻人生，始终都在追求一种文字简洁生动、意思明晓畅达的报道风格。早在圣路易的时候，他就以其通俗的文风受到读者喜爱。买下《纽约世界报》以后，他更加强调简练明快的报道风格。他在给编辑的信中写道："如果你能每天抽出两三个小时的时间，教教那些改稿人员如何精简浓缩，如何避免拼凑，如何挤出水分、废物、渣滓，那么你就完成了一件最重要的工作。"一次，有位编辑由于社论写得简洁生动，收到了普利策一封热情洋溢的表扬信，信中写道："太好了，你这篇文章高明极了！谢谢，特别谢谢你将它写得如此简洁，简洁才是真美。"这些思想，让人不禁想到莎士比亚说的："简洁是智慧的灵魂，冗长是肤浅的藻饰。"另外，《纽约世界报》为使版面新颖活泼也下过很大气力。其中，主要手法有两条，一是改进标题，使之简短、生动、有吸引力，二是大量刊载图片和漫画，后来黄色新闻的直接起因就是《纽约世界报》的一幅漫画。总之，通过改进标题、增加插图等手法，《纽约世界报》的版面具有一种强烈的动感，甚至呈现刺激耸动的格调，从而与报道内容的煽情风格相互吻合。如今，标题的大小相间、参差错落，图片的大量使用、位置突出等，都已成为活跃版面的基本手段，而这些都与《纽约世界报》等报刊的努力有关。

普利策正是通过耸人听闻的报道内容、简洁明快的文字风格及活泼生动的版面设计等途径，使《纽约世界报》的读者日益增多，销量日益扩大，1885 年达到创纪录的25 万份，1897 年突破百万大关。与此同时，《纽约世界报》也迅速成为一家巨型企业，1887 年员工已经达到 1 300 人，"1890 年代中期，它的价值为 1 000 万美元，每年利润达 100 万美元"。[①]与此同时，报业的经营管理问题也开始提上议事日程。用埃默里父子的话来说："在广告和销售方面抢占最大优势、广泛的机械革新、投资费用的节节上升、领工资人数的增多以及越来越难办的劳资关系问题和由于销售量激增而产生的新闻纸供应问题——这样那样的问题导致报纸出版业中一支管理队伍的产生，就如同当时美国企业界的经理人员普遍形成一个阶层一样。1887 年，美国报纸发行人协会（ANPA）的成立表明日报经营方面的问题日趋重要。"[②]19 世纪末、20 世纪初，是《纽约世界报》鼎盛的时期，其标志就是 1890 年落成的《纽约世界报》大厦。这座金色圆顶、华丽壮观

---

① ［美］埃默里等：《美国新闻史》，展江等译，214 页，北京，新华出版社，2001。

② 同上，214～215 页。

的大楼，是当时美国最高的建筑之一，耗资 250 万美元，里面配备着最新式的印刷机。大厦的地皮上原为一座法国旅馆，当年普利策穷困潦倒时曾在这家旅馆受到欺辱，自尊心与自信心都很强的普利策暗自发誓，有朝一日一定要买下这座旅馆，然后把它夷为平地。如今，功成名就的普利策终于实现了夙愿。

然而，这时普利策并未因此感到兴奋与快慰。因为，就在《纽约世界报》的事业蒸蒸日上之际，普利策的身体却每况愈下。普利策工作起来犹如"拼命三郎"，他曾说过："懒人当不了记者。"他的座右铭就是——"工作、工作、工作，思考、思考、思考"。[①] 由于劳累过度，他的视力从 1888 年开始衰退，1890 年便完全失明。就在新落成的《纽约世界报》大厦举行揭幕典礼的前一天，双目失明的普利策乘船前往欧洲休养。从此以后，直到他逝世的二十余年间，普利策一直遵照医生让他远离工作静心休养的嘱咐，乘着自己的游艇整日在大海上漂荡，就像瓦格纳歌剧《漂泊的荷兰人》中那个受魔鬼惩罚而终生漂泊海上的范德迪肯。但对普利策这样一个以新闻为生活支柱的人，还有什么能比不能工作，不能看报更痛苦不堪的呢？这种痛苦应该不亚于指挥千军万马的拿破仑被困孤岛，也不亚于贝多芬无法亲耳聆听《欢乐颂》。所以，普利策后来就如同拿破仑、贝多芬的晚年情形，脾气越来越暴躁，有时近乎歇斯底里。到他生命的最后几年，甚至一点微弱的声响都使他难以忍受。1908 年，他购买了一艘豪华的快艇"自由号"。为保持绝对宁静，"自由号"的船舱内壁上挂上厚厚的壁毯，并且安上双重门。临终前，他还在喃喃地念叨着："悄悄地，非常悄悄地……"

2. 哥伦比亚大学新闻学院

普利策去世一百多年了，但在国际新闻界其身影与名望非但没有消退，反而与日俱增，这主要归因于他捐款创立的普利策奖和哥伦比亚大学新闻学院。早在 1892 年，普利策就已向位于纽约市的哥伦比亚大学提出捐款创立新闻学院的要求，但被婉言拒绝。因为，当时人们还不把新闻看成一门学问，而只把它当成一种技艺。而且，就连许多报纸编辑都嘲笑他的想法。于是，他在一篇刊登于《北美评论》（1904）的文章中答道：创办新闻学院的目的是，"培养更好的新闻记者，让他们办出更好的报纸，以更好地服务于公众……我希望开展一场运动，把新闻提高到一个学术性专业的层次"。[②] 为了这个目的，他锲而不舍，又与哈佛大学校长 C.W. 埃利奥特探讨此事。"根据他们的讨论，埃利奥特和普利策提出了一套新闻学院的全

The Boston Globe
PULITZER PRIZE
IN JOURNALISM
FOR PUBLIC SERVICE
2003

普利策新闻奖

---

① 高志华：《约瑟夫·普利策》，载《新闻界人物》（三），6 页，北京，新华出版社，1983。

② ［美］E.M. 罗杰斯：《传播学史：一种传记式的方法》，殷晓蓉译，24 页，上海，上海译文出版社，2002。

部课程，即强调社会科学和人文科学方面的课程，辅之以新闻技巧方面的课程。"① 这个设想，同样未能实现。后来，在普利策的一再要求下，哥伦比亚大学最终接受了他的捐赠与计划，"按照约瑟夫·普利策 1911 年逝世时的遗愿，给大学的赠款总数为 200 万美元，哥伦比亚大学在这个数目上又增加了 50 万美元"。②

遗憾的是，普利策没有等到学院诞生便已离开人世。哥伦比亚大学新闻学院成立于 1912 年，如今已经成为美国一家历史悠久、声名远播的新闻学院，在新闻学界和业界均享有声望，学院主办的《哥伦比亚新闻学评论》（*Columbia Journalism Review*），也是一份权威的新闻学刊物。1935 年，哥伦比亚大学新闻学院又改为新闻研究生院，专门招收大学毕业生以及具有工作经验的新闻从业者，然后进行一年的强化式专业学习。另外，学院还主持评选一年一度的普利策新闻奖。

3. 普利策新闻奖

普利策奖（Pulitzer Prize）从 1917 年开始，每年的 5 月份颁发，现在包括新闻、文学、戏剧、历史与音乐等项目。其中新闻奖刚设立时共有五个奖项，每项 500 美元。现在已经增加到十余项，包括公众服务奖、最佳地方报道奖、最佳全国报道奖、最佳国际报道奖、最佳社论奖、最佳漫画奖、最佳新闻照片奖等（《简明不列颠百科全书》第六卷）。除公众服务奖的奖品为一枚金质奖章之外，其余各项均为 3 000 美元。③ 在今天的美国新闻界，普利策新闻奖的地位就同奥斯卡金像奖在美国电影界的地位一样，对新闻人来说，能够获得此奖可谓一登龙门，身价百倍。而正是借助普利策新闻奖的声望和哥伦比亚大学新闻学院的声誉，普利策的大名才得以流传不衰。

普利策临终前，在遗嘱中特别写明《纽约世界报》绝对不得出售。但其不肖子孙，在他死后二十年的经济大恐慌年月里，把《纽约世界报》卖掉了。为出售《纽约世界报》，普利策的儿子还专门聘请律师，经过一番颇费周折的司法程序，修改了普利策的遗嘱。出卖后的《纽约世界报》，就此从世界新闻舞台上消失，《纽约世界报》办公大厦最后也因修路被拆除。如今只有《圣路易快邮报》还掌握在普利策家族手中，并且依然是美国最有影响的大报之一。多年来，《圣路易快邮报》每天都在社论版上，刊登 1907 年普利策宣布退休时写的一封信：

> 我知道我的退休不会影响办报的基本原则。报纸将永远为争取进步和改革而战斗，决不容忍不义或腐败；永远反对一切党派的煽动宣传，决不从属于任何党

---

① ［美］E.M. 罗杰斯：《传播学史：一种传记式的方法》，殷晓蓉译，23～24 页，上海，上海译文出版社，2002。

② ［美］约翰·霍恩贝格：《普利策奖纪事》，赵仲强译，73 页，北京，新华出版社，1999。

③ 同上，74 页。

派；永远反对特权阶级和公众的掠夺者，绝不丧失对穷苦人的同情；永远致力于公共福利，决不满足于仅仅刊登新闻；永远保持严格的独立性，决不害怕同坏事作斗争，不管这些事是掠夺成性的豪门权贵所为，还是贪婪穷人之举[①]。

第三节　赫斯特与黄色新闻

说起威廉·伦道夫·赫斯特（William Randolph Hearst, 1863—1951），就会想到黄色新闻（Yellow Journalism），而谈起黄色新闻，又总会提及赫斯特："他对于揭开黄色新闻的时代比其他任何人都起了更大的作用。"[②]因此，赫斯特与黄色新闻就像一对难兄难弟，难解难分。

一、黄色新闻与煽情主义

仅看字面，难免将黄色新闻混同于色情新闻，而新闻学所说的黄色新闻远不限于色情一隅，还包括战争、灾祸、失事、犯罪、逸闻趣事、名人活动，甚至体育竞赛等。由此看来，黄色新闻几乎涉及社会生活的所有方面。其实，判断是否黄色新闻的标准不在于写什么，而在于怎么写。同样一个新闻，既可以写成黄色新闻，也可以写成严肃新闻。

那么，究竟什么是黄色新闻呢？简单说，黄色新闻就是一种以轰动性、刺激性和趣味性为宗旨的新闻报道模式及其风格，其基本特征一言以蔽之就是"耸人听闻"。下面来看一篇黄色新闻，对此就有直观了解了。这篇黄色新闻的经典作品《玛塔·海丽被枪决》，即出自赫斯特创办的国际通讯社（International News Service）。玛塔·海丽（Mata Hari）是历史上有名的色情间谍，1932 年美国拍过一部影片《玛塔·海丽》，主演是好莱坞明星葛丽泰·嘉宝。海丽出身富裕之家，受过良好教育，第一次世界大战中，充当了德军间谍。因其美貌动人，舞姿翩翩，尤其敢当众一丝不挂，所以在巴黎等地趋之若鹜。其主顾既有部长、首相等高官显宦，又有作家、艺术家等社会名流。凭借广泛的高层关系，她为德军搞到大量情报。1917 年，她被捕后由法国军事法庭判处死刑。她的一生扑朔迷离，因而备受世人注意，而其被逮处决在当时更是轰动一时的新闻。

赫斯特

---

① ［美］埃默里等：《美国新闻史》，展江等译，201 页，北京，新华出版社，2001。
② 同上，224 页。

玛塔·海丽被枪决（节选）

[国际新闻社巴黎 1917 年 10 月 19 日电] 玛塔·海丽——在爪哇语中这是"清晨的明眸"的意思——已经死掉了。她是作为一名间谍在万森军营被一支阿尔及利亚轻步兵行刑队枪决的。她是面对枪口死掉的，她不让别人把她的眼睛蒙上。

……拂晓时分，她被从圣·拉查尔监狱带了出来，送进一辆汽车，旋即被押赴那所军营执行枪决……

……她穿上袜子，是黑色的丝质薄袜子，穿这种袜子似乎同她眼下的处境很不相称。接着她穿上高跟鞋，系好丝质鞋带。

她站立起来，从床头墙上的衣钩上取下一件黑色的天鹅绒斗篷，斗篷的下摆镶着皮毛，背后披着皮毛领子。她把这件斗篷套在厚厚的丝质长袍外面，里面是贴身睡衣。

她那浓秀的黑发打成辫子围在头上。她戴上一顶很大的带耳搭的皮帽，皮帽上镶着黑色丝带。她慢吞吞地、似乎是漫不经心地戴上一双黑色小山羊皮手套，冷静地说："我准备好了。"

……

The Execution of Mata Hari, 1917

Printer Friendly Version >>>

Mata Hari was the stage name Dutch-born Margaretha Zelle took when she became one of Paris' most popular exotic dancers on the eve of World War I. Although details of her past are sketchy, it is believed that she was born in the Netherlands in 1876 and married a Dutch Army officer 21 years her senior when she was 18. She quickly bore him two children and followed him when he was assigned to Java in 1897. The marriage proved rocky and Margaretha returned to the Netherlands with her daughter in 1902 (her other child, a son, had died mysteriously in Java).

Margarthea obtained a divorce and, leaving her daughter with relatives, made her way to Paris where she reinvented herself as an Indian temple dancer thoroughly trained in the erotic dances of the East. She took on the name Mata Hari and was soon luring audiences in the thousands as she performed in Paris, Berlin, Vienna, Madrid and other European capitals. She also attracted a number of highly-placed, aristocratic lovers willing to reward her handsomely for the pleasure of her company.

With the outbreak of World War I, Mata Hari's cross-border liaisons with German political and military figures came to the attention of the French secret police and she was placed under surveillance. Brought in for questioning, the French reportedly induced her to travel to neutral Spain in order to develop relationships with the German naval and army attaches in Madrid and report any intelligence back to Paris. In the murky world of the spy, however, the French suspected her of being a double agent. In February 1917 Mata Hari returned to Paris and immediately arrested; charged with being a German spy. Her trial in July revealed some damning evidence that the dancer was unable to adequately explain. She was convicted and sentenced to death.

Mata Hari

　　行刑队早已集结待命了。组成这支行刑队的十二名阿尔及利亚（时为法国殖民地——引者注）轻步兵持枪以稍息姿势排成一行，队伍后面站着一名手持出鞘军刀的准尉。

　　……

　　玛塔·海丽没有被反绑，眼睛也没有蒙上。……她目光坚定，直视即将处决她的那些人。

　　行刑队的指挥官像老鹰似的盯着他手下的人，防止他们检查自己的步枪，以便搞清楚是不是自己发射那支装了空包弹的枪（有些国家处决犯人时，为减轻行刑队的心理负担，在行刑前下发的枪支里，故意在一支枪里装上没有弹头的空包弹。这样行刑之后，每个队员都可以认为犯人不是自己打死的，从而获得心理上的安慰——引者注）。

　　指挥官用尖锐、清脆的嗓音喊了一声口令，排成一行的行刑队啪的一声立正。随着又一声口令，他们举起枪，瞄准目标——那个女人的胸部。

　　……

　　（指挥官的）军刀落了下来，……一阵枪声随即响起，每个枪口都喷射出火焰和一小股青烟……

　　与此同时，玛塔·海丽倒在地上。不过，她并不像话剧演员和电影明星表演的那样死去，既没有高高地扬起手，也没有向前或向后摔倒。

　　看来她像是摔倒似的。她先是慢慢地、不由自主地跪倒在地，仍然昂着头，表情丝毫没有改变。在那一瞬间，她似乎是踉踉跄跄地跪倒在地，双目紧盯着那些夺去她的生命的人。接着她仰面倒在地上，弯着腰，双腿也蜷缩起来，她躺在那里，面朝青天，纹丝不动。

　　一名陪同一位中尉在场监刑的军士，从挂在腰上的黑色大枪套里抽出一支左轮枪。他弯下腰去，把枪口几乎顶在间谍的左太阳穴上，接着扳动机枪，子弹随即射穿她的脑袋。

　　玛塔·海丽确死无疑了。

作为黄色新闻的一篇"名作"，这篇报道集中展现了黄色新闻的"庐山真面目"，至今仍被西方一些新闻院校当成范文。不难看出，这篇作品既充满刺激血腥的细节与场景，又带有如获至宝、把玩不已的心态与趣味。比如，记者对令人腻歪的细节，不厌其详地展开津津有味的描写刻画，就时时流露着一种窥视欲望与低级趣味，格调低下，庸俗无聊。据说，记者写这篇报道的目的就在于辟谣，即所谓海丽光着身子上刑场，由此亦见黄色新闻之品位了。

黄色新闻与煽情主义（sensationalism），具有十分密切的关系。从字面意思看，英文以sense（感官、感觉等）为主构成的一系列词语，都与感官、感觉有关，sensationalism也不例外。按照《新闻学简明辞典》的解释，煽情主义就是："一种绘声绘色揭露丑闻或渲染色情或描写犯罪细节以刺激感官的报道手法，常被一些黄色报刊所采用。"[①]美国新闻学先驱弗兰克·莫特认为，煽情新闻的目的就在于以惊奇、耸动或高度的兴味来刺激读者的情感和情绪。也就是说，只要能引起轰动，刺激感官，引发读者的好奇与兴趣，均属煽情主义或煽情新闻。

黄色新闻与煽情新闻，既有联系，又有区别。大致说来，二者的联系在于煽情新闻与黄色新闻都具有轰动性、刺激性和趣味性，或者说都以耸人听闻为宗旨，为要义。至于二者的区别，主要有两点。第一，煽情新闻的意思比较宽泛，而黄色新闻的内涵比较确定。普利策告诉手下的记者，让他们尽量采集那些幽默的、奇妙的、戏剧性的、罗曼蒂克的、动人心魄的、独一无二的、趣味盎然的新闻，而这些形容词等于为煽情新闻做了非常全面的注释。由此看来，煽情新闻既充斥庸俗无聊的琐碎内容，也包含无伤大雅的生活情趣。其实，不少煽情新闻可以增长人们的见识，丰富人们的想象，调剂人们的生活。而且，实际上任何一家媒体都不可能完全摆脱煽情新闻，即使最严肃的报刊也概莫能外，只不过各家的煽情程度有别而已：煽情程度高的就成为大众媒体，煽情程度低的就属于精英媒体。至于黄色新闻一般多指色情、凶杀、恐怖之类肉麻血腥的货色，也就是说只具有消极功能，而不具有积极意义。

黄色新闻与煽情新闻的第二点区别在于：煽情新闻由来已久，而黄色新闻的兴起不过百年。莫特说过，煽情是新闻报道中一个与生俱来、不可或缺的因素。可以说，自有新闻就有煽情。因为，人天生都有一点好奇心，新闻传播也在不同程度上满足人的"新闻欲"（news-hunger）。前面讲英国资产阶级革命年代的报业时，介绍的那篇处死国王的血淋淋报道就带有浓烈的煽情色彩。北美殖民地时代的第一张印刷报纸《海内外公共事件报》，之所以仅出一期便被查禁，除了当时英国殖民当局限制报业等因素，还有一个原因也在于该报刊登的一些煽情新闻使正统保守的人难以接受，比如法国国王调戏儿媳妇之类的报道。至于美国19世纪30年代兴起的廉价报纸，差不多都是典型的煽情报纸，走的多是煽情新闻的路子，如《纽约太阳报》《纽约先驱报》等。而黄色新闻则是到19世纪末、20世纪初大众报刊兴起后，才如火山喷发形成一股滚滚浊流。

总之，可以说煽情新闻是稀释的黄色新闻，而黄色新闻是浓缩的煽情新闻。或者说，煽情新闻是源远流长的河流，而黄色新闻则是掀起的汹涌巨浪。关于黄色新闻，埃默里父子在《美国新闻史》一书中，曾用一个十分形象而准确的比喻加以概括。他们

---

① 余家宏等编写：《新闻学简明词典》，174页，杭州，浙江人民出版社，1984。

说，黄色新闻"是一种没有灵魂"的新闻。"没有灵魂"一语，一针见血戳中了黄色新闻的要害。黄色新闻虽然颇具诱惑力与吸引力，哗众取宠，耸人听闻，但正如被处决的玛塔·海丽一样，看上去美丽动人，实际上却是一具没有灵魂的僵尸：

> 黄色新闻从最坏处说，是一种没有灵魂的新式新闻思潮。黄色新闻记者在标榜关心"人民"的同时，却用骇人听闻、华而不实、刺激人心和满不在乎的那种新闻阻塞普通人所依赖的新闻渠道，把人生的重大问题变成了廉价的闹剧，把新闻变成最适合报童大声叫卖的东西。最糟糕的是，黄色新闻不仅起不到有效的领导作用，反而为犯罪、性和暴力开脱。[①]

下面我们就结合黄色新闻大王赫斯特的办报生涯，对黄色新闻的来龙去脉加以考察。

二、"黄色新闻大王"——赫斯特

1974 年，美国极端组织"共生解放军"（Symbionese Liberation Army）绑架了一名 20 岁的女大学生。后来，她被迫加入这个组织，并参与了一系列抢劫、勒索等活动，直到 1975 年被联邦调查局逮捕。这件事情经过西方媒体，尤其是美国媒体的炒作，轰动一时。此事为什么如此引人注目呢？原来这位女大学生不是别人，正是美国赫赫有名的报业大王赫斯特的孙女，赫斯特报系的继承人帕特里夏·赫斯特（Patricia Hearst）。

威廉·伦道夫·赫斯特的父亲是西海岸旧金山的百万富翁，办有《考察家报》（The Examiner）。赫斯特天生喜欢新闻，从小就对报纸发生浓厚兴趣。然而，他父亲一来瞧不起报业，二来对自己的这个独生子寄予更大希望，于是就将他送入东部的名牌学府哈佛大学，这一年正是普利策买下《纽约世界报》的 1883 年。在哈佛就学期间，赫斯特这位豪门阔少不是寻欢作乐，就是惹是生非。大学二年级时，他就因为违反校规被勒令休学。复学之后，纨绔习气仍旧不改，不久又因为同教授们恶作剧，终于被哈佛除名。说到他的恶作剧，也确实非他那种花花公子不可为，他竟把威廉·詹姆斯等名师硕儒的画像拿来装饰便壶。威廉·詹姆斯是实用主义哲学的代表人物，他弟弟亨利·詹姆斯是著名文学家，意识流小说的先驱之一。值得一提的是，与赫斯特同时代的名记者李普曼，也上过哈佛大学，也与威廉·詹姆斯打过交道，但是情形却完全两样。李普曼是以卓越的才华，首先赢得詹姆斯的赏识，詹姆斯主动拜访李普曼，并且结下忘年之交。而赫斯特却因侮慢威廉·詹姆斯等师长，被哈佛开除。

---

① ［美］埃默里等：《美国新闻史》，展江等译，223 页，北京，新华出版社，2001。

赫斯特上大学后，仍未放弃办报的梦想。他在哈佛的时候，曾潜心研究东部报纸的煽情技巧，还在普利策的《纽约世界报》当过见习记者。被大学开除后，他又专门在纽约考察了一段报业市场，然后才打道回府。

1887 年，赫斯特的父亲当选为美国参议员，这样一来 24 岁的赫斯特得遂夙愿，成为《考察家报》的主编。上班第一天，他大步流星跨进报社办公室，向全体员工宣布：他要让世界"发惊、发愕、发呆"！① 当时，《考察家报》正陷于困境，赫斯特应用从《纽约世界报》学来的煽情手法，很快便把这张亏本的报纸办成"旧金山有史以来最大胆，最出色，最动人的报纸"——其实就是最煽情的报纸。为强化该报的煽情报道，他雇用曾在贝内特的《纽约先驱报》和普利策的《纽约世界报》供职的萨姆·S. 钱伯林（Sam S. Chamberlain）为编辑主任，还聘请擅长写耸人听闻报道的阿瑟·麦克尤恩（Arthur McEwen）。麦克尤恩给新闻下过一个有名的定义，他说读者看后能够叫一声"哎呀"的就是新闻。显然，这是典型的煽情主义论调，同查尔斯·达纳手下那位编辑说的"狗咬人不是新闻，人咬狗才是新闻"如出一辙。赫斯特在旧金山的办报实践，已为其后来在纽约掀起黄色新闻浪潮开了先河。

不管怎么说，1891 年老赫斯特去世时，"他的儿子已把一家亏损的报纸办成平均每年获利 35 万至 50 万美元的报纸"。② 经营《考察家报》的成功，使年轻的赫斯特踌躇满志。这时，他忍不住从西海岸翘首东海岸，开始窥探美国最大的报业中心纽约，准备同纽约最大的报纸，即普利策的《纽约世界报》一决雌雄了。有意思的是，普利策这个最大对手，竟是通过购买普利策哥哥的报纸打入纽约新闻界的。赫斯特父亲去世后的第四年即 1895 年，赫斯特说服母亲，带了 750 万美元来到纽约，准备大干一番。当年贝内特创办《纽约先驱报》仅有五百美元的开业资金，与这笔巨款相比，真有九牛一毛的悬殊，仅此一点也足以显示大众报刊的巨大实力。

赫斯特来到纽约后，便买下普利策哥哥创办的《晨报》（*Morning Journal*），把它改名为《纽约日报》（*New York Journal*）。从此，《纽约日报》便成为赫斯特的王牌，恰似《纽约世界报》之于普利策。按照赫斯特的新闻理念与经营理念，《纽约日报》开始大量刊登耸人听闻的新闻和引人入胜的内幕，尤其致力于凶杀暴力方面的报道。有一次，纽约发生一起谋杀案，死者尸体被分解成块，扔在不同地点，其中一块包在一张油布中。这起残忍的谋杀案，经过报纸宣扬，一时震动纽约。赫斯特更是大显身手，他一下派出三十多名记者展开调查，并悬赏一千美元以奖励破获此案的记者。《纽约日报》有一期，还用彩色专页登出那张包裹尸体碎块的油布。最后，当他的记者终于查出凶手

---

① ［英］西蒙·詹金斯：《英国报业大亨内幕》，文贞译，1 页，北京，新华出版社，1982。
② ［美］埃默里等：《美国新闻史》，展江等译，227 页，北京，新华出版社，2001。

时，赫斯特扬扬自得地吹嘘说，他的记者侦探队可同任何城市的刑警队媲美。

　　除了报道内容的大肆煽情，赫斯特还仗着财大气粗，不惜降低报纸的售价，使一张《纽约日报》只卖一分钱，而《纽约世界报》的售价还是两分。凭着这些手段，《纽约日报》很快便起死回生，发行量直线攀升，不久便成为同《纽约世界报》并驾齐驱的大报，而赫斯特也成为同普利策平起平坐的报王。不过，赫斯特与普利策虽然都是报业巨头，但不可同日而语。普利策到美国时孤苦伶仃，举目无亲，唯一拥有的就是犹太民族顽强不屈的奋争精神，他是外来移民个人奋斗的典型。而赫斯特的发迹则与老爷子有很大关系。就个人品性而论，普利策为人刚直，酷爱读书，他曾说过不读名著同犯罪没有两样。而赫斯特养尊处优，一身顽气，不论上学还是办报都如混世魔王。如果把普利策比作报界的"拿破仑"，那么赫斯特差不多就是其中的"希特勒"了。虽然赫斯特及其《纽约日报》的煽情做派，直接继承于普利策《纽约世界报》的衣钵，但青出于蓝胜于蓝，煽情方面更上一层楼，达到赤裸裸的、前所未有的、无所不用其极的程度，最后终于触发一场黄色新闻的狂潮恶浪。

三、黄色新闻导火索——黄孩子（Yellow Kid）

　　赫斯特初到纽约时，美国最畅销的报纸是普利策《纽约世界报》的星期刊《星期日世界报》（Sunday World）。这份周末发行的报纸除了新闻，还增加了许多娱乐性的内容，比如漫画、插图、体育报道、文学小品、恋爱婚姻特稿等。这些新的发展与趋向，无不适应着大众社会及其群体口味。比如，从 19 世纪下半叶工业革命基本完成后，消费、消遣、娱乐、休闲等活动，就越来越成为一种趋势，而这些趋势自然也渗透到新闻传播的每个环节，并且互相影响，愈演愈烈，以至当今英文中出现一个新词"infortainment"——可以译为新闻娱乐化，就是将"信息"（information）与"娱乐"（entertainment）合二为一。由于适应了大众社会的这一趋势，"1887 年，《星期日世界报》的发行量超过 25 万份。……不久，其他报纸也都群起而效仿。到 1890 年，有 250 家日报设有星期版，充塞于各个大都会地区，并挤掉了在星期日出版的独立的周报"。[①] 另外，1893 年启用的彩色印刷机，使星期日的彩色增刊可以使用至少 5 种颜色印刷，从而进一步提高了报纸的美

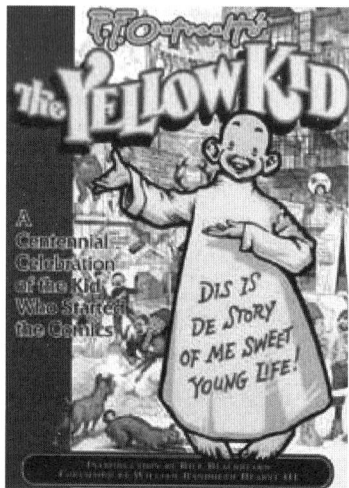

黄孩子

---

　　① ［美］埃默里等：《美国新闻史》，展江等译，228 页，北京，新华出版社，2001。

观度与吸引力。《星期日世界报》大为走俏的一个原因，就在于那个颇受欢迎的彩色连环漫画专栏——《霍根小巷》（Hogan's Alley），作者是理查德·F. 奥特考尔特（Richard F. Outcault）。《霍根小巷》讲的是一群小孩子的滑稽故事，同后来的《米老鼠和唐老鸭》差不多。其中主人公是个顽皮的男孩儿，叫"黄孩子"（Yellow Kid），因为他总穿一件黄色睡衣。《霍根小巷》妙趣横生，拥有大批读者，黄孩子也成为家喻户晓的"名人"，恰似当年张乐平笔下的三毛。

为了与《纽约世界报》拼个高下，赫斯特把主攻矛头对准《星期日世界报》。他利用自己在普利策《纽约世界报》大厦租用的办公室，私下里出高价收买了《纽约世界报》星期刊的员工，包括连环漫画黄孩子的作者奥特考尔特。结果，一天之内，《纽约世界报》星期刊全班人马集体倒戈，投到赫斯特门下。普利策大吃一惊，忙用赫斯特所出的高价把他们重新请回。不料，赫斯特又出更高的价钱，终于把普利策这批精心挑选的骨干全部挖走。在竞争激烈的商业化社会，奉行的是"有奶便是娘"，人与人之间就是赤裸裸的金钱关系，报界当然也不例外。巴尔扎克就说过："报界是一个地狱，干的全是不正当的，骗人的，欺诈的勾当，除非像但丁那样有维吉尔保护，你闯了进去休想清清白白地走出来。"①

面对赫斯特的行径，脾气暴烈的普利策岂能善罢甘休。他先是将赫斯特及其部属赶出《纽约世界报》大厦，收回租给他们的办公室。接着，又在法院控告《纽约日报》侵犯《纽约世界报》版权。最后，为了与赫斯特较量，争强好胜的普利策又雇用一名画家乔治·B. 卢克斯（George B. Luks），继续主持《星期日世界报》的黄孩子专栏。于是，在纽约就上演了一出黄孩子的"双包案"：赫斯特的《纽约日报》有个黄孩子，由原来的作者奥特考尔特主持；普利策的《纽约世界报》也有个黄孩子，由新来的作者卢克斯主持。为了争夺读者，两家报纸以黄孩子为旗号，展开一场声势浩大的竞赛：两家都争相刊登黄孩子的大幅广告，两报推销员到处张贴黄孩子的招贴画，甚至戏院里也上演什么黄孩子戏剧。一时间，黄孩子似乎铺天盖地，把纽约闹得乌烟瘴气。结果，由此就产生"黄色新闻"这个词，而黄孩子这个漫画主角也仿佛成为一种象征，象征着赫斯特《纽约日报》与普利策《纽约世界报》竞相追求的高度耸人听闻的煽情作风。

从黄色新闻的起源上也可以看出，黄色新闻并不等于色情新闻，相反，最初的黄色新闻并没有什么色情成分，而主要以耸人听闻著称。黄孩子的原作者奥特考尔特，万万没有想到自己笔下那个可爱的漫画主角，居然成为一种丑恶现象的标志。为此，他曾痛心不已地说道：

---

① ［法］巴尔扎克：《幻灭》，傅雷译，236 页，北京，人民文学出版社，1989。

　　在我死后，不要佩带黄色绉纱，不要让他们把黄孩子放在我的墓碑上，也不要让黄孩子参加我的葬礼。让他待在他所属的纽约东区吧。①

四、黄色新闻高潮——美西战争（1898）

　　1898 年的美西战争，是新兴的美国和老牌的殖民帝国西班牙，为争夺势力范围进行的一场不义之战，同 1900 年的布尔战争、1905 年的日俄战争一道，被视为最早的三次帝国主义战争，是自由资本主义进入垄断资本主义即帝国主义阶段的标志。美西战争这场所谓"壮丽的小战争"，同时在古巴和菲律宾两地进行，最后美国取胜。结果，西班牙被迫将原属自己的殖民地波多黎各、关岛和菲律宾拱手让给美国，古巴名义上宣布脱离西班牙独立，实际上处于美国的控制之下。

　　新闻界出于夸大自身能量的本性，总把黄色新闻看成美西战争的始作俑者，甚至认为如果不是黄色新闻作祟，美西战争就打不起来。这种看法纯属想当然唯心论。因为，美西战争具有列强纷争、殖民扩张等国际政治背景，老帝国与新帝国迎头相撞、你争我夺势在必然，决不能仅仅归之于黄色新闻的鼓噪。但是，不可否认的是，在美西战争中黄色新闻的确起了煽风点火、推波助澜的作用，而黄色新闻不择手段以求耸人听闻的特征，也在美西战争中表露得淋漓尽致，发挥得登峰造极。所以，将美西战争视为黄色新闻的高潮并不为过。下面，就结合黄色新闻大王赫斯特的所作所为，来看看黄色新闻的这一高潮。

　　1895 年，老牌帝国西班牙的殖民地古巴爆发武装起义，西班牙对起义进行了严酷镇压。② 当时，美国报刊上几乎每天都有古巴的报道，其中也混杂着许多蓄意捏造的虚假新闻。特别是唯恐天下不乱的赫斯特及其《纽约日报》，更是不择手段地大肆渲染西班牙殖民统治的暴行，极尽耸人听闻之能事。比如，他曾倾注全力报道了一位姑娘的事情。这位姑娘名叫西斯内罗斯（Evangelina Cisneros），是古巴起义领袖的外甥女。1897 年其舅父因参加起义，被殖民地当局逮捕，送去服苦役，西斯内罗斯志愿陪同前往。服役期间，她曾试图刺杀西班牙军官，结果被判处 20 年徒刑，关押在哈瓦那条件最恶劣的黑人监狱。嗅觉灵敏的赫斯特看出这一事件的新闻价值，于是他的报纸便用大量篇幅报道此事，把西斯内罗斯描绘成古巴的"圣女贞德"。这些报道捏造情节，添油加醋，用刺激性的描写，富有人情味的叙述，将被刺的西班牙军官描写成好色之徒，企

　　① ［美］埃默里等:《美国新闻史》，展江等译，230 页，北京，新华出版社，2001。
　　② 这次起义中，还有一批中国劳工参战，表现非常英勇，如今，在哈瓦那海滨大道北端，有一座六七米高的圆柱形纪念碑，就是纪念这些中国义军的。在黑色大理石的纪念碑上，刻有西班牙文的题词："在古巴的中国人无一降卒，在古巴的中国人无一逃兵！"古巴还专门出过一张纪念碑的邮票。

图利诱、威逼、奸污美丽的西斯内罗斯，而西斯内罗斯则奋力自卫云云。他还号召美国妇女向罗马教皇和西班牙王室呼吁。在这番鼓动下，每天有很多读者来信，要求拯救西斯内罗斯。后来，赫斯特又派了一名精明的记者卡尔·德克尔（Karl Decker），前往哈瓦那营救西斯内罗斯。德克尔买通各个关口，让西斯内罗斯女扮男装逃出古巴，来到美国。赫斯特在纽约为她举行盛大的欢迎会，之后又将她送往华盛顿，美国总统还在白宫的草坪上接见她。这件轰动数月的新闻，完全是赫斯特一手策划的，它使赫斯特及其《纽约日报》大出风头。根据事后统计，对此事的报道，以耸人听闻著称的《纽约太阳报》和《纽约先驱报》只用了 1 栏，《纽约论坛报》用了 3 栏半，《纽约时报》用了 10 栏，普利策的《纽约世界报》用了 12 栏半，而赫斯特的《纽约日报》竟用到令人咋舌的 375 栏！[①] 赫斯特及其报纸的煽情做派与作风，由此可见一斑。这种抓住个别事实肆意揉搓，大加渲染，以求耸人听闻的手法，正是黄色新闻的惯用伎俩。

美西战争爆发前，美国的报刊尤其是赫斯特的《纽约日报》，都带着浓烈的火药味，发疯似地煽动战争狂热，竭尽全力鼓吹对西班牙开战。赫斯特曾公开宣称，为使美西开战，他花费了一百万美元用于鼓动宣传。为此，有人将美西战争称为"赫斯特的战争"。据说美西战争前，赫斯特曾派画家弗雷德里克·雷明顿（Frederic Remington），前去古巴采访。雷明顿到古巴以后，发现情况并不像美国报刊宣扬的那样，就给赫斯特拍回一封电报："一切平静。这里没有动乱。不会发生战争。我想回去了。"赫斯特马上回电，写道："哈瓦那，雷明顿，请留在古巴。你提供图片，我提供战争。"[②] 虽然这封电报的真实性难以证实，但它确实折射出赫斯特及其《纽约日报》在美西战争期间煽风点火、推波助澜的所作所为。还有一次，战地记者理查德·哈丁·戴维斯，给赫斯特发来一篇报道，说到西班牙军官在一艘美国船上搜查三名古巴姑娘的事情。《纽约日报》刊登这篇报道时，加了一个刺眼的标题——我们的国旗保护妇女吗？同时还配发了雷明顿的一幅精美插图，上面画着三个色眼迷离的西班牙人，正在检查一个一丝不挂的古巴少女。戴维斯看到报纸后勃然大怒，公开声明对此概不负责，因为上船进行检查的是一位妇女，由于疏忽，他在原稿中没有交代。

历史学家认为，美西战争的直接诱因集中于两件事情。一件事情是美西战争前的两个月，西班牙派驻华盛顿的公使在给哈瓦那一位朋友的信中批评了美国总统。不料这封信被截获，并在报上刊登出来，结果使美西之间本已恶化的关系更趋紧张。另一件就是轰动一时的"缅因号事件"。当时，由于古巴局势动荡不安，美国借口保护自己的古巴侨民，派遣战舰缅因号驶抵古巴，停泊在哈瓦那港内。一天深夜，缅因号战舰突然爆

---

① ［美］埃默里等：《美国新闻史》，展江等译，233～234 页，北京，新华出版社，2001。

② 同上，233 页。

炸，顷刻间沉入海底，舰上 258 名官兵还没明白怎么回事便全部丧生。这就是"缅因号事件"。缅因号爆炸原因始终未能查清，但一经黄色报刊的暗示和渲染，公众都把西班牙看成这起悲剧事件的罪魁祸首。一时间，美国朝野一致要求同西班牙开战。不久，美西战争就正式打响。所以，上述两件事被视为直接引发美西战争的导火索。而在这两件事情上，赫斯特及其《纽约日报》都充分表现了煽风点火、推波助澜的"才华"。西班牙公使的那封批评美国总统的信件，就是由赫斯特搞到手，并由《纽约日报》首先刊登出来的。《纽约日报》还在刊登此信的头版上冠以通栏大标题：

　　　有史以来对美国最大的侮辱

　　至于对"缅因号事件"，赫斯特更是不遗余力，使尽浑身解数。他悬赏 50000 美元追查凶手，并且发起所谓"献舰运动"，还成立专门委员会负责筹款。《纽约日报》则配以触目惊心的标题，拼命报道"缅因号事件"，这些通栏标题一个比一个耸人听闻：

　　　缅因号战舰被敌人可怕的秘密武器拦腰炸断
　　　炸毁战舰缅因号是敌人所为
　　　全国战争狂热
　　　干涉义不容辞刻不容缓
　　　……

　　有一期《纽约日报》甚至把"必战"排成一行，横贯全页。《纽约日报》这种引人注目的大标题以及丰富多彩的插图照片，产生强烈的感官刺激效果，特别适合美国移民那种粗俗的精神状态和猎奇的欣赏趣味。于是，在黄色新闻甚嚣尘上的时候，美国各报除了在报道内容上竞相追求轰动性与刺激性，还在版面形式上争相仿效《纽约日报》的风格，标题一个比一个大，图片一个比一个多，结果大标题、多图片便成为黄色新闻的一大外在特征，正如耸人听闻是黄色新闻的内在特征。

　　在黄色新闻耸人听闻的报道和醒目刺激的版面作用下，美国上上下下都仿佛着了战争魔，男男女女都处于誓同西班牙血战到底的歇斯底里状态，就像第二次世界大战前德国和日本的情形一样。因此，美西战争虽说具有深刻的列强争霸背景，但黄色新闻也起了十分显著的舆论催化作用，其煽风点火、推波助澜的所作所为，无疑也是美西战争的一大推动因素。早在 20 世纪 30 年代，经过对大量历史文献的审慎研究，已经充分证明美西战争期间狂热的社会舆论与战争心态，是由《纽约日报》《纽约世界报》《纽约先驱报》《纽约太阳报》《芝加哥论坛报》等报刊的报道及社论一手造成的。①

---

① ［美］埃默里等：《美国新闻史》，展江等译，231 页，北京，新华出版社，2001。

战争打响后，赫斯特自然得意非凡，欣喜若狂。他急不可耐地租用一条货船，率领二十多名记者驶向古巴海岸。赫斯特还挥舞左轮手枪，俘获了26名西班牙海军官兵。一次冲锋中，他的明星记者詹姆斯·克里尔曼负伤倒地，失去知觉。多年以后，克里尔曼记述了此后的情景：

> 有人跪在我身边的草地上，把手放在我发烫的前额上。我睁开双眼。原来是《纽约日报》的老板赫斯特先生。只见他头戴一顶镶有一圈鲜艳丝带的草帽，腰插一支左轮，手里拿着铅笔和笔记本。这个挑起战争的人亲眼见到了战争的后果，并在发现自己的记者倒下后亲自接替工作。他缓慢地记下了我叙述的战斗经过。清脆的毛瑟枪声一再打断我们，但赫斯特似乎毫不在乎。无论如何，战斗情况总还是要报道的。

> "你负伤了，我很抱歉。但是，"——这时他脸上露出激动的神色——"这难道不是一种光辉的战斗吗？我们一定要抢在世界上所有报纸的前头。"[①]

美西战争以西班牙战败，美国攫取西班牙在拉美、太平洋、菲律宾等殖民地而告终。战后，美国在哈瓦那竖立了一个缅因号铜雕大鹰，1959年卡斯特罗领导古巴革命，取得胜利当天，就捣毁了这座铜雕，折断了双翅，废弃在旧城区的一座门廊内。赫斯特的《纽约日报》以及其他黄色报刊，为什么肆无忌惮地煽动美西战争呢？其中除了共同的"美国利益"，还有一点也是共同的，那就是刺激报纸销量。美西冲突期间，赫斯特的《纽约日报》和普利策的《纽约世界报》浑水摸鱼，乱中取胜，借助耸人听闻的报道使报纸销量不断上升。美西战争前，两报已突破百万大关。战争期间，两报又都达到150万的空前纪录。不过，对普利策与赫斯特，似应区别看待。比如，普利策后来曾对《纽约世界报》在美西战争中的煽情做法深表后悔，并且退出了耸人听闻的黄色新闻大战。正如阿特休尔所做的对比评价：

> 赫斯特至死都是一名黄色报人，而普利策则在他的生命最后十年（1901—1911）清除了煽情主义，使《世界报》或许成为美国新闻史上最受尊崇的一家报纸，内行人称其为"报人之报"。[②]

至于赫斯特及其《纽约日报》则不仅不加收敛，反而变本加厉地铺张黄色新闻，结果终于酿成1901年继林肯之后第二位美国总统麦金利被刺身亡的惨剧。此前，《纽约日报》一直在抨击麦金利政府。1901年，当肯塔基州长科贝尔被刺杀后，《纽约日报》

---

① ［美］约翰·霍恩伯格：《西方新闻界的竞争》，魏国强等译，194页，北京，新华出版社，1985。
② ［美］J.赫伯特·阿特休尔：《权力的媒介》，黄煜等译，65～66页，北京，华夏出版社，1989。

上还刊登一首赞美诗：

> 枪弹穿过科贝尔的胸膛，
> 寻遍整个西部不知飞向何方，
> 它很可能向这里飞来，
> 击中麦金利把他送进停尸房。

不久，《纽约日报》又在一篇社论中明目张胆地鼓吹：假使要废除坏人和废除不良政府只有用暗杀的话，那么现在应该是采取行动的时候了。于是，时隔不久，有人就真的"采取行动"，并且真的将麦金利总统"送进停尸房"。刺杀麦金利总统的凶手，在衣袋里还装有一份抨击他的《纽约日报》。所以，继任总统在首次递交国会的咨文中，就指斥凶手是受到黄色报刊的煽动，而赫斯特辩解说，他是"为人民而奋斗"。这出由黄色新闻一手导致的罕见惨剧，证实了严肃报人埃德温·劳伦斯·戈德金（Edwin Lawrence Codkin），于 1898 年对黄色新闻的抨击：

> 在任何一个基督教国家中，一家黄色报馆在气氛上大概是最像地狱的了。因为没有一个地方能比黄色报馆更适宜把一个青年训练成永远遭人唾骂的人。①

美国电影艺术家奥森·韦尔斯（Orson Welles），导演并主演过一部经典影片《公民凯恩》（*Citizen Kane*），影片主人公凯恩的原型就是赫斯特。影片通过其朋友、对手、妻子及情妇的叙述，展示了他令人唾弃的一生。影片拍成后，赫斯特以影射为由向法院提出起诉，结果被驳回。然后他又企图封杀该片，下令他的 100 多家报刊拒绝刊登影片广告以及有关消息和评论。他还通过一些影片发行商，争购《公民凯恩》的发行权，然后扣住不发。不料这样一来，反而等于为影片做了广告。《公民凯恩》一公演，立即轰动影坛，成为电影史上的名作，而赫斯特愈发恶名远扬。

五、黄色新闻发展——"小型报"（tabloid）

美国的黄色新闻浪潮，到 1900 年达到顶峰。据统计，当时三分之一的大都市报刊都成为不折不扣的黄色报纸，另外，其他报纸也都程度不同地受到黄色新闻的污染。这股黄色新闻浪潮不仅席卷美国，而且蔓延世界，连一向正统严肃的媒体如路透社，也开始"对失事、火灾、爆炸、惊人的犯罪活动、暗杀以及名人去世进行专门报道，以此作为路透社的业务的一部分"。② 到 1920 年代，黄色新闻的泛滥在全球达到登峰造极

---

① [美] 埃默里等：《美国新闻史》，展江等译，235 页，北京，新华出版社，2001。
② [美] 约翰·霍恩伯格：《西方新闻界的竞争》，魏国强等译，227 页，北京，新华出版社，1985。

的程度。当时有人鼓吹，"新闻就是三个W，即女人（woman）、财富（wealth）和恶行（wrong-doing）"。还有人说，"一名歌剧女演员加一个银行行长加十万美元等于新闻"，"一个男子加一辆汽车加一支枪加一瓶酒等于新闻"，等等。

在这样的时代背景下，又诞生了一种黄色新闻的新产品——"小型报"（tabloid）。小型报一般具有三个特征：第一，篇幅只有普通报纸的一半；第二，大量使用图片，尤其是在头版；第三，内容通俗、庸俗或粗俗，并且极尽煽情，甚至挑逗。小型报源于英国，世界上第一份小型报就是英国的《每日镜报》（*Daily Mirror*）。该报的创办人，是与普利策年岁相当、名气相埒的英国报业大王诺思克利夫勋爵（Lord Northcliffe）。过去通译"北岩"，即根据其名的字面意思而来。如果说普利策是美国大众报刊的代表，那么北岩就是英国大众报刊的标志。这位"英国现代新闻事业的创始人"（《外国新闻事业史简编》），有弗利特街（Fleet Street）的拿破仑之称。他的原名叫哈姆斯沃斯（A.C.W.Harmsworth）。1896年，他创办了英国的第一张大众化报纸《每日邮报》（*Daily Mail*），大获成功，至今仍是英国的大报之一。他的《每日镜报》创刊于1903年。最初，读者多为妇女，订阅者在收到第一份报纸时，还能得到随报赠送的一面镀金搪瓷小镜子，故有"镜报"之称。《每日镜报》是张典型的小型报，标题醒目，文字通俗，报道内容集中于社会新闻、文体消息、娱乐活动等，对重大的国际国内新闻，则以简短的形式加以处理。另外，《每日镜报》还大量采用照片，头版几乎全为照片占据。到1909年，它的销量已经达到100万份。前一年即1908年，北岩又取得对《泰晤士报》的控制权，从而摘得英国新闻界的皇冠。第一次世界大战期间，他担任对敌宣传总指挥，用飞机向德军投掷了数以千万计的宣传品。其间，负责具体工作的是英国著名的科幻作家威尔斯（H.G.Wells）——在后面的"广播"一章里还会提到他。1922年，北岩来华访问，同年去世，他的报纸由其兄弟、英国现代另一位报业大王罗瑟米尔勋爵（Lard Rothermere）继续经营。

接着再说说美国的小型报。普利策曾经邀请北岩以小型报的形式，主编过一期《纽约世界报》。这份于20世纪第一天，即1901年1月1日出版的所谓"20世纪报纸"，并没有给人留下什么印象。美国最早也最有影响的小型报，是《纽约每日新闻报》（*New York Daily News*），创办人约瑟夫·M.帕特森（Joseph M.Patterson），毕业于耶鲁大学，在中国做过战地记者。1919年，他受北岩《每日镜报》的启发，创办了美国的第一份小型报，像《每日镜报》一样，也大量刊登图片和照片，最初报名就叫《图解每日新闻报》（*Illustrated Daily News*）。《纽约每日新闻报》大肆报道耸人听闻的色情新闻和犯罪消息，千方百计迎合低级趣味。其中最典型的一个故事，就是它的摄影记者汤姆·霍华德（Tom Howard），将小型照相机绑在脚踝上，在电刑室里偷拍了一张处决女囚的有名照片：

　　1928 年 1 月 14 日，《纽约每日新闻报》的第一版整版就是一条简单的标题和一幅一个女人坐在电椅上被处死的照片。一位有胆量的摄影师把照相机偷偷带进了行刑室，就在电流穿过那妇女身体的刹那间按动快门。图片下面是有关那个妇女受刑时令人可怕的反应的细节描述和刑具的图解。①

　　照片、犯罪、死亡、女人、突出的版面处理、浅俗的文字风格等，这些元素综合起来便构成黄色新闻的典型表征。于是，《纽约每日新闻报》销量飞快上升，创办六年突破百万，1940 年达到 200 万，成为美国发行量最大的一份报纸。说起来，美国最畅销的报纸不是《纽约时报》《华盛顿邮报》等精英大报，而竟然是一份庸俗低劣的黄色小报，真不知是报业的悲哀，还是读者的悲哀。帕特森说过，《纽约每日新闻报》的销量是"建筑在大腿上"。②这句话很形象地概括了该报的追求与特色。前面提到赫斯特的孙女被绑架的事情，当时在报道她受审的消息时，《纽约每日新闻报》的某期头版就冠以这样的通栏标题：

帕特在法庭上供述如何在卫生间被奸

　　具有讽刺意味的是，"前人栽树后人乘凉"，老赫斯特肯定没有想到，平生大力推行的黄色新闻，到头来竟如飞去来回旋镖似的击中自己的孙女。对《纽约每日新闻报》，英国的《卫报》编辑吉姆·阿伦森曾评论道，它是"一个肥大的、恶毒的骂街泼妇，它令人吃惊地每天向 200 多万读者传播诲淫的新闻"。③

　　1924 年，赫斯特看到小型报大受欢迎，便以《纽约每日新闻报》为样板，创办了一份小型报《纽约镜报》。在其创刊号上，他提出一句口号——"90% 的娱乐，10% 的新闻"。④这句口号道尽了小型报的真谛。一张小型报与其说是一张新闻纸，不如说是一个游乐场。它根本无意于为读者呈现真确的世界图景，更不屑于将读者引向严肃的社会政治，而是着眼于给读者奉献千奇百怪的社会新闻，有滋有味的消遣娱乐，五花八门的八卦谈资，一句话就是"闻着臭，吃着香"的新闻"臭豆腐"。赫斯特经营《纽约日报》时，曾出高价收买普利策《纽约世界报》星期刊的雇员，包括大受欢迎的黄孩子作者奥特考尔特，结果触发黄色新闻的大战。《纽约镜报》创刊后，赫斯特故伎重演，又用重金把帕特森《纽约每日新闻报》的主编收买过来。结果在赫斯特与帕特森、《纽约镜报》与《纽约

————————

　　①　[美] 梅尔文·L. 德弗勒、埃弗雷特·E. 丹尼斯：《大众传播通论》，颜建军等译，42 页，北京，华夏出版社，1989。

　　②　[美] 阿贝·察佩克：《美国新闻界》，彭道真译，42 页，北京，世界知识出版社，1957。

　　③　肯特·麦克杜格尔：《从我的生涯看美国报纸》，载《国际新闻界》，1989（2）。

　　④　[美] 阿贝·察佩克：《美国新闻界》，彭道真译，42 页，北京，世界知识出版社，1957。

每日新闻报》间，又展开一场紧锣密鼓的黄色新闻竞赛。黄色新闻的色情因素，就从这时开始出现，这从帕特森那句把报纸销量建筑在女人大腿上的话里也得到验证。

不过，早期黄色新闻中的色情货色，比起二战后以《花花公子》为代表的媒体，可谓小巫见大巫。《花花公子》（Playboy）创办于1953年，这时美国正处在二战后繁荣发达的黄金时代。当时，人口不到世界总数6%的美国，却拥有世界60%的汽车，58%的电话，45%的收音机。所以，这是美国历史上一个荣华富贵、纸醉金迷的时代，所谓"美国梦"（American Dream）的时代。应运而生的《花花公子》，正是一份指导人们大做"美国梦"的杂志。它其实是在告诉人们，如何吃喝玩乐，如何纵情声色。它的创办人曾经说过，以往的报刊大都着眼于户外（out of doors），而《花花公子》则要把人们的兴趣转移到室内（inside），用他的原话来说：我们打算将人生的大部分时间消磨在室内（We plan spending most of our time inside）。

《花花公子》每一期的封面上，都印有一行字"Entertainment For Men"，意为"供男人娱乐"。它的240多页有一半以上的篇幅，都是女性器官的展览，期期如是，千篇一律。此外，它每期还以巨额报酬，选拔一名美女，拍出全裸照片，登在杂志中间的对折页上，称为"玩伴女郎"（Playmate）。好莱坞的一些影星，也曾上过"玩伴女郎"专栏。这种赤裸裸的、刺激人欲的色情内容，在早期的黄色新闻报刊中是想也不敢想的。当然，《花花公子》从不承认自己是色情刊物。相反，它总是标榜所谓"娱乐性""艺术性"，认为自己是"把女性的美，呈现在人们面前"，"让人们满足这种追求美丽的渴望和幻想"。不难理解，《花花公子》的销量一路走高，1970年一度达到700万份。曾因失业领取救济金的里根总统的小儿子，就当过《花花公子》的记者。如今，《花花公子》已形成一个专门经营色情行业的黄色帝国，除了发行《花花公子》杂志，还出版《花花公子丛书》（Playboy Books），制作"花花公子电影"（Playboy Films），灌录"花花公子磁带"（Playboy Records），同时在世界各地建立花花公子俱乐部（Playboy Club），经营花花公子旅馆、花花公子服装店、花花公子赌场等。与《花花公子》相对，美国还有一家《浪荡女郎》杂志（Playgirl）。

19世纪末最先兴起于美国的黄色新闻浪潮虽然已经潮平浪静，但其余波荡漾，连绵不断，其影响犹如四处弥漫的空气，闻不见，摸不着，可是时时处处都渗透于现代传播之中，甚至就连现在一惊一乍的话语方式，都带有黄色新闻耸人听闻的特征。"虽然大多数报纸后来克服了这种弊病，但是从那时起，现代新闻事业一直受到这个黄色新闻年代遗风的影响。"[①] 我国20世纪30年代出现的一批都市小报，也都与此有关，成舍我的《立报》就是中国的第一张小型报。当然，应该指出，黄色新闻的某些专业技巧，如

---

① ［美］埃默里等：《美国新闻史》，展江等译，224页，北京，新华出版社，2001。

通栏标题、彩色图片、通俗化的新闻写作等，如今已被广泛采用，对新闻事业的发展也产生有益作用。

推荐阅读

1. 列宁：《帝国主义是资本主义的最高阶段》，北京，人民出版社，2015。

2. 黄斐：《记者马克思》，北京，清华大学出版社，即出。

3. 文一：《科学革命的密码——枪炮、战争与西方崛起之谜》，上海，东方出版中心，2021。

4. ［美］威·安·斯旺伯格：《普利策传》，北京，新华出版社，1999。

5. ［美］沃尔特·李普曼：《舆论》，北京，北京大学出版社，2018。

第八章

20 世纪（上）：电子媒介之广播篇

　　20 世纪是个风云变幻、波涛起伏的世纪。同样，20 世纪的新闻事业也是炎炎赫赫，大开大合，与之相比，以往的新闻传播历程无不日星隐曜，山岳潜形。

　　回首百年，20 世纪最突出、最难忘、最是深刻影响人类社会的，莫过于战争与革命。而战争与革命又一脉相连，追根溯源无不归结为 16 世纪兴起的、由现代科技和工业革命助推的资本主义，特别是 19 世纪末 20 世纪初进而演为的、列宁所论"资本主义最高阶段"的帝国主义。由于资本主义永无止境的攫取欲望与帝国主义的全球野心，包括社会化大生产所需原料与产品的世界市场，导致现代以降伏尸百万流血千里的大小战争。据迈克尔·曼《社会权力的来源》一书统计，欧洲国家从 1494 年到 1975 年，有四分之三的时间在策动战争，完全没有战争的时间不超过 25 年。更不用说两次惨绝人寰的世界大战，给世界人民造成的空前劫难。拿日本军国主义来说，随着后来居上咄咄逼人的全球扩张之势，必然同英美太平洋的势力范围与地缘格局迎面相撞，二战全面爆发前，日本有北上与南下两派，北上打苏联，南下打英美，而战争的直接意图均在获取战略资源如石油（苏联的西伯利亚与东南亚的印度尼西亚都是石油产地）。故而，北上派以陆军为主，南下派以海军为主。北上派在诺门坎战役中，被朱可夫指挥的苏联红军打得一败涂地。不得已，日本只得铤而走险，南下偷袭美国太平洋舰队并聚歼英国东南亚殖民地军队。故列宁说，帝国主义就意味着战争，他还曾经设想社会主义在全球范围取得胜利后，"在世界几个最大城市的街道上用黄金修建一些公共厕所"，以铭记由于黄金的缘故而在历次帝国主义战争中死难的无数无辜亡灵（《论黄金在目前和在社会主义完全胜利后的作用》）。

　　正是由于资本主义的贪得无厌与帝国主义的穷兵黩武，才引发世界范围此起彼伏的革命，从 1848 年欧洲革命到 1871 年巴黎公社，从反抗老牌帝国的南美解放者玻利瓦尔到反抗新帝国的塔利班组织，从太平天国运动到二战后亚非拉风起云涌的反帝反殖反霸浪潮。而在 20 世纪一系列革命中，有两场革命最具代表性，展现了数千年未有之大变局。一是一战中爆发的十月革命以及革命后建立的人类第一个社会主义国家苏联，苏联不仅迅速崛起为大国强国，而且彻底消灭了穷凶极恶的法西斯，而德意日法西斯同英美法列强本是同根生，两次世界大战归根结底无不是由资本主义与帝国主义"不充分、不平衡"的矛盾所致。二是"伟大的中国革命"（费正清语）以及人民解放战争胜利后建立的新中国。中苏两场革命、两个大国虽然经历种种劫难与挫折，就像苏联十月革命后的列强围剿、二战中的德寇突袭以及世纪末的解体，但从整个人类文明看，终究是摆脱有史以来剥削人压迫人奴役人的私有制，争取实现每个人自由解放的一次翻天覆地大事变，切实展现了另一个可能的世界，即《共产党宣言》所昭示的愿景："代替那存在着阶级和阶级对立的资产阶级旧社会的，将是这样一个联合体，在那里，每个人的自由发展是一切人的自由发展的条件。"也正是在这一大趋势与大背景下，20 世纪六七十年代，以不结盟运动为先锋，以发展中国家与社会主义国家为主力，以世界各方正义力量为声援，以联合国教科文组织为舞台，掀起了全球史上第一次争取公平合理的世界新闻新秩序运动，第一次对现代美西方新闻霸权和文化霸权提出了全面挑战，声势浩大，波及广泛，最终形成了一份里程碑式的历史文献，题为《多种声音，一个世界》（1980）。虽然"世界新闻新秩序"运动在 1980 年代美英新自由主义的滔滔逆流中销声匿迹，笑渐不闻声渐悄，但同样为人类新闻传播史，开辟了一种前所未有的方向与终将实现的前景——各美其美、美人之美、美美与共、天下大同。

与之相应，回首百年，站在全球历史的角度看，20 世纪影响广泛的突出事件之一是美国的崛起。世界体系理论的代表人物阿瑞吉（Giovanni Arrighi），将近代以来"支配"世界的政治、经济与文化力量分为三次相继崛起的霸权，第一次是 17 世纪的荷兰，第二次是 19 世纪的英国，第三次是 20 世纪的美国。[①] 美国杂志大王、《生活》《时代》等名刊的创办人亨利·卢斯，大言不惭地自诩 20 世纪为所谓"美国世纪"。当然，美国的崛起对 20 世纪的世界历史确实产生巨大影响。

从新闻传播的视角看，20 世纪最突出的变化无疑当属电子媒介的勃兴，极而言之，20 世纪几乎成为电子媒介一统天下的世纪。中国台湾的何贻谋先生在世纪末的《广播与电视》一书中就曾写道：

> 过去的五十年来，我们是生活在所谓的电子传播时代中，承受着广播和电视

---

① 见［意］乔万尼·阿瑞吉等：《现代世界体系的混沌与治理》，王宇洁译，北京，生活·读书·新知三联书店，2003。

所给予我们的惊奇、欢愉、便利和满足，也同时承受着所给予我们的警惕、恐惧、盼望和哀伤。……广播和电视，实际上相当于两颗氢弹或中子炸弹，其威力甚且过之。

　　鉴于 20 世纪以来的新闻事业头绪繁多，错综复杂，不可能也没必要面面俱到，所以我们就以引人注目的电子媒介为核心和主线，展开 20 世纪全球范围新闻传播活动的历史画卷。而在讨论电子媒介时，又将以美国为侧重点。因为，正如马恩所言，"现代国家的最完善的例子就是北美"（《德意志意识形态》），从新闻传播的专业形态看，美国的电子媒介一直在世界独占鳌头，它的发展代表着电子媒介的历史，而它的未来又体现着电子媒介的前景。因此，希望通过这种安排既对电子媒介的来龙去脉能有总体性的把握，又对 20 世纪新闻事业的基本图景能有写意性的印象。

　　我们准备用三章来谈论电子媒介，一章讲 20 世纪初兴起的广播，一章讲 20 世纪中期普及的电视，一章讲 20 世纪末风行的网络。广播一章中，我们又分四节：第一节探讨广播赖以形成的科技基础，第二节讲述广播事业的形成，第三节展示广播事业的繁荣，第四节介绍一位美国广播史上的里程碑人物——爱德华·默罗。

第一节　广播的基础——电子技术

　　所谓电子媒介，有广狭两义。广义的电子媒介，包括所有以电子技术为基础的传播媒介，如电报、电话、广播、电影、电视、网络、手机等。而狭义的电子媒介，则仅指大众传播媒介，即广播、电影、电视以及网络等。本书所说的电子媒介，当然是狭义的，而且不包括电影，因为电影主要是文娱媒介，而非新闻媒介。[①]

　　不言而喻，报刊的问世，是以印刷技术的发明与完善为基础的；同样，广播的诞生，是以电子技术的进展与发达为前提的。所以，在谈及广播事业之前，首先得对电子技术的一系列科学探索进行粗略的浏览。

一、无线电现象及其研究

　　电子媒介的兴起同电磁学领域的不懈探求密不可分，这种探求源远流长。比如，中国古人最早发现磁力，从而发明指南针。后来，英国 16 世纪科学家、科尔切斯特的吉尔伯特（William Gilbert of Colchester），使用实验方法研究了磁石之间的吸引

---

　　① 当下一些新闻传播学院混入电影专业，并往往以所谓"影视传播"明修栈道，暗度陈仓。电影与新闻混杂，就像甘惜分论述的文学与新闻混杂，更多情况弊大于利，甚至有害无利，因为属于两股道上跑的车，不仅各行其是，而且南辕北辙。

力，在这个过程中，"还研究了有些物体如琥珀摩擦时所产生的力。他根据希腊词（琥珀）创立了 electricity（电）这个名称"。[1]

吉尔伯特

不过，电磁学的理论与应用两方面均取得重大进展，还是在 19 世纪以后。如今最常见的三个电工计量单位，即电流安、电压伏和电阻欧等，就是纪念 19 世纪三位卓越的科学家安培、伏特和欧姆。随着电磁学理论的不断深化，电子技术领域的发明与创造也就层出不穷。比如，电报、电话、电灯、电车、留声机、直流电、交流电等，都先后在 19 世纪问世。电磁学上的这些研究与应用，最终导致第二次工业革命，使人类历史由蒸汽时代进入电气时代。

正是在这一科技进步的大背景下，人们又开始从事无线电的理论研究和技术开发。仅在 19 世纪的欧洲，就有许多科学家和发明家投身于这个新奇而迷人的领域，为无线电的宏伟大厦奠下坚实基础。在群星闪耀的无线电探索者中，有两位科学家和两位发明家贡献最为突出，也最为人所称道。两位科学家是无线电理论的奠基人麦克斯韦和赫兹，两位发明家是同膺"无线电之父"的波波夫和马可尼。

1. 无线电科学家——麦克斯韦与赫兹

麦克斯韦是电磁学理论的集大成者。他出生于电磁学理论奠基人法拉第提出电磁感应定律的 1831 年，后来又与法拉第结为忘年之交，共同构筑了电磁学理论的科学体系。如果说牛顿的经典力学打开了机械时代的大门，那么麦克斯韦的电磁学理论则为电气时代奠下了基石。所以，麦克斯韦被誉为牛顿之后世界上最伟大的科学家，1931 年，爱因斯坦在麦克斯韦百年诞辰的纪念会上，评价其建树"是牛顿以来，物理学最深刻和最富有成果的工作"。

麦克斯韦的学说中，值得在此一提的是电磁波理论。今天看来，电磁波已是不足为奇的常识。但对之前人们来说，它是不可思议的玩意儿。试想，在冥冥之中，居然会有一种看不见摸不着的东西，像波浪似的传播，速度快得惊人——每秒 30 万公里。这在当时看来，简直无异于痴人说梦。而 1873 年，麦克斯韦在其名著《电磁论》一书中，对电磁波进行了严密的逻辑推导，第一次从理论上证实了电磁波的存在，并且预言不久的将来，在相距遥远的两地，建立一种瞬时可达的通信联络将不再是梦想。

当然，理论的推导还有待于现实的证明。第一次通过实验证实电磁波确实存在的，是 19 世纪另一位杰出科学家赫兹。1887 年，即麦克斯韦去世后 8 年，赫兹发明了一套

---

① ［英］W.C. 丹皮尔：《科学史》，李珩译，190 页，北京，商务印书馆，1975。

产生、发射和接收电磁波的方法，从而使麦克斯韦的电磁波理论获得无可争辩的科学依据。由于赫兹的这一重大贡献，电磁波后来就被称为"赫兹波"（Hertzian Waves），电磁波的计量单位"赫"，也是以他的名字命名的。1965 年以前，电磁波的计量单位一直都是用周波（Cycle），比如 500 周波的频率就写作 500C。1965 年，国际无线电协会通过一项决议，决定将电磁波的计量单位由周波改为赫，500C 的频率改称 500 赫，写作500Hz，而这一改变就是为了纪念赫兹在电磁波方面的发明创造。

电磁波理论的提出及其证实，是一件非同小可的创举。因为整个无线电世界，从无线电报到无线广播，从收音机到电视机，从雷达到卫星，从网络到手机等，无不建筑在电磁波之上。对于无线电世界来说，电磁波就像英国诗人勃朗宁夫人咏叹爱情的十四行诗所言，"犹如维持生命的食粮，每天都不能间断"。

不过，电磁波的重要意义开始并未得到充分认识。一次科学报告会上，有人大声问赫兹："你那玄妙的电磁波理论对我们有什么用呢？"赫兹答道："你知道新生婴儿会有什么用吗？"事实表明，不用很久电磁波理论便产生重大的应用成果，继莫尔斯发明电报之后，在通信领域又引发一场革命性变革，而其中的领军人物就是无线电发明家波波夫和马可尼。

2. 无线电发明家——波波夫和马可尼

1895 年 5 月 7 日，在俄国首都彼得堡举行的一次物理学年会上，一位四十多岁的中年男子走上讲台，当众表演自己发明的无线电接收装置。他就是俄国的物理学家波波夫。表演在会议人厅举行，旁观者多为物理学界的专家权威，他们的目光里流露着紧张、怀疑，甚至一丝不屑。对这一切，波波夫仿佛都没有注意，他只是专心致志、有条不紊地在大厅讲台上安装所谓"无线电接收机"。等一切就绪后，他向大厅另一头的助手做个手势，示意表演开始。于是，助手按动身边的电钮，奇迹发生了！电钮刚一按下，讲台上的电铃便立刻响起；而助手一断开电源，铃声又马上停止。再重复一遍，依然如此。

"哗……"全场响起一片掌声，许多人拥上讲台，向波波夫表示祝贺，祝贺他在无线电信号的接收实验中取得重大突破。后来，苏联政府就把 5 月 7 日这一天定为"无线电发明日"。他的实验及其发明，在无线电技术的应用开发上是个里程碑。因为，当时莫尔斯发明的有线电报已经普及，而如何使莫尔斯电码去掉累赘的线路，插上电波的轻盈翅膀飞速传递，则成为许多无线电先驱者致力的目标，而波波夫向这个目标迈出了关键的一步。当近距离传输无线电信号的实验获得成功时，他曾充满信心地说道："我的仪器在进一步改良之后，就能凭借迅速的电振荡进行长距离的通信。"

其实，他的预言已经接近实现。就在波波夫发明无线电接收装置的 1895 年，意大利一位二十来岁的年轻人，就已经成功地把无线电信号传出一英里。他就是被人称为"无线电之父"的马可尼。

1874 年，马可尼生于意大利一户殷实人家。他母亲是英国人，他在无线电方面的发明创造以及市场开发，也多在英国完成。马可尼年轻时就对电磁学很感兴趣，如饥似渴地阅读有关读物，包括不少科学期刊。当得知许多科学家都在进行实验，设法将赫兹波即无线电波用于远距离通信时，他也着魔似地投入这一试

马可尼

验。为此，马可尼常常废寝忘食，有时母亲只好把饭端上楼，放在他的门前。起初，他父亲大为恼火，认为儿子不务正业，浪费光阴，后来才转变看法，并给意大利邮电大臣写了一封信，推荐儿子的发明。可惜，他们得到的答复颇为扫兴：意大利政府对此不感兴趣。他母亲见到这封回信，当即决定带儿子去英国。当时，横跨全球的大英帝国，只有借助轮船和海底电缆进行联系。所以，马可尼的无线电通信实验，对大英帝国的全球霸权无疑具有吸引力："当时，英国正是海上势力最强大的时期，无论是军事还是商业都迫切需要马可尼所承诺的无线电通信。"①

1896 年，22 岁的马可尼把自己发明的无线电通信装置装进一只黑箱子，随母亲离开意大利，前往英国。在英国海关，还有一段小插曲。入关检查时，他带的黑箱子引起海关人员的警觉。因为两年前，法国总统就遭到一名意大利人行刺。而这只黑箱子装的全是电线、电池和古里古怪的管子，怎不令人生疑。不管马可尼怎么解释，海关人员就不放行。最后，无奈之下，马可尼只好忍痛将全部发明装置扔进大海。不过，幸运的是，马可尼一到英国，就通过母亲的亲属，结识了英国邮政总局的总工程师威廉·普利斯爵士（Sir Willam Preece）。普利斯爵士是位电器工程的权威，也在进行赫兹波的实验。他对马可尼的发明十分赏识。在他的支持下，马可尼的实验进展迅速，研究成果引起普遍关注。到达英国的当年 6 月，他就获得无线电的第一项专利——无线电报机。第二年，又在伦敦成立了一家经营无线电通信业务的公司，这就是后来闻名全球的马可尼公司。

无线电技术挤入通信领域时，正是有线通信一统天下的鼎盛时期，陆地上遍布着四通八达的有线电报网络，根本没有无线通信的立锥之地。所以，早期的无线电技术主要用于海上通信，军用和民用船只首先装上无线电接收机。为此，许多国家陆续建起海

① ［美］罗伯特·福特纳：《国际传播：全球都市的历史、冲突及控制》，刘利群译，81 页，北京，华夏出版社，2000。

岸电台，用于同海上船舶进行联系。1899 年，马可尼成功地进行了跨越英吉利海峡的无线电信号传送实验，1901 年又进行了跨越大西洋的实验，从而显示了无线通信取代有线通信的前景。

1901 年冬天，马可尼和他的助手，从英国千里迢迢来到加拿大东部的纽芬兰岛，准备进行一项新的试验——接收三千公里外的英格兰发出的无线电信号。当地渔民听说后，又是吃惊，又是好奇。因为发电报得有电线，这是当时尽人皆知的常识。可在一旁观望的渔民们既不见电线，也不见电缆，只看到马可尼一干人放在空中的一只孤零零的风筝。风筝拖着四百英尺的铜钱，在白茫茫的雪地里，迎着呼啸的北极风飘来荡去。

一天中午，马可尼突然跳将起来，激动得满脸涨红。他把耳机递给助手听，随后递给面带惊异神气的渔民。耳机里的声音很微弱，但很清晰。

"听见了吗？"他不停地问道："听见了吗？"马可尼欣喜若狂！因为，他终于实现了跨越大西洋的无线电通信，这是他几年研究心血的结晶呵！

对人类的信息传播技术来说，这次实验是又一次飞跃，是继 1844 年莫尔斯实现有线通信后的又一里程碑。从此，人类开始进入无线通信时代。

由于马可尼在无线电通信领域所做的卓越贡献，1909 年，他荣膺诺贝尔物理学奖，1930 年，又当选为意大利皇家学院院长。1933 年，年近花甲的马可尼来我国访问，受到热烈欢迎。上海交通大学为纪念他的到访，还在校园里建起一根铜柱，取名"马可尼铜柱"。1937 年，马可尼去世，意大利为他举行国葬，罗马有成千上万的人参加送葬。英国本土所有邮局的无线电报，都静默两分钟，以示哀悼。

关于无线电的理论研究与科学实验，丹皮尔在权威的《科学史》一书里作了简要概括：

> 电磁波的理论应归功于麦克斯韦（1870），电磁波的第一次发现归功于赫兹（1887）。电磁波在无线电报与电话上的使用靠了两种发明：（1）马可尼（Marconi）将天线用于发播和收集信号，并使足够的能量发生作用；（2）上述热离子管研究成果的应用。[①]

二、声电转换技术及其探索

马可尼以及其他无线电技术的先驱者，一直关注的是无线电通信问题，是如何使无线电信号的传输日臻完善。至于如何将声音转化为电信号，并实现远距离传递，一时还顾及不到，而声电的转换及传递却是无线电广播的核心技术。

---

① ［英］W.C. 丹皮尔：《科学史》，李珩译，537 页，北京，商务印书馆，1975。

　　就在马可尼的无线通信技术开始通行于世之际，一些无线电爱好者已在从事有声广播的探索，他们希望实现声音的远距离传递，而不仅仅是传递一些嘀嘀嗒嗒的莫尔斯电码。当时，贝尔发明的有线电话已经相当普及，正如无线电报诞生前，有线电报十分盛行一样。而广播同电话的关系，就像无线电报与有线电报的关系一样密不可分：当人们设想不用导线直接传递电报代码时，便导致无线电报的诞生；而当人们想到不用导线直接传递电话上的人声时，便促成无线电广播的问世。不过，早期无线电广播的探索者，并没有料到日后广播居然成为改变 20 世纪面貌的一大电子媒介，他们当初进行实验的目的，只是为了把累赘电话线去掉，实现人声的远距离传递而已。

　　在进行声电转换及其传递的实验上，有两位无线电爱好者的名字常被提及，这就是费森登和德福雷斯特。

1. 广播的先驱——费森登（Reginald A. Fessenden，1866—1932）

　　1906 年圣诞节前夕，即 12 月 24 日"平安夜"，八点左右，美国东北部海域几艘轮船上的无线电报务员，突然从耳机中听到一个男子在说话。这些平时听惯了嘀嘀嗒嗒电码的报务员，此刻真像听到冥冥之中传来的上帝声音，不由大吃一惊。耳机中的男子先朗诵了一节《圣经·路加福音》，接着用留声机播放了一曲亨德尔的《广板》，最后向大家祝贺圣诞快乐。几分钟后，声音消失了，耳机中重又响起莫尔斯电码的嘀嗒声。这就是世界上的第一次无线电广播。这次历史性播音，就是费森登从其实验室播出的。

　　费森登是位加拿大发明家，曾被美国发明家爱迪生聘为爱迪生实验室的技术员，后来又在美国著名的西屋电气公司担任电气工程师。1900 年，他开始为美国气象局工作，试验将无线电技术用于天气预报。长期以来，他一直在设想如何把人的声音加到电磁波上传送出去。1902 年，由两位匹兹堡金融家赞助，他在美国东北部的马萨诸塞州建起一个实验室，开始从事这方面的研究与实验。他埋头苦干四年，终于在 1906 年圣诞节前夕，第一次实现了声电转换及其无线传播。

　　这次广播虽然时间很短，听众极少，但它同波波夫在物理年会上的试验一样，意义重大。1895 年的 5 月 7 日，波波夫第一次实现了无线电讯号的远距离传播，从而拉开了无线电通信的时代帷幕。时隔 11 年的 1906 年圣诞节前夕，费森登又第一次实现了声音讯号的远距离传播，从而开辟了无线电广播的历史纪元。

　　不过，正如波波夫在无线通信上的声名不及马可尼，费森登在无线电广播上的影响也不及德福雷斯特。

2. "广播之父"——德福雷斯特（Lee De Forest，1873—1961）

　　美国新闻史学者埃默里父子，对德福雷斯特的评价可谓恰如其分：他和无线电广播之间的关系，如同马可尼和无线电报之间的关系。①

就在费森登进行第一次无线电广播的同一年即 1906 年，美国纽约地方法院正在审理一桩所谓的离奇案件。开庭那天，起诉人手举一只装有金属网的玻璃管，慷慨激昂地说："女士们，先生们：被告犯有行骗罪，他曾公开用这种稀奇古怪的玩意进行欺骗。"听到这番起诉，人们都不由将目光投向被告。他有三十多岁，身穿一件破旧的外衣，脸上带着疲惫的神情，但两眼炯炯有神。只见他从容不迫地答道："大家不要小看这个玻璃管，它可以把很小的电磁波信号，放大到连听力不好的人都可以听见的程度。正如许多伟大的发明，开始都曾遭人误解一样，历史必将证明，我发明了无线电的心脏。"

这位慷慨陈词的被告，就是被誉为"广播之父"的德福雷斯特，而所谓"无线电的心脏"，就是改变 20 世纪面貌的重大发明——三极管。

1873 年，也就是马可尼出生的前一年，德福雷斯特生于美国中西部的伊利诺伊州。同许多富有创建的天才一样，从小学习并不出色，成绩常常排在班里的倒数几名。上中学后，依然被老师看成班里毫无疑问的几个蠢孩子之一。他也承认，自己学识既不丰富，文笔和口才又比较笨拙。后来，他有幸进入耶鲁大学，开始对电磁学发生浓厚兴趣。1899 年，获得物理学博士学位，进入芝加哥的西屋电气公司，成为一名研究人员。这时，有件事改变了他的兴趣和研究方向。1898 年，马可尼用无线电成功地报道了一场帆船比赛，赢得世界性声誉。1899 年，《纽约先驱报》便邀请马可尼来美国，为当年的美国杯帆船比赛进行报道。这一次，马可尼在一艘船上，五个多小时里向海岸电台拍发了四千多字的消息，为此，《纽约先驱报》的小贝内特付给他五千美元的酬金。这次报道同样引起轰动，在场观看马可尼表演的人无不惊叹无线电的神奇魔力，情景大概就像现在的人被元宇宙等所吸引一样。德福雷斯特也在现场，表演结束后，他围着马可尼的无线电收发报机仔细观看，并同马可尼进行了一番交谈。这番谈话深刻影响了德福雷斯特的一生，从此他立志投身无线电的科学研究。

于是，马可尼离开美国不久，他便辞去西屋电气公司的工作，来到纽约，租了一间破旧的房子，买来一些简陋的器材，开始进行无线电的科学研究。冬去春来，几度寒暑，最后终于研制出"无线电的心脏"——三极管。三极管的诞生，是人类科技史上一个划时代的事件。因为，现代电子工业，正是围绕三极管而逐渐形成并发展壮大起来的。对此，只需随手翻翻电路图就一目了然了。在每张电路图上，三极管都处在众星拱月的位置，而其电路符号，在电路图上猛一看也颇像人体解剖图上的心脏。所以，德福雷斯特骄傲地宣布他发明了"无线电的心脏"，既符合实际，又准确生动。按照《不列颠百科全书》的概括："三极管是无线电电路中的基本原件，它的发明对技术、社会、

---

① ［美］埃默里等：《美国新闻史》，展江等译，312 页，北京，新华出版社，2001。

文化各方面带来深刻的影响，实际上改变了 20 世纪生活的特性。"①

可叹的是，他的发明起初不但得不到承认，他本人还被指控"公开行骗"，受到法律审判。经过抗争，1907 年德福雷斯特才获得三极管的发明专利。在研制三极管的过程中，他也开始关注人声的远距离传播。他说："在不知不觉中，我发现了一个看不见的空中帝国。"德福雷斯特是个音乐爱好者，1908 年，他从巴黎的埃菲尔铁塔上进行实验性广播，播出了几张音乐唱片。1910 年，又从纽约的大都会歌剧院，实况转播著名男高音歌唱家卡鲁索的演出，引起广泛注意。

20 世纪的最初十年，无线电广播已经取得决定性进展，作为一项传播技术，广播已经初具形态。不过，此时人们还只是把这种技术当成一种有趣的玩意儿，并没有认识到它的社会价值。加之开始时广播技术也不完善，不但发射功率小，而且接收机十分简陋，所以被人当作雕虫小技也很自然。从 1906 年费森登首次广播，到 1918 年第一次世界大战结束，十余年间鼓捣广播、摆弄接收机的，只有少数无线电业余爱好者。他们戴着耳机，欣赏自编自播的节目。甚至就连这种小规模、小范围的试验性广播，在 1914 年到 1918 年的第一次世界大战期间，也陷入停顿，正如后来的电视事业在第二次世界大战期间陷入停顿一样："直到 1919 年，广播被认为是战争武器，禁止成立私营电台。"②

无线电广播成为一项社会事业，是在一战结束后的 1920 年代才开始兴起的，这又同二战后电视事业突飞猛进的情形相似。

第二节　广播事业的形成：1920 年代

一、列宁与苏联广播

十月革命后的苏维埃俄国与 1922 年成立的苏维埃社会主义共和国联盟即苏联（下面统称苏联），是世界上最早开办广播的国家之一。苏联广播的起步与发展，离不开革命导师列宁的深谋远虑与全力支持。苏联广播史专家赵水福在《列宁与新闻事业》等著述中，曾有翔实论述，本节史实多源于此。

众所周知，十月革命发生在俄国旧历 10 月 25 日（公历 1917 年 11 月 7 日），故称十月革命。毛泽东形象地说过，十月革命一声炮响，给我们送来了马克思列宁主义。十月革命当晚，按照指挥部命令，起义队伍攻占了资产阶级临时政府的冬宫。作为进攻发

---

① 中文版《简明不列颠百科全书》，第二卷，486 页。
② ［法］阿芒·马特拉：《世界传播与文化霸权》，陈卫星译，61～62 页，北京，中央编译出版社，2001。

起的信号，停泊在涅瓦河上的"阿芙乐尔"号巡洋舰打出了第一发炮弹，从此被视为革命爆发的象征。这就是十月革命一声炮响。

革命前一天即11月6日，彼得格勒苏维埃军事革命委员会在列宁领导下，通过"阿芙乐尔"巡洋舰的无线电报站，向革命武装发出命令，严阵以待，准备战斗，"这是无产阶级第一次使用无线电通信"[1]。11月7日上午，"阿芙乐尔"又发出列宁起草的《告俄国公民书》，宣告推翻资产阶级临时政府，国家已归苏维埃即工农政权掌握。

不过，此时苏联只有无线电通信，还没有无线电广播。1918年8月21日，列宁签署并颁布法令，责成邮电人民委员部成立无线电工程委员会，同时建立一个实验室，开展无线电实验。这就是苏联和世界广播史上著名的下新城无线电实验室。下新城是伏尔加河畔一座名城，号称俄国第三大城市，当年闻名于世的伏尔加牌小汽车就在这里生产，曾以苏联文豪高尔基命名为高尔基城，就像苏联时期彼得格勒命名为列宁格勒、察里津命名为斯大林格勒。

下新城无线电实验室草创时，新生的苏维埃政权正面临内忧外患的严峻形势，国外有列强武装干涉，国内有白军四处叛乱，苏联不少文艺作品都有令人难忘的生动书写，如绥拉菲靡维奇的《铁流》、巴别尔的《骑兵军》、奥斯特洛夫斯基的《钢铁是怎样炼成的》、肖洛霍夫的《静静的顿河》，以及曾在中国家喻户晓的电影《列宁在1918》《列宁在1919》《夏伯阳》等。当时，为了解决下新城的各种困难，列宁不仅做出一系列批示，而且不断给予切实给力的帮助。

于是，实验室的工作进展顺利，捷报频传。1919年，试制出第一台电台发射机，随后义建成实验性电台，1920年1月11日进行了第一次试验广播。许多预先不知此次试播的通信电台纷纷来电询问：发生了什么怪事，我们听到的不是莫尔斯电码而是突然传出的人声。邮电人民委员部负责人把喜讯报告列宁时，列宁兴奋地说，我们的学者在无线电实验室做出了不起的成绩，文化落后的俄罗斯开始使世界惊奇了！[2]

也就在这个时候，列宁提出了有名的广播论："不要纸张、没有距离"的报纸。1920年2月5日，他在致下新城技术负责人、无线电专家那契-布鲁耶维奇的信中，把广播比作不要纸张、没有距离的报纸。[3]

由于列宁的大力推动，劳动国防委员会1920年3月17日做出决议，建设莫斯科广播电台，具体条文包括：

（1）委托邮电人民委员部下新城无线电实验室最迟不超过两个半月，建成服务半

① 赵水福、傅显明：《列宁与新闻事业》，221页，北京，北京广播学院出版社，1986。

② 同上，226页。

③ 《列宁全集》第35卷，435页，北京，人民出版社，1959。

径达两千俄里（约两千多公里）的中央广播电台（时称中央无线电话台）。

（2）台址定在莫斯科。

（3）电台全部订货应优先保障。

（4）电台建设人员，无论年龄，均免兵役。

前面说过，一战期间，无线电技术主要用于战争，如战场联络、无线发报。故下新城无线电实验室的专家，包括那契 - 布鲁耶维奇多是俄国旧军官。为此，肃反委员会不免找上门来，绍林就曾被逮捕。列宁听说后，马上致电"全俄肃清反革命及怠工非常委员会"即契卡的负责人捷尔任斯基，请他立即下令释放绍林。1922 年全俄中央执行员会秘书处授予下新城无线电实验室劳动红旗勋章，同时特别嘉奖技术骨干那契 - 布鲁耶维奇、绍林等，以全俄中央执行委员会的名义向他们表示感谢。

在列宁的全力支持下，莫斯科中央广播电台于 1922 年 5 月 27 日建成试播。电台功率 12 千瓦，为当时全球功率最大的广播电台。同年十月革命纪念日，电台命名为"共产国际广播电台"，正式播音，成为世界上第一家无产阶级电台。由于列宁对苏联广播事业的突出贡献，1924 年列宁逝世后不久，下新城无线电实验室冠名为"列宁无线电实验室"。

如同马克思、毛泽东等无产阶级领袖，列宁一生也是一方面在实践上高度重视新闻、舆论、宣传等，视之为无产阶级革命大业成败利钝的关键所在，并参与了大量新闻工作，如创办《火星报》（1900）；一方面又在理论上提出一整套高屋建瓴、鞭辟入里的新闻思想，构成马克思主义新闻观的有机部分。如果说马克思恩格斯确立了无产阶级新闻工作与社会主义新闻事业的基本原则大方向，如党性原则、人民精神的千呼万应的喉舌，那么列宁就是在无产阶级革命与社会主义实践中，全面发展了马克思主义新闻观。比如，他在著名的《党的组织和党的出版物》一文里，以其常见的犀利、深邃而明快的风格指出：

> 与资产阶级的习气相反，与资产阶级企业主的即商人的报刊相反，与资产阶级写作上的名位主义和个人主义、"老爷式的无政府主义"和唯利是图相反，社会主义无产阶级应当提出党的出版物的原则，发展这个原则，并且尽可能以完备和完整的形式实现这个原则。

> 我们要创办自由的报刊而且我们一定会创办起来，所谓自由的报刊是指它不仅摆脱了警察的压迫，而且摆脱了资本，摆脱了名位主义，甚至也摆脱了资产阶级无政府主义的个人主义。

> 这将是自由的写作，因为把一批又一批新生力量吸引到写作队伍中来的，不是私利贪欲，也不是名誉地位，而是社会主义思想和对劳动人民的同情。这将是

自由的写作，因为它不是为饱食终日的贵妇人服务，不是为百无聊赖、胖得发愁的"一万个上层分子"服务，而是为千千万万劳动人民，为这些国家的精华、国家的力量、国家的未来服务。[①]

对新兴的广播事业，列宁同样站在人类自由解放的历史与政治高度，从无产阶级与人民大众的立场出发，阐发了迥异于资产阶级新闻学的理论主张。当时，许多人更多关注无线电广播的技术与传播优势，而忽略广播的社会政治意义，就像时下不少人心仪新媒体的神奇功效，往往关注所谓"传播生态"一样。而列宁则敏锐意识到广播这种新媒体对新政治、新社会的价值——破坏一个旧世界，建设一个新世界。

在苏联广播的影响带动下，世界范围的社会主义广播事业也逐渐发展起来。新中国的人民广播源于 1940 年岁末开播的延安新华广播电台，而电台主要设备就是周恩来从苏联养病回国时携带的一部发射机，功率 10 千瓦。可以说，如今兵强马壮的中央广播电视总台，即原"三大台"——中央人民广播电台、中国国际广播电台和中央电视台，追根溯源也来自苏联第一家无产阶级电台。

进而言之，从马恩到列宁，从英国宪章运动《北极星报》到俄国革命《火星报》，从中国革命与中国共产党到亚非拉反帝反殖反霸运动，可以看到一条迥异于美西方新闻业与新闻学的主旋律，那就是鲜明的政治立场、明确的价值倾向。如前所述，作为资本主义文明形态的新闻业，无论标榜还是践行客观性，实际上都服从并服务于既定的资本主义全球秩序，从新闻学的专业论述到传播学的批判理论，也都指出了这一点。而工人阶级、社会主义、第三世界的新闻事业，不仅要破除一个旧世界，而且要建设一个新世界，自然需要一种相对于美西方"客观新闻业"的"主观新闻业"。正如拉美左翼记者爱德华多·加莱亚诺，在他的拉美三部曲《火的记忆》中写到的："我不想写一部客观性的作品。我不想也不能。该书中历史的叙述没有丝毫的中立性。"[②]欲知究竟，看看他的名作《拉丁美洲被切开的血管》就清楚了。

二、美国早期电台

1. KDKA 电台

美国有家历史悠久的电气公司，名叫威斯汀豪斯公司，总部设在匹兹堡，创办人就是威斯汀豪斯。威斯汀豪斯（George Westinghouse）是一位同爱迪生同时代的发明家和实业家。由于他的大力倡导，美国才最终废弃直流电，改用交流电，为此他还同

---

①　《列宁专题文集·论无产阶级政党》，166～170 页，北京，人民出版社，2009。
②　转引自索萨《导读 以挑战的姿态执笔》，见加莱亚诺《拉丁美洲被切开的血管》，8 页，南京，南京大学出版社，2018。

爱迪生进行了激烈论战，因为爱迪生一直坚持用直流电。威斯汀豪斯的英文名字，含有"西"和"屋"两个词，所以威斯汀豪斯电气公司又译"西屋电气公司"。西屋电气公司对无线电广播一直比较重视，对美国广播事业更是鼎力推动。比如，广播的先驱费森登、德福雷斯特等，都曾是西屋电气公司的雇员。20世纪20年代，西屋电气公司的另一位电气工程师，又为无线电广播事业正式拉开历史帷幕。这位广播名人，就是弗兰克·康拉德（Frank Conrad）。

威斯汀豪斯

　　前面讲过，无线电广播最初只是一些业余爱好者热衷的"玩意儿"。他们组装所谓"接收机"（receiving set）——当时还没有"收音机"（radio）一词，建立业余电台，播放音乐、新闻、天气预报、市场行情等，而康拉德就是其中的一员。1919 年，康拉德在西屋公司总部所在的匹兹堡开办了一家试验电台，结果数以百计的无线电爱好者给他来信，向他表示敬意。他根据来信所提要求，在特定时间播发"听众"喜爱的音乐，这算是最早的点播吧。后来要求"点播"的信件越来越多，实在无法一一满足，于是康拉德干脆宣布星期三和星期六晚上固定播出两小时的音乐节目。到 1920 年的夏末，收听康拉德音乐电台的听众越来越多，他的节目也就改为每晚播出。

　　1920 年 9 月 29 日，《匹兹堡太阳报》为当地一家百货商店刊登的一则广告，引起西屋电气公司副总经理戴维斯的注意。广告上说，愿听康拉德电台广播的听众，只需花十美元便可在这家商店买到一部"接收机"。戴维斯心想，康拉德电台的听众都是自己组装接收机的业余爱好者，如果西屋公司将组装完好、操作简便的"收音机"供应市场，然后再开办一家定时播音的正规电台，那么不就会使收音机的销量激增，从而为公司带来大宗买卖吗？至于生产收音机对公司并非难事，因为第一次世界大战期间，西屋公司已为军方生产过类似的接收机，用于战场的通讯联络，现在要做的无非是把军用改为民用而已。想到这里，戴维斯马上找到康拉德，请他在匹兹堡为西屋公司建一座广播电台，要求在 11 月 2 日开播。因为，1920 年是总统大选年，11 月 2 日是大选结果揭晓的日子，戴维斯想利用这个时机广播大选结果，争取一炮打响。康拉德受命后，立即紧张地进行电台的安装与调试。与此同时，西屋公司为这家电台申请到第一张营业执照，电台的名称定为 KDKA。

　　11 月 2 日，KDKA 电台如期开播。这次广播，及时报道了哈定赢得总统大选的消息。以后 KDKA 电台每天都在固定时间播音，成为全球第一家正式的广播电台。说其"正式"，是因为在 KDKA 电台之前，已有不少实验电台在定时或不定时播音，比如 KDKA 电台开播当年的 8 月 31 日，德福雷斯特也在汽车城底特律开办了一家电台，每天播音一次。不过，由于 KDKA 电台是第一家申请到商业执照的电台，加之每天定时播出，而且内容丰富，故被公认为美国，同时也是全球第一家广播电台，而其开播之时也就成为广播事业的诞生之日。三年后，1923 年 1 月 23 日，一位美国记者奥斯邦与中国的《大陆报》合作，开办了中国第一家私营电台，名字就叫奥斯邦电台。当时，上海一带约有500 余台接收机。奥斯邦电台每晚播出 1 小时，除了《大陆报》提供的新闻，主要是娱乐节目。从奥斯邦电台开播到抗战全面爆发的 14 年间，中国电台最多达到百十家。

　　在西屋公司 KDKA 电台的刺激下，其他电气公司都纷纷开办电台。另外，除电气行业，一些报社、宗教团体，甚至百货公司也对广播发生兴趣，争先恐后地申请电台呼号。截至 1924 年年底，美国已有将近 600 座商业电台，收音机从 1921 年的 5 万台增加到 1922 年的 60 万台。

　　从美国广播事业的起源看，促成广播媒介兴起的最初动力，既不在于信息的传播，也不在于新闻的传播，而是来自商业利润的驱动："促进全国无线电广播发展的最重要因素却是通信和电气制造业中的大公司——美国电话电报公司、威斯汀豪斯公司和通用电气公司（GE）。电台的发展意味着它们的产品和服务有了更加广阔的出路。"[①] 这种情形恰似当代网络的崛起，最初实际上是源于诸如微软公司等电脑软件企业推销其产品的需要。

2. "联邦通讯委员会"（FCC）

　　广播事业的发展和电台数目的激增，难免造成各家电台的频率相互干扰。因为，无线电波看似穿行于广袤空间，但传输频率却是有限的，如同飞机看似自由翱翔天空，但其航道却是有限的。在有限的频率带上，如不进行合理规划，统一分配，势必造成电波之间的互相干扰。20 世纪 20 年代初，美国广播事业蓬勃兴起之际，最先面临的一大问题就是电台之间的频率干扰。比如，收听 A 台的新闻时，同时也能听到 B 台的音乐。当时，有些电台为了避免干扰，不得不在频带上来回移动。比如，今天播音用的是 700千赫，明天便改用 850 千赫，后天又变为 1 000 千赫，等等。可想而知，这样变来变去，给听众收听广播带来多大麻烦，况且电台之间的互相干扰也严重影响收听效果。这种局面若不扭转，将危及广播事业的命运与前途。实际上，当时收音机销量已经开始下降。

　　针对这种情况，1927 年美国国会通过了一项《无线电法》（Radio Act），政府据此组建了一个管理无线电通信的机构——"联邦无线电委员会"（FRC），专门分配电台频率和审批营业执照。1934 年，国会又通过《通讯法》（Communication Act），联邦无线电委员会由此改组为"联邦通讯委员会"——Federal Communication Commission

---

① ［美］埃默里等：《美国新闻史》，展江等译，315 页，北京，新华出版社，2001。

（FCC）。以 FCC 著称的这个机构，声名显赫，作用突出，对美国的广播电视事业以及其他通信业务发挥了巨大作用："委员会不仅有管理无线电广播的权力，还执掌管辖一切电信联络的权力。……公然违反广播责任的，委员会有权拒绝更新其执照。"[1] 具体说来，联邦通讯委员会对广播电视事业的管制方法主要有三种：审批办台申请、更新营业执照、对违禁者给予警告或处罚。

三、三大广播体制

除了苏联、美国，许多国家也都开始兴办广播。从 1920 年到 1924 年，一些欧洲国家相继建立广播电台，正式播音。

英国的广播事业独具特色。1919 年，英国开始进行试验性广播。1922 年，英国广播公司（British Broadcasting Company）在伦敦成立。起初，它是一家由马可尼公司等六大电气公司合资组建的私人企业。1927 年元旦，英国广播公司（BBC）改组为公共机构，名称也改为 British Broadcasting Corporation（BBC）。新的英国广播公司既不同于美国的商业电台，比如不播广告；又不同于苏联的国营电台，比如不归政府管辖。BBC 的经费主要来自每台收音机缴纳的执照费，后来又增加了电视执照费。这一所谓"公共广播"模式及其传统，是在 BBC 首任总经理约翰·里思时期形成的。里思（John Reith，1889—1971），1922 年任英国广播公司总经理，1927 年至 1938 年又任董事长，1927 年被授予爵士。主政 BBC 期间，大力发展无线电广播，创办广播的短波业务和世界上第一个高清晰度的电视广播（1936）：

> 有关英国广播及 BBC 的大多数研究（若非所有研究），都强调里思在其主政时期留下的丰厚遗产及其对现代公共广播事业的独特构想。从本质上讲，里思有关广播之社会角色的思想强调的是自治、非商业化、全民性等观念，它具体体现为某种类似于教会的制度，这种制度通过提供信息、教育与娱乐等服务而致力于塑造公共趣味并尽可能保持最高水准。[2]

大略说来，世界各国的广播体制，基本分为以上三类：一是以苏联为代表的国家机构型，二是以美国为代表的私有商业型，三是以英国为代表的公共事业型：

> 就英国情况而言，公共广播系统（PSB）的"核心"构成一般包括如下原则。首先，作为一项公共事业，广播应一视同仁地面向所有公民，在全国性的文化及

---

① ［美］埃默里等：《美国新闻史》，展江等译，319 页，北京，新华出版社，2001。
② ［美］约翰·费斯克等：《关键概念：文化与传播研究辞典》，李彬译注，"里思模式"条，北京，新华出版社，2004。

其产品中尽量提供多样而统一的节目。其次，这种公共事业应通过一个简化的公共捐助系统而获得资助，并担负责任，以使广播从业人员同政府、政党、商家或公司等权势集团的受托利益相隔绝。最后，公共广播系统所提供的服务应属优"质"（近来讨论的一个关键术语），应满足现代文化中所有群体的需要而不论其权力、地位或影响。[①]

BBC 不仅是英国国内最大的、曾是独一无二的广播公司，而且也是当今名列前茅的国际广播电台之一。改革开放初，澳洲广播电台曾经收到一封中国大陆听众的来信，也从一个侧面反映了西方各大国际广播电台的特征：

> 我们收听 BBC 是为了听新闻报道，收听美国之音为了学英语，收听 NHK（即日本广播协会，成立于1925年，是日本最大的广播电视机构，与 BBC 相似）是为了跨入现代生活的大门。[②]

不待多言，无论冷战还是后冷战时期，美西方媒体包括广播电视机构一系列令人不齿的行径早已是路人皆知，就像近些年来在我国西藏、新疆、香港等方面炮制的层出不穷、花样翻新、自欺欺人的谣言谎言，从而在中国人民与中国记者心中成为名副其实的"客里空"。

四、美国三大广播公司

直到 20 世纪末，美国的广播电视领域，基本上由三大商业广播公司瓜分和垄断。依照成立的时间，三大广播公司分别为全国广播公司（1926）、哥伦比亚广播公司（1927）和美国广播公司（1945）。美国人从收音机听到的、在电视上看到的，大都来自这三大公司。美国广播事业的发展史，也就是三家纵横捭阖、明争暗斗的一部"三国演义"。在这三大广播公司中，全国广播公司资格老，哥伦比亚广播公司风头健，美国广播公司则一直屈居老三。其中，全国广播公司和哥伦比亚广播公司曾由美国两个最大最老的财团控制，即摩根财团和洛克菲勒财团。

1. 全国广播公司（NBC）

如前所述，美国电话电报公司、通用电气公司、西屋电气公司、美国无线电公司等大型电气企业，构成美国广播事业的主要推动力量。美国电话电报公司的创办人，是

---

① ［美］约翰·费斯克等：《关键概念：文化与传播研究辞典》，李彬译注，"里思模式"条，北京，新华出版社，2004。

② 《编译参考》，1981（1）。

电话的发明者贝尔；通用电气公司的创办人，是发明家爱迪生；西屋电气公司的创办人，是交流电的倡导者威斯汀豪斯。至于美国无线电公司，最初是由这三家公司于 1919年联合组成，后来独立发展成为一大电子企业。正如埃默里父子所言，这些从事通信业务和制造电器产品的大公司之所以对发展广播感兴趣，是因为广播的兴旺意味着其产品和服务具有无限广阔的前景。比如，世界第一家电台KDKA，就是由西屋电气公司为刺激公众购买其收音机而创办的。

萨尔诺夫

　　1926 年，美国无线电公司、通用电气公司与西屋电气公司三家合资，又组建了一个全国性的广播网——全国广播公司（National Broadcasting Company，简称 NBC）。后来，除美国无线电公司外，其他两家公司都退出广播领域，于是全国广播公司就成为美国无线电公司独家经营的广播电台，因此介绍全国广播公司自然离不开其母公司美国无线电公司。

　　全国广播公司建立时，美国无线电公司老板是戴维·萨尔诺夫（David Sarnoff，1891—1971）。他是美国广播事业史上第一位闻人，全国广播公司的创立与发展主要归功于他。他原是俄国犹太人，早年随父母移居美国。一生同美国报业大王普利策相似，通过个人奋斗而出人头地。15 岁时，他就到美国马可尼公司工作，17 岁时成为公司的无线电报务员。当报务员期间，一件意外事件使他一举成名，从此飞黄腾达。1912 年，英国豪华客轮泰坦尼克号首航美国，途中撞上冰山，沉入海底，船员与乘客死亡惨重。这是 20 世纪最令人难忘的灾难事件之一。正是基于这次海难的教训，国际上才规定SOS 为统一的呼救信号。当泰坦尼克号撞上冰山时，21 岁的报务员萨尔诺夫正巧值班，他一收到泰坦尼克号电台发出的救援信号，就立即向其附近航行的船只发出紧急通告。随后三天三夜，他一动不动地坐在电报室里整整七十二小时，把泰坦尼克号生还者的人员名单接二连三地发出去。当时，似乎全世界都盯着这位年轻的报务员，急切地等待他发出的电报，仿佛生还者的性命都系于他的一身。就是这次意外事件使他声名大振，简直成了一位英雄人物。

　　随后，公司便提升他为高级职员。1920 年代，无线电广播还处在试验阶段，就连广播的探索者也没有想过广播能有什么更大的用场，而这时候萨尔诺夫已经预见到广播的远大前景。1916 年，25 岁的萨尔诺夫向公司递交了一份备忘录，提出一项颇有预见性的建议，即研究开发他所说的"无线电音乐盒"（Radio Music Box）。他在这份备忘录里写道：

我想到了一个发展计划，它将使无线电成为像钢琴和留声机那样的家庭用品。这个主意是通过无线电把声音送到家庭……接收器形式上可以设计成一种简单的"无线电音乐盒"……配有一个放大管和一个扬声器，所有这些可以被密集地放在一个盒子中。……除了从这一点所能获取的利润外，为公司做广告的可能性也十分巨大，因为公司的名字能最终进入家庭，而无线电将受到全国和全世界的关注。[①]

他的这一构想，实际上已经勾勒了未来广播的雏形。然而，遗憾的是他的计划被打入冷宫。1919 年，美国无线电公司成立，他成为公司的上层人物。1922 年，他又给公司董事会写了一封信，建议创办一家由美国无线电公司控制的广播公司。这个建议到 1926 年终于成为现实，这就是全国广播公司。NBC 的诞生在美国广播史上是个重要标志，显示着美国广播事业开始由实验和草创进入成熟与发展。

1927 年元旦，NBC 建立了两个各自独立的全国广播网——红网（the Red network）和蓝网（the Blue network）。所谓红与蓝，是由于 NBC 的工程技术人员，在地图上标示这两个广播网所辖的附属台及其区域时，一个用的是红铅笔，一个用的是蓝铅笔。至于所谓 network 即广播网，则指附属同一广播公司的若干电台或电视台，通称附属台（affiliate）。当时红网有 26 座附属台，蓝网只有 6 座。由此看来，蓝网一开始就是"弱势群体"，而且像后娘养的孩子，尽播红网打下来的末流节目。后来，蓝网独立出来，另立门户，成为三大广播公司之一的美国广播公司。

1930 年，萨尔诺夫升任美国无线电公司的总经理，1934 年又担任 NBC 的董事长。他不仅为发展美国的广播事业作出不懈努力，而且也是推动美国电视事业的先驱之一。第二次世界大战爆发后，他作为预备役军官，在艾森豪威尔的参谋部任新闻顾问，负责盟军在欧洲的广播，并领准将军衔。关于萨尔诺夫，赵浩生在《漫话美国新闻事业》的演讲里曾给予这样的评价：

……萨尔诺夫，被称为美国的无线电和广播之父，是当之无愧的。
萨尔诺夫自己不是个科学家，但他从事新发明比真正做研究实验的科学家还有信心。很多新发明都是由于他的眼光、气魄和信心而试验成功。此外，他还大力地推动美国的歌剧、交响乐等艺术事业。R.C.A.（即美国无线电公司）的产品，并不限于无线电，它还生产各种家庭电器用品。萨尔诺夫不仅是广播通讯业之父，也是一位在二十世纪开始创业、促成美国空前繁荣的大企业家之一。

---

① 蔡骐、蔡雯：《美国传媒与大众文化》，171 页，北京，新华出版社，1998。

2. 哥伦比亚广播公司（CBS）

在美国的三大广播公司中，哥伦比亚广播公司（Columbia Broadcasting System）一直风头甚健，规模及影响在美国广播电视领域始终名列前茅，首屈一指。CBS 成立于 1927 年，最初总部在费城，只有 12 家附属台。由于经费不足，公司三天两头告急，经常陷入困境。而财大气粗的 NBC，不但有许多深受听众喜爱的广播明星，而且还有大批广告客户。在这种不利处境下，CBS 能够生存发展，并且后来居上，很大程度上得力于美国广播史上的另一位传奇人物——威廉·佩利（William S.Paley，1901—1990）。

佩利比萨尔诺夫小十岁。同萨尔诺夫类似，他是来自乌克兰的犹太移民。其父在费城办有一家经营雪茄的公司，佩利大学毕业后，成为公司的副经理。有一回父亲外出，让他掌管公司。当时，他心血来潮，花了 50 美元在当地电台做了一个广告。没料到，这个广告一播出，立即招来如潮的顾客，公司雪茄的销量翻了一番。50 块钱的电台广告，居然产生这么大的效果，从这个事实中，佩利看到了广播事业的巨大潜力。所以，1928 年当他得知 CBS 准备出售时，便说服父亲花了 25 万美元买下这家广播公司，时年 27 岁的佩利做了 CBS 的总经理。从此，佩利的名字便与 CBS 连在一起，正如萨尔诺夫同 NBC 连在一起一样。

佩利走马上任后，从费城来到纽约，在纽约重新组建 CBS。为了同 NBC 竞争，佩利先使出一个出奇制胜的绝招。当时，NBC 的附属台播出 NBC 的节目时必须付费，这对规模不大的地方台来说是个不小的财务负担，为此他们常常抱怨。佩利针对这一情况，决定 CBS 的附属台可以免费转播 CBS 的节目，作为交换条件，CBS 只要求在附属台的广告中获得一定比例的收入。其实，佩利这样做并不吃亏。因为，CBS 从广告中赚的钱，远远超过向附属台收取的节目费。佩利不愧是精于算计的犹太人，他的这一招确实见效，CBS 扭转颓势，迅速崛起，成为又一大全国广播网。1928 年佩利买下 CBS 时，CBS 总共只有 19 座附属台，到 1934 年则达到 94 座，足以同 NBC 两个广播网的 127 座附属台抗衡较量了。[①] 就连 NBC 的几个重要的附属台，后来也被 CBS 吸引，抛弃 NBC，投入 CBS 的怀抱。

在同 NBC 的竞争中，佩利的第二步战略决策是狠抓新闻节目，并将新闻提升到广播节目的核心位置。广播创办之初，主要是一种娱乐媒介，当时播送的节目绝大多数都属娱乐性质，新闻很少，不受重视。同样，广播记者在广播界只是默默无闻的配角。1920 年代，美国广播听众最爱听的节目，主要是音乐、体育比赛、广播剧等。其中，广播剧最受青睐，正如电视剧成为电视观众的一大嗜好。当时，许多广播剧明星都是红得发紫的名人，NBC 制作的广播剧《阿莫斯和安迪》连续播送 21 年，成为美国收听率最高的

---

① ［美］埃默里等：《美国新闻史》，展江等译，318 页，北京，新华出版社，2001。

十大广播节目之一。NBC 由于明星多，娱乐节目受欢迎，因而更不把新闻放在眼里。直到 1937 年，新闻节目在 NBC 的全部播音时间中只占 2.8%。而佩利很早就认识到，广播是一种重要的新闻媒介，新闻的数量与质量将决定广播事业的长足发展。于是，他扬长避短，不同 NBC 在娱乐节目上争长较短，而是充分发挥广播的优势，将新闻节目办得有声有色，丰富多彩，从而确立了新闻在广播中的核心地位。直到今天，CBS 依然常常执美国广播新闻之牛耳。2004 年，轰动世界的美军在伊拉克的"虐囚丑闻"，就是由 CBS 最先报道的。

除了上述两项战略性举措——免费供应广播节目和确立广播新闻的核心地位，佩利还知人善任，受其重用的许多人后来都成为美国广播史上的名家。正如大卫·哈伯斯塔姆在《掌权者》中写道的："较之萨尔诺夫，他对才能的直觉强得多，他始终向往最优化。萨尔诺夫则不然，他就是最优人才，他并不希望周围有人威胁他。他曾告诉佩利的律师拉尔夫·科林：'比尔喜欢和天才交往，我却不希望周围的人比我更精明。'"这里有一则佩利登在《纽约时报》上的招聘广告：

CBS 招聘
一个高级人才
从事广播节目制作、领导工作

CBS 招聘的这个人才，应具备领导一个大部的才干，有能力创新广播节目。他的任务是为一些重要的广告商制作名牌广播节目。广播实践或广告经历均为考虑条件。此外，此人应具有创造力、想象力，能够欣赏音乐、戏剧；他必须善于组织、驾驭别人的思路、观点以打开自己的思路；必须善于采纳别人的有益的建议；从别人粗略或完整的意见中，归纳出最有用、最有分量的东西揉进一个优秀节目里；他必须同高级知识界有来往，熟悉戏剧明星，同电影界、剧场、夜总会有较为密切的关系。

这个人的机会将是整个广播界最好的机会之一。

这则广告登出以后，CBS 收到 600 份申请书，最后被录用的就是后来成为 CBS 副总经理的威廉·B. 刘易斯。

佩利和萨尔诺夫一样，二战期间投身军旅，领上校军衔，任欧洲战场美军心理作战部副部长。1975 年，他出资创办世界第一家广播博物馆，收集优秀的广播、电视节目及相关资料。1973 年，来我国访问，受到周恩来总理的接见。关于佩利，美国《幸福》杂志早在 1935 年，就曾对他做过如下溢美评价：

佩利先生非常严厉。他的部下对他十分敬畏。他们说，在他们一生中从未同像佩利这样如此精明的人打过交道。他不仅是一位杰出的广告商，公众心理的探索者，而且还是一个他们从未见到过的最伟大的组织者、最好的行政长官、最敏捷的思想者、最冷静的谈判家。

3. 美国广播公司（ABC）

在美国三大广播公司中，美国广播公司（American Broadcasting Company）是个小字辈，一直屈居老三。其原因一是先天不足，二是后天失调。

如前所述，ABC 的前身是 NBC 的两个广播网中的蓝网。蓝网是 NBC 的"残次品"，往往只播红网打下来的二三流节目。与红网相比，蓝网就像后娘养的孩子，尽捡人家吃剩的残羹剩饭。1942 年，当美国最高法院根据反托拉斯法，责令 NBC 必须出售两个广播网中的一个时，不用说首选自然是蓝网。1943 年，NBC 将蓝网卖给百万富翁爱德华·J. 诺布尔（Edward J. Noble）。1945 年，重新取名，成为美国广播公司。由于 ABC 原是 NBC 的一个打入"另册"的广播网，在规模和赢利方面同吃香喝辣的红网差距很大，至于同后来居上的 CBS 相比更是不可同日而语，所以只能无奈地坐第三把交椅了。

另外，ABC 在同 NBC 和 CBS 的竞争之所以总是扮演配角、长期郁郁不得意，除先天不足的原因，也有 ABC 后天乏人的缘故。ABC 既没有像 NBC 的萨尔诺夫和 CBS 的佩利那种有胆有识、敢作敢为的风云人物，也没有像 CBS 的刘易斯那种精明强干的管理人才，更没有像爱德华·默罗那样影响一代的广播记者，于是只得忍受"蜀中无大将，廖化充先锋"的局面了。

第三节　广播的黄金时代：1930—1940 年代

一、综　述

就全球新闻传播而论，20 世纪的前五十年基本属于广播的时代。其中，第一个十年和第二个十年，广播还处在实验和探索阶段，吸引了众多科学家、发明家和业余爱好者。到第三个十年，即 1920 年代，广播事业开始形成，美国的 NBC 和 CBS、英国的 BBC、苏联的共产国际广播电台以及其他国家众多电台的纷纷诞生，都标志着广播已经成为一种新兴的大众传播媒介。在这半个世纪的后二十年，即 1930—1940 年代中，广播事业走向繁荣，迎来它的黄金时代。1950 年代以后，随着电视的勃兴，广播虽说风韵犹存，但毕竟已是半老徐娘了。

就美国的情形而言，1930—1940 年代也是广播的黄金时代，具体体现在如下几方面。

1. 规模上

1925 年，美国拥有收音机的家庭占全国家庭总数的 10%。1931 年，这个比例上升到 46%，到 1950 年，则达到近于饱和的 95%。另外，1930 年，美国全国约有 600 座电台。到 1948 年，电台数目达到 1 621 座。

广播的崛起，不免引起老牌传播媒介——报纸杂志的恐慌和嫉恨。别的不说，随着广播的兴旺，越来越多的广告开始流向广播，而报刊的收入则不免减少。1929 年，电台的广告收入只占同期报刊广告收入的 1/20，报刊发行人还可以高枕无忧。1933 年，报刊的广告收入比高峰年代的 1929 年下降 45%，而电台的广告收入却翻了一番。到1939 年，广播的广告几乎已同报刊平分秋色了——在全部的广告收入中，报纸占 38%，杂志占 35%，而电台已占 27%。广播这种咄咄逼人的发展势头，终于惹火了一向以新闻正宗自居的报刊发行人，他们忍无可忍，准备给广播这个不知天高地厚的小字辈一点颜色瞧瞧了。

1932 年，为了反击广播的挑战，美国报刊发行人协会决定，今后不再向广播网提供新闻。当时美国的三大通讯社，即美联社、合众社和国际新闻社，只允许自己所属的电台播送新闻简报，并且还必须付费。至于全国性的广播网，即使掏钱买稿，通讯社也概不提供。这样一来，从 1933 年秋开始，NBC 和 CBS 便不得不自己采集新闻。在这一过程中，NBC 的谢克特（A. A. Schechter）表现了出色的才能。谢克特不仅筹建自己的通讯社，而且率先采用电话采访，往往在第一时间获得独家新闻。当时，记者一般都尽量不用电话。因为，电话被看作打扰人的标志，属于粗俗的做派。而谢克特发现，电话采访非常便利，采访对象也都乐意接受。于是，他灵机一动，在警察局长、法官律师、医院院长及州长办公室里都装上直拨电话。有一次，艾奥瓦州的农民闹罢工，许多记者都围在州长的办公室外面等待消息。这个时候，谢克特却将电话直接打进州长办公室，结果获得一条独家新闻。就这样，日复一日，谢克特及其通讯社为 NBC 提供了又多又快的广播新闻。从他开始，电话采访也就成为记者工作的家常便饭。

为了应对报刊的新闻封锁，CBS 也采取了一系列积极有效的措施。它在前合众社记者保罗·怀特（Paul White）指导下，建立了 CBS 新闻社，这是第一家广播新闻社。怀特在各大城市都设了记者站，还同国外新闻机构谈判，交换新闻。几周以后，便见成效，丰富多样的新闻源源不断涌入 CBS，报界围堵广播的战略宣告失败。报界的反击非但没能削弱广播的势力，反倒更加确立了广播的地位。1942 年 1 月至 5 月，美国政府进行了一项调查，看看有多少人相信广播中的战事新闻，有多少人相信报刊上的战事新闻。结果表明，在被调查的对象中，相信广播的占 40%，而相信报刊的只占 18%。广播的时代不可抗拒地到来了。

上述这场报刊界与广播界的新闻竞争，在美国新闻史上被称为"报业 - 广播大战"（the press-radio war）。世界许多国家，也都程度不同地经历过这样一场新闻争夺战。

2. 经济上

约从 1930 年代起，广播事业开始发展成为一个拥有高额利润的行业。美国全国性的大广告商第一次投资广播，就是从 30 年代开始的。比如，1931 年仅美国烟草公司在广播上，为其"幸运"牌香烟所花的广告费用就高达 1900 万美元。那个年代的美国听众，天天听着播音员不厌其烦地唠叨："'幸运'牌香烟呱呱叫。是的，'幸运'牌香烟呱呱叫！"（Lucky Strike means fine tobacco. Yes, Lucky Strike means fine tobacco.）这句广告词可谓家喻户晓，妇孺皆知，最后弄得听众简直忍无可忍。这种情况同美国烟草公司总经理乔治·华盛顿·希尔的广告理念不无关系，他一直坚持必须在广告中加入一段令人讨厌的话，他认为唯其如此才能使人记得更牢。有一次，为了证明这样做的效果，他在公司董事会光可鉴人的会议桌上，

"幸运"牌香烟

吐了一口浓痰，然后一边用丝手绢把痰擦掉，一边说这样做叫人恶心，但正因为恶心，才一辈子忘不了。所以，他的美国烟草公司，不仅利用广播大做广告，而且故意做得让人不堪忍受。于是，1946 年 9 月 13 日，当希尔去世的时候，一家地方电台的新闻评论员，便模仿"幸运牌"香烟的广告语气，播发了一条简讯："女士们、先生们，乔治·华盛顿·希尔今天死了。是的，乔治·华盛顿·希尔今天死了。"（George Washington Hill died today. Yes, George Washington Hill died today.）

不过，由于得到这些巨型企业的广告，美国广播事业才获得雄厚的经济基础。据统计，"美国的广告总支出为 1918 年 15 亿美元，1920 年升至 30 亿美元，1929 年为 34 亿美元。随着全国性广播网的出现，电台的广告收入从 1927 年的 300 万美元上升到 1929 年的 4 000 万美元"。[1]

---

[1]　[美] 埃默里等：《美国新闻史》，展江等译，344 页，北京，新华出版社，2001。

3. 节目上

广播事业进入黄金时代的第三个表征就是广播的节目形态日益丰富多彩，表现形式日益精美完善，特别是新闻节目越来越受到重视，广播报道越来越引起关注。正如联合国教科文组织的一份研究报告所指出的："最初，收音机主要是一种娱乐交流工具；特别是，它造就了大批新的音乐和戏剧爱好者。不过，到了30年代，使用无线电进行新闻报道开始变得重要起来，于是新闻业中出现了一个新的部门。"①

不论广播的初创时期，还是广播的黄金时代，娱乐节目在听众中都是颇受欢迎的。1930年代发展起来的广播剧，一度使千百万美国人听得如醉如痴。当时的一些广播剧，如《阿莫斯和安迪》《第一夜》，二十多年一直雄踞收听率最高的十大广播节目之列。甚至，"为了适应《阿莫斯和安迪》的播出，全国改变了作息时间。工厂早早收工，在东部时间晚上7时到7时15分出租汽车司机拒载乘客"。② 为满足听众的这

卡腾伯恩

种喜好，1930年代美国出现了许多系列广播剧——也就是常说的所谓"肥皂剧"（soap opera）。因为这种系列广播剧常由肥皂厂家赞助，所以称为"肥皂剧"。肥皂剧一般每集15分钟，从星期一到星期五每天播出一集。它的听众主要是家庭主妇，内容比较浅俗。后来，人们也把电视上的类似节目，称为肥皂剧。

除了丰富多彩的娱乐节目，广播新闻也越来越多地登台亮相，而且越演越活，最终取代其他节目，成为广播的主角。广播新闻的兴旺，也得力于20世纪三四十年代美国的国内外局势。当时，在国内，罗斯福总统的"新政"，把美国从崩溃的边缘挽救过来。所以，他的一举一动，他的一系列政策，自然引起人们的广泛关注。而罗斯福又是一位很重视新闻舆论，很会操纵新闻媒介的政治人物。他对新兴的广播尤为青睐，以至于被称为"广播总统"。在国外，"二战"期间扣人心弦的国际政局，更为广播新闻提供了一显身手的时机。诸如现场报道、全国联播、广播评论等节目类型，都是在世界大战爆发前后出现的。当时，许多从事广播报道的新闻记者，都已成为可与广播剧明星平分秋色的人物。比如，CBS的广播记者爱德华·默罗，大战结束后被美国奉为仅次于艾森豪威尔的英雄。美国第一位广播评论员、CBS的卡腾伯恩（Hans Von Kaltenborn），在慕尼黑危机期间待在播音间里18天，不间断报道事态的最新进展，困了就在帆布床上打个盹儿。等到第19天，他终于走出广播大楼时，已是衣衫不整，面容憔悴，而广播

① ［爱］肖恩·麦克布赖德等：《多种声音，一个世界》，15页，北京，中国对外翻译出版公司，1981。
② ［美］埃默里等：《美国新闻史》，展江等译，321页，北京，新华出版社，2001。

评论员的权威形象，却由此树立起来，卡腾伯恩也一跃成为广播明星。

随着广播新闻的作用日益突出，广播新闻的一系列自身特点也逐步凸显，日臻完善。起初，广播新闻模仿报纸新闻的写法，遵循报纸新闻的模式，如导语可能使用不大容易立即听懂的倒装句。后来，广播渐渐摸索自身特点，开始摈弃那种宜看不宜听的报道模式，而采用适于广播新闻的手法来报道新闻。举例来说，下面是条报纸消息的导语：

> 在英国的一个港口——驶来一艘大受欢迎的货船，船上载着四百万个鸡蛋，十二万磅乳酪，一千吨面粉，这是根据租借法横渡大西洋到达这里的第一艘货船。

广播电台在播出这条新闻时，为了让听众能够一下抓住关键内容，就把导语改为：

> 从美国驶来的第一艘租借食物船已经到达一个英国港口。这艘船上运载了四百万个鸡蛋、十二万磅乳酪和一千吨面粉。

显然，经过改写的导语更符合人们的收听习惯。

总之，不论是从广播的规模上，还是从广播的经济效益上，或者从广播节目的形态上看，20 世纪三四十年代都是广播事业的黄金时代。F.L. 史密斯在其《美国广播概览》（*An Introduction to Broadcasting In the United States*）一书中，就把 1929 年至 1947 年称为美国广播史的"黄金时代"（Golden Age）。1929 年是经济大萧条爆发的时间，1947 年是第二次世界大战后电视复苏的时间。

20 世纪 30 年代美国的主要问题在国内，即经济大萧条以及随后的罗斯福新政，40 年代美国的主要问题转向国外，即第二次世界大战。下面，便以这些历史事件为线索，介绍 20 世纪三四十年代美国广播事业的繁荣状况。

二、"大萧条"和"新政"

所谓大萧条（Great Depression），是指 1929 年到 1939 年发生在北美、西欧和其他工业化地区的经济大衰退，它是资本主义世界爆发的一次空前的经济危机。20 世纪 20 年代的美国由于在第一次世界大战中发了横财，经济持续繁荣。以大萧条发生前的美国股票市场行情为例，"在 1929 年夏季的三个月中，威斯汀豪斯公司的股票从 151 上升到 286，通用电气公司的股票从 268 上升到 391"。[①] 然而，这种极度繁荣的局面，到 1929 年 10 月被华尔街股票市场的骤然崩溃彻底瓦解。这场突如其来的灾难，使千百万

---

① ［美］斯塔夫里阿诺斯：《全球通史——1500 年以后的世界》，吴象婴等译，692 页，上海，上海社会科学院出版社，1992。

人转眼间倾家荡产。因为股市暴跌的那一天是个星期五，所以这一天被称为"黑色星期五"。随着1929年纽约股票市场的骤然崩溃，一度繁荣的美国经济便转入大萧条。与此同时，这场经济危机也迅速波及全球，西欧工业化国家有千百万工人失业。希特勒也是凭借大萧条登上政治舞台的，他之所以获得那么多民众的狂热崇拜，其中原因之一就在于他解决了几百万人的就业问题，这在当时被看作一大经济奇迹。这场世界范围的大萧条，一直延续到1939年第二次世界大战爆发。此后随着战争对人力和军火的需求及其对工业技术的刺激，全球经济才开始复苏。

大萧条最早爆发于美国，同时受打击最严重的也是美国。在大萧条达到顶点时，美国有5 000家银行倒闭，8.6万家商号关门，1/4的人失业，总数达1 500万，其中有不少都是农场主、银行家、总经理等"社会精英"，经济损失等于第一次世界大战全部战争费用的3倍。当时美国到处都是无家可归，饥肠辘辘的流民。《光荣与梦想》里有段文字，活脱脱地勾勒了一幅1930年代的美国流民图：

在经济总崩溃中，就像破船烂木，随处漂流。其中有的是诚实而正派的中年人，他们贫穷劳累，满脸皱纹；有的是青年男子（十几岁的不少），满头长发，从不梳洗。他们穿城过镇，到处流浪；或是搭乘铁路上的货车，或是揩油坐私人汽车。这些人都是无家可归，走投无路的美国男性公民，他们走遍了整个美国，冬天到了，才在各大城市集中起来：忍饥受饿，到处碰壁，肚子空空，前途茫茫，心烦意乱，辗转奔波，到处找工作，到处找仅能糊口的面包，可是就是没法找到。……这种情景是那么丑恶，那么令人作呕，使你感到十分难过，简直无法形容。[1]

1．"火星人入侵"

在百业凋敝的大萧条岁月中，唯有一门行业非但没有衰退，反倒兴旺异常，这就是广播。因为，在大萧条中，收听广播成为许多美国家庭唯一的娱乐与消遣。当时，夜总会无人光顾，影剧院门可罗雀，人们只有待在家里收听广播，打发时光。于是，收音机成为那时美国家庭最显眼的物品。1938年，全国3 200万户人家共有2 700万部收音机，[2]几乎达到一家一部。经济最困难时，许多人家宁肯卖掉心爱的家具、衣物等，也舍不得卖掉收音机。在经济危机席卷天下，整个国家处于水深火热之际，广播恰似镇静剂，使惶惶不安的民众获得一种精神的抚慰与寄托。

① ［美］威廉·曼彻斯特：《光荣与梦想》，第一册，广州外国语学院英美问题研究室翻译组合译，26页，北京，商务印书馆，1979。

② Shearon Lowery and Melvin L. DeFleur, *Milestones in Mass Communication Research: Media Effects* (New York: Longman Inc., 1983), p.59.

　　这里介绍一个真人真事，可以一窥当年美国风雨飘摇的时局、戚戚惶惶的心态以及广播影响社会的魔力。此人就是美国导演兼演员奥森·韦尔斯（Orson Welles），此事就是他的广播剧《星际战争》所引发的一场载诸史册的社会骚乱。

　　韦尔斯就是前面讲赫斯特时，提到的那部经典影片《公民凯恩》的导演。他是一位颇有天赋的表演艺术家，曾在百老汇创建"水星剧场"。CBS 为了同 NBC 竞争，邀请他及其水星剧团，从 1938 年 6 月开始，每星期天晚上美国东部时间 8 点到 9 点在 CBS 播出一小时的广播剧，名为"空中水星剧场"（Mercury Theatre on the Air）。由此，他对广播剧发生兴趣，并发明许多讲故事的生动办法。他的声调变化多样，解说富有感情，能把剧情和场面描绘得活灵活现，有声有色。

　　在美国，10 月 30 日是一个盛大的传统节日——万圣节前夕。1938 年的万圣节前夕来临之际，韦尔斯突然心血来潮，想把 H. G. 威尔斯的科幻小说《星际战争》（1898）改编成广播剧播出。H. G. 威尔斯（H. G. Wells）是英国作家、历史学家，同时又是同儒勒·凡尔纳齐名的科幻小说家。他俩正好代表科幻创作的两大流派。凡尔纳的作品以科学性见长，其创作都有严谨的科学依据，比如《海底两万里》中写到的潜艇后来就成为现实。而威尔斯的科幻作品则以离奇玄幻著称，如《时间机器》《星际战争》等。

　　1938 年 10 月 30 日晚 8 点整，CBS 开始播出韦尔斯改编的广播剧《星际战争》（War of the Worlds）。节目是以柴可夫斯基《降 b 小调第一钢琴协奏曲》拉开序幕的。为了取得逼真的演播效果，水星剧团在韦尔斯的指挥调度下，采用了许多假戏真做的办法。其中最迷惑人的就是在节目播出中间，突然插入一段新闻简报，煞有介事地报道所谓火星人入侵美国锐不可当的消息。接着，又不时地插播最新动态，而且处理得非常逼真。比如：

韦尔斯

公民凯恩

汽车喇叭声，轮船汽笛声，一位新闻记者有气无力地说，"我在纽约广播大厦阳台上向诸位报告。各位听到钟声吗，这是敦促居民赶紧疏散……没法防守了……我们的军队已经全部消灭……记者要在这里坚守岗位到底……下面的教堂里有许多人在祈祷。"

……

"看见敌人来了……五个大机器……第一个正在渡河……涉过赫德逊河，跟一个人涉过小溪的情形很像。已经上岸了。他就站在那里望……跟摩天大楼一样高……喷出烟来了……许多人死了，死得像苍蝇。黑烟现在飘到第六街了，第五街（咳声），离我们已有一百码了。寂静。（听众明白这位记者已被毒烟熏死了）①"

这种演播效果，自然使许多听众信以为真，感到大难临头，以为末日来临。当时，不少家庭抱成一团，哭天抹泪。还有不少人吓得失魂落魄，开上车四下飞奔。火车站里，人山人海，惊慌失措，买上票就走，也不管车开到哪里去。某大学的一群女大学生抱头痛哭，一个个打电话跟爹娘诀别。某地一位妇女冲入教堂，向正在祈祷的人们大喊大叫："世界末日来了，纽约已经没有了！"情况真是混乱不堪——街头狼奔豕突，教堂人群拥挤，到处大呼小叫，一片哭哭啼啼。一名女中学生后来写道：

当时，我正在做一道历史题。楼上的女孩子来找我，让我到她那儿去。大家都非常激动。我感到我要发疯了，不住地说："我们怎么办呢？早晚还不是个死？"我们互相拥抱在死亡面前，一切似乎都无关紧要了。我怕死，一直听着广播。②

有位成年人事后记述说：

我害怕极了，一头钻进汽车，开着车去找牧师，以便在临死前和上帝讲和。接着我开始想，也许这是个故事。但是，我又否定了自己的想法，因为电台说，是一则特别新闻。③

第二天，报上登出许多刺目的大标题：

电台宣布：火星人进攻地球
全国大惊失色

---

① 蓝鸿文主编：《外国新闻通讯选评》下册，134～135页，北京，长征出版社，1985。

② ［美］梅尔文·L.德弗勒、埃弗雷特·E.丹尼斯：《大众传播通论》，颜建军等译，301页，北京，华夏出版社，1989。

③ 同上。

全国大恐慌，如狂潮突起

电台进行荒诞广播，居民纷纷向警察局询问真相

事后，社会学家坎特里尔（Hadley Cantril）针对此事进行专项研究，由此产生美国传播学的名作《来自火星的入侵》（*The Invasion From Mars*）。其中，对广播听众的惊恐状态作出如下总括性描述：

> 在节目结束以前，遍及整个美国，都有人在祈祷、哭泣和疯狂的逃窜以躲避火星人带来的死亡威胁。有些人开始去寻找相爱的人，另外的人则打电话请假或给朋友提醒，奔跑着去给邻居报信，去报社或广播电台的编辑部寻找信息，或者呼唤着救护车和警察的巡逻车。至少有 600 万人收听广播，其中至少有 100 万在为恐惧祈祷或忧虑不安。①

从这个节目所引发的大规模恐慌中，既可以看出大萧条年代美国人的心态，又可以见到广播在当时所具有的魔力。这次恐慌虽无一人死亡，但成千上万的美国人都觉得自己像傻瓜一样受到愚弄。为此，CBS 受到指控，人们要求它赔偿 75 万元。后来，美国为此颁布一项新的法规：禁止播放虚构的新闻。然而，四年之后，智利圣地亚哥一家电台，又用西班牙语重播了这个节目，而智利听众的反应跟美国一样。不过，这一回，愤怒的人们焚烧了这座电台。

2."炉边谈话"

当年，与大萧条同时并同样引人注目的事情，就是罗斯福实施的新政（New Deal）。富兰克林·罗斯福，是美国历史上唯一一位连续四次入主白宫的总统。据说，第四次当选后，有位记者采访他，请他谈谈四次连任的感想。罗斯福不正面回答记者问题，而是递给记者一块三明治。记者受宠若惊，三口两口吞将下去。罗斯福又递来一个，记者照样很爽快地吃完。接着，罗斯福又递过来第三块，记者虽然面有难色，但盛情难却，还是勉强咽下肚去。最后，当罗斯福递过第四个

炉边谈话

时，记者终于消受不起，不得不谢绝。这时，罗斯福才笑着说：第一次当总统，就跟你吃第一个面包一样，迫不及待，吃得很香；第二次当选后，感觉依然良好；第三次当

---

①　［法］阿芒·马特拉：《世界传播与文化霸权》，陈卫星译，73 页，北京，中央编译出版社，2001。

选，已是勉为其难；如今，第四次做总统，简直就像吃第四块面包，苦不堪言呵！

简单说，罗斯福有两大政绩：一是在国内推行"新政"，扭转了"大萧条"的局面；二是在国外领导美国参战，并赢得了胜利。不论是在国内推行新政，还是在国外领导战争，罗斯福都十分重视新闻舆论的作用，善于利用新闻媒介。他被公认为美国历史上，最精于操纵新闻媒介的政治家。美籍学者赵浩生甚至认为，"世界上有两位政治家最了解新闻的价值，最会发挥新闻的功能，跟新闻记者的关系最好。一位是罗斯福总统，一位就是周恩来总理"（《漫话美国新闻事业》）。1933年，罗斯福第一次就任总统之际，美国的经济已经全面崩溃，全国笼罩在一片绝望与恐慌之中。面对这种险恶局面，新任总统的当务之急就是恢复人们的信心。于是，罗斯福在就职演说中，第一句就说道："我们唯一必须恐惧的，就是恐惧本身。"这句已成名言的话，既像镇静剂，又如强心剂，使绝望的美国人不仅平静下来，而且振奋起来。罗斯福在四届总统任期内，一共举行了998次记者招待会，平均每年83次，[①]一举将美国的新闻中心从纽约移到华盛顿。每次记者招待会上，"罗斯福总统不仅会提供两三条头条新闻，而且还会讲一段故事，为记者提供一些笑料。事实上，罗斯福的记者招待会在华盛顿已经成为最重要的固定节目，对此罗斯福是知道的。他与记者的关系也很融洽，能叫出白宫所有记者的姓名，他还为一些记者取绰号。大卫·哈伯斯塔姆说他是"生就阳春白雪的天性，却自带一种下里巴人的气质"。[②]当然，记者对他的爱护也无以复加。他是个下肢瘫痪的人，但文字记者从未在稿件中提及此事，摄影记者也从未拍他在轮椅中或拄着拐杖的照片。

罗斯福在新闻媒介中尤其偏爱新兴的广播，以致后来报刊记者都有点意气难平。在罗斯福之前，政治家们对广播大都不屑一顾，认为广播与其身份不相称。罗斯福的前任胡佛总统，只发表过几次广播讲话，而且都是照本宣科。而罗斯福总统差不多发表了三百多次广播演讲，病逝之前还在为CBS准备一篇广播稿。有一次，他打趣地说："我知道我退休后会干什么。我将成为那些最有权威的广播评论员中的一员。"总之，正像人们常说的，罗斯福是位"广播总统"。离开广播，他的政绩难以想象，正如离开广播，希特勒难以煽起战争狂热，而斯大林、丘吉尔、戴高乐、也难以鼓起全民的抗战热情。同样，罗斯福推行新政的成效，也得力于广播媒介的巨大影响力，这一点集中体现于他所独创的广播形式——"炉边谈话"（fire side chats）。

1933年3月12日，是罗斯福就任总统第一周的最后一天。这天傍晚，全国千万户人家从广播里第一次听到他的"炉边谈话"。当天，在白宫外宾接待室的壁炉前，NBC、

---

① 作为对比，杜鲁门平均42次，艾森豪威尔24次，肯尼迪22次，约翰逊25次，尼克松7次，福特16次，卡特26次，里根6次，老布什和克林顿也很低。见埃默里等《美国新闻史》，展江等译，352页，北京，新华出版社，2001。

② ［美］哈伯斯塔姆：《掌权者》，尹向泽等译，40页，成都，四川文艺出版社，1988。

CBS 等广播公司安装上各自的扩音器材，准备让新总统向全国发表他的第一次广播演说。事前，罗斯福被人用轮椅推进这间临时准备的白宫广播室。罗斯福向负责这次广播的人说，他不想把这次广播讲话弄得太正经，太严肃，他希望讲得自然一些，亲切一些，就像在家里，大家围坐在一起，无拘无束地随便交谈一样。听到总统这么说，CBS 驻华府办事处主任哈里·布彻便随口说道："既然如此，那就叫'炉边谈话'好了。"从此，炉边谈话便成为罗斯福发表广播演说的名称，沿用下来。

他的每次"炉边谈话"，都以"我的朋友们"这句话开始，听起来如同老朋友一起促膝交谈。在第三次"炉边谈话"中，还发生了一件传为美谈的趣事。当时，罗斯福说着说着感到口渴，于是便停下来，要了一杯水，喝了一口，然后对听众说道："我的朋友们，华盛顿今晚真是热极了！"事后他问工作人员，他的题外话是否得当，大家告诉他，那句插话简直妙不可言。

就这样，广播把罗斯福那热情、洪亮、充满自信的声音带进千家万户，一下子将总统与民众的感情拉近了，有人说"华盛顿与他们的距离，不比起居室里的收音机远"。[1] 罗斯福的前任胡佛当政时，白宫每天大约只收到 40 封来信，而"炉边谈话"发表后，每天来信一下达到 4 000 封左右。《纽约时报》报道说，从来没有哪位总统，能在这样短的时间里叫人觉得这样满怀信心。李普曼也写道：我们全国人民原来对任何人、任何事物都不相信了，不过一周时间，我们现在对国家、对政府又恢复了信心。于是，新政顺利推行，大萧条的局面开始扭转。当时一所小学举行民意测验，孩子们写道：罗斯福第一，上帝第二。总之，"炉边谈话"获得巨大反响，成为广播史上的一个传奇。

三、广播与第二次世界大战

1931 年 9 月 18 日，日本关东军突袭沈阳北大营，最先挑起第二次世界大战的战火。1939 年 9 月 1 日，德国入侵波兰，第二次世界大战全面爆发。1941 年 12 月 7 日，日本偷袭珍珠港，美国废除中立，正式参战。1945 年 9 月 2 日，日本签署投降书，第二次世界大战宣告结束。在这场空前惨烈的世界大战中，广播事业获得前所未有的迅猛发展，呈现出空前绝后的兴旺局面。其中，最为突出的当属国际广播的异军突起。

1. 国际广播

国际广播又称对外广播，是指"一个国家为供另一个（或另一些）国家收听而进行的广播"（赵水福）。[2] 国际广播的职责，既有新闻传播，又有文化交流，更有政治宣传。

---

① ［美］埃默里等：《美国新闻史》，展江等译，373 页，北京，新华出版社，2001。
② 赵水福：《国际广播探析》，61 页，北京，中国广播电视出版社，1987。

最早开办国际广播的国家是荷兰（1927）。不久，德国（1929）、法国（1931）、英国（1932）、日本（1934）等，也相继兴办国际广播。不过，早期的国际广播发射电力弱，播出时间短。直到二战全面爆发，由于适应战争需要，国际广播才获得飞速发展。如果说，1930年代是各国大力发展国内广播的时期，那么，1940年代就是国际广播迅猛发展的年代。据统计，1939年大战全面爆发时，共有27个国家办有对外广播，到1945年战争结束时，增加到55个国家，差不多翻了一番。[①]

随着国际广播的发展，国际广播心理战也就成为顺理成章的传播方略。二战期间，各国在新闻传播领域也展开一场前所未有的世界大战，整个空间也变成一个"杀声震天"的战场。希特勒歇斯底里的咆哮、丘吉尔宁死不降的演说、戴高乐勇气凛然的号召、斯大林沉着刚毅的讲话，无不通过无线电波而迅速传遍天涯海角。当时，敌对双方都很重视国际广播，视之为"战争的武器""宣传的炮弹"，争取国际舆论的有效手段。1941年冬，德军兵临莫斯科城下，纳粹曾拟订一个黑名单，准备拿下莫斯科后立即逮捕黑名单上的十三人。不用说，第一个自然是斯大林，而名列第二的就是苏联著名播音员尤·列维坦。[②]后来，列维坦在谈到他在这一严峻时期的工作时说道：

> 准备工作困难重重。你的话不能流露出一丁点儿惊慌失措或丧失信心的迹象，也不能让自己的声音失控发抖。整个国家、前线将士和国外都在无线电旁听你的声音，抵抗运动的将士们和游击队员都在听。无线电给人民带来了希望，它帮助人们忘记创伤和疲劳，号召人们去战胜敌人。[③]

在此期间，苏联伟大作曲家肖斯塔科维奇创作了一部蜚声世界的第七交响曲，别称《列宁格勒交响曲》，以鼓舞被德寇长期围困的列宁格勒军民。1942年8月9日，第七交响曲由列宁格勒交响乐团在硝烟弥漫中完成首演，迅速传遍四方，极大地激励了苏联人民和世界人民顽强抵抗、战斗到底的民心士气。

按照播报风格，国际广播可以分为两种类型，借用尼采的哲学比喻，一种是"酒神式"，一种是"日神式"。酒神广播极尽煽情，诉诸听众的感性认知，而日神广播重在说理，针对听众的理性认知。一个如泼妇骂街，有理就在声高，一个如老吏断案，让人心服口服。当然，实际情况绝非泾渭分明，一边是神智错乱的酒神，一边是洞若观火的日神，你是你，我是我，而往往是你中有我，我中有你，只不过不同阵营、不同广播、

① 赵水福：《国际广播探析》，62页，北京，中国广播电视出版社，1987。

② 同上，213页。

③ 张穗华主编：《媒介的变迁》，159页，北京，中国对外翻译出版公司，2002。

在不同时期与不同话题上的表现程度不同而已。酒神广播以纳粹德国为典型。曾参与希特勒"啤酒馆暴动"的纳粹将军鲁登道夫，在其传世之作《总体战》（1935）中写道："必须致力于利用报纸、广播、电影及其他各种出版物，穷尽所有的手段来维持国民的团结，为了制定妥当的对策，政治家要了解人类精神的法则，做妥善的安排。"[①]1936年，纳粹党在纽伦堡召开党代会时，大厅里悬挂着一条醒目的横幅："宣传帮助我们夺取政权，宣传帮助我们巩固政权，宣传还将帮助我们取得整个世界。"纳粹的宣传部长，谎言重复千遍就会成为真理这句"妙语"的作者戈培尔说得更为露骨："新闻是战争的武器。新闻的目的是帮助战争而不是提供信息。"[②]在他看来，"19世纪是报纸的世纪，20世纪是广播的世纪"，由此提出"一个民族！一个国家！一个广播！"的口号。[③]二战期间，纳粹德国的对外广播充满浓烈的火药味儿，谈不上新闻的真实性与客观性。希特勒甚至说过：要撒谎，就撒弥天大谎。

"日神式"对外广播，以英国的BBC为代表。BBC的对外广播，始于1938年1月开播的阿拉伯语节目。同年晚些时候，当大战的乌云密布欧洲上空之际，BBC又开办了对欧洲大陆的广播。到大战后期的1944年，BBC的对外广播共使用39种语言，每周累计播音763小时，规模之大居各国之冠。[④]BBC的广播，以冷静、克制、从容不迫、不带感情色彩著称，研究战时宣传问题的日本学者池田德真，还具体概括了BBC的九个特点：

一、播送新闻的态度非常冷静。

二、消除所谓敌我的感情，以中立的态度进行报道。

三、新闻和解说的内容丰富多彩。

四、用各种各样短新闻编辑成的"无线电新闻专辑"听起来很有味道。

五、经常采用敌、友、我报纸上的评论对时事进行解说或者驳斥对方。

六、一个事件发生后，立即就去采访原来驻在那个地区的大使等人，力求把发生事件的背景弄清楚。

七、什么事都迅速让专家出面讲话，使得报道变得有血有肉。

八、避免纯正英语的英国式发音，使用以外国人为对象的、谁都能容易听懂的英语讲话。

① ［日］佐藤卓己：《现代传媒史》，诸葛蔚东译，122页，北京，北京大学出版社，2004。

② ［美］罗伯特·福特纳：《国际传播：全球都市的历史、冲突及控制》，刘利群译，131页，北京，华夏出版社，2000。

③ ［日］佐藤卓己：《现代传媒史》，诸葛蔚东译，162页，北京，北京大学出版社，2004。

④ 赵水福：《国际广播探析》，62页，北京，中国广播电视出版社，1987。

九、从整体上看，也可以把这叫作英国式派头，就是讲体面、有风度地进行客观的广播。①

有个例子，典型地反映了BBC的这种报道风格。1941年12月，日本偷袭珍珠港后，紧接着又对东南亚的英军发起进攻。其间，日军飞机在马来半岛海面击沉英国战列舰"威尔斯亲王号"和巡洋舰"却敌号"，是不亚于珍珠港的一大战绩——"它们的损失给英国人的打击与珍珠港事件给美国人的打击一样大"。②要知道，"威尔斯亲王号"可是英国皇家海军的一大王牌，1941年夏天，丘吉尔就是乘"威尔斯亲王号"前往美国，同罗斯福签署了《大西洋宪章》。怨不得丘吉尔听到这个消息惊惶失色："在战争的整个过程中，我从来没有受到过比这次更为直接的打击……我在床上翻来覆去，这一消息使我不寒而栗，毛骨悚然"③，"多少努力、希望和计划与这两艘军舰一起沉没了"。④而当时正在墨尔本公使馆任职的池田德真，则说他听到了一次一辈子也忘不了的BBC广播：

我很想知道英国是怎样报道这件事的，抱着极大的兴趣收听了当天晚上九点一刻播送的伦敦BBC的广播。在这次新闻节目中，大约播出了十五条新闻，其中的第三条是：

"海军部遗憾地宣布，今天下午在马来半岛海面上，'威尔斯亲王号'和'却敌号'为日本轰炸机所击沉。"

对这样的大事，BBC像一个中立国似的，以很冷静的态度做了报道。⑤

显然，BBC的克制风格与纳粹的煽情风格形成鲜明对照。而事实表明：BBC的播报风格更能赢得听众信赖，更能产生宣传效应与持续影响。

2. 英国广播公司（BBC）

二战期间，BBC不仅是盟国对抗法西斯宣传的一大舆论壁垒，同时也是鼓舞英国民众的一大精神支柱。BBC每次开播之前，人们首先听到的就是贝多芬"命运"交响乐开头四个熟悉的音符，仿佛贝多芬的名言：我要扼住命运的咽喉，它休想让我屈服！这四个音符，在节奏上是三短一长，而三短一长在莫尔斯电码中代表字母V。众所周知，

---

① [日]池田德真：《宣传战史》，朴世俣译，109～110页，北京，新华出版社，1984。

② [美]斯塔夫里阿诺斯：《全球通史——1500年以后的世界》，吴象婴等译，765页，上海，上海社会科学院出版社，1992。

③ [美]戴维·贝尔加米尼：《日本天皇的阴谋》，下册，华幼中等译，1091页，北京，商务印书馆，1986。

④ [美]斯塔夫里阿诺斯：《全球通史——1500年以后的世界》，吴象婴等译，765页，上海，上海社会科学院出版社，1992。

⑤ [日]池田德真：《宣传战史》，朴世俣译，110页，北京，新华出版社，1984。

V 是英文"胜利"（victory）的第一个字母，用 V 象征胜利就源于二战。美国记者威廉·曼彻斯特，记述了当时有关 V 的一系列趣事：

> 有一个逃亡英国的比利时人，名叫维克托·德拉维利。他也跟戴高乐一样，天天从英国向本国同胞进行短波广播，叫他们咬紧牙关，坚持下去。1940 年末的一个晚上，他在广播里建议，用粉笔在各公共场所写上 V 字，表示坚信盟军最后会胜利，让那些纳粹匪徒心神不宁。自从用十字纪念耶稣以后，再也没有什么符号比 V 字更加家喻户晓的了。V 这个字母可以简代的词意之多，真是叫人意想不到。在塞尔维亚语里，V 字代表"英雄气概"；在捷克语里，代表"胜利"；在荷兰语里，代表"自由"。英国广播公司对欧洲广播，开头就用贝多芬第五交响乐起首那四个音符，嘀-嘀-嘀-哒，变为莫尔斯电码，是三短一长，恰好也是 V 的符号。于是一时间欧洲各沦陷国家里，无论敲门也好，拉汽笛也好，按汽车喇叭也好，叫服务员也好，都是"嘀-嘀-嘀-哒"。朋友见面，伸出两个手指作 V 字形互相招呼。餐馆刀叉也摆成 V 字。不走的时钟都拨到 11 点 5 分。有色粉笔写的 V 字到处都是，连德国军官的专用厕所里也有。①

二战期间，BBC 播出的一系列丘吉尔首相的广播演说，给人留下深刻印象，成为广播史上的经典篇章。大战初期，德军一路凯旋，东占波兰，西降法国，几十万英法联军在德国的闪击战下溃不成军，从敦刻尔克侥幸逃脱。整个西欧几乎全部沦陷，只剩一个弹丸岛国同纳粹隔海对峙。当此时，惶恐不安的英国民众，突然从 BBC 中听到一个不屈的声音："我们要坚持到底……我们要在海洋上作战，我们要在天空中作战，我们将不惜一切代价保卫我国本土，我们要在滩头作战，在敌军登陆地点作战。我们要在田野和街头作战，我们要在山上作战，我们绝不投降！"这就是受命于危难之际的新首相丘吉尔，在向全国发表演说。这次就职演说之所以产生巨大反响，同广播的普及密不可分：

> 即使记者们对丘吉尔那气势磅礴、振奋人心的呐喊态度冷淡，通过收音机收听的几千万听众也必定会深受感动。世界上的领袖必须借助报纸和记者与公众联系的时代一去不复返了。毫无疑问，那一天的广播扩大了丘吉尔的影响，并有助于他在英国孤军与纳粹侵略者奋战时提高英国在世界上的声望。②

---

① ［美］威廉·曼彻斯特：《光荣与梦想》，第一册，广州外国语学院英美问题研究室翻译组合译，312～313 页，北京，商务印书馆，1979。

② ［美］约翰·霍恩伯格：《西方新闻界的竞争》，魏国强等译，476 页，北京，新华出版社，1985。

如今，BBC 已经成为英国国际广播的象征与重镇，与路透社、《泰晤士报》一起构成权威的英国媒体与舆论喉舌："实际上，它有可能是世界上最大最成功的公共服务性广播的例子，它 1999 年的收入是 28 亿英镑，最新的员工数是超过 23 100 名全职职工。"[①] 在其百年历史上，同样离不开一批"政治坚定，业务精湛，作风优良"的新闻人，这里不妨简单提一位 BBC 的名记者理查德·迪姆布雷拜。此君堪称即兴广播的天才，在英联邦成员国拥有几亿听众。他既是出类拔萃的主持人，又是学识渊博的作家。有天晚上，他在屋顶报道伦敦大雾，那次大雾笼罩整个城市，什么也看不见，而他却滔滔不绝地谈了几个小时。还有一次报道，更让人叫绝：

> 他在伦敦的皇家刺绣学校进行广播报道，皇太后即将光临。迪姆布雷拜先是描述了陈列的展品，介绍了学校的历史。然后该是皇太后抵校的时间了，但皇太后姗姗来迟，这样，迪姆布雷拜就继续说下去，谈到中国、波斯和欧洲的刺绣，介绍不同的针法和技巧，就像他和刺绣打了一辈子交道似的。皇太后抵校的时间比原定时间整整晚了 25 分钟，她解释说，她在王宫里的电视上观看了所有这一切，被迪姆布雷拜所作的介绍深深吸引住了，以致忘了时间。
>
> 事实上，24 小时前，迪姆布雷拜对刺绣还一窍不通，但他在头天晚上作了准备工作。[②]

无独有偶，二战期间的普利斯特利似乎更胜一筹：

> 不但非常会讲故事，而且他的嗓音带有迷人的磁性，一个平凡无奇的故事，只要被他一讲，就特别动听，这给二战期间的英国造成了不小的奇观：每个周日晚间播放"后记"（普利斯特利的名牌栏目——引者注）的时候，英国人无论高低贵贱，都围坐在收音机旁，全神贯注地沉浸在普利斯特利的声音里，连街道上行走的路人，也纷纷悄然驻足，靠在路边人家的窗户旁边倾听，一时忘了归路。[③]

据说，有一次，他在播报了敦刻尔克大撤退的新闻后，走出录音棚，抬头看到 BBC 一位著名播音员站在门外，听得泪流满面。

普利斯特利的"后记"播出不久，另一位 BBC 的记者开播了他的"人声"节目。这位记者就是以《一九八四》闻名的奥威尔（1903—1950），当时他是 BBC 远东组组长。

---

①　[英] 戴维·冈特利特主编：《网络研究：数字化时代媒介研究的重新定向》，彭兰等译，234 页，北京，新华出版社，2004。

②　[美] 约翰·钱塞勒、沃尔特·米尔斯：《记者生涯》，史文新译，72 页，北京，世界知识出版社，1985。

③　刘禾：《剑桥的陌生人》，193 页，北京，生活·读书·新知三联书店，2023。

斯诺教过的学生、燕京大学新闻系毕业的萧乾，二战期间留学英国，并以记者身份参与了战地报道。奥威尔还曾去信邀请他在 BBC 谈谈"中国政治史"（1942 年 3 月 31 日奥威尔书信）。萧乾的回忆录里谈到，有一次因为他的广播稿触及敏感的政治问题，被 BBC 禁播：

> 在那篇广播稿中，我谈到了中印两个古国的友谊，对印度独立运动明确地表示同情。
>
> 过不多久，电台就派专人把我的广播稿送回，并附了一信，委婉地要求我把有关印度独立那段删掉，改用他们改写的一段。
>
> 评论既然是用我个人的名义广播，我想这个做法不合情理，于是，我写了一封信，大致是说，如果英国国王陛下政府要就印度问题有所评论，他们尽可以用自己的名义去发表，我无意充当国王陛下政府的发言人。
>
> 听说那段时间他们改播送了音乐。

奥威尔如今红得发紫，他的《一九八四》《动物农庄》也在中国行销不衰。1949 年，也就是奥威尔去世前一年，他向英国谍报部门 IRD（Information Research Department）递交了一份黑名单，说是共产主义者或同情者。2003 年，《卫报》公布了这个名单副本，其中包括一批文化名人：卓别林、J.B. 普里斯特利、保罗·罗伯逊、萧伯纳、斯坦贝克、奥森·韦尔斯（即《公民凯恩》、广播报道火星人入侵地球等导演）。事实上，奥威尔走红，就得益于英美情报部门的上下其手。哥伦比亚大学教授刘禾，在《剑桥的陌生人》里也做了细致考证。比如，《动物农庄》写好后，四处碰壁，频遭退稿，文学同行一致认为属于败笔，就连右翼保守派、后来获得诺贝尔文学奖的艾略特，也在给他的信中直言是部失败的作品。然而，莫名其妙，时来运转，书稿不仅变成铅字，而且译成多种文字，不旋踵便风靡世界。2005 年，《时代》周刊甚至推崇为一百部最佳英语小说之一，《不列颠百科全书》更是视之为西方世界的伟大经典。而这一切的幕后推手正是英美谍报部门（恰似张爱玲的《赤地之恋》《秧歌》被中央情报局以及中外帮闲文人吹捧为旷世之作）。对此，桑德斯的《文化冷战与中央情报局》（*The Cultural Cold War:The CIA and the World of Arts and Letters*）有深入翔实的论述。据她统计，英国 IRD 和 CIA 策划出版的作品、期刊、学术著作多达几千种，包括吉拉斯的《新阶级》、沃尔什的诗歌、帕斯捷尔纳克与索尔仁尼琴的小说等，其中以《一九八四》和《动物农庄》最为成功。

3. 美国之音（VOA）

埃默里父子在其《美国新闻史》里写道："大多数观察家认为，美国报纸和电台对第二次世界大战的报道达到了有史以来最出色最充分的程度。"[①] 如果说一战抑制了广播的成长，那么二战则大大促进了广播的成长。这一方面固然是因为广播已成为最迅捷的传播媒介，成为人们不可或缺的娱乐工具；另一方面也是因为大战造成纸张匮乏，也使报刊广告受到限制，从而不得不更多地依赖广播。作为新兴的大众媒介，广播把纳粹进军的脚步声，伦敦上空的枪炮声，清清楚楚地传入美国人的家庭，彻底打破了美国人凭借"两洋"高枕无忧的幻想，把一向奉行孤立主义的美国同世界紧紧联系在一起。

1941 年 12 月 7 日下午 3 点，许多美国人在 CBS 原定播放音乐的时间，突然听到一条震惊的新闻——日本偷袭珍珠港，太平洋舰队全军覆没！许多人听到这条突如其来的消息，都不由大惊失色，有些人甚至不敢相信，新泽西市一位上年纪的人，居然哈哈大笑地说道："上次你们广播说什么火星人到了地球，把我们吓一大跳。我早就料到现在又要来这么一手的！"罗斯福总统得知此事后，一动不动地坐了十八分钟。第二天，广播里便传来他那篇著名的演说：

> 1941 年 12 月 7 日——这是个叫人永远不能忘怀的可耻的日子——美利坚合众国遭到日本帝国海军和空军突如其来但蓄谋已久的袭击。
> ……

太平洋战争爆发后，日美双方在用飞机战舰拼死搏杀之际，还展开一场同样激烈的"电波战"。1942 年，《新闻周刊》就发表文章《美国接手短波广播》(*U. S. Takes Over Short Waves*)：

> 珍珠港事件之后，日本媒体立刻对菲律宾展开一连串的宣传。麦克阿瑟将军于是紧急要求美国的广播节目与东京电台的节目对抗。节目是有的，但问题是如何使它们播出。位于旧金山的 KGEI 电台曾试着播出节目，但很快被日本电台干扰。显然，美国没有其他的设备可以胜任此项工作。最后，政府终于借了三个位于西海岸的曾用于电话通讯的发射机来对菲律宾广播。这些设备被投入使用，向菲律宾发射无线电波，美国的广播节目再一次在岛上播出。[②]

当时，东京也组建了一座专门用于瓦解美军士气的电台，这座电台有位女播音员，人称"东京玫瑰"(Tokyo Rose)。她的嗓音甜美迷人，充满柔情蜜意。她向美军官兵娓

---

① ［美］埃默里等：《美国新闻史》，展江等译，401～402 页，北京，新华出版社，2001。

② ［美］罗伯特·福特纳：《国际传播：全球都市的历史、冲突及控制》，刘利群译，135 页，北京，华夏出版社，2000。

娓动听地讲述家乡美丽自然的风光和安宁和平的生活，以此激发美国大兵的思乡之情，从而无心恋战。当时，许多美军官兵为她的播音所倾倒，以致进驻日本时都想捷足先登，一睹"东京玫瑰"的芳容玉貌。这位以"东京玫瑰"著称的女播音员，名叫登仓育子。她是一个日裔美国人，大战期间来到东京，为日本法西斯效命。所以，大战结束后，她作为战犯受到远东军事法庭审判。直到 1977 年，她才获得美国政府的特赦。

东京玫瑰

为了对付法西斯的电波战、心理战，美国在太平洋战争爆发后，建起第一座对外广播电台，这就是美国之音（Voice of America，简称 VOA）。前面介绍美国广播事业时，谈的都是国内电台和私营电台，而 VOA 则是美国的第一家国际电台和官方电台。VOA 的首次播音，是在珍珠港事件后第 79 天，也就是 1942 年 2 月 24 日。这天，播音员威廉·黑尔（William Hale），从当时的 VOA 总部纽约，用抑扬顿挫的德语说道：

> 美国之音开播了。直到今日，美国已参战七十九天。从今日起，每天在这个时间，我们将播报美国和战争的情况。新闻中可能有好消息，也可能有坏消息，本台将如实报道真相。

随后一周，VOA 又相继推出法语、意大利语和英语广播节目。到大战结束时，VOA 已使用 34 种语言播音，每周累计播出 833 小时。VOA 开播后不久，1942 年 6 月 13 日罗斯福又下令成立一个负责战时新闻宣传的机构——战时新闻局（Office of War Information），VOA 便划归战时新闻局，成为它的直属电台。战时新闻局的第一任局长，是 CBS 的新闻评论员埃尔默·戴维斯（Elmer Davis），他还曾在《纽约时报》做过 10 年记者。战时新闻局直接对总统负责，分为国内和国外两个部，国外部的主要机构就是 VOA。1943 年，战时新闻局的年度预算，有将近 80% 拨给国外部，其中绝大部分又都用于 VOA 的对外广播。不过，VOA 在二战中的表现并不怎么突出，远不及 BBC。英国学者阿沙布里吉斯在《英国广播史》中就认为：在整个战争期间，美国对欧洲的宣传显得太遥远，太支离破碎，不够巧妙，无法与那些久已在欧洲大陆进行活动的宣传力量竞争。VOA 真正成为国际广播以及国际政治中的一把利器，是在二战结束后的冷战与后冷战时期，它是在美国确立其超级大国与世界霸主地位的进程中壮大起来的。

1945 年日本投降后，杜鲁门下令取消战时新闻局的国内部，并将其国外部包括美国之音一起划归国务院。1953 年，艾森豪威尔总统又建立了一个新的政府部门——美国新闻署。从此，VOA 便归新闻署领导，外交政策上接受国务院的指导。艾森豪威尔曾说过："一美元的外宣费用等于五美元的国防费用。"他命令"美国之音"要越过国境、越过海洋，穿过铁幕和石墙，同共产主义进行你死我活的斗争。[①] 卡特总统执政时，新闻署曾一度更名为"国际交流署"。里根总统上台后，又恢复美国新闻署的名称。美国新闻署的主要机构一是 VOA，一是各驻外使馆的新闻处，其中有位副署长专管 VOA。

曾任 VOA 台长的 NBC 记者钱塞勒说过，"美国之音的地位介于新闻和外交之间"。美国之音虽然直属新闻署，但与国务院即美国外交部关系密切。国务院在 VOA 设有政策办公室，审核 VOA 的社论和有关国际问题的新闻分析，以确保 VOA 严格按照美国的外交政策进行广播。VOA 内部也分为两派：一派是外交官出身的官员，一派是从事新闻采编播的业务人员。两派人员经常发生冲突，不难想象，对待新闻的认识与播报，外交官与新闻人不尽相同。外交官自然把外交方略与国家利益摆在首位，而新闻人由于职业习惯难免首先考虑新闻价值与传播规律。当然，诸如此类的矛盾冲突只是方式方法有别，而在政治立场以及核心价值观上则高度一致。双方的共同目标，正如里根任内曾一度出任 VOA 台长的康克林，指示起草的一份备忘录露骨所言：

> 全世界都清楚美国之音是个宣传机构。因此，它唯一令人信服的存在目的就在于对抗苏联的广播攻势……我们必须把苏联描绘成地球上最大的掠夺成性的帝国……我们必须尽力刺激人民对统治者的不满以动摇苏联及其卫星国……我们应在苏联控制的傀儡国中煽起民族主义的火焰……我们应赞颂美国多元化的代议民主政体和自由企业制度的优越性。[②]

VOA 由一个"新闻时事部"以及数十个语种广播部组成。"新闻时事部"（News and Current Affairs），是 VOA 的中枢部门，相当于总编室。VOA 驻各地记者发回的报道，都先汇总到新闻时事部，然后经过编选，再分送各个语种广播部。各个语种广播部等于相对独立的电台，它们与新闻时事部的关系类似于附属台与所属广播网的关系。在这些语种广播部中，都有各自一套编辑人马。如果说新闻时事部是 VOA 的第一个把关人（gatekeeper），那么，各种语种编辑部就是第二个把关人。不同语言的听众，在 VOA 不同语种广播中听到的节目，最终都取决于第二个把关人。比如，中国听众在 VOA 中文广播中听到的一切内容，都是由 VOA 的华语广播部定夺的。

华语广播部又叫中文部，它的前身是旧金山的一家民营华语电台，珍珠港事件后

① 赵启正：《中国面临的国际舆论环境》，《世纪知识》2004（5）。
② Robin Grey, Inside VOA, *Columbia Journalism Review*, 1982/3.

转为官方经营。1942 年 6 月战时新闻局成立后，这家华语电台并入 VOA，成为 VOA 的中文部。美国之音这个中文译名，还是由语言学家赵元任先生起的。当时赵先生在哈佛执教，当中文部就 VOA 的中文译名向他就教时，他提供了两个译名：一是"美国之声"，一是"美国之音"。中文部刚成立时，在西海岸的旧金山，1946 年东迁纽约，并入 VOA 总部，1954 年又随总部从纽约迁到华盛顿。

可想而知，中文部一向扮演反华反共急先锋角色，对中国进行"广播轰炸"。从 1949 年新中国成立到 1972 年尼克松访华，二十几年间中文部收到中国内地听众的来信总共不到 20 封。中文部一位记者后来访华时说道，他们那时播音就如同对着播音室的墙壁说话，心里空荡荡的。20 世纪 70 年代以后，随着中美关系解冻，VOA 对中国的态度一度发生相应转变。与此同时，VOA 在反省自己的失误后，也开始借鉴 BBC 的一些"日神"手法，如冷静播报新闻、区分新闻与评论、不急功近利而着眼于潜移默化等策略。

应该承认，这一套新闻播报手法更易于吸引人、迷惑人，也更便于入脑入心的宣传。1980 年代，在自由化思潮一度泛滥的背景下，美国之音的宣传及其手法对中国人，特别是大学生就颇见成效，政治风波前后更是"大显身手"，极尽煽风点火而又貌似不动声色之能事，也让人看到了庐山真面目以及新闻宣传的"过人之处"。2011 年 2 月 16 日，美国之音迎来开播七十周年前夕，决定自 2011 年 10 月 1 日起，美国之音的普通话和粤语广播及电视节目从此撤销，仅保留中文网站，中文部也将大幅裁员，《人民日报》发表胡美玲的文章指出：

> 为何"美国之音"要裁掉中文广播呢？显而易见的原因主要有：从技术变迁看，在互联网时代，广播确实显得落伍。"美国之音"中文部不得不承认，没有多少中国人听广播了；从预算角度看，奥巴马政府在面临财政赤字创历史新高的压力下，对业已"过时"的"美国之音"开刀合情合理。
>
> 但有分析人士指出不能忽视"美国之音"的一个细节，即保留中文网站。这意味着美国并非在宣传战场上让步，而是派新兵上阵。从去年到近日，美国国务卿希拉里屡次强调，网络是美国海外宣传的最重要阵地，美国将争夺网络空间主导权。（《人民日报》海外版 2011 年 2 月 22 日第 6 版）

除了美国之音电台这个主要的国际广播喉舌，美国政府还在不同时期、针对不同对象国家，兴办了一些国际广播电台。它们的规模、对象、形式或有不同，但都体现着明确的宣传、渗透、瓦解及颠覆的意图。比如，冷战时期开播的"自由欧洲电台"（1949）和"自由电台"（1951），前者针对东欧，后者针对苏联。这两家设在德国慕尼黑的秘密电台，均由中央情报局（CIA）资助："它们播出的新闻节目也有'心理战'的内容，本意是希望赶走欧洲的共产主义，动摇苏联的地位。"①1987年，苏共总书记戈尔巴乔夫在美国的压力下，取消了对"美国之音""自由欧洲电台"的干扰。当时，美国舆论对此大加赞扬，认为这个举动比他决定从东欧撤走50万苏军还重要。时任"美国之音"执行委员会主席的泰勒得意扬扬地说道："东欧发生了惊人的变化，共产主义是我们眼中的怪物，正在土崩瓦解，'美国之音'和它的同行几十年如一日的辛勤劳动得到了回报。"②再如,1983年设立的马蒂电台（Radio Marti）和1990年增设的马蒂电视台（TV Marti），专门针对古巴展开宣传攻势。另外，诸如"自由伊拉克电台""自由阿富汗电台"等，也都如出一辙。

　　第二次世界大战是人类历史上最大规模的一场全球性战争。在这场空前惨烈的世界大战中，广播以其无与伦比的传播优势成为首屈一指的新闻媒介，并把全球人类带入电子新闻的时代。

第四节　爱德华·默罗：一代广播名记者

　　经历过第二次世界大战的美国人，都不会忘记这样一幕动人的情景：每当德军轰炸机蝗虫般扑向伦敦的时候，每当报警声、喊叫声乱成一团之际，在硝烟弥漫、战火纷飞的伦敦城头，有一个年轻的广播记者，手中拿着广播话筒，用平静而从容的声音，向大西洋彼岸的同胞口述亲眼所见的一切，把纳粹的暴行、英国顽强抵抗的精神和呼声，送进千家万户。他每次播音的第一句话，成为广播史上的一句名言："这里是伦敦（This is London）。"

　　这位在血与火中从容不迫地进行现场广播报道的年轻人，就是一代广播名记者爱德华·默罗（Edward R. Murrow，1908—1965）。在他之前，广播记者大多默默无闻，被新闻界视为不屑一顾的小字辈；而从默罗开始，广播记者开始昂然登上新闻界的大雅之堂。从默罗身上，人们认识到广播新闻的力量，看到了广播记者的价值。曾任VOA台长、后任NBC新闻评论员并获得普利策新闻奖的约翰·钱塞勒曾经评价道："默罗是个很有才干的人，他天生具有新闻报道的灵感和历史感，又是才华出众的

爱德华·默罗

---

① ［美］罗伯特·福特纳：《国际传播：全球都市的历史、冲突及控制》，刘利群译，162页，北京，华夏出版社，2000。

② 赵启正：《中国面临的国际舆论环境》，《世纪知识》，2004（5）。

作家。每一代人中都会有一些出色的人才，他们完美地集人格、才干和毅力于一身。"①

默罗早年就读于华盛顿大学。他选中这所大学的主要原因，是它在全美大学中最早开设了广播课程。大学期间，他被推举担任全国学联主席。默罗擅长演说，是个出色的演说家。他具有一副圆润洪亮、动听迷人的嗓音。他还热衷于戏剧艺术，能够恰如其分地把握角色的情绪、感情以及戏剧效果。此外，还能写一手优雅而严谨的文章。所有这些都对他日后成为二战中一位著名的战地广播记者，提供了充足的条件。

1935 年，默罗加入哥伦比亚广播公司，实现了自己的夙愿——做一名广播记者。从此默罗的名字，几乎一直都同 CBS 连在一起。前面说过，诞生于 20 世纪 20 年代的广播事业，从 30 年代进入黄金时代，第二次世界大战又为广播的发展提供了一个大展身手的机会。二战既造就出一批著名的军事将领，同时也锻炼出许多杰出的广播记者包括默罗，而报道大战也成为默罗毕生事业中最光彩照人的篇章。

1937 年，希特勒日益加紧扩军备战，欧洲局势更趋紧张，欧洲战争迫在眉睫，一触即发。CBS 主管新闻部的副总经理，觉得有必要选派一名优秀记者，去主持 CBS 的欧洲记者站。经过一番考虑，他觉得最合适的人选还是默罗，尽管起初他不肯从 CBS 的总部放走默罗。默罗受命后，就启程前往英国伦敦，担任 CBS 的欧洲记者站负责人，时年29 岁。

目光敏锐的默罗一到欧洲，就预感到战争即将全面爆发。为了能够顺利开展工作，他决定先物色一名得心应手的助理。默罗除了具备作家、记者和演员的才华，还颇有知人善任的本事。经过一段的观察、挑选，他终于选中一位精明干练、才华卓著的助手——威廉·L.夏勒（William L. Shirer）。夏勒作为一名杰出记者，如今已不大为人所知，但其名著《第三帝国的兴亡——纳粹德国史》则为他赢得广泛声誉。这部名著中的许多内容，都来自他在德国当记者时写下的大量日记。夏勒原为隶属赫斯特报系的国际新闻社派驻柏林的记者。1937 年 8 月 27 日，夏勒在柏林记下一篇日记：

> 我找到一个工作，我将为 CBS 工作。
> 那是一个不寻常的晚上：我在 7 点钟见到 CBS 欧洲新闻处负责人爱德华·默罗。当我走近他，看到他如此漂亮的面孔，大为惊叹。我暗自思忖：从事广播报道能得到些什么呢？

夏勒的疑虑很快便打消了。1938 年 3 月，默罗从伦敦赶到华沙，筹办一个文化节目，夏勒也到维也纳为这个节目奔忙。正在这时，希特勒开始武装进占奥地利。机灵的夏勒得到消息后，马上从维也纳给华沙的默罗挂电话，用暗语表示德军正在越过德奥边

---

① [美]约翰·钱塞勒、沃尔特·米尔斯：《记者生涯》，史文新译，172 页，北京，世界知识出版社，1985。

境，向维也纳逼近。默罗大吃一惊，指示夏勒立即飞回伦敦，准备向国内报道这一重大新闻。然后默罗用一千美元包下一架有 27 个座位的客机，独自直飞维也纳。1938 年 3 月 12 日，默罗在德军进占维也纳的同时，广播了他的第一篇战争报道：

> 我是爱德华·默罗，此刻正从维也纳报道。现在是凌晨 2 点 30 分，希特勒本人还没有到市内。看来，没有一个人知道希特勒会在什么时候到这儿。但是绝大多数人预料他可能在明天早晨 10 点之后的某一时刻到达……我是几小时前乘飞机从华沙取道柏林来这儿的。从飞机上鸟瞰维也纳，我发现她跟从前没有什么两样。但是维也纳确实有所变化……人们在这里把武器举得要比柏林人高一些，而且，人们说起"嗨，希特勒"这样的字眼声音也要高一些。……年轻的纳粹冲锋队员乘车在街道四周闲荡。他们乘着军用卡车，各种型号的装甲车，唱着歌，向人群投扔橘子皮。几乎所有重要的大楼都设有武装警卫，包括我现在临时广播的这座楼房。……

这次报道被视为广播史上的第一次"新闻联播"，默罗初试锋芒，给人留下深刻印象。后来默罗与夏勒配合默契，又进行了一系列出色的广播报道，使信守孤立主义的美国公众对欧洲事态越来越关心，从而把美国同欧洲在心理上连为一体。

除了夏勒，默罗在二战爆发前后还物色了一大批敢作敢为的广播记者，组成一个令人称羡的报道班子，包括《纽约时报》一战时的名记者埃尔默·戴维斯——他著有一部叙述《纽约时报》历史的著作《The New York Times》，以及日后活跃在美国广播新闻界的埃里克·塞瓦赖德（Eric Sevareid）、查尔斯·科林伍德（Charles Collingwood）、霍华德·史密斯（Howard K. Smith）等。《美国电视明星》一书，在提到默罗的这个报道班子时，用夸张的语气写道："是一个非凡的、有教养的、才华横溢的群体，可以毫不夸张地说，是他们肇始了无线电广播报道艺术。"[①]

默罗最叫响的节目，还是他在不列颠之战中从伦敦发出的一系列现场报道。所谓不列颠之战，是指法国沦陷后，德国集中几乎所有的飞机昼夜不停对伦敦进行轮番轰炸，而英国皇家空军奋力应战，双方在英伦上空进行的一场前所未有的大规模空战。不列颠之战是二次大战中最扣人心弦的战役之一，也是一个以弱胜强、以少胜多的著名战役。在不列颠之战中，只有五百多架飞机的英国皇家空军，迎战德军的三千多架飞机，最终粉碎了纳粹想以狂轰滥炸迫使英国屈服的企图。所以，丘吉尔首相在不列颠之战结束后发表广播演说，其中讲了一句令人难忘的话：历史上从来没有这么少的人，为这么多的人，作出这么大的贡献！

---

① ［美］芭芭拉·马图索：《美国电视明星》，杨照明等译，55 页，北京，中国广播电视出版社，1987。

不列颠之战白热化之际，从伦敦的废墟中，从炮火的硝烟里，传来默罗的声音：
"这里是伦敦……"。这是默罗每次报道开始的第一句话。每次说出"这里（This）"之
后，他都稍加停顿，结果产生一种戏剧性效果，可谓"此时无声胜有声"。从此，"这
里——是伦敦"便成为默罗的标志。

第一篇"这里——是伦敦"的现场报道，是他站在 BBC 的大楼上播出的（为此还需
得到丘吉尔的特许与批准）：

> 这里——是伦敦……
>
> 我现在站在屋顶上，俯瞰着伦敦全城……我想大概不出一分钟，在我们周围
> 附近，就会听见炮声了。探照灯现在就是向着这一边移动。你就会听到两颗炸弹
> 的爆炸声，听，炸弹响了！……

二次大战胜利后，CBS 的老板威廉·佩利提升默罗为 CBS 负责新闻事务的副总经理。
不过，两年后默罗便主动辞去职务，因为他不懂预算那一套，而且总是不忍心解雇不称
职的人员。1947 年，默罗又重操旧业，干起广播记者的本行，每天晚上为 CBS 播报新闻。
由于他在伦敦的报道给人印象深刻，于是他便沿用听众耳熟能详的"这里——是伦敦"
句式，将它稍加改动，变成"这里——是新闻"（This is the news），作为每晚广播的
开始语。

1951 年，CBS 开办了一个电视纪录片节目《现在请看》（*See It Now*），由默罗与其
制片人弗雷德·W. 弗兰德利（Fred W. Friendly）主持。至此，默罗的崇拜者既闻其声，
又见其人了。顺便说一下，弗兰德利堪称美国电视新闻的先驱，后来执教于哥伦比亚大
学新闻学院。关于他的一件趣闻，相信是许多新闻院系的师生都可能遇到的：

> 他上课的第一天，有一个女学生戴着一个写有"要做爱，不要作战"的纽扣
> 式徽章。弗雷德对她说，"我不认为这个徽章适合戴来上课。""哦，弗兰德利先
> 生，"她说，"你太老实了，还以为做爱是真干呀（you think making love is making
> out）"。
>
> 那天中午吃饭时，弗兰德利跟沃尔特·李普曼（Walter Lippmann）谈起了那
> 位学生和她说的"you think making love is making out"。李普曼问道："到底什么是
> making out？"
>
> 第二天，弗雷德告诉学生他与李普曼共进了午餐，李普曼问他，"到底什么是
> making out？"弗雷德认为这已经很能说明什么是代沟了，不料一个学生站起来问
> 道："到底谁是沃尔特·李普曼？"
>
> 我还一直认为这个故事已经达到了极致，直到有一天我告诉一群新闻系的学

生这个故事，当我快讲到高潮——"到底谁是沃尔特·李普曼？"时，有一个学生站起来，问道："到底谁是弗雷德·弗兰德利？"①

默罗的声望及其《现在请看》的出彩报道，开创了电视新闻的时代。因此，默罗不仅被奉为一代广播名记者，而且也被誉为电视新闻的知名先驱。

默罗毕生热爱广播事业，他为广播记者树立了崇高声誉。他不但把自己锻炼成一名优秀的广播记者，而且还选拔培养了一批和他一样充满热情，富有才干的美国广播明星，《现在请看》的一位制片人说："只要你同默罗和弗兰德利在一起，就我来说，你就登峰造极了。"

默罗曾告诉年轻记者："广播没有别的技巧，唯一的技巧就是当你广播的时候，你想着你是到了一个酒吧，喝了两杯酒以后，向你的朋友谈论今天发生了什么事情。用这样的语气来广播新闻，你的听众一定爱听。"他的广播报道之所以吸引听众，产生反响，除了内容题材的显赫，也在于那种朴实无华、亲切自然的报道风格。

1961 年，新总统肯尼迪出于对默罗的赏识，请他出任美国新闻署署长。默罗一来感激肯尼迪的知遇之情，二来也对 CBS 追逐利润、轻视严肃节目的倾向深感失望，就答应请求，走马上任。然而，他天生不适合做官，觉得很不自在，又加上疾病缠身，结果只当了两年的署长，就辞职退休了。1965 年，刚刚过完 57 岁生日后的两天，爱德华·默罗便与世长辞。

默罗固然是位出色的广播记者，二战中更是功绩卓著，但在烽烟滚滚战火熊熊中，特别是抗击法西斯并居于数一数二贡献地位的苏联与中国，出类拔萃名满天下的记者岂止成百上千，更不用说数不胜数默默无名而同样流血流汗的记者。那么，为什么新闻史上仿佛更多听到默罗、克朗凯特一类传奇，而鲜闻其他呢。一方面，自然是因为美国一向擅长现代宣传术或包装术，如广告公关好莱坞。另一方面，也在于美国的历史传统与文化一向推崇个人以及个人英雄主义，就像乐此不疲的西部牛仔片。至于其他国家如新中国及其人民记者，不仅信奉只有解放全人类才能解放自己的理想，如同保尔·柯察金、雷锋等英雄儿女，而且也传承着美美与共的东方美德。正因如此，随着甚嚣尘上的"国际接轨国际化"实即美西接轨美西化，我们也曾有样学样地造出了一个贻笑大方的"小方"传奇（详见拙文《小方是谁》）。

---

① ［美］唐·休伊特：《60 分钟：黄金档电视栏目的 50 年历程》，马诗远等译，90 页，北京，清华大学出版社，2004。

推荐阅读

1. ［英］霍布斯鲍姆：《极端的年代：1914—1991》，北京，中信出版社，2017。

2. ［日］佐藤卓己：《现代传媒史》，诸葛蔚东译，北京，北京大学出版社，2004。

3. 许金生：《近代日本对华宣传战研究（1868—1937)》，上海，复旦大学出版社，2021。

4. ［美］威廉·曼彻斯特：《光荣与梦想》，北京，商务印书馆，1978。

5. ［英］弗朗西丝·斯托纳·桑德斯：《文化冷战与中央情报局》，北京，国际文化出版公司，2002。

第九章

20世纪（中）：电子媒介之电视篇

这一章分三节，介绍20世纪兴起的第二种电子媒介——电视：第一节，从技术层面谈谈电视的由来；第二节，从社会层面讲述二战以来的发展轨迹；第三节，从理论层面进行简要的分析。

第一节　技术视野的电视

电视的诞生经历了一个比较缓慢而复杂的过程。这一过程和广播的情形相似，也可大致分成前后两个阶段：前一个是试验阶段，后一个是草创阶段。在试验阶段，电视只是科学家、发明家及无线电爱好者摆弄的玩意儿。到草创阶段，电视才开始走向社会，成为一种新兴的传播媒介。

一、试验阶段（19世纪末至1930年代）

电视和广播一样，都是以19世纪电磁学的进展与研发为基础的。在19世纪电磁学所获得的全面突破中，对电视而言，意义最直接、最重大的当属光电现象的发现与研究，正如无线电波的发现与研究之于广播一样。所谓光电现象，是指某些化学元素比如硒，一旦受到光线照射，便会产生电流的现象。另外，电流的强弱还与照射光线的强弱成正比：光线越强，电流就越强；反之，光线越弱，电流也就越弱。光电现象的意义在于，它将光与电这两种物理反应打通了，而电视的诞生正有赖于光与电的"联姻"。光与电一日不能结合，电视便一日不能诞生；正如声与电一日不能结合，广播便一日不能问世。

电视的试验阶段大致经历了半个世纪，其间从事光电转换试验的第一位人物，就是被视为电视先驱的尼普科夫。

1. 电视先驱——尼普科夫（1860—1940）

尼普科夫（Paul Gottlieb Nipkow）是位俄裔德国工程师。他对电视的突出贡献，是发明了所谓扫描技术。从技术角度讲，广播是把各种声音变为电讯号，然后通过无线电波传送出去。与此相似，电视则是把各种图像变为电讯号，然后再用无线电波传送出去。那么，怎样才能把图像转换成电讯号呢？这就需要借助扫描技术了。所谓扫描，就是先把图像分解为一个个不同亮度的光点，当这些光点投射到随光线强弱而同步放电的物质上时，图像就分解为强弱不等的电流了。电视技术虽然复杂，但基本原理就在于此。而最早发明扫描技术的，正是尼普科夫。

扫描分为机械扫描和电子扫描，尼普科夫是机械扫描的先行者。1884 年，他发明了"尼普科夫扫描盘"，这种技术直到 1934 年才被电子扫描取代。简单说，这个盘子上有许多小孔，通过一个机械装置使其快速转动。盘子的两边，一边是灯光照射下的物体即影像，另一边是可以产生光电现象的化学物质。当扫描盘转动时，盘子上的小孔就把物体即影像，分解为一亮一灭的光点与暗点。这些光点与暗点，投射到光电物质上，就产生强弱不等的电流。也就是说，"尼普科夫扫描盘"把物体的影像转换为相应的电讯号。既然成为电讯号，那么就可以通过无线电设备传播了。而对方收到这些电讯号以后，再经过"由电到光"的还原，就可以呈现原来的影像了。

尼普科夫的扫描盘，由于用机械传动，转速毕竟有限，因此扫描精度不高，不足以呈现清晰的影像，所以自然便被先进的电子扫描技术所取代。虽然如此，他发明的这套机械扫描系统，仍然是电视时代的第一缕曙光，后来的一切电视探索，都源于这个"尼普科夫扫描盘"。所以，尼普科夫被公认为电视先驱。

2. 电视之父——约翰·贝尔德（1888—1946）

尼普科夫扫描盘问世近半个世纪后，用机械扫描装置转播图像，才在英国获得成功。使这个梦想得到实现的，是一位苏格兰工程师约翰·贝尔德（John Logie Baird）。"1924 年，他用电视播送了物体的轮廓。1925 年播送了可辨认的脸部图像。1926 年在伦敦皇家学会演示了电视播送运动物体。"[1] 特别是 1926 年的这次演示，更是轰动一时。1926 年 1 月 26 日上午 9 点，来看稀罕的客人到得差不多时，一位身材瘦小的中年男子

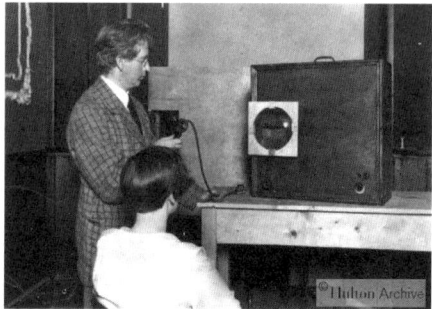

约翰·贝尔德

---

[1]《不列颠百科全书国际中文版》第 2 卷，148 页，北京，中国大百科全书出版社，1999。

开始演示自己的发明。当他把仪器接通电源后，小小的屏幕上立即显出一位店员的活动图像。尽管图像有些模糊，但人们毕竟第一次在电视屏幕上见到活动的身影。这位中年男子，就是电视发明家约翰·贝尔德。

贝尔德从小体弱多病，几次都险些被病魔夺去生命。长大后，依然常常疾病缠身，终生屡遭病痛折磨，最后因患感冒而病故。不过，上天也是公平的：它把病魔加在贝尔德的身上，同时将电视发明的桂冠戴在他的头顶。

1926年，贝尔德展示其发明后，便全力投入电视的研制与改进。1929年，BBC与贝尔德签订协议，采用他的发明进行电视节目的试验性播出，从而成为最早的电视广播。1936年，BBC又创建全球第一座电视台，定时播送电视节目，电视广播正式诞生。

就在贝尔德根据机械扫描原理从事电视研制的同时，美国科学家则在进行电子扫描的探索。

3. 电子扫描与兹沃尔金（1889—1982）

贝尔德发明的机械扫描电视，画面的扫描线只有240条，图像比较模糊。后来通用的电视，一般扫描线都在500～600条，比贝尔德的机械电视翻了一番多，而且每秒钟的扫描画面多达25～30帧。这样高的扫描速度，是机械扫描电视所望尘莫及的，只有靠电子扫描技术才能达到。机械扫描的源头在欧洲，电子扫描的摇篮在美国。

最早探索机械扫描的是俄裔德国工程师尼普科夫，而率先研究电子扫描的是俄裔美国工程师兹沃尔金（Vladimir Kosma Zowrykin）。兹沃尔金生于俄国，30岁时移居美国，翌年进入匹兹堡的西屋电气公司。当年，西屋公司创办的KDKA电台开始播音，成为全球第一家正式的广播电台。1923年，他发明了光电摄像管，1924年又发明了光电显像管。光电摄像管（iconoscope）和显像管（kinescope）这两个词语，就是由他首创的。icon的本义是宗教画像、偶像，演义为一般的图像，而scope作为后缀有"显示器"的意思，由此构成的就是显示图像的光电摄像管。同样，kine的本义是运动，与scope一起就构成显示活动图像的光电显像管。

"这两项发明首次形成了全电子电视系统"[1]，成为电子扫描的雏形。不过，他的发明起初也不完善，甚至比较为先进的机械扫描还显落后。所以，西屋公司对他的发明不感兴趣。这时，美国无线电公司及其负责人萨尔诺夫，却预见到电子扫描的前景，因而对兹沃金的研究大为热心。1928年，美国无线电公司在纽约创建一座实验电视台，第二年即请兹沃尔金出任美国无线电公司电子研究室主任。于是，兹沃尔金便由西屋公司，转入美国无线电公司，继续从事电视技术的开发研究。1939年，美国无线电公司

① 《不列颠百科全书国际中文版》第18卷，541页，北京，中国大百科全书出版社，1999。

的子公司，即全国广播公司使用他的电子扫描装置第一次播出电视节目，从此电视正式问世，并在此基础上发展起来。20 世纪末，麻省理工学院媒体实验室创办人尼葛洛庞帝，在风行一时的《数字化生存》中还提到一个他的故事：

> 前麻省理工学院院长杰罗姆·魏思纳（Jerome Wiesner）曾经讲过一个故事。魏思纳是肯尼迪总统的密友，曾经担任过总统科学顾问。某一个星期六，兹沃尔金到白宫拜访他，他问兹沃尔金有没有见过总统，兹沃尔金答没有。于是魏思纳便带他穿过大厅去见总统。魏思纳向总统介绍来客时说，这位就是"使你得以当选总统的那个人"。肯尼迪十分惊讶，问："怎么说呢？"魏思纳解释说："这位就是发明电视的人。"（一般认为，电视对肯尼迪的当选作用甚大，详见后面的"'电视总统'肯尼迪"——引者注）①

时至 1930 年代，美国在电子电视的研制方面已走在世界前列。同时，同广播的早期情形相似，许多业余爱好者开始自己组装电视机，收看试验性电视节目。电视广播的时代，正在一步步走来。

二、草创阶段（1930—1940 年代）

随着电视技术的不断发展和日臻完善，电视广播也开始问世。1929 年，英国广播公司（BBC）进行了世界上的第一次电视广播。1936 年，BBC 又开始正式播出电视节目。1937 年，大约 5 万名电视观众，收看了英王乔治六世的加冕典礼。到 1939 年由于二战全面爆发而暂停电视广播时，英国已有大约 2 万个家庭拥有电视机。

美国第一次正式开播电视节目，是在 1939 年。1920 年，美国第一次正式开播的广播节目，由于同当时的总统大选相联系，于是备受关注。同样，1939 年美国第一次正式开播的电视节目，也同当时一件举国瞩目的大事连在一起，故而给人留下深刻印象。

1939 年 4 月 30 日，是纽约世界博览会的开幕日。在众多新奇的展品里，有一件让人感到好奇的玩意儿——电视摄像机。全国广播公司（NBC），在其母公司美国无线电公司的资助下，将用这台机器实况转播世博会的开幕式。

中午 12 点 30 分，电视转播开始。屏幕上首先出现的是世博会的会标，接着是攒动的人群、飘扬的彩旗、喧腾的场景等，然后镜头对准渐渐走近的游行队伍。这支浩浩荡荡的队伍，由纽约市市长打头。他直冲摄像机走来，朝着镜头微笑，倒把 NBC 的工作人员吓了一跳。过了一会儿，罗斯福总统的轿车开过来，停在检阅台旁边。于是，人们第一次从电视上看到总统的形象。下午 3 点，开幕式宣布结束，电视转播也随即停止。对

---

① ［美］尼葛洛庞帝：《数字化生存》，胡泳等译，100 ～ 101 页，海口，海南出版社，1997。

于这件事情，美国读者文摘出版社 1976 年出版的一部科普读物这样写道：

> 数百名观众从美国无线电公司展出的 9×12 英寸的屏幕上观看电视节目，这个经历真是新奇。此外，这套节目还通过电缆从博览会现场传送到帝国大厦楼顶上全国广播公司的电视发射台，向无线电城音乐厅里的观众作了转播。一连数日，成千上万的人在曼哈顿百货商店排队观看这新鲜玩意儿。晚上，更多的人拥向博览会，观看全国广播公司播出的长达几小时的各种节目。[①]

从此，NBC 就开始定期播放电视节目，而 1939 年 4 月 30 日这一天，也就成为美国电视广播的诞辰。

上一章讲广播的时候，曾提到美国广播史上的先驱，美国无线电公司及其子公司 NBC 的元老萨尔诺夫。1916 年，当广播还处在实验阶段时，他就预言有一天收音机会成为一件家常用品。1923 年，当兹沃尔金发明光电摄像管时，他又敏锐地预感到电视会像广播一样，"成为人们生活中的一部分"。1929 年，美国无线电公司聘请兹沃尔金为该公司从事电视研究。1930 年，萨尔诺夫担任美国无线电公司总经理后，更加积极地推动电视事业的发展。1935 年，他宣布拨出 100 万美元用于电视的实验广播。当时，他就热切希望能在 1939 年的纽约世界博览会上，展出公司的电视产品，并正式播放电视节目。在他的努力下，NBC 终于如期在 1939 年正式开办电视广播。早期的电视节目，主要是体育比赛。摄制组有两辆大汽车，一辆装着现场拍摄所需的各种设备，另一辆装着一台发射机。拍好的电视节目，先通过这台电射机送到帝国大厦的电视塔，然后再由主发射机播出。到 1940 年 5 月，美国已有 23 座电视台定期进行电视广播。

1930 年代，除美国、英国之外，开始从事电视广播的，还有法国、苏联、意大利、德国、日本等国。1939 年，第二次世界大战全面爆发后，各国的电视广播都陷于停顿。其中的原因一是生产电子产品的工厂，都转向军用品生产。比如，美国无线电公司的电视机装配线，就用来为海空军生产雷达。二是戎马倥偬兵荒马乱之际，也没有闲情逸致观看电视。

第二节　社会视野的电视

一战后，广播事业获得突飞猛进的发展。与此相同，二战后，电视事业也如大潮翻滚，前呼后拥。所有的传播媒介，无论是报纸杂志，还是电影广播，在电视的凌厉势头面前，一开始都不免有点稀里哗啦，溃不成军。于是，电视便以新一代霸主的强悍与

---

① 华林等编译：《二十世纪科学技术的进展》，68 页，北京，科学普及出版社，1981。

骄横—— 一如当今网络新媒体，"因利乘便，宰割天下，分裂山河"——人类从此进入电视时代。

无论就美国的情形而言，还是就全球的状况而论，二战结束之后到 20 世纪末网络媒体突飞猛进、信息社会风起云涌之前，电视的发展都可分为前后两个阶段：前一个是电视重新起飞的阶段，后一个是电视走向繁荣的阶段。这两个阶段并没有严格的时间界限。不过，为简便起见，不妨把 1962 年作为两个阶段的界碑。因为这一年，第一颗通信卫星"电星一号"（Telestar－Ⅰ）发射升空，从此电视节目可以直接进行洲际传播，全球一村的局面开始形成。1980 年，联合国教科文组织在全球传播的著名研究报告《多种声音，一个世界》里，对这期间的电视发展状况作了总体描述：

> 1950 年，已有 5 个国家有了定时的电视节目。到 1955 年，这个数字达到 17 个，到 1960 年则增加了四倍。十年后，播送电视节目的国家已超过 100 个，而现今全世界总共有 138 个国家有电视节目。全世界电视机总数已达 4 亿台……[①]

一、重新起飞（1945—1962 年）

1. 娱乐节目一马当先

1945 年二战一结束，美国的 NBC、CBS 与 ABC 三大广播公司，立即在电视领域展开新一轮竞争。他们都感到一场新的传播革命即将来临，都竭力将电视推到广播事业发展的前沿。其中，最早致力电视广播的 NBC 及其母公司美国无线电公司，更以加倍的热情兴办电视广播。NBC 的元老萨尔诺夫早在 1923 年，就曾幻想把电视引进美国家庭。1939 年，NBC 又在纽约世界博览会上正式开播电视节目。二战后，萨尔诺夫迫不及待地为 NBC 的附属台申请电视执照，同时拨出巨款开发电视节目。因为，他深知电视节目才是决定电视发展的关键因素，没有丰富多彩、奇妙迷人的节目，人们是不会被吸引到电视机前的。爱德华·默罗也指出，电视只可能是两种截然相反的东西，要么是拥有教育、启蒙及鼓舞人心等功能的媒介，要么不过是塞满光学仪器和电子零件的盒子。[②] 由于 NBC 一直对电视广播比较重视，所以在电视重新起飞的初期，NBC 自然占据相对优势。与此同时，CBS 也不甘落后，积极开展彩色电视的研究与开发。1947 年，美国全国只有1.5 万台电视机。时隔仅仅 5 年，到 1952 年，这个数字便增加 1 000 倍，达到 1 500 万台。1960 年，又猛增到 4 000 万台，也就是说，全国已有 88% 的家庭拥有电视机。

---

① ［爱］肖恩·麦克布赖德等：《多种声音，一个世界》，84 页，北京，中国对外翻译出版公司，1981。
② ［美］伯纳德·戈德堡：《偏见：CBS 知情人揭露媒体如何歪曲新闻》，李昕等译，174 页，北京，新华出版社，2002。

同早期广播的发展情形一样，电视最初也是以娱乐为主，早期节目绝大多数都属娱乐性质："电视——虽然第二次世界大战推迟了它的发展——在40年代末期或50年代初期，已成为发达国家生活中的一种特色。它同收音机一样，主要是以一种廉价而方便的方式向人们提供娱乐而拥有并吸引了大批观众的。"[①] 所以，电视一上来便首先冲击娱乐行业，其中首当其冲、受害最烈的是广播业和电影业。1950年代，全美有5 000家电影院灯火不明，约有5 000万人不再看电影。电影院的老板，不得不跑到小卖部去卖爆米花。据威廉·曼彻斯特在《光荣与梦想》一书中的描写，当时电影院门可罗雀，出口一撬即开，成为流浪汉投宿和情人们约会的场所，美国电影业的首府好莱坞，"几乎沦为人弃鬼聚的城市"。[②] 许多电影演员纷纷改换门庭，投奔电视。好莱坞的作家、导演、摄影师、服装设计师等，大部分也都从西海岸的电影城，流入东海岸的广播城（Radio City）——位于纽约市洛克菲勒中心（Rockefeller Center）。除了电影业之外，在电视冲击下，广播的听众也明显减少。许多电台为对付电视，便利用广播的优势，转而播放古典音乐、乡村歌曲等适宜听而不适宜看的节目。于是，音乐便成为广播的一块固守阵地。

电视的兴起，犹如一场山呼海啸的大地震，处在震中的电影业和广播业，固然损失惨重，而处在地震带的报纸、杂志、书籍等传播媒介以及剧院、夜总会、酒吧间等娱乐行当，也都程度不同地感到山摇地动，电视正在迅速改变社会的面貌和人们的生活。比如，在美国一度行销千家万户的杂志《生活》（*Life*）、《展望》（*Look*）、《星期六晚邮报》（*Saturday Evening Post*）等，都在电视的冲击下大受影响。拿《星期六晚邮报》来说，"在希布斯于1961年把主编一职传给罗伯特·富斯（Robert Fuoss）之前，该刊发行量达到650万份。电视的竞争使《晚邮报》损失惨重，突然之间它由赢利转为严重亏损……《晚邮报》在由赛勒斯·H.K.柯蒂斯买下72年之后，步其竞争对手《柯里尔》的后尘，于1969年停刊。此前，《柯里尔》在出版68年之后于1956年停刊。《晚邮报》是这类刊物中的最后一家"。[③]

再如，以往美国人喜欢走出家门，参加各种活动，而如今则经常待在家中，厮守着电视机。那时，一般美国家庭，一天要看四五个小时的电视。路易斯·克罗南伯格评论说，汽车曾诱惑人们离开家庭，而电视却使他们重又回到家庭，不过在这个过程中却毁了家庭：

①　[爱] 肖恩·麦克布赖德等：《多种声音，一个世界》，15页，北京，中国对外翻译出版公司，1981。

②　[美] 威廉·曼彻斯特：《光荣与梦想》，第三册，广州外国语学院英美问题研究室翻译组合译，836页，北京，商务印书馆，1979。

③　[美] 埃默里等：《美国新闻史》，展江等译，445页，北京，新华出版社，2001。

过去母亲和父亲、珍妮和约翰一起坐汽车出外旅行，说说笑笑，交换意见；现在他们并排地，而且常常并肩地坐在一起，看上几个小时电视，连目光都很少交换。如果他们交谈，也是气鼓鼓的，为这个或那个节目的好坏而争吵。[1]

为使人们不必勉强离开电视去囫囵吞下晚饭，1954 年美国还出现一种可让观众边看边吃的电视晚餐。同一年，托莱多市管理自来水的专员，偶然发现一件奇怪的事情：在某一时段，耗水量会突然增加。对此，他感到大惑不解，于是便不动声色地做了一次小型调查，结果发现耗水量突然增加，是因为电视观众在电视播放广告的时刻，同时跑去浴室小解，一起抽水冲厕。

不过，早期电视的娱乐节目，还比较粗糙，甚至低劣，威廉·曼彻斯特指出，"整个来说，这些节目平淡无奇，华而不实，压倒一切的主题是插科打诨"。[2] 无怪乎 50 年代，没有几个自重的美国知识分子愿意承认家里有电视，即使有也不愿摆在显眼之处。《星期六文学评论》的一位主编说：典型的电视晚间文娱节目，就是一场歌舞杂剧与一场摔跤表演。

随着电视广播的日益发展，电视新闻也开始脱颖而出，越来越得到重视，最终成为电视广播的主宰。电视新闻由小到大，由弱到强，终于在电视领域占据主导地位的过程，同当年广播新闻的发展历程颇为相似。

2. 电视新闻初试锋芒

最初，电视是以娱乐风靡天下的。在早期节目中，电视新闻微不足道。特别是二战刚刚结束，广播挂满勋章、昂首凯旋之际，那些在大战中获得赫赫声望的广播记者，更是不把电视新闻放在眼里。芭芭拉·马图索在《美国电视明星》一书里写道，当时"无线电广播是国王"，而电视新闻则如笨手笨脚的过继儿子。中央电视台家喻户晓的一代电视记者敬一丹，参加工作时在黑龙江人民广播电台，改革开放初中国电视起步时，他们电台记者对同一座楼里的电视台记者不屑一顾，偶然抽调电视台帮忙，也想着尽快回到电台。二战结束时的 1945 年，盖洛普的一次民意测验表明，有 61% 的美国人从广播上获知新闻。直到 60 年代初，美国三大广播公司唯一的电视新闻节目，就是 15 分钟的晚间新闻，播出时间在东部 6 点 45 分，为西部观众收看，三个小时后即 9 点 45 分重播。由于当时没有录像带，所谓重播也就是播音员再播一遍。即便是 15 分钟的晚间新闻，在广播公司看来也是可有可无的点缀。对广播记者来说，电视新闻毫无吸引力，论

---

① ［美］威廉·曼彻斯特：《光荣与梦想》，第三册，广州外国语学院英美问题研究室翻译组合译，829 页，北京，商务印书馆，1979。

② 同上，832 页。

作用、论荣誉、论酬金，一切仍是无线电广播数第一。1949年3月4日的《新闻周刊》就写道：电视作为新闻报道的手段是没有争议的，但与报刊和无线电广播相比，电视则像乡巴佬一样落后。1953年，英国广播公司（BBC）的董事会主席也认为："电视新闻影片当然会继续发展，并将引起最广泛的兴趣和关注，但它绝不可能取代广播新闻。"① 在电视走向繁荣之前，人们一般都是将报纸、通讯社、新闻杂志、无线电广播等视为可靠的新闻报道源，而将电视新闻只看作派生的、依附性的东西。有个关于当时电视记者的故事，颇能说明人们的这种态度与看法：

> 一次，当汤姆·佩蒂特在亚拉巴马州的塔斯卡卢撒报道乔治·华莱士企图阻止亚拉巴马大学取消种族隔离的情况时，纽约的一名NBC广播公司的编辑打电话给佩蒂特，要他报道一下这个学校的校长是如何英勇地采取行动的。佩蒂特说："好的，我会弄清楚这一情况的。"这位编辑却说："噢，你不必太费心。你所需要知道的一切都在'美联社电讯'上。"佩蒂特告诉他："你不知道，我坐在塔斯卡卢撒一个劣等旅馆的房间里，我没有'美联社电讯'。"编辑回答说："噢，你可以采用合众社的说法，虽然不太好。"佩蒂特告诉他，也没有"合众社电讯"。于是，这位编辑说："我的天哪！好吧，出去搞一份《纽约时报》吧。这项报道在第23页。"但是佩蒂特告诉他，塔斯卡卢撒禁止发行《纽约时报》。稍微停顿一下，这位编辑怀疑地说："你没有'美联社电讯？你没有'合众社电讯'？你没有《纽约时报》？那么，你他妈的怎么会知道那里在发生什么事？"②

早期电视新闻之所以不受重视，被视为灰头土脸的"乡巴佬"，除了枝繁叶茂的广播这棵大树的遮蔽，更主要的还在于电视新闻的制作费时费力，难以达到迅速及时的新闻报道要求。当时的电视新闻，从拍摄过程到表现手法，都照搬新闻纪录影片的模式，即先用电影胶片拍摄，然后冲洗出来，接着还得试映、剪接等，最后才拿到电视台播出。如果是在国外拍摄，胶片可能迟至一周才能送回国内。结果，所谓新闻往往都是旧闻。由于技术手段限制，对突发性新闻，电视只能望洋兴叹，束手无策。结果，早期的电视新闻多是预先知道的、提前准备的。比如，哪里有什么重要活动时，电视台事前得到通知，然后带上一套笨重的家什早早去做准备。诸如记者招待会、奠基典礼、竞选演说、盛大宴会等，都是电视记者经常光顾的场所。

后来，由于便携式电子摄像机的发明，大大简化了电视新闻的制作过程，才使电视新闻的时效性得以提高。1962年，哥伦比亚广播公司最早使用便携式电子摄像机。

---

① ［英］约翰·埃尔德里奇主编：《获取信息：新闻、真相和权力》，张威等译，263页，北京，新华出版社，2004。
② ［美］芭芭拉·马图索：《美国电视明星》，杨照明等译，103～104页，北京，中国广播电视出版社，1987。

同年，美国的第一颗通信卫星"电星一号"发射成功，进入运行轨道，从而使世界上任何地区发生的新闻，都能通过卫星进行电视直播。这一事件好比第一次在大西洋海底铺设电缆，或第一次越过大西洋传送无线电信号。从此，"再不需要戴黄头盔骑摩托车的人，急匆匆地将未经冲洗的电视片交给态度友好的飞行员了"（白修德《美国的自我探索》）。1990 年，美国学者安德鲁·古德温（Andrew Goodwin），在总结电视新闻的发展历史时写道：

> 综观电视新闻发展的 40 年历程，明显地存在 3 种趋势。第一，电视新闻广播从数量上有了很大的飞跃。诸多英国电视的新进展都是围绕或建立在新闻节目基础之上的，像独立电视新闻 4 频道第四套节目中的重头戏——晨间电视，像美国有线新闻网（CNN）中各种纯新闻有线服务节目。第二，新闻描述的方式日趋普及。与孤芳自赏的"贵族"报纸相比，今天大多数电视新闻的风格与"大众"报纸更加贴近。第三，新闻正像它报道的事件一样变得越来越有争议。[①]

约从 1950 年代中期开始，电视新闻在美国逐渐受人青睐，尤其在政治领域（比如竞选总统），电视新闻的作用日趋显著。1963 年，在美国依靠电视了解新闻的人，第一次超过依靠报纸了解新闻的人。这是一个历史性转变，不妨说标志着电视新闻时代的来临。也就在 1963 年，美国三大广播公司都把晚间新闻的播出时间，从过去的 15 分钟延长到 30 分钟。1963 年，肯尼迪总统遇刺身亡时，美国全国每 10 个人中，就有 9 个人是从电视上获悉这一新闻的。

上一章讲广播的时候，曾经介绍过"广播总统"罗斯福，这里再介绍一位"电视总统"肯尼迪。

3."电视总统"——肯尼迪

约翰·肯尼迪出身名门，毕业于哈佛，亲笔起草的就职演说，堪与林肯、丘吉尔等著名演说媲美，比如：

> 同胞们，不要问你们的国家能为你们做些什么，而要问我们能为我们的国家做些什么；世界各国的人民，不要问美国愿为你们做些什么，而要问我们在一起能为人类的自由做些什么。

肯尼迪是一位充分认识到电视的传播潜力，并充分发挥电视功能的政治家，正如罗斯福总统是一位深谙广播魔力的领导人一样。罗斯福的赫赫政绩，始终与广播紧密相

---

① ［英］安德鲁·古德温等：《电视的真相》，魏礼庆等译，2 页，北京，中央编译出版社，2001。

连。同样，肯尼迪的形象，也与电视密不可分。特别是他在竞选总统时，与对手尼克松进行的几场电视辩论，最为人们津津乐道，成为美国史和新闻史上的桥段。那是 1960年，民主党提名肯尼迪为总统候选人，共和党提名副总统尼克松为候选人。竞选开始后，肯尼迪向尼克松挑战，要求同他在电视上进行公开辩论。当时总统艾森豪威尔建议尼克松拒绝肯尼迪的请求，因为肯尼迪还是个名气不大的参议员，而尼克松在艾森豪威尔任内当过两届副总统，参与过一系列重大的内政外交活动，已是闻名全国的资深政治家。所以，电视辩论只会抬高肯尼迪的身价，提高其知名度，而对尼克松则意义不大。可是，尼克松觉得，如果不接受肯尼迪的挑战，势必在公众心中留下怯阵畏场的印象。于是，美国历史上的第一次总统竞选电视辩论会，便定在 CBS 的芝加哥附属台举行。

当时，肯尼迪年富力强，朝气蓬勃，辩论会之前，才从阳光充足的加州归来，晒得红光满面，显得精神饱满。而尼克松刚得过一场病，面容憔悴，脸色苍白，来参加辩论会时，又不巧在车门上碰伤了腿，真是哭丧着脸走进辩论会场。当主持人问肯尼迪要不要化妆，肯尼迪当即回答："不！"尼克松不甘示弱，也说："不！"这场电视辩论的结果，不用再说也就可想而知：肯尼迪大获全胜，尼克松一败涂地。其实，就他们辩论的具体内容而言，尼克松的表现并不在肯尼迪之下。问题在于，面对电视屏幕，并没有多少人真正留意辩论的内容，大家的注意力大都集中于两位候选人的形象。在屏幕上，肯尼迪神采奕奕，英姿勃勃，一派年轻有为、聪明机智的架势；而尼克松愁眉苦脸，精神不振，加上没有化妆，脸上的络腮胡子黑乎乎一片，十分难看。于是，选民的好感与信任，多被肯尼迪所吸引。事后民意调查也表明，肯尼迪赢得了许多尚未作出决断的选民。赵浩生甚至认为，若不是电视，肯尼迪"根本不会当选"（《漫话美国新闻事业》）。美国传播学者保罗·莱文森（Paul Levinson），在 1999 年面世的《数字麦克卢汉》一书里说得好："1960 年，肯尼迪之所以令人钦佩，不仅是因为他说得漂亮，而且是因为他长得漂亮。"[①] 莱文森的博士导师、媒介生态学的奠基人尼尔·波兹曼（Neil Postman），在反思电视文化的《娱乐至死》（*Amusing Ourselves To Death*）一书里，举了一个可资对比的反例："塔夫脱，我们的第 27 任总统，体重 300 磅，满脸赘肉。我们难以想象，任何一个有着这种外形的人在今天会被推上总统候选人的位置。"[②]

肯尼迪当上总统后，电视自然更成为其宠儿。他经常举行电视记者招待会，同时鼓励内阁成员尽可能利用电视。肯尼迪遇刺身亡时，美国三大广播公司不惜血本，连续四天报道这一事件，中间没有插播一分钟广告，仅此一项三大广播公司就损失 4000 万

---

① ［美］保罗·莱文森：《数字麦克卢汉——信息化新纪元指南》，何道宽译，98 页，北京，社会科学文献出版社，2001。

② ［美］尼尔·波兹曼：《娱乐至死》，章艳译，8 页，桂林，广西师范大学出版社，2004。

美元。美国传播学者丹尼尔·戴扬和伊莱休·卡茨，曾将电视上的"历史的现场直播"分为三种——"竞赛"（contest）、"征服"（conquest）和"加冕"（coronation）。"竞赛"的典型有体育比赛、政治竞选、"水门事件"听证会等，"征服"里包括登月、航天飞行等活动，"加冕"则指各种仪式化的典礼，如葬礼、婚礼（查尔斯迎娶戴安娜）、奥斯卡金像奖颁奖等。[①] 由此而论，肯尼迪的遇刺及葬礼报道，可谓第一次盛大的电视"加冕"。著名的电视节目主持人戴维·布林克利后来写道，"这是我们第一次真正的国葬"。在此之前，电视只报道预先安排的新闻，对总统遇刺这种突如其来的重大事件进行报道还是第一次，至于报道之迅速详尽更是空前未有。从此，"电视新闻达到法定年龄，成熟了"（芭芭拉·马图索）。

二、走向繁荣（1960—1990 年代）

1. 电视新闻大显身手

1960 年代以后，由于电视传播技术的日臻完善，特别是通信卫星的发射成功并投入使用，电视开始由娱乐至上的媒介变为新闻为王的媒介，电视由此走向全面繁荣。据联合国教科文组织的统计，1965 年世界上共有 1.92 亿台电视机，1986 年达到 7.1 亿。[②]这二十余年间，电视不仅完成由黑白到彩色的过渡，而且开始由平面向立体、由无线到有线、由单功能向多功能发展，其中尤以有线电视的发展引人注目。按照 R. 内格林（R. Negrine）等学者 1990 年的划分，有线电视经过四个发展阶段。第一阶段，有线电视仅用于将节目传送到某些家庭，他们由于某种原因而不能直接接收电视信号。第二阶段，有线电视用来转播附近地区的补充信号。第三阶段，有线电视网开始播送无线电视没有的内容，它们通常先由卫星传送到有线电视网，然后再通过电缆进行转播。第四阶段，有线电视系统开始从广告商，或愿意额外付费以获得新电影、体育节目等优质服务的用户那里收取费用，进而为他们提供专门服务，使"广播"（broadcasting）成为所谓"窄播"（narrowcasting）。[③] 以美国的有线电视为例，未来学学家约翰·奈斯比特在1980 年代出版的《大趋势》一书中就写道：

> 全国除了美国广播公司、哥伦比亚广播公司和全国广播公司以外，还有将近五千个有线电视系统作为补充。

---

① ［美］丹尼尔·戴扬、伊莱休·卡茨：《媒介事件：历史的现场直播》，麻争旗译，30 ～ 32 页，北京，北京广播学院，2000。

② ［英］尼古拉斯·阿伯克龙比：《电视与社会》，张永喜等译，91 页，南京，南京大学出版社，2001。

③ 同上，96 页。

有线电视系统就像超级市场。它从四面八方购买节目和服务，然后储存在电视系统频道中。个人订户按月交费，就可以点他们喜欢的节目和服务。……早期的有线电视超级市场只有十二频道展示它们的商品，但是新的系统有一百多个频道。到八十年代末期，有线电视将有二百个频道播放娱乐和服务节目。

……

有线电视所起的作用，远非只是补充三大电视广播公司的不足。1981年夏的一个月，家庭票房（全国一个大收费电视电影网）在黄金时间上演的电影，所吸引的观众第一次超过了美国广播公司、哥伦比亚广播公司或全国广播公司。三大电视广播公司的全国观众比率在1977年就开始下降。现在已不到百分之九十，还将继续下降，到八十年代末，它们的观众比率可能只占百分之五十，因为我们越来越由"广播"走向"专播"。①

如果说前一段电视新闻还只是初试锋芒，宛若小荷才露尖尖角，那么这一阶段电视新闻则开始大显身手，恰似接天莲叶无穷碧。这条发展主线，体现于两点：一是电视新闻的势力迅速扩充，一是节目主持人的地位蒸蒸日上。先谈谈第一点，即电视新闻的情况。

从1960年代起，美国便告别"美梦"——美国梦，进入历史上的多事之秋。如果说50年代对美国人来说，是鸟语花香、莺歌燕舞的时代——除了被志愿军打趴在三八线的痛苦恐怖经历，那么60年代以后，则成为动乱频发、冲突横生的时代。正如一位评论家说的，60年代是美国历史上"乱糟糟的十年"（《一九〇〇年以来的美国史》）。在国外陷入越南战争的泥潭，难以自拔；在国内遭到风起云涌的黑人民权运动的冲击。肯尼迪总统、民权运动领袖与诺贝尔和平奖获得者马丁·路德·金牧师、肯尼迪的胞弟与总统候选人罗伯特·肯尼迪等人相继遇刺身亡，愈发加剧了这个时期的动荡。1968年，时任美国总统的约翰逊，组建了一个"暴力的成因与防范全国委员会"。该委员会发布的15卷报告中，还包括一卷由传播学者罗伯特·K.贝克与桑德拉·J.鲍尔撰写的《暴力与媒介》（*Violence and the Media*），从而成为美国传播研究的一个里程碑。②进入1970年代，美国更加命运多舛，一波未平，一波又起，成天鸡飞狗跳，四处起火冒烟。乃至2001年纽约遭袭、世贸双子大厦轰然倒塌，2003年又接连入侵伊拉克、阿富汗，陷入战争泥淖，直至2021年以二十年时光、数万亿美元、两千大兵性命、数十万

---

① ［美］约翰·奈斯比特：《大趋势——改变我们生活的十个新趋向》，孙道章等译，325～327页，北京，新华出版社，1984。

② Shearon Lowery and Melvin L. DeFleur, *Milestones in Mass Communication Research: Media Effects* (New York: Longman Inc., 1983), p.300.

阿富汗无辜平民伤亡和数百万难民流离失所的"天价"，成功地把塔利班政权换成塔利班政权。

处在多事之秋的电视新闻，犹如二战期间的广播报道，得到了一显身手的天赐良机，也可谓国家不幸电视幸。在这些"乱糟糟"的年代，电视把越南战争的血淋淋镜头和社会骚乱的活生生场景，一一逼真地展现在亿万观众面前。哥伦比亚广播公司新闻部主任爱德华·杰伊·爱泼斯坦，甚至在《凭空而来的新闻》（1973）一书里不无得意地宣称：

> 越南战争是电视报道的"第一场战争"。电视以新颖的方式向广大观众展现了战争的可怕真相。可以这么说（当然应该检查其是否正确）：电视报道是使美国人对这场战争感到幻灭、使许多青年对美国持玩世不恭的态度，并是林登·约翰逊不能连任总统的首要原因。[①]

人们在目睹国内外一幕幕重大事件的同时，也看到电视新闻的巨大能量。从这一阶段起，各大电视台都把重心转向电视新闻，把精力投入电视新闻。在美国，1960 年代初，电视新闻还只能在黄金时间前播出。从 60 年代中期开始，电视中的娱乐节目虽然仍占据黄金时间（美国东部时间大约晚 8 点到 11 点）的相当比重，但新闻节目无疑都已成为各大广播公司的顶梁柱和命根子，就像 ABC 的一位负责人所言："新闻节目是整个电视网凝聚在一起的黏合剂。除非新闻节目独占鳌头，否则整个电视网是绝不会首屈一指的。"

60 年代中期履任的约翰逊总统，在白宫的办公室中就摆放着三台电视机，用来同时收看三大广播公司的电视新闻。一向被视为通天晓的美联社，也建议其记者和编辑在发生重大事件期间监看电视，以免漏掉重要事实。到 80 年代，美国三大广播公司电视新闻部的工作人员，差不多都达到 1 600 人左右，年度预算为 2 亿到 3 亿美元。每天晚上有五六千万的观众，在收看三大广播公司的某家电视新闻，电视终于成为名副其实的大众传播媒介。

下面再看看第二方面，即电视新闻节目主持人的情况。

2. 节目主持人（anchorman）

电视新闻设节目主持人，在开办电视广播的世界各国并不罕见。但是，节目主持人具有那么大的声望与威力，甚至达到一言兴邦的显赫程度，则是美国电视新闻的一大特色。

[①]　[美] 托马斯·戴伊：《谁掌管美国——里根时代》，张维等译，160 页，北京，世界知识出版社，1985。

在美国电视新闻界，节目主持人既是播报新闻的播音员，又是能采会写的大记者，既具有广博的学识，又具有表演的才华。也就是说，一位称职的节目主持人，应该同时具有播音员、记者、学者、演员等多方面的禀赋。对此，CBS的新闻部主任威廉·伦纳德，曾提出新闻节目主持人的四个必备条件：

"物色新闻节目主持人有四个条件，"他说，"三个是新闻业务方面的，一个不是。首先，你必须能在电视上交流，你必须能广播，能撰稿，并且，看上去顺眼。"

"第二个条件是，你在荧屏后面作为新闻记者的能力。你对新闻的判断力如何？你是一位好到什么程度的记者？假若交给你一个工作班子，你玩得转吗？你对新闻敏感吗？你能嗅出即将成为新闻的事物吗？"

"第三个条件是涉及危机时刻的，比如，当你正在现场广播时，当你面临真刀真枪——比如选举，年会，太空发射以及像总统遇刺之类不知从什么地方冒出来的事情而你根本无从准备起时，你能机智地即兴解说得头头是道吗？"

"我认为，这第四个条件是所有四个条件中较不重要的，但仍然不可缺少：一个人在公众面前以及在私生活方面的品格。毕竟，新闻节目主持人是CBS广播公司电视新闻节目和CBS广播公司本身向公众主张什么的最明显的象征。他怎么样？不是说在广播时，而是说作为一个普通人，他表现如何？"①

第四个条件，并非可有可无。因为，节目主持人虽然需要一定的表演才能，但他们与演员有一个本质的区别，即演员本人和他塑造的形象之间可以互不关联，比如在银幕上是位英雄，而在生活里可能是个懦夫。但是，节目主持人则要求表里如一，他的屏幕形象应该符合其生活原貌，不能矫饰，不能做作，更不能伪装。道理很简单，一个表里不一的人，一个说一套做一套的人，是难以让公众认真倾听，更不用说心悦诚服了。

在美国，电视新闻与新闻节目主持人是同时诞生的，犹如一对双胞胎。同电视新闻的成长经历相似，节目主持人的地位也经过默默无闻到赫赫有名的过程，而且这个过程同电视新闻的发展基本同步，正像一对双胞胎的年岁始终一致。

美国第一位电视新闻主持人，是CBS的道格拉斯·爱德华兹（Douglas Edwards）。他从1948年起，主持CBS的晚间新闻节目，直到1962年，前后长达14年。这个节目只有15分钟，名为《CBS道格拉斯·爱德华兹新闻》（*CBS News with Douglas Edwards*）。其内容一方面来自CBS自己制作的节目，包括爱德华兹独自撰写的广播稿，另一方面则是根据一项合约，由赫斯特－米高梅公司的子公司Telenews提供的新闻

---

① ［美］芭芭拉·马图索：《美国电视明星》，杨照明等译，18页，北京，中国电视出版社，1987。

《CBS 道格拉斯·爱德华兹新闻》

影片。爱德华兹的制作班底有 16 个全职人员和 14 个兼职人员，所以《编者与出版者》
（*Editor and Publisher*）杂志某期使用大字标题——"148 个工时生产 15 分钟的电视
新闻"。[①] 下面是 1949 年 4 月 7 日这天播出的新闻条目：

A   国内政治

1   新农场资助计划

2   庆祝建军节

3   杜鲁门仍要增加税收

4   杜鲁门举行每周记者招待会

5   任命新国防部副部长

B   美国的国际关系

6   共和党人阻挠欧洲－恢复法案

7   盟国承认新西德政府

8   增加额外预算以重整欧洲军备

9   在巴拿马签订飞机场援助合同

10   巴西作战部长在西点军校

---

① ［英］约翰·埃尔德里奇主编：《获取信息：新闻、真相和权力》，张威等译，238 页，北京，新华出版社，2004。

C 冷战

11 瑞典承认共产主义者在北方成功

12 冰岛共产主义者发动反对北大西洋公约组织的暴动

13 中国国民党寻求与共产党和平相处

14 联合国即将讨论苏联的神父事件

15 苏联称是俄国人发明了电视

D 国外新闻（冷战以外）

16 地震——福冈（日本）的复兴

E 国内及地方新闻

17 矿工的退休年龄降低到 60 岁

18 纽约举行特别委员会选举

19 纽约市出租汽车罢工仍在继续

20 联邦调查局突袭腐败银行家住宅

F 人情味新闻

21 银行为推着婴儿车的妈妈们开放特殊窗口

22 查尔斯王子 19 周[①]

节目一开始，爱德华兹首先播报了内容摘要，然后说："好，稍后是其他新闻报道。现在是来自我们的赞助者——Oldsmobile 汽车经销商的一个广告。"[②] 在播报苏联的那条新闻时，他带着明显的冷战口吻：

> 好，接下来的事件令人十分震惊，这是我们今晚从莫斯科电台得知的。你们知道，苏联人最近一直胡乱宣称，他们发明了这个、那个，从电话到雪茄。今天莫斯科电台的一条消息声称……准备开始……莫斯科电台的一条消息声称，电视是一个俄国人发明的，他的名字在这里不便提及。好，刚才是来自莫斯科电台的新闻，现在，道格拉斯·爱德华兹代表 Oldsmobile 公司祝大家晚安。[③]

---

① ［英］约翰·埃尔德里奇主编：《获取信息：新闻、真相和权力》，张威等译，240～241 页，北京，新华出版社，2004。

② 同上，244 页。

③ 同上，246 页。

爱德华兹不愿提及姓名的人，叫 Boris·L'vovich Rozing。1911 年，他在电视研究上的一项实验，成为当时众多探索中的一大突破。十月革命前，他在圣彼得堡工学院教数学，他的学生兹沃尔金后来在美国发明了光电摄像管和光电显像管，开创了电视的电子扫描时代。英国学者布莱恩·温斯顿（Brian Winston）认为，称他为电视发明者"比任何人都当之无愧"。①

CBS 的晚间新闻开播后约半年，即 1949 年 2 月，NBC 也开播晚间新闻节目——《骆驼新闻大篷车》（*The Camel News Caravan*）。之所以取这个名字，是因为节目是由生产"骆驼"牌香烟的公司赞助的。《骆驼新闻大篷车》的节目主持人，是约翰·C. 斯韦兹（John C.Swayze）。他原是一位热衷广播新闻的播音员，同当时大多数广播记者一样，开始根本不把电视新闻放在眼里，而只认广播新闻为正宗。所以，当他得知自己将担任 NBC 晚间新闻主持人时，懊丧地说道："哎呀，真倒运啊，现在没有人会听到我的声音了！"事实上，在当时的美国广播界，讥笑电视晚间新闻以及 CBS 的爱德华兹和 NBC 的斯韦兹等，往往成为茶余饭后的一种消遣。在早期的节目主持人中，斯韦兹虽然最为出色，但年薪也仅有两万五千美元。相比之下，1976 年，ABC 的芭芭拉·沃尔特斯（Barbara Walters）成为第一个年薪百万美元的主持人。到 80 年代，最吃香的主持人仅年薪就达 250 万美元，如 CBS 的丹·拉瑟（Dan Rather）。2001 年年底，NBC 的卡蒂·库里克（Katie Couric）同公司续签四年半合同时，年薪已达 1 500 万到 1 600 万美元。库里克主持的早间新闻节目，长期以来一直保持收视率第一的地位，每年为 NBC 带来 2.5 亿美元的收入，另外还为 NBC 的附属台挣下至少 5 000 万美元。

作为电视新闻名记者，斯韦兹自有其过人之处。有一次，当他准备上前采访一位要人时，突然怎么也想不起人家的名字了。于是，他灵机一动，先同对方握手，然后把他引到摄像机前，对他说："您愿意向我们的观众做一下自我介绍吗？"这位要人取下帽子说："我是波士顿的市长詹姆斯·柯利。"斯韦兹马上接说："谢谢您，柯利市长！我深信在您开口说话前，我们的观众已经认出了您。"

每天晚上，斯韦兹主持的晚间新闻最后都有一个长长的、慢悠悠的镜头，上面是一支燃烧着的骆驼牌香烟，一缕轻烟从烟灰缸里袅袅升起……斯韦兹平时也随身带一包骆驼牌香烟，而他并不抽烟。《骆驼新闻大篷车》有句口号，叫"今日新闻今日见"。在办播之初的四五年中，斯韦兹的收视率大大领先于竞争对手，即 CBS 的爱德华兹的晚间电视新闻。后来，由于他的节目收视率明显下降，1956 年 NBC 不得不另请高明，一时间，他的崇拜者包括艾森豪威尔总统都不爽。艾森豪威尔的新闻秘书就曾让 NBC 驻白宫记者转达总统对这一人事变动感到不快的信息。

---

① ［英］约翰·埃尔德里奇主编：《获取信息：新闻、真相和权力》，张威等译，246 页，北京，新华出版社，2004。

　　1952 年，是美国总统大选年。这一年美国诞生了两位明星：新当选的总统艾森豪威尔和 CBS 的电视记者克朗凯特。克朗凯特对当年大选活动的报道引起各界注目，为他日后成为美国最负盛名的新闻节目主持人打下了基础。也就在 1952 年，产生一个新的术语："新闻节目主持人"（anchorman）。当时，CBS 的爱德华兹节目的制片人休伊特（此人后来主持尼克松与肯尼迪的第一次电视辩论），在准备大选的电视报道时觉得：CBS 的电视演播间需要配备一位得力记者，以便汇总、播报、点评各地传来的消息。他把这种安排比作田径中的接力赛，最强的队员跑最后一棒，这就是所谓"anchorman"——这个词的本义就是田径接力赛的最后一棒。后来，这个词便一直沿用下来，而克朗凯特就成为第一个所谓的"anchorman"——新闻节目主持人。

　　不过，从歌舞升平的 50 年代到动荡不安的 60 年代，美国最有名望的电视新闻主持人，还属 NBC 的一对搭档——切特·亨特利（Chet Huntley）和戴维·布林克利（David Brinkley）。他俩于 1956 年接替斯韦兹成为 NBC 的晚间电视新闻主持人，直到 1970 年亨特利退休。他们共同主持的新闻节目不仅在收视率上一直领先，为 NBC 赢得数以百万计的电视观众，同时也提升了节目主持人的地位和身价。1974 年，当亨特利死于癌症时，布林克利曾对观众谈到，青年人常常对他们说："我是在你们面前长大的。"

　　1956 年，亨特利和布林克利的电视双簧，在报道共和党与民主党大会时登台亮相。当时，NBC 的制片人为《亨特利－布林克利报道》（*Huntley Brinkley Report*）设想了一个结束语："晚安，戴维；晚安，切特。"这句结束语遭到他俩一致抵制。因为他们觉得，这句话听起来有点故作多情，像是两个同性恋者。但制片人坚持己见，他俩只好同意先试一两周再说。不料，节目一播出，竟大受欢迎，许多电视观众都跟着模仿，结果这句结束语居然成为流行的时髦语。他们的这出对手戏演到 1958 年，便超过 CBS 的爱德华兹，在收视率上开始领先。1959 年，这个节目得到德士古石油公司的资助，改名为《德士古亨特利－布林克利报道》。到 1960 年，NBC 的这对搭档已是名闻遐迩，吸引了 51% 电

亨特利和布林克利

视观众，超过 CBS 的 36% 比例，更把 ABC 的 13% 比例远远甩在后面。1964 年，布林克利自负地说："我说是新闻就是新闻。按照我的标准值得了解的事就是新闻。"①

　　从此，电视新闻便进入"一个新的时代，一个首先强调声望的时代"（芭芭拉·马

---

① ［美］托马斯·戴伊：《谁掌管美国——里根时代》，张维等译，161 页，北京，世界知识出版社，1985。

图索）。以他俩为开端，节目主持人也开始明星化，一举一动都可能成为谈资。一次，有人在 NBC 的男厕所里挂了一个牌子，写道："请勿将烟头扔进小便池。"喜欢恶作剧的布林克利便在上面加了一句："这样会使烟头湿透，不易点燃。"1968 年，威廉·惠特沃思在《纽约客》杂志上撰文说：

> 亨特利和布林克利……早已不再仅仅是新闻记者，他们成了名人，他们在美国大众文化中的地位，堪与诸如布兰查德和戴维斯、艾博特和科斯特洛、罗伊·罗格斯和特里格，以及麦吉和莫利等几对不朽的人物媲美。[①]

美国三大广播公司的电视新闻，以 CBS 的爱德华兹为先导，随后 NBC 的斯韦兹紧追不舍，到亨特利与布林克利时终于遥遥领先。眼见 NBC 一路领先，向来以广播新闻称雄天下的 CBS，自然不甘落后，于是奋起直追。到 60 年代中期，CBS 终于爆出一位声威赫赫、大名鼎鼎的新闻节目主持人——沃尔特·克朗凯特。

3. 沃尔特·克朗凯特（1916—2009）

沃尔特·克朗凯特（Walter Cronkite），是美国最负盛名的电视新闻节目主持人，他的名字几乎成为电视新闻的代名词，就像默罗成为广播新闻的同义语。在美国，他不仅使节目主持人享有同各路明星相比有过之而无不及的声望，而且还使新闻节目主持人拥有指点江山、扭转乾坤的权威。美国前国务卿、哈佛大学教授亨利·基辛格说："当想表达一个观点时，我打电话通知的第一批人中就有克朗凯特。"[②]

克朗凯特上大学时就痴迷新闻，没有毕业就到奥斯汀的一家报馆当记者。在此期间，他干了一件弄巧成拙，让人啼笑皆非的事情。这件事情在他的自传《记者生涯》（*Reporter' Life*）里也有记述：

沃尔特·克朗凯特

> 一位有地位的已婚男子同一个年轻女士一起在车祸中丧生，而她不是这位男士的妻子。我来到这位女士位于市区非高等住宅区的简陋家中，家里一个人也没有。当时的治安状况是可以夜不闭户的，所以前门没有上锁。透过纱门我可以看到在壁炉台上放着一个年轻女士的照片。要是我不拿的话，《纪事报》的人也肯定

---

① ［美］芭芭拉·马图索：《美国电视明星》，杨照明等译，84 页，北京，中国电视出版社，1987。
② 同上，126 页。

会把它偷走的。于是我采取了新闻防卫措施，把它偷了出来，本地新闻编辑得意地把它刊登在了头版的显著地位上。

只有一个小差错。我找错了门。那是她的邻居的照片。不过奇怪的是，我既没为这事被逮捕，也没被开除。按说这两种惩罚我都罪有应得。[①]

默罗进入 CBS 的 1937 年，克朗凯特成为一名合众社记者。1942 年，他被合众社派往伦敦任随军记者，他的上司就是后来《纽约时报》的名记者、《长征：闻所未闻的故事》一书的作者哈里森·索尔兹伯里（Harrison Salisbury，1908—1993）。二战中，克朗凯特与默罗一样，常常冒着枪林弹雨采访战地新闻，他曾乘坐盟军轰炸机飞临柏林进行报道。有一次，65 架飞机中，有 13 架被击落，他的同伴、《纽约时报》的记者鲍勃·波斯特遇难，他则侥幸脱险。在

突出部战役

著名的突出部战役（the Battle of Bulge）期间，他又随巴顿的装甲部队驰援巴斯托尼，在市郊发出一篇现场报道。当时，他钻出吉普车，缓慢地、艰难地向一个马棚爬去，好不容易叫住一位大兵，匍匐着过去，终于可以和人家交谈了。他的访谈方式，是典型的"大兵记者"厄尼·派尔的风格：

喂——士兵——姓名——家乡？
士兵回答："喔，克朗凯特先生，这些你当然应当知道了。"
"为什么呢？"克朗凯特问道。
"咳，先生"，这小家伙说，"我是你的司机呀！"

克朗凯特的勇敢与才干，引起默罗的注意和赏识。默罗三番五次想把他拉进 CBS，还诱以每周 125 美元的高薪，另加外快。当时克朗凯特在合众社的周薪是 67 元，于是就同意了默罗的邀请。合众社听说后，马上将其周薪提到 93 元，这在合众社的记者中，已是相当高的工资。克朗凯特一时受宠若惊，加上他本来并不愿意离开通讯社，于是只好谢绝默罗。战后，克朗凯特留在欧洲，先任纽伦堡审判的首席记者，后任合众社驻莫斯科分社的社长。1948 年，他的周薪达到 125 美元，在全社记者中名列第一。但他还是经不住一家电台提出的 250 元周薪的诱惑，离开合众社，投入广播界。

---

① ［美］沃尔特·克朗凯特：《记者生涯——目击世界 60 年》，胡凝等译，55 页，南京，江苏人民出版社，1999。

1952 年，克朗凯特在报道总统大选中崭露头角，引起瞩目。《时代》周刊在一篇文章里称赞他："语言流畅的沃尔特·克朗凯特娓娓道来，他播送的评论和消息明晰易懂。"[①]1962 年，他又接替干了 14 年的爱德华兹，成为 CBS 晚间电视新闻的主持人。不久，一桩突如其来的重大新闻，使他一举成名。

1963 年 11 月 22 日，肯尼迪总统在达拉斯市突然遇刺。最先在电视上报道这一重大新闻的就是克朗凯特：

> 克朗凯特这次青史留名几乎纯属偶然。当时，几乎所有 CBS 广播公司新闻部的工作人员都已外出吃午饭。通常播送公告的哈里·里森勒那天去林迪饭店了。另一个可能承担这一任务的人是记者查尔斯·科林伍德。此时，他正在意大利饭馆与 CBS 广播公司新闻部的总经理兼副主任布莱尔·克拉克共进午餐。但是，克朗凯特通常在自己的办公桌旁吃午饭，那天的午餐很简单：松软的白干酪和罐头菠萝。当快吃完的时候，一位编辑突然闯了进来，手里挥舞着一份电讯稿，喊道：总统遇刺了。克朗凯特一把抓过新闻简报说："见鬼，还编写什么，我这就播送。"在这种时候，即便是饱经风霜的行家也很难掩盖自己的激动之情。"我不能慌乱，"克朗凯特回忆他当时想的是，"我必须控制住自己。"尽管有几次险些失控，但他凭着自己的职业功底，在大量简报内容互相矛盾的情况下，尽可能连贯地报道了达拉斯的情况。[②]

正巧那天，CBS 有一支庞大的电视采访队伍也在达拉斯市，所以 CBS 始终可以播出事态的最新发展。当时 CBS 的一位电视记者丹·拉瑟，通过达拉斯市抢救总统的医生，最先获得肯尼迪不治身亡的消息，而这位丹·拉瑟后来成为克朗凯特的接班人，同样红极一时，炙手可热。2004 年总统竞选期间，他还曾播出了小布什越战期间逃避兵役的文件，一时引起轩然大波。

克朗凯特在报道肯尼迪遇刺事件上声名鹊起。此后，他又为总统选举、越南战争、种族冲突、空间飞行、水门事件等许多重大问题，主持过几十次出名的专题报道，逐步确立了他在美国电视新闻界首屈一指的权威地位。在他耀眼夺目的电视记者生涯中，最辉煌的高潮当数 1969 年主持的"阿波罗"号航天飞机载人登月的报道。当时，全世界有八亿多电视观众通过卫星转播，收看到他主持的这次登月节目，在国际间产生巨大反响。阿波罗号机长阿姆斯特朗登上月球，迈出第一步后，说了句有名的话："对一个人来说，这只是一小步；但对人类来说，这却是一大步。"阿姆斯特丹的名言给人留下

---

①　［美］沃尔特·克朗凯特：《记者生涯——目击世界 60 年》，胡凝等译，198 页，南京，江苏人民出版社，1999.

②　［美］芭芭拉·马图索：《美国电视明星》，杨照明等译，127 页，北京，中国电视出版社，1987.

深刻印象，而主持登月报道的克朗凯特也同样名扬天下。在这次登月壮举的实施期间，CBS连续报道30个小时，其间克朗凯特除3个小时不在，其余时间始终坚守岗位，气不嘘喘，面不改色，用简洁流畅的语言，夹带着纯朴动人的乡音侃侃而谈。后来，他又主持过一系列宇航报道，被公认为空间报道的权威。他为航天报道所做的大量笔记，后来被CBS翻印出来，下发有关记者作为报道参考。

1968年，CBS的著名制片人唐·休伊特（Don Hewitt），创办了有名的电视杂志节目《60分钟》（*60 Minutes*），并由克朗凯特担任节目主持人。数十年来，《60分钟》一直名列美国最受欢迎的十大电视节目，用休伊特在自传《给我讲一个故事》的说法："《60分钟》成功的公式是简单的，它可以就简化为几个字，这几个字是世界上所有的儿童都知道的，那就是：给我讲一个故事。"① 既然是"讲述"（tell），那么对电视"观众"来说，重要的就不是"看"，而是"听"——这正是《60分钟》的一大特色与追求。我们知道，一般来说，电视总以画面取胜，所以，"看"电视便成为天经地义的事情，为了吸引"观众"，电视节目也总是在画面上做文章。然而，休伊特在创办《60分钟》时，却独具只眼，另辟蹊径，发现电视新闻的要义不在画面，而在叙事，不在看而在听：

> 最好的留住观众的方法是——与其抓住观众的眼球，不如抓住观众的耳朵。这就是《60分钟》与后来的追随者不同的原因，是《60分钟》近1/4世纪以来一直名列10大电视节目之一的原因。我们坚信，在每个星期天，观众收看我们的节目是因为我们的故事而不是因为我们的画面。②

克朗凯特长得方面大耳，仪表堂堂，"给人印象最深的，是他一脸和蔼可亲，稳重可靠的忠厚之相，使人不但感到他说的什么话都可信，甚至感到即使是假话你也愿意相信他"（赵浩生）。克朗凯特在每晚广播结束说，总要轻松地说一句："就是如此（And that's the way it is）。我是沃尔特·克朗凯特，晚安！"大家听到这里就像听了催眠曲，开始安心入睡，似乎今晚整个世界不会再有什么事端了。在他的主持下，CBS的电视新闻声名远播，被誉为"大事记广播"，就像《纽约时报》被当作"大事记报纸"。从1960年代中后期到1981年克朗凯特退休，CBS的收视率在美国三大广播公司中一直保持第一。与此同时，节目主持人也一跃成为美国广播新闻界的超级明星。

1972年，克朗凯特与CBS的大老板威廉·佩利一道随尼克松总统访华，成为第一批踏上新中国土地的美国记者。1981年，年满65岁的克朗凯特宣布退休，至此他主持CBS的晚间新闻将近20年，成为美国资历最长的一位电视新闻主持人。从1981年至

---

① ［美］唐·休伊特：《60分钟：黄金档电视栏目的50年历程》，马诗远等译，"序言"，III页，北京，清华大学出版社，2004。

② 同上，87页。

1991 年，10 年间 CBS 将付给克朗凯特 2 500 万美元的巨款。1984 年，亚利桑那州立大学经克朗凯特同意，将其新闻学院冠名为沃尔特·克朗凯特新闻与大众传播学院（The Walter Cronkite School of Jourmalism and Mass Communication）。

4. 收视率与主持人

美国的电视新闻节目主持人，为什么具有如此巨大的威力与影响？广播公司为什么如此看重主持人？其中究竟有什么因素在起作用？这些问题纵横交错，一言难尽。既可以从主持人自身的相貌、气质、风度、学识等方面探根究源，也可以从美国人追捧明星、尊崇自我的社会心理上寻找答案，还可以从美国盛行的"捧红"传统中说明问题。不过，主持人之所以成为美国电视的一大特色，关键还在于美国广播事业的商业性质，以及营利第一、赚钱至上的模式与方略。

前面曾经说过，美国的广播电视体制属于私有商营，这种体制从根本上决定了广播公司的宗旨并不在于新闻，而在于利润。其中，主要的生财之道来自商业广告，广告的价钱又以收视（听）率的高低来计算：收视（听）率越高，广告费就越高。所以，广播公司都把收视（听）率看成命根子，拼命追求收视（听）率，想方设法让更多的人收看（听）自己的节目。

对电视网来说，决定收视率高低的关键因素在于电视新闻。一般的研究和常识的感觉都表明，假如观众认可电视新闻，那么也会对其他节目发生兴趣，反之亦然。举例来说，香港的凤凰卫视中文台，最初以娱乐节目为主打内容，结果一直不温不火。后来，当它开始主攻新闻节目，并且接二连三地在重大新闻报道上取得佳绩后，凤凰卫视才成为全球华文媒体的新锐劲旅。另外，特别重要的还在于，强有力的晚间新闻节目，将决定观众在黄金时间首先打开哪个频道。这样一来，获取利润的商业动机，便由收视率落在电视新闻上。

电视新闻节目固然也能赚钱，比如克朗凯特的晚间新闻插播的广告，曾达到每 30 秒 4 万美元的标准。然而，新闻节目的主要目的，并不在于营利，而在于闯牌子、抓眼球、赢观众、博声誉，从而支撑其他节目的收视率。于是，商业化的电视网，便形成表里不一的双重标准。表面上，它光明正大，堂堂正正，主持社会正义与公道；而背地里，却又处心积虑地算计着，如何从大家的腰包中赚取更多的金钱。对于这个问题，CBS 的一位经理，曾向新闻部负责人作过生动概括：

> 他们对我说："用你肮脏的小手，抓收看率，尽可能地捞钱。"他们对你说："用你洁白的手，尽你的力量，干冠冕堂皇的事情，为我们赢得声誉。"①

---

① ［美］芭芭拉·马图索：《美国电视明星》，杨照明等译，101 页，北京，中国电视出版社，1987。

在这个过程中，广播公司都把赌注押在节目主持人身上，电视网老板们像邪了门一样，相信万事的兴衰取决于节目主持人的成败："节目主持人逐渐成为决定一家电视网成败的唯一关键性人物。新闻记者的和制片人的事业，系于节目主持人的一言九鼎。节目主持人一不高兴，甚至大老板们也发不成财。"① 如此说来，广播公司追逐利润的动机，先从收视率落实到电视新闻，再由电视新闻聚集到节目主持人。于是，节目主持人仿佛成为收视率的核心与关键，主持人的优劣成败便决定着收视率的起伏升降，因而也就制约着利润指标的变化曲线。所以，20世纪60年代以来，新闻节目主持人逐渐成为美国各大广播公司的焦点人物。

为了罗致优秀的主持人，三大广播公司都不惜重金与血本，互挖墙脚也屡见不鲜。比如，ABC曾用300万美元的年薪和高位，拉拢克朗凯特的接班人、CBS的丹·拉瑟。为提高主持人的名气，广播公司也是挖空心思，大捧特捧主持人，就像好莱坞抬举电影明星一样。第一位享誉美国的女主持人芭芭拉·沃尔特斯，首次在ABC登台露面时，ABC竟动用喷气式飞机，在波士顿上空划出"芭芭拉，ABC"的巨大字样。

尽管节目主持人炙手可热，一言九鼎，连总统有时都敬畏三分，但其价值其实全都系于收视率。克朗凯特从亲身经历中懂得，自己无非是收视率的化身，收视率一旦下降，老板绝不会怜悯，马上就会让你靠边。所以，节目主持人最关心的，都是节目的收视率。办好节目，抢到新闻，赢得好感，为的都是一个目的——收视率。托马斯·戴伊在《谁掌管美国——里根时代》一书中，毫不客气地指出：

> 美国人究竟能看到和听到关于世界的什么消息，这取决于各大广播系统的高级官员——总裁、董事长、制片人和主编。为人赏识的广播员——丹·拉瑟、罗杰·马德、约翰·钱塞勒、戴维·布林克利、托姆·布罗考、巴巴拉·沃尔特斯——只是照念摆在他们面前的稿件。②

当然，也应该看到，随着节目主持人的声望日益提高，地位日益显赫，再加商业社会竞争激烈等因素，广播公司已经感到自己亲手塑造的节目主持人，越来越难以驾驭，越来越不服管束，"节目主持人一不高兴，甚至大老板们也发不成财"（芭芭拉·马图索）。这使人想起雪莱的妻子、玛丽·雪莱的科幻名作《弗兰肯斯坦》（Frankenstein）。弗兰肯斯坦是小说主人公自己制造的一个怪物，而这个怪物后来竟把自己的主人干掉了。芭芭拉·马图索在《美国电视明星》一书的前言中，对美国电视新闻主持人作了入木三分的剖析：

---

① ［美］芭芭拉·马图索：《美国电视明星》，杨照明等译，318页，北京，中国电视出版社，1987。
② ［美］托马斯·戴伊：《谁掌管美国——里根年代》，张维等译，164页，北京，世界知识出版社，1985。

今天，《晚间新闻》节目主持人非常强大而有威力，能够导致记者们走红或失宠，能够颠覆他们名义上的上司一生的事业。……

在过去几年中，电视节目主持人的财富和影响飞速增长——这是电视网新闻节目承受日益增长的商业压力所导致的局面。现在，赌注如此之高，明星级的新闻记者如此奇缺，拼命挣扎的电视网只好在酬金和编辑特权方面作出 10 年前难以想象的让步。然而，当前出现的这种局面的种子却播自美国广播事业诞生之日。新闻节目主持人的胜利，事实上是一个除了需要最大利润以外几乎完全不受任何其他约束的社会中合乎逻辑的产物。①

三、突飞猛进（1980 年代以后）

1980 年代以来，世界政治跌宕起伏，全球格局风云变幻，经济危机此起彼伏，高新技术一日千里。与此同时，电视媒体也是突飞猛进，席卷天下，五花八门的技术样式与节目形态，一波一波，目不暇接。如果说此前还有一条电视新闻异军突起的主线，那么此后电视领域则如群雄并起，列国纷争，难以分清"谁主沉浮"了。2000 年，联合国教科文组织统计研究所在一篇报告里写道：

在过去的一个世纪，电视产生的社会影响可能最大。由于有线和卫星传送以及地方频道的发展，再加上从模拟发射向数字发射的转变，电视的主导地位很可能还会持续很长时间。在过去 30 年中，电视机的总量在发展中国家增加了 55 倍，密度（与总人口的比例）约增加了 16 倍。南北在电视方面的差距小于在其他媒体方面。②

以美国为例，80 年代以来，引人注目的发展有两项，一是 CNN 等全天候新闻媒体的崛起，二是包括影视媒体的大规模并购。前者关乎电视新闻，后者涉及电视产业，都集中体现了新旧世纪之交电视的总体格局与演变态势。

1. CNN 的崛起

1981 年，美国总统里根在一次公开场合突遭枪击。消息传来，举世关注。当时，电视上最先报道这个突发事件的，是一家名为 CNN 的媒体。何为 CNN？人们不禁发问。而今恐怕没人再问这样的问题了，因为 CNN 早已成为"新生代"电视新闻的标志。

CNN 是美国有线电视新闻网（Cable News Network）的简称，是全球第一家全天候

---

① ［美］芭芭拉·马图索：《美国电视明星》，杨照明等译，"前言"，3～4 页，北京，中国电视出版社，1987。
② 张穗华主编：《媒介的变迁》，70 页，北京，中国对外翻译出版公司，2002。

播报新闻的电视台，1980 年开办于亚特兰大。亚特兰大是美国南部佐治亚州的首府，南北战争期间是南方邦联的重要基地，可口可乐公司就设在这里。作为独树一帜的电视新闻网，CNN 源于美国电视界传奇人物特德·特纳（Ted Turner）的构想。这位"南方的喉舌"与"暴躁的上尉"是个精明的、富有冒险精神的商人，他的现任妻子是好莱坞影星简·方达，即老牌影星亨利·方达的女儿。从他下面这段话里，人们不难听出一种近乎自大的期许：

> 关于人在一生中所能实现的成就，我努力去创造一项空前的纪录，那样将会使你与许多伟人并列：亚历山大、拿破仑、甘地、耶稣、穆罕默德、释迦牟尼、华盛顿、罗斯福和丘吉尔。①

特德·特纳

前面说过，在电视发展的早期阶段，电视新闻只是一个可有可无的点缀，美国三大广播公司的晚间电视新闻只有 15 分钟，1960 年代以后才增加为 30 分钟。后来，电视新闻越来越受到青睐，成为广播公司成败得失的关键。但是，若让一家广播公司全天候播送新闻，而且只播送新闻，对当年的观众来说，还是不免感到匪夷所思。而特德·特纳敏锐地意识到，面临或身处信息时代，人们对信息的需求势必越来越迫切，加之多年来影视与图像的熏染，人们越来越痴迷于、依赖于影像世界。所以，开办一家新闻台，将世界各地发生的种种新闻，及时地、源源不断地呈现在观众面前，就成为顺理成章的事情。于是，CNN 抢占这个历史先机，在全球率先推出一周 7 天、一天 24 小时的滚动新闻播报。

事实表明，CNN 并未如人预计的那样无疾而终——确实，惯性思维难免质疑：谁会一天到晚尽看新闻呢。结果，在 80 年代以来的一系列重大事件中，CNN 以不间断滚动直播的新闻报道，逐步确立了其品牌。比如：

> 1985 年，贝鲁特。美国环球航空公司一架客机遭劫持。但是，另一件事造成了更大的轰动效应，这便是美国电视网"有线新闻网"（CNN）在贝鲁特机场组织了出色的新闻报道。CNN 连续 17 天在现场组织了日夜不停的新闻报道。由于有五颗卫星的转播，全球任何一个角落都能收看到图像，也都感受到它的影响。成功的新闻报道本身也便成了一大新闻。

---

① ［英］露西·金-尚克尔曼：《透视 BBC 与 CNN：媒介组织管理》，彭泰权译，91 页，北京，清华大学出版社，2004。

　　1991 年，莫斯科。CNN 抢先报道戈尔巴乔夫辞去共产党总书记的职务。但是，在此之前这家电视台报道了推倒柏林墙的情景，已经确立了在国际新闻报道中的领先地位。①

　　CNN 的崛起不啻一场新闻领域的地震，引发了全球震动，对电视媒介、电视新闻、电视理论等更产生广泛影响。有人认为，CNN 重新界定了新闻的概念。新闻在过去是指已经发生的事情，而 CNN 则把新闻变成正在发生的事情。概括起来，CNN 的核心理念有三点：

　　第一，它会 24 小时不间断地播报新闻；第二，它的目标是全球性的——CNN 会从世界任何一个角落向全球播报新闻；第三，它的新闻报道将是现场的——CNN 会在新闻事件发生时，而不是发生后播报新闻。②

　　阿尔及利亚社会学家兼记者蒙尼·贝拉赫（Mouny Berrah），在为联合国教科文组织《信使》杂志撰写《不停播放的新闻》一文中也说，CNN"帝国"有两块基石，"一块是重要新闻，一块是国际报道"，而其竞争对手对这两者都估计不足。③为了培养 CNN 的所谓全球视野，特纳对报道中的遣词用语，都提出相应要求。比如，他曾在 1993 年专门说道：

　　我不允许这里的员工和在亚特兰大的员工使用"FOREIGN（外国）"这个词，……因为"FOREIGN"的意思就是外星人，像 ET……为了禁止在谈到这个星球上的其他国家和其他人民时使用这个词，在 CNN 内部我们实行了"罚款"……我认为我们都是邻居，不应该是"外国事务"，而应该是"国际事务"。④

　　这里，一方面，应该承认 CNN 的创新之举，一些新闻传播的新理念、新手段，也值得认真学习借鉴，中央电视台 2003 年开播的新闻频道也源于 CNN 的经验。另一方面，如同之前分析的类似问题，也应透过现象看本质，本质在于 CNN 归根结底代表着美国的核心利益，体现着美国的核心价值，成为美国全球霸权中毫无疑义的"文化霸权""新闻霸权"，而不管 CNN 自己怎么宣称、怎么认为。埃及一位将军的话，同样适用于此：有地儿就有中国人，哪儿乱必有美国鬼。数十年来，美国在全球制造挑起的一桩桩、一件件战争、动乱、灾难、杀人越货、欺行霸市，等等，若让深受其害的几亿乃至几十亿

①　张穗华主编：《媒介的变迁》，91 页，北京，中国对外翻译出版公司，2002。
②　[英] 露西·金－尚克尔曼：《透视 BBC 与 CNN：媒介组织管理》，彭泰权译，87 页，北京，清华大学出版社，2004。
③　张穗华主编：《媒介的变迁》，91 页，北京，中国对外翻译出版公司，2002。
④　[英] 露西·金－尚克尔曼：《透视 BBC 与 CNN：媒介组织管理》，彭泰权译，169 页，北京，清华大学出版社，2004。

的各国人民都能发声，岂止是罄竹难书，而这一切 CNN 也脱不了干系。

CNN 的宣示、追求及特征，起初令人耳目一新，也使电视新闻发生革命性变革。不过，当 CNN 的冲击波过后，人们不由反思这种现买现卖、前不着村后不着店的新闻及其意义。就像蒙尼·贝拉赫论述的：

> 电视疯狂追求速度的那股劲也传染了报界。为了迎接挑战，报纸因为缺乏证据而扣发消息的情况日益减少，编辑们宁可先登出来，然后加上"据未经证实的报道……"这类流行的套话。电视还形成了一种特别的报道风格，偏重感情色彩浓烈的现场报道，忽视分析和反思。这也给报纸带来了压力，使其不得不改变报道新闻的方式。现在有许多文章读起来像电视剧本一样，里头塞满了耸人听闻的词句、悬念、细枝末节、倒毙之类的东西。结果，曾被视为权威公正的报章，除少数不改初衷外，均和电视画面一样，成了过眼烟云。记者也不再是冷静的观察者，倒和电视摄像机一样，成了事件的见证人。[①]

简言之，CNN 滚动播报的电视新闻，在追求及时、逼真与现场感之际，往往忽略事实之间的联系与意义，使整个世界看上去如同一场没完没了的情景喜剧。对此，客气点儿说，是一闪一闪亮晶晶，满天都是小星星，不客气地说，就是东一榔头，西一棒子，鸡零狗碎，鸡飞狗跳。当然，这也正是资产阶级新闻业的突出特征，包括好奇心、新闻欲等唯心主义新闻理论，即用没完没了、鸡毛蒜皮、互不相干的现象及其"故事"，有意无意地遮蔽、回避、掩盖资本主义社会的核心问题与基本矛盾，就像列宁一针见血指出的：

> 报刊受资本的支配，拿一些耸人听闻的政治上的琐事供"小百姓"消遣，用保护"神圣财产"的"商业秘密"掩盖作坊中、交易中以及供应等等活动中的真实情况。[②]

2. 媒体聚合

若干媒体按照某种方式组合起来，形成一个庞大的"集团军"（group），就叫媒体聚合。这种聚合之势，早在一百多年前就随"垄断资本主义"的诞生，而兴起于新闻传播领域。实际上，媒体聚合同样属于资本环境中的竞争与兼并，大鱼吃小鱼。由于当时的媒体主要是报纸与杂志，所以聚合而成的集团就称为"报团"（newspaper groups），即今天说的报业集团。20 世纪初，欧美一些报业巨头组建了最早的一批报团，如美国

---

① 张穗华主编：《媒介的变迁》，92 页，北京，中国对外翻译出版公司，2002。
② 《列宁专题文集·论社会主义》，99 页，北京，人民出版社，2009。

的斯克里普斯－霍华德报团（Scripps Howard Newspapers）。不过，同后来世界级媒体大鳄相比，这些报团实在是小巫见大巫。这也体现了垄断资本主义即帝国主义的演化趋势：从地区垄断到国家垄断，进而到全球垄断。30 年代，广播媒体兴起以后，开始加剧媒体聚合之势。比如，1931 年，美国的两大广播网——全国广播公司和哥伦比亚广播公司，已占有美国电台总功率的 70%，同时全国 97% 的晚间节目也都由其提供。[①] 二战之后，由于美国综合国力的空前提升，媒体聚合的规模与势头更为突出。以报业为例：

> 二战结束后，报业连锁经营的趋势加速发展。目前，美国前五名大报系包括《纽约时报》公司，甘耐特公司，奈特·里德公司，纽豪斯报业公司和论坛报公司。
>
> 甘耐特报业公司就其报纸的发行量而言是第一大报系，拥有《今日美国》等 4 份全国性报纸和 100 余份地方报纸，在英国拥有 16 家报纸。甘耐特报业在美国的发行量总计 720 万份，在英国 60 万份。该公司还拥有近 15 家电视台及 10 余家其他公司，服务内容包括信息业、广告业和印刷业。它的电视台在美国的市场占有率大概为 18%。[②]

1983 年，美国学者本·巴格迪金（Ben Bagdikin），出版了一部反响热烈的著作《媒体垄断》（*The Media Monopoly*），揭示了 50 家大公司如何主导美国媒体的内幕，涉及报纸、书籍、杂志、电影、广播、电视、有线电视及音乐等。当时，最大的媒介并购案，来自甘尼特报业集团（Gannett of Combined Communication Corporation），价值 3.4 亿美元。

这种兼并、聚合与垄断的势头，到 20 世纪末又掀起新一轮高潮，形成全球范围的媒体聚合即媒体垄断。"自 20 世纪七八十年代以来，媒体发展的主导性趋势——90 年代这个趋势进一步地加快了——是媒体所有权的集中。"[③] 以英国为例，积极推行"新自由主义"的撒切尔政府，大刀阔斧地将市场引入媒体，取消诸多限制："主要的政策性变化是：取缔对所有权的限制；放宽对电视台行为的一些限制；促使英国广播公司向商业化迈进。"[④]1996 年，美国国会通过一部新的《电信法》（*Telecommunication Act*），更成为世纪末这股滔天巨浪的一大波峰：与 1934 年《通讯法》相比，1996 年新电信法的主要特点是：

---

① ［美］罗伯特·W. 麦克切斯尼：《富媒体 穷民主》，谢岳译，268 页，北京，新华出版社，2004。
② 张巨岩：《权力的声音：美国的媒体和战争》，242～243 页，北京，生活·读书·新知三联书店，2004。
③ ［美］罗伯特·W. 麦克切斯尼：《富媒体 穷民主》，谢岳译，24 页，北京，新华出版社，2004。
④ ［英］尼古拉斯·阿伯克龙比：《电视与社会》，张永喜等译，110 页，南京，南京大学出版社，2001。

　　首先，放宽了对广播电台、电视台所有制的限制，例如，废除了以往一个广播公司最多只能拥有 12 家电视台的数目限制，允许业主在一个市场内同时拥有广播电台、电视台；同时拥有无线电视网和有线电视系统，将广播电视执照的拥有期限从以往的 7 年、5 年一律延长到 8 年。其次，打破了媒介种类的限制和隔绝，允许电话公司参与有线电视市场的节目竞争，促进电话行业和有线电视之间的相互渗透与合作。①

　　总之，这部法案的核心就是"解除管制"（deregulation），它打破了以往媒体之间的经营壁垒，使跨媒体的并购合法化，从而引发一浪高过一浪的大兼并、大聚合。一位观察家就说道，它打开了媒体聚合的"潘多拉盒子"。事实上，这部关系重大的法案本身，就是保守的美国共和党议员根据传媒大亨的旨意拟订的。② 于是，2000 年，《媒体垄断》的最新版本问世时，原来所说的 50 家大公司已降到 6 家，而且均被 1999 年《财富》（Fortune）杂志列入世界五百强企业，即通用电气（General Electric）、维亚康姆（Viacom）、迪斯尼（Disney）、贝塔斯曼（Bertelsmann）、时代华纳（Time Warner）和新闻集团（News Corp）："这个国家最有影响的新闻、评论和提供日常娱乐的机构被 6 家大型跨国公司控制，其中 2 家是外国公司。即使考虑到互联网戏剧般地进入和由此带来的数不清的新公司，这屈指可数的几家美国和外国公司在他们的规模和传播能力上已经超过了这个世界上曾有的和现存的任何组织和机构。他们在全球建立起来的错综复杂的关系网已经使他们成为国际性的卡特尔。"③1998 年，当有人说一家德国公司不应该分别掌握美国图书出版和音乐市场 15% 的份额时，贝塔斯曼的首席执行官托马斯·米德尔霍夫（Thomas Middelhoff）大发雷霆。他说："我们不是外国公司，我们是国际公司。我是一名拥有德国护照的美国人。"2000 年，米德尔霍夫干脆宣布，贝塔斯曼将不再是一家德国的公司："我们是最全球化的传媒公司。"同样，美国在线－时代华纳的杰拉尔德·莱文（Gerald Levin）也宣称，"我们不希望被看作是一家美国公司。我们具有全球视野"。在新一轮超大规模的媒体聚合过程中，除了传统意义上的大鱼吃小鱼，还出现所谓快鱼吃慢鱼。特别是世纪之交的一系列轰动世界的"并购案"，更使媒体领域成为硝烟密布、战火纷飞的鏖战场所。其间，如下并购（consolidation）尤其引起广泛关注：

　　1985 年，美国广播公司（ABC），被大都会传播公司（Capital Cities Communication

---

　　① 郭镇之：《北美传播研究》，170 页，北京，北京广播学院出版社，1997。

　　② 根据《华尔街日报》1995 年 1 月 17 日的报道，1994 年，新当选的共和党议员们曾经邀请大传媒公司的总裁们举行不公开的会议，询问他们希望将什么样的条款写入新的《电信法》。

　　③ ［美］本·H. 贝戈蒂克安：《媒体垄断》，吴靖译，4 页，石家庄，河北人民出版社，2004。

Incorporation）兼并。1995 年，大都会 / 美国广播公司，又被迪士尼公司吞并，交易金额 190 亿美元。

1986 年，全国广播公司（NBC），连同其母公司美国无线电公司（RCA），被通用电气公司（GE）以 62 亿美元兼并。

1995 年，哥伦比亚广播公司（CBS），被西屋电气公司收购，1999 年，又为媒介巨头雷石东（Summer Redstone）的维亚康姆公司（Viacom）所拥有。交易金额 380 亿美元。

澳裔美国人默多克（Rupert Murdoch）的新闻集团（News Corporation），通过不断购并，一度拥有澳大利亚 60% 的报纸，英国 40% 的报纸。另外，它还拥有英国的天空电视台、美国一大无线电视网——福克斯电视网（Fox TV Network）、香港的亚洲卫视等 200 多家电视台。

特别是 1995 年，时代华纳与 CNN 所属的特纳广播公司合并，更使时代华纳公司成为全球最大的媒体集团。2001 年，美国最大的网络公司美国在线（AOL），又斥资 1830 亿美元收购时代华纳公司，组成"巨无霸"式的美国在线 - 时代华纳——拥有 3500 亿美元资产，此举号称历史上最大的媒体并购案。[①]

截至 2002 年年底，经过一系列惊心动魄的购并，全球已经形成 10 个最大的跨国媒体垄断集团：

美国在线 - 时代华纳（AOL-Time Warner）

迪士尼 / 美国广播公司（Disney/ABC）

通用电气公司 / 全国广播公司（GE/NBC）

维亚康姆 / 哥伦比亚广播公司（Viacom/CBS）

默多克的新闻集团（News Corporation）

维旺迪（Vivendi）

索尼（Sony）

贝塔斯曼（Bertesmann）

美国电话电报公司（AT&T）

自由媒体公司（Liberty Media）

这些前所未有的全球垄断集团，"业务范围包括了电视节目的制作、电影、音乐、印刷物、主题公园、电视网络、电视台、有线网络、光缆和卫星系统、家庭影院和零售商店等"。[②] 以时代华纳为例，在与美国在线合并前就已经纵有四海、横有八荒：

---

① ［美］叶海亚·R. 伽摩利珀：《全球传播》，尹宏毅主译，41 ~ 43 页，北京，清华大学出版社，2003。

② ［英］露西·金 - 尚克尔曼：《透视 BBC 与 CNN：媒介组织管理》，彭泰权译，45 页，北京，清华大学出版社，2004。

- 拥有华纳兄弟电视网的主要股份；
- 拥有美国最大的有线电视广播系统，控制了该行业最大的 100 个市场中的 22 个市场；
- 控制有线电视频道 CNN、标题新闻、CNNfn、CNN 国际新闻、TNT、特纳广播公司、特纳经典电影、CNNSI、动画电影网、Court TV、HBO、HBO 国际新闻、Cinemax；
- 拥有有线电视频道《喜剧中心》（Comedy Central）的部分股权；
- 拥有美国卫星电视机构"超级星球"的一小部分股权：
- 华纳兄弟电影公司，全球六大电影公司之一；
- 华纳兄弟电视制作公司，全世界最大的电视节目制作公司之一；
- 新航线电影公司（New Line）；
- 美国最大的杂志出版集团，包括《时代周刊》《人民》《体育画报》和《财富》杂志；
- 华纳唱片公司，控制全球唱片业的五大公司之一；
- 全球主要图书出版公司，在美国本土之外的销售额占全球图书销售总量的 42%；
- 150 家华纳兄弟零售商店；
- 亚特兰大老鹰队和亚特兰大勇士队；
- 汉纳 - 巴伯拉动画电影公司；
- 拥有法国一家数字电视机构"运河卫星"（Canalsatellite）10% 的股份；
- 分别控制法国两家有线电视公司西特斯修（Citereseau）和罗恩有线（Rhone Cable Vision）100% 和 49% 的所有权；
- 控制时代华纳电信公司 90% 的股份；
- 控制一家有线互联网光缆机构罗德 - 朗纳公司（Road Runner）37% 的股份；
- 全球最大的电影院连锁公司，总量超过 1 000 家，而且全部分布在美国境外；
- 拥有南亚第一家私人电视网"迷你电视台"（Midi Television）20% 的所有权；
- 与日本东芝公司和日本 Nippon 电视公司合作组建 Towani 电视台，为日本市场生产电影和电视节目，同时出口海外，其中时代华纳占有 40% 的股份；
- 拥有 Atari 公司 23% 的所有权；

- 拥有 Hasbro 公司 14% 的所有权；
- 德国 N-TV、欧洲音乐频道《VIVA》以及亚洲音乐频道《经典 V》拥有少量股权；
- 拥有美国卫星电视公司《超级星球》(Primestar) 31% 的股份；
- 拥有日本有线公司 Titus 23% 的股份；
- 控制日本有线公司 Chofu 19% 的所有权；
- 控制哥伦比亚图书出版公司唱片俱乐部 50% 的股份。①

如此阵容的媒体集团军，自然首先是为了追求利润最大化，因为它可以使任何一个媒介产品，通过多渠道、多网络、多媒体而将其中的市场价值和商业价值发挥到极致。比如，迪士尼制作了一部影片，既可以在电影院上映，又可以在电视台播出，还可以制作和销售光盘，开发相关的儿童玩具、主题公园、音乐、书籍以及迪士尼专卖店的商品等。另外，迪士尼可以调动其全部媒体，推销这部影片及其相关产品。1994 年，迪士尼制作的电影《狮子王》，在美国的票房收入达到 3 亿美元，由此获得的利润则超过 10 亿美元。对于这种"无所不用其极"的媒体经营模式，特德·特纳打了一个比喻：

> 我们很像现代养鸡场的饲养主。他们碾碎鸡脚作肥料，碾碎鸡肠作狗食，把鸡毛做枕囊，就连鸡粪也被做成肥料。鸡的各个部分各得其用。这也就是我们对电视产品所努力采取的做法：充分利用一切。②

20 世纪末的这场媒体聚合或混战，对整个世界的传播格局及走势都带来巨大冲击。以 BBC 为代表的英国公共广播系统，就面临巨大的市场竞争压力，"大众服务广播目标的道德、政治、经济和社会基础在 20 世纪 80 年代出现了严重的塌陷"。③ 欧盟则反对继续补贴公共广播系统，理由是这样做属于"非竞争"。而公共广播系统曾是欧洲社会民主主义在传媒领域的重要构成，而今也只能在全球传媒系统中寻求商业化的定位。除了发达国家被这股巨浪所席卷，广大的发展中国家同样不得不调整自己的政策，将传媒产业纳入国家大政方针，如中国新世纪初推行的文化产业，以应对国际传媒巨头的风扫残云。

面对这场媒体的大分化、大改组、大聚合，让人自然想到列宁的名著《帝国主义论》(1916)，其中论述的帝国主义第一个基本特征，就是生产和资本的集中达到如此程度，造成了在经济生活中起决定作用的垄断组织。同时也让人进一步理解了列宁说的：

---

① ［美］罗伯特·W. 麦克切斯尼：《富媒体 穷民主》，谢岳译，127～128 页，北京，新华出版社，2004。
② ［英］尼古拉斯·阿伯克龙比：《电视与社会》，张永喜等译，110 页，南京，南京大学出版社，2001。
③ 同上，92 页。

"在全世界，凡是有资本家的地方，所谓出版自由，就是收买报纸、收买作家的自由，就是买通、收买和炮制'舆论'帮助资产阶级的自由。"（《关于"出版自由"》）2023年，据美国媒体研究中心的调查报告披露，索罗斯为推行"开放社会"项目，已经投入320多亿美元，包括资助即贿赂大批记者、电视主持人、编辑和媒体老版。仅仅为了让几十个拉美记者闭嘴，他就花掉6 000万美元。他还资助民主党两名活动家的媒体公司，渗透并控制拉美媒体。2016年，维基揭秘网就发布了索罗斯资助多家乌克兰媒体的文件。《乌克兰真理报》、《每周镜报》、ATR电视频道等记者都用过他的钱。2022年，他在基辅的代理人菲亚拉获得《乌克兰真理报》的所有权，菲亚拉之前还收购了乌克兰《记者》媒体团队，创建了《新时代》杂志，建立了自己的电台。索罗斯还拨款25万美元，支持被选中参加西方种种会议的70名乌克兰记者，每人3 000～4 000美元。另用10万美元支付10名"调查记者"，帮助他们揭露"亚努科维奇的强盗政权"，同时给俄罗斯泼脏水。[①]诸如此类，不一而足，管窥蠡测，可见一斑。

就新闻以及电视新闻而言，聚合化或高度垄断化的体制势必导致新闻与文化的一系列变异，在美国自由市场环境下，情况就更为明显、更为不堪。1998年，理查德·里夫斯（Rechard Reeves）就指出，经过十年的媒体聚合与商业化过程，美国已经进入一个新闻终结的时代。[②]在他看来，由于受到商业利润的驱使，新闻报道越来越集中于成本低廉、难度较小的事件，诸如名人生活、法庭审理、犯罪事件、枪击案件等，鸡零狗碎，东鳞西爪，而有意义的、有价值的新闻则往往被忽略。与此同时，新闻的娱乐化倾向也越来越明显，正如美国《国家》杂志2001年一篇文章所言："在美国在线－时代华纳、通用、维亚康姆等大公司之下，新闻只是这些卡特尔不停地兜售的另一个版本的娱乐而已，鲜有例外。"[③]这种情况如此普遍，趋势又如此明显，以至于英文语汇里出现一个新词"infortainment"——"信息"（information）与"娱乐"（entertainment）合并而成，可以译作并视为新闻娱乐化。叔本华曾痛斥可恶而狡猾的文人："他们不愿他人企求高尚的趣味和真正的修养，而集中笔触很巧妙地引诱人来读时髦的书，以期在交际场中有谈话的资料。"[④]新闻娱乐化同叔本华说的情况何其相似。《读书》杂志1990年代的一则简讯，也足以说明问题，而这个问题在新媒体时代愈演愈烈了：

> 进入信息时代后世界图书行业面临前所未有的挑战。在美国，平均每人每年只阅读三本出版物，而美国人花在看电视的时间却长达两千多小时。……在法国，

---

① 《参考消息》2023年1月24日，《他花了6000万美元，只为让几十个记者闭嘴》。
② ［美］罗伯特·W.麦克切斯尼：《富媒体 穷民主》，谢岳译，60页，北京，新华出版社，2004。
③ 张巨岩：《权力的声音：美国的媒体和战争》，257页，北京，生活·读书·新知三联书店，2004。
④ ［德］叔本华：《生存空虚说》，陈晓南译，58页，北京，作家出版社，1987。

三分之一的人每人每月读书少于一本，更令人惊讶的是每年有七万中学毕业生居然没有阅读能力，更不用指望他们读书了；意大利百分之六十以上的人每年读不满一本书……

究其原因，现代化的娱乐方式以其新鲜刺激的优势，拉走了大批读者固然是重要的时代原因，但现代教育的失误也是不能忽视的。为讲究直观，激发学生的兴趣，教学时常运用电化教育等先进设备，使学生对书籍的兴趣相对减弱。而学生们业余用于阅读的时间又日渐减少，久而久之，就丧失了阅读习惯。（《读书》1993 年第 2 期）

推荐阅读

1. ［美］大卫·科兹等：《来自上层的革命——苏联体制的终结》，北京，中国人民大学出版社，2002。

2. ［法］皮埃尔·布尔迪厄：《关于电视》，沈阳，辽宁教育出版社，2000。

3. ［美］尼尔·波兹曼：《娱乐至死》，桂林，广西师范大学出版社，2004。

4. ［美］本·H. 贝戈蒂克安：《媒体垄断》，石家庄，河北人民出版社，2004。

5. ［美］罗伯特·W. 麦克切斯尼：《富媒体　穷民主》，北京，新华出版社，2004。

第十章

20 世纪（下）：电子媒介之网络篇

步 20 世纪初的广播与 20 世纪中的电视之后尘，20 世纪末崛起的电脑网络是第三种影响广泛的电子媒介。1998 年，联合国新闻委员会曾将网络定义为报刊、广播与电视之后的"第四媒体"。大略说来，计算机的发明及其应用，促成网络的诞生与发展，而网络的兴起及普及，又促成传播的新纪元。同当年广播与电视的崛起情形一样，计算机与互联网的兴盛也以美国为典型：

> 美国人在很多方面都像是一群长不大的孩子……大多数美国人（无论他们的实际年龄多大）总爱干一些"稀奇古怪的冒险事情"……这个爱干一些"稀奇古怪的冒险事情"的民族发明了许多"稀奇古怪"的东西——从电报、电话到电影、电视，从汽车到飞机，一直到电脑。[①]

这一章仍以美国为重点，介绍正在蓬勃发展的第三代电子媒介——网络。本章分三节：第一节追溯互联网的诞生过程，主要介绍技术方面的发展；第二节论述互联网的社会功能，着重讨论网络新闻的传播问题；第三节从社会、历史及文化的宏观视角，对整个电子媒介略做剖析。

第一节　星火燎原话网络

新世纪初，熊澄宇教授编选的《新媒介与创新思维》一书里，针对互联网历史写道：

---

① 吴伯凡：《孤独的狂欢——数字时代的交往》，5 页，北京，中国人民大学出版社，1998。

互联网给计算机和通信领域带来了一场前所未有的革命。这种空前的融合能力建立在电报、电话、无线电以及计算机的发明基础上。

……

（互联网的）历史包括 4 个鲜明的部分，其中有从对包交换（本书统称"包切换"——引者注）和 ARPANET（本书统称"阿帕网"——引者注）（以及相关的技术）的研究开始的技术进步——最近的研究仍然致力于从各个方面提高这一基础结构的水平，比如范围、性能以及更高级的功能等方面；有关于全球的复杂的工作基础结构的运作与管理的介绍；有关于社会的问题——它已经引起一个广泛的互联社区的出现，极大地影响着技术的发明和进步；还有商业化的问题——这对于把研究成果迅速转化为广泛应用的信息基础结构极为有效。[1]

这段文字简要概括了网络的发展及其方向。本节即从这些方面，简略讨论计算机、电脑及网络的演进过程。我们大致以 20 世纪 90 年代为界，将这个过程分为前后两个阶段：之前，网络还局限于技术专家的科学实验，甚至自娱自乐；之后，网络才开始获得迅猛发展，旧时王谢堂前燕，飞入寻常百姓家，不过十来年就成为千家万户日常生活的一部分，对新生代的所谓"网络原住民"来说，更是不可一日无此君。

一、科学实验阶段（1990 年代以前）

1. 第一代计算机与"ENIAC"

网络世界的核心技术是计算机，俗称电脑（computer）。计算机又分主机电脑（mainframe computer）和个人电脑即 PC 机（personal computer）。如果不嫌简陋的话，不妨把主机电脑比作公共汽车，而将 PC 机视为私人轿车。公共汽车只能按照规定的路线和时间行走，有诸多的限制和不便，而私人轿车则独往独来，随心所欲。虽然又笨、又大、又复杂的主机电脑早已退出"历史舞台"，不可能在多彩多姿的网络世界扮演主角，却是如今风光无限的 PC 机的先驱与前辈。

说到早期的计算机，还得追溯到二战。因为，当时电子技术的进展与世界大战的需要，直接推动了计算机的发明与应用。可想而知，早期的计算机主要用于军工产品的研制

第一代计算机

---

① 熊澄宇编选：《新媒介与创新思维》，348 页，北京，清华大学出版社，2001。

以及各种密码的破译。1941年，德国研制了世界上第一台编程计算机——Z-3，每秒钟可以进行三四次加法运算，五秒钟可以完成一次乘法运算。这台计算机，成功解决了当时飞机双翼抖动的稳定性问题。同时，英国从1943年开始，将全电子数字计算机（Colossus）秘密用来破解纳粹的密码。1946年，世界上第一台通用计算机，诞生在美国费城的宾夕法尼亚大学，全称是"电子数字积分器与计算机"——ENIAC（Electronic Numerical Integrator and Computer）：

> 历史学家会记得这一部电子电脑重达30吨，是由9英尺高的金属模组构而成，有7万个电阻和1.8万个真空管，并且有体育场那么大。打开电源时，由于消耗电量太大，整个费城的电灯都会闪烁。[①]

以上这些计算机通常称为第一代计算机。其主要部件是电子真空管，所有的程序都用机器码编写，并使用穿孔卡片。由于真空管体积大、功耗高、寿命短，这一代计算机自然个头庞大，而且运行不稳。

此后，计算机技术经历了从电子真空管（电子管）到半导体晶体管，再从晶体管到集成电路（integrated circuits）即芯片（IC）的发展过程。从1950年代中期到1960年代后期，晶体管技术突飞猛进，使计算机的运算速度由每秒几千次提高到几十万次，并且广泛运用于军事、气象、工程设计、数据处理等领域。1970年代以来，大规模、超大规模的集成电路技术又逐渐占据主导地位，并且日臻完善。1981年，国际商用机器公司（IBM）推出自己的微电脑，即所谓PC机：

> 在20世纪的最后20年，威力日渐强大的晶片大幅度提高了微电脑运算的功能。到了20世纪90年代早期，单一晶片的微电脑便已具有5年前IBM公司电脑的处理能力。此外，从20世纪80年代中期开始，微电脑便无法孤立来看了：它们在网络里执行功能，以手提电脑为基础，拥有更强的移动能力。拥有如此非凡的多样性，以及借由电子网络来增加记忆体和处理资料的电脑功能，于20世纪90年代将电脑纪元由中央式的资料储存和处理，彻底转变为网络化、互动化的电脑共享。不仅整个技术系统改变了，社会与组织的互动也改变了。[②]

随着电脑技术飞速进展，以及在各行各业的广泛应用，人们不禁想到电脑联网的可能。为此，电脑专家迈克尔·布奇（Michael Bookey）曾在网络初兴的1980年代打过一个比喻，他让人们想象一辆困在丛林里的小汽车：

---

① 曼纽尔·卡斯特：《网络社会的崛起》，夏铸九等译，49页，北京，社会科学文献出版社，2001。

② 同上，51页。

当你仔细查看这辆车时，你会发现它的确是一辆非常有用的汽车。在这辆多功能的汽车里，有先进的照明设备，有床，有无线电通信设施，有磁带播放机，有暖气、空调，有防弹玻璃，有让动物闻风丧胆的汽笛。当你被这辆汽车的豪华特征深深吸引时，你可能根本不去想，一辆小汽车的真正魔力只能来自"与柏油路的关联"而不是"与豪华的辅助设备的关联"。[1]

其实，这种"与柏油路的关联"，早在冷战开启时已经拉开了序幕。

2. 中央控制式网络

20世纪五六十年代，冷战阴云笼罩世界。其时，东西方阵营都对彼此的科技发展高度敏感，心存戒心。1951年，麻省理工学院成立了有名的"林肯实验室"（Lincoln Laboratory），专门研究防范苏联空袭的措施。其中一个主要研究项目是开发远距离预警系统，即所谓"智者"（SAGE），全称为"半自动地面环境"（Semi-Automatic Ground Environment）。它承担三项任务：首先，采集各个雷达站的信号；其次，通过一套复杂的运算，判断敌机是否来犯；最后，启动防空武器对准目标。

"智者"是第一套实现人机交互作用的电脑网络系统，也成为远距离访问的电脑网络的鼻祖。到60年代，类似"智者"的电脑网络不断出现，并应用于军队、民航和银行等系统。这类网络统称为"中央控制式网络"（Centralized Networks）。它们都有一台中央主机，用以存储和处理数据，而其他电脑均作为终端，然后通过电缆或电话线与主机连通。这样的网络，只允许系统授权的用户访问，信号也是从终端直接发送到主机，中间不可能经过其他线路。所以，这种通信方式虽然最直接，也最容易管理——只需在中央一级进行监控。但是，一旦切断任何一处线路，则通信就将中断；如果进而摧毁中央主机，则整个系统都将陷入瘫痪。

这个致命弱点，让美国国防部高级研究计划署的官员忧心忡忡。如果爆发战争，通讯线路的任何一点受到损害，都可能导致指挥失灵，调度瘫痪。看似最便于控制的中央控制式网络，实际上不堪一击。

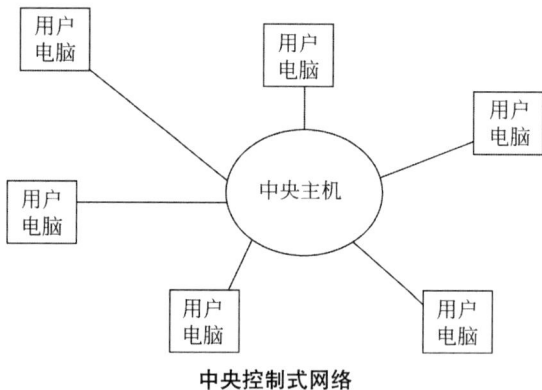

中央控制式网络

---

[1] 吴伯凡：《孤独的狂欢——数字时代的交往》，206页，北京，中国人民大学出版社，1998。

这个噩梦持续不久，电脑专家就发明了一套全新的网络系统。

3. 分布式网络

与"中央控制式网络"迥异的全新网络系统是"分布式网络"（Distributed Networks）。其基本构成在于每台电脑都是一个"节点"（node），每个节点都彼此连接，形成纵横交错、盘根错节、四通八达、无往不通的结构。在这种结构中，不存在什么中央的概念，而且单个节点的重要性被大大降低。如果把"中央控制式网络"比作太阳系，太阳系的其他行星都围绕着太阳运行，那么"分布式网络"则好似蜘蛛网，蜘蛛可以选择任何一条便捷的途径，从任何一个节点到达其他节点。总之，"分布式网络"只关心结果——把信号送到目的地，而不关心过程——究竟通过哪条路传送信号。

这套全新网络系统的构想，最早是由麻省理工学院的L. 克莱因罗克（L.Klenrock）博士提出的。1961 年，他发表了一篇论文《大型通讯网络的信息流》，论述了分布式网络理论。他曾在麻省理工学院的林肯实验室工作，是后来阿帕网之父拉里·罗伯茨的挚友和网络启蒙老师。使分布式网络理论得到应用，并最终改变网络设计的是美籍波兰人保罗·巴兰（Paul Baran）。1960 年代，他曾撰写多份报告，不仅系统地阐述分布式网络理论，而且提出后来网络传播的核心概念——"包切换"（Packet Switching）。麻省理工学院的网络专家尼葛洛庞帝（Nicholas Negropoute），对包切换以及网络传播原理做过通俗解释：

　　　　一个个信息包各自独立，其中包含了大量的讯息，每个信息包都可以经由不同的传输路径，从甲地传送到乙地。现在，假定我要从波士顿把这段文字传到旧金山（San Francisco）给你。每个信息包……基本上都可以采取不同的路径，有的经由丹佛（Denver），有的经由芝加哥（Chicago），有的经过达拉斯（Dallas），等等。假设当信息包在旧金山依次排列时，却发现6 号信息包不见了。6 号包究竟出了什么事？
　　　　军方拨款资助 ARPA 网络的时候，正值冷战的高峰。核战争的威胁令大家忧心忡忡。因此，假设6 号信息包经过明尼阿波利斯（Minneapolis）的时候，敌人的飞弹恰好落在这个城市。6 号信息包因此不见了。其他的信息包一确定它不见了，就会要求波士顿重新传送一次（这次不再经过明尼阿波利斯了）。
　　　　也就是说，因为我总是有办法找到可用的传输路径，假如要阻止我把讯息传送给你，敌人必须扫荡大半个美国。没错，在寻找可用的传输路径时（假如越来越多城市被敌人摧毁），系统的速度就会减慢，但是系统不会灭亡。了解这个道理非常重要，因为正是这种分散式体系结构令互联网络能像今天这样三头六臂。无论是通过法律还是炸弹，政客都没有办法控制这个网络。讯息还是传送出去了，不是经由这条路，就是走另外一条路出去。①

1965 年，在兰德公司（Rand）的全力支持下，巴兰正式向美国空军提出建立分布式网络的计划。由于巴兰的想法适合军方的需要，因而受到美国国防部的高度重视。按照分布式网络的原理，由于单个节点的重要性大大降低，所以网络的任何节点遭到破坏，都不至于影响整个网络，而且节点越多，网络的安全性能就越高。

与此同时，英国物理学家 D.W. 戴维斯也提出"分布式网络"理论，其原理与巴兰的构想如出一辙，唯一的区别在于命名。巴兰将拆分的、便于传送的数据称为"块"。而戴维斯经过深思并请教语言学家后，选择了"包"（packet）这个术语，拆分传送数据的方式也就被称为"包切换"。

"分布式网络"理论一旦用于美国军方，建立在"分布式网络"基础上的互联网前身——阿帕网也就应运而生了。

4. 阿帕网之父——拉里·罗伯茨

互联网前身，是 1969 年问世的"阿帕网"（ARPANet）。所谓"阿帕"（ARPA），是美国"高级研究计划署"（Advanced Research Project Agency）的简称。它的核心机构之一信息处理技术处（IPTO），一直在关注电脑图形、网络通信、超级计算等研究课题。

1960 年代，担任该处处长的鲍勃·泰勒（Bob Taylor），在任职期间萌发了新型计算机网络的设想，也正是他的"三顾茅庐"，请出日后成为"阿帕网之父"的拉里·罗伯茨，并使他继任信息处理技术处的处长。

鲍勃·泰勒

拉里·罗伯茨是耶鲁大学一位化学家的儿子，时任麻省理工学院林肯实验室的高级研究员，时年 28 岁。他自学计算机技术，成为这个领域的行家，曾与最早提出"分布式网络"理论的 L. 克莱因罗克一起共事。1966 年，罗伯茨和同事一起提交了题为《通向分时的电脑网络》的研究报告，介绍了他们在马萨诸塞州和加利福尼亚州之间实验不同电脑联网的过程及其结果。他们的研究对"分布式网络"的设计产生决定性作用，也使罗伯茨得到华盛顿方面的注意。而此时的罗伯茨考虑的是如何改进他的联网性能，压根没想到"阿帕"正在打自己的主意。当泰勒首次登门，邀请

拉里·罗伯茨

---

① ［美］尼葛洛庞帝：《数字化生存》，胡泳等译，274 页，海口，海南出版社，1997。

他来主持"阿帕"的研究项目时，他婉言谢绝。泰勒仍不死心，不久再次前往林肯实验室。罗伯茨只好明确告诉泰勒，他不愿去华盛顿当技术官僚，林肯实验室就是他的最佳选择。据罗伯茨后来回忆，最后他被迫前往"阿帕"任职，是由于泰勒的"要挟"。那天下午，实验室主任突然把他叫到办公室，吞吞吐吐地动员他去"阿帕"。看着主任为难的样子，罗伯茨心里明白了，他别无选择，于是只得离开钟爱的林肯实验室，去华盛顿走马上任。

后来，泰勒笑着告诉他实情：为了请到他这位高人，他使出一个"撒手锏"。一次，泰勒对署长说："你不是掌握着林肯实验室的经费吗？难道你就没有办法让拉里来为我们工作？"署长听后立即拿起电话，不一会儿，转头对泰勒说："让我们等着瞧吧。"听完泰勒的故事，罗伯茨只好苦笑着摇摇头，从此便把全部精力投入阿帕网的设计。① 这个貌似轻松的桥段，正显现了互联网技术的美国军方背景及其冷战阴影。

1967年，罗伯茨来到高级研究计划署——"阿帕"，着手筹建"分布式网络"。1968年6月，罗伯茨正式向"阿帕"提交了一份研究报告《资源共享的电脑网络》，其中着力阐发的就是让"阿帕"的电脑全部达到相互连接。根据这份报告组建的国防部"高级研究计划网"，就是著名的"阿帕网"，而拉里·罗伯茨也就成为"阿帕网之父"。

最初的"阿帕网"，由西海岸的4个节点所构成。第一个节点选在洛杉矶加州大学（UCLA），因为罗伯茨过去的麻省理工学院同事 L. 克莱因罗克教授，正在该校主持网络研究。第二个节点选在斯坦福研究院（SRI），那里有道格拉斯·恩格巴特（D. Engelbart）等一批网络的先驱人物。此外，圣巴巴拉加州大学（UCSB）和犹他大学（UTAH），分别被确定为第三个和第四个节点，这两所大学都有电脑绘图研究方面的专家，而泰勒之前的信息处理技术处处长伊凡·泽兰教授，此时也正任教于犹他大学。1969年年底，阿帕网正式投入运行，其连接方式如右图所示。

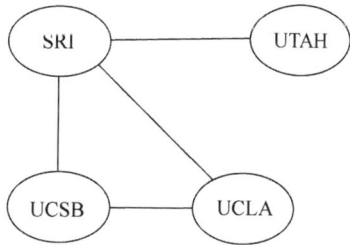

阿帕网连接方式

以现在水平论，这个最早网络自然非常原始，传输速度也慢得无法忍受。但是，阿帕网的4个节点及其链接，已具备网络的基本形态与功能。所以，阿帕网的诞生便成为网络传播的"创世纪"。

不过，阿帕网问世之际，大部分电脑还互不兼容。于是，如何使硬件和软件都不同的电脑实现真正的互联，就是人们力图解决的难题。在这个过程中，文顿·瑟夫为此作出首屈一指的贡献，从而被誉为"互联网之父"。

---

① 《〈网络传奇〉连载（4）——"阿帕网之父"出山》，载《中国青年报》，2000年2月10日。

5. 互联网之父——文顿·瑟夫

最初想到让不同电脑能够实现"手拉手"的，是领导美国洛杉矶加州大学网络工作小组的 S. 克罗克。

1970 年，克罗克及其小组着手制订最初的主机对主机的通信协议，即"网络控制协议"（NCP, Network Control Protocol）。这个协议被用于阿帕网，并且在局部网络的条件下运行稳定。

NCP 诞生两年后的 1972 年，文顿·瑟夫（Vinton G.Cerf）获得了斯坦福大学电脑科学与电子工程的助教职位，他组织学生展开一系列有关新网络协议的专题讨论。通过不断碰撞的"头脑风暴"，文顿·瑟夫完成了所谓"传输控制协议"（TCP, Transport Control Protocol）的初始设计工作。

1974 年 12 月，文顿·瑟夫发表了第一份 TCP 协议的详细说明。在这份"互联网实验报告"中，还没有将"传输控制协议"（TCP）和"网络间协议"（IP, Internet Protocol）区分开来。通过大量实验之后，他和同事们逐渐认识到，应该建立两个不同的协议，也就是后来的 TCP/IP 网络协议。

虽然这两个协议常被人们相提并论，其实功能不尽相同。"传输控制协议"即 TCP，主要为数据传输过程设定一种共同的标准，以检测网络传输的差错，弥补 NCP 没有纠错功能的缺陷。如果传输过程发现问题，该标准就会发出信号要求重新传输，直到所有数据都安全到达对方的电脑。而"网络间协议"即 IP，则是为互联网的每台电脑设定唯一的地址，通过这个"IP 地址"，其他电脑就能在庞大的网络中将该电脑"找"出来。打个比方，就好像电脑之间互相通信，信封上必须写明对方的地址，而 IP 就是互联网上每台电脑的收信地址。当初定义 IP 地址的美国人，将 IP 地址设计为 32 位，其中前 8 位用来定义电脑所在的网络，后 24 位定义该电脑在当地网络中的位置。1977 年，"阿帕"组织了一次大型网络互联实验，经过 9.4 万英里的传输，竟然没有丢失一个数据，TCP/IP 协议的优越性顿时体现出来。

到 1980 年，世界上既有使用 TCP/IP 协议的美国军方"阿帕网"，也有很多使用其他通信协议的网络。为了将这些网络连接起来，文顿·瑟夫提出一个想法：在每个网络内部各自使用自己的通信协议，而同其他网络通信时则使用 TCP/IP 协议。也正是这个设想，最终促成因特网（Internet）即互联网的诞生，并且最终确立了 TCP/IP 协议在网络互联方面的地位。

1983 年的 1 月 1 日，被称为互联网发展的一个"纪念日"（flag-day）。从这一天起，NCP 被永久停止使用。从此，互联网上的所有计算机必须遵守同一规则——TCP/IP。时隔 14 年的 1997 年，美国政府授予当年发明和定义 TCP/IP 协议的文顿·瑟夫和罗伯特·卡恩（Robert E.Kahn）"国家技术金奖"。几乎与此同时的 1999 年，中共中央、国务院、中央军委表彰了 23 位"两弹一星"科学家。

　　到 1990 年代末，一方面互联网作为一项高新技术已经成熟，进入"不怕做不到，只怕想不到"的阶段。另一方面，更重要的还在于，由于苏联解体、东欧剧变，美国赢得冷战，作为冷战方略的互联网，技术平台及其基础设施既然完备，可以适时推广应用于社会，以获取新的市场商机与资本利润。于是，由此开始，互联网迅速走进日常生活，并且开始改变当今世界。

二、普及应用阶段（1990 年代以来）

1. "军转民"

　　从上述内容中，不难发现互联网的进程同美国冷战以及美国军方紧密相关。互联网的诞生出于冷战背景，互联网的技术针对军事需求，特别是指挥协调全球军事行动，包括数百个海外军事基地的联动，而互联网的应用最初也仅限于美国军方以及为军方服务的高校科研部门。

　　正因如此，1990 年代以后，随着苏联解体，美国赢得冷战，投入巨大的冷战工程——互联网便开始溢出军事领域，成为一个前景广阔的民用领域或资本开疆拓土的新增长点。事实上，近代一系列"科技进步"追根溯源无不同殖民、帝国、市场声气相通，血脉相连：从牛顿微积分、伽利略抛物线到近代大炮射程，从诺贝尔的火药到曼哈顿工程的原子弹，从阿波罗登月到星球大战计划，从互联网新媒体到人工智能，离开资本征服自然、征服世界、征服人类的强力逻辑，而仅靠科学家、发明家是根本不可能的。对此，科学神话与童话要么熟视无睹，要么王顾左右，乐此不疲地讲述一个个天才故事，让人觉得只是由于这些天才的好奇心、求知欲与创造力，才有了一个个神奇的科学发现与技术发明，从而造就了神奇的现代文明。当然，并不否认科学家、发明家的个人兴趣，这种兴趣的确也是发明创造的助推器、强心剂，但从唯物史观审视，包罗广泛、影响深远的现代科技包括互联网，无不源于社会历史的综合作用，就像 20 世纪六七十年代遍及中国城乡的无线电热潮源于"四个现代化"的大历史。

　　亦因如此，1990 年代以来，作为美国军方及其大学科研机构的"宁馨儿"，互联网技术成为资本商家竞逐的市场猎物。于是，新旧世纪之交，一批互联网的"先锋""大佬"纷纷现身，大显身手，科技的神话童话又如约而至，仿佛比尔·盖茨们何等天资聪慧，何等叱咤风云。其实，与其说他们是互联网的弄潮儿，不如说是冷战基础设施的先知先觉受益者。正是在"军转民"的背景下，先是美国国家科学基金会（NSF）接替国防部管理互联网，1986 年，美国国家科学基金会又建立了国家科学基金网（NSFNET）。其次，从 1990 年代开始，商业机构开始大举介入互联网，从而推动了民用化趋势：

　　因特网的第一次飞跃源于美国国家科学基金会（National Science Foundation，简称 NSF）对网络的介入。它利用 ARPANET 发展出来 TCP/IP 通信协议，出资建立名为 NSFnet 的广域网。因特网历史上的第二次飞跃归功于因特网的商业化。在 90 年代以前，因特网的使用一直仅限于研究和学术领域。90 年代初，General Atomics、Performance Systems International、UUnet Technologies 等私营企业开始投资因特网。专门为 NSFnet 建立高速通信线路的 Advanced Network and Service Inc.ANSI 公司也推出了自己的商业因特网骨干网。商业机构的介入充分地挖掘了因特网通信、资料检索、客户服务等方面的巨大潜力，从而因特网发展产生了一次新的飞跃。NSFnet 意识到自己的使命已经完成，于 1995 年 4 月 30 日，正式宣布停止运作，代替它的是美国政府指定的三家私营企业：Pacific Bell（太平洋贝尔公司）、Ameritech Advanced Data Services and Bellcore（美国科技公司）和 Sprint（斯普林特）。至此，因特网彻底完成商业化。[①]

　　从 1969 年诞生到 1990 年退役，在二十余年的时间里，阿帕网从 4 个节点的互联，发展到 31 万台主机和 900 个网络的链接，下表显示了阿帕网的发展轨迹：[②]

时间	主机数	时间	主机数
1969 年 10 月	4	1983 年 8 月	562
1971 年 1 月	13	1984 年 10 月	1 024
1972 年 4 月	23	1985 年 10 月	1 961
1973 年 1 月	35	1986 年 10 月	5 000
1974 年 10 月	49	1987 年 10 月	25 000
1976 年 1 月	63	1988 年 10 月	56 000
1981 年 8 月	213	1989 年 10 月	159 000
1982 年 5 月	235	1990 年 10 月	313 000

　　在互联网的民用化过程中，最初最令人青睐的当属电子邮件——"伊妹儿"（E-mail）。

---

　　① ［美］史蒂文·拉克斯编：《尴尬的接近权：网络社会的敏感话题》，禹建强等译，注释①，177 页，北京，新华出版社，2004。

　　② 郭良：《网络创世纪——从阿帕网到互联网》，25～26 页，北京，中国人民大学出版社，1998。

2.“伊妹儿”效应

1972 年 3 月，BBN 公司的雷·汤林森发明了电子邮件的发送和阅读程序。于是，历史上第一封电子邮件就在他的两台联网电脑之间进行了传递。汤林森的第二封电子邮件，是发给网络的其他用户，通报大家可以用他编写的程序互相联络。在这封电子邮件中，他告诉人们，除了写明收信人的网络用户名之外，还需加上收信人所用电脑的名称，中间用一个“@”符号隔开，这种命名方式沿用至今。曼纽尔·卡斯特在“信息时代三部曲”的第一卷《网络社会的崛起》里也写道：“真正点燃火种的是网络使用者之间的电子邮件功能，这个功能是 BBN 公司的雷·汤林森（Ray Tomlinson）发明的，它也是目前全世界电脑沟通功能中最受欢迎的用途。”[1]

电子邮件的广泛应用展示了网络时代的前景，激发了人际交流的潜能。不过，用 E-mail 交流仍旧存在一定的时间差，人们希望最大限度地缩短这个时间差，将自己的手、脚、眼、口等器官通过网络进行最大限度的延伸，实时地去感知、去了解、去把握远方的人与事。顺应这样的需求，互联网又开发了一系列实时传播的功能。

3. 网上实时交流

网上实时交流包括网上聊天、即时传呼等。网上聊天主要通过万维网（WWW）上的各种聊天室进行，用户可在各种聊天室里，同其他任何用户进行对话。

与此同时，网络专家们还开发了各种即时传呼软件，用以满足人们的需求，如 ICQ、QQ 等，另外一些大型网络公司也有自己的即时传呼软件，如微软的 MSN。

总之，互联网的民用功能迅速扩展。其中，主要包括“电子邮件”（E-mail）、传输各种文件的“文件传输协议”（FTP）、进行远距离访问的“远程登录”（Telnet），以及满足人们实时交流欲望的各种即时聊天功能等。至此，互联网交流平台已经搭建完成，接下来又将孕育一次飞跃。

4. WWW 的美丽新世界

郭良先生在《网络创世纪——从阿帕网到互联网》一书里指出，互联网交流历程上有两次飞跃：

> 如果说互联网的出现是人类交流方式的一场革命的话，那么这场革命迄今为止最激动人心的高潮有两次：一次是由阿帕网带来的通信方式的革命，这是以电子邮件的普遍使用为标志的；另一次革命则是由伯纳斯－李和安德里森带来的网络使用方式的革命，这次革命的明显标志则是环球网（即 World Wide Web——

---

[1] 曼纽尔·卡斯特：《网络社会的崛起》，夏铸九等译，58 页，北京，社会科学文献出版社，2001。

WWW，亦称 Web，通译万维网——引者注）和网络"浏览器"的普遍使用。[1]

下面分别介绍伯纳斯－李和安德里森，以及他们对互联网的新贡献。

1980 年代，蒂姆·伯纳斯－李（Tim Berners-Lee）是"欧洲核物理实验室"（CERN—European Laboratory for Particle Physics）的软件工程师。这个实验室中，有来自几十个国家的数千名科学家、工程师和电脑专家，每天都会有很多研究成果出现。但是，每日产生的海量信息缺乏有效的管理，实验室的信息工作显得相当混乱。比如，一项庞大的研究计划，往往有许多不同的研究小组，而各小组的工作关系又比较复杂，某人或某小组如果改变研究计划，则既并不清楚这一改动会对整个项目产生什么影响，也不明确应该把计划变动的情况告诉哪些相关小组。为此软件工程师伯纳斯－李不由琢磨，应该想个什么办法改变这种无序状况，使实验室的信息管理有条有理。

于是，1989 年，伯纳斯－李提出一个万维网的构想，即通过一种超文本的方式提供信息查询服务，同时将互联网上各种主机的信息有机联系起来。与传统的信息形式相比，它有两层含义，一是信息形式不再限于简单的字符或数值型数据，而是包含多媒体信息；二是实现网络信息的相互链接。这也就是万维网上使用最为普遍的"超文本"（Hypertext）方式。

这里需要指出，万维网不是"网"，而"是互联网中最受欢迎的一种多媒体信息服务系统"[2]，它的最大贡献在于使互联网真正具有交互功能。不过，超文本较高的技术含量，使其还只能为技术专家和"网络发烧友"服务，无法飞入寻常百姓家。而多媒体网络浏览器的出现，则可以帮助普通用户实现这一跨越。在这个过程中，发明互联网浏览器的马克·安德里森（Marc Andreessen）自然值得称道。

马克·安德里森 21 岁时，就曾为美国国家超级运算应用中心（NCSA）设计了第一个万维网浏览器"马赛克"（Mosaic）。1992 年，马赛克在互联网上刚一出现，就立刻流行开来，使当年互联网的数据传送量增长 3 400 倍。1994 年，25 岁的安德森里离开 NCSA，同几个志同道合的人一起创建网景公司（NETSCAPE），推出以万维网多媒体浏览器——"导航者"为主的服务器软件。仅用一年时间，网景公司的软件就占领了 40% 的市场份额，在使用万维网的用户中，80% 的客户端软件是网景公司的"导航者"。

网络浏览器的出现，不仅使万维网最终进入不懂专门技术的寻常人家，而且也使超文本文件格式的优点得到充分发挥。同传统的信息传播方式相比，万维网具备三方面优点：一是提供多媒体信息，即在字符信息之外，还包括文本、图像、声音、动画、视

[1] 郭良：《网络创世纪——从阿帕网到互联网》，125 页，北京，中国人民大学出版社，1998。
[2] 彭兰：《网络传播概论》，15 页，北京，中国人民大学出版社，2001。

频等；二是超链接功能可将不同地点的信息联结起来；三是人性化界面，使普通用户无须输入专业的复杂命令，就可浏览各种信息。以上三个优点将万维网用户的技术要求降到最低点，所以用户数在1994年前后出现爆炸性增长：

> 到了90年代初，万维网（World Wide Web）技术的发明给Internet注入了极大的活力，作为一种信息处理工具的电脑才是真正意义上的传播媒介。[①]

面对这一五光十色的美丽新世界，人们的兴头刚刚提起，又为身陷无穷无尽的信息海洋而烦恼。如何从无边无际的信息大海中，准确而快捷地打捞所需的东西呢？

5."搜索引擎"

面对浩瀚的信息海洋，普通用户只能望洋兴叹，抱怨检索信息犹如大海捞针，而美国斯坦福大学两位博士生则证明自己不是普通用户。他们一个叫杨致远（Jerry Yang），一个叫戴维·菲罗（David Filo）。开始使用互联网时，他们也同样遇到不知如何寻找所需信息的烦恼。穷则变，变则通，经过一番探索，他们终于找到一劳永逸的解决办法，这就是他们发明的一大搜索引擎"雅虎"（Yahoo）。

1994年，杨致远和戴维·菲罗初次接触互联网。同许许多多普通用户一样，他们也为网上五光十色的信息所着迷。与此同时，他们也被同样的问题所困扰：如何快速而便利地找到自己需要的信息？两位斯坦福大学的高才生很快有了主意，他们决定建立一个数据库，存放和检索各种网站或网页地址。他们首先把自己访问过的网站或网页地址存放在这个数据库中，然后再编一个软件进行搜索。有了这个所谓搜索引擎（Search Engine），上网浏览信息就等于有了地图与向导。

独乐乐，何如众乐乐。于是，两人又把这个软件放到互联网上，供大家免费使用，同时还给网站起了一个名字——"雅虎"（Yahoo），也就是"Yet Another Hierarchically Officious Oracle"的首字母拼写。仅仅几个月，Yahoo就由于访问量激增而难以为继，不管软件还是硬件都需要升级。于是，他们决定放弃在读的博士学位，把"雅虎"作为一个公司来经营。1995年，他们找来100万元风险投资，"雅虎"公司开始运营，并且迅速成为网络世界的一大新贵。

随着Yahoo的问世和风行，各种各样的搜索引擎也不断出现，遍地开花，在即生即灭的众多搜索引擎中，Google（http：//www.google.com）最为著名，也最为通用。它是1998年由两位斯坦福大学的博士生Larry Page和Sergey Brin创办的。Google一词化用自英文的"googol"，是美国数学家Edward Kasner的侄子Milton Sirotta

---

① 吴伯凡：《孤独的狂欢——数字时代的交往》，15页，北京，中国人民大学出版社，1998。

创造的一个新词，表示 1 后边带有 100 个零的数字。Larry Page 和 Sergey Brin 使用 Google，意在表示一种征服网上无穷信息的雄心。

从阿帕网到搜索引擎 Google，经过不断发展、演化、完善，网络终于成为一个前所未有的"虚拟世界"，并且开始对现实世界发生越来越显著的作用。网络正在深刻改变着社会生态与传播生态，自然也对兼及社会与传播的新闻媒介产生显著影响。

第二节　第四媒体与网络新闻

新旧世纪之交，随着人类进入所谓"数字化生存"（Being Digital），政府、商家、教育行业、社会组织等都开始挖掘互联网的潜力，竞相在网络平台上推出电子政务、电子商务、远程教育等项目。对新闻传播而言，网络成为一种新兴的媒体也已是既定事实。1998 年 5 月，联合国新闻委员会宣布网络为"第四媒体"，与报刊、广播和电视相提并论。

作为"第四媒体"，互联网化新闻信息以快捷、开放、丰富等优势，异军突起，迅猛扩展，同时对传统媒体形成强有力的冲击和挑战。21 世纪初，美国的《编者与出版者》杂志发现，大约 1/3 浏览网上信息的读者已对传统媒体失去兴趣，电视的收视人数下降了 35%，广播的收听人数下降了 25%，报纸的购买人数下降了 18%——"狼来了"。面对来势汹汹的"第四媒体"，传统媒体不得不起而应对，从而使新闻传播领域呈现一片新的面貌、新的格局、新的气象。

一、传统媒体抢滩互联网

1. 纸质媒体

一般认为，世界上最早上网的报纸，是美国加利福尼亚州的《圣何塞信使报》（*San Jose Mercury News*）。1987 年，这家位于高新科技中心——硅谷腹地的报纸，将其内容搬上互联网，成为网络报纸的先声。此后，陆陆续续不断有报纸登录网络，但由于当时网上信息的发送和浏览技术还不完善，所以，截至 1994 年年底，美国上网的报纸不过几十家，全世界也不超过一百家。[1] 而由于互联网浏览器的诞生，网络用户从 1994 年开始激增，美国的网上报纸每年便以 60% 左右的速度递增。"Penny Pagano 在美国《新闻学评论》1999 年 6 月号上撰文说，1998 年年底，全球已有近 5 000 家报纸以及大约相同数量的杂志涉足网络；美国已经有 60% 的报刊上网。"[2]

---

① 匡文波：《网络媒体概论》，15 页，北京，清华大学出版社，2001。

② 同上。

按照网络专家彭兰教授的分析，美国报纸的上网过程，大致经历了翻版、变化与综合三个发展阶段和五种基本模式。

首先是最早的翻版阶段。这个阶段主要有一种模式，这就是将"纸质母版"直接搬上网络，变为母报的"网络版"。

其次是接下来的变化阶段，包括两种模式，均以独立的报纸网站为基础：一种模式是网上报纸的内容与母报基本相同；另一种模式是网上报纸的内容远远超出母报，形成一个独立的信息平台。

最后是综合阶段，也包括两种模式：一种模式是众多报纸联合经营一家新闻网站，但各报内容相对独立；另一种模式是报纸同其他网络服务商联合经营专业性信息网站。

2. 电子媒体

纸质媒体在互联网上抢滩设点之际，电子媒体也闻风而动。网上电台的节目播出大致有两种形式：一种是直播，即网上播出的节目与电台同步，当重大事件或重要活动发生时，一般电台多采用这种所谓"在线广播"的形式；另一种是点播，这类节目都是曾经在电台播出的，受众可以根据兴趣随时上网点击收听。1999年，英国广播公司（BBC）的对外广播，就将46种语言的广播节目送上互联网，其中有9种语言实现在线广播。[①] 广播媒体上网后有两个显著优势：一是网上广播的覆盖面更广，特别是面向海外听众的国际广播；二是听众的主动性更大，他们可以根据自己的时间，选择爱听的节目，而不必遵循传统广播的线性播出顺序，这也正应了"数字化生存"概念的提出者尼葛洛庞帝的预言——"黄金时间等于任何时间"（Prime time is any time）。[②]

1990年代，高清电视（high-definition TV）、数字电视（digital television）等盛极一时，也为电视媒体的网络化奠定了必要的技术基础。数字电视是网络化和电视数字化后的产物，相对于传统的模拟电视，具有如下优势。第一，提高频率资源的利用率。利用数字压缩技术，可在一条标准的有线电视频道中，传输多达10套的电视节目。第二，提高电视信号的传输和接收质量。第三，可以同时提供数据广播。第四，逐步改变传统的收视习惯，人们由被动收看到准视频点播（NVOD），再到视频点播（VOD）。所以，当互联网解决带宽等问题后，电视媒体便开始向网络世界大举挺进。美国三大广播公司之一的全国广播公司（NBC），1996年同微软公司合作创办MSNBC，不到一年就在美国Media Metrix公司的调查统计数据中名列知名媒体第一位，超过CNN、《华尔街日报》、《纽约时报》、《今日美国报》等。[③] 2000年1月19日，全球首位虚拟的新闻主播

---

① 马为公：《广播节目在互联网上的运作形态》，载《中国记者》，1999（3）。

② ［美］尼葛洛庞帝：《数字化生存》，胡泳等译，201页，海口，海南出版社，1997。

③ 俞中迈：《从MSN站点看信息化如何向我们走来》，载《电视研究》，1998（10）。

亮相英国网站，开始播报新闻。这个名叫"阿娜诺娃"的主播用三维动画制成，集中了多位歌星的容貌特征，总是以"愉悦、沉稳、理性"的态度播报新闻，而不会显得"虚夸、无情、自大"。

传统媒体抢滩互联网，其实都是力图将自身的长项——公信力、采编能力等，同网络的优势——快捷性、交互性、全球性、丰富性等结合起来。在此过程中，网络作为开放平台的作用，大于作为"第四媒体"的角色。换言之，在这种新闻传播的模式里，网络还只是一个配角，而主角还有待真正的"第四媒体"——"网络原生媒体"。

二、"网络原生媒体"

所谓"网络原生媒体"，是指完全脱离"母体媒体"而生于网络、长于网络的媒体，这种媒体日益成为网络新闻传播的主力军和生力军。

1. 概览

1999 年 2 月 15 日，被称为"第一份网络原生报"的《明日报》（*Tomorrow Times*）问世，由中国台湾 PC home 集团与《新新闻周报》共同创办。它的新闻不仅更快、更多，而且还以电子邮件的形式向订户发送。《明日报》与传统报纸网络版的最大区别在于，它拥有专职的采编队伍，可以按照网络特性，提供更具专业水准的新闻。[①] 收视率相当高的电视"真人秀"节目，也被直接搬到网上。在这种"网络原生电视"中，主角们只要在居室中安装几个摄像头，然后连上互联网，便可开播了。在全球青少年中流行的"网络广播"，也是网络原生媒体的最初形式。人们可以自己充当电台的播音员或主持人，播出喜欢的音乐，加入自己的评点，世界各地的人们只要连上相应的地址就可以尽情收听。

除此之外，"搜索引擎"网站在吸引大批用户之后，也开始提供各种内容服务，而新闻就是主要项目之一。比如，Google news、Yahoo news、AOL news、MSN news 等，都曾具有广泛的影响力。有些网络原生新闻网站还有自己的专职记者，采集独家新闻。

2. 博客

如果说上述网络原生媒体还带有传统媒体的身影，那么以麦特·德拉吉（Matt Drudge）为代表的博客（Blogger），以及以《德拉吉报道》为代表的博客网站——"博客日志"，则已完全摆脱传统媒体，成为一种全新的网络新闻传播模式。所谓"博客"，乃是英文 blog 的音译，而 blog 则是 Weblog 的简称。它指的是互联网上流行的"网络日志"，是网民们发表各种看法的虚拟场所。通常的博客网站，由简短的、经常更新的

① 赵士林、彭红：《网络传播论》，204 页，上海，上海交通大学出版社，2002。

帖子构成，内容涉及新闻内幕、个人思想、诗歌、散文、科幻小说等。早期的博客爱好者只是热衷于网上冲浪的网迷与业余写手，而随着博客走红，越来越多的人开始从博客中获取新闻、信息和观点，博客的作者队伍也越来越壮大。下面就是美国的一些著名的博客新闻报道：

2003年5月，博客吉姆·罗曼斯科在其网站发布《纽约时报》内部人士的会议纪要和电子邮件，揭开《纽约时报》记者杰森·布莱尔捏造新闻的内幕。随后，《纽约时报》另一位记者里克·布拉格也东窗事发，为此报纸的执行主编和总编辑最后被迫辞职。

2004年9月8日，哥伦比亚广播公司（CBS）的晚间新闻播出一份"独家文件"，指控小布什当年逃避兵役。9月9日中午，知名新闻博客CNS即贴出文章，引用三名专家的意见指出，这份文件的字体应为电脑生成，而非出自1970年代通用的打字机。网上的讨论迅速蔓延，随后两周愈炒愈热，最后CBS不得不认错。

2004年是美国总统大选年，博客首度参与大选报道，成为继1921年广播首度报道大选和1952年电视首度报道大选之后的又一标志性事件。其间，不仅双方的竞选阵营均设官方博客网站，而且双方的拥护者还分别组建私人博客网站，议题遍及各个领域，形成一场空前规模的"博客大战"。至此，第四媒体已经不是一个概念，而是活生生的现实了。

说到博客，不能不提到美国的麦特·德拉吉（Matt Drudge），其《德拉吉报道》属于史上最受青睐的博客日志之一。

3.《德拉吉报道》

当年，由于一位美国总统的丑闻——水门事件，《华盛顿邮报》两位名不见经传的记者一举成名。同样，麦特·德拉吉的崭露头角，也得力于一位美国总统的丑闻——"拉链门事件"。1998年1月17日深夜，麦特·德拉吉向世界各地近5万名新闻邮件订户，发送了一条耸动视听的新闻，题头赫然写着"世界独家新闻"，其中的关键内容是说："星期六（1月17日）晚上6点，《新闻周刊》杂志枪毙了一条重大新闻。这条新闻将注定动摇华盛顿的地基：一个白宫实习生与美国总统有染。"德拉吉后来解释说："《新闻周刊》记者迈克尔·艾西科夫，抓住了他平生最大一条新闻，但就在刊发前几小时，这条新闻被《新闻周刊》的高层扼杀了。"德拉吉的故事一上网，便以惊人的速度传播。星期一，《德拉吉报道》又更新了这条新闻，第一次指出莫尼卡·莱温斯基就是那位白宫实习生，并提供了莱温斯基的简历。随后，他不断提供新的信息，引起广泛关注。这一所谓"拉链门事件"，在德拉吉及其博客网站的煽惑下，最终演化为一场搅动世界的绯闻。1998年8月，克林顿被迫承认自己的过失，向全国道歉。

在这一终将皇帝拉下马的报道中，德拉吉似乎是个命运眷顾幸运儿。而在此之前，

O'REILLY SUES PRODUCER CLAIMING EXTORTION
DRUDGE REPORT

FLASH: 'DAILY SHOW' STAYS TOP BOOK
IN COUNTRY NEXT WEEK, SCANNING
62,847... ANN COULTER 'HOW TO TALK
TO A LIBERAL' DEBUT #2 WITH 36,013
SOLD... BOB DYLAN 'CHRONICLES'
OPENS WITH 30,834 SOLD, SOURCES
TELL DRUDGE... SWIFT BOAT 'UNFIT'
12,527... MICHAEL MOORE DEBUT
'TRUST AGAIN' 11,662 SOLD FIRST
WEEK...

Inquiry on Circulation at
Newspapers Widens...

NYT 'Deceived' by Letters From
Duke Students...

Elton says sorry to Madonna...

Michael Jackson 'shocked' by new
Eminem...

Wrestler Accused Of Stabbing
Opponent 14 Times...

DEBATE NIGHT: OFF WITH THE GLOVES!

RECORD NUMBER OF VOTER FRAUD
REGISTRATIONS EXPOSED IN
COLORADO

PAPER: CHECHEN TERRORISTS 'ENTERED USA FROM
MEXICO'...

Bodies of babies found in Saddam's 'killing
field'...

Feds May Regulate Web Political Activity...

LEASH GIRL GIVES BIRTH!

School Board Bans Yearbook Photo Of Student
with gun...

Blair: No Apology Over Iraq...

RECENT DRUDGE HEADLINES

《德拉吉报道》

他已在网上奋斗将近十年，他的《德拉吉报道》也已小有名气。十年前，也就是 1980 年代末，麦特·德拉吉刚刚二十出头，从马里兰州的一个小城来到南加州上大学。他不算好学生，平均成绩为 D，但他喜欢写作。后来他成为一家礼品店的经理，一边工作，一边从人们认为无价值的资源中，寻找有意思的资料，然后发到网上的新闻讨论组。当时，他并不知道自己的这些工作有什么意义，而只是兴趣使然。直到有一个读者向他提出，想订阅他发布的各种信息。于是，在此基础上，1995 年《德拉吉报道》正式创刊。

起初，《德拉吉报道》不过是网上众多的猎奇小报而已。没想到，这个凭借网络走运的传播骄子，以惊人的速度不断更新其网页，通过电子邮件列表向人们发送种种报道。终于有一天，美国最大的因特网接入服务商——美国在线（AOL），也开始注意他的工作，提出将《德拉吉报道》放到美国在线上面，为此美国在线每年向他支付 3.6 万美元的费用。从此，借助拥有 1 400 万用户的美国在线，德拉吉获得更多的读者，他的网上知名度也越来越高。

在接下来的几年中，他曾独家报道过若干轰动性新闻，如哥伦比亚广播公司（CBS）解雇著名华裔主持人宗毓华（Connie Chung），如借助法新社的“内线”，在美国率先发布黛安娜王妃遭遇车祸不治身亡的消息，比美国各大电视网早七分钟等。凭借这些专业经验，最后他终于逮住一条“大鱼”——“拉链门事件”。

这个事件闹得沸沸扬扬的 1998 年，美国学者琼·杰尔曼写道：也许 100 年后，大学新闻学院及令人肃然起敬的新闻奖，将以现在看来“声名狼藉”的网络记者麦特·德拉吉的名字命名，而那时，CNN 的拉里·金及彼得·阿内特等大牌记者可能早被人们忘却。杰尔曼的预言，其实不出 100 月就已被人忘却。因为，德拉吉在新闻史上的地位，并不在于个人能力多么突出，而在于他较早认识并全力发掘因特网在新闻传播上的巨大潜力。通过革命性的、空前迅捷的网络媒介，德拉吉展示了一种新的新闻传播样式。在这种样式里，一个小小礼品店的经理，借助一台个人电脑，在好莱坞一间狭小房间，通过互联网单枪匹马地聚集起比《时代》杂志更多的读者，并不断播发耸动天下的独家新闻——这一奇观显示了新闻传播史进入所谓网络时代。

三、网络新闻新格局

网络的兴起对社会生活发生全面影响，同时也对新闻传播带来巨大冲击："这种冲击是全方位的，从节目的采编到后期的制作，从受众的分流到观念的更新，从媒介管理到报道方式，从新闻教育到新闻法规，几乎无所不包。"[①]

1. 新闻采编

1980 年代末，美国以及一些发达国家开始出现所谓计算机辅助报道（Computer Aided Reporting，简称 CAR），主要指通过在线服务进行新闻采集，以及借助公共或私有的数据库进行数据的收集与分析。世纪之交，国内一些新闻院系还曾一度开设计算机辅助报道的课程，不过很快就销声匿迹了。90 年代以后，互联网的飞速发展以及其中蕴藏的海量信息，使网络成为记者寻找新闻线索、搜索背景资料、进行在线采访、网上联系受众的便利工具。"英国广播公司（BBC）曾对 6 000 名报纸、杂志和广播电视新闻工作者进行调查，发现 93% 的调查对象在实际工作中使用互联网作为调研和报道工具。"[②] 2000 年 8 月下旬，莫斯科的奥斯塔基诺电视塔发生重大火灾，造成 3 人死亡。8 月 29 日，路透社援引"Kavkaz.com"网站上一份巴萨耶夫的声明报道说，是车臣游击队以 2.5 万美元收买电视台的一名雇员，策划了这次恐怖行动。

我们知道，记者采访前需做一些准备工作，比如，了解采访对象的背景与经历，参阅采访话题的相关知识等。以往，这些工作多靠媒体的资料室或公共图书馆，查阅起来费时费力。而现在，互联网提供了一种新的、非常便捷的工具。诸如新闻组、电子小组、电脑资料库、搜索引擎等，都成为记者快速整理所需资料的捷径。1990 年代，美国的 Lexis/Nexis 网站开始提供司法部门、政府机构、商业组织、科技和学术等资料，许多大报均成为订户。另外，各种数据库，也是记者们收集相关信息的来源。除了采访前的资料收集和准备工作，记者还可以利用互联网直接完成采访任务。

---

① 赵士林、彭红：《网络传播论》，185 页，上海，上海交通大学出版社，2002。

② 张海鹰、滕谦：《网络传播概论》，136 页，上海，复旦大学出版社，2001。

　　互联网的信息海洋固然为新闻采编带来海阔天空的诸多便利，与此同时，实践也证明记者还得警惕其中的暗礁、险滩及风浪。美国《圣彼得堡时报》（*St. Petersburg Times*）记者 Elijah Gosier，就曾警告说："记者应当在处理资料和与人打交道上花同样多的精力。然而，随着技术的发展，从电脑屏幕上堆砌信息变得越来越容易了，这就使得一些记者不大愿意深入采访，与人面对面地对话了。"[①] 由于不接地气，报道难免贫血、苍白、了无生气。

　　1996 年，美国报业协会举行一次研讨会，表彰首届"年度数字边缘成就奖"（Digital Edge Award），评奖对象为美国各报的网络版。评奖标准主要看是否具有以下特点：充分运用网络特性，其中最明显的是互动性；大量相关新闻的搜集和提供；与用户建立密切关系等。[②] 这些都是网络新闻如今广为人知的特性，包括时效性、大容量、交互性、多媒体等。

2. 网络管理

　　网络既给新闻采编提出许多新的课题，又使网络管理面临许多新的局面："随着网络传播的负面作用对社会造成危害，几乎所有的国家都认同互联网的推广与管理须求取平衡。"[③] 显然，网络管理是个庞大的系统工程，涉及国家安全、信息安全、知识产权、公民隐私权、未成年人保护等内容。对此，即网络新媒体的各种问题及其管制，如今世人早已充分领教，并见怪不怪了。不说别的，由于技术的日趋完备，各种造假信息以假乱真，逼真得令人难以分辨，更不用说翻转来翻转去的各种耸动视听的"新闻"。

　　面对这些新的问题和新的情况，各国都在积极寻求对策，以规范网络的管理。德国的《多媒体法》，是世界上第一部规范因特网的法律，由德国联邦议院于 1997 年通过并开始实施。这部法律全称为《规定信息和通信服务的一般条件的联邦法令——信息和通信服务法》（德文简称 IUKDG），涉及互联网的方方面面，如 ISP 的责任、个人隐私、数字签名、网络犯罪、未成年人保护等，是一部综合性法律。1996 年，美国出台《通信规范法》（*Communications Decency Act*）——亦译《传播净化法》，旨在保护未成年人。这一法案最主要的一项内容是，通过互联网向未成年人传播不道德或有伤风化的文字及图像，一旦查出将处以 25 万罚金和最高可达 2 年的徒刑。一年后，美国最高法院以违反宪法第一修正案，废除这条法案。

　　在突如其来的网络大潮冲击下，处于下游的发展中国家更加关注网络的管理。1998

[①] Guy Berger: The Internet: *A Goldmine for Editors and Journalists*, http://journ.ru.ac.za/goldmine/gold.htm.

[②] 彭兰：《网络传播概论》，159 页，北京，中国人民大学出版社，2001。

[③] 闵大洪：《数字传媒概要》，126 页，上海，复旦大学出版社，2003。

年马来西亚由于安瓦尔事件而导致社会动乱，其中网上信息发挥了很大作用，引起政府的高度重视。[①]

进入新时代，中国共产党和中国政府更加重视网络新媒体的问题及其治理，不仅提到意识形态与国家安全等高度，而且一系列政策法规和组织建设大刀阔斧整治网络乱象，包括境内外各种政治势力在历史问题、边疆问题、政治制度问题上操控舆论与舆情，还乌烟瘴气的网络空间以风清气正。

总之，进入网络时代，新闻传播出现大量新情况、新问题，也给新闻工作者、媒介管理者以及教育工作者，带来许多新的机遇和挑战。不管是热风吹雨的鼓吹，还是冷眼向洋的反思，网络新闻传播都在以不可逆转之势不断推进。

第三节　从"跨媒体"到"融媒体"

新世纪以来，在日新月异新技术与争权夺利新潮流的强力推动下，网络一词渐被更新更宽泛的新媒体概念所取代，相应的新媒体传播、新媒体时代等也风行开来。网络世界新媒体的竞技场上，旋起旋落、旋生旋灭的各路诸侯、各方技术，一波未平，一波又起，你方唱罢我登场，各领风骚三五年。近些年正在走红有大数据、区块链、云计算、元宇宙，以及2013年"横空出世"的ChatGPT——这些"新生事物"没准儿三五年后成古董而被更新名堂所取代。这种后浪推前浪的态势与趋势，也正是近两百年前问世的《共产党宣言》所揭示的规律：

> 生产的不断变革，一切社会状况不停的动荡，永远的不安定和变动，这就是资产阶级时代不同于过去一切时代的地方。一切固定的僵化的关系以及与之相适应的素被尊崇的观念和见解都被消除了，一切新形成的关系等不到固定下来就陈旧了。一切等级的和固定的东西都烟消云散了，一切神圣的东西都被亵渎了。

针对网络新媒体的"美丽新世界"，当代英国马克思主义学者、社会主义工人党领导人约翰·莫利纽克斯（John Molyneux），曾一针见血指出：

> 脸书、推特和YouTube视频网站经常被称为"社交媒体"，实际上它们像迪士尼、时代华纳或者新闻集团一样属于资本主义媒体。我前面说过它们在运作中相对地去中心化，但是它们在最终占有和控制上不是去中心化的。谷歌公司是美国跨国集团，拥有雇员24 400人，2010年利润为85亿美元，总资产达到578亿美元。

[①]　闵大洪：《数字传媒概要》，128～130页，上海，复旦大学出版社，2003。

脸书由脸书公司私营，部分归高盛投资集团拥有。它有雇员 2 000 人，2010 年估计收入是 20 亿美元。推特在 2006 年启动，2010 年有 450 名雇员，预计收入 1.4 亿美元，YouTube 有限责任公司 2005 年在加利福尼亚州创立，2006 年被谷歌公司以 16.5 亿美元收购。[①]

在新媒体取代网络之际，新闻传播领域也从"跨媒体"演进到当下的"融媒体"。跨媒体又译"大媒体"，是由美国人凯文·曼尼（Kevin Maney）提出的概念，用以描述传媒领域全面竞争的态势，即传媒业、电信业、信息（网络）业统合为一种全新产业——大媒体。对新闻传播来说，跨媒体意味着报纸、广播、电视和网站的采编业务全面整合，资源共享，集中处理，然后通过不同的渠道与平台，传给各方读者、听众、观众、网民以及各类数字终端的用户。跨媒体或大媒体的运作，一般在两个层面展开。一是不同媒体之间通过收购、合并等手段，进行产权、营运、产品的整合，形成规模庞大的多媒体集团即媒体垄断集团。二是同一媒体垄断集团内部的不同媒体，发挥协同效应，使信息资源的用途多样化。[②]

比如，2000 年美国在线（AOL）以上千亿美元的巨资，并购时代华纳（Time Warner），组成美国在线 - 时代华纳公司（AOL-Time Warner），这一鲸鱼吞大象的购并案一时轰动世界。虽然 21 世纪初的美国网络泡沫影响到这一特大媒体的发展，但不论怎样，随着数字时代的来临，并伴随全球化进程，若干"特大媒体"（Megalomedia）已经形成。它们无一不是各类传媒的集大成者，无一不具有跨媒体的特性。[③]还以当年世界排名第一的美国在线 - 时代华纳为例，它在电影领域拥有华纳兄弟等 12 家影视制作公司和 HBO 电影频道（包括 50 个国家及地区的国际收视户）；在电视领域，拥有特纳广播公司，包括 CNN（包括 212 个国家及地区的 1.51 亿国际收视户）、TBS、TNT、华娱卫视等；在出版领域，拥有 24 个品牌出版公司，出版《时代》《财富》等 35 种杂志，读者达 1.2 亿人；特纳娱乐公司拥有 52 种唱片品牌，是世界最大的 CD 和 DVD 制造商；在互联网领域，拥有美国在线国内公司及美国在线国际公司，同时拥有其他 8 家网络公司，包括计算机服务公司（Compuserv）、网景（Netscape）及世界最大的在线即时通信 ICQ 等公司。另外，在相关的产业领域，它还拥有主题公园，在 30 个国家拥有华纳兄弟影视公司商店等。2000 年，它的年收入为 318 亿美元。[④]

如此看来，如果说列宁时代的帝国主义尚属国家垄断，那么当今时代则俨然形成

---

① ［英］约翰·莫利纽克斯：《媒体的马克思主义分析》，杨倩译，71 页，北京，中国传媒大学出版社，2018。

② 闵大洪：《数字传媒概要》，183 ～ 184 页，上海，复旦大学出版社，2003。

③ 同上，185 页。

④ 同上，186 页。

帝国主义的全球垄断。而为了形成并维持全球垄断，除了众所周知的金融垄断、科技垄断、军事霸权、文化霸权，信息与传播的全球垄断也必不可少。2022 年俄乌战争爆发，之所以未能如俄国所愿，达成速战速决的战略预期，也在于美国掌握着信息战、舆论战的绝对优势与主动权。至于新闻传播领域，无论是冷战的旧秩序，还是后冷战的新秩序，也无论各国的国内传播，还是国际传播，归根结底无不受制于帝国主义的全球政治经济与地缘战略的大格局、大背景、大趋势。《孙子兵法》曰："上兵伐谋……其下攻城。"只有从资本主义全球化的战略高度，以百年未有之大变局与人类命运共同体的历史视野，才能把握全球新闻传播的正道沧桑。否则，局限于眼花缭乱的技术革新，拘泥于所谓新闻专业主义等，翻来覆去念叨交互性、平台性、人人记者麦克风等乌托邦畅想曲，就只能在"攻城略地"的战术层面，"可怜无补费精神"了。

黄河落天走东海，咆哮万里触龙门。新世纪以来二十余年，在网络化生存、数字化时代等大潮洪波涌起、横无际涯之中，报刊、广播、电视等"老媒体"与"新媒体"的融合，已是大势所趋，经过融合的"大媒体""融媒体"既蕴含着市场商机与巨大利润——不乏国际金融垄断资本的幢幢鬼影，也对新闻传播以及人类社会形成倒海翻江的冲击和影响。而这种冲击和影响还在进一步展开，沧海横流，波涌浪翻，当今之世，大到家国天下，小到日常起居，都已无所遁逃，任是深山更深处，也应无计避网络。一位高校教授拒用微信，疫情防控期间无法扫描入校，于是就隔着学校大门，给学生上课。这个细节，耐人寻味。一方面，新媒体为传播的大众化或某种意义上的民主化提供了技术手段和便利条件，也为我们恢复和发扬"全党办报，群众办报"传统提供了前所未有的现实基础。另一方面，如同一百年前"建筑铁路似乎是一种普通的、自然的、民主的、文化的、传播文明的事业……实际上，资本主义的线索像千丝万缕的密网，把这种事业同整个生产资料私有制联结在一起"，从而变成对世界人民包括资本主义世界的雇佣劳动者"进行压迫的工具"[①]，新媒体更是提供了这样的工具。所以，如果失去对另一个可能的世界，即天下大同、共产主义以及人类命运共同体的想象和追求，那么一盘散沙的芸芸众生更易于成为国际垄断资本及其媒体的收割对象与洗脑对象，正如列宁在名著《共产主义运动中的"左派"幼稚病》中精辟指出的：

> 资产阶级的强大不仅在于国际资本的力量，在于它的各种国际联系牢固有力，而且还在于习惯的力量，小生产的力量。这是因为世界上可惜还有很多很多小生产，而小产生是经常地、每日每时地、自发地和大批地产生着资本主义和资产阶级的。[②]

---

① 《列宁专题文集·论资本主义》，101 ～ 102 页，北京，人民出版社，2009。
② 《列宁专题文集·论无产阶级政党》，244 ～ 245 页，北京，人民出版社，2009。

第四节　电子媒介：社会·历史·文化

很多关于新技术的胡言乱语就是如此的没有意义和幼稚可笑。

——布赖恩·温斯顿（Brian Winston）①

迄今为止，以广播、电视和网络为主导的电子媒介，已经走过百年的风雨路程。一个世纪以来，人类社会发生沧海桑田的巨变，新闻传播也经历天翻地覆的鼎革。其间，电子媒介的影响无疑最引人注目，正如尼尔·波兹曼在论述电视的名著《童年的消逝》里所言，继 1844 年电报发明，"1850 年和 1950 年之间，美国的传播结构由于一个紧接着一个的发明而被瓦解了，随后又重新改组。这些发明包括轮转印刷机、照相机、电话、留声机、电影、收音机、电视（网络还未兴起——引者注）。……与电子媒介的发展相对应，丹尼尔·布尔斯廷所说的'图像革命'也在展开，一个以图画、漫画、招贴和广告构成的符号世界正在兴起。电子革命与图像革命二者结合起来，代表了一个互不协调、却对语言和识字有着很强的攻击力，把原来的理念世界改造成为光速一样快的图像和影像的世界"。②

电子媒介具有何等社会、历史与文化意味？与旋风般变化的世界，又有什么关系？是扰扰嚷嚷的当代社会塑造着它，还是为它所塑造？这些问题不断困扰着人们，从而去思考，去探究，尽管答案千差万别，也许真理永难穷尽。这里，不妨先讲两个故事，一个涉及媒介技术，一个关乎现代文明。在一次达沃斯世界经济论坛的年会上，有人讲到这样一个故事：一个人骑着一匹快马在街上飞驰。马蹄声声，急如星流，骑手不得不紧紧勒住缰绳。路人问道："你去哪儿？"骑手回答说："我不知道，问我的马吧。"而这匹马就是科技，包括媒介技术。③时下，面对疯魔癫狂的高新技术，不能不想起这匹难以驾驭的奔马。那个有关现代文明的故事，据说是由美国人伯特尔·奥尔曼讲的：在一架飞越太平洋的飞机上，飞行员向乘客报告了两个消息："一个是好消息，另一个是坏消息。好消息是我们正以每小时 700 英里（即 1 100 多公里）的速度飞行，飞机上的一切装置运行自如。坏消息是我们迷路了。"④

这一节中，我们通过三位媒介理论家的视角，以期从社会历史层面，对电子媒介进行透视与解析，三位理论家分别是加拿大的马歇尔·麦克卢汉、美国的尼尔·波兹曼

① [英]史蒂文·拉克斯编：《尴尬的接近权：网络社会的敏感话题》，禹建强等译，175 页，北京，新华出版社，2004。
② [美]尼尔·波兹曼：《童年的消逝》，吴燕莛译，104～105 页，桂林，广西师范大学出版社，2004。
③ 曼纽尔·卡斯特：《千年终结》，黄铸九等译，435 页，北京，社会科学文献出版社，2003。
④ 《读书》杂志，2004（10），108 页。

和法国的让 - 鲍德里亚。

一、麦克卢汉及其媒介观

1. "电子时代的先知"

马歇尔·麦克卢汉（Marshall McLuhan，1911—1980），是第一位对电子媒介进行深度思考的理论家。早在 1960 年代，他就被誉为"电子时代的先知"，《纽约先驱论坛报》称他为"继牛顿、达尔文、弗洛伊德、爱因斯坦、巴甫洛夫之后的最重要的思想家"。[①] 他对广播、电视以及报刊图书等传播媒介的"奇谈怪论"，曾经风靡一时，令人耳目一新。90 年代以来，随着互联网的扩张和新媒介的兴起，一度沉寂的麦克卢汉及其理论东山再起，大行其道，"90 年代初，大名鼎鼎的《在线》杂志（*Wired*）从创刊号起，就在报头上把麦克卢汉奉为'先师圣人'（Patron Saint）"。[②] 我们只需看看其代表作《理解媒介：论人的延伸》里的一段话，也就不难理解麦克卢汉热的缘由了：

> 这是一个黄金时代的形象，一个将自然完全变型或转换成人为技术的世界。它已经近在咫尺，我们的电子时代已经伸手可及这样的世界。诗人马拉梅（疑为马拉美——引者注）认为，"世界的存在终止于书中"。我们现在已经能够超越这一局限，可以将整个世界的场景迁移到电脑的储存器之中。[③]

麦克卢汉早年曾经两次负笈英伦，获得文学博士学位。他的两位剑桥导师里查兹（I. A. Richards）和利维斯（F. R. Leavis），均为 20 世纪西方文论名家。利维斯是里查兹的门生，他的同学燕卜孙（William Empson）解放前曾任西南联大教授。麦克卢汉一生都在多伦多大学执教。在这里，他结识了加拿大政治经济学家、传播研究先驱哈罗德·英尼斯（Harold Innis，1894—1952），并深受其影响。英尼斯的两部名著《帝国与传播》（1950）与《传播的偏向》（1951），也都有赖于麦克卢汉的鼎力传扬。1960 年代，正当电视全面兴起之时，麦克卢汉接连出版几部媒介著述，提出一套"奇谈怪论"，不但在学界引发激烈论争，而且在民间也仿佛家喻户晓。正因其人其说，"媒介"这个生僻词才成为日常用语，他所说的"地球村"（Global Village）、"信息时代"（Age of Information）等也广为人知，乃至"麦克卢汉主义"（McLuhanism）、"麦克卢汉信徒"（McLuhanite）等新词语也被收入字典。迄今为止，没有哪位传播学者像他那样引人注

① ［加］马歇尔·麦克卢汉：《理解媒介：论人的延伸》，何道宽译，"麻省理工学院版序"，2 页，北京，商务印书馆，2000。

② ［美］保罗·莱文森：《数字麦克卢汉》，何道宽译，"译者序"，2 页，北京，社会科学文献出版社，2001。

③ ［加］马歇尔·麦克卢汉：《理解媒介：论人的延伸》，何道宽译，95 页，北京，商务印书馆，2000。

目，也没有哪家传播学说像他的理论那样受人青睐，他的代表作《理解媒介：论人的延伸》（*Understanding Media: the Extension of Man*）至今风行。

不妨说，在专家云集理论潮涌的传播研究领域，他是一位特立独行的思想者，他的思想向称奇异、诡谲、骇世惊俗、莫测高深，要么使人醍醐灌顶，茅塞顿开，要么让人一头雾水，找不着北。所以，关于其人其说向来毁誉参半。好之者，奉他为昭示神喻的先知，全国广播公司的副总裁保罗·克莱因（Paul Klien），就非常崇拜麦克卢汉，曾买下 20 本《理解媒介：论人的延伸》推荐给公司的高层管理人员。而鄙之者，则差不多视之为走火入魔的巫师，1960 年代，《存在主义杂志》的一篇文章就写道："一位加拿大小地方名不见经传的英语教授，居然玩弄了这样一场大骗局。一切迹象表明，这将成为一场国际性的思想丑闻。"[①] 现在看来，一方面，他提出一些原创思想，对媒介与社会问题，特别是对电子媒介的深层意味做出发人深省的阐发与论述，为后人打开了思想空间。另一方面，他也确实不无故弄玄虚、莫名其妙、东拉西扯、荒诞不经之嫌。比如，众所周知，他有一个振聋发聩的著名命题——"媒介即讯息"（The medium is the message）。这一命题本已超乎常理，而他似乎还嫌不够奇崛，后来又比照同一句式，提出更玄之又玄的命题——"媒介即按摩"（The medium is the massage），进而又玩出类似的"大众时代"（mass age）、"混乱时代"（mess age）等文字游戏。怨不得有人质疑，这究竟是理论学说，还是修辞艺术？《时代》杂志发表书评，就称《理解媒介：论人的延伸》"思想含糊、缺乏视点、界定不清、数据不足、同一反复、蔑视逻辑"。[②] 下面故事，可见一斑：

> 在 1960 年 U-2 飞机事件中，美国的间谍飞机被苏联击落时，他就接受了《多伦多每日星报》的采访。他断言，俄国人感到不安，与其说是因为美国的侦察飞行，不如说是因为美国人使用了视觉的摄影手段来揭开秘密。麦克卢汉解释说，俄国人是"倚重耳朵的民族"（ear people），美国人是"倚重眼睛的民族"（eye people）。俄国人喜欢合唱和冰球，这就是他们倚重耳朵的证明。[③]

想来没有哪个正常人，会把这类奇谈怪论当真。归结起来，对他的批评，集中于三点：

> 第一是说他的文风令人悲叹。第二是说他既无知又全靠幻想，证据是他漫不经心地对待事实（麦克卢汉辩解说："这里那里有几个细节不对，那也没有什么关

---

① ［加］菲利普·马尔尚：《麦克卢汉：媒介及信使》，何道宽译，200 页，北京，中国人民大学出版社，2003。

② 同上，183 页。

③ 同上，165 页。

系。"这帮不了他的忙）。第三是说他对自己描写的现象心满意足，对社会不公的事情却漠然置之。[①]

2. "媒介即讯息"

麦氏学说可以概括为一种以媒介为核心的历史哲学，他的玄思、哲言及奇论无不围绕媒介而展开。在他看来，决定人类历史与社会形态的关键因素，不是别的，而是媒介，所以他的理论常被称为媒介决定论。按照他的媒介观，一切媒介都是人的延伸，或者说人体及其功能的延伸。比如，车轮是腿脚的延伸，衣服是皮肤的延伸，书籍是眼睛的延伸，广播是耳朵的延伸，电子媒介是中枢神经系统的延伸，等等。每一时代的主导媒介，都使人具有特定的"感官比例"，即各种感官的使用比例或平衡关系，进而决定人们把握世界的总体方式。准此，他提出一个"部落化—非部落化—重新部落化"的历史图式，而决定这一图式演化的动因，就在于三种主导媒介的递进，即部落化的口头媒介、非部落化的印刷媒介和重新部落化的电子媒介。以其高徒尼尔·波兹曼 1997 年为一部麦克卢汉传记作序时的解说：

> 这是一个使人怅然若失的故事，然而它又是一个得救的故事。据我的理解，故事是这样的：昔日的人类传播是整合一体的，人利用自己丰富的感知系统，心脑之间不分裂。这个故事即使不是纯粹的口头传播，至少多半是口头的传播；在这个故事里，神话与事实舒舒服服混杂，过去的时光和眼前的时光混杂在一起；言语总是充满意义；虔诚、诗歌和历史相互交结；教谕的故事不光是言语的装饰，而且是传达真理和智慧的载体。
>
> 突然之间，那个时代猝然终结。取而代之的是人实现伟大延伸的时代：象形文字、字母表、机械钟表、印刷术等。但是，每一方向上的每一个感官延伸，总是要产生另一个方向上的某种感官的某一种截除（ampulation）。……我们的感知系统被分割肢解。我们的暴力偏向和媒介引起的感知失衡可能是连在一起的。
>
> 这就是我们遭受损失的那部分故事。接下来我们说得救（redemption）的部分，可是它来得并不是很快。得救的形式是电子革命——我们整个神经系统的延伸。在电子传播结构中，在其速度、容量、多向度和多形式中，存在着这样的可能性：它可以使我们恢复昔日的完整，使我们重新得到利用丰富的多维视角的口头传统，可以重新唤醒右脑的创造性。视觉、听觉、触觉和味觉可以再一次混合，可以优雅、健康地混合成一个整体。

---

① ［加］菲利普·马尔尚：《麦克卢汉：媒介及信使》，何道宽译，201 页，北京，中国人民大学出版社，2003。

当然，这是地地道道的天堂故事、放逐与回归的故事。麦克卢汉被誉为电子时代的使徒，并非空穴来风。①

虽说关于媒介的功能在他之前和在他之后不断有人深究细考，但从未有人像他这样如此突出媒介的地位，如此深究媒介的意义。为了凸显媒介对人类社会的意义，他甚至完全排除媒介所传播的内容及其社会功能，从而提出那个振聋发聩的著名命题——"媒介即讯息"。说起麦克卢汉及其思想，人们总会提到这句名言，正如迈尔斯·奥维尔所言："自从爱因斯坦发表他的著名公式（即 E=mc2——引者注）以来，还没有哪一个知识分子如此紧密地与单独一句话联系在一起。"② 这句话是麦克卢汉媒介理论中最引人注目，也最引起争议的焦点，《理解媒介：论人的延伸》第一章标题就是"媒介即讯息"，他开宗明义就写道：

> 所谓媒介即是讯息只不过说：任何媒介（即人的任何延伸）对个人和社会的任何影响，都是由于新的尺度产生的；我们的任何一种延伸（或曰任何一种新的技术），都要在我们的事务中引进一种新的尺度。比如说，由于自动化这一媒介的诞生，人的组合的新型模式往往要淘汰一些就业机会，这是事实，是其消极后果。从其积极因素来说，自动化为人们创造了新的角色；换言之，它使人深深卷入自己的工作和人际组合之中——以前的机械技术却把这样的角色摧毁殆尽。③

在他看来，社会的形成与发展更大程度上取决于人们相互交流所用的媒介及其性质，而不是媒介所传播的内容。比如，是报纸本身而不是报上文章，才是影响社会历史的决定性因素，才是社会历史的信息。这种思想确实有悖常识，令人费解。谁不知道，报上刊登的各种内容才是信息，而报纸本身只是一种传播信息的媒介，媒介本身怎么会是信息呢？原来，他是想说，每一种新媒介都会创造一种全新的环境，而这种环境会对人的各种感知系统发生全面的、深刻的、潜移默化的影响。比如，汽车出现后，就带来公路、桥梁、加油站、修理厂等一系列相关设施，从而形成完全不同于既往马拉步行的交通格局。媒介也是如此，一种新的媒介出现后，总会逐步促成一种新的媒介生态，从而对人们的社会生活产生不同以往的决定性作用，至于媒介所传播的大量信息，从广泛的、长远的历史看反倒无关紧要了。为此，他常引用诗人艾略特的一个比喻——"诗歌很像是一片滋味鲜美的肉，撬门贼用它来涣散看门狗的注意力。"④ 也就是说，媒介的内

① ［加］菲利普·马尔尚：《麦克卢汉：媒介及信使》，何道宽译，"序"，3～4 页，北京，中国人民大学出版社，2003。
② 见美国驻华大使馆文化处编《交流》杂志，1982（4）。
③ ［加］马歇尔·麦克卢汉：《理解媒介：论人的延伸》，何道宽译，33 页，北京，商务印书馆，2000。
④ ［加］菲利普·马尔尚：《麦克卢汉：媒介及信使》，何道宽译，41 页，北京，中国人民大学出版社，2003。

容不过是窃贼（媒介）手里拿的肉，目的在于转移受众（看门狗）的视线，最终达到打家劫舍的目的，即影响整个社会历史及其进程。比如，"纸莎草纸与古埃及帝国，印刷术和新教改革运动，报纸和欧洲民族主义，电报和美国市场一体化，这些关系是传播技术和社会结构属性之间的关系。"[①]

为了说明"媒介即讯息"的观点，他举希特勒作为例证。他断言，希特勒进入政坛完全归因于无线电广播。他的意思并不是说，广播有效地把希特勒的思想灌输给德国大众，"他的思想极少起作用"，真正起作用的不是希特勒通过广播（媒介）传达的思想（信息），而仅仅是广播这一媒介本身。为了强调这一点，麦克卢汉又把广播和电视进行对比，如果在希特勒统治时期，电视已经普及，那么他就会原形毕露。

总之，麦克卢汉这个公式虽与爱因斯坦的著名公式齐名，却远非科学表述，他也从未讲清楚媒介为什么就是信息而只是反复提醒读者，"他的命题最好是当作文学比喻来理解，而不是当作科学理论来理解"。[②]所以，也没必要在字面上穷根究底，而只需理解其意无非在于强调，媒介本身远比媒介所传播的信息更重要。

3. 社会历史观

麦克卢汉的思想虽然围绕媒介而展开，但他绝不仅仅是一位"传播学家"。同其思想导师英尼斯一样，他是从媒介、信息与传播的角度，整体地观照人类社会的历史进程。正如《新闻周刊》1967年3月6日一篇文章所说的：多伦多的预言家思想开阔——他的传播理论不啻对于过去、现在和将来的一切人类文化提出一种解释。

依据他的思想，由于媒介的演化，人类文明分为前后相继的四个时代——原始时代、中世纪、现代和电子时代。原始时代，口语是主要的媒介，人类生活在一个听觉的世界。文字的发明，使人类进入中世纪，文字作为主要的媒介，迫使"耳朵的世纪"让位于"眼睛的世界"。1550年代，印刷媒介普及后，人类文明进入现代。从此，印刷文字成为主要媒介或主导媒介，从而构成一种直线的、逻辑的、单一的认知系统：

> 书籍的印刷形式创造了一种全新的组织内容的方式，从而推动了一种新的组织思想的方式。印刷书籍所具有的一成不变的线性特点——一句一句排列的序列性，它的分段，按字母顺序的索引，标准化的拼写和语法——导致一种詹姆斯·乔伊斯戏称为"ABC式"思维习惯，即一种跟排版结构非常相似的意识结构。对于印刷术的这个结果，哈罗德·英尼斯和马歇尔·麦克卢汉都用了很大的篇幅进行论述。[③]

---

① ［美］丹尼尔·戴扬、伊莱休·卡茨：《媒介事件：历史的现场直播》，麻争旗译，17页，北京，北京广播学院，2000。
② ［加］马歇尔·麦克卢汉：《理解媒介：论人的延伸》，何道宽译，"麻省理工学院版序"，7页，北京，商务印书馆，2000。
③ ［美］尼尔·波兹曼：《童年的消逝》，吴燕莛译，44～45页，桂林，广西师范大学出版社，2004。

　　随着 1844 年电报的发明，人类又跨入电子时代。电子媒介不仅改变了以视觉为中心的文字化社会（包括中世纪和现代），而且使人类重又回到原始时代那种情感交融、相互关心、共同参与社会事务的状态，也就是他所说的"全球一村"的状态。这是麦克卢汉从媒介角度，描绘的一幅人类文明的大图式。

　　本书开始曾讲道，我们把人类的新闻传播历史分成四个时期：口头新闻时期、手写新闻时期、印刷新闻时期和电子新闻时期。我们只对口头和手写新闻时期做了简单考察，而把重心放在印刷与电子新闻时期，这两个时期也正是麦克卢汉关注的焦点。在他看来，印刷媒介及其主导的社会是一种文明的异化过程，而电子时代则属于克服异化的复归。具体说，他先把原初语言传播形成的人人相亲、互相参与的社会奉为理想，如同儒家神往的上古三代——致君尧舜上，再使风俗淳。而印刷媒介的出现，使这个理想社会发生异化。因为在印刷社会，人们感知社会的方式是遵从印刷媒介的特性，即一行一行、一页一页地遵循逻辑程序进行。这样一来，印刷媒介便成为同化的根基，成为民族主义的源泉。另外，由于印刷媒介仅仅延伸人的视觉，便形成人们感知世界的"偏向"，促使人们各执己见，彼此独立，造成个人主义的泛滥。而进入电子时代后，人们重又以全部的感官把握信息，体验世界，于是便克服异化，复归理想社会。因此，他属于电子媒介的乐天派。1969 年，他在接受《花花公子》（Playboy）杂志的采访谈论中，就体现了他惯有的奇崛而不无怪诞、机敏而不无疯癫的话语及其风格——也依稀显现于当今各路新媒体新技术的真言与谶语：

　　　　电脑预示了这样一个前景：技术产生普世理解和同一产生对宇宙理性的浓厚兴趣。这种状况可以把人类大家庭结为一体，开创永恒的和谐和和平，融入宇宙逻格斯。这是电脑真正合适的运用。不是把它用来加速市场的营销或解决技术问题，而是把它用来加速发现的过程，用来协调地球——最终还要加上星系——环境和能量。电子媒介的发展终将使心理上的公共整合成为可能，这种整合开创了但丁预见的意识普世性（the universality of consciousness）。①

　　麦克卢汉对电子媒介及其时代的曼妙设想，在虚拟的赛博空间（cyberspace）早已成为某种真实的存在。可惜，在现实世界里，他的全球一村的幻想还只是海市蜃楼，可望而不可即。40 多年前，奥维尔就曾说过，麦克卢汉预言全球将变成一个村庄的说法，"看来仍然是个非常渺茫的目标。麦克卢汉有那种把他所希望看到的东西说成是事实的习惯"②。

───────────────

① ［加］马歇尔·麦克卢汉：《理解媒介：论人的延伸》，何道宽译，216 页，北京，商务印书馆，2000。
② 见美国驻华大使馆文化处编《交流》杂志，1982（4）。

不管怎么说，在传播研究领域，他的影响可谓前无古人。当年，钱钟书先生在破天荒接受电视剧《围城》剧组采访时，就曾一再引用麦氏的名言"媒介即讯息"。一部麦克卢汉传记里的文字，可谓盖棺论定：

> 他的预言，无论其正确与否，绝对不是真正意义上的麦克卢汉宝藏，他的宝藏是他有能力给人以刺激。……这样的能力始终是他的非凡之处，而且至今仍然是无与伦比的能力，它将会使麦克卢汉的著作在未来很长的时期里充满活力。这样的能力，并非他的冤家长期所说的那样，是狂想不羁的结果。这个能力表现在他的洞见之中。他的洞见使我们能够真正理解社会，在这个社会里，人的延伸已经成为几乎比人更加真实、更加奇怪的存在。[①]

二、尼尔·波兹曼及其媒介观

麦克卢汉的"徒子徒孙"不少，而卓有建树并享有与他相似的学术声誉者有两位，一位是媒介生态学的创始人尼尔·波兹曼，一位是法国后现代思想家让-鲍德里亚。

1. 名师高徒

尼尔·波兹曼（Neil Postman，1931—2003）可谓麦克卢汉及其思想的嫡传弟子。1955 年，默默无闻的麦克卢汉，应邀来纽约的哥伦比亚大学做报告。当时，还是研究生的波兹曼也到场聆听，他后来记述说：

> 他的表现奇怪而奇妙。……我从来没有听说过，哪一位教授是这样回答问题的。但是，我邻座的朋友 C. 韦因加特纳（C.Weingartner）和我并没有生气。我们很高兴。我们仿佛等待了一辈子，终于等到了这样的事情和这样的人。我们明白，他的所作所为是要给我们指明思考媒介的一种方法，包括双关语和俏皮话。重要的不是要他证明他所说的话。我们学到的一课，与其说是"媒介即是讯息"，不如说是"方法即是讯息"。[②]

在波兹曼看来，这种方法与马克思、弗洛伊德、尼采无不相似，均属一种宏大的历史哲学："用这样宏大的假设武装起来之后，我就踏上了自己的路子，我走了 40 年，努力作出自己的解答。一句话，这就是麦克卢汉对我的启迪——把我送上一辈子从事的事业，去寻求我自己的答案，无论这些答案是好是坏。"[③]1971 年，波兹曼在麦克卢

---

① ［加］菲利普·马尔尚：《麦克卢汉：媒介及信使》，何道宽译，295 页，北京，中国人民大学出版社，2003。
② 同上，"序"，2 页。
③ 同上。

汉的建议和鼓励下，创办了纽约大学媒介生态系与硕士点，开辟了媒介生态学（Media Ecology）。1997 年，波兹曼自豪而动情地说道："到 1996 年，我们有一百多位学生拿到了博士学位，400 多人拿到了硕士学位。我担保，他们都知道，自己是麦克卢汉的孩子。当然我也认为自己是他的后代，不是很听话的一个孩子，可是这个孩子明白自己从何而来，也明白他的父亲要他做什么。"[1]

波兹曼有 20 余部著作，最负盛誉的一是 1982 年的《童年的消逝》（The Disappearance of Childhood），一是 1984 年的《娱乐至死》（Amusing Ourselves to Death）。这些著述大抵延续麦克卢汉的思路，从系统的、生态学的视角探讨媒介的社会历史功用，尤其是电子媒介对当代社会及其变迁的意义，不仅思想渊深、知识广博，而且行文生动、通俗易懂，用《基督教科学箴言报》对《娱乐至死》的评价来说："波兹曼在麦克卢汉结束的地方开始，他用学者的渊博和说书人的机智构筑他的见解。"不过，他的思想灵感虽然源于麦克卢汉，但最后的走向与乃师分道扬镳。如果说麦克卢汉属于媒介技术的乐天派，那么波兹曼就是悲观派；如果说麦克卢汉为电子媒介与未来愿景"歌功颂德"，那么波兹曼则对这一切深怀隐忧。所以，麦克卢汉属于时代潮流的弄潮儿，而波兹曼则将自己划入未来列车的落伍者。1997 年，他在麦克卢汉传记作序时写道：

> 我们许多人学着去理解媒介，为什么要转向麦克卢汉而不是转向其他人呢？也许有许多原因吧。但是这里有一个我认为最能够说明问题的原因：伊尼斯（即哈罗德·英尼斯——引者注）、芒福德和艾吕尔全都是他们这个世纪的敌人。麦克卢汉却是其朋友。……把麦克卢汉从头读到尾，你也找不到多少暗示，说本世纪是一个大屠杀的世纪，其规模是大洪水以来所仅见的。
>
> ……
>
> 说起来，我那时年轻，痴迷于麦克卢汉的故事，他给我新的思想，给我激励。我现在老了，不过我从来没有真正相信过他那个故事。我无意在此把自己放进与上述巨人——伊尼斯、芒福德和艾吕尔——比肩而立的行列，但是我必须说，在一个方面，我的确像他们。我也是本世纪的敌人，如果我有幸活到下一个世纪，我想也会成为下个世纪的敌人。[2]

这也就是他所说自己"不是很听话的一个孩子"的意思。那么，波兹曼到底怎么"不听话"呢？或者说，他如何同麦克卢汉分道扬镳的呢？下面我们就来看看他对电子媒介的阐释。

---

[1]　[加]菲利普·马尔尚：《麦克卢汉：媒介及信使》，何道宽译，"序"，7 页，北京，中国人民大学出版社，2003。
[2]　同上，"序"，6 页。

2. 躲躲猫（Peek-a-Boo）

波兹曼的《童年的消逝》和《娱乐至死》虽然论题有所不同，但主旨都在于探讨以电视为主的电子媒介及其深层意义，进而揭示电子媒介对社会、历史与文化的深长影响。

《童年的消逝》的主题是，随着电视媒介（今天可以替换为网络新媒体）取代印刷媒介，成为当代媒介生态环境的主导要素，天真烂漫的童年就永远消逝了，童年与成年的界限不复存在了："在电视时代，人生有三个阶段：一端是婴儿期，另一端是老年期，中间我们可以称之为'成人化的儿童'。"[①] 因为，电视媒介的特性就是看（look），而不是读（read），不是深入的思考与透彻的理解。对于儿童和成人来说，看在认识论上并无本质的差异，而印刷媒介则完全不同："由于印刷和社会识字文化的出现，一种新的传播环境在 16 世纪成形了。印刷创造了一个新的成年定义，即成年人是指有阅读能力的人；相对地便有了一个新的童年定义，即儿童是指没有阅读能力的人。"[②] 自从以电报为先导的电子媒介出现之后，特别是 1950 年"电视在美国家庭中牢牢地扎下了根"，"这个信息等级制度的基础就崩溃了"。[③] 他举了一个习以为常的广告为例：

> 有个象牙牌的香皂做过一个颇有影响的电视广告。在广告上，我们看到分别为母亲和女儿的两个女人。观众受到要猜测哪个是母亲、哪个是女儿的挑战。她俩看上去都不到 30 岁，年龄上没有多少差别。我把这则广告当作一异常明确的证据，来证实成人和儿童之间的区别在消逝的观点。虽然许多其他广告的含义也很明显，但这个例证直截了当，切中要害。在美国文化中，母亲看上去跟女儿一样年轻，或者女儿看上去跟母亲一样成熟，现在已经成为人人期待的事了。[④]

这在智能产品、美图功能等新媒体中，更是习以为常的景观。所以，他说印刷媒介创造了童年，而电子媒介则使之"消逝"。

《娱乐至死》的主题是，印刷媒介的话语清晰易懂，逻辑严密，富有理性，而电子媒介的话语支离破碎，纷繁杂沓，犹如儿童玩的"躲躲猫"（Peek-a-Boo）："在这个世界里，一会儿这个、一会儿那个突然进入你的视线，然后又很快消失。这是一个没有连续性、没有意义的世界，一个不要求我们、也不允许我们做任何事的世界，一个像孩子们玩的躲躲猫游戏那样完全独立闭塞的世界。但和躲躲猫一样，也是其乐无穷的。"[⑤] 当

---

① ［美］尼尔·波兹曼：《童年的消逝》，吴燕莛译，141 页，桂林，广西师范大学出版社，2004。

② 同上，26 页。

③ 同上，111 页。

④ 同上，141 页。

⑤ 同上，102～103 页。

现代文化由文字本位向图像本位转换后，当印刷媒介被电子媒介凌驾时，社会的隐忧并非来自乔治·奥威尔《一九八四》（1948）里的"老大哥"（Big Brother），而是来自赫胥黎《美丽新世界》（1932）的深刻预见：

> 奥威尔害怕的是那些强行禁书的人，赫胥黎担心的是失去任何禁书的理由，因为再也没有人愿意读书；奥威尔害怕的是那些剥夺我们信息的人，赫胥黎担心的是人们在汪洋如海的信息中日益变得被动和自私；奥威尔害怕的是真理被隐瞒，赫胥黎担心的是真理被淹没在无聊烦琐的世事中；奥威尔害怕的是我们的文化成为受制文化，赫胥黎担心的是我们的文化成为充满感官刺激、欲望和无规则游戏的庸俗文化。[①]

同麦克卢汉的观点相反，波兹曼认为，在阅读的过程中，读者看到的都是冷静的抽象符号，所以阅读是严肃而理性的活动："书本一行一行、一页一页地把这个世界展示出来。在书本里，这个世界是严肃的，人们依据理性生活，通过富有逻辑的批评和其他方式不断地完善自己。"[②] 另外，阅读文字意味着读者得紧随逻辑化的思路，所以需要具有分类、推理和判断的能力："先后出现在欧洲和美国的理性时代和印刷文化并存，并不是什么巧合。"[③] 至于电视媒介的本性则在于观看与感受，而不在于理性与思考："思考无法在电视上得到很好的表现，这一点电视导演们很久以前就发现了。在思考过程中，观众没有东西可看。思考不是表演艺术，而电视需要的是表演艺术。"[④] 这就是电视之所以叫电"视"的原因。"正是电视本身的这种性质决定了它必须舍弃思想，来迎合人们对视觉快感的需求，来适应娱乐业的发展。"[⑤] 于是，在电视媒介主宰一切之际，一切也就日趋娱乐化，以便在屏幕上显得"好看"，专业术语叫作"上镜"。所以，"电视只有一种不变的声音——娱乐的声音"。[⑥] 以电视新闻为例：

> 即使是报道悲剧和残暴行径的新闻节目，在节目结束之前，播音员也会对观众说"明天同一时间再见"。为什么要再见？照理说，几分钟的屠杀和灾难应该会让我们整整一个月难以入眠，但现在我们却接受了播音员的邀请，因为我们知道"新闻"是不必当真的，是说着玩的。新闻节目的所有一切都在向我们证明一

---

① ［美］尼尔·波兹曼：《娱乐至死》，章艳译，2 页，桂林，广西师范大学出版社，2004。
② 同上，81 页。
③ 同上，68 页。
④ 同上，118～119 页。
⑤ 同上，120 页。
⑥ 同上，106 页。

点——播音员的姣好容貌和亲切态度，他们令人愉快的玩笑，节目开始和结束时播放的美妙音乐，生动活泼的镜头和绚丽夺目的各类广告——这一切都告诉我们，没有理由为电视上的不幸哭泣。简单地说，新闻节目是一种娱乐形式，而不是为了教育、反思或净化灵魂，而且我们还不能过于指责那些把新闻节目作此定位的人。他们播报的新闻不是为了让人读，也不是为了让人听，他们的新闻是让人看的，这是电视自身所指引的方向，他们必须遵循。①

时隔 40 年，置身网络新媒体的传播生态，此类状况更是有过之而无不及。比如，2023 年有人撰文指出，短视频一类网络话语催生了一种新闻的"萌化"趋势，包括低幼化的网络语言、情感化的狂欢叙事与去权威化的"圈地自萌"：

> 在"众声喧哗"的互联网时代，短视频"萌化传播"的盛行，在抖音、微博、微信、B 站等社交媒体中正掀起一场围观、模仿与狂欢。
>
> 比如，一些与道德、法律、历史等有关的严肃话题被恶搞演绎。通过藏头诗、段子、表情包、动态图的包装激发大学生的狂躁兴奋情绪，弱化大学生对于社会公共事务的深刻认识，让他们进一步陷入泛娱乐化、虚无主义的集体盲思之中，造成大学生政治认知的"矮化"和政治价值观的偏离。②

波兹曼的《童年的消逝》和《娱乐至死》虽从不同侧面透视以电视为主的电子媒介，基本思想却是一以贯之的。它们虽然都遵循麦克卢汉"媒介即讯息"的思考路数，但同麦克卢汉的媒介观与社会观显然迥异其趣。如前所述，麦克卢汉的思想不仅具有"媒介决定论"色彩，而且充满乐观情绪。他对电子媒介尤其情有独钟，将电子媒介视为人类福祉之所系。这种意绪集中体现于《花花公子》杂志对他的采访：

> 我展望未来时心潮激荡，充满信心。我觉得，我们站在一个使人解放和振奋的世界的门槛上。在这个世界里，人类部落实实在在会成为一个大家庭，人的意识会从机械世界的枷锁中解放出来，到宇宙中去遨游……生活在这个时代真是上帝的恩赐。仅仅是因为人类命运这本书的许多篇幅读不到，我也会为自己终将来临的死亡扼腕叹息。③

而波兹曼的感觉正好相反，他对电子媒介以及技术宰制下的美国社会忧心忡忡。在他看来，电子媒介带来的不是人类解放的福音，而可能是精神奴役的凶信。同质疑

---

① ［美］尼尔·波兹曼：《娱乐至死》，章艳译，114～115 页，桂林，广西师范大学出版社，2004。
② 蔡舒敏，陈功：《短视频"萌化传播"对大学生价值观的挑战及应对》，载《青年记者》2003 年第 3 期。
③ ［加］埃里克·麦克卢汉等编：《麦克卢汉精粹》，何道宽译，403 页，南京，南京大学出版社，2000。

现代文明、操心人类生存的先哲一样，波兹曼透过电子媒介实际上也在追问同一个问题："一个文化如果允许现代科技全面主宰它的命运，那么它能保留原有的人道价值，同时创造新的价值吗？"[①] 对此，麦克卢汉以及鼓吹"第三次浪潮"的阿尔温·托夫勒（Alvin Toffler）等，自然是回答"能"。而赫胥黎以及波兹曼等则回答"不能"：

> 赫胥黎告诉我们的是，在一个科技发达的时代里，造成精神毁灭的敌人更可能是一个满面笑容的人，而不是那种一眼看上去就让人心生怀疑和仇恨的人。在赫胥黎的预言中，"老大哥"并没有成心监视我们，而是我们自己心甘情愿地一直注视着他，根本就不需要什么看守人、大门或"真理部"。如果一个民族分心于繁杂琐事，如果文化生活被重新定义为娱乐的周而复始，如果严肃的公众对话变成了幼稚的婴儿语言，总而言之，如果人们蜕化为被动的受众，而一切公共事务形同杂耍，那么这个民族就会发现自己危在旦夕，文化灭亡的命运就在劫难逃。[②]

总之，波兹曼的媒介观在思路上同麦克卢汉一脉相承，然而在思想上却南辕北辙。

三、鲍德里亚及其媒介观

1. "法国的麦克卢汉"

让－鲍德里亚（Jean Baudrillard，1929—2007）是颇负盛誉的后现代主义思想家，生于法国。早年，以教授德语为业，默默无闻，1980 年代以后随着后现代思潮，他的一系列奇崛、怪异、斑驳陆离的思想才引起瞩目。这里，我们不准备对他的思想展开全面论述，而只讨论其中有关电子媒介的内容。

同波兹曼一样，他的媒介思想也得益于麦克卢汉，故被称为"法国的麦克卢汉"："在 20 世纪 80 年代这个被叫作后现代的年代，让－鲍德里亚在某些特定的圈子里，作为最先进的媒介和社会理论家，一直被推崇为新的麦克卢汉。"[③]

大略说来，鲍德里亚的思想可以分为前后两个时期。前期的主要贡献，是根据当代资本主义的新动向对马克思主义进行了新的发展，提出与"生产方式"（the mode of production）相对的"表意方式"（the mode of signification）。"在此之后，鲍德里亚的思想就发生了明显的变化。从形式上讲，他的著作不再像早期那样是规范的学术著作，而是几乎所有的著作都带有虚构的、创造性的色彩，那些新近的著作更是都采取了格言、警句的形式；从内容上说，这些著作也不再讨论传统的社会批判理论所关注的那

---

① ［美］尼尔·波兹曼：《童年的消逝》，吴燕莛译，204 页，桂林，广西师范大学出版社，2004。
② ［美］尼尔·波兹曼：《娱乐至死》，章艳译，202 页，桂林，广西师范大学出版社，2004。
③ http://www.cc.org.cn/old/wencui/030804200/0308042009.htm.

些问题，而是开始大量讨论诱惑、仿真等问题，并因而被人们看作后现代主义的经典著作。"① 也就是在这个时期，他对大众传播问题日益关注，对电视、广告、新闻以及其他符号体系及其意味日益重视，并在主要著作里开始讨论有关电子媒介的思想话题，包括《模拟与仿真》（1981）、《传播的迷狂》（1983）等。

在《模拟与仿真》（*Simulacra and Simulations*）以及后期其他著作中，他把如今的现实归结为一种由符码所构造的"超现实"或"超真实"（hyperreality）。所谓仿真并不是对真实的仿照，模拟也不是对真实的模仿。恰恰相反，真实倒是由仿真与模拟所构造，在模拟的背后并不存在什么"现实"或"真实"。换言之，模拟就是现实，仿真就是真实，除了模拟与仿真，不再有超越它的另外一个真实世界："镜子迷宫将其他镜子投射的形象反射到无所不在的电视屏幕和意识的屏幕上，而意识的屏幕又反过来将这些形象交还给同样是由仿真式镜子产生的原先的形象仓库中。"② 用美国传播学者斯蒂芬·李特约翰的概括来说：

> 当今，我们生活在一个"仿真"（simulation）的时代。在此，符号不再指代——而是创造——了我们的现实状况。仿真决定了人类的身份（我们是谁）和行动（我们做什么）。我们的体验不再借助于外部工具来得以再现，符号建立起我们的体验。迪士尼乐园便是我们这个"仿真"时代的缩影。所谓"主题公园"不过是由符号构建出来的幻象。真实的人或事物——海盗、边疆和各种动物等——可以在任何时间、任何地点进行复制。新媒介（例如网络）用仿真对我们进行"狂轰滥炸"。事实上，它主宰了我们的社会，创造了我们所处的世界。人们不再依赖于真实的人际传播和交流，而是被新媒介所主宰。媒介信息构成了我们所相信的所谓"真实"的体验，但实际上，它与万事万物的自然秩序相去甚远。这就导致了一种鲍德里亚所谓的"夸张到令人憎恶的程度的生命形式"（obscenely exaggerated forms of life）的出现。我们把它视为真实的体验，但实际上它不过是在媒介制造出的仿真的范围内的体验。③

超现实的出现也是图像的一系列演化过程的结果。按照鲍德里亚的分析，图像经历了四个发展阶段：

1. 它是对某种基本真实的反映。
2. 它掩盖和篡改某种基本真实。

① 俞吾金等：《现代性现象学：与西方马克思主义者的对话》，240 页，上海，上海人民出版社，2002。
② ［美］道格拉斯·凯尔纳：《波德里亚：批判性的读本》，陈维振等译，13 页，南京，江苏人民出版社，2005。
③ ［美］斯蒂芬·李特约翰：《人类传播理论》，史安斌译，357 页，北京，清华大学出版社，2004。

3. 它掩盖某种基本真实的缺场。

4. 它与任何真实都没有联系，它纯粹是自身的拟像。①

在图像的演化过程中，媒介始终扮演着至关重要的角色，其中影视媒介又堪称主角。正是由于媒介特别是影视媒介日复一日、无休无止的"传播"，信息的洪水才滚滚滔滔、漫天横流，图像的繁殖才铺天盖地、飞速疯长。一句话，仿真与超现实才成为可能。按照鲍德里亚的说法，仿真时代得力于电子图像的"内爆"（implosion）。1960 年代以来，消费社会的兴起、信息革命的发生、后现代的凸显等，无不与同时期的电视、通信卫星、计算机终端、国际互联网等变革密切相关，这一系列涉及图像及其传播的科技爆炸，造成信息大幅度地超量增殖，导致影像大规模地极度蔓延，从而为超现实取代现实而成为现代人的真实处境提供了可能条件：

> 在博得里亚（即鲍德里亚——引者注）看来，"电视即是世界"——一个模拟将社会行为分解为不断闪现的形象的"超真实"世界。惊人的预言中提出，不可能有什么"真正的"海湾战争，因为它已经提前以模拟方式被展现出来。②

尼葛洛庞帝在推广网络的畅销书《数字化生存》里，就起劲鼓吹所谓虚拟现实（Virtual Reality），声称："虚拟实在能使人造事物像真事物一样逼真，甚至比真实事物还要逼真。"③ 想想当红"元宇宙"！与鲍德里亚类似的法国批判学者、西方马克思主义代表布尔迪厄（Pierre Bourdieu），在《关于电视》（1996）的演讲里也指出：

> 电视穿针引线，自称只是一个录制工具，却成为了一个制造现实的工具。如今，人们越来越走向一个个由电视来描绘并规定社会生活的天地。电视成了进入社会或政治生活的主宰。假设我今天想获得在 50 岁退休的权利。若在几年前，我也许会组织一次游行示威，人们会举着标语牌，去游行，去国家教育部；可在今日，必须找——我并没有怎么夸大事实——一个能干的通讯（应指传播——引者注）顾问。根据媒介的需要，得采取一些令你吃惊的手段，如化妆，戴面具等，通过电视，可以获得某种效果，也许不亚于一次有 5 万人参加的大游行所起的效果。④

有一幅生动有趣的漫画，形象地表现了电子图像对现代人生存状态的意义。画面是一家人围坐在电视机前，呆呆地看着屏幕，上面显示着一棵树，树梢上挂着一轮弯

① 汪民安等主编：《后现代性的哲学话语——从福柯到赛义德》，333 页，杭州，浙江人民出版社，2000。

② ［英］约翰·塔洛克：《电视受众研究——文化理论与方法》，严忠志译，33 页，北京，商务印书馆，2004。

③ ［美］尼葛洛庞帝：《数字化生存》，胡泳等译，140 页，海口，海南出版社，1996。

④ ［法］皮埃尔·布尔迪厄：《关于电视》，许钧译，33 页，沈阳，辽宁教育出版社，2000。

月，而透过他们身旁的窗外望出去，恰恰是同一棵树、同一轮弯月。这幅漫画，传神地勾勒了仿真与超现实的理论内涵。哲学家贝克莱曾经提出一个著名的命题——存在就是被感知，如今这个命题已经改为——存在就是被拍摄：

> 我们已经发展成为一个神秘中心的或者视觉中心的社会，被人看见比存在更重要、比参与社会更重要、比和别人一起做事更重要。我们知道人们往往愿意在电视上看到那些如果他们往窗外望去可以亲眼看见的东西。一支游行队伍沿着你住的街道走过，你是看窗外真正的游行还是看电视上的游行？这种仿真，这种构成图像的跳动的小点对我们大多数人来说比真的东西有更大的真实性。如果你看真的游行，你就听不到专家告诉你如何认识这一游行的评论。这些评论向你提供了背景信息，还有各种各样的特写镜头和令人激动的摄像，使游行具有一种足可以乱真的生动活力。真实和影像合而为一，它强迫我们去思考这再现的东西和真实或原有的东西。①

当然，不可否认的是，鲍德里亚的后现代理论在阐释资本主义矛盾的同时，由于过于专注媒介的本体意义，将各种符码孤立化、实体化、具体化，从而不自觉地隐含着否定客观实在的倾向，结果在"漏洞百出"（从经验实证的角度看）的论述中留下一个最大的漏洞，即后现代理论家齐格蒙特·鲍曼（Zygmunt Bauman）所做的富有代表性的批评：

> 对于大多数人来说，他们的大部分生活绝不是摹拟。对于他们来说，现实仍如其过去所是的那样一如既往：坚韧、稳固、抗拒、严酷。在他们沉迷于（电视机前）品味各种映像之前，他们还是需要让自己的牙齿沉浸在一些真正的面包之中。②

2. 媒介：信使·指南·娱乐

以上我们通过三位媒介理论家的视点，对电子媒介的社会、历史及文化意味做了一番探析。这些理论不乏独到、深刻、新奇，同时也不无玄奥。恰好清华学子戴钦，曾在新闻学院一次演讲比赛上，针对媒介发表过一篇既体察入微，又平易近人的演说词，其中融会的也多是上述媒介思想。最后，借用这篇演说词结束本节的理论思考：

---

① ［美］阿瑟·A. 伯格：《一个后现代主义者的谋杀》，洪洁译，170 页，桂林，广西师范大学出版社，2001。
② ［美］乔治·瑞泽尔：《后现代社会理论》，谢立中等译，346 页，北京，华夏出版社，2003。

媒体的三种功能：信使·指南·娱乐

　　父亲给我说过他小时候看电影的故事。夏天的夜晚，晒谷坪上架起一个电影银幕，整个村子的男女老少都出动了，密密地坐在下面，银幕中英雄鬼子斗智斗勇，大家在下面哈哈大笑，一个晚上一眨眼就过去了。

　　我们来类似地想象一下，你，我，他，全世界所有的人密密麻麻站在一个巨大的广场之上，每个人只能看见身边有限的人群，这里面有他的亲戚朋友，有他熟悉了解的人，但几十米开外，几百米，甚至更远处的人群对他就等同空白，只是一个模糊抽象的背景。幸好，人群上空有一面巨大的屏幕，屏幕里出现了那些远处的陌生人。这个屏幕让人群彼此了解，让他们感到宽慰。它就是媒体。媒体出现在我们的世界上，如同头顶的屏幕一样吸引着所有人的注意力，把他们变成一个想象中的共同体。

　　这时人们把这个屏幕奉为公器，希望这个屏幕真实、客观、准确；希望这个屏幕能反映出世界的格局、时代的潮流；希望这个屏幕让人们看见光明，也看见黑暗，看见智慧，也看见愚昧。希望它成为一个忠实的信使，把远方的消息带给我们，把整个世界带给我们。这就是作为信使的媒体。这就是媒体的理想。

　　随着屏幕控制了人群的目光，随着它意识到自己的力量，随着它指引起生活的方向，信使成为指南，屏幕上出现形形色色的箭头，广场上的人群紧跟不舍，一股股潮流拥挤在各个方向：《瑞丽》和《时尚》向新潮女性们传授多色复合眼影的知识，附带建议了今春将流行皮革；财经杂志告诉我们，现代成功人士应当以车代步，如果这已成共识，您还应当考虑保护自然，某品牌新推出了后现代设计的环保款是最时尚的选择；文化杂志批评 A 又鼓吹 B，不厌其烦地列举某某族必看的电影、书和他们爱去的经典酒吧；电视的 CD 广告展示出女士应该向什么样的男人暗送秋波，以什么样的话题靠近他，并散发香水的魅力……这些够了？屏幕中过着标准幸福生活的人士应该穿什么看什么谈什么在哪里约会什么人用什么样的香水开什么样的汽车……媒体正在提供空前详细的生活细节，幸福美满，诱惑无限。这些足够了。足够让屏幕成功蛊惑它的观众。足够让屏幕上被建构的虚拟世界反过来建构我们的真实生活。这是作为指南的媒体。它是多么成功的指南啊。让人们追随，让人们颠倒，可它还是那个把真实世界带到我们眼前的忠实信使么？！

　　我们已经不能凭借屏幕得到整个世界的清晰图像。世界在屏幕里被重新建构了，有时候，我们尚且清醒地意识到屏幕的世界与真实的世界不同，可有时候，我们会难以分辨直至懒于分辨。媒体和人群就此顺利完成了共谋，人群需要出离生活的异常，需要无关自身的嘲弄，需要点缀日常的戏剧。于是，头顶的屏幕，最终成为人的娱乐工具。这是作为娱乐的媒体。我们看见马加爵的杀人案被某卫视变成电视短剧放入娱乐节目中；我们观看伊拉克战争的全程记录如观看好莱坞大片；我们被教导处理新闻一定要找出事件矛盾挑出新闻卖点……我们在消费媒体，媒体也制造东西被我们消费。我们在生活中找出戏剧因素，媒体让我们自身成为角色。人们欣赏着这些不自然的报道，欣赏着屏幕上的娱乐节目。与真实的无限接近是媒介作为公器的目标，作为信使的责任。而现实的操作中，娱乐人群已经无可争辩地成为媒体的主要内容。大屏幕上天天滚动上演着一部部来自生活新鲜热辣的悲喜片肥皂剧。而人群依然在仰望。

媒体的三种功能已经总结完毕。我们希望着信使，追求着指南，制造着娱乐。媒体随着现代社会一起飞速向前，这三个功能的方向却彼此南辕北辙，冲突不休。最后的媒体又会变成什么样子？这是我提出来愿与各位共同思考的问题。唯一不变的是，我们正一同站在广场上，我们仍然渴望对远方的了解，那个屏幕，始终在我们的头顶上方。

简言之，信使、指南和娱乐的三位一体，构成新闻、新闻界、新闻事业以及新闻传播史的立足点与出发点：信使针对事实与真相，指南针对意义与价值，娱乐针对生活与服务，而这一切无不源于人是各种社会关系的总和。因此，无论旧媒体还是新媒体，也无论第一代还是第几代互联网，都离不开列宁称道马克思所提示的核心问题："凡是资产阶级经济学家看到物与物之间的关系（商品交换商品）的地方，马克思都揭示了人与人之间的关系。"（《马克思主义的三个来源和三个组成部分》）

我们的全球新闻传播史到这里就算暂时告一段落。当然，历史并没有结束，更不可能像福山在苏联解体、东欧剧变的20世纪末欢呼的所谓"终结"——终结于资本主义。相反，丹麦王子哈姆雷特的有名发问，如今愈发成为全球人类必须面对和严肃思考的问题——生存还是死亡。有句讲座海报语令人过目难忘：要么人类灭亡，要么资本主义灭亡。也就是说，要么用硬实力和软实力继续维持人类中1%对99%的剥夺欺凌及其国际秩序，要么追求中国圣贤的天下为公、释迦牟尼的慈悲为怀、耶稣基督的相亲相爱、世界人民期盼的绿色和平可持续，尤其是马克思恩格斯阐发的每个人自由而全面的发展。而在资本主义灭亡、共产主义到来之前，人类势必要经历一段艰难时期。与此同时，处于全球战国时代，以及私有制下每个人对每个人的争夺状态，即霍布斯所言一切人对一切人的战争状态下，新闻传播及其历史势必不断延续并不断转型升级，因为新闻舆论处在意识形态最前沿，而意识形态无非现实世界与日常生活的观念体现。对此，马克思言简意赅："观念的东西不外是移入人的头脑并在人的头脑中改造过的物质的东西而已。"（《资本论》第 1 卷第 2 版跋）列宁犀利明快："只要人们还没有学会透过任何有关道德、宗教、政治和社会的言论、声明、诺言，揭示出这些或那些阶级的利益，那他们始终是而且会永远是政治上受人欺骗和自己欺骗自己的愚蠢的牺牲品。"（《马克思主义的三个来源和三个组成部分》）毛泽东深入浅出："在阶级社会中，每一个人都在一定的阶级地位中生活，各种思想无不打上阶级的烙印。"（《实践论》）由此说来，新闻传播也好，意识形态也罢，说到底都在想方设法解释世界，并力图按照某种解释改变世界，只不过解释的条条道道不同，改变的方向方法不同——如上所述，要么维护旧世界，要么创造新世界。

明乎此，对新闻学与新闻史的核心命题就不难理解了，各种流行语也不难破解了，包括专业主义、新闻自由、客观公正等。以新闻宣传二分论为例，就属此类学术流行语，即诗人昌耀所谓"神仙的说教"。按照这套说教，新闻是新闻，宣传是宣传，井水不能犯河水。如果井水犯河水，轻则号称有违规律，重则视为大逆不道。而用唯物史观一审视，问题便一目了然。一方面，古往今来，所有新闻都是宣传，均属意识形态，旨在解释世界改变世界，如同白宫新闻发言人与美国新闻界配合默契的双簧戏。所不同的仅仅在于，有的新闻宣传比较高明，山雨欲来风满楼；有的新闻宣传比较笨拙，黑云压城城欲摧。即使闲情逸致的体育新闻，也在宣传一种现代生活方式，以及其中蕴含的价值理念，且不说更深层次的意识形态博弈。另一方面，显而易见，并不能说所有宣传都是新闻，就像鲁迅先生曾经谈到的，所有文艺都是宣传，但一切宣传并不都是文艺。韩毓海教授在论述新闻、宣传与传播三者关系时说得好："讲政治的办法一个是讲概念，另一个是讲故事……宣传与新闻固然都是宣传，但讲好中国故事，并不等于讲好'中国概念'。"（《青年记者》2021 年第 22 期）

在不起眼的小国乌拉圭，有个不起眼的"第三世界中心"，出了一份不起眼的《世界指南》，与福山兴高采烈的终结论同时，在某版《世界指南》"编者按"里有段不起眼的文字：

> 一天，纳斯拉丁·霍加（即阿凡提——引者注），这位十三世纪哲人，脸冲着毛驴的尾巴，按照不合习惯的方式骑驴走在路上。人们对他说："霍加，你骑倒了！"他回答说："我没有骑倒，是驴在朝着一个错误的方向走。"从 1979 年我们第一次出版《世界指南》以来，这本《指南》就一直以一种不合习惯的方式观望着这个世界。今天，这个世界似乎日益朝着同一化的方向走着，而我们的文章则一一强调着二百多个国家和地区各自的独特性。今天，人们每天听到的声音主要是对"全球化"的赞誉，"全球化"的飞船似乎在载着为数不多的亿万富翁、超级企业朝着新的千年飞去；我们的指南则向人们展示数以亿万计的普通人每天面

临的困难，他们的希望只是获得起码的医疗条件，或者只是一碗充饥的饭。（索飒译）

正因如此，有朝一日人类世界终将如马克思恩格斯以历史与逻辑高度统一的科学论述所下的断言："资产阶级的灭亡和无产阶级的胜利是同样不可避免的。"与此相应，每个人而非个别人或少数人自由而全面的发展与"发言"，总有一天也终将成为现实。

推荐阅读

1. ［美］保罗·肯尼迪：《大国的兴衰：1500—2000年的经济变迁与军事冲突》，北京，国际文化出版公司，2005。

2. 张穗华主编：《媒介的变迁》，北京，中国对外翻译出版公司，2002。

3. 肖恩·麦克布赖德等：《多种声音，一个世界》，北京，中国对外翻译出版公司，1981。

4. ［乌拉圭］爱德华多·加莱亚诺：《拉丁美洲被切开的血管》，南京，南京大学出版社，2018。

5. 欧树军：《灵境内外：互联网治理简史》，上海，上海交通大学出版社，2023。

第一版后记

今年恰逢笔者在高校从教 20 年。20 年前的 1984 年，我开的第一门课就是本书所适用的课程"外国新闻事业史"，现在多称"外国新闻传播史"。如果说十年磨一剑，那么拙稿从孕育到现在，也算磨了两个十年，仅仅手写的文稿就有三遍。

其间故有"追求完美"的心理，但也是由于阴错阳差而一再延宕。幸赖命运安排，才使本书一拖再拖。如今，站在清华的讲台上，打量当年的文稿，不由惭愧，甚至后怕。早先若是急煎煎拿出手，现在何以自处。于是，借此出版之机，做了全面修订，不仅篇幅增加一倍，而且体例、主旨、脉络及叙事风格等也都有一系列调整。虽说越是深入，越是感到烟波微茫信难求，但总算了却一桩多年心愿。"至于成败利钝，则非臣之明所能逆睹"（诸葛亮）。

此刻，面对书稿，回首往事，不禁想起人生旅途的第一位恩师。二十多年前，自己还是茅塞不开的大学生，名义上修的是"新闻方向"，但由于主客观条件所限而学得懵懵懂懂，糊糊涂涂。好在当时有位复旦大学新闻系"文革"前的大学生，任我们的新闻课老师，名叫彭正普。彭老师不仅指导大家做点新闻学研究，还时常邀请学生去家里聚谈。那个时候，他的住房很小，又有一家老小七八口，我们师生二人在小得几乎难以转身的书房聊天时，他曾打趣说，这就叫"促膝谈心"。

也正是在他那间小小的书房里，我不时借阅一些当时难得一见的新闻研究资料，如复旦大学新闻系编印的《外国新闻事业》。另外，作为一名摄影爱好者，彭老师还时常带我们去郊外野游，一边谈天说地，一边教授新闻摄影。现在数码相机已普及，而那个时候有台手动相机，能够拍点东西，还是挺"前卫"的。就在这些不经意的活动与交往中，我这个毛头小子被引上新闻之路。

　　大学毕业两年后，郑州大学正式组建新闻系，又赖负责筹建工作的彭老师调我回来。从此，20 年来，我就一直在新闻院系执教。多年以后，才偶然听说，当初为了我的调动，彭老师还曾同有关方面力争。

　　如今，回忆这些点点滴滴的往事，不免感慨感念。如果不是彭老师这般师长的关怀与提携，我不可能步入新闻堂奥，也不可能走上新闻讲台。同样，如果不是许多师长的教导、点拨与启蒙，我也不可能完成这部《全球新闻传播史》。

　　由于这些经历与感念，20 年来我尽力而为——无论是对学生培养，还是对学术研究。因为在我的面前与心头，总有彭老师等恩师的身影，使我不敢懈怠，不敢马虎，更不敢辜负他们的厚爱。

　　最后，感谢业师方汉奇拨冗赐序，先生之风，山高水长！

李彬

2004 年 11 月于清华园

第二版后记

正如第一版后记所言，本书的基本内容孕育于 1980 年代。那是西风日炽的岁月，"河殇"式思维以及"新自由主义"思潮正横无际涯。所以，虽然第一版成书时尽可能修补，但偏颇之处在所难免。比如，对中国印刷术和德人古登堡的评价，就带有"西方中心论"印迹，以为中国印刷术对现代文明影响不大，推动人类传播第三次飞跃的是以古登堡为标志的技术变革云云。其实，笔者不仅读过卡特的名著《中国印刷术的发明及其西传》(*The Invention of Printing in China and Its Spread Westward*)，而且深为其渊博而有力的论述所折服。可惜，第一版落笔时还是不由自主地贬抑国人而抬举西人。也因此，读到法国学者艾田蒲的如下文字不禁汗颜：

> 许多年前，当我在美因茨参观古登堡博物馆时获知，古登堡是所谓的印刷术的发明者，不禁为之感到震惊。说实在的，这种说法真是冒天下之大不韪，除非是不学无术者，谁不知是中国人发明了各种形式的印刷术：从雕版到根据文稿需要精心制作的可灵活使用的彼此独立的活字？

> 我觉得，若以"发明"这一词的确切意义来确证是古登堡"发明"了印刷术，那是万万不可接受的。他只不过将一种早已在由忽必烈可汗帝国统一的欧亚大陆上流行的技术运用于我们的拼音字母，包括拼音字母形式。(《中国之欧洲》)

再如，笔者在讨论 19 世纪商业化报刊及其兴起背景时，过多关注新闻形态的演化，类似"观点纸"到"新闻纸"的进程，而较少分析深刻的政治经济动因，就像哈克特和赵月枝在《维系民主？西方政治与新闻客观性》一书中指出的：英国在19世纪废除印花税并非所谓"新闻自由"的胜利，由此开启的商业化市场化媒体及其娱乐内容亦非进步的产物，而是资本势力有意操纵的结果，意在对付日渐兴盛的工人阶级报刊以及社会主义媒体。

至于"凡例"中提到的，本书主要着眼于欧美一隅，对全球范围的新闻传播特别是占世界绝大部分的亚非拉地区较少涉及，期待"有机会能将视野真正拓展到全球范围"，由于精力、水平以及学术兴趣转移，也难以实现了。

本书第一版2005年问世以来，相继获得北京市高等教育精品教材和国家高等教育精品教材等荣誉。我把这些荣誉视为鞭策与鼓励。其间，各方给予的批评意见，都尽量吸收在第二版中，在此谨致谢忱并期待继续赐教。

李彬
2008年10月于清华园

第三版后记

沉吟一代高校风

本书第一版问世已经 20 年，从动笔写第一稿到第一版面世又 20 年。40 年过去，好似白驹过隙。40 年前，但觉学问之道山高水远，何处是归程，长亭更短亭。于是，一门心思只想站稳讲台上好课。即使这样看似单一的事情，也觉山重水复疑无路。因为基础不牢，学养不足，又面临太多有待拓展的领域。为此，著书立说别无他途，只有一字一字、一行一行、一页一页地慢慢写下去。好在环境宽松，风清气正，作为大学教师，除了教书育人的本职工作，无论管理部门，还是社会各方，都没有更多其他要求，可以信马由缰，从容不迫。晋升职称故需相应成果，但大多限于一部书稿——体现学术水平即可而不讲究数量，即使有一定数量要求的文章也看水平而不在意所谓刊物级别。《中国社会科学》创刊主编黎澍曾与金观涛、刘青峰夫妇谈到：世界上只有好文章给杂志撑台面，而不是反过来文章因发在一级刊物上有身价。金观涛、刘青峰的成名作即《中国历史上封建社会的结构：一个超稳定系统》，1980 年就发在名不见经传的《贵阳师院学报》。

几年前，写过一篇小文《追忆一次阳光灿烂的学术会议》，貌似白发渔樵江渚上，实则醉翁之意不在酒，在乎浇薄学风也。近年来，人们对高校生态颇有微词，日益苛刻的绩效考核不断撕扯着高校教师的身心，国家课题、核心期刊、非升即走、末位淘汰等，更是令人不遑宁处。与此同时，大学本业——教书育人往往退居其次，尽管各方也在想方设法强化教学，但对于众多高校与教师来说，真金白银落在实处的多是国家基金项目、核心期刊论文等。莎士比亚喜剧《第十二夜》里，女扮男装的书僮薇奥拉替主人向奥丽维娅求爱，说您这位绝世美人在我主人心头云云。于是，双方有一段打趣的对话：

奥丽维娅：在他的心头！在他心头的哪一章？

薇奥拉：照目录上排起来，是他心头的第一章。

奥丽维娅：噢！那我已经读过了，无非是些旁门左道。（见朱生豪译本）

如今，大学教师的心头，第一章难得还是教书育人。并非大家不愿专心于本职工作，读书人骨子里大多"好为人师"。然而，不断变化的高校生态，迫使人们特别是"青椒"不得不应对关乎身家性命的一系列超负荷的考核指标，疲于奔命，穷于应付。

新闻传播学科也不例外，你追我赶发"核心"，千军万马过"小桥"——国家级、省部级课题。甚至一些高校的硕士生，也要求发表核心期刊论文才能进行毕业论文答辩。让人百思不得其解的是，全国年均产出5万篇新闻传播学论文有何用，非但耗费人力物力，还进一步导致熵定律所说的熵值增加、系统紊乱等。至于所谓C刊，又有几多解释世界、改变世界，并有助于自主知识体系建设而无愧于"支撑性学科"的文章呢？

面对此情此景，让人不免沉吟遥想一代风清气正的大学校园，虽然不可同日而语，但追寻社会主义大学及其新闻教育新闻学的"初心"，至少可以缓一缓、停一停狂奔的脚步，想想我们到底从哪里来，究竟想往哪里去。

"青椒"前史

陈平原教授在澳门演讲时，遇到一位博士生提问：你们这代人很幸福，治学和人生是连在一起的，故一路走来，也不感觉疲惫。她说自己能吃苦，也知道前路荆棘丛生，可让她最感困惑的是，目前的研究近乎纯粹的技术操作，跟自己的人生阅历、思想探索、喜怒哀乐没有关系。（陈平原《读书的"阴晴圆缺"》）

这位学生说的"你们"，大抵属于"80年代新一辈"，就像歌曲里唱的"年轻的朋友来相会"，我也属于这一辈。她的困惑并非个案，其中酸甜苦辣不难体味。回想80年代，作为"青椒"一路走来，我们确实没有太多干扰，学术与人生水乳交融。而如今，"青椒"好似上班一族，压力重重，忧心忡忡，工作多为稻粱谋。

作为恢复高考的第一届大学生，即所谓"七七级"，我于1978年春季学期入读郑州大学中文系（七七级春季入学，七八级同年秋季入学）。当年中文系只有汉语言文学专业，招生简章上列有三个方向：语言、文学、新闻。入学后前两年，三个方向均修基础课，高年级分方向，才接触新闻。当时，我们的新闻师资不及《沙家浜》里的"忠义救国军"：十几个人，七八条枪。非但郑大如此，全国高校除人大、复旦加"广院"（北京广播学院），屈一手之指而可数的新闻教学点也一样。

其间，幸遇平生第一位恩师，复旦新闻系1960年毕业的彭老师。他常请我去家里，把一些内部编印的新闻资料借我学习。他对我的耳提面命多已漫漶，只记得在一家三代的"蜗居"里，师生二人对床而坐，他说这叫"促膝谈心"。彭老师开了一门新闻摄影选修课，我也误打误撞进入其中。除了授课，他还利用周末时间（那时周末只有星期天），带领学生去郊区西流湖风景区，现场教学手把手。如今，郑州大学美丽阔大的新校区就坐落在西流湖畔。几年前，翻出一张老照片，彭老师在中间，我们站两边，我胸前还挎着相机，照片下面有行文字："星期天在西流湖，张晓华拍于 1981 年 4 月。"

张晓华是七八级学长，在校时很活跃，热爱新闻，喜欢拍照，许多场合都见他"上蹿下跳"的拍摄身影。毕业后同七七级学长解国记一样进入新华社河南分社，后来又都走上分社领导岗位。老同学解国记上学前，已是小有名气的工农兵通讯员，从县级媒体到省报都有作品发表，《河南日报》的一篇文章颇有理论水平。上大学时他更发愤读书，孜孜不倦，作品在《中国青年报》等频频见报。我在七七级中属于小字辈，远不及他们对新闻的自觉与热情。幸得彭老师调教，我侥幸获得学校首届师生摄影比赛一等奖，从而也被引进新闻之门。

1982 年 4 月，也就是西流湖合影一年后，我参加工作。本来有望进入新华社新疆分社，结果阴差阳错落脚于公安厅，从事宣传工作，直至 1984 年 4 月，恰好两年。如今回想起来，这两年加知青一两年，是自己接触社会、认识国情的有限时间，相当于又读了一个社会大学。虽然短暂，受益终生，至少知人论世与著书立说少一点从校门到校门、从书本到书本、从理论到理论的书生之见，多一点立足大地、为人民著书立说的人生基因。

1983 年，第一次全国新闻教育工作座谈会在京举行，时任中宣部部长邓力群同代表合影留念，包括复旦的王中、人大的郑兴东、暨大的马彦珣、川大的邱沛篁。由此开始，新中国的新闻教育进入快车道。郑州大学中文系老主任王碧岑也受邀参会，其间同有关方面谈及中原大省办新闻教育的意义，得到认可。于是，当年获批新闻专业。1984 年新闻专业从中文系独立出来，又组建新闻系。2024 年建系 40 年之际，恰逢我退休之年，于是把数十年积赞珍藏的一批专业书籍悉数捐给母校，其中大多数都有作者的签名。

郑州大学获批新闻专业后，我们奔走相告，彭老师更着手调我回校任教。当年秋季，先定试讲。接到试讲通知时，我正与领导在伊犁一带调研，恰好走到如今火爆的那拉提。当年，不闻那拉提，只知新源县，正如不闻赛里木湖，只知三台海子。而新源的天山牧场，给我留下终身难忘美不胜收的印象。

读书、教书、写书

回到郑大后，彭老师便为我联系了暨南大学新闻系进修事宜。由于受新华社记者、后来受聘北京外国语大学兼职教授李竹润（笔名黎信）一组文章的影响，我把专业方向定在外国新闻，进修时遂有幸成为梁洪浩先生的门生。作为抗美援朝的新华社战地记者，梁老师与中国人民大学张隆栋先生均为外国新闻学科方向的拓荒者，在暨大新闻系德高望重。

1984 年秋季学期开学后，我应约去梁老师府上。一见面，他就拿出一份"培养方案"，十几页稿纸满是工工整整的手写文字，还开列着古今中外百十种参考书目，让我顿感头大。见我面露难色，他说：我是比照中国社会科学院研究生院新闻系制定的这个方案。听闻此言，一则以喜，一则以惧。喜的是当年如日中天的社科院新闻系（王晨、熊蕾、陈力丹、李希光等均毕业于此），惧的是高路入云端的漫漫治学路。

不管怎样，暨大一年，焚膏继晷，孜孜苦读。进修回来，着手上课，我的主课定为外国新闻事业史，一周两课时。开课前新闻系又留给我一学期备课时间。老主任说，先得写好讲稿，还说一堂课正常语速大约需要 5000 字。这样一算，一周得有 1 万字，再打出富余量，大概得写出 20 万字讲稿。

从 1978 年春季入校，到 1986 年春季开课，经过 8 年，我从学生座位第一次走上大学讲台。作为"青椒"上讲台，"大姑娘上轿"的忐忑大同小异，我既怕有负彭老师、梁老师栽培，更怕误人子弟。有一次上课前，发现校长车得基坐在阶梯教室的学生中间，一瞬间，但觉黑云压城，大兵压境。不知是校长奖掖后进，还是自己差强人意，课后得到校长表扬，让我一时"找不到北"。

校长的勉励，学生的认可，都成为一种鞭策，于是更想着如何上好课。与此同时，围绕授课与讲稿，也尝试着著书立说。几年下来，讲稿从头到尾、一字一句手写了三遍。2005 年的第一版《全球新闻传播史》，即以这部讲稿为基础。

"青椒"岁月，还幸遇中国人民大学新闻系 1964 年毕业的项德生教授。关于项老师的道德文章，我在《中国记者》有专文阐发，题为《一位马克思主义的新闻教育家》，他当得起马克思主义新闻教育家的称谓。在他的引导下，我又开了传播学课程，已有四个版本的《传播学引论》就源于此，手写初稿 40 万言，付梓之际精简一半。四个版本一直沿用项老师惠赐的书序，一篇言简意赅的大手笔。

郑大新闻系成立时，除了彭老师、项老师等，多是本科毕业的年轻人，二十出头，在北上广名校进修一年，回来开课。当年这群小字辈，满怀激情，无忧无虑，只想着备课上课，还彼此听课，同时还观摩老教师的课。有位教学名师名不虚传，授课稳扎稳打，步步为营，讲解条分缕析，收放自如，最让我难忘的一幕是：最后一句话音刚落，下课铃声随即响起。

除了上课，大学教师包括"青椒"既无论文压力，也无核心期刊一说，更无课题云云（我是 2001 年来清华后，才听说有个东西叫"课题"）。至于职称，主要看著作而非数论文。大家心态也很平和，"面包会有的，一切都会有的"（《列宁在十月》）。故而教书育人，自在充实，更有年轻的朋友来相会："荡起小船儿，暖风轻轻吹，花儿香，鸟儿鸣，春光惹人醉，欢歌笑语绕着彩云飞。"拙稿《清园闲墨：新闻与人生的交响》写到一段场景，可以略见当年"青椒"的愉悦时光：

> 有一阵儿，郑大新闻系会议室不知从哪儿弄来一副象棋，每周例会前，"青椒"捉对厮杀。我棋艺不高，盛气凌人，还自谓输阵不输气。一次，大家围观，七嘴八舌，为双方支招，我不领情，还嫌多嘴。于是引发众怒，一窝蜂集中到对方旗下，咬牙切齿，灭我朝食。我也好似打了鸡血，大呼小叫，越战越勇。黑云压城城欲摧，甲光向日金鳞开，四边伐鼓雪海涌，三军大呼阴山动。结果，有道

是一个蹩脚的主帅也强似一群高明的主帅，我最后居然直捣黄龙，侥幸获胜。对方一群棋坛高手不由垂头丧气，我则愈发趾高气扬，得意扬言"群英战吕布"。

就是这样一支青涩的师资队伍，在项老师等带领下，建系不到 10 年就一举获得新闻硕士点，中国传媒大学王灿发教授、《青年记者》资深编辑王立纲、考入方汉奇门下的博士生史媛媛，就是首届三位研究生。如今，硕士点已不稀奇，而截至上世纪末，全国新闻院系除了人大、复旦有博士点，只有十来家硕士点，包括社科院、广院、武大、兰大、暨大等。也是这群"青椒"，90 年代已有两人考上人大博士生，一人社科院博士生——毕业入职军艺，直至大校军衔、副校长。还有一位 20 年前重逢时，已经坐拥数万藏书。

更值得深思的是，以这群"青椒"为骨干的专业师资，培养了一批新闻界的有生力量，不仅遍布河南各大媒体，支撑起大半江山，而且在中央媒体显身手。有一回，郑大八四级首届毕业生、光明日报北京站站长张景华约我一叙，发现在座的还有王润泽教授、余清楚教授等。我纳闷他们怎么在一起，原来人家都是北京市政协委员，而景华是他们的领导。比她低一届的王君超教授，曾在人民日报工作有年，比我略晚调入清华，曾任清华大学马克思主义新闻学与新闻教育改革研究中心主任。

上述故事虽然限于一隅，但也不难窥见一代高校风。在此环境中，既培养了新闻事业的建设者与接班人，又使"青椒"健康成长，身心愉悦。其间两点，令人心仪：一是大学定位教书育人，一是学术氛围宽松自如。事实上，人们怀念的 80 年代一方面纠正了以往的工作失误，一方面承袭了新中国新文化的风清气正，不为名利遮望眼，俯首甘为孺子牛。

不忘本来，面向未来

我的"青椒"岁月同今天的"青椒"相比，教育背景与专业基础显然相距甚远。如果说我是开着拖拉机，颠簸在乡间土路上，那么如今的"青椒"则是开着豪车上高速。倘若"路上春光正好，天上太阳正红"，那么理应风驰电掣。而情况却是，道路日见逼仄，交规愈发严苛，行路难，行路难，多歧路，今安在？设身处地想想看，十年寒窗熬成心向往之的大学教师，结果先是相关不相关的课程一股脑压上来，往往还齐头并进。课程尚未应付下来，核心期刊、国家课题等又如泰山压顶。曾听某校教授讲到，一位颇有潜力的女博士后，发了多篇重量级文章，但由于一时没有拿到国社科项目而遭解聘，她听到消息当即痛哭。最令人痛心的是，跌跌撞撞总算什么都有了，结果人又没了。如今，心无旁骛教书育人，随心所欲读书钻研，自由自在著书立说，对"青椒"来说越来越像可望不可即的世外桃源理想国。

中国人民大学外国语学院院长郭英剑教授在一篇文章中谈到，依据瑞典延雪平大学教授佩尔松的研究，世界各国高校中，中国学者的压力首当其冲。

对此，各方早已啧有烦言，北大李零教授 20 年前就批评大学"养鸡场"问题。

十九届中央第七轮巡视反馈的 31 所中管高校问题，也被广泛转发："象牙塔"一样藏污纳垢，还菁菁校园一片净土……2024 年年初，在清华大学举办的新闻教育座谈会上，我提到新闻教育的两大症结：一是价值混乱；二是学科定位错乱，如习近平总书记作为"支撑性学科"之一提出的新闻学，在新版学科目录中不仅未见体现，反而进一步被稀释淡化。同年发表的拙文《"保卫新闻学"：略论中国新闻学的学科建设与自主知识体系建构》，又聚焦三个要害问题：学科、学刊与学风。这里，不揣浅陋，再谈一二。因为，往小里说，关乎新闻教育新闻学的健康发展，往大里说，也关乎新中国的江山社稷。

　　——把握社会主义大学的定位，明确何谓一流大学。如今说到一流大学，好像就是哈佛、牛津。然而，众所周知，一百年来，在中国共产党领导下，亿万各族人民推翻三座大山，开辟中国道路与中国式现代化，独立自主建起钢筋铁骨的国民经济体系并惠及千家万户。其间，既没有殖民，更没有侵略，相反，尽其所能支援一切弱小国家与民族，充分展现了马列主义的国际主义与中华文明的天下为公之高远情怀。与此同时，延安土窑洞里的抗大、鲁艺等走出了新中国各行各业数不胜数的一流人才，包括一代马克思主义新闻学家甘惜分（1916—2016）。中国人民大学新闻系及其前身北京大学新闻专业培养的郭超人等本科生，"985"博士生有几多可以望其项背。当年，不在乎诺贝尔奖，"两弹一星"等一系列高科技迅速赶超欧美，陈景润等高精尖研究也达到世界领先水平，袁隆平、屠呦呦等发明更是造福人类（最近印巴开战，我国"争气机"歼-10CE以零战损击落法国"阵风"等数架最先进战机）。同样，不在乎诺贝尔文学奖等，人民文艺天朗气清，春风杨柳，既塑造一代代新人新风尚，丰富亿万各族人民的精神生活，又走向世界，独领风骚，就像小提琴协奏曲"梁祝"、钢琴协奏曲"黄河"、芭蕾舞剧《红色娘子军》、动画片《大闹天宫》、现代京剧《杜鹃山》（参见张晴滟《〈杜鹃山〉访问阿尔及利亚：从国际主义到第三世界》）等。因此，我们理应充满自信，进一步办好中国大学，为人民服务，也为人类命运共同体贡献我们的聪明才智。

　　——切实把教书育人作为大学的根本。老百姓都懂得抓牛鼻子的道理，凡事不能眉毛胡子一把抓，毛主席更阐发了主要矛盾与主要矛盾方面等哲理。曾在汕头大学听到"以本为本"即以本科教育为根本的办学方针，一所民办高校有此见地，令人钦佩。近又听闻主管部门也开始倡导"以本为本"，让人看到好的苗头与新的趋势。只要抓住教书育人这个牛鼻子，教学相长，不用扬鞭自奋蹄，高校生态就有望进入良性循环。古往今来，大学之所以存在，包括古代岳麓书院、近代西南联大以及哈佛、牛津等，首先在于培育人才，围绕这个核心进而形成科学研究、社会服务等功能。教书育人离不开良好的校园生态，特别是社会主义大学及其新闻教育的根基——"立足中国土、请教马克思"（甘惜分），就像五谷生长离不开息壤沃土。倘若土壤板结，校园沦为名利场，那么，即便一代新中国教育家吴玉章、蒋南翔再生，李达、华岗复活，陈望道、匡亚明转世，安岗、范敬宜轮回，恐怕也徒叹奈何。

　　——切断课题、C 刊、奖项、"帽子"等同教师身家性命的"捆绑"，让大家立身教书育人的主业并安心科学研究的正业。不言而喻，所谓课题，只是研究资助而非学术成果，理工科如此，哲学社会科学亦然。事实上，古今中外无数一流的精神产品，都与资助无甚关系。神话核心期刊，更让人莫名其妙。一、英雄不问出处，文章无论发在何处，均属学术思想的交流，一首唐诗的优劣不在于写在纸上，还是题在墙上。二、设立核心期刊的初衷在于便利学术思想交流而非其他。三、研究表明，核心期刊往往更趋保守，而学术创新多在边缘突破。四、核心期刊的学术评价与利益相关，不利于营造健康的学术环境。五、各方貌似从不算一算，全国所有核心期刊一年可发多少篇文章（总计不足 10 万篇），而绩效催逼的核心期刊文章又得多少篇（大约 100 万）。国家级、省部级课题同样可以算算这笔账。假定 10 个晋升者，只有一两个有望获得必不可少的课题与文章，那就不难想象校园何以熙熙攘攘，尘土飞扬。更何况，即使正心诚意，拨乱反正，大刀阔斧，正本清源，让大学及其新闻教育回归风清气正，也得一段生态修复期，就像京城雾霾天，经过 10 多年大力整治才渐趋正常。

总之，中华人民共和国成立 76 年来，经过长期的探索，早已奠定高等教育的四梁八柱，如今有充分条件让高校教师，特别是"青椒"享受"友好型"环境，多一些阳光灿烂而少一些生活压力与心理负担，多一些风清气正而少一些《第十二夜》中所谓旁门左道。各方在推行用心良苦的政策时，应该牢记我国是世界上唯一的社会主义大国，中国梦既为了 14 亿各族人民安居乐业，也为了实现每个人自由而全面的发展，如《共产党宣言》向往的，也是中华文明追求的：大道之行，天下为公，壮有所用，幼有所长……

最后，说一下第三版《全球新闻传播史》。虽然如前所述，拙稿今年恰逢付梓 20 年，动笔写作 40 年，但与其说是欣慰，不如说是遗憾。主要的遗憾，也是拙稿的缺憾有两点。一是内容上基本上局限于美西方，尚未体现"全球史"的视野，"全球南方"更是付之阙如；二是马克思主义的立场、观点和方法还力有不逮。蓦然回首，无论梁洪浩先生（1924—2021），还是项德生主任（1938—2022），无论博士业师方汉奇，还是清华大学新闻学院首任院长范敬宜（1931—2010），都曾谆谆教诲。可惜自己本性愚钝，后知后觉。20 年前《全球新闻传播史》出版后，才认真研读马克思，方觉今是而昨非。而来通读与不断温习的经典著作，包括十卷本《马克思恩格斯文集》、四卷本《马克思恩格斯选集》、四卷本《列宁选集》、五卷本《列宁专题文稿》、九卷本《毛泽东年谱》、二十卷本《建国以来毛泽东文稿》等，以及陈先达《走向历史的深处：马克思历史观研究》等学术著述。如今，限于能力、精力与心力，难以整体上弥补第一点缺憾，故这一版除了进行一些力所能及的补充与完善，主要致力于突出唯物史观的立场、观点和方法，以求多少达到历史与逻辑的有机统一。

感谢方汉奇先生的大序与责编纪海虹女士的青睐。

李　彬
2025 年夏于喀什